郭成康，1941年出生，北京市人。中国人民大学教授，博士生导师，已退休。现为国家清史编纂委员会委员，北京市文史馆馆员。主要研究方向为清史，尤专清代政治史。自著《18世纪的中国与世界·政治卷》《乾隆正传》等，合著《清入关前国家法律制度史》《清朝文字狱》《康乾盛世历史报告》等。

清代政治论稿

郭成康 著

生活·讀書·新知 三联书店

Copyright © 2021 by SDX Joint Publishing Company.
All Rights Reserved.
本作品版权由生活·读书·新知三联书店所有。
未经许可，不得翻印。

图书在版编目（CIP）数据

清代政治论稿／郭成康著 . —北京：生活·读书·新知三联书店，2021.8 （2024.5 重印）
（当代学术）
ISBN 978 – 7 – 108 – 07167 – 5

Ⅰ.①清… Ⅱ.①郭… Ⅲ.①政治制度史–研究–中国–清代 Ⅳ.① D691

中国版本图书馆 CIP 数据核字（2021）第 098969 号

特约编辑	孙晓林
责任编辑	赵庆丰
装帧设计	宁成春
责任校对	曹忠苓　常高峰　张　睿
责任印制	董　欢
出版发行	生活·讀書·新知三联书店
	（北京市东城区美术馆东街 22 号 100010）
网　址	www.sdxjpc.com
经　销	新华书店
印　刷	天津裕同印刷有限公司
版　次	2021 年 8 月北京第 1 版
	2024 年 5 月北京第 2 次印刷
开　本	635 毫米 × 965 毫米　1/16　印张 37.75
字　数	578 千字
印　数	7,001 – 9,000 册
定　价	128.00 元

（印装查询：01064002715；邮购查询：01084010542）

当代学术

总 序

  生活·读书·新知三联书店从 1986 年恢复独立建制以来，就与当代中国知识界同感共生，全力参与当代学术思想传统的重建和发展。三十年来，我们一方面整理出版了陈寅恪、钱锺书等重要学者的代表性学术论著，强调学术传统的积累与传承；另一方面也积极出版当代中青年学人的原创、新锐之作，力求推动中国学术思想的创造发展。在知识界的大力支持下，通过多年的努力，我们已出版众多引领学术前沿、对知识界影响广泛的论著，形成了三联书店特有的当代学术出版风貌。

  为了较为系统地呈现中国当代学术的发展和成果，我们以上世纪八十年代以来刊行的学术成果为主，遴选其中若干著作重予刊行，其中以人文学科为主，兼及社会科学；以国内学人的作品为主，兼及海外学人的论著。

  我们相信，随着当代中国社会的繁荣发展，中国学术传统正逐渐走向成熟，从而为百余年来中国学人共同的目标——文化自主与学术独立，奠定坚实的基础。三联书店愿为此竭尽绵薄。谨序。

生活·读书·新知三联书店
2017 年 3 月

目 录

前　言 ... 1

满 洲 崛 起

清初八旗制度 ... 3
 一、八旗制度的创立 _____ 3
 二、八旗之主——主旗贝勒 _____ 29
 三、管旗大臣——固山额真 _____ 44
 四、八旗的基层组织——牛录 _____ 53
 五、八旗兵制 _____ 86
 六、蒙古八旗 _____ 119
 七、汉军八旗 _____ 150

"土黑勒威勒"考释 ... 175

论文馆儒臣及其对清初政治的影响 ... 189
 一、文馆汉族官生的政治性格 _____ 189
 二、文馆儒臣对清初政治的影响 _____ 193

刘兴祚论 ... 201

康乾盛世的成就与隐患

明清鼎革之际中国政治的走向 ·················· 231

清初奏折探析 ····························· 255
  一、顺治年间官私文献所提及的"奏折"_____ 255
  二、康熙朝的密折_____ 258
  三、康熙朝非机密性的奏折_____ 262
  四、康熙朝奏折制度已具雏形_____ 267

雍正密谕浅析
  ——兼及军机处建立时间 ··················· 272

康乾盛世的成就与隐患 ······················· 293
  一、为什么把康乾时代的中国称为盛世_____ 294
  二、政治安定和社会稳定是中国在
    18世纪国势达到鼎盛的首要原因_____ 300
  三、利弊相因，祸福相倚——盛世光环
    掩盖下的隐患_____ 316
  四、世界形势剧变：中国与欧洲大国间
    战略均势即将被打破_____ 344

康乾之际禁南洋案探析
  ——兼论地方利益对中央决策的影响 ············ 350

乾隆年间侵贪问题研究 ······················· 368

《字贯》《一柱楼诗》两案与乾隆查办禁书 ············ 431

清乾隆朝疯汉文字狱探析 ·············· 444

乾隆皇帝生母及诞生地考
　　——从最近公布的一则清宫档案说起 ·············· 454

土尔扈特蒙古回归日期续考 ·············· 472

满汉文化冲突与融合

清朝皇帝的中国观 ·············· 477
　　清开国时期的国家概念ˍˍˍˍ 477
　　"统驭天下中国之主"ˍˍˍˍ 483
　　清朝皇帝对中国疆界的认识和自我约束ˍˍˍˍ 495
　　"天下一统，华夷一家"ˍˍˍˍ 499
　　"合满蒙汉回藏五族完全领土为一大中华民国"ˍˍˍˍ 504

也谈满族汉化 ·············· 510

宁用操守平常的能吏，不用因循误事的清官
　　——雍正对用人之道的别一种见解 ·············· 533

政治冲突与文化隔阂：杨名时案透视 ·············· 552
　　李卫"阴间"说ˍˍˍˍ 553
　　所谓"君臣万里谈心"ˍˍˍˍ 557
　　关于杨名时的泄漏密折ˍˍˍˍ 563
　　且看朱纲如何审案ˍˍˍˍ 568
　　两种文本系统的杨名时传记ˍˍˍˍ 574

前　言

这部论文集收录的十几篇文章按主题分了三组，下面说说各组文章的学术背景、概要和思路。

一

20世纪80年代前后，清开国史是清史研究的一个热点。清人从在东北一隅建国，到定鼎燕京，开创一代新王朝，用了不过三十年时间，被后人看成"奇事"。第一组主题为"满洲崛起"的文章，就是试图从满洲角度解释这件"奇事"的合理性，关注点可能更多地放在文化上。

满洲崛起之际，面临强邻逼处、战无虚日的严峻形势。《清初八旗制度》着力探讨清开国帝王努尔哈赤和皇太极如何汲取并充分发扬满族整体意识、严明法纪、尚武精神以及权利义务相统一，特别是崇实务实的文化传统，以八旗制度凝聚和统辖国人，同化归附的蒙古和汉人，从以分散的族党村寨组织部众，到体察围猎规则编组牛录，到初编四十牛录，到创建八旗制度，再到组建蒙古八旗和汉军八旗，一路反复探索，备尝艰辛，军政合一的八旗制度遂臻于完备。同时，满洲统治者始终把军队建设置于国事首位，伴随着对外征服战争全方位的展开，八旗兵被锻造成当时中国乃至东亚一支如日后康熙皇帝所谓"战必胜，攻必克，所向无敌"的军队。17世纪中叶清朝皇帝皇太极去世时，入主中原、统一中国可谓万事俱备，只待良机。

《"土黑勒威勒"考释》考察了已被岁月尘封的清初一种独特的科罚制度。法司在定罪量刑时，把贵族和官员"过误犯事"，如失职、怠惰、元旦大宴迟到、斋戒期间食韭、作证反复、赌博淫乱、隐匿丁口、在家中听讼等合并为一类，一律绳之以法，科罚"土黑勒威勒"。科罚时按世爵高低罚银，世爵愈高，科罚愈重。崇德三年（1638）正月刑部共审理18宗案件，受到刑罚的23名有世爵者中，13人被罚"土黑勒威勒"，可见贵族和官员"过误犯事"之类轻微违法是普遍的、大量的，刑部一概以法绳之，且平日特权愈多、得利愈多者科罚愈重，如此既贯彻了权利与义务对等原则，也体现了"罚重于上"的立法精神。《"土黑勒威勒"考释》一文不止于考察这一司法特例，更重要的是由此而揭示一个处于上升时期、充满生气的民族的思维与行为方式。

《论文馆儒臣及其对清初政治的影响》一文论述努尔哈赤汗位继承人对汉族文明的态度。皇太极即位后，锐意革新，仿明制建立六部，至于六部职官设置及其职掌，并没有全盘照搬《大明会典》，而是坚持从满洲国情出发，借鉴明制，即"参汉酌金，用心筹思，就今日规模，立个《金典》出来"。当改革成为满洲继往开来的时代呼唤时，汉族政治文化无疑有借鉴价值，但皇太极以为"汉文史书，殊多饰辞"，令文馆儒臣只翻译"有关政要者"，用备观览；他并不反对读书，但读书必须"明晰是非，通权达变"，不能胶柱鼓瑟，"拘守篇章"；他一再表示不喜"空言文饰，要取虚誉"，尤其耻于"行不逮言"。皇太极与其父努尔哈赤所处形势有所不同，但二人"凡事莫贵于务实"的思想路线完全一致。

总结清开国史，满洲迅速崛起，究竟靠的是什么？答案可能多种多样，清入关后第三代皇帝雍正提要钩玄，给出的回答是："我朝龙兴，混一区宇，惟恃实行与武略耳。""实行""武略"，只有两个词、四个字，且"实行"置于"武略"之上，尤其耐人寻味。雍正所谓"实行"，指的是崇实务实，一切从实际出发，继之以躬身践履为认知的归宿。"实行"，实际是从哲学的文化的高度对满洲崛起的最大优势和根本经验做了精辟概括。

以上几篇文章从满洲角度彰显了清人发祥岁月的辉煌,《刘兴祚论》一文则把关注点切换到另一历史维度,透过这位自称"汉人金官"的传奇人物在民族危难时刻的人生抉择,揭示满洲"神武开基"黑暗的一面。

努尔哈赤建立"后金"前十年,居住在辽东开原的年轻士子刘兴祚流落到了边外的建州女真,努尔哈赤"爱其才,待如子",并给他起了一个满语名字"爱塔"。1621年金军占据辽东,爱塔积功至副将,地位仅次于施吾里额驸佟养性、抚西额驸李永芳,成为金国汉官中第三号显赫人物,明廷曾悬"除荆州刺史,给银万两"重赏购求这个民族败类的头颅。

随着满汉之间的民族矛盾迅速激化,爱塔泯灭已久的民族意识开始苏醒。

1621年七月,镇江汉民与明将毛文龙内外呼应,袭取镇江,捕杀金国游击佟养真等多人,努尔哈赤随即派兵屠杀镇江汉民,幸存的一万二千人全部没为奴隶。以镇江居城为起点,努尔哈赤对汉人的民族压迫越来越残暴,而辽东汉人反金的敌忾情绪也越来越激烈。五年后,努尔哈赤竟下令屠戮辽东仇金的汉民,绅衿首当其冲,酿成一场时称"杀秀才"的惨绝人寰的浩劫。劫后余生的汉民,被全部强制编为庄屯,分隶八旗,给诸贝勒、大臣为奴。残酷的现实震撼着爱塔的良知,当面临善与恶、是与非、顺与逆的抉择的严峻时刻,他开始重新定位自己的人生价值,并沉着地寻找机会报效明朝。他屡屡暗中通书时为宁蓟道的袁崇焕,表白自己"心在明朝,寝食不忘",又将金兵两次入关杀掠的机密情报,遣人密送袁崇焕。1628年冬,兴祚设计诈死逃出严密防范的金国,投往明廷开镇朝鲜皮岛的东江镇。向崇祯帝承诺五年复辽的蓟辽督师袁崇焕,对从敌人营垒中倒戈回归的兴祚寄予厚望。1629年秋末,兴祚等渡海抵锦州与崇焕议事,而崇焕因金军从喜峰口突入,已先行驰援京师。十二月初,崇祯帝突然逮蓟辽督师袁崇焕下于狱,都下哄传崇焕与金密有成约,千里入援的目的是引敌胁和!五年复辽成了泡影,兴祚决心喋血疆场以成归正初志。1630年农历正月初二夜,皇太极侦得兴祚行踪,竟放弃唾手可取的永平城,连夜部署精兵猛将擒杀这个满洲的叛逆。兴祚突遇敌骑数千,杀敌无数,中流矢阵亡。皇太极闻兴祚死讯,乃命将其尸当众剖胸裂肠,快泄其愤。

历史是胜利者写成的。明清易代之后的官修史书，找不到刘兴祚的传记。今天，中华民族内部骨肉相残的时代已经一去不复返了，历史应该给刘兴祚一个客观公正的评价，不仅是为他个人，更重要的是，须要完整再现那段令人一唱三叹的历史。

二

第二组文章主题是"康乾盛世的成就与隐患"，重点在检讨清代政治体制。

中国古代政治体制一般名之曰"君主专制中央集权制"，其皇权至尊地位虽始终如一，而政权中枢职官设置、职掌及权力运作机制，自秦汉以迄清亡，流变纷繁，未可一概而论。其间明太祖朱元璋打出复古旗号，一举废弃通行千年的分寄大权于宰相的汉唐旧制，是为中国君主专制集权政治体制演变的一大关键。但明太祖朱元璋高标的"事皆朝廷总之"，即皇帝独揽朝政，经有明二百余年的政治实践不仅彻底落了空，还闹成了晚明天子懒政、阉宦窃权、阁臣狼狈、言路嚣张、朋党乱政，以致国势陵夷的乱局。直到清康熙、雍正、乾隆祖孙三代皇帝，历经百年才真正实现了所谓"乾纲独断"。

与皇帝摆脱一切羁绊和制约、皇权扩张到空前强大的背景相同步，清朝的国势也一步步达到了为外域瞩目、乾隆自诩的"全盛"。这不尽是妄自尊大的浮夸，18世纪末周历半个中国的英国使臣斯当东称中国"国势的隆盛是超越千古的"，当代美国史学家魏斐德也称赞当时清朝是"疆域辽阔、文化灿烂的强大帝国"，"无论国内还是国外，都再没有真正的对手能够向清朝的统治挑战"。如果说在相权对君权形成某种制衡的"圣君贤相"体制下相继出现了"文景之治""贞观之治""开元盛世"等乃顺理成章，无需特别论证的话，那么，清帝另辟蹊径，在君主极端专制的"乾纲独断"体制下竟也缔造出不逊于汉唐盛世的康乾盛世，那就需要给出令人信服的答案。

先来考察清代政治体制组织架构的特点。

其一，改革传统军政中枢，创建承旨书谕的军机处，通过军机处处理国家紧急、重大、机密的军政事务，辅之以固有的内阁处理日常的有例可循的庶政，在皇帝控制与督责下，军机处与内阁分工明确，运行协调，朝政最后由皇帝裁决。

其二，改造传统题本的僵化程式，创行奏折制度，皇帝及时掌握事关国家安危治乱的重要信息，信息的搜集、处理和反馈以及信息真实性超过了以往任何朝代，夸张一点说，已呈现出某种近代性。加以驿站、军台、塘铺网络覆盖全国，驿传制度周备，政令传达迅速通畅，不存在君主鞭长莫及的死角。

其三，通过机密的廷寄谕旨，对各省督抚和边远地区将军等严加操控，朝廷之于地方，犹如身之使臂，臂之使指，运转自如，令行禁止。军队，无论是八旗，还是绿营，都绝对听命于皇帝。同时，从地区发展不平衡的实际出发，凡有所兴革，强调贯彻因地制宜原则。

最后，改革传统皇位继承制度，创立秘密立储制。其审慎运作，既能防范预立太子难免激化诸皇子之间，甚至太子与父皇之间的矛盾，又可以不拘嫡长子的限制，在所有皇子中遴选最优秀的皇储，并通过长期培养、教育和暗中考察，由皇帝做出最终是否令其承继皇位的决定。清帝先天素质较高，且凛然恪守"勤政"家法，有助于实现乾纲独揽。

康雍乾三帝经过长期摸索和绵密思考，终于构建起以个人之力独揽朝政的国家中枢——军机处和内阁，加以廷寄、奏折及驿传联络朝廷与地方，政治体制组织架构的严整、协调、灵活、高效，较之汉唐盛世有过之而无不及。

清代政治体制架构的完备，只是超越前代、国势兴盛的组织前提，深入探讨其权力运行机制，才能揭示出内在奥秘。

权力运行机制集中体现在诸凡政务的处理和军国大计的决策，其整个过程一般要经过皇帝谕示议题，廷臣或地方督抚遵旨议覆，最后由皇帝钦断的常规程序；皇帝也完全可以不循常规程序，不经众议，单凭自己意志独断，即所谓"圣衷宸断"。以18世纪前期禁南洋贸易案决策为例，从严禁到弛禁、从封闭到开放，其间朝廷决策几经反复：康熙五十六年（1717），皇帝事前既没有征询东南沿海督抚的意见，也没有在大学士、九卿中议论过，即仓猝独断，颁布禁南洋贸易令；雍正五年

（1727），皇帝将闽浙总督高其倬《复开洋禁折》批交怡亲王允祥与大学士、九卿等议准，开放南洋商贩；乾隆六年（1741），署闽浙总督策楞密折奏请再禁南洋，皇帝批交"议政王大臣速议具奏"，随即又将闽籍御史李清芳反对全面禁南洋一折交"议政王大臣一并议奏"，议政王大臣以此案事关东南沿海各省，奏准交闽广江浙督抚妥议具奏，迨各督抚陆续奏到，乾隆俱批发原议政王大臣等议奏，经裕亲王广禄等会议，奏请延续雍正既定政策，仍准南洋"照旧通商"，乾隆降旨允准，自康熙晚年以来一波三折的禁南洋案至此画上一个圆满的句号。

乾隆把"乾纲独断"常常挂在嘴上，仿佛一日万机，事事独断。这难免误导人们对清代极端专制政治体制的认识。其实，所谓"乾纲独断"，既指朝政一般按常规程序众议，由皇帝最后裁决，也有如康熙独断禁南洋那样无须众议的"圣衷宸断"。后者在康雍乾时代一百余年间并不经见，而前者则是通行的、连皇帝也不肯轻易违反的普遍规则，这有现存有关清代军机处、内阁等浩如烟海的档案为证。

就清代朝政议事常规而论，其实质与唐太宗主张并践行的——凡事"皆委百司商量，宰相筹画，于事稳便，方可奏行"——并无不同；如果说有什么不同的话，在形式上清代常规议事程序更灵活，更实用，更具有可操作性，更张弛有度、收放自如，因为它要应对比汉唐时代更大、更复杂的内外变局，倒不是康雍乾三帝比唐太宗格外高明。

总之，深入研究康雍乾时代清朝政治体制组织架构和内在的运行机制，客观评价其最大限度发挥国家权力集中、高效的强大优势，对实现国家大一统伟业、强化各民族人民认同中国与中华民族的历史性贡献，就不难解释为什么在极端君主专制体制下出现了不逊于汉唐盛世的康乾盛世。

然而，即使经清朝馆臣反复斟酌修纂、最后由皇帝钦定的最权威的王朝编年史——《清实录》，也无法完全遮掩康乾盛世禁锢思想、钳制舆论、销磨人材、败坏吏治种种君主专制政体残暴黑暗的一面，特别是不受任何权力制约的皇帝很难始终如一地保持开明的为政作风，一旦转而好自专断，拒谏饰非，以至群臣缄口或阿谀顺旨，就可能因重大决策错误埋伏下危及国家与民族前途命运的巨大隐患。

康熙五十六年，皇帝独断禁南洋贸易，绝非一时的孤立事件。身历康雍乾三朝,对其间政治气候冷暖有切身体会的方苞论及康熙晚年行事风格时曾说:"时上临御天下已五十年,英明果断,自内阁九卿台谏,皆受成事,未敢特建一言。"熟谙环海形势与地方民情的闽籍广东副都统陈昂对禁南洋虽持异议,当时却不敢直言,临死上遗疏谓其子曰:"未有能悉此利害者,即知之又莫敢为民请命,我今疾作,终此而不言,则终莫上达矣。"廷臣"皆受成事,未敢特建一言",地方大员"又莫敢为民请命",人之将死才敢跟皇上讲真话,盖慑伏于康熙皇帝自恃的"英明果断",这就是当时极端专制的生动写照。

雍正继位,一改其父独断做派,亲笔朱谕向两广总督孔毓珣坦陈,"朕实不达海洋情形,所以总无主见",并委托其"博访广询,谨慎斟酌其至当奏闻"。乾隆初政,如临如履,惟恐失误,一日之中朱笔细书,折成方寸,或咨询张廷玉、鄂尔泰,或咨询孙嘉淦、朱轼,"曰某人贤否,某事当否? 日或十余次"。雍正,继之以乾隆,纠正康熙晚年独断禁南洋的失误,也绝非一时孤立的事件,其背景是君主专制体制下因皇帝的开明而呈现政治和煦气象。在这种情况下,重大问题决策失误可能性就比较少,偶有失误,常规的议事程序也可以及时启动纠错机制。

不幸的是,乾隆的开明逐渐向专断的方向转化了。继续就开放还是封闭这一关系中国和中华民族前途命运的大事来检讨,在关键时刻乾隆皆因"独断"而一再失误。乾隆二十二年(1757)限制西方国家来华贸易的广州单口通商的决策,就是在未经廷议,也没有很好协调广东与江浙地方利益关系的情况下,由乾隆采取非常规决策程序"圣衷宸断"的。乾隆五十八年(1793),英使马戛尔尼首次来华,谈判中英贸易,其时中国还具有足以同这个西方最强大的国家相抗衡的实力,如何通过外交手段争取到中国最大的利益,主动权掌握在中国一方,但乾隆压根儿就不打算和这帮不懂"礼仪"的野蛮人打交道,更谈不上考虑应采取何种策略以维护中国的核心利益。他在做出如此重大决策时不仅没有交大学士、九卿、科道及各省督抚议奏,也没有交军机大臣等统治集团最核心层商议,而是以天朝大皇帝"敕谕英王"的口吻将英国提出的要求,不合理的与合理的,一股脑儿地全部回绝,随即有礼貌地将英国使臣推出国门了事。对当时中国社会经济发展具有深远影响的中英贸易谈判,就这样以简单草率的方式关上了大门。如同康熙一样,乾隆这时也"临御天下已五十年",他的"英明果断"更远远超乎其祖父。乾隆五十五年（1790），内阁学士尹壮图在往返京师与云南原籍后向皇帝讲了点实话，奏称各督抚声名狼藉、吏治废弛、库帑亏空，"商民半皆蹙额兴叹"，乾隆大为光火，厉声呵斥其"将所奏直隶等省亏空者何处？商民兴叹究系何人？逐一指实覆奏"！吓得失魂落魄的尹壮图无法也不敢指实，乾隆仍令其随同钦差前往直隶、山西、山东、江苏等省实地盘库，自然是钦差未到，各省早已挪掩完毕，尹壮图往返数千里，最后承认"各省库项丰盈，仓储充足，并无丝毫短缺；商贾士民，安居乐业，共享升平，实无地方官滋扰之事"，法司以尹壮图妄生异议论斩，乾隆虽饶他一命，但在处理这轰动一时、影响深远的大案中，皇帝钳制人口、愚弄天下的淫威，以及暮年君主恃气虚骄、喜谀恶谏的心态已暴露无遗。乾隆晚年喜柔恶刚、喜从恶违的由人性弱点决定的专制偏好，营造了朝野"出一言而盈廷称圣，发一令则四海讴歌"的政治迷信，反过来又助长了乾隆高己卑人、雄才易事的自我膨胀，他讥讽唐太宗的纳谏为沽名钓誉，把襄赞政务的大学士视为赘疣。在这样极端专制的政治环境下，出现对西方贸易决策的两次重大失误绝对不是偶然的；在这样极端专制的政治环境下，即使遵循常规议事程序，信息的全面、真实也要大打折扣，臣下信奉"万言万当，不如一默"，又何谈议政的充分深入。

开明如唐太宗未能、盛清也未能摆脱纠缠古代中国政治的历史宿命。

三

第三组文章想探讨满汉文化的冲突与融合。

撰写《也谈满族汉化》（2000）的学术背景是20世纪90年代中叶以后，美国学者罗友枝与何炳棣关于清王朝及满族"汉化"的论争，由这一论争衍化而渐成气候的美国"新清史"的一些观点，又触发了我对清代中国各民族人民国家认同的思考，于是写了《清朝皇帝的中国观》（2005）作为回应。

满族及清朝是否"汉化"？一方面，我不赞同用"汉化"的模式来解释满族史、清史的基本走向及其重大历史事件、历史现象，而尝试转换一个视角，把满族从单纯受动的一方，位移为积极主动的角色，看她如何自觉地、清醒地抵拒汉文化的渗透和侵蚀，如何处心积虑地裁量、陶铸、重塑、支配着汉文化，这一漫长而历经磨难的过程，不仅使满族在一个相当长的时段里成功地维护了本民族个性，而且也给清代历史打上了有别于以往历代王朝的深刻烙印。另一方面，我也不能赞同刻意强化满族及清朝独特性，最终导致"去中国化"倾向的偏颇。《也谈满族汉化》一文想表达这样的观点：满族与汉族是各有不同历史谱系、文化传统的民族，有清三百年汉文化始终居于主体地位，而满文化则挟有政治威权发挥着主导作用，尤其在康雍乾时代一百余年间最突出。满汉文化从冲突到融合，是以汉文化为主体的双向互动过程，满汉文化冲突并没有导致决裂，而是互有妥协，彼此包容，最终达到在一个新的层面、新的内涵的融合。这只要举出雍正皇帝的辩"华夷"、乾隆皇帝的辩"正统"大概就可以说清楚了。"华夷之辨"是儒家思想体系一个重要命题，吕留良阐发"华夷之分，大过于君臣之论"，曾静由此推论满洲入主中原是"夷狄窃夺天位"。雍正为维护满族皇帝统治中国的合法性，势不能不挺身而出，向根深蒂固的"华夷之辨"展开反击。他虽无意摧毁"华夷之辨"，但对这一浸透着大汉族主义的理论体系必须以"夷狄"与汉族平等为前提加以根本改造。雍正同时向汉族臣民表示了认同和继承"尧舜以来中外一家"历史文化传统的真诚愿望，对曾静策动总督岳钟琪反清的谋反大案也予以宽大处理，并未激化业已平缓下来的满汉民族矛盾。乾隆承袭雍正"天下一统，华夷一家"的思想，进一步提出衡量一代王朝属于"正统"的新标准，其核心要旨在于，无论开国皇帝是否身为"夷狄"，只要"奄有中原"而主中华者即为正统。乾隆接过传统史家正统论重新定义与发挥，最终完成了融通正统理论体系的重构，从而确立清朝在中国历代王朝正统序列中的合法地位。

延续《也谈满族汉化》思路撰写的《清朝皇帝的中国观》依次表述如下几层意思：第一，清开国皇帝努尔哈赤和皇太极虽尊奉明朝为"中国"，认可历代中原王朝狭隘的"中国"概念，但在他们看来，环"中国"而居的还有所谓"夷狄"的蒙古、女真等"国""部"，而"华""夷"之分，从来不是中国与外国的分别，"中国"之君也不是万世一姓由汉族垄断的,满洲即有资格复兴历史上女真金国的未竟之业,到燕京、汴京或南京当中国皇帝。努尔哈赤和皇太极后世子孙可贵的"大中国"观盖源于此。第二,定鼎燕京后,清初皇帝明确昭示,作为天命所归的"大清国皇帝"已承继明朝皇帝为"大国之君"。清代最有作为的康熙、雍正、乾隆三位皇帝次第削平中原反清势力,完成"中国"统一,继而开疆拓土,将周边喀尔喀、青海蒙古、西藏和准噶尔等纳入大清版图,完成了国家的大一统。这中间,无论征服也好,招抚也好,剿抚并用也好,都是基于"华夷一家"大中国理念的重整故国河山。而喀尔喀、准噶尔等虽曾以"国"自称,甚至与承继中华正统的大清国分庭抗礼,以致兵戎相见,甚或有取代清朝为中华大皇帝之念,但他们与清开国时期欲取代明朝的努尔哈赤、皇太极一样,从"无自外于中华皇帝"。无视准噶尔等与清朝治下中国的历史的、经济的、文化的、宗教的不可分割的事实,夸大其独立于中国倾向的观点,是缺乏历史根据的。第三,清朝皇帝虽以"统驭天下中国之主"自居,但并不认为中国疆界是无限的。平准之役奏功在望,乾隆皇帝即明谕,昔日准噶尔与毗邻中亚国家的边界,即为中国版图的最终界线。一旦大军在特殊情况下越界进入外国境内并实现既定目标,则主动撤军回到自我约束的中国疆界之内,即使如哈萨克"情愿全部归顺,永为大皇帝臣仆",乾隆仍以哈萨克与内属喀尔喀、厄鲁特历史背景不同,申谕其无须也不应纳入中国版图,而将其列为"外藩属国"。乾隆皇帝根本没有想过步成吉思汗后尘,乘兵锋最盛之机西征中亚、西亚。历史事实足以驳倒所谓清朝对外扩张的种种观点。第四,传统儒家观念中的"中国"过于狭隘,与历史上汉族与周边各族共同缔造的大中国的事实不相符合,与今天作为我国通称的中国更不可同日而语,雍正辩"华夷",乾隆继之辩"正统",所阐发的"大中国"观念具有极其重大的理论和现实意义,亦足以廓清所谓长城、柳条边是古代中国国界之类有意或无意的误解和曲解。最后,第五,国家统一大业完成后,昔日边远蛮荒之地,"画疆置吏,有如郡县"。"中国"概念的外延已拓展到了昔日"四夷"居住的地域。清朝皇帝此时对中国的体认,已不是中原汉族地区的狭义的"中国",而是多民族大一统的"大中国",并与"大清国""天朝"等含义叠合在一起;实际上,与国外学者通常使用的"清帝国"这一概念也完全相同。从此,清朝皇帝所关注的是，中国疆界内国家的有效治理与众多民族的生养凝聚。历经二百余年漫长岁月，在中国版图上生活繁衍的各民族人民以前所未有的势头深化着互相依存、休戚与共的联系，他们作为中国人的国家认同感也以前所未有的势头蕴蓄着，强化着。随着西方列强对中国的威胁日益加剧，昔日内地汉族与边远地区少数民族的区别和对立的"华夷之别"，被中国各民族人民与西方列强的区别与对立的新"华夷之辨"所取代。作为中国历史内在逻辑与外力影响长期交互作用的结果，最终展现在世人面前的是，当清朝行将覆亡之时，竟由满洲统治者提出"合满蒙汉回藏五族完全领土为一大中华民国"这一逻辑严谨、内涵明确的"大中华""大中国"概念，并为各方政治势力所接受。元明之际"驱逐胡虏"的故事没有重演，国家分裂的危机也很快平息，"合满蒙汉回藏五族完全领土"的中国大一统局面维持并延续至今，这对已经步入近代世界的中国实为一大幸事。从这个意义上讲，清朝不仅留给今天中国广袤的国家版图与统一的多民族国家的实体，而且留下了中国各族人民国家认同的弥足珍贵的精神财富。

  以上三组文章所研究的不过是清代政治的一鳞半爪，所谓研究也只是浅尝辄止，全书冠名"清代政治论稿"，实在心有未安，如有可能，留待日后弥补吧。

郭成康
2019年5月初稿
2021年7月修订

满洲崛起

清初八旗制度

一、八旗制度的创立

清初视八旗为国家根本,近代以来,八旗制度为治清史者重要的研究课题。有关八旗制度的创立,史家创获颇多,但也见仁见智,持议分歧。我们认为,军政合一的八旗制度有一个长期酝酿的历史过程,万历四十三年(1615,乙卯年)创立八旗,仅仅是草创,它的完备经历了一段相当长的时间。下面先叙述八旗制度从酝酿到粗备的过程,然后对万历二十九年(1601,辛丑年)始建四旗和万历四十二年(1614,甲寅年)创建八旗这两种传统观点的错误分别加以考订。

(一)八旗制度从酝酿到草创

1. 以族党屯寨组织全体社会成员(万历十一年至万历二十九年)

努尔哈赤于万历十一年(1583)起兵后,首先集中力量攻掠蚕食邻近的建州各部,至万历十六年(1588),先后合并了苏克苏浒河部、浑河部、哲陈部、王甲部、董鄂部、苏完部,基本上完成了建州女真的统一。此后,努尔哈赤对明廷佯作忠顺,以便进一步推进统一整个女真民族的事业。至16、17世纪之交,又征服了建州女真以东的鸭绿江、朱舍里、讷殷等部，并利用叶赫与哈达之间连年仇杀之机，并吞哈达，把势力扩大到实力雄厚的海西女真。与此同时，努尔哈赤还派兵远征东海女真，掳回大量人口集中安置于费阿拉一带。

随着远近部落族长、寨主们率众归附和大量女真人民被征服，到万历二十九年初编牛录之际，努尔哈赤麾下已有数以万计的部属。万历二十四年（1596）二月，明朝驻朝鲜练兵游击胡大受的差官余希元第二次入建州，同行的朝鲜译员李亿礼对努尔哈赤部下的兵民作了如下描述："初七日，距建州城三十里许，于老乙可赤农舍，老乙可赤兄弟领骑兵三四千迎接……行到二三里，骑兵四五千左右成列随行；行到十五里，步兵数万分左右列立道旁者，至建州城而止。"[1]

这件事在《清太祖武皇帝实录》中也作了记载："丙申年（万历二十四年）二月，大明国遣官一员，高丽国亦遣官二员，从者共二百人来。太祖令部兵尽甲，亲迎至妙弘廓地界，接入大城，以礼相叙。"[2]所称"部兵"，查满文体《满洲实录》，系"coohai niyalma"[3]，意即"兵丁"。可见，"太祖令部兵尽甲"，是搜括国中能充甲士者悉数前往列队迎接，以达到向明与朝鲜炫耀武力的目的。据朝鲜译员李亿礼目击，骑兵万人上下，步兵则有数万。应该说，这是努尔哈赤当时能征集到的最高限额的兵员。参照其他史料，这一数字是可信的。上述兵员，在平时则是壮丁，除此之外，努尔哈赤的部众就是些老弱妇孺，以及为数众多的家内奴婢和种田阿哈了。万历二十九年始编牛录前夕，哈达既灭，"南关之敕书、屯寨、地土、人畜"[4]遂为努尔哈赤所有，建州的兵民当又有增加。

这数以万计部众的来源，大抵可区分为归附与征服两部分。

（1）由族长、寨主们率领来归的族属

这部分人口为数甚多，从《清太祖实录》《八旗通志初集》以及内阁大库中留存的《历朝八旗杂档》[5]等有关官书、档案可以得到证明。率众

---

[1] 吴晗辑《朝鲜李朝实录中的中国史料》，中华书局，1980，第六册，第2228页。
[2] 《清太祖武皇帝实录》卷一，丙申年二月，潘喆、李鸿彬、孙方明编《清入关前史料选辑》第一辑，中国人民大学出版社，1984。
[3] 《满洲实录》卷二，丙申年二月，中华书局，1986。
[4] 《明神宗实录》卷五二八，台北"史语所"校印，1962。
[5] 中国第一历史档案馆藏《历朝八旗杂档》。

来归的头目中，赫赫有名的是：苏克苏浒河部的常书、杨书，董鄂部的何和里，苏完部的费英东，雅尔古寨的扈尔汉，东海库尔喀部的扬古利、楞额礼、纳穆泰，东海窝集部的康古礼、喀克笃里等。这些雄长一方的头面人物率属来归，对清初国家的开创意义甚大。礼亲王代善的后人昭梿在《啸亭杂录》一书中说："高皇初起兵时，满洲军士尚寡……公（何温顺公何和里）乃率众归降，兵马五万余，我国赖以缔造。"[1]这话虽有夸张，但何和里及其后代长期隶代善的正红旗，昭梿谈国初掌故，也当有一定的依据。

由于率众归附者实力雄厚，他们之来归，又系自愿，因此，备受努尔哈赤的优礼相待，其属众自然不会改变固有的领属关系，重新加以整编；相反，初期各部酋长归附的前提条件，就是不能以"编氓"视之。万历十一年（1583）努尔哈赤起兵之始，有苏克苏浒河部诺米纳、噶哈善、常书、杨书率先归附，努尔哈赤与四头目杀牛祭大盟誓之前，"四部长告太祖曰：'念吾等先众来归，毋视为编氓，望待之如骨肉手足。'遂以此言对天盟誓。"[2]"编氓"，满文体《满洲实录》作"jušen"，这里的含义是"属人""户口"。[3]诺米纳等虽然表示归附，但又要和努尔哈赤举行"杀牛祭天"这样最庄重的仪式，让努尔哈赤向神灵承诺"毋视为编氓"，表明二者之间处于平等的联盟关系，诺米纳等人的兵民不由努尔哈赤统属，原有的社会组织——"穆昆"（mukūn，即宗族）或"嘎山"（gašan，即村寨）也自然不会被重新改编。

"穆昆"和"嘎山"是编牛录之前的社会组织形式，《清太祖实录》称为"族寨"或"族党屯寨"。[4]总的来看，穆昆保留着较多的血缘关系，那里居住的往往是同姓亲族集团，是由原始氏族制直接演化而来的；嘎

---

[1] 昭梿《啸亭杂录》卷二，"何温顺公"，中华书局，1980。
[2] 《满洲实录》卷一，癸未年。
[3] 《清文鉴》释"jušen"为"满洲臣仆"，这是"jušen"的后起义。《清文汇书》的注释是与"jušen halangga nilalma"同，即"与姓诸中的人同"。按"jusen"原是女真人的自称，天聪九年改女真旧称为"满洲"，"jušen"遂降为贝勒"所属人员"。此时纂修的《满洲实录》即以"属人""户口""编氓"的含义来使用"jušen"。
[4] 《清太祖武皇帝实录》卷二，辛丑年正月；《满洲实录》卷三，辛丑年，是年；《清太祖高皇帝实录》卷三，辛丑年，是年，中华书局，1986。

山则是以地缘关系为主构成的社会集团，当然，在那里居住的还是以一二大姓为主。实际的情形要复杂得多，穆昆和嘎山的血缘、地缘因素互相联系又互相渗透，很难找到纯粹的穆昆和嘎山。

《历朝八旗杂档》在追述某些满洲佐领形成的历史时，对上述情况作了细致入微的表述。如镶蓝旗满洲第十二佐领，"原系法尔萨之高祖鄂孟额从凹迩坎（即瓦尔喀）地方率族人兄弟来归，太祖高皇帝时，初分一佐领与鄂孟额管理"。[1] "族人兄弟"，原档满文系"mukūn i ahūta deote"，这可以视为率穆昆（宗族）来归的典型。又如镶蓝旗满洲第十六佐领"原系阿库里地方人托敏率本村人民来归，太祖皇帝以其人编为牛录，即以托敏管理"。[2] "本村人民"，原档满文系"tomin ini gašan i niyalma"，这可以视为率嘎山（屯寨）来归的典型。更多的情形是，宗族与村寨交织在一起，如镶蓝旗满洲第八佐领"原系汪勤地方人屯泰率三村人民来归，太祖皇帝以其人编为牛录，即以屯泰管理"。[3] "三村人民"，原档满文系"ilan gašan i ahūta deote"，即"三村的兄弟们"，这是同一宗族分居三个村屯、在族长率领下阖族来归的例子。再来看镶蓝旗满洲的舒清格佐领，这个牛录"原系冻尼地方人扎海率族人并同居之人来归，太祖皇帝以其人编为牛录，即以扎海管理"。[4] "族人并同居之人"，原档满文系"muk-ūn i urse emgi tehe niyalma"，这是以一个宗族为主、与同居一地的异姓人们共同来归的典型。

（2）被征服的人口

在统一女真各部的历次战争中，获得了大量被征服的人口。例如，万历二十一年（1593）十月，以朱舍里部曾参与"九部联军"构衅建州，遂"遣兵招服之"。[5] 万历二十六年（1598）正月，征东海女真安楚拉库，"取其屯寨二十处，其余尽招服之，获人畜万余而回"；[6] 翌年九月，"发兵征哈达……哈达国所属之城尽招服之。其军士、器械、民间财物、父

---

〔1〕 《历朝八旗杂档》276号，"镶蓝旗满洲佐领原由档"。

〔2〕 同上。

〔3〕 同上。

〔4〕 同上。

〔5〕 《清太祖武皇帝实录》卷一，癸巳年九月。

〔6〕 《清太祖武皇帝实录》卷一，戊戌年正月。

母妻子俱秋毫无犯，尽收其国而回"。[1]当时，对努尔哈赤来说，最宝贵的是人力资源，为实现更宏大的政治抱负，必须将分散于白山黑水之间广阔地域的女真人会聚于比较集中的腹地，因此，对于被征服的女真人，一般都使之成为享有国人待遇的"诸申"（jušen），这同以后征服异民族——汉族和朝鲜族——的战争中，将战俘大批没为阿哈是明显不同的。这些通过军事征服而陆续融合于正在形成中的满族共同体的新成员，有的仍由原来的族长寨主统辖，有的则分赐有功将士，后者的血缘纽带进一步松弛，宗族观念也随之大为淡漠了。《历朝八旗杂档》是这样追述镶黄旗满洲赫柱佐领原委的："赫柱高祖配享太庙大巴图鲁公额宜都，十九岁时比众先归附太祖皇帝，始初辅政行走，所获俘掳之人编为三个佐领，交纳人参专属之。此三个佐领额宜都长子班喜、三子车尔格、十二子鄂参、八子图尔格、十三子朝哈拉、十六子额弼伦等俱曾管理。"[2]与那些率众来归的强宗豪酋不同，额宜都自幼父母被仇家所杀，投靠努尔哈赤时不过孑然一身，以后全凭过人的勇武而被赐以户口。额宜都的属人由战俘组成，与他既无血缘关系，也无地缘关系。不过，当满族初兴时，这种情况不带有普遍性。

总而言之，无论是"畏威怀德"而归附的部众，还是被武力征服而降顺的人口，多数还都保持着原有的社会组织——族党屯寨，从当时甫具雏形的国家来说，也不可能拥有直接统治这些散处于深山密林间族寨的行政能力。最合乎情理，而又最简便易行的方法是，请那些原来的族长寨主们仍然各自统辖自己的族属，由此而实现国家对全体国人的间接统治。万历二十三年（1595）年末，朝鲜南部主簿申忠一曾深入建州，他根据自己的实地考察和所见所闻，写了《建州纪程图记》一书，其中描述了努尔哈赤与他的部众之间的关系："奴酋除辽东地方近处，其余北、东、南三四日程内各部落酋长，聚居于城中。动兵时，则传箭于诸酋，各领其兵，军器、军粮使之自备，兵之多寡，则奴酋定数云。"[3]这些部落酋长不仅领有其兵，而且负责组织本部的农业生产："粮饷——奴

---

[1]《清太祖武皇帝实录》卷二，己亥年三月。
[2]《历朝八旗杂档》48号，"镶黄旗满洲勋旧佐领世管佐领原由档"。
[3]［朝］申忠一《建州纪程图记》，《清初史料丛刊》，辽宁大学历史系，1978，第24页。

酋于各处部落,例置屯田,使其部酋长掌治耕获。因置其部,而临时取用,不于城中积置云。"为了加强对族长寨主们的控制,努尔哈赤、舒尔哈齐使他们"率居于城中"。[1]

申忠一记述的情况,在清朝本身的文献中也可以得到印证。《清太祖武皇帝实录》讲到辛丑年(万历二十九年)始编牛录以前,"凡遇行师出猎,不论人之多寡,照依族寨而行"[2],满文体《满洲实录》的"族寨"即"mukūn gašan"[3]。当时,还没有比较整齐划一的牛录组织,因此,各族寨行师、出猎时的人数必然多寡不一。努尔哈赤采取的办法是,紧紧控制族长寨主,通过他们间接统治星罗棋布于山川林莽间的族党屯寨。这种人口多寡悬殊的族寨虽与以后出现的社会组织牛录不同,各族长寨主也不是后来的国家官员牛录额真,但是,以后的八旗——牛录组织却正是从这时的族党屯寨孕育而成的。

2. 编设牛录取代族党屯寨(万历二十九年至万历四十三年)

据清官书记载,编牛录是从万历二十九年(1601)开始的。[4]对此,有些学者持异议,他们认为牛录组织的确立要比万历二十九年早得多,其论据是:早在万历十二年(1584),即努尔哈赤起兵的第二年已有"牛录额真"这一官爵。《清太祖武皇帝实录》记这一年九月努尔哈赤与瓮哥落人激战,被鹅儿古尼及老科发箭射中,后将鹅儿古尼二人擒获,人们欲杀此二人,努尔哈赤未从众议,反而"赐以牛录之爵(原注:属三百人),厚养之"。[5]满文体《满洲实录》则记云:"赐鹅尔古尼、老科为管辖三百丁的牛录额真的官。"[6]《清太祖高皇帝实录》也有相类似的记载:"擢鄂尔果尼、罗科为牛录额真,统辖三百人。"[7]按努尔哈赤起兵时有父

---

[1]《建州纪程图记》,第25页。
[2]《清太祖武皇帝实录》卷二,辛丑年正月。
[3]《满洲实录》卷三,辛丑年,是年。
[4]《清太祖武皇帝实录》卷二,辛丑年正月;《满洲实录》卷三,辛丑年,是年;《清太祖高皇帝实录》卷三,辛丑年,是年。
[5]《清太祖武皇帝实录》卷一,甲申年六月。鹅儿古尼、鹅尔古尼及下文鄂尔果尼是同一人,引自不同文献,保留原译名。以下类似情况,均同此处理。
[6]《满洲实录》卷二,甲申年六月。
[7]《清太祖高皇帝实录》卷一,甲申年九月。

祖遗甲十三副，第二年九月往攻董鄂部，"率兵五百"[1]，这当是他属下主要军卒，然而为笼络被擒敌酋，竟令其各统辖300人，殊难令人相信。在《清太祖实录》中，以晚出的、业已制度化的八旗职官与组织的名称，加在草创时代的事例，可以说比比皆是。所谓万历十二年已有"牛录之爵""牛录额真"，即属此例。

也有的学者依据原始档案和其他文献资料，认为"在1588年（明万历十六年）以前，有案可查的努尔哈赤共编有满洲牛录16个，又半分牛录2个，共17个牛录"，"1601年努尔哈赤初建四旗时，满洲牛录至少有40个"。[2]这一结论的根据也似嫌不足，例如该文作者是这样论证万历十六年以前建立的17个牛录中第一个牛录——尼玛禅牛录的："尼玛禅，当太祖兵初起，从其兄赫东额率五十余户来归，任牛录额真（按此据《清史稿》）。据档案记录，呢麻禅带来55人，编设半个牛录（按此据《历朝八旗杂档》）。"[3]

《清史稿》是晚出的史籍，在《雅希禅传》中，是这样记述尼玛禅的："雅希禅，先世居马佳，以地为氏。父尼玛禅，当太祖兵初起，从其兄赫东额率五十余户来归，任牛录额真。"[4]是否能够以此作为根据证明"太祖兵初起"就编成了尼玛禅牛录呢？显然还不能，因为率众来归与编为牛录往往并不在同时。这一点《历朝八旗杂档》的记载一般比较明确，即以尼玛禅牛录为例，档案记载如下："镶黄旗满洲都统释迦保，伊祖赫东格、叔曾祖尼麻禅弟兄自马家地方率子弟并五十五满洲来归。太祖高皇帝初编佐领时，着赫东格亲孙十札尔虎齐雅希禅之子公衮管理。"[5]可见，尼玛禅的来归是一码事，以他的属人编牛录又是一码事。《清史稿》先叙其来归，紧接着说任为牛录额真，在行文上是可以理解的，但不能据此证明来归与编牛录在同时。

---

[1] 《清太祖高皇帝实录》卷一，甲申年九月。
[2] 陈佳华、傅克东《八旗建立之前满洲牛录和人口初探》，《中央民族学院学报》1981年1期。
[3] 同上。
[4] 《清史稿》卷二二七，《雅希禅传》，中华书局，1977。
[5] 《历朝八旗杂档》48号，"镶黄旗满洲勋旧佐领世管佐领原由档"。

再如该文作者所说的17牛录中的博尔晋牛录，档案记云："侍卫博尔金，太祖初年率领满洲来归，授为侍卫。初立佐领时，得为佐领。"[1]达尔汉虾等3牛录，档案记云："太祖高皇帝时，岁在戊子（万历十六年），身曾祖原任五大臣达尔汉下（即达尔汉虾）从身高祖扈喇虎，于雅尔祜地方率所属军民来归。初设佐领时，将身祖所带军民编为佐领。"[2]仅以作者引证的档案而言，似乎也很难得出博尔晋、达尔汉虾的牛录编设于万历十六年之前。

至于万历二十九年前至少已有40个牛录的根据，作者引用了下面一件档案："天命元年以前二十年，长生之高祖噶哈从佟家（佟音）地方带领兄弟并一处之人投太祖皇帝，创制四十佐领时，将职祖带来壮丁编为一佐领，着职高祖噶哈管理。"[3]细审以上档案，它只能证明噶哈是在"天命元年以前二十年"，即万历二十四年（1596）归附努尔哈赤的，至于"创制四十佐领"究竟在何时，档案并未明言。

总之，《历朝八旗杂档》也好，其他文献资料也好，都没有万历二十九年以前编立牛录的可靠的、明确的记载，所以，还是依据清代官书以"辛丑年"（万历二十九年）始编牛录比较稳妥。

我们否定万历二十九年以前已编设规制比较统一的牛录的看法，并非完全无视始编牛录前已经出现的以地区编制户口的趋势。努尔哈赤与那些旋起旋灭的女真豪酋不同，他十分善于统辖处于不同社会发展阶段的、来源又极其复杂的部众，既尊重他们旧的习俗，利用从氏族组织蜕变而来的血缘宗族关系，又渐次整顿社会组织，严明法制，以巩固和加强对部众的统治。随着早期满族社会的飞跃发展和努尔哈赤个人权威的与日俱增，"不依亲属集团而依共同居住地区，为了公共目的来划分人民"[4]，以牛录编制属下人口的条件逐渐成熟了。

对万历二十九年始编牛录一事，《清太祖武皇帝实录》记载如下：

---

[1] 转引自陈佳华、傅克东《八旗建立之前满洲牛录和人口初探》。
[2] 同上。
[3] 同上。
[4] 《马克思恩格斯选集》，人民出版社，1972，第四卷，第110页。

> 是年（辛丑年），太祖将所聚之众，每三百人立一牛禄厄真管属。前此，凡遇行师出猎，不论人之多寡，照依族寨而行。满洲人出猎开围之际，各出箭一枝，十人中立一总领，属九人而行，各照方向，不许错乱，此总领呼为牛禄（原注：华言大箭）厄真（原注：厄真，华言主也）。于是，以牛禄厄真为官名。[1]

编设牛录以前，努尔哈赤以古老的族党屯寨作为基层社会组织，这种结构适应聚众起兵初期的社会政治状况，起到了稳定新附部属的积极作用。但随着部众急剧增加和辖区日渐广阔，便逐渐暴露出它的弱点。首先，族党屯寨大小不一，人口悬殊，既有数以千百计人丁的强宗大族，也有十几户、几十户的屯寨，这对征收贡赋、调发兵役差徭带来种种不便。其次，相当多的部酋族目凭借血缘宗族关系直接领有自己的族属，不仅难于消除部族间的畛域，而且妨碍了努尔哈赤权力的有效行使。随着努尔哈赤权威的提高，改变这种组织紊乱、权力分散的状况，建立适应政治、军事、经济发展需要的基层组织的条件日趋具备了。万历二十九年李成梁复出镇辽，努尔哈赤在哈达问题上暂时让步，对明廷采取和缓策略以致力于内部整顿，开始了在满族发展史乃至清开国史上意义重大的步骤——编设牛录，取代昔日的族党屯寨。这一工作陆续进行了15年，万历四十三年（1615）创编八旗前夕才基本完成。

考察努尔哈赤的编设牛录，可以发现以下三个特点：

第一，牛录脱胎于原有的军事组织。编牛录之前，军事组织（围猎是军事活动）是十夫长制，按女真人的习俗称为"牛录"。这时的"牛录"由十人组成，此十人组成的单位与行师出猎时其他单位区别的标志就是一支刻有本身记号的"披箭"（满语"niru"，汉语可音译为"牛录"），这样，就以"牛录"指代十丁组成的军事单位，十夫长之所以称"牛录额真"，即取"箭主"之意。努尔哈赤沿袭了女真人世代相承的习俗，但赋予它全新的内容。他以300丁为一牛录，以牛录额真作为国家基层官员，原有的社会组织——族党屯寨，与原有的军事组织——牛录，便融为一体，平时是政治、经济、社会的基本单位；战时，则为军

---

[1]《清太祖武皇帝实录》卷二，辛丑年正月。

事基本单位。显然，万历二十九年以后经过整编的牛录是固定的、军政合一的基层政权，与前此临时性的、单纯军事性质的"牛录"已有本质区别；万历二十九年以后的牛录额真也是由努尔哈赤任命的、固定的、管理300丁组成的基层政权的官员，而与前此行师出猎临时指定的十夫长——"牛录额真"同样性质迥异。诚如《实录》所说的，"以牛禄厄真为官名"，即借用旧概念而赋予全新的内涵。

第二，在整编牛录时，对与建州女真渊源有别、根基深厚的所谓"扈伦四部"（海西女真），采取"夺其地，歼其酋"[1]的政策。如吞并哈达时，先羁杀其部酋孟格布禄，怀柔其子武尔古岱，以后又借故革去武尔古岱都堂之职，[2]使之默默无闻。再如，万历三十五年（1607）灭辉发时，诛其部长拜音答里父子；乌拉灭后，其部长布占泰逃往叶赫，仍穷追不舍。后灭叶赫，将其部长金台石、布扬古缢杀，布占泰则不知所终。扈伦国长期与满洲为敌，其四部强酋竟无一善终，这绝不是偶然的。因为在整编牛录时，相当多的壮丁人口来自扈伦四部，努尔哈赤推行"夺其地，歼其酋"的政策，是防止形成足以和他抗衡的另外的权力中心。

第三，充分照顾除扈伦四部部酋之外的、所有率属来归的族长寨主及军功新贵的传统特权。在初编牛录时，就任命他们为该部人民所编牛录的牛录额真，其子孙可世代承管。例如，努尔哈赤以率先归附的常书及其子布哈图为牛录额真，"分领其故部"[3]，并世代承管。[4]再如窝集部那木都鲁、绥芬、宁古塔、尼马察四路酋长康古礼等"率丁壮千余来归……分其众为六牛录，以康果礼、喀克都里、伊勒占、苏尔休、哈哈纳、绰和诺世领牛录额真"。[5]噶哈从佟音地方率兄弟及本地人等投靠努尔哈赤，"起初分佐领之时"，命噶哈"世袭牛录"。[6]额亦都以军功超卓，

---

[1]《清史稿》卷二二三，卷末"论曰"。
[2]重译《满文老档·太祖》卷五四，天命八年六月初九日，《清初史料丛刊》，辽宁大学历史系，1979。
[3]《清史稿》卷二二七，《常书传》。
[4]《八旗通志初集》卷七，《旗分志七》，"镶白旗第三参领六佐领布哈图牛录"，"第三参领十佐领常舒牛录"，台北学生书局，1970。
[5]《清史稿》卷二二七，《康果礼传》。
[6]《历朝八旗杂档》276号，"镶蓝旗满洲佐领原由档"。

分赐人口，编为三个牛录，档案记云："銮仪卫冠军使森特所管佐领之原因：于初编佐领时，我高祖配享太庙弘毅公额宜都所得掳户为三个勋旧佐领，给与子孙管理。"[1]这类牛录不仅由原主子孙世管不替，而且日后由于本牛录内人口繁衍，分编出来的佐领也须从原主的后代宗亲中拣选人才领管。这些国初率属来归的豪族大姓和开国元戎，依靠本牛录的实力，享受政治、经济、法律等方面的种种特权，跻身于满洲统治集团的上层。通过统一编组牛录，建州国境内的人民全部成为努尔哈赤的"编氓"，原来具有相对独立地位的部酋族目变为建州国基层军政组织——牛录的官员。努尔哈赤用准予世代统辖为代价，换来了军政组织的整齐划一和汗权的高度集中。

在整编牛录的漫长的过程中，由于努尔哈赤推行了上述的政策和策略，因此，这一划时代的巨大变革总的来看是顺利的。至于其组织工作的艰难与繁剧是不言而喻的。因为每300丁编一牛录只能是一个原则的规定，在人丁不足额时，只能暂编半个牛录。如后来的镶黄旗满洲第三参领第二佐领"原系国初以沙济地方来归人万塔什之族众，合别姓满洲编为半个牛录……后以来归人户陆续增添，始编为整佐领"。[2]与此类似的情况在初编牛录时并不罕见，有的半牛录人丁长期不足额，直至康熙年间人丁滋盛才编为整佐领。即使初编时已成整牛录者，人丁也不尽足300丁之定额。如索尔果从苏完地方率所属500户来归，"初始做为牛录之时，分为五个牛录"。[3]再如后来的正红旗满洲第五参领第三佐领"系国初以叶赫地方来归之诺穆图与其弟格巴库等七十余人，编为半个牛录"。[4]

万历二十九年始编牛录时仅编成了40个，《历朝八旗杂档》有这样一件满文档案，记的是雍正朝镶蓝旗满洲常录佐领追述本牛录形成的历史："abkai fulingga i sucungga aniya i onggolo orin aniya de canlu mini da mafa gaha tonyin baci ahuta deote jai emu bai niyaIma be uheri gajime taidzu

---

[1]《历朝八旗杂档》48号，"镶黄旗满洲勋旧佐领世管佐领原由档"。
[2]《八旗通志初集》卷三，《旗分志三》，"镶黄旗满洲第三参领第二佐领"。
[3]《历朝八旗杂档》48号，"镶黄旗满洲勋旧佐领世管佐领原由档"。
[4]《八旗通志初集》卷六，《旗分志六》，"正红旗满洲第五参领第三佐领"。

hūwangdi be baime jifi, fukjin dehi niru be banjibure de mini gajiha hahasi be niru banjibufi,mini da mafa gaha de niru bošobuha bihe."[1] 译成汉语，意思是："天命元年前二十年，我高祖噶哈从佟音地方带了兄弟们及在当地居住的人们，一起寻找太祖皇帝而来。初编四十牛录时，其（噶哈）所带男丁编为一牛录，令我高祖噶哈领管。""初编四十牛录"一事虽不见于其他文献，但由当事人后代子孙回忆，估计不会有什么问题。可以这样说，满洲赖以打江山的八旗，正是从这40牛录发展起来的。万历二十九年以后，以初编40牛录为基础，陆续进行编组工作，至万历四十三年创编八旗时，牛录数目翻了两番，约有200个上下。这一时期是牛录制从草创到逐步健全的阶段。

在这一时期，牛录之上并未设甲喇、固山更高一级的军政组织，也就是说，万历二十九年始编牛录时并无初设四旗之举，最有力的证据是，包括老满文档册[2]在内的清早期档案、官书中，万历四十三年（1615）以前未有甲喇、甲喇额真、固山、固山额真这些名称，在明和朝鲜方面官私文献中也找不到万历四十三年前已建旗制的记载。那么，这一时期的牛录是如何在国家中枢机构统一领导下发挥其基层管理职能的呢？

当时，国中的牛录属人分辖于努尔哈赤兄弟。舒尔哈齐以原有军民编成的牛录，数目要少于努尔哈赤所有者。嗣后，按照女真的古老习俗，努尔哈赤将自己所有的牛录开始分拨给长子褚英、次子代善及其他已长成的儿子。《满文老档》记褚英和代善平均承受了"大半国人"[3]，各5 000家，表明这部分国人——已编牛录者和未编牛录者——各由褚英和代善所有。可见，在始编牛录后一个相当长的时间里，国中牛录分属努尔哈赤、舒尔哈齐、褚英和代善。《满文老档·太祖》第七十九—八十一卷"穆昆、达旦的档子"，当是万历三十八年（1610）建州入京朝贡前所编各穆昆、达旦的一份记录。第一穆昆为努尔哈赤所属，额亦都等五大臣及阿敦等人皆在此穆昆，第二穆昆主要为褚英

---

[1]《历朝八旗杂档》276号，"镶蓝旗满洲佐领原由档"。
[2] 广禄、李学智译注《清太祖朝老满文原档》（第一册"荒字档"，第二册"昃字档"），台北"史语所"，1970。
[3]《满文老档·太祖》卷三，癸丑年六月。

所属，第三穆昆为舒尔哈齐、代善所属，按照努尔哈赤的观念，包括舒尔哈齐的牛录属人在内，国中一切牛录说到底还应属于他所有。[1]因此，他有权夺回已分拨的牛录，或重新加以调整。在这样的体制下，国家以努尔哈赤为汗，舒尔哈齐、褚英、代善及五大臣额亦都等主持中枢机务，努尔哈赤、舒尔哈齐、褚英、代善等又通过属下各牛录额真管理牛录，贯彻各项军政命令与法律制度。在这些牛录额真之中，虽然多被授予子孙世守统辖的特权，但他们必须根据国家统一号令组织军事、围猎和各项生产活动，履行他们管理的职责。《满文老档》记载："同年（万历四十一年，1613年）……令一牛录各出男丁十人、牛四头，开始在空地种田。"[2]"迄今，围猎时，每一牛录给一令箭而行……"[3]这时的牛录，尽管规制还未尽整齐，但比人口多寡不一、血缘纽带强固的族党屯寨已大大前进了一步。努尔哈赤借助国家政权的力量，仅仅用了十几年的时间，就完成了具有划时代意义的重大改革，从而拓出早期满洲国家无限宽广的发展前途。

我们认为，这一时期努尔哈赤、舒尔哈齐、褚英、代善分领国中牛录属人虽孕育了日后八旗制度的胚胎，但并未创建黄、白、蓝、红四固山，下面我们还要对此进行考证。褚英、代善之类领有数目不等的牛录的新贵们，既不同于万历二十九年以前的部酋族目、屯长寨主，也不同于万历四十三年以后的和硕贝勒、固山额真，作为军政合一组织的八旗尚在酝酿之中，他们不过是些过渡性的人物。这样，努尔哈赤通过编牛录虽说集中了权力，但仍不能根本消除国家分裂的潜在危险。万历三十九年（1611）以后连续发生的舒尔哈齐率众叛离和褚英阴蓄异谋的严重政治事件教训了努尔哈赤，加以在行师出猎时暴露出来一系列新问题，更促使他继续苦心探索，寻找一种更完善的军政组织形式，集中而有效地管理栉风沐雨、历尽艰辛聚集起来的众国人。万历四十三年（1615）舒尔哈齐已死，褚英被杀，努尔哈赤子侄辈既长且才，牛录又有大幅度增加——编旗设官、集大权于一身的时机完全成熟了。

---

[1]《满文老档·太祖》卷一，己酉年三月。
[2]《满文老档·太祖》卷三，癸丑年。
[3]《满文老档·太祖》卷四，乙卯年十二月二十日。

3. 草创八旗制度（万历四十三年）

万历四十三年，努尔哈赤在全面整编牛录的基础上，草创了年轻国家的根本制度——八旗制度。据《满文老档》记载，这一年以300丁为标准，平均划一国中所有牛录，每牛录设牛录额真一员，下设代子二员，作为牛录额真的副手。每牛录又分为4个达旦，设章京4人、村拨什库4人分管。在统编牛录后，创建黄、白、红、蓝、镶黄、镶白、镶红、镶蓝八固山。《清太祖武皇帝实录》作了如下记载：

> （乙卯年，万历四十三年）太祖削平各处，于是每三百人立一牛禄厄真，五牛禄立一扎拦厄真，五扎拦立一固山厄真，固山厄真左右立美凌厄真。原旗有黄、白、蓝、红四色，将此四色镶之为八色，成八固山。[1]

在《满文老档》乙卯年条下首见"jakūn gūsa"（八旗）的记载，并在旗下分"gala"（翼）。[2]《满文老档》虽未见"jalan"（扎拦、甲喇）之称，但有在围猎时"把五牛录编为一队"[3]的记录。翌年元旦，八旗诸贝勒、大臣率本旗属员按旗序分四面四隅站好，举行上汗父努尔哈赤"天命恩养诸国英明汗"尊号的大典。[4]这一切都可以作为《清太祖武皇帝实录》记述的乙卯年编旗设官的有力证据。

新创建的八旗制度具有以下显著特点：

第一，军政合一，寓兵于民。

经过万历四十三年空前的社会变革，满族全体社会成员无一例外地分隶八固山之下。"固山"（gūsa）在清官书中始见于癸巳年（万历二十一年，1593），[5]但在当时，它的含义是临时性的、单纯军事性质的军团。至编八旗时，遂以原来军事组织"固山"称呼新创的军政合一组织，这和万历二十九年始编牛录时，借用以往"牛录"之名是一个道理，

---

[1]《清太祖武皇帝实录》卷二，乙卯年十一月。
[2]《满文老档·太祖》卷四，乙卯年十二月二十日。
[3] 同上。
[4]《满文老档·太祖》卷五，丙辰年正月初一日。
[5]《清太祖武皇帝实录》卷一，癸巳年九月。

二者都是经历了由单纯军事组织而演化为军政合一组织的过程。为确定不同固山所属社会成员的户籍，就采取了一个十分简捷的办法——"按行军旗色，以定户籍"[1]。这就是说，分属不同旗色为标志的军团的甲士连同他们的家属，组成不同的固山，他们各自的户籍便是"某某旗（指旗纛）固山"。这样，八旗就成了地方最高一级政权，它负责组织旗下各牛录属员的战备训练、生产活动，审理其管辖范围内的诉讼案件，管理本旗人员的社会生活。它平日的基本职能是为战争提供优秀的甲士、充足的给养和精良的武器装备及战马。一到战时，即以旗为基本军事单位，下辖甲喇、牛录，八旗兵或分旗，或分左右两翼，协同完成军事任务，行军时也按旗序鱼贯前进。此外，各旗还被分派到要害地点驻防，各旗所辖地区，由国家统一划定，可视为军区。八旗制度使整个国家成为一部战争机器，它把整个社会军事化了。清代帝王所自诩的"神武开基"，在这里得到了集中的体现。

第二，家与国的浑然一体。

努尔哈赤在统编牛录的基础上，将全部国人，以及牲畜、阿哈、财物分为八份，由八和硕贝勒分别承受，由此而形成了以努尔哈赤一支为主的显祖子孙（宗室）组成的所谓"八家"。就国家而言，不过是努尔哈赤家族的扩展，"汗犹一家之祖父也，贝勒犹一家子弟也"。[2]努尔哈赤身兼国汗与家父的双重身份，而八和硕贝勒都是努尔哈赤的子侄辈，他们分管的八旗是国家的根本。在这个国家里，国政与家务往往很难截然划分的，一直到晚清，仍然留有这方面的遗迹。

再从每旗来看，则以和硕贝勒为主，和硕贝勒在本旗分植本支家族子弟，因此又有旗内诸贝勒，他们也领有牛录属员，成为属下若干牛录之主，和硕贝勒身兼地方最高军政首长与本旗大家族长的双重身份。宗室的和睦与兴盛是国家稳定繁荣的基础，国家的强大与法制的完备又是宗室的特权地位能够巩固并相互协调的保证。努尔哈赤正是

---

[1]《(乾隆)大清会典》卷九五，《八旗都统·旗制》，《文渊阁四库全书》第619册，台北商务印书馆，1986。

[2] 罗振玉编《天聪朝臣工奏议》，天聪七年正月十九日，马国柱《请更养人旧例及设言官奏》，潘喆、李鸿彬、孙方明编《清入关前史料选辑》第二辑，中国人民大学出版社，1984。

期望通过严肃法纪、敦睦族谊以及健全共议制度等措施使他缔造的国家永世长存。

第三，事权统一，效能极高。

在八旗制度下，国家的权力有相当大的部分下放到各旗，中枢政权机构在起初是比较疏简的。但由努尔哈赤主持的诸贝勒大臣的议政制度，则保证了权力的高度集中。由于各旗首脑人物参与议政，他们对总的战略、策略思想理解得十分透彻，而且一旦形成决议，又通过他们在各旗迅即严格执行，层层贯彻到各甲喇、各牛录。由于各种利益由各旗、各"家"按份分享，而各项义务同样由各旗、各"家"按份承担，权利、责任、义务自然紧密结合在一起。因此，国家最大限度地调动了各旗的创造力、主动性和进取精神。八旗制度使国家上下如身臂相从、臂指相连，发挥出了极高的效能。

上述八旗制度的基本特点在一个相当长的时期内没有发生根本变化，它适应了清开国时期的经济、政治、军事状况，对清王朝的崛兴起到了关键作用，对有清一代的历史产生了深远的影响。我们认为八旗制度创建于万历四十三年，是因为它的基本特征在这时业已具备。同时，我们也认为，八旗制度是在以后的实践中逐步得到完善的，万历四十三年仅仅是八旗制度的草创而已。

首先，万历四十三年创编的八旗，从民族成分看，主要是满族。在日后的发展中，随着蒙古、汉人大量纳入八旗，遂从八旗主干上渐次析出蒙古八旗和汉军八旗。而以初编的八旗为中坚，又融合了部分蒙、汉、朝鲜等族人口，称为满洲八旗。满、蒙、汉八旗的编设完竣，标志着八旗制度的完备。

其次，旗制初建，各旗所辖牛录数并非如《实录》所记俱为25牛录，实际上各旗所辖牛录数目相差悬殊，大约努尔哈赤两黄旗下牛录接近25牛录这一平均数，两白旗的牛录最少，而镶蓝旗独多，因为舒尔哈齐那么大的一份家业后来全归入镶蓝旗。[1]直到天聪年间，皇太极才开始着手解决各旗实力不均衡的问题，企图以每旗下辖30牛录为定制。[2]

---

[1]《满文老档·太祖》卷一八，天命六年闰二月二十日。
[2]《清太宗实录》卷二〇，天聪八年十月壬子，中华书局，1985。

再次，旗下官制也并非如《实录》所记载的旗—甲喇—牛录那样的规整，实际上甲喇、甲喇额真都是晚出的事物。从《满文老档》的记载看，最初只有"五牛录""五牛录额真"之称，"甲喇"（jalan，其本意是"草节、树节、竹节之节"）一词用于军事活动首见于天命八年（1623）四月，[1]至于甲喇额真一称的确定就更迟一些。

最后，旗制初立，八旗旗纛也不像清官书所载的那样。按清官书，旗制创设之始，"以初设四旗为正黄、正白、正红、正蓝，增设之旗为镶黄、镶白、镶红、镶蓝，黄、白、蓝均镶以红，红镶以白，合为八旗。"[2]这里所记的是以后的定制，八旗旗纛的颜色和装饰也有一个演变的过程。据朝鲜人申忠一万历二十四年（1596）初目睹，建州有"青、黄、赤、白、黑"五色军旗，[3]这五种颜色恰是早期满族用来表示天干的，[4]申忠一的记载是可信的。万历四十三年创建八旗，即以黄、红、青、白为四纯色旗，其他四旗的旗色及饰画分别是："黄旗无画""赤旗无画""白旗画黄龙""青旗画黑龙"。[5]可见，此时还没有蓝旗，[6]也没有镶色旗。直到天命七年（1622）初，《满文老档》中才开始有黄、白、红、蓝四正色旗及镶黄、镶白、镶红、镶蓝四镶边旗的记载。[7]从此以后，蓝旗取代了青旗，草昧时代以青、黄、赤、白、黑五色旗区分部伍的遗迹进一步消失，画龙旗成为八旗旗纛史上的一个短暂插曲。从天命七年开始，四正色旗、四镶色旗才作为定制正式形成。

清代官书对草创之初的八旗制度多有溢美之词，仿佛八旗初创，就已尽善尽美。到了乾隆年间索性臆造八旗创建史，把旗制的确立大大提前，使后人更难于了解八旗创立的真相。因此，有必要对旗制开创的年代作进一步考证。

---

[1]《满文老档·太祖》卷四八，天命八年四月初一日。
[2]《（乾隆）大清会典则例》卷一七一，《八旗都统·编旗设官》，《文渊阁四库全书》第620册，台北商务印书馆，1986。
[3]《建州纪程图记》，第23页。
[4]《清太祖朝老满文原档》（《荒字档》），"附录二"，第27页。
[5]《朝鲜李朝实录中的中国史料》第八册，第3146页。
[6] 蓝色，满文是"lamun"；青色，即绿色，满文是"niowanggiyan"。
[7]《满文老档·太祖》卷三五，天命七年二月初五日。

（二）八旗制度创建年代考

中外研究八旗制度的论著，关于八旗建旗史传统的看法是，万历二十九年（辛丑年，1601）始建黄、红、蓝、白四旗，万历四十三年（乙卯年，1615）在原有四旗的基础上，增设镶黄、镶红、镶蓝、镶白四旗，合为八旗。还有一种观点，认为万历四十二年（甲寅年，1614）在原有四旗的基础上，增设四旗，合为八旗。前者认为旗制创立于万历二十九年，即辛丑年，姑名之为"辛丑说"；后者认为八旗建于万历四十二年，即甲寅年，姑名之为"甲寅说"。这两种看法与我们的观点——万历四十三年始建八旗，旗制草创——不同，我们认为，"辛丑说"和"甲寅说"的根据都有可以商榷之处，下面分别就两说之误加以考订。

1."辛丑说"之误

清代官书中，第一次明确记载万历二十九年建立黄、白、红、蓝四旗的是乾隆二十九年（1764）修纂成书的《（乾隆）大清会典则例》，据该书记载："清太祖高皇帝辛丑年，满洲生齿日繁，诸国归服人众，设四旗以统之，以纯色为辨，曰黄旗、曰白旗、曰红旗、曰蓝旗……"[1]修纂《大清会典则例》的史官记述建旗历史，当然要有所依据。推其所据，除前已成书的《（康熙）大清会典》《（雍正）大清会典》《八旗通志初集》之外，最根本的依据还是《清太祖实录》，因为归根结底，《会典》《八旗通志》还得以《实录》为据，而不同版本的《清太祖实录》又以成书于清太宗天聪、崇德之际的《满洲实录》[2]和《清太祖武皇帝弩儿哈奇实录》[3]为最早的版本，推原论始，此后官书有关八旗创建的历史，都直接或间接以此为本。下面请看这两种史籍的记载：

《满洲实录》——"（乙卯年）太祖削平各处，于是每三百人立一牛录额真，五牛录立一甲喇额真，五甲喇立一固山额真，固山额真左

---

[1] 《（乾隆）大清会典则例》卷一七一，《八旗都统·编旗设官》。
[2] 据前人研究，乾隆重绘本《满洲实录》所据的底本系天聪末年成书的《太祖实录图》，乾隆重绘本除文字稍有润饰外，记事并未增删。
[3] 原北平故宫博物院民国二十一年（1932）版本。

右立梅勒额真。原旗有黄、白、蓝、红四色，将此四色镶之为八色，成八固山。"[1]

这最后一句十分重要，《清太祖武皇帝实录》所记与此一字不差。有人认为，"原旗有黄、白、蓝、红四色"一句中的"旗"，就是军政合一的组织——固山，并以此为万历四十三年以前确已建立了四旗（固山）的根据。这显然是误解。

清开国之初，记载国史，全用满文。[2]纂修《清太祖实录》的基本素材是《满文老档》，《满洲实录》和《清太祖武皇帝实录》是依据《满文老档》等先修成满文体，然后由满译汉，经一再润饰后方成汉文体实录。自然，就《清太祖实录》而言，满文体的价值是高于汉文体的，欲考"原旗有黄、白、蓝、红四色"的本意，应查核满文体实录的记载。

请看满文体《满洲实录》此句的表述："dade suwayan fulgiyan lamun šanggiyan duin boco tu bihe, duin boco tu be kubume, jakūn boco tu obufi, uheri jakūn gūsa obuha."[3] 译为汉文，即"原有黄、红、蓝、白四色旗纛，将此四种颜色的旗纛镶边后，成为八种颜色的旗纛，共八个固山"。由此可知，"原旗"的"旗"是指"旗纛"（tu）而言，并非后来汉语所谓的军政合一组织——"旗"。《满洲实录》汉文体将"tu"译为"旗"，为避免混淆，将"gūsa"音译为"固山"。故"原旗有黄、白、蓝、红四色，将此四色镶之为八色，成八固山"一段是忠实于原文的，如果参照满文体实录理解它的含义，是不会产生乙卯年以前已有四固山的误解。后人之所以认为这一段记述就是原来已有四旗（固山）的证据，显然是以"旗纛"之"旗"误作"固山"之"旗"所致。

用"旗"来指代固山，仅是汉语中特有的现象，在满语中是不存在的。在满文档案、官书及其他著述中，凡表示军政合一的组织——"旗"，

---

[1]《满洲实录》卷四，乙卯年。

[2]《天聪朝臣工奏议》天聪六年十一月二十八日，书房秀才杨方兴《条陈时政奏》："从古及今换了多少朝廷，身虽往而名尚在，以其有实录故也。书之当代，谓之实录，传之后世，谓之国史，此最紧要之事。我金国虽有榜什在书房中日记，皆系金字而无汉字。皇上既为金汉主，岂所行之事止可令金人知，不可令汉人知耶？"（《清入关前史料选辑》第二辑）

[3]《满洲实录》卷四，乙卯年。

只能用"gūsa"（固山）一词，如"suwayan i gūsa"（正黄旗），"kubuhe šanggiyan i monggo gūsa"（镶白旗蒙古或蒙古镶白旗），"gūsa i niyalma"（旗人、固山的人），等等。总之，在满语中绝对不用"tu"（"旗纛"）指代"gūsa"。当八旗创建之初，后金的汉人也依满语的构词方法，用"某某旗固山"来区分所在旗籍，如"蓝旗固山""正红旗固山"等，这在入关前形成的汉文档案中不乏其例。久而久之，汉人为简捷起见，索性抓住不同固山的特征——旗色，用"旗"来指代固山，固山一词渐被淘汰，后人不解固山为何物，反要用"旗"来诠释，以至今天读清史时提到"旗"，没有人理解为旗纛，却都以为是指军政合一组织（即固山）。正是由于满语同汉语在这一点上的微妙差别，才逐渐导致了后来对建旗年代的误解。

清入关后，重修《清太祖实录》，至康熙二十五年（1686）成书，但康熙重修本《太祖实录》已不可得，[1] 唯日本邨山纬、永根铉所录《清三朝实录采要》尚保存康熙重修本《太祖实录》有关建旗的记载：

> （乙卯年）上削平诸国以来，于是每三百人设一牛禄额真，五牛禄设一甲喇额真，五甲喇设一固山额真，每固山额真左右设两梅勒额真。先是，止有黄、白、蓝、红四旗，至是，以四旗镶之为八，共为八旗。[2]

与《满洲实录》《清太祖武皇帝实录》对照，可以发现两处改动：一是"原旗有黄、白、蓝、红四色"改成了"先是，止有黄、白、蓝、红四旗"；一是"成八固山"改成了"共为八旗"。经此一番修改，从汉语理解，已涵有"乙卯年前已有黄、白、蓝、红四旗（固山）"的意思了。不

---

[1] 1937年孟森先生《康熙重修太祖实录跋》一文提到，当时曾见到康熙本《太祖实录》，且有意将其附印于《三朝初纂实录》之后，但此书后来未见刊行，原本也不知下落。又罗振玉先生曾辑《太祖高皇帝实录稿本三种》，称此为"康熙朝重修稿本"，但此系残本，无乙卯年记事。

[2] ［日］邨山纬、永根铉辑《清三朝实录采要》卷一，乙卯年十一月，日本天保四年山城屋左兵卫刊本，现收入《域外汉籍珍本文库》第四辑第七册，西南师范大学出版社，2013。

管康熙本《太祖实录》的纂修者的主观意图为何，由于满汉语言的差异，读康熙本汉文体《太祖实录》已经可以有不同的理解了。

雍正十二年（1734）对《清太祖实录》重加校订，至乾隆四年（1739）书成，是为雍乾改订本，该书卷四对建旗史作了如下记述：

> （乙卯年）上既削平诸国，每三百人设一牛录额真，五牛录设一甲喇额真，五甲喇设一固山额真，每固山额真左右设两梅勒额真。初设有四旗，旗以纯色为别，曰黄、曰红、曰蓝、曰白，至是添设四旗，参用其色镶之，共为八旗。[1]

这一表述完全肯定了"原有四固山"的说法，因为从"初设有四旗，旗以纯色为别"这句话看，"旗"已不能解释成"旗纛"的"旗"了，它只能当"固山"讲。至此，由康熙重修本开始的错误便彻底铸成了。

然而，令人不解的是，满文体雍乾本《清太祖实录》关于建旗的记载却一仍其旧，忠实于建旗的史实："dade suwayan fulgiyan lamun šanggiyan duin hacin i gulu bocoi tu bihe, duinbocoitu be kubuhe, geli duin tu nonggifi, jakūn bocoi tu obufi, uheri jakūn gūsa obuha."[2] 译成汉文，即"原有黄、红、蓝、白四种纯色的旗纛，将此四种颜色的旗纛镶边，又添了四种旗纛，成为八种颜色的旗纛，共八固山"。与《满洲实录》满文体对照，这一段满文的词句虽略有出入，但内容是完全一致的，仍然用"tu"和"gūsa"将"旗纛"和"固山"作了严格的区别，使人不致理解为原来已有四个固山。

显然，是雍乾本的汉文译文背离了满文本意，这种因满汉体文义抵触而形成的舛谬，事关八旗创建这一重大事件，是清最高统治者绝对不能容许的，问题是究竟如何来弥合满汉文体之间的矛盾。在解答它之前，先来看另一个值得注意的现象。

从天聪、崇德之际，直到乾隆初年，有关建旗历史的汉文记述尽管发生了蜕变，但无论是康熙重修本《太祖实录》，还是雍乾改订本《太

---

[1] 《清太祖高皇帝实录》卷四，乙卯年。
[2] 中国第一历史档案馆藏小黄绫满文《清太祖高皇帝实录》，第四册。

祖实录》，都不曾言明所谓"先是""初"的确切年代，与此相一致的是康熙、雍正及乾隆初修竣的《会典》《八旗通志》等官书中，也都将建旗的时间笼统言之。《（康熙）大清会典》和《（雍正）大清会典》是这样记述的："国初，设立八旗，曰镶黄、曰正黄、曰正白、曰正红、曰镶白、曰镶红、曰正蓝、曰镶蓝。"[1]清官修史书，凡"岁月久远，卷籍不存者，止书曰'国初'"[2]。上述两部清初编纂的《会典》只记"国初，设立八旗"，而不明确究竟建于何年，这种治史态度是严谨的。雍正五年（1727）敕修、乾隆四年（1739）刊行的《八旗通志初集》有关建旗的记载，一处是："国家龙飞东海，列圣肇基，显庸创制，始立四旗，复镶为八旗……"[3]另一处是："太祖乙卯年……初设有四旗，旗以纯色为别，曰黄、曰红、曰蓝、曰白，至是镶之，添设四旗，参用其色，共为八旗。"[4]显然，《通志》的纂修者以雍乾改订本《清太祖实录》为本。

综上所述，至乾隆初年为止，《清太祖实录》及其他官书有关建旗历史的记载，汉文本已出现讹误。如果孤立地从字面意义理解，乙卯年创建八旗之前已建有四正色旗，但这四旗究竟建于何时，史官们都采取慎重态度，未敢妄说。

乾隆中期重修《大清会典》，并于《会典》之外，创设《大清会典则例》。乾隆二十九年（1764）《会典》与《则例》同时告成。先请看《（乾隆）大清会典》有关建旗的记载：

> 国家以神武开基，龙兴之初，建旗辨色，用饬戎行。厥后归附既众，即按行军旗色，以定户籍，设官分职，以养以教，而兵寓其中。始立四旗，重为八旗，合满洲、蒙古、汉军为二十四旗，制度备焉。[5]

---

[1] 《（康熙）大清会典》卷八一，《兵部·八旗官制》，《近代中国史料丛刊》三编，第73辑，台北文海出版社，1993。《（雍正）大清会典》卷一一一，《兵部》，《近代中国史料丛刊》三编，第79辑，台北文海出版社，1995。
[2] 《（康熙）大清会典》"凡例"。
[3] 《八旗通志初集》卷一，《旗分志》，"序"。
[4] 《八旗通志初集》卷一，《旗分志一》，"八旗满洲规制"。
[5] 《（乾隆）大清会典》卷九五，《八旗都统·旗制》。

上述记载对建旗过程作了扼要而精彩的叙述,至于始建四旗的年代,仍沿袭了康熙朝以来官书严谨的提法。然而,在《(乾隆)大清会典则例》一书中,却异说突起,引人注目:

> 太祖高皇帝辛丑年,满洲生齿日繁,诸国归服人众,设四旗以统之,纯色为辨,曰黄旗、曰白旗、曰红旗、曰蓝旗……甲寅年,削平诸国,中外臣民,归附者众,增设四旗。以初设四旗为正黄、正白、正红、正蓝,增设之旗为镶黄、镶白、镶红、镶蓝,黄、白、蓝均镶以红,红镶以白,合为八旗,统率满洲、蒙古、汉军诸众。[1]

上述一段文字,从表面上看,可以说是自天命以迄乾隆中期,历朝档案、官书中将建旗历史表述得最清晰、最详尽、最圆满的一次记载,但同以往的记载比较,至少有两点它带有独创性:其一,断定辛丑年始建黄、白、红、蓝四旗;其二,甲寅年定八旗之制。显然,这两点不仅背离了不同版本《清太祖实录》中的有关记载,而且在清代最早的档案资料——《满文老档》中,也找不到任何根据。然而,《大清会典则例》既为乾隆皇帝钦定,故凡重修《会典》《会典事例》《八旗通志》,以至始修《(清朝)文献通考》《(清朝)通典》《(清朝)通志》等均奉此为圭臬。[2] 近代以来,研究八旗制度,认定辛丑年始建四旗,尔后才有八旗之制的根据,也源出于《(乾隆)大清会典则例》。

关于甲寅年建旗的新说,留待下面集中讨论。这里,为正本清源,纠正辛丑年建四旗之误,先对《(乾隆)大清会典则例》所记"辛丑年……设四旗以统之,纯色为辨,曰黄旗、曰白旗、曰红旗、曰蓝旗"这段话作

---

[1] 《(乾隆)大清会典则例》卷一七一,《八旗都统·编旗设官》。
[2] 应该指出,有的史官以按语的形式表示了对辛丑年初设四旗的保留态度,如乾隆三十二年敕修的《(清朝)通典》在"太祖高皇帝辛丑年初设四旗……辖以牛录额真一人"之后,加注云:"臣等谨按,是年为编牛录之始,嗣设固山额真、梅勒章京、扎兰章京等官。"《清朝通典》卷六八《兵一》,八旗兵制上,《万有文库》第二集,上海商务印书馆,1935。这种按语形式,在乾嘉之际修纂的《八旗通志》中也曾出现。在这部《八旗通志》中,有关建旗的时间,仍有"乙卯年"的说法。上述情况表明,在乾隆中期以后的官书中,乙卯年建旗之说作为一种非正统观点也还没有完全消失。

进一步考察。这里所谓"四旗",究竟是"四种旗纛"呢,还是指"四个固山"?单凭汉文而言,仍然语义模棱,难于索解,因此,必须核查满文体《(乾隆)大清会典则例》,并与满文体《满洲实录》及满文体雍乾本《清太祖高皇帝实录》的相应段落加以对照,庶可发现问题之所在。下面请看对照表:

《满洲实录》（满文体）	dade　　suwayan　fulgiyan　lamun 原来　　黄　　　红　　　蓝 šanggiyan　duin　boco　　tu　　bihe 白　　　　四　　颜色　　旗纛　曾有 （汉译："原有黄、红、蓝、白四色旗纛"）
雍乾本《清太祖高皇帝实录》（满文体）	dade　　suwayam　fulgiyan　lamun 原来　　黄　　　　红　　　蓝 šanggiyan　duin　hacin　i　gulu　bocoi　tu　　bihe 白　　　　四种　　　　　纯色　　　　旗纛　曾有 （汉译："原有黄、红、蓝、白四种纯色的旗纛"）
《(乾隆)大清会典则例》（满文体）	šahūn　　ihan　aniya……, duin　gūsa　ilibufi 辛　　　丑　　年　　　　四　　固山　设立 kadalabuha, ede　gulu　boco　i　ilgabuha, suwayan 使管辖　　因此纯颜色　　　以使辨别　黄 gūsa　šanggiyan　gūsa　fulgiyan　gūsa　lamun　gūsa　sembi ① 固山　白　　　　固山　红　　　　固山　蓝　　　固山　称 （汉译："辛丑年……设四固山以统之,以纯色为别,曰黄固山、曰白固山、曰红固山、曰蓝固山"）

通过对照不难看出,满文体《(乾隆)大清会典则例》不仅以"辛丑年"代替了满文《清太祖实录》中"先是""初"等含糊的提法,而且将"tu"一律改为"gūsa"。这样一来,旧版满文《实录》中保留着的"原有黄、红、蓝、白四色旗纛"的历史真相,便被"辛丑年设黄、白、红、蓝四固山"的臆断篡改了。如果说直到乾隆初年修订的满文体《清太祖高皇帝实录》还没有改篡前朝成书的满文体《太祖实录》,那么,到了乾隆中期,为了弥合满、汉文体《实录》的矛盾,就索性无视历史事实,以错误的汉文记载为准,校订正确的满文,把建旗的历史从乙卯年,提早到了辛丑年。

通过上面的考证可以看出，清太宗皇太极天聪、崇德之际修纂的《满洲实录》和《清太祖武皇帝实录》还保留着八旗创建过程的比较原始的记录，特别是满文体《满洲实录》记载尤为明确，不仅忠实于建旗设官的历史事实，也与《满文老档》的片断记载相吻合。尔后随着汉语中"固山"一词逐渐被"旗"所取代，人们阅读《满洲实录》《清太祖武皇帝实录》的汉文本时，就难免产生误解。到修纂康熙重修本及雍乾改订本汉文体《清太祖高皇帝实录》时，终于由误解而导致了乙卯年以前已建四旗的错误。不过，这种错误并非有意而为，可能仅仅由于语言上的微妙差异才产生的，所以，满文体雍乾本《清太祖高皇帝实录》有关建旗的一段记述，不过在文字上有所润色，而与旧本《清太祖实录》没有本质差别。唯其如此，同一部雍乾本《清太祖高皇帝实录》，满、汉文体有关建旗历史的抵触就暴露了出来。至乾隆中期修《大清会典》及《则例》，乾隆皇帝决定对旧本《清太祖实录》作根本性的修正，臆造辛丑年始建四旗的新说，并无视前此满文《清太祖实录》的本意，竟以错误的汉文记载为据，重新撰写满文建旗史。这一谬误，后人陈陈相因，至今已有二百余年。对这一"事出有因，查无实据"的历史错案提出质疑，加以剖白，可能会有助于揭示八旗创建的历史真相和对八旗制度的深入研究。

2. "甲寅说"之误

清中期以后，与乙卯年创建八旗之说并行的还有"甲寅说"。请看《(清朝)通典》与《八旗通志》。

《(清朝)通典》(乾隆三十二年敕修)卷六八《兵一》记载："甲寅年定八旗之制，以初设四旗为正黄、正白、正红、正蓝，增设四旗为镶黄、镶白、镶红、镶蓝……合为八旗。"而同书卷三一《职官九》的记载却不同："乙卯年以初设四旗为正黄、正白、正红、正蓝，增设镶黄、镶白、镶红、镶蓝四旗……合为八旗。"

嘉庆初年刊刻的《八旗通志》卷三二《兵制志一》记载："甲寅年始定八旗之制，以初设四旗为正黄、正白、正红、正蓝，增设镶黄、镶白、镶红、镶蓝四旗，合为八旗。"而同书卷一《旗分志一》却载："乙卯年，以削平诸国，每三百人设一牛录额真，五牛录设一甲喇额真（原注：汉文称参领），五甲喇设一固山额真（原注：汉文称都统），每固山左右设两梅勒额真（原注：汉文称副都统）。初设有四旗，旗以纯色为别，曰黄、曰白、曰红、曰蓝，至是镶之，添设四旗，参用旗色，共为八旗。"同书卷四七《职官志六》亦持"乙卯说"："乙卯年设八旗，每三百人设一牛录额真，五牛录设一甲喇额真，五甲喇设一固山额真，每固山额真设左右梅勒额真二佐之。"

"乙卯说"与"甲寅说"虽相差不过一年，但二者此是则彼非，彼是则此非，没有丝毫调和通融的余地。令人惊异的是，乾隆中期以后，"乙卯说"与"甲寅说"并见于官方的记载，甚至同一部官书中两说并存，相安无事。这恐怕与封建时代官修史书的制度不无关系，史官们只求有前说可循，便可以心安理得。"乙卯说"奉《满洲实录》《清太祖武皇帝实录》及《清太祖高皇帝实录》（康熙重修本，雍乾改订本）为指归；"甲寅说"则以乾隆皇帝钦定的《大清会典则例》为根据，可以说二者旗鼓相当，这分歧即使摆到总裁官以至皇帝的面前，他们也不愿深加考究，判断是非。清代官书记载的混乱，不能不影响到后人对八旗制度的研究。晚清学者魏源宗奉"甲寅说"，认为"太祖天命元年之前二载（原注：明万历四十二年）始立八旗"。[1]可以看作持"甲寅说"的代表。近代以来，史家多主"乙卯说"而不用"甲寅说"，理由是"《实录》记载在前，所以采用它的说法，作一六一五年"。[2]我们认为，如果只提出这一条理由，恐怕还不能彻底驳倒"甲寅说"。诚然，在一般情况下，记载在前的史料、形成较早的史籍，篡改较少，往往比较信实，具有较高的史料价值；但也有记载在前的史料反而不如记载在后的翔实可信，这是因为史料和史籍的形成往往要受到政治等因素的影响，今天利用前人留下的史料确实需要下一番去伪存真的考证功夫。在否定"甲寅说"这一史籍上言之凿凿的传统观点时，除指出它记载在后这一点外，还应该举证它的症结之所在，我们认为，后者尤为重要。

"甲寅说"首次见于乾隆二十九年（1764）修纂的《（乾隆）大清会典则例》，该书卷一七一，"八旗都统"记载："甲寅年，削平诸国，中外臣民，归附者众，增设四旗，以初设四旗为正黄、正白、正红、正蓝，

---

〔1〕 魏源《圣武记·附录》卷一一，《武事余记》，中华书局，1984。
〔2〕 郑天挺《探微集》，中华书局，1980，第172页。

增设之旗为镶黄、镶白、镶红、镶蓝……合为八旗。"上述创见究竟以何为据呢？作为编纂《会典》最基本的依据——《清太祖实录》甲寅年条下根本找不到创建八旗的内容，再看《清太祖实录》所本的《满文老档》，该书卷三甲寅年条下有太祖责让萧伯芝、为代善及莽古尔泰娶妻、为皇太极娶妻、征东海窝集部和为德格类娶妻五件事，亦无建立八旗的记录。成书于康熙、雍正两朝的《大清会典》中也没有甲寅年创建八旗的说法。除此之外，能够举出唯一一部前此修成的重要官书是《八旗通志初集》，在该书卷三四"职官志"中可以发现如下记述：

太祖甲寅年，六月丙子朔。谕各牛录下出十人、牛四头，于旷地屯田，积贮仓廪。复设官十六员、笔帖式八员，会计出入。

十一月癸酉朔。上以削平诸国，每三百人设一牛录额真，五牛录设一甲喇额真，五甲喇设一固山额真，每固山额真左右设两梅勒额真，又置理政听讼大臣五人、扎尔固齐十人。

上述记事之末，纂修的史官特注明："右俱太祖实录。"如果说《（乾隆）大清会典则例》首倡"甲寅说"的根据来自《八旗通志初集》，而《八旗通志初集》又本《清太祖实录》，那么，就有必要对《实录》再作进一步核实了。

我们查阅了各种版本的《清太祖实录》，甲寅年六月条下并无"牛录屯田"一事，十一月条下也没有"编旗设官"一事。再有，甲寅年六月朔日并非"丙子"，而是"壬午"，十一月朔日并非"癸酉"，而是"己酉"。《清太祖实录》乙卯年六月朔日正是"丙子"，六月条下恰有"牛录屯田"一事，十一月朔日正是"癸酉"，十一月条下也恰有"编旗设官"一事。显而易见，修纂《八旗通志初集》的史官确实以《清太祖实录》为据，只不过把"乙卯年"误写为"甲寅年"，阴错阳差，铸成了一个离奇的大错。

二、八旗之主——主旗贝勒

主旗贝勒，即目前学术界通称的"旗主"。在满文档案文献中，旗主之意系"固山额真"（gūsai ejen），而固山额真为隶属于主旗贝勒的管旗大臣，为避免概念混淆，我们不用"旗主"一词。主旗贝勒在满、汉文官书和档案中有以下称谓："hošoi beile"（和硕贝勒）、"gūsai beile"（固山贝勒）、"gūsai ejen beile"（旗主贝勒）、"gūsa ejelehe beile"（主旗贝勒）、"管旗贝勒"、"旗王"等，我们在行文中多使用"主旗贝勒"，因为这一概念既反映了主旗贝勒的本质，又可以与旗内"不主旗议政贝勒"（gūsa ejelehekū bime doro be aliha beile）相区别。

下面先分时期阐明各旗的主旗贝勒，再分述主旗贝勒的权利、职责和义务。

（一）清初八旗主旗贝勒的演变

1. 天命时期

清官书、档案中没有这一时期八旗主旗贝勒的完整记载。据朝鲜人李民寏的记述，天命初期努尔哈赤、代善、皇太极、莽古尔泰、杜度、阿敏分别主旗，但他们所主何旗，李民寏语焉未详。[1]天命六年（1621）九月朝鲜满浦佥使郑忠信出使金国，他首次向外间披露了八旗主旗贝勒的姓名，[2]由此得知，天命中期两黄旗主旗者是努尔哈赤，两红旗主旗贝勒是代善，正白旗主旗贝勒是皇太极，镶白旗主旗贝勒是杜度，正蓝旗主旗贝勒是莽古尔泰，镶蓝旗主旗贝勒是阿敏。

在整个天命时期，努尔哈赤主两黄旗没有任何变化。代善作为两红旗主旗贝勒在天命时期也没有改变。皇太极主正白旗，在天命末年已成为仅次于代善的实力人物，有迹象表明，他的势力已渗入了镶白旗。[3]两蓝旗故主为舒尔哈齐，阿敏承受父业之大部分，组成镶蓝旗，此后镶

---

[1] ［朝］李民寏《建州闻见录》，辽宁大学历史系，《清初史料丛刊》，1978，第42页。
[2] 《朝鲜李朝实录中的中国史料》第八册，第3146页。
[3] 皇太极追述"太祖皇帝晏驾哭临时"，阿敏欲出居外藩，为此，他曾"召饶余贝勒阿巴泰与超品公额驸杨古利、额驸达尔哈及楞额礼、纳穆泰、索尼等六人至"，谕以此事。参见《清太宗实录》卷四八，崇德四年八月辛亥。按杨古利、楞额礼、纳穆泰、索尼四人当时与皇太极同在正白旗，而阿巴泰、达尔哈则在镶白旗。

蓝旗主旗者世代为舒尔哈齐一支族人，莽古尔泰得到了舒尔哈齐部分产业，组成了正蓝旗。

从旗制创建之初八旗主旗贝勒的安排可以看出，努尔哈赤兄弟数十年血战得来的一份"家产"，合乎逻辑地由他们的后代承受（努尔哈赤的两旗是留给未长成的幼子的），由此而形成的满洲最高统治集团的权力格局，在整个清开国时期，未发生根本变化。

2. 天聪时期

天命十一年（1626）九月，皇太极即汗位，八旗主旗贝勒发生了第一次大变动。皇太极成为两黄旗之主，但他的两黄旗并非原努尔哈赤所主之两黄旗，而是原两白旗与原两黄旗对换旗纛而成的新两黄旗。据《满文老档》天聪元年十二月初八日条记载：

"ajigeage   dorgon age dodo age gemu   han ama
阿济格阿哥   多尔衮阿哥 多铎阿哥   皆 汗父
i gulhun gūsa be salibuha   juse kai"[1]
的完整旗   把使专主   诸子矣

意思是"阿济格阿哥、多尔衮阿哥、多铎阿哥皆系令其专主汗父之整旗的诸子"。可见，阿济格等作为努尔哈赤三个幼子，在其父逝后，所承受的是两黄旗。这是符合努尔哈赤所定的家法的，八旗的属员等财产都是汗父在世时确定的，皇太极即使被推为汗，也不能削夺兄弟的财产，而只能仍领有原来的两白旗。为了解决这一矛盾，当时曾使两白、两黄互易旗纛，两白、两黄旗下属人也随之改变旗籍。事实上也正是如此。天命十年（1625）时喀克笃礼、康古礼、伊尔登、阿山等均在黄旗，楞额礼、拜尹图、霸奇兰、达尔哈额驸、达朱户、多内等均在白旗，[2] 到皇太极继位后所设八大臣、十六大臣中，上述

---

[1]《满文老档·太宗·天聪》卷八。
[2]《满文老档·太祖》卷六七、六八、六九、七〇。

所列者旗籍全部变更，黄旗、白旗互易旗分。[1]因此，皇太极即位以后，他所领的两黄旗实际上是新两黄旗，而两白旗则为努尔哈赤时代实力最为雄厚的原两黄旗。努尔哈赤在世时，已将其大部属人均分给阿济格、多尔衮、多铎每人15个牛录，自己仅留15个牛录。皇太极即位后，将其父自留的15牛录全部分与多铎，[2]这恐怕也是努尔哈赤的遗命，故多铎为正白旗主旗贝勒。阿济格、多尔衮在镶白旗各有15牛录，以年齿序，阿济格当为镶白旗主旗贝勒，多尔衮为不主旗议政贝勒。不久，阿济格缘事革去"固山贝勒任"，[3]以多尔衮为镶白旗主旗贝勒，阿济格则降为不主旗议政贝勒。

除两黄、两白旗外，两蓝旗变动也十分引人注目。天聪四年（1630）六月阿敏得罪，终身幽系，其所属牛录户口等"俱给贝勒济尔哈朗"，[4]从此，镶蓝旗主旗贝勒易为阿敏之弟济尔哈朗。天聪六年十二月莽古尔泰病卒，正蓝旗主旗贝勒由其弟德格类继任。天聪九年十月德格类亦死，十二月皇太极即兴大狱，"以正蓝旗附入皇上旗分，编为二旗"[5]。但正蓝旗为皇太极所并、八旗建制被打乱的时间极其短暂，皇太极很快重建新正蓝旗，以其长子豪格为新正蓝旗主旗贝勒。[6]

相对来看，天聪时期的两红旗比较稳定，只是镶红旗改由代善长子岳托领属，时间当不迟于天聪五年，此外，天命时主镶白旗的褚英之长子杜度也改隶镶红旗下，降为不主旗的议政贝勒。这一变动的原委已不可考，估计在皇太极即位，原两白旗上升为两黄旗时，杜度已降到镶红旗。努尔哈赤长子褚英一支在八旗中处于被压抑的地位是从这时开始的。

---

[1]《清太宗实录》卷一，天命十一年九月丁丑。
[2]《清太宗实录》卷四六，崇德四年四月庚辰。
[3]《清太宗实录》卷四，天聪二年三月庚寅。
[4]《清太宗实录》卷七，天聪四年五月甲寅。
[5]《清太宗实录》卷二六，天聪九年十二月丁丑。
[6] 豪格所主的新建正蓝旗主要由以下几部分人组成：甲、豪格原在镶黄旗时领有的牛录；乙、阿巴泰原在镶黄旗时领有的牛录；丙、皇太极兼并正蓝旗后，赐予豪格其中八牛录属人，阿巴泰三牛录属人。

3. 崇德时期

改元崇德后，皇太极成为唯我独尊的皇帝，他虽然屡次借端摧抑两红旗势力，任意处分多铎、豪格、多尔衮等，以至主旗贝勒的权势普遍下降，但天聪末年已稳定下来的各旗主旗贝勒的基本格局却没有大的变动。

崇德年间，八旗主旗贝勒惟镶红旗有所变化。崇德四年（1639），岳托病卒于入边掠明之役，其长子罗洛宏袭多罗贝勒爵，继为镶红旗主旗贝勒。崇德八年五月，太宗谕罗洛宏："尔父……虽有罪犯，及殁后，犹追封克勤郡王，并加恩于尔，命尔为多罗贝勒，兼管旗务。"[1] 罗洛宏碑文载明其封多罗贝勒在崇德四年。[2] 所谓"兼管旗务"，即为主旗贝勒。固山额真虽也总管旗内事务，但他对本旗并无专主权、占有权，而主旗贝勒，正由于他专主并占有全旗，因而对旗务自然有管理权。事实上，罗洛宏也以主旗贝勒身份出现，如崇德七年（1642）六月二十六日"赐朝鲜林坪大君……宴」礼部，仍命和硕郑亲王济尔哈朗、多罗睿郡王多尔衮、多罗肃郡王豪格、多罗郡王阿达礼、多罗贝勒多铎、罗洛宏等各宴之"。[3]

太宗在位的17年并没有，也不可能遽然变动八固山共治的社会经济基础，他仍然恪遵汗父的遗训，没有立嗣，[4] 因此，一俟太宗暴逝，皇统所归又成了问题。经过紧张的斡旋调处，八旗各派政治势力终于达成了暂时的妥协，皇太极幼子承继大统，并主两黄旗，其他六旗主旗贝勒仍维持不变。

从八旗制度创立，到清入关前夕，八旗主旗贝勒经过两次大的变动，一是天命末的两黄、两白互易旗纛，一次是天聪末正蓝旗为皇太极所并，

---

[1]《清太宗实录》卷六四，崇德八年五月丙申。
[2]《雪屐寻碑录·多罗衍禧郡王谥介罗洛宏碑文》，《辽海丛书》第9集。
[3]《清太宗实录》卷六一，崇德七年六月甲子。《满蒙丛书》第九卷，《沈阳日记》载："壬午（崇德七年）七月初九日，十王（多铎）设宴，世子及两大君同参。十六日，罗罗宏（罗洛宏）家设宴，世子及两大君同参。"所谓"罗罗宏家"，也表明罗洛宏为"八家主人"之一。正如胡贡明天聪六年时的奏言："譬如皇上出件皮袄，各家少不得也出件皮袄；皇上出张桌席，各家少不得也出张桌席。"《天聪朝臣工奏议》，天聪六年正月二十九日，胡贡明《陈言图报奏》。
[4]《朝鲜李朝实录中的中国史料》第九册，第3627页。

以部分镶黄旗牛录为主，建成新正蓝旗，从而又恢复了努尔哈赤时国君掌握两黄旗的局面。崇德末，由于以多尔衮为代表的两白旗势力窥伺神器，八旗再次面临变易旗帜。然而，时代毕竟不同了，皇太极虽无嗣君的遗命，但在八旗诸贝勒大臣拥戴下，福临仍以冲龄践阼，这一事实雄辩地说明，皇权至上这一汉族封建王朝的传统观念已开始深入人心。尽管如此，多尔衮以摄政王代行君权，必然会使八旗内部风波迭起，八旗主旗贝勒还要经过第三次大的动荡。由于经历了这三次大的变动，因此，清初历史人物的旗籍，主要是两黄、两白、正蓝五旗，极其混乱。乾隆朝以后，为开国诸王立传，也往往以最后确定的旗籍为准，而前三朝实录为掩饰满洲贵族集团明争暗斗的内幕，也对诸王各时期的不同旗籍讳莫如深。这样，只能从实录等官书中钩稽爬梳，以求得清开国初八旗主旗贝勒在政治风云变幻中不断演化的历史真相。只有做到了这一点，才有可能把握八旗之主——主旗贝勒的地位与演变之由。

（二）主旗贝勒的权利、职责和义务

主旗贝勒这一概念包含两个含义，从宗族关系讲，他是"八家"的大家族长，从国家关系讲，他是八旗的世袭的最高军政首长。

"八家"，首见于《清太祖武皇帝实录》：

> （天命十一年六月）二十四日，帝训诸王曰：昔我祖六人及东郭、王佳、哈达、夜黑、兀喇、辉发、蒙古俱贪财货，尚私曲、不尚公直，昆弟中自相争夺杀害，乃至于败亡。不待我言，汝等岂无耳目，亦尝见闻之矣。吾以彼为前鉴，预定八家但得一物，八家均分公用，毋得分外私取。若聘民间美女及用良马，须破格偿之。凡军中所获之物，毋隐匿而不明分于众，当重义轻财可也。[1]

可见，到天命末，努尔哈赤已将诸子侄（显祖一支后代）分成了八个大家族，他指定了代善、皇太极、莽古尔泰、阿敏、多铎、阿济格为各家

---

[1]《清太祖武皇帝实录》卷四，天命十一年六月二十四日。

的大族长。各家又在大族长下安置已经分家的本支子弟,但也有的旗不仅仅是本支子弟,如阿巴泰、巴布泰等人在当时的两白旗分得了牛录,不过他们都要奉本旗主旗贝勒为家主。除宗室各支外,旗下还有功臣勋旧、强宗大姓为本管各牛录之主。各牛录下,富有披甲则为本家之主。这样,从整个社会来看,以八家为纽带,通过宗族关系将全部社会成员组成为一个整体。在宗族关系中,强调尊兄敬长。为国君者在宗族活动中仍然要按辈分年齿行礼。天聪六年(1632)正月初二,皇太极在便殿宴请代善、莽古尔泰等,两兄既至,皇太极"迎之宫门外,逊两贝勒先进"。落座时,又"让代善居中……曰:出殿而坐,朝仪也;兹居宫中,行家庭礼,兄当中坐"。皇太极众福金以元旦礼拜代善时,皇太极特离座旁立说:"我一家主人也,拜兄之时,不宜同坐。"[1] 皇太极所谓"一家主人",即为正黄一家的大族长。天聪九年(1635)元旦朝贺礼毕,皇太极率诸贝勒向代善及他的两个姐姐嫩哲格格、莽古济格格行三跪九叩头礼。[2] 可见,努尔哈赤以后,包括国君在内的主一旗者,仅仅是本家的大族长,在由全部宗室组成的大家庭中,谁也不能逾越家法。

  与八家联系的还有所谓"八分"。"分",读去声,它的含义是指八家所享有的法定权利,用当时的话讲,就是"应分得之数"。崇德三年(1638)阿禄喀尔喀蒙古犯归化城,皇太极率军往援,师至张家口,与明人议互市事,并索取原给察哈尔的抚赏。多铎急欲回家,竟大言于众云:"明之所与者,多不过银三千两、缎三百匹而已,岂可为此微物而驻兵乎?就使得之,我所应分得之数,亦必不取,固山额真阿山可代取之。"[3] 多铎所云,恰恰反映努尔哈赤所定的"但得一物,八家均分"的家法。按此家法,有时入八分贝勒得罪被革去爵号,但"其分所应得者,仍给之"。[4] 当然,八家应享有的权利绝不限于按八分分财物,《(乾隆)大清会典》是这样解释"八分"的:"天命间,立八和硕贝勒,共议国

---

[1] 《清太宗实录》卷　　,天聪六年正月庚了。
[2] 李林译《汉译〈满文旧档〉》,《清初史料丛刊》,辽宁大学历史系,1979,第2页(李林据日本《东洋文库丛刊》第十八《旧满洲档》罗马拼音本并参考日译文,译成中文)。
[3] 《清太宗实录》卷四六,崇德四年五月辛巳。
[4] 《清太宗实录》卷六三,崇德七年十一月庚午。

政,各置官属,凡朝会燕飨,皆异其礼,锡赉必均及,是为八分。"[1]但并非所有宗室都能享受八分均分的特权,所以又有"入八分"和"不入八分"之别。总之,"八分"是一个享受特权的概念。说"八分本指八固山"[2],似可商榷。

从国家的意义上讲,八旗主旗贝勒是八大军政单位的世袭最高首长。崇德二年(1637)四月,太宗训谕诸王贝勒大臣说:"八旗皆朝廷之人,但慑服奸宄,抚恤困穷,使之各安统辖,又何彼此之可分乎?"[3]太宗在这里强调,旗分牛录属员,皆系国家户口、军卒,主旗贝勒对他们只有统辖权。雍正帝特别指出旗分牛录与作为诸王贝勒包衣牛录的不同:"太祖、太宗时,将旗分佐领分与诸王,非包衣佐领可比,欲其抚循之,非令其扰累之也。"[4]因此,主旗贝勒只能按照国家统一的命令调发本旗旗分牛录的披甲、壮丁,征收粮赋,管理本旗的军政事务。但是,主旗贝勒又不同于一般封建国家的最高地方军政长官,因为他享有世袭管理旗务的权利,他统辖的旗下牛录属员又是他们的不能任意削夺的"家产"。

我们正是着眼于主旗贝勒八家家族长与八旗世袭最高军政首长这一身而二任的特殊身份,来研究清初八旗主旗贝勒的权利、职责与义务的。

1. 主旗贝勒的权利

主旗贝勒的根本权利是对旗下牛录的占有权,因此而决定了他在经济、政治、法律、社会生活等方面的权利。

主旗贝勒,满文是"gūsa ejelehe beile"[5]。"ejelembi",有"占有""霸占"这样的含义。所以,主旗贝勒不仅为本支子弟及旗下包衣牛录之主,而且对本旗牛录属员也有占有权。这种占有权是汗父努尔哈赤赐予的,是受到宗族礼制保护的。

天命十一年(1626)九月皇太极在八旗诸贝勒拥戴下继汗父为国君,他特向皇天后土宣誓:"兄弟子侄,微有过愆,遂削夺皇考所予户

---

[1] 《(乾隆)大清会典》卷一,《宗人府》。
[2] 莫东寅《满族史论丛》,生活·读书·新知三联书店,1958,第119页。
[3] 《清太宗实录》卷三四,崇德二年四月丁酉。
[4] 《八旗通志初集》卷一,《旗分志一》,"八旗满洲蒙古汉军通制"。
[5] 《满文老档·太宗,天聪》卷五一,天聪六年三月十三日。

口，或贬或诛，天地鉴谴，夺其寿算！"[1]牛录人口是努尔哈赤分给管八旗子孙的最重要的家产，他在世时，有权在各旗间调换牛录，而他一旦去世，即位的国主便与八旗主旗贝勒处于等同的地位，无权处分兄弟子侄的"家产"。天聪四年（1630）镶蓝旗主旗贝勒阿敏得罪，他的户口等财产被削夺后要全部交与其弟济尔哈朗，作为舒尔哈齐一支的大族长和镶蓝旗主旗贝勒虽然易人，但只能在本支宗亲中拣选继任者。这一点可以说在八家与八旗中是普遍适用的。天聪末莽古尔泰等案发，诸贝勒大臣会议削夺正蓝旗全部户口等财产，以之入官八家均分。无论如何，这还是符合"家法"的，但权势日盛的皇太极以为此议"殊觉未当，设若凶逆狡计得成，则朕之所有将尽归于彼，今彼逆谋败露，国有常刑，人口、家产自应归朕"。[2]遂并正蓝旗。皇太极强词夺理，凭借权势公然破坏了"家法"。但努尔哈赤分配既定的牛录人口并不会因为偶尔破例而动摇，甚至在入关以后一个相当长的时期，这一祖制仍然维持。下面看雍乾之际有关莽泰佐领原山的一件档案：

  恩赏佐领原由：正蓝旗满洲都统兼理藩院侍郎事务并管火器营记录五次莽鹄立，原在正蓝旗蒙古旗分查克丹佐领下之时，康熙六十一年十二月十二日，乾清门一等侍卫兼副都统、委领侍卫内大臣、宗室勒什信，一等侍卫兼副都统拉史转谕多罗信郡王（按即多铎四世孙德昭）："莽鹄立系我门下之人，旗中人亦甚不多，我欲将用他，你若舍不得就罢。"多罗信郡王跪奏："不但莽鹄立，我的身子皆是皇上的奴才，我情愿将莽鹄立族中一并内进。"旨意："很好。将伊着移于厢黄旗满洲旗分。"[3]

康熙末年尚且如此，清开国初更不难想见。主旗贝勒对旗下牛录的占有权不仅限满洲八旗，还包含本旗蒙古、汉军，所以，每旗可分满洲、蒙古、汉军三个旗分、三个固山额真，但主旗贝勒只有一个。不能说编设

---

[1]《清太宗实录》卷一，天命十一年九月辛未。
[2]《清太宗实录》卷二六，天聪九年十二月辛巳。
[3]《历朝八旗杂档》48号，"镶黄旗满洲勋旧佐领世管佐领原由档"。

蒙古八旗、汉军八旗是对主旗贝勒权势的削弱。还必须说明，主旗贝勒对本旗旗分牛录的占有权与对本支家族子弟（已分家的除外）以及包衣奴仆的所有权还是有重大区别的，前者表现为不能任意削夺其牛录和在一定范围内行使其法定权力，这一点下面还要谈到。

在政治方面，主旗贝勒享有国家的最高决策权。清入关前，凡皇位继承、军国大计、政策法令、重大谳狱等均由以主旗贝勒为核心的议政诸贝勒大臣会议决定。通过参与最高决策，保证了主旗贝勒各方面的权益。主旗贝勒也享有管理国家一级军政事务的权利。从天命六年（1621）二月开始，国中一切机务俱令四大贝勒按月轮流执掌。皇太极即位之初，改由三大贝勒分月掌理。至天聪三年（1629）议定，令诸小贝勒代替三大贝勒掌理国中机务。建立六部以综理国中军政事务以后，多尔衮、德格类、岳托、济尔哈朗、豪格、多铎均曾管部。代善、皇太极虽不管部事，但由旗内子弟萨哈廉、阿巴泰管理。总之，不管是八家公共事务，还是八旗公共事务，不管是国家方针政策的制定，还是日常行政工作的处理，都由以主旗贝勒为核心的满洲贵族掌握着决定权。

在经济方面，主旗贝勒享有极其广泛的权利。出征时，八家可以肆行抢掠，所获不必归公均分，[1]而所分俘获及赏赐又最为优厚；[2]八家可以私行采猎，[3]若合作围猎，所获之物八家均分；[4]与明、朝鲜互市都由国家垄断，八家可派出官员和家人持银两前往贸易；[5]战争中所获土地

---

[1]《离主条例》规定："除八分外，出征所获，被人讦告私行隐匿者，以应分之物分给众人，讦告者准其离主。"参见《清太宗实录》卷九，天聪五年七月庚辰及同书卷三二，崇德元年十一月甲辰条；卷三六，崇德二年六月甲子条；卷四八，崇德四年九月乙丑条分别载固山额真叶克书、篇古、叶臣、杜雷等因旗下军卒与八家家人争夺所获财物或随八家抢掠而获罪。

[2]《满文老档·太祖》卷一〇，天命四年五月至六月条记载攻克开原后，"金银外人未得，俱为八家诸贝勒所得"。《清太宗实录》卷一二，天命六年六月辛未条，征掠察哈尔蒙古时，获"金银缎帛分给八贝勒，又每贝勒各牛十、羊百"。同书卷一九，天聪八年六月丁丑条，军律载："所获牲畜及布匹衣服等物，听尔等取之，每牛录会同均给。至于金珠缎匹珍贵之物，宜献之各贝勒。毋得擅取。"

[3]《离主条例》规定："除八分外，有被人讦告私行采猎者，其所得之物入官。"参见《清太宗实录》卷九，天聪五年七月庚辰条。

[4]《满文老档·太祖》卷四四，天命八年二月初三日。

[5]《清太宗实录》卷一四，天聪七年六月丙寅条；卷三六，崇德二年六月癸丑条；卷四一，崇德三年三月丙寅条。

八家分据，所获人丁，八旗均分，并统一分拨给八家供役庄屯，[1]又凡贝勒家，每牛录出四人供役，[2]出银匠、铁匠若干人；[3]又每旗下选护卫20员。[4]在按八旗均分财物及其他经济利益时，国君则以本旗之主的身份与其他主旗贝勒地位相等，"即一人尺土，贝勒不容于皇上，皇上亦不容于贝勒"。[5]当朝鲜进献贡物，"礼单人去后，八高山例为均一分之，如有余不足数，则片片分割"。[6]即便是朝鲜被迫进献的侍女，太宗也不能独享，必须在八家中进行分配。[7]主旗贝勒按八分分享经济利益的根据是分领国中的牛录数，所以从根本上讲，是由牛录数决定分额。因此，并非主旗贝勒全部占有本旗分得的经济利益，而是分得本分总额之后，再按旗下分别占有的牛录数分给本支子弟。天聪五年（1631）和硕大贝勒莽古尔泰得罪，革其大贝勒名号，夺去5牛录属人给其弟德格类，同时"革去随牛录应得的分"（niru be dahame bahara ubu be unu nakabuha）。[8]由于在国家之中，又有八家独立的经济单位，因此，公私内外的分别十分严格。从国家讲，有国库，内贮八旗公产。籍没家产后所谓"入官"，即籍为八旗公产。从八家讲，也各有自家的府库。皇太极虽为国主，也有与"国库"（siden i ku）相对而言的"内库"（dorgi ku），该入内库的决不入国库。请看下面一件档案：

  正黄旗巴布泰违法，将其所携贸易银两私与本旗囊努阿二十四两，又私与镶白旗苏南二百二十九两二钱。法司鞫审得实。巴布泰应籍没家产。苏南应罚银五百两，并夺所属人员，没收所持贸易银

---

[1]《清太宗实录》卷二○，天聪八年九月甲戌条，诸贝勒遵谕议定："此次征瓦尔喀俘获之人，"不必如前八分均分，当补壮丁不足之旗"。乃是一大改革。
[2]《满文老档·太祖》卷六六，天命十年十月初三日条，将汉人"俱编入汗、诸贝勒的庄"。《清太宗实录》卷一一，天聪六年二月丁酉条："上轸念贝勒莽古尔泰，以所罚五牛录人口，并分内汉民及供役汉人庄屯等项悉还之。"
[3]《清太宗实录》卷七，天聪四年十月辛酉。
[4]《清太宗实录》卷五五，崇德六年四月甲子。
[5]《清太宗实录》卷三七，崇德二年七月辛未。
[6]《天聪朝臣工奏议》，天聪六年九月，胡贡明《五进狂瞽奏》。
[7]《沈阳日记》戊寅年（崇德三年）九月十七日条："清人留侍女四人于内，出六人分赐诸王。"参见《沈阳日记》，辽宁大学历史系，1983，第95页。
[8]《满文老档·太宗·天聪》卷四二，天聪五年十月。

两……奏闻,上命:"巴布泰罚银一百三十两入官,收回征朝鲜时私隐之银五百两、红青缎八十匹还置内库……私与之银二百二十九两二钱还置内库……"[1]

巴布泰为正黄旗家内官员,奉家主皇太极之命持银两赴归化城贸易,却慷皇上家之慨,私与别家大宗银两,鞫审时又查出私隐银两、缎疋。太宗的断结十分明晰,以其公罪一百三十两银"入官",而原属皇上家的财产俱"还置内库"。清入关前的"内库",至入关后遂发展为内务府下各库。

在法律地位方面,清入关前,"八议"不入律,但在司法实践中,宗室享有特殊地位。天命六年(1621)正月,努尔哈赤与诸王约誓不诛宗室。[2]主旗贝勒得罪,除在非常时期,最重以禁锢终生为限。皇太极即位以后,逐渐以法律的形式保障主旗贝勒等贵族的特权。

在社会生活方面,诸如府第、冠饰、服式、礼节、仪仗、名号、祭葬……,主旗贝勒都享有仅次于国主的最优越的待遇。皇太极曾问管摄礼部的贝勒萨哈廉,禁烟已久,何以民间仍有不遵?萨哈廉对云:"此禁止行于众人而不禁于诸贝勒",皇太极很不以为然,说:"诸贝勒所用,小民岂可效之!如诸贝勒服用貂鼠、猞猁狲等物,庶民亦将效之乎?"[3]赋予主旗贝勒的种种特权,在满洲最高统治者看来,是天经地义的,目的在于借以笼络他们作为国家的根本支柱。

2. 主旗贝勒的职责

主旗贝勒在《清太宗实录》中又称为"管旗贝勒",天聪年间所定"诸贝勒大臣各官祭葬例"载:"凡管旗诸贝勒与不管旗议政诸贝勒薨,上赐纸万张、羊四只、酒十瓶……"[4]太宗也曾说过,镶红旗主旗贝勒岳托

---

[1] 郭成康、刘景宪译《盛京刑部原档》188号,群众出版社,1985。《盛京刑部原档》译自中国第一历史档案馆藏满文《盛京原档》中清太宗崇德三年正月至崇德四年十二月两年间刑部审理的全部案件,共72件。
[2] 《满洲实录》卷六,天命六年正月十二日。
[3] 《清太宗实录》卷二一,天聪八年十一月甲辰。
[4] 《清太宗实录》卷一一,天聪六年三月庚戌。

殁后，其子"兼管旗务"。所谓旗务，包括国家事务与家族事务两方面。

凡出征、驻防、采猎、筑城、修路、追缉逃人及各项杂徭……只要是整个国家的军事、经济活动，全部通过八旗按牛录征调人力、物资。朝鲜人李民寏记云："凡有杂物收合之用，战斗力役之事，奴酋令于八将，八将令于所属柳累（牛录）将，柳累将令于所属军卒，令出不少迟缓。"[1]这里所说的"八将"，是指"八高沙"[2]，即八旗。主旗贝勒参与国家最高决策，而一经众议决定，主旗贝勒则保证在本旗坚决贯彻。此外，旗下人凡采猎、贸易等事，先要禀告本旗贝勒，得到允准，始可从事。[3]旗下人有战功由王贝勒举荐，得罪由王贝勒执送法司。

除国家事务外，作为八家大家族长的主旗贝勒，还负有管束族人的职责。满族官民家中，儿子长到18岁许分家，"分家时，务禀本固山王、贝勒知"。[4]凡固山额真至众官员之女，诸贝勒侍卫之女，护军、护军校、分得拨什库等之女及寡妇，若出嫁，"须到该部（户部）说知，部中大人对各王、贝勒、贝子说之，方许适人，若私自与人者有罪"。[5]凡有关遗产继承事，要由本管王、贝勒亲自决定，[6]籍没犯人的家产在本旗分配时，也要由本管王、贝勒监督处分。[7]对不听本王、贝勒调遣，或对本王、贝勒怨望怀恨的人，要严加惩处，即使有功的大臣也不可免，[8]以此

---

[1]《建州闻见录》，第44页。

[2] 同上书，第42页。

[3]《清太宗实录》卷一，天命十一年九月丙子，上谕："田猎采捕之事，立有规条，须先告知本旗贝勒，与贝勒属下人同往"，"若往外国交易，亦当告知诸贝勒，私往者罪之"。

[4]《清太宗实录稿本》，《清初史料丛刊》，辽宁大学历史系，1978，第7页。

[5] 同上。

[6]《盛京刑部原档》185号："镶蓝旗莽库牛录下拉赛于军中阵亡，罗洛、孙塔（按为户部官员）以拉赛无兄弟，将其妻连同家产俱给莽库之侄萨虎。此事禀于郑亲王（济尔哈朗，镶蓝旗主旗贝勒）……郑亲王曰：'恐拉赛之兄弟尚在某处，再去访察！'令其三返，罗洛、孙塔均称：'经察访，确无兄弟。'遂将拉赛之妻并家产给萨虎。"

[7]《清太宗实录稿本》，第47—48页，记镶白旗益儿开得罪籍家，"将奴仆、牲畜等物，命和硕默儿根亲王（多尔衮）分与本牛录中贫人"。红旗聂牛克得罪，"将妻子、家资等物，命木特卜勒亲王（岳托）看分与本牛录贫人"。

[8]《满文老档·太祖》卷五，天命二年十月十四日，载大臣伊拉喀巴图鲁在努尔哈赤面前控诉皇太极不加恩养，因此被杀。《清太宗实录》卷二一，天聪八年十二月丁酉，达尔汉虾之子浑塔对多尔衮参不至，又于皇太极前讼本贝勒之非，遂令"本管贝勒诛之"。《盛京刑部原档》180号记达哈塔、阿尔善等一案，达哈塔以逸毁本王阿达礼郡王等罪，刑部拟死罪。

来维护各旗管理旗务王贝勒的权威。以上所提到的本管王、贝勒，除主旗贝勒外，还包括在本旗领有牛录的不主旗议政贝勒，他们作为本管若干牛录之主，也行使家长的权利。在家国相通、亲贵一体的满族早期发展阶段，严格说来，家族事务就是国家行政事务的一部分。但从总的发展趋势看，随着六部职能的加强，贵族政治逐渐向官僚政治演变，主旗贝勒传统的族权逐渐被限制和削弱，一步步地为国家行政权力所取代。

由于八旗主旗贝勒要处理繁杂而广泛的旗务，因此，八旗"各置官属"。既有固山额真、梅勒额真、甲喇额真、牛录额真、分得拨什库、小拨什库、护军统领、护军参领、护军校等国家各级军政官员系统，又有包衣昂邦、旗鼓章京、包衣大、侍卫等家下官员系统。为处理文牍、登录档册，各旗还设有笔帖式。这些官员与本管王、贝勒保持着仅次于同国君的关系。

《满文老档》崇德元年五月《钦定王府庆贺礼仪》规定："亲王、郡王生日及元旦时叩见之礼：亲王旗下各官，自固山额真以下，牛录章京以上皆聚集，行二跪六叩头礼。郡王属下各官，在外聚集，行二跪六叩头礼。"[1]还应说明，主旗贝勒虽然多为亲王、郡王，但二者并不是同一概念。亲王、郡王爵主要依据功德而定，而主旗贝勒则表明他与旗下牛录的关系。例如，崇德时武英郡王阿济格并不是主旗贝勒，尔后的镶红旗主旗贝勒罗洛宏也只不过是多罗贝勒。但崇德元年（1636）初封的六亲王：礼亲王代善、郑亲王济尔哈朗、睿亲王多尔衮、豫亲王多铎、成亲王岳托、肃亲王豪格却俱为主旗贝勒。上述以宗室爵而定的王府庆贺礼仪，也反映出主旗贝勒即为本旗之主这一事实。

3. 主旗贝勒的义务

天聪中期，生员胡贡明奏称："我国地窄人稀，贡赋极少，全赖兵马出去抢些财物，若有得来，必同八家平分之，得些人来，必分八家平养之，譬如皇上出件皮袄，各家少不得也出件皮袄，皇上出张桌席，各家少不得也出张桌席。"[2]均分战争掳获物，是八家的权利，出资赡养均分

---

〔1〕《满文老档·太宗·崇德》卷一二，崇德元年五月十四日。
〔2〕《天聪朝臣工奏议》，天聪六年正月二十九日，胡贡明《陈言图报奏》。

到本旗下的人口，是八家的义务。胡贡明把八旗主旗贝勒必须履行与其权利相应的义务这一基本原则作了极为生动的表述。

天聪八年（1634）正月，皇太极传谕申斥对出资养人不满的汉官说："殊方君长头目接踵来归，犹恐不能招致，故解衣衣之，推食食之。然一切赏赉之需，皆自八家均出，何曾多取一物于尔等乎？礼部亦有汉官，试往问之，八家每年出羊若干？貂裘、野兽、酒米、筵宴若干？礼部官员岂不明告于尔乎？至国中年岁偶歉，八家即均出米粟，赈济贫民。朕与诸贝勒又散给各旗满洲、蒙古、汉人赡养之，其新附之蒙古、汉人、瓦尔喀、虎尔哈、卦尔察以及旧满洲、汉人、蒙古等凡贫穷者，又给与妻室、奴仆、庄田、牛马、衣食赡养，何可胜数？"[1]以上可见皇太极所说"朕及贝勒之家各量所有，均出之，以养上天畀我之民"[2]，并非泛泛虚夸。

天聪七年（1633）为迎接孔有德、耿仲明归降，八家"各出上等鞍马 、空马四，约计四十匹，满洲、蒙古、汉人按世职，每十备御出马一，约计百匹"。[3]第二年尚可喜归降，八家贝勒"出粮四千石与之"。[4]崇德二年（1637）春荒，"令八家各输藏谷，或散赈，或粜卖"[5]，旋又令"各牛录下有粮之家，均卖与本牛录下人，取其值，或借给取息，如再不足，各旗王可周给之"。[6]第二年八月又"命各官俱按世职，每四个牛录章京出牛一、妇女二，八家各出妇女十口、牛二百，并在官妇女七十五口，赏给新附总兵官沈志祥所率官属兵丁"。[7]至于筵宴新附明降官、外藩蒙古王公贝勒、朝鲜世子以及东海三部、索伦头目等，也由八家更番轮流具馔。当然，赡养新人，八家平均出资仅负担其中的一部分开销，另外一部分有时按牛录，有时按世职平均摊派给各旗，但无论哪一种情况，都遵循义务与权利相应的原则，获利多者，贡献也要大。

---

[1]《清太宗实录》卷一七，天聪八年正月乙未。
[2] 同上。
[3]《清太宗实录》卷一四，天聪七年五月丁酉。
[4]《清太宗实录》卷一七，天聪八年二月癸酉。
[5]《清太宗实录》卷三四，崇德二年二月癸巳。
[6]《清太宗实录》卷三五，崇德二年闰四月庚子。
[7]《清太宗实录》卷四三，崇德三年八月乙未。

除养人外，凡是需要征调兵员、差役、物资时，也都是按八分分摊，再由主旗贝勒按牛录或世职在本旗内分派。同样，在征战、围猎中，也是八旗"各依汛地，并驰而前"[1]，围城攻坚，各当一面之任。[2]此外，往东海三部及索伦携取新满洲，由各旗分掠预定地区，携回规定的人丁数[3]，以及筑城修路，无不照此原则办理。如对本旗应尽的义务怠忽，则要受到制裁。

通过对主旗贝勒在八旗中地位的阐述，可以得出这样一个结论：努尔哈赤和皇太极从本民族的历史传统和现实需要出发，创造出了一种把权、责、利有机地结合起来的比较完善的制度，从而使一个人力、物力极为有限的新兴民族爆发出了令人难以估计的巨大能量。从我们今天认识和研究早期满族和清初国家这一角度，也应该对上述制度予以足够的重视。

三、管旗大臣——固山额真

固山额真是满语"gūsai（固山的）ejen（主子）"的汉语音译，意即"固山主"或"旗主"。固山额真的职责，在天聪八年（1634）四月的一道谕旨中说得很明确："凡管理，不论官职，管一旗者，即为固山额真。"[4]这里所谓"官职"，亦即"世职"（hafan）。因此，只要有管理旗务实任者，不论其世职高低，皆称固山额真。显然，固山额真虽有"旗主"之名，但与主旗贝勒不同，他并不专主本旗，不过是国家委派管理旗务的大臣而已。

固山额真虽不主旗但却名为旗主，这种名实不符的现象是在特定的历史条件下形成的，还带有原始社会末期父系大家长制的遗迹。在早期

---

[1]《清太宗实录》卷一六，天聪七年十月丙寅。
[2]《清太宗实录》卷五，天聪三年十一月壬午；同书卷九，天聪五年八月乙卯。
[3]《清太宗实录》卷三七，崇德二年七月己巳。
[4]《清太宗实录》卷一八，天聪八年四月辛酉。

满族历史中,"额真"(主)一词是普遍使用的,行师出猎,十人立一首领,称为"牛录额真"(箭主),万历二十九年(1601),始编牛录,即以"牛录额真"名官。万历四十三年(1615)编组八旗后,甲喇之长称为"甲喇额真",固山之长称为"固山额真"。但随着君权的日益提高,不允许于国君之外,各色官私人等俱以"额真"自居,因此,作为国家军政官员的甲喇额真、牛录额真、蠹额真等相继更名,唯独固山额真一称保持最久,直到顺治末年才将汉字固山额真更名为"都统",但满文仍保留"gūsai ejen"的旧称。[1]又逾半个多世纪,才将满文"gūsai ejen"废弃,改称"固山昂邦":"雍正元年七月壬辰,总理事务王大臣等议覆:给事中硕塞条奏,八旗都统印信,清文系固山额真字样。额真二字,所关甚巨,非臣下所可滥用,应请改定,以昭名分。应如所请,将固山额真改为固山昂邦……将八旗印信改铸给与。从之。"[2]固山昂邦,满文是"gūsa be kadalara amban",意思是"管旗大臣"。这一新的官称,不仅明确了作为"大臣"(amban)的身份,也确定了"管理的"(kadalara)职任。入关后清帝为昭名分,尊君权,将带有草昧的时代历史陈迹的固山额真更名为都统、固山昂邦,然而,研究清开国初的历史,却只能使用历史上实际存在的固山额真一称。下面就八旗固山额真的演变、职权以及固山额真与国君、主旗贝勒的关系分别加以阐述。

(一)八旗固山额真概述

固山额真一称,在清官书中首见于万历四十三年(1615),[3]而在档案中,天命三年(1618)四月才第一次见到有关固山额真的记载。[4]

天命年间曾任固山额真的有:铎弼额齐克、额亦都、虾费杨古、阿敦、达尔汉虾、穆哈连、博尔晋、济尔哈朗、汤古代、何和里、阿巴泰、阿布泰纳克出、苏巴海、布善和巴笃里等。

---

[1]《清世祖实录》卷一三三,顺治十七年三月甲戌,中华书局,1985。
[2]《清世宗实录》卷九,雍正元年七月壬辰,中华书局,1985。
[3]《清太祖武皇帝实录》卷二,乙卯年十一月。
[4]《满文老档·太祖》卷六,天命三年四月。

从皇太极即汗位到清军入关，曾任八旗固山额真的有：达尔哈、拜尹图、纳穆泰、楞额礼、谭泰、和硕图、叶克书、杜雷、博尔晋、雍舜、叶臣、喀克笃礼、阿山、车尔格、图尔格、伊尔登、英俄尔岱、拖博辉、色勒、和洛会、顾三台、篇古、艾度礼等20余人。需要说明的是，当蒙古八旗、汉军八旗从八旗析出后，以上所列仅为满洲八旗的固山额真。

下面来探讨努尔哈赤、皇太极两朝八旗固山额真的身份。

1. 五大臣或与五大臣权势相当的开国元勋——额亦都及其子车尔格、图尔格、伊尔登；何和里及其子和硕图、杜雷；达尔汉虾（按其子准塔后任蒙古固山额真）；阿敦；杨古利及其兄弟纳穆泰、楞额礼，从弟谭泰；等等。

2. 宗室觉罗——济尔哈朗、汤古代、阿巴泰、铎弼、拜尹图、拖博辉、色勒、篇古、艾度礼等。

3. 率属来归的强宗望族——达尔哈（杨书之子）、顾三台、喀克笃礼、英俄尔岱、叶克书、阿山等。

上述三类人有一个共同的特点，即他们（包括本支宗亲）在本旗中领有世代专主的牛录，是仅次于本旗主旗贝勒、不主旗议政贝勒的强宗大姓。因此，固山额真虽为国家管旗大臣，却往往从本旗大族中遴选且轮流出任。太宗时，杨古利一支把持正黄旗固山额真，额亦都一支垄断镶白旗固山额真，正红旗固山额真由何和里一支长期执掌，镶蓝旗则由主旗贝勒本支子侄依次继任。这种旗内强宗垄断固山额真的现象，有时甚至表现为以子代父管固山额真事，如天聪时，"固山额真拖博辉病未从征，以子达赉代父管固山额真事……"[1]这种历史形成的传统，有时太宗也无可奈何。崇德元年（1636）五月镶白旗固山额真伊尔登获罪，以伊尔登兄图尔格代之，太宗特谕图尔格："图尔格兄弟三人俱为固山额真，并获罪。今复用尔为固山额真者，非从尔兄弟起见也，因尔才能，加恩特用。尔嗣后若不勉力，则用他人矣。"[2]由于八旗固山额真（不包括蒙古八旗、汉军八旗固山额真）在本旗宗支蔓衍，根基深厚，又多与别旗

---

[1]《清太宗实录》卷七，天聪四年六月乙卯。

[2]《清太宗实录》卷二九，崇德元年五月庚午。

大臣联络有亲,盘根错节,因此,他们成为八旗制下仅次于主旗贝勒、不主旗议政贝勒的位尊权重的人物。

下面看蒙古八旗固山额真。

蒙古八旗的前身是蒙古左、右二翼,天聪五年(1631)时,随八旗左翼蒙古旗固山额真是吴讷格,右翼蒙古旗固山额真是鄂本兑。[1]至天聪八年右翼固山额真易为阿代,左翼仍以吴讷格为固山额真。[2]天聪九年(1635)二月从八旗析出蒙古八旗,至入关以前,担任过蒙古八旗固山额真的有:阿代、吴赖、恩格图、布颜代、苏纳、伊拜、达赖、扈什布、古睦、俄莫克图、阿赖、准塔、马喇希、巴特玛、何洛会、巴哈纳、富喇克塔。在曾任蒙古八旗固山额真的19人中,蒙古旗籍者5人:吴讷格、鄂本兑、阿代、恩格图、阿赖;满洲旗籍者12人:布颜代、伊拜、苏纳、吴赖、扈什布、俄莫克图、准塔、马喇希、巴特玛、何洛会、巴哈纳、富喇克塔;达赖、古睦2人未详。

充任蒙古固山额真的满洲人有下列几种情况:其一,原是蒙古族血统,蒙古旗制立,改隶满洲籍。如布颜代"原系吴鲁特贝子,姓博尔济锦氏"[3],巴特玛亦然。[4]其二,原为海西女真叶赫部人,如苏纳"姓纳喇氏,叶赫贝勒金台什同族"[5],扈什布[6]、俄莫克图[7]也姓叶赫纳喇氏。据《清太祖武皇帝实录》,叶赫部"始祖蒙古人,姓土墨忒"[8],以其人熟悉蒙古风俗语言,故令管蒙古旗。其三,五大臣之后,如准塔为达尔汉辖之子,吴赖为费英东之侄。其四,娴于蒙古事务者,如伊拜,"太宗文皇帝即位,察哈尔部贝勒图尔济率人户来归,命伊拜迎犒之。天聪八年,上统师征明,伊拜赍敕往科尔沁部调兵随征"。[9]

---

[1] 《清太宗实录》卷九,天聪五年八月辛未。
[2] 《清太宗实录》卷一八,天聪八年二月庚午。
[3] 《八旗通志初集》卷一六三,《布颜代额驸传》。
[4] 《八旗通志初集》卷一六九,《巴特玛传》:"姓博尔济吉特氏,世居克尔伦地方,伊苏特贝子之孙也。"
[5] 《满汉名臣传》卷四,《苏纳传》,黑龙江人民出版社,1991。
[6] 《满汉名臣传》卷一六,《瑚什布传》。
[7] 《满汉名臣传》卷八,《鄂莫克图传》。
[8] 《清太祖武皇帝实录》卷一,"诸部世系·夜黑国"。
[9] 王锺翰点校《清史列传》卷五,《伊拜传》,中华书局,1987。

综上所述，满洲统治者遴选蒙古固山额真时，除少数简用蒙古旗籍者外，多数从满洲旗调任，这些满洲旗人或原为蒙古族人，或祖上为蒙古血统，或有统领蒙古、处理蒙古事务的经历，或为开国元戎子侄之辈。但在入关前的汉军固山额真中，却一律任用汉人。这一差异反映出满族与蒙古族在服饰、习俗、文化传统、历史渊源、心理素质、语言文字等方面较之与汉族要相近得多。此外，汉军以操纵火器为主，战时多独立成军，蒙古八旗与满洲八旗则以骑射见长，因此征战时可以并驾齐驱，共同行动，这也是蒙古旗多以满洲旗人任固山额真的原因。

最后谈谈汉军八旗的固山额真。

八旗下分出汉军一旗始于天聪五年（1631）正月，以佟养性为固山额真。佟养性大约在天聪七年（1633）上半年卒于官，石廷柱继任旧汉军一旗固山额真。至崇德二年（1637）七月，分汉军为两旗，马光远为右翼固山额真，石廷柱为左翼固山额真。崇德四年（1639）六月，分汉军为四旗，正黄、镶黄两旗以马光远为固山额真，正白、镶白两旗以石廷柱为固山额真，正红、镶红两旗以王世选为固山额真，正蓝、镶蓝两旗以巴颜为固山额真。崇德七年（1642）六月，分汉军四旗为八旗，以祖泽润、刘之源、吴守进、金砺、佟图赖、石廷柱、巴颜、李国翰为固山额真。

（二）固山额真的职权

八旗创建之初，固山额真的职权似无明文规定，随着八旗制度的不断完善，努尔哈赤对固山额真陆续提出了种种要求。皇太极即位之始，即集众议将努尔哈赤时的成例加以制度化，确定八旗固山额真"总理一切事务，凡议政处，与诸贝勒偕坐，共议之。出猎行师，各领本旗兵行。凡事皆听稽察"。[1]实际上，随着君权的加强，固山额真的职权范围还在不断扩大。下面从五个方面考察清入关前八旗固山额真（主要是满洲八旗固山额真）的职权。

---

〔1〕《清太宗实录》卷一，天命十一年九月丁丑。

1. **参与议政，决定军国大计以至新君的继立**

八旗初创，就规定了每五日诸贝勒大臣在衙门议事的常例。皇太极进一步明确八固山额真在议政处与诸贝勒偕坐共同议政，使诸贝勒大臣议政制度更趋完善。太宗一朝，八固山额真与议军国大计的事例史不绝书，从总的趋势看，他们在满洲最高统治集团内的地位逐渐上升。特别是崇德末年当太宗遽逝以后，两黄旗大臣十分活跃。当诸王大臣于崇政殿议立嗣君时，"两黄旗大臣盟于大清门，令两旗巴牙喇兵张弓挟矢，环立宫殿"。[1] 诸王所议未定时，"帝之手下将领之辈，佩剑而前曰：吾属食于帝，衣于帝，养育之恩，与天同大，若不立帝之子，则宁死，从帝于地下而已……"[2] 所谓"帝之手下将领之辈"，即两黄旗固山额真、护军统领、内大臣等。在这场争夺神器的错综复杂的斗争中，以正白旗固山额真阿山等为首的两白旗大臣与部分两黄旗大臣暗通声气，怂恿多铎拥立多尔衮为帝。[3] 可见，至入关前夕，满洲八旗固山额真已积极参与了包括议立新君在内的最高决策活动，在八旗各派政治势力互相颉颃的时候，他们起了举足轻重的作用。这与天命末议立皇太极为君时，只有议政贝勒以上宗室才能参与其事相比，鲜明地反映了其权势的增长。

2. **行师出猎时，各率本旗官兵守汛出征**

据朝鲜李民寏《建州闻见录》和郑忠信的记载，可知天命时期即由固山额真"总"或"将"各旗之兵。这各旗之兵，准确地说，是营兵。天命四年（1619）八月十九日努尔哈赤与诸贝勒大臣会议破叶赫之策："令大王、二王、三王、四王领部下健卒，西向围布羊古城，亲率八固山厄真并营兵，东向取金台石城。"[4] 所谓部下健卒，即摆牙喇，或称护军，营兵则指随固山额真行营兵马。当"野战时，本旗大臣率本旗军下马立，王、贝勒、贝子等率护军乘马立于后"[5]，因为固山额真所率为骑兵，故

---

[1]《清史稿》卷二四九《索尼传》。
[2]《沈馆录》卷六，《辽海丛书》，第75册。
[3]《清世祖实录》卷二二，顺治二年十二月癸卯。
[4]《清太祖武皇帝实录》卷三，天命四年八月十九日。
[5]《清太宗实录》卷四三，崇德三年八月癸丑。

野战时先"下马立"。至于攻坚围城，从天聪五年（1631）八月围困明大凌河城的部署可见一斑：

> 命正黄旗固山额真楞额礼率本旗兵围北面之西，镶黄旗固山额真额驸达尔哈率本旗兵围北面之东，贝勒阿巴泰率护军在后策应。
> 正蓝旗固山额真觉罗色勒率本旗兵围正南面，莽古尔泰、德格类率护军在后策应。镶蓝旗固山额真宗室篇古率本旗兵围南面之西，贝勒济尔哈朗率护军在后策应。
> 正白旗固山额真喀克笃礼率本旗兵围东面之北，额尔克楚虎贝勒多铎率护军在后策应。镶白旗固山额真伊尔登率本旗兵围东面之南，墨尔根戴青贝勒多尔衮率护军在后策应。
> 正红旗固山额真额驸和硕图率本旗兵围西面之北，大贝勒代善率护军在后策应。镶红旗固山额真叶臣率本旗兵围西面之南，贝勒岳托率护军在后策应。[1]

以上是一次典型战例，它按照八旗行师围猎的规则，分左右两翼，各旗营兵由固山额真在前率领，护军由本旗贝勒率领，在后策应。

在战争中，营兵统一由固山额真指挥。天命四年四月在与明王朝开战前颁发军令："攻城时，先入城的人不记功，一、二先入城，必有损伤……先拆毁城墙的人，先进入时记功，先拆毁城墙的人要向固山额真报告，等各处的人全部拆完了，固山额真吹响法螺后，各处的人众一齐入城。"[2]战争掳获凡应归八旗公有的，由该管固山额真总收籍记，妥为保管。崇德元年十月太宗谕："向来定例，凡出兵所获，一切珍重之物，应归公者，即送该管固山额真，隐藏者罪之。"[3]固山额真除率领、指挥本旗营兵参加大规模的攻城野战之外，并在军中"参赞军务"[4]，间或受命统率八旗兵进行小规模出征或驻防要隘。

---

〔1〕《清太宗实录》卷九，天聪五年八月戊申。
〔2〕《满文老档·太祖》卷六，天命三年四月。
〔3〕《清太宗实录》卷三一，崇德元年十月戊寅。
〔4〕《清太宗实录》卷五五，崇德六年三月丁酉。

3. 审理本旗案件，并受命参与会审大狱

皇太极即位之初，在任命八固山额真的同时，又任命"佐理国政，审断狱讼"的十六大臣。[1]而实际上，八固山额真仍参与大小案件的审理。天聪时，皇太极致书诸贝勒及八固山额真，以国中谳狱滋怨等事征询他们的意见。正白旗固山额真喀克笃礼奏言："自今以后，审事则矢公听断，出师则尽力驰驱。"[2]建立刑部以后，固山额真一般不预本旗谳狱，但有时仍奉旨审理本旗案件，太宗曾谕八固山额真："今遣尔等往各处地方，稽察穷民，审理冤狱。尔等须各亲至分属屯堡，巡行料理，毋使民间冤抑，不得上闻。"[3]平时，在出征途中，旗下属人也往往呈诉于本旗固山额真，固山额真或将违法者执送刑部，或令诉讼双方诣刑部呈控。至于诸王、贝勒及其亲眷得罪，或案情重大、牵连颇广的案件，太宗往往特命固山额真会同诸王、贝勒等鞫审，这种事例在《实录》中屡有所见，不再列举。

4. 规谏、监察本旗主旗贝勒和不主旗议政贝勒

努尔哈赤自创建八旗，特别是天命七年（1622）三月最后放弃设置王储，决定于身后实行"八王共治"的政体以后，十分重视对诸贝勒的监护。翌年二月初七日汗谕："八大臣要辅佐八和硕贝勒，观察诸贝勒的心……认为错就要纠参，若不接受，要向汗报告。"[4]皇太极即位后，适应加强皇权的需要，固山额真这一特殊使命更为突出。天聪五年（1631）三月谕八大臣："尔八大臣皆由众人之中擢居要职，与于诸贝勒之列，共参国政。原为朕与诸贝勒有过，令尔规谏，庶于国计民生有所裨益。"[5]崇德八年（1643）六月，太宗又强调"其固山额真、护军统领及近侍护卫等，各宜启迪其主"。[6]

当然，凡诸贝勒有干法纪、有所疏失，旗下人员，所属官员，包括

---

[1]《清太宗实录》卷一，天命十一年九月丁丑。
[2]《清太宗实录》卷八，天聪五年三月己亥。
[3]《清太宗实录》卷五〇，崇德五年闰正月癸未。
[4]《满文老档·太祖》卷四五，天命八年二月初七日。
[5]《清太宗实录》卷八，天聪五年三月乙亥。
[6]《清太宗实录》卷六五，崇德八年六月己卯。

汉官，都可进谏，但固山额真的职责是在诸贝勒违法乱政时必须诤谏，诤谏不从，则应向法司告发，否则，就要以失职治罪。天聪初，镶黄旗不主旗议政贝勒阿巴泰欲争大贝勒之列，令杨古利及本旗固山额真达尔哈将此意转告皇太极。结果，阿巴泰以"僭越"得罪，"达尔哈有傅导之责，不能劝谏其过，反以其言奏上，因解固山额真任"[1]，同案的杨古利与达尔哈情状相同，却未被治罪。

5. 总理本旗一切事务

八旗制下的一旗，无异于统一国家中有相当独立性的政治实体，旗内除军事、司法这些大事之外，固山额真还要领导牛录额真，组织旗下人口的生产和生活，工作十分繁重。对于这些权限还不可能严格界定，而只能笼而统之地说"总理一切事务"，"凡事皆听稽察"。但这实际上赋予了固山额真处理明文规定之外一切事务的权力，正是从这个意义上，太宗才把固山额真解释为一旗之"主"。崇德二年（1637）四月二十二日太宗谕八固山额真："固山额真者，乃该旗之主也。汝等岂非以斋戒故，不至大清门欤？但不集笃恭殿理事，乃托言劳苦，各在家安居，何为也？士卒之马匹，当兹青草方盛之时，并不委人专管收放，俾其随处成群，喂养肥壮，乃各于本屯拴系者，何故？若云已出牧放，何不领取兵部勘合乎？至于朝鲜妇女，军士以力战得之，今闻我国之妇女，沃以热水，拷以酷刑，既不容为妾，又不留为婢，妒忌残虐，莫此为甚。此等妇人，朕必惩以从夫殉死之例，法无可宥，急宜悛改，宽厚待下……今岁偶值年饥，凡积谷之家，宜存任恤之心，遇本牛录内有困乏者，将谷粜卖，可以取值，听人借贷，可以取息，若不卖不借，埋置地中，以至朽烂，暴殄天物，漠视民生，岂可容于我国乎？此等情事，该管牛录章京，宜时加稽察。其贫人田土，无力耕种者，宜令有力者助之。"[2]

这里，太宗指出有关经济、民生方面的集中牧养军马、制止满洲妇人虐害被俘掠来的朝鲜妇女、督促积谷之家粜贷余米、使有力者助贫民耕种等事，都属固山额真管辖范围之内。固山额真既为"总理一切事务"

---

[1]《清太宗实录》卷三，天聪元年十二月辛丑。
[2]《清太宗实录》卷三四，崇德二年四月辛卯。

的"该旗之主",太宗才循其名而责其实,加以训诫。

此外传达、执行国家的各种法令,[1]编审壮丁,掌握户籍;[2]察验披甲兵丁强弱;[3]查出本旗无妻穷困者,给以所俘妇女,善加抚养;[4]与本旗议政大臣公议欲奏之事[5];等等,也都在固山额真职权范围之内。可见固山额真虽不专主一旗,却又是总管一切事务的一旗之主。

以上从五个方面探讨了清入关前八固山额真的职权,但蒙古八固山额真、汉军八固山额真与满洲八固山额真不能相提并论,前者只有管理本旗军政事务的职责,而无参与议政、"监护"本旗贝勒的权力。还须指出,清开国时期的固山额真与入关以后承平日久形势下的都统也有区别。《(光绪)大清会典》载:"八旗都统……掌满洲、蒙古、汉军八旗之政令,稽其户口,经其教养,序其官爵,简其军赋,以赞上理旗务。"[6]由此来看,只着重强调其管理军政事务方面的职责。而入关前的满洲八旗固山额真位尊权重,不仅管辖本旗军事、司法、经济、民政等一切事务,而且是决定整个国家军政大计的国家最高统治集团的成员。正如太宗对八固山额真宣谕时所指出的:"尔等入则赞襄庙谟,出则办理国事,上下中外,一切事宜,未有不知者。"[7]

四、八旗的基层组织——牛录

牛录的前身一般是以一个强大氏族为核心、并结合在同一地区共居的其他人群形成的社会集团。努尔哈赤在保有其旧秩序的基础上,加以权宜改造,成为八旗制度下的国家基层组织。处于瓦解中的原始氏族制

---

[1]《满文老档·太祖》卷一一,天命四年七月初八日;卷七八,巴笃礼、杨古利的誓书。
[2]《清太宗实录》卷七,天聪四年十月辛酉。
[3]《清太宗实录》卷一〇,天聪五年十一月乙亥。
[4]《清太宗实录》卷三八,崇德二年九月丙戌。
[5]《清太宗实录》卷三四,崇德二年四月丁酉。
[6]《(光绪)大清会典》卷一八五,《八旗都统》,台北新文丰出版公司印行,1976。
[7]《清太宗实录》卷八,天聪五年三月乙亥。

固然给牛录打上了深刻的印记，而牛录的最初发展史，则更带有强烈的时代感，不了解清初国家产生的历史背景，也就不可能了解牛录。入关以后，牛录改称佐领，但有清二百多年，佐领之制虽不无变革，而其基本制度一仍国初旧例。因此，剖析牛录，可使我们更深刻地认识清初国家的特点，掌握佐领的真谛。以下分牛录的类别、牛录的数目、牛录的组织、牛录的职能四个方面依次阐述。

（一）清初牛录的类别

入关以后，官书和某些笔记野史对佐领的称呼名色甚多，溯其渊源，俱与开国之初始编牛录的不同性质有一定的承袭关系。清初牛录的类别是依民族成分、领属关系、是否世代承管划分的。

1. 根据牛录属员的民族成分划分为满洲牛录、蒙古牛录与汉牛录

初编牛录时，属员的民族成分比较单纯，都是同一语音的女真人，其中包括建州女真、海西女真、东海女真。因此，当时概称"jušen"（音为"诸申"），即女真。进据辽沈前后，与蒙古接触日渐频繁，天命六年（1621）十二月五部喀尔喀巴约特部古尔布什台吉率男丁115人率先降附，[1] 努尔哈赤以女妻之，并拨给古尔布什台吉"满洲一牛禄三百人，并蒙古一牛禄"。[2] 所谓"满洲一牛禄三百人""蒙古一牛禄"，满文体《满洲实录》分别是"jušen ilan tanggū hahai emu niru""monggo eme niru"。这是官书中最早出现的"蒙古牛录"一词，它是由古尔布什所带115丁为基础所编立的，也是以来归蒙古贵族属众编成牛录的肇始。正由于有了异民族人丁编成的牛录，才有所谓"满洲牛录"一词的出现以示区别。但当时不称"满洲牛录"，而如《满洲实录》所记"jušen niru"。"满洲牛录"一词的出现不会早于天聪九年（1635）十月。随着八旗蒙古的增多以及满洲统治者在军事上的需要，天命、天聪之交，八旗"始编

---

[1]《满文老档·太祖》卷三一，天命六年十二月二十四日。
[2]《清太祖武皇帝实录》卷三，天命六年十一月十八日。

蒙古五牛录"[1]，共编40个蒙古牛录，这就是天聪九年（1635）二月创编的蒙古八旗的主干。

汉人牛录要比蒙古牛录出现稍晚。据《清太宗实录》记载，崇德二年（1637）七月"分汉军为两旗……照满洲例，编壮丁为牛录"[2]，准此，汉军牛录的编设似乎是崇德二年七月以后的事。但《八旗通志初集》卷一七九《吴守进传》和《王国光传》都述及汉军牛录的出现不会迟于天聪九年。《王国光传》是这样写的："天聪九年编乌真超哈牛录，国光以参将兼管牛录章京事。"[3] 该书"旗分志"也记载：正红旗汉军都统第二参领第六佐领"系天聪九年编设之牛录，初以甲喇章京王国光管理"。[4] 先于王国光牛录并有确切年代记载的建立最早的汉人牛录是张成德牛录，《八旗通志初集》"旗分志"载：正黄旗汉军都统第二参领第三佐领"系天聪四年将铁岭卫巡官屯壮丁编为牛录，初以百总张成德管理"。[5] 据此，汉牛录的出现当不迟于天聪四年（1630）。

蒙古八旗、汉军八旗相继从八旗析出以后，满洲牛录、蒙古牛录、汉牛录均系指满洲八旗、蒙古八旗、汉军八旗下辖的牛录，这基本上符合以牛录属员的民族成分来划分牛录名称的原则，但也不是绝对的。如满洲八旗内就有相当数量以蒙古族归附人丁编立的牛录。如上面提到的五部喀尔喀台吉古尔布什属下蒙古所编的牛录后来即留在满洲八旗。《历朝八旗杂档》记载："镶黄旗满洲都统国柱佐领，系勋旧佐领。国柱始祖顾尔布什原系蒙古夸儿夸贝子，太祖高皇帝时率部属先众来归，封为驸马，授为三等子，将部属之众成立佐领，属下白虎赖管理，白虎赖升蒙古地方翟桑，将此佐领属下萨虎管理。"[6] 按《八旗通志初集》"旗分志"镶黄旗满洲都统第四参领第十佐领系国初由喀尔喀地方来归人丁编立的，拜虎赍和萨虎为首、二任牛录额真。[7] 类似情况，并非少数，详见下文"蒙古八旗"。

---

[1]《八旗通志初集》卷一七一，《甘笃传》："时天命九年，八旗始编蒙古五牛录。"
[2]《清太宗实录》卷三七，崇德二年七月乙未。
[3]《八旗通志初集》卷一七九，《王国光传》。
[4]《八旗通志初集》卷一四，《旗分志十四》，"正红旗汉军都统第二参领第六佐领"。
[5]《八旗通志初集》卷一三，《旗分志十三》，"正黄旗汉军都统第二参领第三佐领"。
[6]《历朝八旗杂档》48号，"镶黄旗满洲勋旧佐领世管佐领原由档"。
[7]《八旗通志初集》卷三，《旗分志三》，"镶黄旗满洲都统第四参领第十佐领"。

值得一提的是，满洲八旗下除有以蒙古族人组成的牛录之外，还有以朝鲜来归人编立的牛录。[1]同样，汉军八旗下也有个别蒙古族人组成的牛录。这里可以举出蒙古人何济吉尔的例子说明。何济吉尔又名何济格尔，科尔沁蒙古乌鲁特部人，原为明千总，天命七年（1622）金军取广宁，"从守备石廷柱来降"，蒙古八旗创建后仍留在汉军，崇德七年（1642）六月分汉军四旗为八旗时，何济吉尔被任为镶白旗汉军梅勒章京。[2]至于皇帝及诸王贝勒包衣牛录，更有很大数量由汉人组成，但例属满洲八旗之下，这是一批最早满洲化的汉人。总之，八旗的编立，不仅巩固了以建州女真为核心的女真族人的联系，更重要的是增进了我国广大东北地区女真、汉、蒙古等族人民的融合，从而加速了新的民族共同体——满族的形成。从牛录民族成分这个侧面，反映了这一历史的趋势。

2. 从牛录属员的领属关系可以划分为外牛录和内牛录

外牛录为旗分所属，即属于国家的牛录，入关后称为旗分佐领；内牛录为八家所属（通常称包衣牛录），即属于八家贝勒私有，入关后称包衣佐领，二者以所属有别，故有内外之分。从下面谕令可概见二者的区别：

> 八贝勒等包衣牛录下食口粮之人及奴仆之首告离主者，准给诸贝勒家。至于外牛录下人及奴仆之首告离主者，不准给诸贝勒之家，有愿从本旗内某牛录者，听其自便。[3]

这道有关首告离主的谕令，区别了外牛录下人与包衣牛录下人，前者准离原主时，只限在本旗内另投新主，不准投入诸贝勒家变成包衣牛录下人。显然，此道谕令旨在限制八家贝勒蚕食国家户口。由于外牛录是与在内的包衣牛录相对立而存在的，所以在通常情况下，官书中很少提到"外牛录"一词。下面再看一道有关婚姻年龄的法令："嗣后……小民

---

[1]《八旗通志初集》卷六，《旗分志六》，"正红旗满洲都统第一参领第十二、十四佐领"。
[2]《清太宗实录》卷六一，崇德七年六月甲辰。
[3]《清太宗实录》卷五，天聪三年七月庚午。

女子、寡妇，须问明该管牛录章京，方准嫁。凡女子十二岁以上者，许嫁；未及十二岁而嫁者，罪之。其专管牛录与在内牛录皆同此例。"[1]这道谕令下达给旗属牛录是不言而喻的，故未提"外牛录"，只是注明内牛录和专管牛录同样适用这一法令，不能因其为八家家下牛录和专管牛录而置身国法之外。

外牛录是努尔哈赤分拨给诸子侄统辖的牛录，从法理上讲，当然是国家户口，太宗所谓"八旗皆朝廷之人，但慑服奸宄，抚恤困穷，使之各安统辖，又何彼此之可分乎？"[2]是符合努尔哈赤初衷的。雍正帝在一次申明祖制时也曾说："太祖、太宗时，将旗分佐领分与诸王，非包衣佐领可比，欲其抚循之，非令其扰累之也。"[3]所谓"旗分佐领"即指关外时期的外牛录。然而，外牛录为法定国家户口，这只是问题的一个方面，另一方面主旗贝勒还对本旗属员拥有努尔哈赤所赋予的专主权，其属员的命运与其说掌握在国君手里，莫如说掌握在本旗王贝勒手里。为逃避兵役及其他赋役，扩大自己所属包衣牛录的实力，诸王贝勒又往往倚仗其特殊权势侵渔外牛录属员，甚至将他们并入包衣牛录。对此，国君则以法制为武器加以惩治。天聪四年（1630）十月有关编审壮丁的谕令规定："凡诸贝勒包衣牛录，或系置买人口，及新成丁者，准与增入。毋得以在外牛录下人入之。如丙寅年（天命十一年）九月初一日以后，有将在外牛录下人编入者，退还原牛录……其不举首之固山额真，坐以应得之罪。除壮丁拨出外，仍照数赔偿，给与原管牛录。其包衣昂邦，鞭一百，革职。牛录额真，不告知固山额真者，亦坐以应得之罪。"[4]崇德四年（1639）十一月，以公硕托"将已给外牛录人丁仍记入包衣牛录档册，使其不纳官赋"，罚银一百两，包衣牛录章京苏巴泰在人丁已"移往外牛录后，未移交档册"，鞭八十。[5]

外牛录，即旗属牛录，是八旗主体，也是当时国家根本。而包衣牛

---

[1]《清太宗实录》卷二三，天聪九年三月庚申。
[2]《清太宗实录》卷三四，崇德二年四月丁酉。
[3]《八旗通志初集》卷一，《旗分志一》，"满洲蒙古汉军通行规制"。按《清世宗实录》卷九，雍正元年七月癸巳条亦载此谕，但将文中所引段落略去。
[4]《清太宗实录》卷七，天聪四年十月辛酉。
[5]《盛京刑部原档》228号。

录在八旗牛录中所占比重不大，且只限于供役于八家，故《实录》中很少涉及。

下面谈谈有关包衣牛录的问题。包衣牛录，亦称"辛者库牛录"。《满文老档》天命六年（1621）十一月二十一日条下记载："赏给八贝勒等家下辛者库牛录额真、备御、千总级的银各十两。"[1]辛者库牛录，原文是"sin jeku niru"，直译为"斗米牛录"。日本学者户田茂喜解释说："辛是斗的意思，者库是指粮食，合起来即是斗米牛录。斗米牛录是对当时牛录作为生产组织而冠的称呼。"[2]这个看法似可商榷。《清文鉴》"旗分佐领"项下"管领下食口粮人"一词的满文是："sin jeku jetere aha"[3]，直译为"食斗米粮的阿哈"，这当是"辛者库牛录"得名的原由。上面提到的八贝勒"包衣牛录下食口粮之人"，即指此种牛录下人。

《清太宗实录》中还有"食口粮牛录下奴仆"[4]，也当指这类人。清人吴振棫撰《养吉斋丛录》以为："辛者库，即内管领下食月米之人。"将"食口粮"具体化为"食月米"，未知何据？但把"食斗米""食口粮"解释为"食定期发放的一斗米"，似不失原意。根据这样的理解，辛者库牛录即为"食定期发放口粮的奴仆组成的牛录"。辛者库牛录下人没有独立的经济地位，包括他们人身、妻子在内的所有财产都是属于诸王贝勒所有，因此，他们依靠王贝勒定期所发口粮度日，但这类奴仆又不同于满洲、蒙古、汉人家下奴仆，因为他们被统一编制为牛录，在王、贝勒家内或军前供役。辛者库牛录，即包衣牛录，在入关以后又分为内务府属包衣佐领和王公府属包衣佐领，但其本质与入关前没有区别。

包衣牛录还被称为"德勒和图牛录"（delhetu niru）[5]，《清文鉴》释为"内府佐领"[6]，与《满文老档》的原意是相符的。

包衣牛录又分为满洲包衣牛录和汉人包衣牛录，后者通常称为旗鼓牛录。旗鼓牛录，满文是"cigu niru"，显然是借汉语"旗鼓"二字之音。

---

[1]《满文老档·太祖》卷二九，天聪六年十一月二十一日。
[2]［日］户田茂喜《清初的"辛者库"牛录》，《史学杂志》52卷7期。
[3]［日］羽田亨《满和辞典》，国书刊行会，第375页。
[4]《清太宗实录》卷七，天聪四年十一月丁卯。
[5]《满文老档·太祖》卷三九，天命七年三月十八日。
[6]《满和辞典》，第87页。

旗鼓仪仗之类，固非满人所长。努尔哈赤在旧老城费阿拉时，凡出入，"别无执器械军牢等引路，只诸将或二或四作双，奴酋骑则骑、步则步，而前导，余皆或先或后而行"。[1] 诸贝勒大臣随行仪仗旗鼓是从天命七年（1622）正月才作出规定，第一等和硕大贝勒"小旗各八对，伞各一把，鼓、喇叭、唢呐、箫等"。[2] 同年六月，《满文老档》中出现"旗鼓"一称。[3] 这一类人多由汉人承担，《清太宗实录》载："墨尔根戴青贝勒多尔衮属下旗鼓牛录章京曹振彦因有功，加半个前程。"[4] 这曹振彦就是《红楼梦》作者曹雪芹的先祖，其时为镶白旗多尔衮贝勒下包衣。比包衣牛录编制低一级的单位是"管领"，满文为"hontoho"（浑托和），即"半个（牛录）"。[5] 但"管领"一词，在入关前似未出现，王、贝勒府下的"包衣大"（满文 booi da）[6]，就是指半个包衣牛录的头目。"包衣大"，在入关以后也称为"管领"[7]，与"浑托和"这一意义的"管领"的区别，前者指管理者，后者指组织。

3. 根据牛录原主是否有权世代承管，又分为永管牛录和公中牛录

天聪六年（1632）叙大凌河之役阵亡功臣，"游击绰和诺，初居东海近地，雄长一方，姓那木都鲁氏，乃明安图巴颜之子也。太祖遣使招降时，他人俱以力不敌，穷蹙来归。绰和诺年幼有智略，闻太祖命，欣然归附。每从征伐，所至有功，给一永管牛录户口"。[8]

又据《历朝八旗杂档》记为："厢红旗满洲固山二等阿思哈尼哈番兼专管佐领傅岱之曾叔祖原任十六大臣绰和诺系明安图巴颜第三子，东海郡人，姓纳木都鲁氏。天命初时，弟绰和诺、兄哈哈纳带领本郡等处人丁归诚，太祖高皇帝将带来人丁编为佐领，俾哈哈纳、绰和诺各管一佐

---

[1]《建州纪程图记》，第24页。
[2]《满文老档·太祖》卷三三，天命七年正月十四日。
[3]《满文老档·太祖》卷四二，天命七年六月二十一日条："因修城，陈游击打岳托阿哥旗鼓下一人屁股，致死。"
[4]《清太宗实录》卷一八，天聪八年五月丙戌。
[5]《历朝八旗杂档》125号，"乾隆元年正白旗汉军查报接管佐领档"。
[6]《清太宗实录》卷四一，崇德三年四月乙卯。
[7]《历朝八旗杂档》124号，"由盛京入关至乾隆元年正白旗历授佐领档"。
[8]《清太宗实录》卷一一，天聪六年正月癸丑。

领。"[1]可见，绰和诺的永管牛录系由本人所带所属人丁编成，且立有战功，所以努尔哈赤才给以世代管理牛录的权利。考察国初的永管牛录，大部分是率所部来归，编为牛录者。也有一些是战阵立功，赏赐人口，编为牛录者。对这两种情况，以下分别阐述。

凡国初率众归附编为牛录者，俱为所属部众的部长、族长或家长。当然，属众中还可能杂有同居一地的异姓人。努尔哈赤、皇太极既以归附为大功，同时，为广招徕，就必须承认来归者对其属众的世代统辖权。因此，或以其本人为牛录额真，或以其子弟为牛录额真，或以其属下人员为牛录额真，不管哪一种安排，都以承认原有领属关系为前提，试举下面档案为例：

> 佐领马吉之高祖原系扎鲁特地方巴克贝勒，于天聪十一年（按天命十一年之误）从扎鲁特地方率领三百丁投奔，太祖高皇帝以其来于众人之先，编为一佐领，令其佐领下人员管理。初次管佐领人硕宾，二次卓尔宾，第三次浑齐，第四次奈慢代，第五次厄塞。崇德七年厄塞得罪之后，奉太宗皇帝谕旨："令其率领伊等来归该头目管理。钦此。"因此，将此佐领与巴克贝勒之亲孙侍郎朝克图管理。[2]

巴克贝勒牛录的管理者尽管五易其人，但当崇德七年牛录额真出缺，遴选牛录额真时，还必须是本牛录原主的亲孙。世守统辖的权利一般不会因为原立牛录者或其子孙得罪而被剥夺。例如从窝集部那木都鲁路率属来归、并被任命为所带属众的牛录额真的喀克笃礼，殁后图谋叛逃罪被揭发，但仍以其子赖塔管牛录。[3]达尔汉虾之子浑塔被命为其父从雅尔古地方所带人丁编立牛录的首任牛录额真，后以罪见杀，[4]仍以其弟阿拉密管牛录。[5]世守统辖权既非固定由亲子亲孙执掌，更非按以嫡以长的顺序遴选，而是在本支宗亲范围内，拣选血统最近且最有才干的亲属。

---

〔1〕《历朝八旗杂档》238号，"镶红旗满洲世袭职官档"。
〔2〕《历朝八旗杂档》47号，"镶黄旗满洲五甲喇管理佐领原由档"。
〔3〕《八旗通志初集》卷五，《旗分志五》，"正白旗满洲都统第一参领第十三佐领"。
〔4〕《清太宗实录》卷二一，天聪八年十二月己酉。
〔5〕《八旗通志初集》卷五，《旗分志五》，"正白旗满洲都统第三参领第五佐领"。

上述制度保证了八旗中坚力量的稳定，又使人才不断涌现出来，国家因而充满了朝气。

永管牛录中以战功赏赐人口编立牛录者，虽牛录下人与原管者并无血缘关系，但他们的身份几与战俘等同，因此，与牛录之主更多一层主奴关系。所以雍正帝特告诫这些功臣的后裔："若乃自以为世守佐领，作奴仆陵贱之，非理也。"[1]而从国家这一方面讲，既将人口赏给了功臣，也就赋予被赏赐者世守统辖的权利。开国元勋额亦都被赏赐三牛录人口，分别令其"长子班喜、三子车尔格、十二子厄色、八子图尔格、十三子朝哈尔、十六子遏必隆专管"[2]，不仅如此，康熙年间这3个佐领因人丁繁盛，扩编为9个佐领，仍由额亦都的宗亲管理。[3]

在入关前编立的永管牛录中，还有部分"专管牛录"。天聪八年（1634）十二月，"分定专管牛录"[4]共48个半，翌年五月，《实录》又记："免功臣徭役，并命专管各牛录。"[5]最后确定的专管牛录共46个，另有星鼐、察木布、喇玛、扈什布、阿什达尔汉、准塔、阿喇密7人的7个牛录"未定，或令专管，或为内牛录，命仍旧暂留之"。[6]第二次专管牛录是在第一次分定专管牛录的基础上重新作了调整，其中大部分一仍其旧，少部分专管牛录数略有增减，还增加了个别几个人的专管牛录，因此，可以认为第二次是基本确定下来的专管牛录数目。

这次所定专管牛录有以下三种情况：

一是原有功臣的永管牛录。如额亦都三个牛录分别由其子遏必隆、超哈尔（朝哈尔）、敖对三人专管。这是此次分定专管牛录中的大部分，因此，这部分牛录并非新编的牛录。

二是原来人丁不足额，增给人丁为全牛录。如固山额真阿山"原系半个牛录，因战功，益以虎尔哈人为一牛录，使之专管"。[7]额驸苏纳自

---

[1]《（雍正）大清会典》卷一一一，《兵部·铨选》。
[2]《历朝八旗杂档》48号，"镶黄旗满洲都统勋旧佐领世管佐领原由档"。
[3] 同上。
[4]《清太宗实录》卷二一，天聪八年十二月丙申。
[5]《清太宗实录》卷二二，天聪九年五月丙辰。
[6] 同上。
[7]《清太宗实录》卷二二，天聪九年正月戊寅。

叶赫归附后，努尔哈赤妻之以女，"将跟公主满洲编为半个牛录，令其专管……（天聪八年）十二月，论功臣免夫专管牛录，驸马苏纳原半个牛录因阵功添胡尔罕人编为整牛录，令其专管"。[1]属于这种情况的还有劳萨牛录、英俄尔岱牛录等。

三是新编的牛录。如编设于天聪八年（1634）的固山额真叶臣牛录[2]，《实录》记为："固山额真叶臣等给以新附虎尔哈百人，授为专管牛录。"[3]

从上述情况分析，分定的专管牛录中只有小部分是新编立的，对于大多数专管牛录来说，只不过是对原有的永管牛录确定为专管牛录名分而已。

专管牛录与一般永管牛录的区别何在呢？

专管牛录亦称"恩出勒黑牛录"。《崇德会典》载："其下民间女及寡妇，各问该管牛录，方许与人。凡女年十二，方许做亲，未及十二岁做亲者有罪。内牛录及恩出勒黑牛录俱照此例。"[4]按此项法令原系天聪九年三月初由户部颁发，最后一句是："其专管牛录与在内牛录皆同此例。"[5]"恩出勒黑"译自满文"enculehe"，意思是"承当专担行之"[6]，故《实录》译为"专管"。由此可知，专管牛录享有某些特权，主要是不承担国家徭役。《历朝八旗杂档》记有释迦保佐领原由如下：

> 镶黄旗满洲都统佐领释迦保，伊祖赫东格、叔曾祖尼麻禅弟兄自马家地方率子弟并五十五满洲来归，太祖高皇帝初编佐领时着赫东格亲孙十扎尔虎齐雅希禅之子公滚管理。太宗皇帝实录中载天聪九年曾在功臣之列将公滚之佐领免丁，令其专管。[7]

---

[1]《历朝八旗杂档》149号，"正白旗满洲郎坦行略及世袭原由档"。
[2]《八旗通志初集》卷八，《旗分志八》，"镶红旗满洲都统第二参领第一佐领"。
[3]《清太宗实录》卷二一，天聪八年十二月己酉。
[4]《清太宗实录稿本》，第7页。（按原书"思出勒黑"，误）
[5]《清太宗实录》卷二三，天聪九年三月庚申。
[6]《满和词典》，第114页。
[7]《历朝八旗杂档》48号，"镶黄旗满洲勋旧佐领世管佐领原由档"。

按公衮即公衮，天聪九年（1635）正月命公衮专管"半牛录"。专管牛录得以"免丁"，这就是命专管牛录时所称"免功臣徭役"一语的含义。换句话说，分定专管牛录的目的，就是要在八旗牛录中划出一些享有优免壮丁特权的牛录。所以，专管牛录肯定是永管牛录，而永管牛录却不一定是专管牛录。如前所述绰和诺牛录初为永管牛录，绰和诺大凌河一役阵亡后，因无子嗣由兄翁格尼袭管，[1] 天聪八年十二月初分专管牛录，翁格尼牛录又增新附虎尔哈百人，"授为专管牛录"[2]，旋以"翁格尼管牛录不称职，黜之，令其子傅喀蟾管牛录事"[3]，翌年正月命专管牛录时，傅喀蟾有半个专管牛录。[4] 可见，在一个永管牛录中还可以确定半个牛录专管，即其中一半人丁不承担国家徭役。

世代承管的永管牛录是与公中牛录相对而言的。"公中牛录"，满文是"siden niru"，所谓"siden"（公）者，系八旗公有，从当时的概念也可称为国有。公中牛录下人为八旗公有，牛录额真出缺时，由国家另外拣选才德堪管牛录者加以任命。永管牛录虽也为国家户口，但它是有主的牛录，因此当牛录额真出缺时，国家只能在原主宗亲中遴选堪任牛录者。

公中牛录大致通过下述几个途径形成的：

一是由战争俘获的新满洲所组成。通过战争携归内地的新满洲，绝大多数分补八旗旗分不足者，但有时也将他们编为牛录。[5] 见于档案的，如镶蓝旗孟嘉所管的"公中佐领，原系索伦、胡尔浑、鄂尔浑、瓦尔喀、胡尔哈五处之满洲合编一佐领"。[6] 这类牛录下的人丁诸姓杂处，并非强宗大姓统辖来归，而是靠八旗合力从东海、乌苏里江以至黑龙江地区俘回的，因此，例归八旗公有，置为公中牛录。

二是获罪应撤的永管牛录。崇德七年（1642）八月，镇国将军巴布海得罪，论死，太宗命"宥其死，革镇国将军职，废为庶人，夺其

---

[1] 《历朝八旗杂档》238号，"镶红旗满洲世袭职官档"。
[2] 《清太宗实录》卷二一，天聪八年十二月丙午。
[3] 同上。
[4] 《清太宗实录》卷二二，天聪九年正月己卯。
[5] 《清太宗实录》卷四九，崇德四年十月辛酉条，提到"十八牛录新满洲"。
[6] 《历朝八旗杂档》276号，"镶蓝旗满洲佐领原由档"。

永管牛录为公中牛录"。[1]巴布海革宗室籍，又撤永管牛录，这是极重的惩罚，与一般管永管牛录者得罪，仍由原主宗亲接管的通例比较，是罕见的。

三是永管牛录额真已亡无嗣者。入关以后，佐领名色不一。雍正帝把佐领分为"世佐领""袭佐领""公佐领"三类："世佐领者，太祖、太宗时乃祖或率所部来归编为佐领者，或战阵有功，赏赐人口，编为佐领者。是虽尔等世守统辖之人，然佐领下人，同是满洲，亦有从乃祖宣力国家，列于有位者之子孙，尔等宜骨肉视之。若乃自以为世守佐领，作奴仆陵贱之，非理也……袭佐领者，亦以乃祖曾宣力国家，人材服众，俾管佐领，遂世世相传，以至于尔身……公佐领者，特以其能理佐领之事，能惠佐领之人，是以简用。"[2]这道谕旨也见于《清世宗实录》，只是世佐领称"原管佐领"，袭佐领称"世管佐领"，公佐领称"公中佐领"。[3]这里所说的"世佐领"或"原管佐领"，即由关外永管牛录发展而来的，而"袭佐领"或"世管佐领"，则由关外某些公中牛录所形成的，从国初到雍正时，已一百余年，管牛录者或已改换了五、六代以至七、八代，开国初虽为公中牛录，但初管者才能服众，故世世相传，遂成事实，命为世管。

到光绪时，索性将"原管佐领"与"世管佐领"一并称为"世管佐领"，"世管佐领"下又分为"勋旧佐领""优异佐领"。其实，"勋旧佐领"就是关外的"永管牛录"，雍正时的"世佐领"或"原管佐领"；"优异佐领"就是雍正时的"袭佐领""世管佐领"。[4]从清初以迄晚清，牛录名称虽一变再变，但渊源有自，未改太祖、太宗之初制。

（二）清初牛录的数目

牛录作为八旗的基层组织，由数目相近的人丁所组成，并按规定比

---

[1]《清太宗实录》卷六二，崇德七年八月己亥。
[2]《(雍正)大清会典》卷一一一，《兵部·铨选》。
[3]《清世宗实录》卷六〇，雍正五年八月庚戌。
[4]《(光绪)大清会典》卷八四，《八旗都统》。

例，抽丁壮披甲。因此，自八旗建立之始，牛录的数目便为内外所关注，时至今日，研究清初的人口和八旗军力，仍需就此课题进行探索。下面分四个时期考察清开国初牛录的数目。

1. 八旗创建之初

万历四十三年（1615）创建八旗，据《清太祖武皇帝实录》记载，建制如下："每三百人立一牛禄厄真，五牛禄立一扎拦厄真，五扎拦立一固山厄真。"[1]如果严格照此建制编旗，那么，每旗下设25牛录，八旗凡200牛录。

官修的第一部《八旗通志》对建旗时的牛录总数没有记载，而嘉庆初修竣的第二部《八旗通志》却明确记载为"满洲牛录三百有八，蒙古牛录七十六，汉军牛录十六"。[2]这一说法是从乾隆二十九年（1764）修竣的《（乾隆）大清会典则例》开始的，该书记载：

> 甲寅年，削平诸国，中外臣民归附者众，增设四旗，以初设四旗为正黄、正白、正红、正蓝，增设之旗为镶黄、镶白、镶红、镶蓝……统率满洲、蒙古、汉军诸众。八旗编设满洲牛录三百有八，蒙古牛录七十有六，汉军牛录十有六。每五牛录设一甲喇额员，五甲喇设一固山额员，每固山额员左右设两梅勒额员。[3]

照此说法，八旗初创时有400个牛录，恰是从《清太祖实录》中所推出数目的一倍。

《满文老档》也没有留下建旗之始八旗牛录总数的明确记载，但在建旗的第二年，即天命元年（1616）七月记有如下两道命令：

七月朔日，传呼命令："从每一牛录挑选强壮的马各六匹，把一千匹马放到田禾中养肥。"

同月初九日命令："从每牛录派出制造独木船的各三人，共六百人去

---

[1]《清太祖武皇帝实录》卷二，乙卯年十一月。
[2]《八旗通志》卷三二，《兵制志一》，"八旗兵制"。
[3]《（乾隆）大清会典则例》卷一七一，《八旗都统·编旗设官》。

兀尔简河发源处密林中,造独木舟二百艘。"[1]

从后一道命令可以明白推算出当时共有200个牛录,而从前一道命令来看,如果说1 000匹马是个概数,也可以作为200个牛录的佐证;如果说1 000匹马是个准确的数字,那就大约有180个牛录。总之,八旗初建时,有180~200个牛录。以此作为基数来研究开国之初牛录数目的增长是比较符合当时实际的。

《(乾隆)大清会典则例》所云400牛录与档案记载不符,是错误的。它之所以是错误的,还可以举出两点理由:第一,当时并无满洲、蒙古、汉军之分;第二,与它所记八旗的建制也自相矛盾。但是,所谓400牛录也似有所依据,留待下面再议。至于从《满文老档》与从《清太祖武皇帝实录》所推算出的牛录数目竟符合若契,似乎只能这样来认识:纂修《武皇帝实录》的史官中有建旗事件的当事人,建旗之初有200个牛录在当时旗人中并非秘密,史官们从修纂太祖实录时每旗30牛录这一定制[2]出发,推定建旗之初各旗下辖25个牛录。其实,建旗之初,各旗所辖牛录数颇为悬殊,但是,八旗共有200个牛录这一点却没有错。所以我们才从《满文老档》和《清太祖武皇帝实录》两个不同的史料中推算出了相同的结论。

2. 天命中期

朝鲜人李民寏所著《建州闻见录》记载了天命四年、五年(1619、1620)之际后金全国的牛录数:"一高沙(固山)所属柳累(原注:'胡语柳累云者,如哨军之制。'按柳累即牛录)三十五,或云四十五,或云多寡不均……共通三百六十柳累云。"[3]李氏所记360牛录,盖以每旗45牛录这一最高额为标准所推算。天命六年(1621)九月朝鲜满浦金使郑忠信所记则要少得多:"其兵有八部,二十五哨为一部,四百人为一哨。"[4]郑氏所谓"哨",当即牛录。据此,天命中有200牛录。

---

[1]《满文老档·太祖》卷五,天命元年七月。
[2]《清太宗实录》卷二〇,天聪八年九月壬子。
[3]《建州闻见录》,第42页。
[4]《朝鲜李朝实录中的中国史料》第八册,第3146页。

下面看《满文老档》天命六年（1621）闰二月二十六日条下的记载：

> 达尔汉虾的旗，在尼雅木锥有七牛录、一浑托和（半个牛录），在费德哩有七牛录，在阿什喀、锡伯哩有五牛录。
> 阿敦阿哥的旗，在德立石有三百七十甲，在湖埒路有二十八牛录，在坨兰、章京有十七牛录。
> 穆哈连的旗，在扎库穆有十牛录，在德特赫有六牛录，在鄂和有五牛录。
> 济尔哈郎阿哥的旗，在温德痕有一百二十五甲，在包石有七牛录，在费阿拉有五十四牛录。
> 汤古岱的旗，在扎克丹有二百五十甲，在扎喀有九牛录，在呼湾塔、老哩、站野、呼兰有十六牛录。
> 博尔晋的旗，在范河有十牛录，在必音有六牛录、一浑托和，在赫彻穆、杭嘉有十牛录。
> 董鄂额驸的旗，在浑河、英额有五牛录，在贝欢寨有五牛录，在雅尔古、苏完有八牛录，在尚间崖有二百五十甲。
> 阿巴泰阿哥的旗，在柴河有五牛录，在穆瑚觉罗有五牛录，在鄂尔多哈达有五牛录。[1]

据此，达尔汉虾旗（镶黄）19个半牛录、阿敦旗（正黄）45牛录又370甲、穆哈连旗（正蓝）21牛录、济尔哈朗旗（镶蓝）61牛录又125甲、汤古岱旗（正红）25牛录又250甲、博尔晋旗（镶红）26个半牛录、董鄂额驸旗（正白）18牛录又250甲、阿巴泰旗（镶白）15牛录。八旗共有231牛录又995甲。各旗下辖牛录数目悬殊，最多为61牛录，最少为15牛录，每旗平均近30牛录。

与朝鲜人的记载比较，《满文老档》所记翔实可信。李民寏自天命四年（1619）三月明金萨尔浒之战被执，至翌年七月获释，一年零四五个月的时间里被羁押于赫图阿拉，所记牛录盖得诸传闻，故未能获其确数，但他所记"多寡不均"是正确的。郑忠信以朝鲜使臣身份通和金国，

---

[1]《满文老档·太祖》卷一八，天命六年闰二月二十六日。

行动比较自由，据载："忠信往返月余，行二千余里，深入虏穴，详探虏中事情。"[1]故郑氏所记牛录数接近实情。再从清官书中有关材料来验证，天命末努尔哈赤两黄旗内给三幼子阿济格、多尔衮、多铎各15牛录，"自留十五牛录"，[2]两黄旗共60牛录，与《满文老档》所记天命中，两黄旗64个半牛录基本吻合。总之，从八旗创建到天命中期，牛录数从200上下增加到230余，这一增长的幅度是可信的。

3. 天聪时期

有一种看法认为天聪八年（1634）时八旗有240个牛录，这是以皇太极下面的一道谕旨为据："八旗制设牛录，一例定为三十牛录。如一旗于三十牛录之外，余者即行裁去，以补各旗三十牛录之不足者……若八旗不令画一，间有一旗多于别旗者，其意欲何为乎？"[3]但这谕旨并未立即贯彻。上面提到，各旗所辖牛录本参差不齐，皇太极两黄旗的前身两白旗在天命中只有30多个牛录，故每旗制设30牛录以画一八旗，于皇太极最有利。但这一改革并非抽肥补瘦，更非一蹴而就。这一点，皇太极说得很清楚："朕意旧有人民，不便均分，新所俘获理应拨补旗分中不足者。"具体的做法是："不满三十牛录旗分，择年壮堪任牛录之人，量能补授，统领所管壮丁，别居一堡，俟后有俘获，再行补足。"[4]在这种情况下，像两黄旗这样比较单弱的旗分才有可能在分拨新满洲或其他入旗人口时得到比较多的人丁。因此，这一改革仅仅是改变前此"八分均分"[5]俘获之人的旧例。根据天聪八年九月每旗制设30牛录推定，当时八旗共有240牛录，这一看法似可商榷。

从官书、档案的有关记载来看，天聪中、后期大约有近300个牛录。天聪六年（1632）二月，皇太极谕户部分别安插大凌河之役明降军："大凌河汉人可分隶副将下各五十名、参将下各十五名、游击下各十名，尽令移居沈阳，以国中妇女千口分配之，其余令国中诸贝勒大臣各分四五

---

[1]《朝鲜李朝实录中的中国史料》第八册，第3145页。
[2]《清太宗实录》卷四六，崇德四年四月辛巳。
[3]《清太宗实录》卷二〇，天聪八年十月庚戌。
[4] 同上。
[5] 同上。

人，配以妻室。"[1]这"国中妇女千口"，据《满文老档》系"每牛录各出三名妇女，每四牛录再合出一名妇女……总计九百三十七口"。[2]由此可以推算出当时八旗约有288个牛录（不包括包衣牛录），每旗平均约36牛录。皇太极在天聪八年九月所说的不满30牛录的旗分应是少数，多数旗分在30多个牛录，间有大大超出平均数的个别旗。这280多个牛录到天聪朝后期又有了显著的增加。一方面，分定专管牛录时，新编或将原来的包衣牛录改编为专管牛录，可以统计的有：图鲁什一牛录、叶臣一牛录、劳萨一牛录、孟担一牛录、英俄尔岱一牛录、阿山半牛录、巴都礼一牛录、吴讷格一牛录，[3]共计7个半牛录。星鼐、察木布、喇玛、扈什布、阿什达尔汉、准塔、阿喇密此7牛录未定是专管牛录，还是包衣牛录，[4]故且不计。另一方面，天聪九年（1635）二月创编蒙古八旗时，"以八旗蒙古牛录甚少，令八旗各添二牛录"[5]，凡16牛录，又以在内喀喇沁壮丁编成十几个牛录。总体来看，至天聪末，八旗大约有330个牛录。

明人陈仁锡所撰《无梦园初集》刊于天聪七年（1633），书中记"孤山（固山）八，牛鹿（牛录）三百六十"。[6]不知何据？陈仁锡是明人中比较重视了解建州的人，他对牛录数的记载也不过得之于朝鲜方面的传闻，未可作为坚实的证据。

4. 入关前夕

从改元崇德以迄入关，是八旗下辖牛录总数又一次大幅度增长的时期，增长最迅速的是汉军牛录。

《八旗通志初集》"旗分志"记载了从"国初"至雍正末的八旗下各牛录的历史，一般包括编设时间、人丁来源和历届管理牛录之人三个内容，所记牛录的旗分除两红、镶蓝三旗还大体符合牛录原来所属旗分外，

---

[1]《清太宗实录》卷一一，天聪六年二月癸巳。
[2]《满文老档·太宗·天聪》卷五〇，天聪六年二月二十九日。
[3]《清太宗实录》卷二二，天聪九年二月丁亥。
[4] 同上。
[5]《钦定八旗通志》卷一九，《旗分志十九》，"正红旗蒙古都统所属右参领第三佐领"。
[6] 陈仁锡《无梦园初集·海集一》，"纪名号决战胜"，《续修四库全书》"集部"一三八二"别集类"，上海古籍出版社，2002。

两黄、两白及正蓝五旗历经多次政治风波，雍乾之际的旗属与开国之初已大相径庭，但这一点并不会影响对八旗下牛录总数的估计。此外，八旗最早一批牛录编立的确切时间，"旗分志"多没有记载，这是由于历经沧桑，包括本牛录现任佐领在内，对祖上牛录何时编立也不甚了了，因此往往用"国初"一词表示。《（康熙）大清会典》"事例"云："凡事有年分可考者，循序分编。或岁月久远，卷籍不存者，止书曰'国初'，曰'顺治初'。"总而言之，凡"国初"编设的牛录即为清入关前已编成的牛录是大体不错的。

下面，我们先根据《八旗通志初集》"旗分志"中所载"国初"及有确切年代编立的牛录数，分满洲、蒙古、汉军八旗分别作一统计，对少数虽无"国初"字样，但有证据确认其为入关前编立的牛录，也一并统计在内。

满洲八旗下牛录有：

> 满洲镶黄旗第一参领四、五、七、十一、十二佐领，第二参领三、六、七、八、十二、十三、十六佐领，第三参领一、二、三、五、十、十二、十四佐领，第四参领一、三、五、六、八、十、十二、十四佐领，第五参领一、二、七、十佐领。凡31佐领。

> 满洲正黄旗第一参领三、九、十一、十三、十六佐领，第二参领一、二、五、七、九、十、十二、十七佐领，第三参领一、八、九、十二、十五佐领，第四参领一、四、七、九、十八佐领，第五参领一、三、六、十二、十三、十四佐领。凡29佐领。

> 满洲正白旗第一参领一、四、六、八、十三、十五、十六佐领，第二参领二、四、七、十、十一、十五、十六、十七佐领，第三参领三、五、七、九、十二、十三、十五佐领，第四参领一、三、六、八、十、十三佐领，第五参领一、三、四、五、七、八、九、十二、十三、十四、十五佐领。凡39佐领。

> 满洲正红旗第一参领一、十二、十四佐领，第二参领三、五、八、十一佐领，第三参领五、八、十一、十二、十四佐领，第四参领一、三、五、八、十、十四佐领，第五参领一、三、七、八、九、十二、十三佐领。凡25佐领。

满洲镶白旗第一参领四、六、九、十一、十二、十三佐领，第二参领一、三、五、六、八、十一、十二、十三、十四、十七佐领，第三参领四、六、十、十二、十四、十七佐领，第四参领二、四、六、十、十三、十四、十七佐领，第五参领四、六、八、十、十二、十五、十七佐领。凡36佐领。

满洲镶红旗第一参领二、五、八、十、十四、十七佐领，第二参领一、四、五、八、十一、十四、十六佐领，第三参领一、四、六、八、十、十六佐领，第四参领一、三、九、十一、十四、十七佐领，第五参领四、六、八、十、十三、十四、十五佐领。凡32佐领。

满洲正蓝旗第一参领一、三、四、九、十、十二、十三、十六佐领，第二参领一、七、八、十一、十四、十六、十七佐领，第三参领一、三、六、十、十三、十四佐领，第四参领二、三、九、十一、十三、十五佐领，第五参领三、四、九、十、十四、十六佐领。凡33佐领。

满洲镶蓝旗第一参领一、三、五、七、十三、十四、十六佐领，第二参领一、三、六、八、十一、十四、十六、十七佐领，第三参领一、二、四、五、八、十、十二、十三、十四佐领，第四参领二、五、七、九佐领，第五参领六、七、九、十、十二佐领。凡33佐领。

以上满洲八旗在入关前共编立了258个牛录，其中30多个开始时只编为半个牛录。所以，入关前实际上只有近250个牛录。

蒙古八旗下牛录有：

蒙古镶黄旗右参领一、四、五、七、九、十二佐领，左参领一、三、五、六、七、九佐领。凡12佐领。

蒙古正黄旗喀尔沁参领一、二、三、四、五、七、八佐领，蒙古参领一、二、四、五、七佐领。凡12佐领。

蒙古正白旗右参领一、二、六、八、九、十、十二、十三、十四佐领，左参领五、七、八、九、十一、十二佐领。凡15佐领。

蒙古正红旗右参领一、三、五、七、九、十一佐领，左参领一、

二、四、九、十佐领。凡11佐领。

蒙古镶白旗左参领二、三、七、八、九、十、十一佐领，右参领一、二、三、五、六、八、九、十佐领，察哈尔参领下在京二、三佐领，口外二佐领。凡18佐领。

蒙古镶红旗头参领二、三、四、五、六、十佐领，二参领一、三、四、五、七、九、十、十一佐领。凡14佐领。

蒙古正蓝旗右参领一、二、三、四、七、九、十、十二、十三、十五佐领，左参领一、三、五、七、九、十五佐领。凡16佐领。

蒙古镶蓝旗头参领一、四、五、六、十一佐领，二参领一、三、四、五、六、七、八、十、十二佐领。凡14佐领。

综计蒙古八旗在入关前共编立了112个牛录，其中初编半个牛录的不到10个，故总数近110个。

最后看汉军八旗：

汉军镶黄旗第一参领一、二、三、五、六、七佐领，第二参领一、四、五、八佐领，第三参领一、二、四、六、七佐领，第四参领二、三、五、七佐领，第五参领一、三、四、八佐领。凡23佐领。

汉军正黄旗第一参领三、四、六、七、八佐领，第二参领二、三、四、五、六佐领，第三参领一、三、四、五、六佐领，第四参领二、三、四、八佐领，第五参领一、三、四、六佐领。凡23佐领。

汉军正白旗第一参领一、二、三、四、六、七、八佐领，第二参领一、二、四、六佐领，第三参领二、三、四、五佐领，第四参领一、二、三、五佐领，第五参领一、三、四、五、六、七佐领。凡25佐领。

汉军正红旗第一参领三、四佐领，第二参领二、三、五、六佐领，第三参领一、二、四佐领，第四参领一、三、五佐领，第五参领四、六佐领。凡14佐领。

汉军镶白旗第一参领二、三、四佐领，第二参领一、二佐领，第三参领一、二、三、四佐领，第四参领一、二、三、四佐领，第五参领三、四、六佐领。凡16佐领。

汉军镶红旗第一参领五、六佐领，第二参领二、四、五、六佐领，第三参领一、二、三、四、六佐领，第四参领一、二、三、五佐领，第五参领一、二、三、四、五佐领。凡20佐领。

汉军正蓝旗第一参领一、二、三、四、五、六佐领，第二参领一、二、三、四、五、六佐领，第三参领一、二、三、四、五、六佐领，第四参领一、二、三佐领，第五参领一、三佐领。凡23佐领。

汉军镶蓝旗第一参领二、三、五佐领，第二参领一佐领，第三参领一、四、六佐领，第四参领一、二、三、四、五佐领，第五参领二、三、四佐领。凡15佐领。

综计汉军八旗入关前共编立了159个牛录，这近160牛录中，崇德七、八年两年所增即近100个。

总计满洲、蒙古、汉军八旗至入关前大约有500个牛录。以上根据《八旗通志初集》"旗分志"考察了入关前夕牛录的数目，其准确性还需要有其他史料佐证。

崇德四年（1639）五月豫亲王多铎"以中后所遁走时被杀九人、失马三十三匹"之故，分本旗"所属满、汉、蒙古牛录为三分，留二分给豫亲王"，其余由"和硕睿亲王与武英郡王均分"。[1]同年六月戊子条又载："先是和硕豫亲王多铎有罪，夺其满洲十牛录、蒙古四牛录、汉二牛录归入镶白旗。至是，以镶白旗满洲十牛录、蒙古四牛录、汉二牛录补入正白旗数内，另设官统辖。"[2]多铎时主正白旗，其全旗当有满洲牛录30、蒙古牛录12、汉牛录6。前面已经提到，天命时两黄旗共60牛录，大约相当于当时八旗的平均数，而太宗时两白旗正是由两黄旗嬗变而来的，是否也可以把正白旗所辖牛录数目作为统计各旗牛录数的标准。由此可以推算出当时满洲八旗有240牛录，蒙古八旗有96牛录，汉军（时仅两旗）有48牛录。崇德四年六月，分汉军两旗为四旗，"每旗设牛录十八员"[3]，汉军四旗共72牛录。明清松锦之役后，分汉军四旗为八旗，

---

[1]《清太宗实录》卷四六，崇德四年五月辛巳。
[2]《清太宗实录》卷四七，崇德四年六月戊子。
[3]《清太宗实录》卷四七，崇德四年六月丙申。

汉军八旗牛录数激增。

崇德六年（1641）五月，命"恩格图、马喇希、巴特玛三旗，各设十二牛录，以补缺额"。[1]从这条记载来看，当时恩格图旗（蒙古正红）、马喇希旗（蒙古镶红）、巴特玛旗（蒙古镶蓝）所辖牛录不及其他蒙古各旗的12个，故增设至12牛录，以补缺额。由此可以推得，崇德六年年中以后，蒙古八旗大约有近100个牛录。

从《清太宗实录》的以上记载可以推算出，迄至入关为止，满洲八旗比较天聪末增加不多，其数目当不低于240个，蒙古八旗由初建时约80牛录增加到约100个，与《八旗通志初集》所载的数字基本相符。汉军八旗牛录增长最快，至崇德四年顷，总数已有70牛录以上。松锦大战之后，增至150—160个牛录也是可信的。

综上所述，八旗创建之初，大约有近200个牛录，天命中期增加到230多个。天聪中期大约有280个牛录，这中间大多数是满洲牛录，也有数十个蒙古牛录及个别汉人牛录。天聪九年（1635）二月，原在旧蒙古固山下的数十个牛录悉数编入新建的蒙古八旗，大量喀喇沁人丁又编为新蒙古牛录，因此到天聪末，八旗牛录总数超过了300个。到入关前夕，满洲八旗约250个牛录，蒙古八旗100余个牛录，汉军八旗约150牛录，总数相当初创时一倍半。《（乾隆）大清会典则例》所说的400牛录，也许是泛指开国之初，如果从牛录的总数看，它的这一记载还不能说是无稽之谈。

除上述旗分牛录之外，每旗王、贝勒又各辖包衣牛录。

《八旗通志初集》"旗分志"下备载各旗包衣佐领，但编立的时间多空缺，惟正白旗较完整。正白旗下国初编立的有包衣第一参领第一满洲佐领，第一、二管领；包衣第二参领第二满洲佐领，第四、五管领；包衣第三参领第四满洲佐领；包衣第四参领第一旗鼓佐领；包衣第五参领第三、四旗鼓佐领。共计6个佐领4个管领，即6个牛录又4个半牛录。如以正白旗为准，入关前八旗共编立包衣牛录64个。这当然是个大概的估计。

---

[1]《清太宗实录》卷五五，崇德六年五月戊戌。

（三）清初牛录的组织

万历二十九年（1601）初编牛录时，每牛录的编制已不可考。据《历朝八旗杂档》记载，费英东之父苏完部长索尔果所率部属编组牛录如下："镶黄旗满洲都统原任头等侍卫兼佐领哈禄之始祖索尔活（索尔果），关姓，酸（苏完）地方人，从酸地方率领五百户并十子诸人，以前归顺太祖有功，创立佐领之初，将五百户编为五个佐领。"[1] 准此，系以100户为一佐领。又前述镶黄旗公衮的专管佐领初编时系其父赫东额及尼马禅弟兄"自马家地方率子弟并五十五满洲"组成的。索尔果五牛录及公衮牛录初编时人丁的确数不详，但当时似乎以来归者的部属为基础编设，对每牛录的人丁数没有统一的规定。

万历四十三年（1615）统一编设牛录，《满文老档》的记载是："淑勒昆都仑汗把聚集的众多国人，都平均划，三百男丁编成一牛录。"[2] 从行文分析，前此牛录下辖丁数并不统一，而自万历四十三年开始，则定编以300丁为一牛录。据《满文老档》修纂的不同版本的《清太祖实录》在乙卯年下均记载每300人立一牛录。但这只能视为一个原则规定，实际上，天命时期每牛录人丁参差不齐，大约在300丁上下。天命中，朝鲜人李民寏所记"一柳累所属三百名，或云多寡不均"[3]，这"多寡不均"虽是事实，但应指出，天命时期所编牛录，丁数是接近300名的，这从当时每牛录常设兵员为百甲（下详）及"三丁抽披甲一人"的定制便可证明。朝鲜人郑忠信记"四百人为一哨"，在一定程度上能够反映出天命时期这些老满洲牛录人丁足额的状况。

至天聪、崇德时期新增的牛录多不及300丁的定制。

下面看蒙古八旗下几个人丁可考的牛录：

正白旗蒙古都统左参领，第六佐领"原系察哈尔地方缘事归旗之蒙古，初编为半个牛录……后又将科尔沁土谢图亲王属下护卫诺穆齐籍没人丁十一名，并萨勒图库伦地方蒙古七十八名……合为一整佐领"。第九

---

[1]《历朝八旗杂档》48号，"镶黄旗满洲勋旧佐领世管佐领原由档"。
[2]《满文老档·太祖》卷四，乙卯年十二月二十日。
[3]《建州闻见录》，第42页。

佐领"原系喀喇沁地方人丁一百四十九名，于天聪九年编为牛录"。第十一佐领"原系前屯卫人丁五十二名，于崇德九年编为半个牛录"。[1]

正红旗蒙古都统右参领，第七佐领"原系锦州人丁一百二十名，于国初编为牛录"。第九佐领"原系喀喇沁地方蒙古，以其一百三十丁壮编为牛录"。左参领第一佐领"原系喀喇沁地方壮丁四十名，于崇德二年编为牛录，初以甘吉泰管理"。第十佐领"原系喀尔沁地方三百壮丁，于天聪年间编为牛录"。[2]

正蓝旗蒙古都统右参领，第十二佐领"原系天聪八年以喀喇沁之上都开绷地方六十六户人丁并入色楞、塔布囊半个牛录，为一整牛录"。左参领第三佐领"原系喀喇沁地方蒙古，于天聪年间以其人丁四百八十余名，编为三牛录"。[3]

上述记载表明，新编蒙古牛录最低40余丁，最高300丁，多数在150丁上下。下面引用崇德六年（1641）一条比较准确的材料为证："以锦州来降诺木齐塔布囊、吴巴什台吉携来蒙古男子一千五百七十三名、汉人一百三十九名、妇女幼稚二千六百五十五口编为九牛录。"[4]每牛录约180丁。

新编满洲牛录的丁数多无可查考，但崇德六年（1641）四月太宗曾谕："每牛录满洲三人中，许一人披甲，以六十名为常数。其中或多或少，务于三人中选一人。他牛录甲虽有余，亦不许补不足者。"[5]由此看来，到崇德后期，每满洲牛录不得少于180丁，当然有许多牛录超过此数，但甲士虽有余也不准补不足的牛录。

关于牛录的丁数，《八旗通志初集》也写得很含糊："国初定，每壮丁三百名编一佐领。又定，每佐领编壮丁二百名。"[6]这种灵活的提法大致可以反映出自天命以至崇德牛录编制逐渐缩小的趋势。入关以后，

---

[1]《钦定八旗通志》卷一九，《旗分志十九》，正白旗蒙古都统左参领第六、九、十一佐领。
[2]《钦定八旗通志》卷一九，正红旗蒙古都统右参领第七、九佐领，左参领第一、十佐领。
[3]《钦定八旗通志》卷二一，《旗分志二十一》，正蓝旗蒙古都统右参领第十二佐领、左参领第三佐领。
[4]《清太宗实录》卷五五，崇德六年三月甲辰。
[5]《清太宗实录》卷五五，崇德六年四月甲子。
[6]《八旗通志初集》卷一七，《旗分志十七》，"八旗编审"。

牛录编制进一步缩小，到雍正时，"一佐领下满洲多不及二百人，少或七八十人，计户不过四五十家"。[1]

万历四十三年努尔哈赤整编牛录时规定："一牛录设额真一人，牛录额真以下设代子二人、章京四人和屯领催四人。四名章京分领三百男丁编成达旦。无论做什么事情，去什么地方，都规定达旦的人同行，轮流做同样的事。"[2]牛录分为4个75丁组成的达旦，从档案、官书看，似乎并未得到认真的实施，但天命时期，牛录的官吏确是一牛录额真、二代子、四千总（章京亦称千总）。[3]天聪八年（1634）四月，皇太极谕："凡管理不论官职……管牛录者，即为牛录章京。"[4]从此牛录额真只限于军职，牛录章京则同为世职名称，所以官书中凡见牛录章京，要区别不同场合，决定是管牛录者，抑或世职。上述谕令还规定："代子为骁骑校，章京为小拨什库……屯拨什库仍旧名。"[5]骁骑校，亦称"风得拨什库"，屯拨什库亦称"噶尚拨什库"。[6]在清初史料中，通常见到的是这些从满文音译的官名。除作为国家任命的正式官员外，牛录中还有不可忽视的家族长的权力。

八旗中老满洲牛录以同一姓氏人众组成并不罕见，其余多数牛录是分别由两个以上宗族组成的，最强大的宗族往往出任牛录额真（牛录章京）、代子（骁骑校）等官吏，其他依附于强宗的杂姓也各有族长或家长，他们是本族、本家之主，凡妇女、未分家的男子及奴仆都要听命于本族长、家长，族长对同宗各家也有一定的支配权。家庭（包括有奴仆共居的家庭与没有奴仆的家庭）是社会的基本细胞，同时，也是整个国家稳定有力的基础。国家保护家族长对其妻子奴仆的统治权，同时，也要求家族长承担起管束其妻子奴仆的义务。崇德三年（1638）星讷之子欲娶雅什塔的新寡未久的儿媳，相亲之时，儿媳"更盛服出见"，刑部议罪奏闻，太宗命："媳妇或杀或养，交由雅什塔。"[7]崇德六年（1641）谕

---

[1] 《清世宗实录》卷六〇，雍正五年八月庚戌。
[2] 《满文老档·太祖》卷四，乙卯年十二月二十日。
[3] 《满文老档·太祖》卷五八，天命八年七月二十二日；卷六四，天命十年正月初十日。
[4] 《清太宗实录》卷一八，天聪八年四月辛酉。
[5] 同上。
[6] 《清太宗实录稿本》，第9页。
[7] 《盛京刑部原档》196号。

清初八旗制度　77

家长约束家仆经商者："自今以后，若居别旗地方贸易，及街市往来贸易等人，有为盗者，着令本主连坐。既为贸易之主，即有约束之责，但令昼则贸易，夜即归家，当自不暇为盗。乃不加稽察检束，纵令自便，岂非有所获则利归于己，苟为盗，则罪归于彼，于己有利无害，故纵令为之乎？……今立连坐之法，自八家以下，满洲、蒙古、汉人官员人等，各令家中闲散人，俱归屯居住。牛录章京及家长各严加稽察。如不令此等无事之人归屯居住者，本牛录章京及家长、拨什库等俱坐罪。"[1]

《（光绪）大清会典》载："每佐领下，各设族长，管束同族之人，其独户小族，即令兼管。"[2]说的虽是清代后期的事，但佐领之下，由家族长直接教养约束家内成员一直是满族古老的传统。在原始氏族制度瓦解以后，宗族制度却被保留下来，成为阶级统治的不可或缺的辅佐。由八旗大臣而牛录官吏，以至于族长、家长，构成了对旗下人口叠相统辖、细密森严的统治网。清统治者自诩臂指相连的八旗制度，其关节处，正是牛录。

（四）清初牛录的职能

牛录的职能并非由国家严密的行政法所规定的，而往往源于行之已久的习惯。既然牛录通常以一个强大氏族为核心，并由强宗出任牛录额真，那么，不仅强宗的子弟亲族要奉牛录额真为宗族之长，即便依附于强宗的别姓宗族也要承认其为本牛录的总族长。所谓"牛录额真"，即"牛录之主"的意思，从这一点讲，是十分确切的。在原始氏族制度瓦解以后的漫长岁月里，宗族长对家族下成员享有广泛的权力，随着牛录的创立，牛录额真的传统权力有些得到国家的承认，有些受到了限制，更多的是仍然被作为习惯保留了下来。正是基于这一点，凡有关牛录之事，国家皆惟牛录额真是问。阐述牛录的职能，当然要以有关谕令和某些案例为根据，实际上，牛录的职能涉及军事、政治、经济、司法、社会等各方面，是无所不包的。

---

[1] 《清太宗实录》卷五五，崇德六年三月辛丑。
[2] 《（光绪）大清会典》卷八四，《八旗都统》。

1. 征调兵员、战马和军器

牛录作为国家政权的基层组织,具有镇压敌对阶级、管理社会生活的一般职能,而在频繁的战争年代所编设的牛录,其最根本的职能则是最大限度地调发本牛录人力、物力资源,以支持对强大敌国进行持续不断的大规模的战争。

万历四十三年(1615)努尔哈赤将牛录的人丁数加以划一,目的就在于以牛录为单位征调披甲和武器。天命时,每牛录常设甲士为100名。天命八年(1623)二月下达命令:"一牛录派出行动披甲人百名。"[1]同年四月又下达命令:"一牛录的百甲,其中十人为白牙摆喇,二炮、三枪。另外九十甲中,红牙摆喇四十甲,十炮、二十枪。其余十人,楯车二台、装水的背壶二个。黑营五十人中,十炮、二十枪。其他二十人,楯车二台、梯子一个、凿子二把、锥子二把、钩子二把、镰二把、斧二把、席四张、木叉二把、梢根一根、装水的背壶二个、一个月烧的炭、绵甲十五副。"[2]当时是按"三丁抽一"的比例从本牛录300名壮丁中确定100名精壮者为固定兵员,小的战役从每牛录不过抽一二名甲士,一般则抽十几、数十名,但特殊情况也超过这100名常数。天命七年(1622)正月大举进犯辽西,从每牛录征百甲,又从每牛录各抽15人,留守辽东。[3]天聪、崇德时期,"三丁抽一为兵"[4],作为定例被沿袭下来,但只适用于满洲、蒙古牛录。当时,由于牛录编制趋于缩小,因此,披甲"以六十名为常数"[5]。甲士如因伤亡缺额,则另从壮丁中拣选补足,壮丁额随之减少则由新成丁者补入,但在自然增长率很低的情况下,还要由国家分配新满洲、新蒙古以补各旗人丁不足者。家下奴仆虽然可以随主人从征,但不在披甲分内。以奴仆代披甲从征,要受到惩罚。[6]

保证优良的武器与战马,一开始就是牛录额真的重要职责之一。万

---

[1]《满文老档·太祖》卷四五,天命八年二月十九日。
[2]《满文老档·太祖》卷四八,天命八年四月一日。
[3]《满文老档·太祖》卷三三,天命七年正月十八日。
[4]《清太宗实录》卷一七,天聪八年正月癸卯。
[5]《清太宗实录》卷五五,崇德六年三月甲子。
[6]《清太宗实录》卷五三,崇德五年十二月壬申。

历四十三年（1615）规定："若兵的甲、胄、弓箭、腰刀、枪、大刀、鞍、辔等物不好，牛录额真降职，如在手中的诸物全部完好，军马肥壮，牛录额真升职。"[1]为保证军马的质量，在青草滋盛而又行将远征之前，集中牧养。天命元年（1616）七月命令："从每一牛录挑选强壮的马各六匹，把一千匹马放在田禾中养肥。"[2]为协调备战和生产，有时还命令："每牛录中一章京率领牧马，一章京督造兵器，一章京督耕田地。"[3]天聪四年（1630）五月在预定大举掠明前，皇太极谕大小诸臣："尔等勿谓出师之期，仍如去年迟滞。今岁须乘草青时前往。预办军器，毋致贻误。夫修理军器，亦不甚难。若欲先往查勘田地，随后修理者亦听。每牛录各备大刀五口、绵甲十副，固山额真贝勒监造。"[4]清初法令森严，凡遇征战，往各牛录征调披甲、军器不得稍有违误。据明方所获的情报："四酋（皇太极）平日亦不见练兵习马，只是号令严肃，一传每牛鹿要马若干，即是若干，每达子要盔甲、弓箭若干，即是若干。"[5]凡在披甲之数，不管是什么人，均不得规避征兵。天命八年（1623）三月命每牛录出25名马甲，正黄旗游击世职牛录额真刚阿塔向本贝勒诉苦，称自己亲属及其兄达岱的亲属不能离家。努尔哈赤闻讯大怒，命将刚阿塔捆绑问罪。[6]另一方面，也不能以闲散人员披甲随征。[7]

由努尔哈赤创设的养兵制度对满洲兴起有不可估量的重大作用。国家不设常备兵，军士没有坐饷，不设武库、马场，极大地减轻了国家的负担，而国君一声令下，即可编组为规模可大可小的八旗兵，这支军队士马精壮、器械优良，且后备兵员充足，虽经持续不断的剧烈战争，伤亡严重，但总能保持八旗兵的军力长盛不衰，足以击破任何强大的敌人。

---

[1]《满文老档·太祖》卷四，乙卯年十二月二十日。
[2]《满文老档·太祖》卷五，天命元年七月初一日。
[3]《满文老档·太祖》卷四八，天命八年四月初八日。
[4]《清太宗实录》卷七，天聪四年五月己丑。
[5]《明清史料》乙编，第二本，原国立中研院历史语言研究所编，商务印书馆，1935。
[6]《满文老档·太祖》卷四七，天命八年三月初五日。
[7]《清太宗实录》卷三六，崇德二年六月甲子条：睿亲王多尔衮以"闲散无甲者，私令随征"，部议罚银二百两。

2. 派发差役，征收粮赋

皇太极曾对汉官诉说满洲差徭之繁重："满洲之偏苦于汉人者，不但三丁抽一也。如每牛录下守台、陶铁及一切工匠、牧马人、旗下听事人役等，所出不下三十人，当差者凡十有四家。又每年耕种以给新附之人，每牛录又出妇人三口。又耀州烧盐，猎取禽兽，供应朝鲜使臣驿马，修筑边境四城，出征行猎后巡视边墙，守贝勒门，及派兵防守巨流河，在在需人，皆惟每牛录是问。又每牛录设哨马二匹，遇有倒毙，则均摊买补。遇征瓦尔喀时，又各喂马二三匹从征。每牛录复派护军十名、兵丁二三名往来驰使，差回，又令喂养所乘马匹。遇各国投诚人至，拨给满洲现住屯堡房屋，令满洲展界移居。又分给粮谷，令其春米酿酒解纳。每年猎取兽肉分给新附之人，又发帑金于朝鲜贸易布疋，仍令满洲负载运送……满洲差役之多，实逾尔等三十余项也。"[1]这一番话，虽有夸张、渲染的成分，但大体属实，《满文老档》《清太宗实录》中按牛录派发差徭的事例比比皆是，这里不去赘述。但细审皇太极所言，还应着重指出以下几点：

（1）按牛录派发的赋役，并无成规可循，只要是属于国家需要的力役杂物，"皆惟每牛录是问"，上下习以为常，有令必行。

（2）皇太极所列举的数十项差役中，多与战争直接有关，至少有间接关系。各项差役中，以筑城之役最为浩大，其军事目的是不言而喻的。

（3）与披甲不同，派差除每牛录额丁之外，家下阿哈也往往充役。以陶铁铸弹丸为例，"初时八固山止拨穷丁四十名到洞，经今八载……后加老幼和尚四十名，不过背水背土充数……（近日）加添人夫九十六名，俱是生意袖手之人"。[2]初拨人丁40名的成分不详，后续的两拨人丁乃老幼、和尚与生意人，显然都不在牛录壮丁数内。弄清了这一点，对有限的牛录人丁竟能承担如此繁重的徭役就不会感到不解了。

3. 组织生产，抚恤穷困

以牛录为单位组织农业生产，始见于万历四十年（1612）。《满文老

---

[1]《清太宗实录》卷一七，天聪八年正月乙未。
[2]《明清史料》丙编，第一本，原国立中研院历史语言研究所编，商务印书馆，1935。

档》记载:"令一牛录各出男丁十人、牛四头,开始在空地种田。"[1]万历四十三年(1615)重编牛录时,又在同样的记载之后写道:"收获许多粮谷,充实了仓库。"[2]当时实行牛录屯田,目的是储粮备战。这一点,《满文老档》说得很明确,努尔哈赤在万历四十三年六月说:"要争取时间,我们先收揽国人,巩固领土,修建边关,种田积谷,充实库藏。"[3]攻占辽沈地区以后,牛录中更有专门分工督耕田地的章京。努尔哈赤对农业也比较重视,天命六年(1621)曾下达命令:"各路的大人的千总、去督耕田地的千总、管理村的守堡,快督促所有牛录,联合收割各牛录的庄稼。"[4]努尔哈赤对农业的重视当然是为了自身的生存,但在他看来,生存的目的是对外战争。在做法上,则是采用军屯的方式,以牛录组织生产。

皇太极继位以后,进一步发挥了牛录组织农业生产的职能,其方式由集体生产,改为以牛录额真管理、指导各家各户进行生产。天聪七年(1634)正月,皇太极谕各牛录额真:"尔等宜各往该管屯地,详加体察……树艺之法,洼地当种粱秫,高田随地所宜种之。地瘠须加培壅,耕牛须善饲养。尔等俱一一严饬。如贫民无牛者,付有力之家代种,一切徭役,宜派有力者,勿得累及贫民。如此方称牛录额真之职……方今疆土日辟,凡田地有不堪种者,尽可更换,许诉部臣换给。如给地之时,尔牛录额真、章京自占近便沃壤,将远瘠之地分给贫人,许贫人陈诉。"[5]从这条有代表性的谕令中可以看出,牛录额真、章京有权协同户部官员分配田地、组织本牛录内对贫人的助耕、指导种植作物的品种以及土地改良、耕畜保养等。

牛录下各户贫富不一。李民寏所记"自奴酋及诸子下至卒胡,皆有奴婢(原注:互相卖买)、农庄(原注:将胡则多至五十余所)。奴婢耕作以输其主,军卒则但砺刀剑,无事于农亩者"[6],反映了自诸王贝勒、勋臣国戚以至富有披甲的状况,但并非所有军卒皆有奴婢而无事于农亩。

---

[1]《满文老档·太祖》卷三,癸丑年。
[2]《满文老档·太祖》卷四,乙卯年十二月二十日。
[3]《满文老档·太祖》卷四,乙卯年六月。
[4]《满文老档·太祖》卷二四,天命六年七月初十日。
[5]《清太宗实录》卷一三,天聪七年正月庚子。
[6]《建州闻见录》,第43页。

皇太极所说的"贫人"即既无奴婢，也鲜兄弟者。《满文老档》记载了天聪四年（1630）四月太宗下达永平等地驻军的一道命令："驻防的披甲每牛录各二十名，此二十甲务必足额。勿留庸劣者，若后至者庸恶不堪，可将原来精壮者留驻，但不能以精壮为由，将无兄弟、无阿哈之贫孤之人留驻。若此等人留驻，则所分之田不得耕种，尔后生计若至艰难，将固山额真、牛录额真治罪。"[1]由此可见，当接替原驻防甲士时，特别强调将无兄弟、奴仆的甲士调回，这说明披甲亲耕，并不是罕见的。这一类孤贫之家，甲士就是主要农业劳动力，农忙时，妇人稚子也要从事辅助性劳动。皇太极多次诫谕牛录额真要对贫弱者"加意抚恤"[2]，使富家赈济本牛录内贫民，[3]并察报本牛录穷困者，"给仆役牛马以赡养之"。[4]崇德七年（1642）二月，太宗命户部调查满洲、蒙古16旗下各牛录，仅正黄、镶黄、正红、镶红、正蓝、镶蓝6个旗分就有48个牛录贫穷。太宗认为，"牛录下人多有贫乏者，皆因牛录章京及拨什库等耽嗜饮酒，不办埋牛录之事"，遂令"将贫穷牛录之该管章京，及骁骑校、小拨什库，俱解本牛录任，并离其兄弟，归他人监管"[5]。由此可以看出，组织生产、抚恤穷困是为牛录官吏另一重要职责。

4. "慑服奸宄"，管制平民

奸、盗是入关前严重的社会问题，凡属这一类案件，多由牛录加以处理。天命十年（1625）正月，努尔哈赤鉴于国内盗贼兴起，命令调查各牛录犯罪情况，随即规定："按牛录总计，赏给每一牛录的额真银二十两，二代子、四章京银三十两，百甲银百两。牛录额真犯一罪，罚赏他的二十两，牛录下人犯罪，每一罪罚二两，二代子、四章京各罚一两，牛录下人的百两中的十两。如果有十罪，那么给牛录额真、六章京、百甲的份都罚去。"[6]天聪元年（1627）国中大饥，盗贼蜂起，乘马

---

[1]《满文老档·太宗·天聪》卷二六，天聪四年四月初八日。
[2]《清太宗实录》卷七，天聪四年九月丁亥。
[3]《清太宗实录》卷三四，崇德二年四月辛卯。
[4]《清太宗实录》卷六五，崇德八年六月己卯。
[5]《清太宗实录》卷五四，崇德六年二月己未。
[6]《满文老档·太祖》卷六四，天命十年正月初十日。

劫杀，皇太极命："如管堡拨什库有不修葺堡墙、不稽察盗贼者，与贼同罪。"[1]天聪五年（1631）七月，六部甫立，皇太极又命凡牛录内偷窃鸡鹅、衣服、斧斤等细物者，由牛录额真依例治罚，比较严重的盗案方交部审理。[2]崇德三年（1638）八月，镶黄旗人根都家下奴仆通奸，另一奴仆向本牛录章京布尔萨海告发，但布尔萨海"既未拿通奸男女，也未察问"。经刑部鞫审、太宗批准，鞭布尔萨海五十。[3]

对民间信奉巫邪，也由牛录加以禁止。阿尔达喀萨满为病人看鬼，牛录章京巴尔泰失于觉察，坐以应得之罪。[4]凡左道惑众，牛录更有严查之责。崇德七年（1642）五月，清政府发现镶红旗内有李国梁等传布善友教，遂将为首16人处斩，株及140余人，并命严禁善友邪教，如有不遵约者，"该管各牛录章京、拨什库及本主不行察究者，一例治罪"[5]。

为保证统治秩序的稳定，牛录奉命对平民严加管制，"凡旗下人远离本佐领居住者，人口、财产入官，该佐领、领催各罚责有差"[6]。天命十年（1625）四月，努尔哈赤率众于边外行猎，发现有耕住人家，命砍4人手脚后杀掉，贯19人耳鼻。[7]当出兵征伐之际，由于后方统治力量薄弱，牛录对所管属员控制更严，通过八旗门寨时，要由本牛录拨什库护送方准放行。[8]

总的看来，牛录属员即使在和平时期，也处于严厉的军事管制之下。

5. 组织社会生活

凡户籍、婚姻、人口买卖、财产继承以及一般纠纷的调解，俱由各该管牛录负责。

八旗户口，每三年编审一次，有新编壮丁及应沙汰老弱，由各牛录

---

[1]《清太宗实录》卷三，天聪元年六月戊午。
[2]《清太宗实录》卷九，天聪五年七月癸巳。
[3]《盛京刑部原档》189号。
[4]《盛京刑部原档》184号。
[5]《清太宗实录》卷六〇，崇德七年五月戊寅。
[6]《钦定八旗通志》卷三〇,《旗分志三十》，"出城禁令"。
[7]《满文老档·太祖》卷六五，天命十年四月初二日。
[8]《盛京刑部原档》178号。

分别处理，"或有隐匿壮丁者，将壮丁入官，本主及牛录额真、拨什库等，俱坐以应得之罪；若牛录额真、拨什库知情隐匿者，每丁罚银五两，仍坐以应得之罪，其牛录额真之革职与否，应俟另议"[1]。康熙时吴振臣曾记宁古塔地区编审壮丁的详情："每于三年后，将军出示，无论满汉，其未成丁者，俱到衙门比试，名曰'比棍'。以木二根，高如古尺五尺，上横短木，立于将军前，照册点名，于木棍下走过，适如棍长者，即注册披甲、派差、食粮。"[2]入关前似亦如此。

牛录下民女及寡妇出嫁，各问该管牛录，方许与人。[3]

买卖人口，限在本旗市场交易，[4]但事先必须得到各该管牛录的准许。崇德三年（1638），镶红旗钟布禄牛录下张承功未告牛录章京钟布禄即将其家下妇人卖与别牛录，钟布禄向法司起诉，刑部判决：张承功先此身亡，免议，将妇人取还交付钟布禄。[5]

军卒阵亡后，其妻、未成年之子及一应财产要由本牛录上报本管王贝勒后，交由他人承受。凡处理不善，唯该牛录是问。下面看崇德初一例："正红旗托格退牛录下，弯都里妻告托格退曰，抢昌平时，我子阵亡。上边赏的人，并我儿妇，俱为本牛录毕牙禄占去，只剩我夫妻二人。及本牛录折屯，我贫苦无力，不能搬家，在发谈牛录屯居住一年后，往本牛录处来，丈夫饿死途中。刑部审问俱实，因议牛录（托格退）革职革任，罚银七十两，与此寡妇，封得拨什库廓尔沁鞭刑一百；托格退及毕牙禄每赔男人一名，并寡妇的儿媳，一一交回。奏上，上允之。"[6]民间斗殴、牲畜闯入别家田禾、犬啮牲畜至死等一般性的纠纷，"俱令各该牛录额真即行审结"[7]。

八旗在军事、政治、经济、司法、社会等方面的职能都要在牛录中

---

[1] 《清太宗实录》卷七，天聪四年十月辛酉。
[2] 吴振臣《宁古塔纪略》，于逢春、厉声主编《中国边疆研究文库·初编》，黑龙江教育出版社，2014，第149页。
[3] 《清太宗实录》卷一三，天聪九年三月庚申。
[4] 《八旗通志初集》卷一七，《旗分志十七》，"八旗编审"。
[5] 《盛京刑部原档》184号档。
[6] 《清太宗实录稿本》，第60页。
[7] 《清太宗实录》卷九，天聪五年七月癸丑。

落实,八旗"军政合一""军民合一"的特点通过牛录得到了集中的体现。但应指出,牛录诸种职能中,基本职能是养兵并提供各项军用物资,其他职能在很大程度上是为军事职能服务的,由此决定,"军民""军政"不是并列的,准确地讲,牛录是军事化的经济、社会组织,整个牛录是由军事组织发展来的,在离开战争便不可能得到生存和进一步发展的开国时期,它也只能继续以编制划一、纪律严明的准军事组织形式构成整部战争机器的一个基础部件。

五、八旗兵制

军队作为国家机器的主干,在清开国时期具有特殊重要的意义。军队建设,被满洲统治者置于一切国务活动的首位。伴随着满洲对外征服而逐渐完备的军事制度使八旗兵成为当时中国一支最优秀的军队。康熙帝对此十分得意,他说:"本朝自列圣以来,战必胜,攻必克,所向无敌者,皆以赏罚明、法制严、兵卒精锐、器械坚利,人思报国、殚心奋勇之所致也。"[1]平心而论,就赏罚严明、器械坚利、兵卒精锐、勇猛善战这几方面而言,即使敌方也不能不做出肯定的评价。下面分别对八旗军的营伍、编制、恤赏、军律加以概述。

(一)营伍与编制

1. 营伍

清代八旗兵所属亲军、护军、前锋、骁骑、步兵五个兵种在开国时期已经基本成型。

努尔哈赤起兵之初,就已注意到将所属军卒按战术需要分别编制。万历十七年(1589)七月,朝鲜方面从建州逃人那里得到了这样的情

---

[1]《八旗通志初集》卷三二,《兵制志七》,"康熙二十九年七月辛卯谕兵部"。

报:"左卫酋长老乙可赤兄弟……多造弓矢等物,分其军四运:一曰环刀军,二曰铁锤军,三曰串赤军,四曰能射军,间间练习。"[1]万历四十三年(1615)创建八旗,又申定军令:"当兵刃相接之际,披重铠执利刃者令为前锋,披短甲(原注:即两截甲也)善射者自后冲击,精兵立于别地观望,勿令下马,势有不及处即接应之。"[2]"披重铠执利刃者"与"善射者"可能分别由"环刀军""能射军"发展而来的,而"精兵"的设置则是在战术与兵种方面一个创举。在天命时期,八旗军就基本上划分为"摆押拉"(即"精兵",通常作"巴牙喇")与"营兵"("执利刃者"与"善射者")这两大部分。

"摆押拉"(bayara)一词始见于天命三年(1618)抚顺之役:"帝……亲与诸王率右侧四固山兵及八固山摆押拉(原注:即精锐内兵也)取抚顺所。"[3]"摆押拉"又称"健卒":"(天命四年)八月十九日,帝率王臣领兵征夜黑,会议破敌之策,令大王、二王、三王、四王领部下健卒西向围布羊占城。"[4]"健卒",《清太祖高皇帝实录》作"护军"[5]。"摆押拉""健卒""精兵""护军",名称虽异,实则都是"bayara"的不同译名。

《满文老档》首见"bayara"一词是在天命四年(1619)五月抚顺之役与灭叶赫之役之间,参酌《实录》的有关记载,"摆押拉"似乎在八旗创建之始已具雏形,而与明正式开战后则作为正式兵种从八旗营兵中分离出来。这一时期涉身后金的朝鲜人对摆押拉也有记载。李民寏称为"拜阿罗军"[6],郑忠信称为"别抄"。郑忠信在天命六年(1621)探得的情报如下:"其兵有八部,二十五哨为一部,四百人为一哨。一哨之中,别抄百、长甲百、短甲百、两重甲百。""别抄者,着水银甲,万军之中,表表易认,行则在后,阵则居内,专用于决胜。"[7]这可以印证《清太祖

---

[1] 《朝鲜李朝实录中的中国史料》第四册,第1530页。
[2] 《清太祖武皇帝实录》卷二,乙卯年十一月;《满文老档·太祖》卷四,乙卯年十二月二十日。
[3] 《清太祖武皇帝实录》卷二,天命二年四月。
[4] 《清太祖武皇帝实录》卷三,天命四年八月十九日。
[5] 《清太祖高皇帝实录》卷六,天命四年八月壬申。
[6] 《建州闻见录》,第42页。
[7] 《朝鲜李朝实录中的中国史料》第八册,第3146页。

武皇帝实录》关于"精兵立于别地观望,勿令下马,势有不及处即接应之"的记载。

稍后一段时间,明人陈仁锡在《无梦园初集》中也提道:"号摆言者,好汉也(原注:披重甲冲营破阵者俱是,又有号红摆言者,最精健)。"[1]所谓"摆言",即"摆押拉","红摆言",即"红摆押拉"。《满文老档》记载除红摆押拉之外,还有白摆押拉:"每旗大家各十人,一牛录派出行动披甲百名,分别编成白摆牙喇、红摆牙喇、黑营三队行动。"[2]这110甲中,白摆牙拉10名,红摆押拉40名,黑营50名,其余10名为推楯车攻城的甲士。[3]

从摆押拉这一兵种建立的过程,可以看到以下三个特点:第一,摆押拉是八旗军最精锐的兵种,在作战时,由统兵主帅直接掌握,作为在关键时刻投入战场的总预备队。第二,摆押拉主要由旗属各牛录抽调甲士组成,同时,也从八家包衣牛录选取。第三,摆押拉虽为国家军队,但又与本主贝勒有着特殊的隶属关系。李民寏记:"胡语呼'拜阿罗'军者,奴酋之手下兵也,五千余骑,极精勇云(原注:七将皆有手下兵,而未详其数)。"[4]陈仁锡也认为:"伯言儿,即华人之所谓亲丁。"[5]摆押拉还保留着某些私人武装的遗痕。

天命时期,除摆押拉外,还有营兵。天命四年(1619)灭叶赫之战,努尔哈赤"亲率八固山厄真并营兵东向取金台石城。"[6]《满文老档》称"营兵"为"黑营"。营兵分为"披重铠"与"披短甲"两种,即李民寏、郑忠信所说的"长甲军"和"短甲军"。凡攻城野战,长甲军在前冲锋,短甲军在后射箭。如萨尔浒之役进攻裵芬山顶扎营的明军,令"一半兵下马,披重甲的人在前,手持枪、大刀,披轻甲的人在后面射箭"[7]。当时营兵中骑兵和步兵还没有严格区分开来,如战斗需

---

[1]《无梦园初集·海集一》,"纪名号决战胜"。
[2]《满文老档·太祖》卷四五,天命八年二月十九日。
[3]《满文老档·太祖》卷四八,天命八年四月初一日。
[4]《建州闻见录》,第42页。
[5]《无梦园初集·海集一》,"纪奴情"。
[6]《清太祖武皇帝实录》卷三,天命四年八月十九日。
[7]《满文老档·太祖》卷八,天命四年三月初一日。

要，也令甲士"下马步战"。[1]

天聪以后，八旗军的兵种有了新的发展，一是摆押拉中分化出先锋，一是营兵区分为骑兵和步兵。

前锋即哨探，努尔哈赤用兵之始便极为重视远放斥候，侦探敌情。万历二十一年（1593）大败"九部联军"之役，哨探额真兀里堪就成为带有传奇色彩的人物。《清太祖武皇帝实录》记云："九国兵马会聚一处，分三路而来。太祖闻之，遣兀里堪东探，约行百里，至一山岭，乌鸦群噪，不容前往，回时则散，再往，群鸦扑面。兀里堪回，备述前事，太祖曰：'可从加哈向浑河探之。'及至夕，见浑河北岸，敌兵营火如星密。饭罢，即起行，过夏鸡岭。兀里堪探的，飞报太祖言：'敌国大兵将至'。"[2]

萨尔浒战役的胜利也与哨探所获情报的及时与准确有关。正是由于对哨探的重视，所以天聪以后，才从精锐护军中分出前锋，独立成军。前锋主将图鲁什、劳萨、吴拜（兀里堪之子）、席特库等，披坚执锐，叱咤风云，极一时之盛。图鲁什作为首任前哨上将，天聪八年（1634）闰八月大掠宣府时，奉命前往侦探，被明哨卒射中腹部卒于军，追赠"硕翁科罗巴图鲁"名号，并由包衣牛录改为专管牛录，令其子巴世泰管辖。此后，硕翁硕罗巴图鲁劳萨继为前锋统领。吴拜身经百战，"遍体肌肤如刻尽然"[3]。前锋在八旗军中虽为最小的兵种，但由于担负侦察敌情的重任，因此特别拣选勇悍机智的将士组成，可以说，前锋是八旗军精华之精华。

随着战斗的需要，步兵开始从营兵中分化了出来。首次大规模使用步兵是天聪五年（1631）南海岛之役。是役命"总兵官楞额礼为右翼主帅，总兵官喀克笃礼为左翼主帅，率骑兵千五百人、步兵四千五百人"[4]。步兵为骑兵的三倍，这是因战役特殊需要而配置的。南海岛，泛指辽东半岛以南黄海中诸岛，时为明东江镇总兵毛文龙辖区。欲攻海岛，需弃骑驾船，故多用步兵。

---

[1]《清太祖武皇帝实录》卷三，天命四年三月。
[2]《清太祖武皇帝实录》卷一，癸巳年九月。
[3]《历朝八旗杂档》149号，"正白旗满洲郎坦行略及世袭原由档"。
[4]《清太宗实录》卷九，天命五年五月庚子。

首任步兵主帅是霸奇兰，见于天聪七年（1633）旅顺口之役："征旅顺口时，霸奇兰与萨穆什喀并舟先入，奋击岸上敌兵，霸奇兰面及肩胁俱被创，独前进，败敌兵一队，复大呼于军曰：'有能超跃先登者，吾必记功'……时霸奇兰为步兵主帅。"[1]

可见，步兵自成独立兵种当不迟于此时。是役先从陆地运船入水，步兵翼帅萨穆什喀"乃建议，以兵既潜进，何乘马为？于是众皆步行。时镶红、镶蓝、镶黄三旗，各运一船，俱不能至，萨穆什喀独步率众运之。比临水次，贝勒岳托谓之曰：'萨穆什喀，汝可努力！'答曰：'如贝勒命，此城誓必得，我岂有乘船空返之理？'遂同霸奇兰船，先八旗而进"。[2]旅顺口之役，步兵出奇制胜，起了决定性作用。步兵主帅霸奇兰卒于天聪十年（1636）二月，[3]萨穆什喀继之。大约就在此时，步兵在战役中已单独编旗。同年掠明之役，首见"萨穆什喀一旗兵"："近者往征燕京武英郡王有捷音至……图尔格、萨穆什喀二旗兵合攻雄县……萨穆什喀、苏纳二旗兵合攻容城县，萨穆什喀一旗兵先登取之。"[4]

这萨穆什喀一旗，《满文老档》的记载是"beki coohai samsika gūsa"[5]，即"步兵萨穆什喀旗"。阿济格、阿巴泰于崇德元年（1636）九月八日一份奏报中还提到，萨穆什喀旗之步兵共掳获马骡1 401头、驴4 020头、牛4 054头、骆驼2头、羊600只、人4 800口，共计俘获14 970（？）。在这次奏报中，萨穆什喀旗与满洲八旗、蒙古八旗以及石廷柱的汉军等旗并列，就俘获总数而言，仅仅次于满洲正黄旗（18 207）、蒙古镶白旗（18 100）。[6]

崇德二年（1637）四月清军袭皮岛之役，步兵又发挥了重要作用。清军事先议定作战计划是：因皮岛不可一路攻取，欲分兵两路偷袭。定议："将我国所造小船由身弥岛北潜逾二十里以外之山，拉运至皮岛西北熬盐之河港。遣八旗护军参领及每牛录所出护军一名，命步兵固山额真

---

[1]《清太宗实录》卷一五，天聪七年九月乙巳。
[2] 同上。
[3]《清太宗实录》卷二七，天聪十年二月乙酉。
[4]《清太宗实录》卷三一，崇德元年九月乙卯。
[5]《满文老档·太宗·崇德》卷二八，崇德元年九月十四日。
[6]《满文老档·太宗·崇德》卷二七，崇德元年九月初八日。

萨穆什喀在前统领偷袭。命步兵章京率领步兵继其后，攻打皮岛西北隅之山嘴，以固山额真昂邦章京阿山、叶臣乘我国新造小船在后督战。"[1] 这次兵力部署，以满洲步兵担任主攻，在步兵前又配置精锐护军为前锋，令步兵固山额真萨穆什喀督率。四月八日夜幕降临之际，偷袭成功，皮岛陷落。从此，明军不复敢言战守。

步兵组建编制成旗的过程表明：第一，步兵是适应水陆两栖作战的需要从营兵中分化出来的。皇太极摒弃了越海进攻山东的建议，因此，八旗兵中无水军，但又不能完全回避水战，遂有步兵的组建。步兵既可以随骑兵攻城略地，又可以乘小船完成特殊的战斗任务。远征虎尔哈、瓦尔喀、索伦等族人，千里迢迢，横越图们江、乌苏里江、松花江、黑龙江等大河巨川，非步兵更难以胜任。第二，步兵虽然独立成旗，但这里的"旗"（gūsa）乃系"军团"，亦即"gūsa"最早的含义，而不同于"军政合一"这一意义上的"旗"（gūsa）。可以说，步兵一旗仅仅是随着某一次战役而临时组建的军团，战役结束，步兵各回本旗本牛录，步兵一旗也暂告解散。因此，不能将萨穆什喀一旗误为八旗之外的第九旗。第三，步兵一旗与汉军都是适应战争的需要组建的新兵种、新军团，但二者的归宿又不同：汉军由军团进一步从八旗中析出而为军政合一的汉军八旗，步兵虽然在战时独立组成军团，但平时仍隶满洲八旗之下。民族成分的迥异，使步兵与汉兵同途殊归。第四，步兵的地位日益重要。天聪十年（1636）二月定诸臣冠饰，步兵额真萨穆什喀与满洲八固山额真、蒙古八固山额真等并列。[2] 崇德元年五月，吏部奏清太宗定官员品级，步兵额真与都察院承政、蒙古衙门承政定为昂邦章京等级。[3] 这从一个侧面反映了步兵在战争中的重要地位。

由于步兵从营兵中分化出来成为独立兵种，营兵中的马兵遂称骑兵。骑兵在战役中由本旗固山额真统率，在诸兵种中，是最强大的兵种，是八旗军的主体。

天聪八年（1634）五月皇太极关于划分兵种的一道谕旨概括了上述

---

〔1〕 中国第一历史档案馆藏《盛京原档》7号，崇德二年四月五日、四月八日。
〔2〕 《满文老档·太宗·崇德》卷四，天聪十年二月十三日。
〔3〕 《满文老档·太宗·崇德》卷一二，崇德元年五月二十五日。

的演变过程："朕仰蒙天眷，抚有满洲、蒙古、汉人兵众。前此骑、步、守、哨等兵虽各有营伍，未分名色，故止以该管将领姓名称为某将领之兵。今宜分辨名色，永为定制。随固山额真行营马兵名为骑兵，步兵为步兵。护军哨兵为前锋。驻守盛京炮兵为守兵，闲驻兵为援兵，外城守兵为守边兵。旧蒙古右营为右翼兵，左营为左翼兵。旧汉兵为汉军。"[1]这里提到的骑兵、步兵、护军、前锋即满洲、蒙古军的四大兵种。骑兵又称"阿力哈超哈"（aliha cooha），步兵又称"白七超哈"（beki cooha），护军又称"摆牙喇"（bayara），前锋又称"噶不什先超哈"（gabsihiyan cooha）。[2]这四大兵种即后来所说的骁骑、步兵、护军和前锋，与"汉军"，或称"乌真超哈"（ujen cooha）构成八旗野战军的五大兵种。

2. 编制

天聪五年（1631）七月，皇太极与诸贝勒议设统兵将帅："每固山额真下两翼各设梅勒额真一员，每甲喇各设甲喇额真一员。"[3]固山—梅勒—甲喇—牛录，这是营兵的编制。天聪八年（1634）四月，又规定"管一旗者，即为固山额真；管梅勒者，即为梅勒章京；管甲喇者，即为甲喇章京；管牛录者，即为牛录章京"[4]。在牛录章京下，又设封得拨什库（骁骑校）、小拨什库（领催）。

护军的编制为两级，护军纛额真为旗一级，护军甲喇额真为甲喇一级。天聪八年（1634）四月，前者改称"护军统领"，后者改称"护军参领"[5]。护军参领以下，又设"护军校"。

步兵在固山额真以下，通常分两翼，领兵官开始分别称为主帅和翼帅，以后改称固山额真和梅勒章京。

前锋统领称主将、副将，后改称前锋统领、梅勒章京。

凡对外征伐前，谕令各牛录抽调甲士，天聪八年（1634）掠明之

---

[1] 《清太宗实录》卷一八，天聪八年五月庚寅。
[2] 《清太宗实录稿本》，第8页。
[3] 《清太宗实录》卷九，天聪五年七月庚寅。
[4] 《清太宗实录》卷一八，天聪八年四月辛酉。
[5] 《清太宗实录》卷一八，天聪八年四月辛酉。

役，命"每牛录下派骑兵二十名、护军八名"出征。[1]崇德元年（1636）掠朝之役，命"每牛录各选骑兵十五人、步兵十人、护军七人，共甲三十二副"[2]。有时每牛录只出甲士一人，出征八旗军总数不过数百人。每次组建军队的各级将领由各旗选派贤能章京担任，如天聪八年（1634）十二月命管步兵梅勒章京霸奇兰、甲喇章京萨穆什喀率章京41员、兵2 500人往征黑龙江地方。[3]崇德七年（1642）三月，松山、锦州、杏山既下，太宗命满洲、蒙古各旗每牛录留驻护军4名、骑兵18名，"此十八名内，每牛录派兵四名，每旗派贤能章京一员，其次章京一员，蒙古旗每牛录派兵四名，每旗派贤能章京一员、拨什库一名，驻于锦州"[4]。这样，每次编组的八旗军虽然视战役需要规模不同，但一般能做到统辖严密，职守分明。

有时在一次战役过程中也要重新编组，大凌河之役的基本部署是以八旗划分汛地围困大凌河城，每旗以本旗固山额真率营兵在前，本旗贝勒率护军在后策应，以旧汉兵携红衣大炮攻入凌河周围各台。为牵制明军，又命阿济格等率每旗蘁额真1员、精兵500、蒙古兵500往锦州、松山遮击。后闻明关内援兵至，恐阿济格军不支，遂命杨古利率八旗护军之半往益之。在这次以围城为主的战役中，军队编组几次变动。在历时长久的远征中，八旗和兵种的分合就更加频繁，如天聪三年至四年的掠明之役，有时分左翼（正黄、正白、镶白、镶蓝）和右翼（镶黄、正红、镶红、正蓝）行军或攻城略地，有时合八旗全军围攻坚城，有时分出二三旗兵完成某一方面的战斗任务，有时又从各旗抽调骑兵、步兵、护军驻防已经占领的城市。尽管如此，由于八旗军存在着固山—梅勒—甲喇—牛录这一以次相统的基本编制，所以士卒之间、官兵之间的关系虽不固定，却总能保持严密而有效的建制。

皇太极曾对率军主将楞额礼与喀克笃礼说："尔等所率之兵，总计虽多，然各旗、各甲喇皆有分辖之将，以各旗、甲喇、牛录等官分辖之，

---

[1]《清太宗实录》卷一八，天聪八年五月丙申。
[2]《清太宗实录》卷三二，崇德元年十一月己未。
[3]《清太宗实录》卷二一，天聪八年十二月壬辰。
[4]《清太宗实录》卷五九，崇德七年三月乙未。

则亦少而易治。"[1]又说："我军总计虽众，若固山额真、梅勒额真、甲喇额真、牛录额真各就所属而诫谕之，不难遍及。"[2]这可以视为八旗编制的基本原则。它从组织上保证了充分发挥机动灵活、应变力强的长处。

（二）厚赏与优恤

严刑厚赏是努尔哈赤与皇太极治国、治军的基本方针，对于这一点，包括其敌国在内的外间舆论，都是一致肯定的。下面先谈厚赏和优恤，然后对八旗兵严明的军律加以剖析。

1. 厚赏

清开国时期，首重军功，逐渐形成了一套严密的赏功制度。统治阶级是借褒奖"忠勇"来鼓舞士气，而在人们心目中，也把军功看得高于一切，有了军功，就有了子女玉帛、崇阶美誉、法律特权和子孙后代的锦绣前程。为猎取军功，众多将士亲冒炮火矢石，虽死不惜。开国时期，八旗军骁勇劲健、士气旺盛，是与国家崇尚"忠勇"、厚赏军功分不开的。这一赏功制度的阶级本质毋庸多言，其中却有不少值得重视的特点。

（1）赏格丰厚

赏赐户口——额亦都以军功被赏赐3牛录户口，是努尔哈赤时最著名的事例。《满文老档》记载，努尔哈赤亲自口述命令："额赤都巴图鲁独自攻取苏勒格树林，攻取巴尔达城，打败萨克赛人的进攻，在尼马兰城战斗时，在前面战斗，立一等功，赏给三牛录专有。"[3]被赏人口系战争所得，据额亦都后人呈报："始祖配享太庙大勇公厄宜都自十九岁比众先随太祖高皇帝辅助开创行走时，将所俘获人等编为三个佐领，以为属下。"[4]太宗时，分定专管牛录，"图鲁什，原系内牛录，因善于攻战，效力阵亡，追赠为硕翁科罗巴图鲁，另给其子巴世泰壮丁百名，使之管

---

[1] 《清太宗实录》卷九，天聪五年五月庚子。
[2] 同上。
[3] 《满文老档·太祖》卷六三，天命九年六月。
[4] 《历朝八旗杂档》48号，"镶黄旗满洲勋旧佐领世管佐领原由档"。

辖";"劳萨，原系内牛录，因战功，赐号硕翁科罗巴图鲁，另给壮丁百名，使之专管";"阿山，原系半牛录，因战功，益以虎尔哈人，为一牛录，使之专管"。[1]赏赐户口，是最高奖赏，因为不仅立功人在世时凭本牛录户口分取各种经济利益，享受各项特权，而且可以传给子孙世代承管。这一类牛录在整个清代的各类佐领中处于最优越的地位。

授予世爵——有军功的宗室授予爵号，非宗室则授予世职。改元崇德时，"分叙诸兄弟子侄军功"，册封代善为礼亲王，济尔哈朗为郑亲王，多尔衮为睿亲王，多铎为豫亲王，豪格为肃亲王，岳托为成亲王，阿济格为武英郡王，杜度为安平贝勒，阿巴泰为饶余贝勒。[2]其他以军功授世职者，《实录》中比比皆是。世爵是仅次于牛录属员的奖赏，它标志着一个社会成员的品级，并可按此品级分享战争俘获，正如皇太极所说："我国家地土未广，民力维艰，若从明国之制，按官给俸，则势有不能，然蒙天眷佑，所获财物，原照官职、功次，加以赏赉，所获地土，亦照官职、功次给以壮丁。"[3]在没有官俸的开国初期，按世爵分取战争俘获就是不定期的官俸，分得的壮丁则计丁授田，从而提供比较有保证的经济收入。有世爵者，还可以享受其他特权，崇德初优免功臣壮丁，"一等上公免四十八人，三等公免四十名，昂邦章京免三十二名，梅勒章京免二十四名，甲喇章京免十六名，牛录章京免八名"，若无世职而实任固山额真及承政未得罪者仅免九名，与牛录章京世职略同。[4]以军功所得的世爵与永管牛录户口一样，也可令子孙承袭，因此，随世爵而来的各项特权也与功臣们为之奋斗的新王朝相始终。

赏赐银帛——战争中的俘获除按世爵等级分配外，还要按军功大小分配，立军功不一定被授予世职，但可分得该役所掠银帛、牲畜等财物。抚顺之役掠得人畜30万，"功大者多赏，功小者少赏"[5]。崇德六年（1641）六月清军围困锦州时，阿济格以军功得赏银4 000两，护军统领

---

[1]《清太宗实录》卷二二，天聪九年乙亥春正月丁卯。
[2]《清太宗实录》卷二八，天聪十年四月丁酉。
[3]《清太宗实录》卷一七，天聪八年甲戌春正月癸卯。
[4]《清太宗实录稿本》，第34—35页。
[5]《满文老档·太祖》卷六，天命三年四月二十日。

鳌拜以下四百余将士分等得赏银400两至5两有差。[1]这种赏赐属于一次性褒奖，虽与世爵户口有别，但就赏赐而言，也属重赏。

赐给美号——凡立军功者若有超人武勇，往往被赐予"巴图鲁"的美号。巴图鲁，系满文"baturu"的音译，意为"勇"[2]。宗室中褚英于万历二十六年（1598）被赐名"烘把土鲁"[3]，是最早见于记载的。代善后被赐"古英把土鲁"，舒尔哈齐被赐"打喇汉把土鲁"，穆尔哈齐被赐"青把土鲁"，阿济格被封为"武英郡王"。非宗室人员中，最早被赐号"把土鲁"的似为安费杨古，《清太祖武皇帝实录》癸未岁（1583，万历十一年）首见"雄科洛把土鲁"，并自注："雄科洛，初名谙班哥，因其英勇超众，故名雄科洛把土鲁。"[4]"雄科洛把土鲁"，亦即"硕翁科罗巴图鲁"，这一美号以后又相继赐给前锋勇将图鲁什和劳萨。[5]额亦都、鳌拜等也是清开国初勇冠三军而被赐"巴图鲁"美号的赫赫有名的大人物。[6]不过，"巴图鲁"虽多见于宗室王公、世职功臣，但这并不意味着被赐号者要具有显贵的身份和地位，有些不见经传的小卒也被赐称"巴图鲁"。天聪三年（1629）十一月攻遵化城首先登城而被赐号"巴图鲁"的萨木哈图便是"正白旗小卒"[7]。"巴图鲁"的武勇往往为人们所公认，其事迹经历代传颂竟成为带有神话色彩的逸闻。崇德初太宗告谕诸王大臣勿忘骑射而效汉人服饰时说："朕试设为比喻，如我等于此聚集，宽衣大袖，左佩矢，右挟弓，忽遇硕翁科罗巴图鲁劳萨挺身突入，我等能御之乎？"[8]太宗就近取譬，证明劳萨英武绝伦。乾嘉时，人们还这样传述：褚库巴图鲁"少为先烈亲王（代善）牙将，勇绝一时。攻宣化府城，首登其堞，颈为明兵所刃。公左手抚额，右手犹手刃数人，僵于城侧，其气仅属。大兵因以破城。时有善医者云，其喉未断，使妇女抚吸其气，

---

[1]《清太宗实录》卷五六，崇德六年七月乙酉。
[2]《满和辞典》，第36页。
[3]《清太祖武皇帝实录》卷一，戊戌年正月。
[4]《清太祖武皇帝实录》卷一，癸未岁八月。
[5]《清太宗实录》卷二二，天聪九年乙亥春正月丁卯。
[6]《清太祖武皇帝实录》卷一，丁亥年八月；《清太宗实录》卷三七，崇德二年七月己巳。
[7]《清太宗实录》卷五，天聪三年十一月己丑。
[8]《清太宗实录》卷三二，崇德元年丙子十一月癸丑。

犹可望生。时命妓女如法治之，用巨绳缝其颈，公果得复生。至顺治中，从上幸南苑，弯弓逐兽，马蹶，其颈复断，公因之毙"。[1]

免除奴户籍——原镶红旗固山额真雍舜，以罪革职、解任，"没入贝勒家为奴"，旅顺口之役，首先登城，中炮伤一、枪伤一、箭伤五，"以善战被创，脱其籍，复原职"。[2]雍舜原为权贵，所以能以特殊战功脱奴户籍，复原职。一般随军从征的家下奴仆，无独立户籍，其本人及家口附于家主户下，若首先登城，"准其开户，并将胞兄弟、嫡伯叔带出，仍偿原主身价"[3]。这虽然极为罕见，却反映了满洲统治者对军功的重视。

总之，清开国初赏功极为丰厚，且惠及子孙，这一政策的长期坚持，不仅有助于激励士气，而且造就了尚武好战的民族精神。

（2）赏不逾时

从努尔哈赤时起，就形成了及时颁赏的定例，每次战役一结束，与严惩失律将士相伴而来的是庆功封赏，有时，在一次较长战役的中间，为鼓舞士气也要及时论功行赏。天聪八年（1634）掠明之役，克万全左卫城，正红旗护军竖云梯处，亲军褚库、布丹、孟库、外泰率先登城，论功，"以正红旗褚库首先登城，赏马、骡各五，牛十，蟒缎一，缎十九，布一百五十，红毡一；布丹第二登城，赏马、骡各四，牛八，缎十五，布百；孟库第三登城，赏马、骡各三，牛六，缎八，布六十；外泰第四登城，赏马、骡各一，牛二，缎二，布二十"[4]。昭梿所记褚库巴图鲁在宣化城为明兵刃颈的传说盖本于此役。崇德六年（1641）六、七月间，明清松锦之战即将进入白热化阶段，太宗命内大臣图尔格等人会同兵部各官前往锦州前线察议功罪，七月十一日据奏重赏阿济格以下数百人，[5]十八日又叙围困锦州克敌功，重赏伊尔登以下180余人，[6]八月初一日叙克锦州外城功，并录从前功绩，鳌拜由三等梅勒章京超擢为一等梅勒章京，复革职劳萨为二等梅勒章京，仍号硕翁科罗巴图鲁，阿济

---

［1］　昭梿《啸亭杂录》卷二，《褚库巴图鲁》。
［2］　《清太宗实录》卷一五，天聪七年九月乙巳。
［3］　《（康熙）大清会典》卷二三，《户部·编审八旗壮丁》。
［4］　《清太宗实录》卷二〇，天聪八年甲戌闰八月丁亥。
［5］　《清太宗实录》卷五六，崇德六年七月乙酉。
［6］　《清太宗实录》卷五六，崇德六年七月壬辰。

格尼堪由三等甲喇章京升为一等甲喇章京。其他如陈泰、翁阿代、巴泰等人各升授有差。[1]努尔哈赤、皇太极深知赏格丰厚且赏不逾时，才能真正发挥重赏的作用。他们操纵娴熟，所以能收事半功倍之效。

（3）赏功隆重

凡庆功封赏，都要公开隆重举行。天命六年（1621）克辽沈，"论拔城破敌将士攻战之功，行赏毕，因得河东，又发库银布帛重赏总兵以下官员及士卒等有差"。[2]七月初三日，努尔哈赤又大摆庆功宴，席间，亲自用金樽行酒，宴毕，又各赐衣一袭，并谓群臣："吾等得至于此者，虽赖上天庇护，亦尔诸臣之力，此杯酒、袭衣乃微物耳，岂足以酬功哉？但念尔等攻战之劳，以此表吾心而已。"[3]这一番话，努尔哈赤或出于至诚，或玩弄笼络之术，也可能二者兼有，但无论如何，通过庆功封赏，融洽了各级将领和努尔哈赤的感情，使他们情愿效死用命。对这一套，皇太极也运用得得心应手。天聪三年（1629）十一月金军克遵化城，随即论功分别升赏，正白旗固山额真喀克笃礼造攻具如法，且亲督本旗先登，由三等总兵官擢为二等总兵官，皇太极召喀克笃礼近前，"亲酌以金卮"，又赐骆驼一、蟒缎一、缎九；正白旗小卒萨木哈图先八旗兵登城，皇太极也召至近前，"亲酌以金卮"，并以白身授为备御，子孙世袭罔替，赐号巴图鲁，赏驼、缎、布匹等物。[4]次日，皇太极又谕云："嗣后凡攻城赏赉，视此为例。朕与尔等经历险远，艰苦至此，已蒙天佑，克奏肤功。然此犹佑我之小者，后此之佑命锡福者，更大有在也。"[5]努尔哈赤与皇太极高度重视赏功的仪式，亲自主持，隆重进行，特别是在庆功会上，发表一篇得体的讲话，以慰出生入死的将士之心，往往能收到厚赏崇爵所不能收到的效果。

（4）赏功严明

赏功严明是针对冒功滥赏而言，只有严明才能维护赏的信誉，保证赏的合理。要真正做到严明，必须有一套切实可行的制度，以及贯彻这一制度的措施。

---

[1]《清太宗实录》卷五七，崇德六月辛巳八月甲辰。
[2]《清太祖武皇帝实录》卷三，天命六年三月二十四日。
[3]《清太祖武皇帝实录》卷三，天命六年七月初三日。
[4]《清太宗实录》卷五，天聪三年十一月己丑。
[5]《清太宗实录》卷五，天聪三年十一月庚寅。

努尔哈赤起兵之初，宗室只有贝勒、台吉等名号，诸将也只以固山额真、梅勒额真、甲喇额真、牛录额真等名之。定品级爵秩是在天命五年（1620）三月，《实录》记云："帝论功序爵，列总兵之品为三等，副、参、游亦如之，其牛禄厄真俱为备御。"[1] 这里定的是非宗室人员的世职，当时，满文"世职"一词是"hergen"（黑儿根），而世职名称却沿袭汉人兵制中的总、副、参、游、备等，满文只用上述汉官名的音译。天聪八年（1634）四月，皇太极谕令："先照汉人称呼总兵、副将、参将、游击、备御，今后再不许叫。"并对世职名称重新作了规定："凡写官员册籍，有六个备御的总兵称一等上公；五个备御的总兵称一等公、二等公、三等公；四个备御的总兵称一等昂邦章京、二等昂邦章京、三等昂邦章京；三个备御副将称一等梅勒章京、二等梅勒章京、三等梅勒章京；两个备御的参将称一等甲喇章京、二等甲喇章京；两个备御的游击称三等甲喇章京；备御称牛录章京。"[2]

新的世职名称以牛录章京为一个基本单位，通常称一个"世职"，或一个"前程"，由牛录章京至一等上公（超品公）要递升五个世职，除超品公外，每个世职之间还要分三品，因此，由牛录章京升至一等上公实际上要经过13个阶梯。牛录章京以下，还有半个牛录章京，即"半个前程"。后又将原满文"世职"一词改为"hafan"（哈番），不再称为"hergen"。世职与官名常易混淆，所以官书中有时在梅勒章京、甲喇章京、牛录章京前加"世职"二字以示区别。至顺治朝才将世职名称改为"精奇尼哈番""阿思哈尼哈番""阿达哈哈番""拜他喇布勒哈番""拖沙喇哈番"等，[3] 与官名始有明显的区别。

至于宗室爵，建元天命以后，四和硕大贝勒品级最高，天聪以后，四和硕大贝勒之下，又有和硕贝勒，一直到改元崇德，才将宗室爵制健全起来："凡封爵，崇德元年定，显祖子孙，考论功德，列爵九等：一等为和硕亲王，二等为多罗郡王，三等为多罗贝勒，四等为固山贝子，五

---

[1] 《清太祖武皇帝实录》卷三，天命五年三月。
[2] 《清太宗实录稿本》，第9页；《清太宗实录》卷一八，天聪八年四月辛酉条亦载是谕，二者行文略异。
[3] 《清世祖实录》卷三五，顺治四年十一月甲申。

等为镇国公，六等为辅国公，七等为镇国将军，八等为辅国将军，九等为奉国将军。其余俱为宗室。"[1]通常把非宗室公爵称为"异姓公"，宗室公爵称为"宗室公"。

清开国时期，获得世爵主要通过两条途径，其一是战争立功，其二是率众归附，间有铸炮造器的工匠、供职内院的文人等取得一二世职，那就要被视为"异数"了。以创建军功与率众归附比较，前者是大量的、普遍的，特别是进入辽沈以后，人们主要是通过军功猎取世爵。在一定程度上可以说，清初的世爵是军功爵。

自从开始论功序爵以来，逐渐形成了查报军功、记录功次、计功授职、颁给功臣敕书为主要内容的军功爵制。在每次战斗中，由各级领兵将领考察士卒的勇怯智愚，上报于诸贝勒。天命时命令："率领绵甲行走的牛录额真、五牛录额真，率领红摆牙喇行走的牛录额真、五牛录额真、梅勒额真、固山额真、众人之额真，要认真考察尔等之兵，在战斗中，尽力还是不尽力，停留在远处，向后面退的人，负了伤也不算数，将尽力破城的勇士、有智巧的人、带兵有方的人上报诸贝勒。"[2]旅顺口之役，步兵主帅霸奇兰临敌大呼："有能超跃先登者，吾必记功，奏闻皇上，并启知贝勒。"[3]这可以作为领兵将领察报军功的实例。

叙将士军功时，因一次军功得授世职或加升世职的极少，通常是"记录一次"军功。如上述旅顺口之役，"邦荪在旅顺口乘船登岸，杀败敌兵，又吹角当先，与萨穆什喀会合收军，遇敌兵，击败一次。行至棘树园，复败敌一次，与萨穆什喀并力破敌有功。准记录一次"[4]。每次军功要记录在吏部档案里，以便授予或加升世职。如堪泰，"同萨穆什喀征黑龙江时，有七处功，续载吏部案册"[5]。据《(康熙)大清会典》载："国初命将陈师，立法鼓励，凡效力行间者，各按功绩，分别等第，记册给牌，移咨吏部授职，其应予赏赉者，照例分给，详列于后。凡移送功牌，国初定：大兵凯旋之后，询问统兵主帅，实叙官兵劳苦情形，分作

---

[1] 《(康熙)大清会典》卷一，《宗人府》。
[2] 《满文老档·太祖》卷一〇，天命四年五月。
[3] 《清太宗实录》卷一五，天聪七年九月乙巳。
[4] 同上。
[5] 《清太宗实录》卷五六，崇德六年秋七月壬辰。

等第,给与功牌。如应授职者,移咨吏部授职,应注册者,兵部注册,其再次图功。"[1]据此,记功时要分别等第,还要在兵部注册。

积累数次战功,或一次立捐躯登城之类的大功,方可授予或加升世职。天聪十年(1636)二月授"白身"安达礼牛录章京世职,其历年所立战功如下:

> 白身安达礼偕叶臣往铁岭舂粟时,闻有蒙古至,同叶臣往御蒙古兵,首先冲入。戍守牛庄时,追蒙古逃人,于诸贝勒前徒步冲入,斩之。克永平时,因登城功赏蟒缎一、素缎十九、布二百、马十、牛十、驼一。自永平还,同硕翁科罗巴图鲁图鲁什前往建昌哨探,夜遇敌兵,赫夜讷牛录下衮图马中矢仆,奋力救之出。及攻嶂县,部下一人第二登城。招抚额哲时,入明境,率四十人伏忻口,遇敌二百余,击败之,生擒六人,获马五十有一、旗三杆。出边之日遇图尔格所击败敌兵,我名翼军俱未至,安达礼追及之,斩杀盈壕。以此授牛录章京,准再袭二次。[2]

"白身"系指无世职者,升一个世职竟要十余年的时间,积累七八次战功,这表明军功爵制的严格和缜密。

最后,还要颁给功臣敕书。敕书是天命十年(1625)开始制定格式的,对此,《满文老档》有如下记载:"从'奉天承运皇帝制曰'直到'勿稍怠忽'的训言,书于总兵官以下直至备御所有敕书之首,继'勿稍怠忽'之后,书写各等级诸大臣的名字、功绩、(对)死罪、罚罪(的)宥免。"[3]《满文老档》集中记载了天命末颁给八旗功臣的敕书共约320件。[4]保存至今的佟延敕书原件可以印证上述档案:"奉天承运皇帝制曰:'崇德报功,国之大典,秉忠尽职,臣所宜然。咨尔佟延,昔为抚顺平人,大兵进取抚顺,因得尔归,升为备御。及得辽东,尔能勤劳国事,

---

[1] 《(康熙)大清会典》卷一〇五,《兵部·武库清吏司·军功》。
[2] 《清太宗实录》卷二七,天聪十年二月乙酉。
[3] 《满文老档·太祖》卷六七,天命十年。
[4] 《满文老档·太祖》卷六七至卷七〇。

屡有功劳,升为副将。若与敌国通谋,定依法处。或过误犯事,免尔三死。子子孙孙,永不革职。尚其钦哉,无负朕命。天命丙寅年六月。"[1]该敕书满汉合璧,四周圈以龙纹,制作极精。

在更定世职名称后,又重新颁发敕书,并对世职的世袭问题做了新的规定。旧例系世职俱准世袭不替,自此改为"世袭敕书"和"不世袭敕书"两类,前者又分为"准世袭不替"和世袭若干次两种:"额驸杨古利为左翼超品一等公,仍带六章京职。三等公额驸和硕图子和尔本、吴讷格,一等昂邦章京楞额礼子穆成格,三等昂邦章京札尔固齐费英东子察喀尼,巴图鲁额亦都子遏必隆六人准世袭不替";"国家开创以来诸功臣,其祖父以部落来归,及身历行间,率先攻战,著有勋绩者,一一分别详载,撰给世袭敕书",准世袭从一二代以至十几代,因战功又可再加几代;"其无功绩而因才授职,及因管牛录事授职者,撰给不世袭敕书"[2]。经过这次改革,更加强调军功在授予世职时的作用,特别是能够获得"准世袭不替敕书"者,只能靠建树殊勋伟烈。皮岛之役,步兵固山额真萨穆什喀由三等梅勒章京超擢为三等昂邦章京;固山额真阿山、叶臣由三等昂邦章京超擢为一等昂邦章京,三人俱准"世袭罔替"。鳌拜此役战功显赫,但只是由牛录章京超擢为三等梅勒章京,"加世袭六次,准再袭十二次"。[3]由此也可见准世职世袭不替之难。

以上从非宗室人员的察报军功、记录功次、计功授职、颁给功臣敕书四个环节阐述了军功爵制。至于宗室爵与此略同,不再赘述。

军功爵制的形成,为赏功严明提供了一种可能,问题的关键往往不在制度的本身,而在于贯彻过程中人的因素,特别是国君的态度。

努尔哈赤早就指出:"克城破敌之后,功罪皆当其实,有罪者即至亲不贳,必以法治,有功者即仇敌不遗,必加升赏。"[4]《离主条例》规定:"诸贝勒有将属下从征效力战士隐匿不报,乃以并未效力之私人冒功滥荐

---

[1] 《文献丛编》第十四辑,《天命丙寅年封佟延敕》,原北平故宫博物院文献馆编辑出版,1937。
[2] 《清太宗实录》卷一八,天聪八年五月壬寅。
[3] 《清太宗实录》卷三七,崇德二年丁丑七月己巳。
[4] 《清太祖武皇帝实录》卷二,乙卯年十一月。

者,许效力之人讦告,准其离主,仍罚银四百两。"[1]在授予出征主帅的军律上往往写上"不得隐匿部将功罪,必登记于册"[2]这一类内容。尽管如此,在赏功过程中,有功者被掩抑、无功者反而升赏的情况仍时有所见。崇德七年(1642)十月清军大举掠明之前,太宗特向统兵诸将领指出:"我国固山额真、护军统领于行间勇士多不肯以其所长上闻,如此,则勇战之士,何以激劝?"[3]这表明满洲统治者敢于正视这一事实,并采取积极的措施尽力加以消除。崇德七年(1642)七、八月间,太宗亲自干预了一件有功者受到冤抑的大案。当清军围困锦州时,明马步军从城中突出,左翼两白、正蓝三旗护军不敌,退避到壕堑之中,有阿桑喜等执盾迎战,卒败明军。事后,多尔衮、多铎、豪格竟妄称三旗护军并未投壕避敌,袒护所属,反加罪于阿桑喜。阿桑喜控于刑部,管刑部亲王济尔哈朗明知真情,也瞻徇代隐。事情至此,以区区阿桑喜,似已不可能昭雪自己的冤枉。但一年之后,终于彻底推翻原案,部议济尔哈朗、多尔衮、豪格、多铎应各罚 6 000 两、5 000 两、4 000 两有差,徇情附和的多罗郡王阿达礼以下、甲喇章京富喇塔以上共 70 余人分别革职、罚银、鞭责,其中仅固山额真就有 15 员。太宗以围困锦州日久,劳苦有功,概予宽免,但一再申斥诸臣说:"朕因诸王贝勒等以力战之阿桑喜及冲敌步队之俄罗塞臣反坐以罪,至败奔投壕之两白旗、正蓝旗护军参领宜成格、巴雅等反袒护之,深用痛恨!"[4]并面谕多尔衮等"改过自新,以赎前愆",阿达礼等"今后仍复如此,决不轻恕";固山额真等"毋得仍行怠玩,致干国法"[5]。随即以阿桑喜拒敌之功超升为三等甲喇章京,准袭四次。[6]直到将刑部理事官巴哈纳革职、罚银百两,[7]这一轩然大波才告平息。太宗为维护法制的尊严,做到信赏必罚,敢于触动满洲上层中一大批最有权势者,这体现了处于上升时期的清朝统治阶级的进取精神。

---

[1]《清太宗实录》卷九,天聪五年秋七月庚辰。
[2]《清太宗实录》卷二五,天聪九年冬十月癸未。
[3]《清太宗实录》卷六三,天聪十年壬午冬十月壬子。
[4]《清太宗实录》卷六一,崇德七年秋七月乙酉。
[5] 同上。
[6]《清太宗实录》卷六二,崇德七年九月癸酉。
[7]《清太宗实录》卷六二,崇德七年壬午八月癸卯。

清初八旗制度

清军的赏功制度对明制多所借鉴，其严密程度未必能超过明制，但明末政治黑暗、纲纪败坏，冒功滥赏习以为常，赏功制度形同虚设，已失去了激励士气的作用。

2．优恤

清开国初，采取了以下措施抚恤伤亡将士：

（1）免罚罪

天命时期，曾根据受伤轻重，决定免罚罪的银两，到天命后期已形成了一个细则：依免罚银数定为15个等级，最低一等，即第15等免罚5两银的罪，以上每等递增2两。例如："托木多在扎库塔负一伤，阿里布在伊罕山负一伤，各免五两的罪，为十五等"，"额和德在扎库塔负一伤，在乌拉被打一次，二手指被射，免十一两的罪，为十二等"，"喀拉的马扎福尼在伊罕山负二十三处伤，其中有六处伤肉，在乌拉负一伤，免二十三两的罪，为六等"。[1] 这种奇特的抚恤方式是由法网甚严而银两又极匮乏的背景决定的。

（2）赏财物

对伤亡者赏牲畜、人口、银两、缎帛等财物是行之已久的旧例，[2] 随着世职制的确立，"凡赏阵亡官员"，一、二、三等副将同，一、二、三等参将同。天聪六年（1632）正月改为："一等副将赏银八百二十两，二等副将八百一十两，三等副将八百两。一等参将六百二十两，二等参将六百一十两，三等参将六百两"，"备御各赏银四百两"，"半个备御二百五十两"。[3] 由此可以推得总兵官为一千两。半个备御以下也各有定格："其赴敌死者，旗长、拨什库及执大纛人等，每名赏银二百两；无执事人，赏银一百五十两；未披甲者，赏银一百两；其距

---

[1]《满文老档·太祖》卷六三，天命九年六月。十五等恤伤细则是从事例推算出来的，大部分受伤者都是按照这一细则免罚银两的，但也有小部分受伤者比应罚银两要少，如十等免罚十两、十三等免罚七两五钱、十五等免罚四两，这是由于受伤者已因罪免罚过银，故少于定额，如"都卜拜免九两，罚一两五钱，剩七两五钱。乌讷哈免十一两，罚四两，剩七两"，并不是可以不顾细则随意免罚。

[2]《满文老档·太祖》卷六，天命三年四月二十日、二十二日。

[3]《清太宗实录》卷一一，天聪六年壬申正月癸丑。

敌远而中炮死者，较常格稍减；其执挨牌防敌、取草、堕壕死者，若系执纛人，减五十两，无执事人减二十两；死于壕外者，拨什库减八十两。"[1]战阵被伤，"一等伤赏五十两，二等赏四十两，三等赏三十两，四等赏二十两。其远处中伤者，一等赏三十两，二等赏二十两，三等赏十两，四等赏五两"[2]。

人口，这在当时也是一种财产。天命六年（1621）七月，毛文龙袭取镇江，杀金游击佟养真父子等，努尔哈赤派皇太极、阿敏率军屠杀镇江人民，赏给佟家亲族牛二百头、人二百、驴一百头。[3]天聪八年（1634）掠明之役，巴都礼阵亡，"赐其子卓罗一牛录，使之专管"[4]。攻左卫城时，正白旗额尔弼赫、明盖、梅赫先登阵亡，席尔泰在第四队，"不相继登城，处死，没其妻子家口与先登三人之子为奴"[5]。以人口作为阵亡将士家属的恤赏，在清初不为罕见。

（3）授世职

有时，赠阵亡将士世职，令其宗亲承袭。皮岛之役，白身扈习在前锋护军船内渡海，进战阵亡，被授予牛录章京世职，以其子扈札禄袭职。[6]原有世职而阵亡者，有时又加升世职，予其宗亲承袭。崇德六年（1641）围困锦州时，牛录章京，侍卫喇都浑"同吴拜捉生，遇蒙古步军十六人，斩二人，被伤阵亡……以功加半个前程，令其子俄尔毕袭职"[7]。

阵亡将士除在物质上受到优恤外，他们"为国捐躯"的精神也受到满洲统治者的尊敬和嘉奖。天聪元年（1627）五月，游击觉罗拜山阵亡于锦州城下，"赐人口牛马共六十"，皇太极并"亲临觉罗拜山及巴希丧，酹酒哭之"[8]。天聪八年（1634）掠明之役巴都礼"督众力攻，被创不退，

---

[1]《清太宗实录》卷一一，天聪六年壬申正月癸丑。
[2] 同上。
[3]《满文老档·太祖》卷二五，天命六年八月十二日。
[4]《清太宗实录》卷二二，天聪九年乙亥正月癸酉。
[5]《清太宗实录》卷二〇，天聪八年十月壬辰。
[6]《清太宗实录》卷三七，崇德二年丁丑七月己巳。
[7]《清太宗实录》卷五五，崇德六年五月戊戌。
[8]《清太宗实录》卷三，天聪元年五月乙未，六月丙申。

中箭而亡",皇太极闻讯罢饮而泣之曰:"此朕旧臣,效力多年,致命疆场,深可惜也!"[1]明日,与诸贝勒言及此事俱"欷歔泣下"。[2]崇德二年(1637)六月兵部奏言,皮岛之役阵亡40人骸骨未能辨识,收而合葬于通远堡。太宗命礼部参政图尔寨往祭,祭文曰:"朕闻尔等四十人攻明皮岛,力战殒身,殊可悯恻。遣官收集骸骨,疑似莫辨,故令安葬于一处,用慰幽魂。"[3]皇太极从达海所译《武经》一书了解到古良将体恤士卒的故事,随即教训佟养性等人说:"尔等亦闻古良将之待其士卒乎?于行兵之处有遗箪醪者,虑不能遍饮,遂投醪于河,使士卒共饮其流,三军遂无不效死。又吴起为将,一卒生疽,起亲为吮之,后其卒感激战死。此前事皆尔等所知也。凡士卒有伤则调治之,病则慰问之,如此,则士心皆愿效死于主将之前矣。"[4]这一席话,集中反映了满洲统治者优恤伤亡的目的。

　　优恤的目的,决定了它的局限性。天聪五年(1631)以前,凡阵亡将士,如绝嗣,"众分其家产"[5]。所谓家产,包括妻子在内,由本牛录额真禀呈本旗王贝勒同意,将阵亡者妻女连同家产分配给异姓人。天聪五年正月谕令:"前以阿布图巴鲁图、巴布祐、奇唐古尔绝嗣,众分其家产,大非所宜。嗣后已故功臣无后者,家产不得分散,留给其妻,使自赡焉。"[6]以后,又规定阵亡功臣之妻可以"照官职免其丁之半"[7],非功臣阵亡而无后者,不言而喻,仍如其旧。如"镶蓝旗莽库牛录下拉赛于军中阵亡,罗洛、孙塔(按户部官员)以拉赛无兄弟,将其妻连同家产俱给莽库之侄萨虎"[8],即是一例。优恤只予阵亡者的兄弟子侄之辈的宗亲,而不惠及无后的妇女,因为前者可继续"效死"。

---

[1]　《清太宗实录》卷一九,天聪八年八月甲戌。
[2]　《清太宗实录》卷一九,天聪八年八月乙亥。
[3]　《清太宗实录》卷三六,崇德二年丁丑六月丁巳。
[4]　《清太宗实录》卷九,天聪五年八月乙卯。
[5]　《清太宗实录》卷八,天聪五年辛未春正月庚辰。
[6]　同上。
[7]　《清太宗实录》卷一七,天聪八年甲戌春正月丁巳。
[8]　《盛京刑部原档》185号。

（三）军律

清入关前的法律体系中，军律占有十分重要的地位。由于军律大多是以汗的谕令形式发布的，因此它不仅表现了汗对军队的最高统帅权，也显示了以汗为中心的专制主义国家制度的确立和发展。以下论述军律的主要条令。

1. 行军与宿营

（1）整肃行伍，严禁喧哗，勿离旗纛

明万历四十三年（1615）努尔哈赤创设八旗，首定行师规则："行军时，若地广，则八固山并列，队伍整齐，中有节次；地狭，则八固山合一路而行，节次不乱。军士禁喧哗，行伍禁纷杂。"[1]天命二年（1617）努尔哈赤率军偷袭抚顺，为保证战争胜利，行前再颁军律："自出兵日至班师日，各军勿得离木牛录旗，违者执之，详问其由。"[2]以上可见，禁喧哗、勿离旗纛，以保持部伍严整，是早期八旗军律的基本点。至皇太极为八旗主帅后，则在此基础上有所发展。天聪六年（1632），将征察哈尔蒙古时，迭颁以军令为内容的上谕，对于整肃行伍做出更全面的规定："一出国门，悉凛遵军法，整肃而行。若有喧哗者，除本人即予责惩外，该管将领仍照例治罪。大军启之时，若有擅离大纛，一二人私行者，执送本固山额真，罚私行人银三两，给与执送之人。""有驰逐雉兔者，有力人罚银十两，无力人鞭责。启行之日，不得饮酒，若有离纛后行，为守城门及守关门人所执者，贯耳以徇。"[3]崇德三年（1638）八月，多尔衮、岳托率兵大举伐明。皇太极对此次征明极为重视，亲自颁示军律如下："凡大军起营时，各按牛录旗纛整队而行，若有一二人离队往来，寻索遗物及酗酒者，俱贯耳。自出城门，务遵军律，肃静行伍，毋得喧哗。固山额真、梅勒章京、甲喇章京、护军统领、牛录章京，以次各有统束。统束严明，则该管队伍岂有喧哗之理？今后有喧哗者，该管

---

[1]《清太祖武皇帝实录》卷二，乙卯年十一月。
[2]《清太祖武皇帝实录》卷二，天命三年四月。
[3]《清太宗实录》卷一一，天聪六年三月丁巳。

章京坐以应得之罪，喧哗者责惩。军行时，如有一二人离旗行走者，许同行人，即执送本固山额真，执人者赏银三两……军行时，若见禽兽驰马追射者，兵丁射以鸣镝，贝子大臣坐以应得之罪。夜行时，各牛录人等有另吹竹为号者，执治贯耳；若不执治，议甲喇章京罪……若马上行李偏坠应整理者，本旗人俱站立待整，乃行。"[1]此次攻明，历时近半年，深入腹地，连破明60余城，俘40余万人。明著名将领宣大总督卢象升战死，清兵所向披靡。获胜的原因很多，但与行军有法，战场纪律严明是分不开的。

（2）宿营禁单独外出，有失火者论死

天聪六年（1632）军律规定："驻营时，采薪取水务结队偕行，有失火者论死。"[2]崇德三年（1638）重申："下营时，凡取薪水，务集众同行，妄致失火者斩。"[3]此军律所强调的取水采薪，结队偕行，禁止单独行动，是天命七年（1622）努尔哈赤进入辽沈地区后，为避免各地"人民击杀八旗官兵"所造成的损失，而颁布的《禁单身行路谕》的发展。不仅如此，清兵入关伐明，千里行军，经过之地都是处于敌对状态的广大汉族地区，因此只有结队而行，形成整体，才具有战斗力，才能保全自己，否则势必遭到汉族人民的击杀。所以这条军律也可以说是新形势下无数流血教训的总结。

（3）行军宿营严禁偷窃马具

天聪六年（1632）军律规定："凡军器，自马绊以上俱书各人字号，马须印烙并紧系字牌。若有盗取马绊、马络、马鞯等物者，俱照旧例处分。"[4]崇德三年（1638）军律更详定："军士甲胄、俱书号记，胄两旁皆用圆铁叶，无甲者衣帽后亦书号记。一切军器，自马绊以上，俱书姓名，马必系牌印烙，不印烙者罚银二两。箭无姓名者，罚银二十两，如得他人箭隐匿不出者亦罚银二十两……盗鞍鞯及辔络、马绊者，按法治罪。"[5]上述军律中所说"照旧例处分""按法治罪"，在《满文老档》中

---

[1]《清太宗实录》卷四三，崇德三年戊寅八月癸丑。
[2]《清太宗实录》卷一一，天聪六年三月丁巳。
[3]《清太宗实录》卷四三，崇德三年戊寅八月癸丑。
[4]《清太宗实录》卷一一，天聪六年三月丁巳。
[5]《清太宗实录》卷四三，崇德三年戊寅八月癸丑。

是有具体说明的："若偷马辔、笼头，则割嘴；偷马鞍，挑破其腰、鞭责；偷马绊，挑脚筋。"[1]《明清史料》中所保存的"崇德三年谕诸王贝勒贝子"[2]的档案，证实了上述严惩偷盗马具者的刑法是确实存在的。其所以如此，是因为八旗劲旅主要是骑兵，偷取马具无异是一种破坏军队战斗力的行为。这在大敌前胜负未定的严峻形势下，自然是不允许的。何况这种内部窃取行为在当时又不是罕见的，因此予以重惩。但在乾隆定本《清太宗实录》中，以此项犯罪颇有损于满洲族的形象，所采取的残忍刑罚也不当垂诸史册，故曲为隐讳。

2. 攻城与野战

（1）八旗协同，整体作战

八旗兵临阵对敌，强调整体作战，力求在战役上以多胜少。凡攻城，八旗各依汛地，环城立营；凡野战，八旗各依汛地，并驰而前。为保证各旗协同作战，对于临敌观望或退却者，概予惩处。天聪三年（1629）八月，颁发的军律中详列此项内容："凡入八分贝勒等临阵时，如七旗贝勒等俱已败走，而一旗诸贝勒独能迎战保全七旗者，即以败走七旗下之七牛录人员，给与迎战诸贝勒。若七旗诸贝勒迎战，而一旗诸贝勒俱败者，则将败走之贝勒削爵，并以其所属人员悉分给七旗。如一旗内诸贝勒战者半、败者半，即以败走之贝勒等所属人员，给与本旗迎战诸贝勒，其迎战诸贝勒仍另行赏赉。若七旗诸贝勒未及战，而一旗诸贝勒首先迎战，亦按其功之大小及所获多寡行赏。或两军接战，或追击敌兵，若不加详审妄行冲突者，没所乘马匹及所获人口。"[3]天聪七年（1633）十月，再次传谕："凡临阵对敌，必整齐队伍，各依汛地，并驰而前。若有不依己之汛地，而退缩他人之后，弃己之队伍，而混逐他人队伍，及他人既进而却立观望者，或斩，或籍没，或鞭责，或革职，或罚赎，皆量罪之轻重处之。至整队进攻，稍有先后，切勿以我先尔后为言，但以遇敌不退却，能击败为主，若争

---

[1]《满文老档·太宗·天聪》卷五一，天聪六年四月初六日。
[2]《明清史料》丙编，第一本。
[3]《清太宗实录》卷五，天聪三年八月庚午。

论先后,是居心不良,乱之道也。"[1]朝鲜人郑忠信在天命六年(1621)曾记述了八旗作战情况:"临战则每队有押队一人,佩朱箭,如有喧呼乱次独进独退者,即以朱箭射之。战毕查验,背有朱痕者,不问轻重而斩之。"[2]

由此不难理解,八旗兵作战之所以勇敢奋进,就在于如果退却观望,不仅不能从掠夺战争中分得俘获,反而可能损失已有的物质利益,甚至生命。这项军律既适应了八旗军队的编制,又针对着八旗官兵急欲从战争中分享俘获的心理状态。

(2)临阵败逃论死

早在努尔哈赤时代就有败逃者处斩的军令。根据天命六年(1621)二月二十八日《满文老档》的记载:"临阵败逃者之罪素来为法所禁,无故逃走使国人惊乱,故斩之。"[3]对于临阵败逃罪,法司一律用"burulambi"一词表述,对于"败逃者"则用"burulame sujuhe niyalma"表述。至皇太极时期,"战败而走,自当论死"[4],已成为军律中不可移易的铁则,即使勋戚贵胄也难免于处罚。

3. 俘获的分配

"俘获",满文用"olji"一词表述,包括人口、牲畜、衣物、财宝在内,是战利品的统称,但"olji"有时也专指俘获的人口。俘获既为八旗通力作战,艰苦获得的战利品,因此无论在理论上或实际上自当属于八旗公有,严禁隐匿和私分俘获,这是一条维护八旗内部团结和保证战斗力以及公平分配俘获的极其重要的军律。

努尔哈赤初起兵时,曾经发生过因士卒乱抢战利品而遭战争失败的教训。因此,天命四年(1619)特谕令众额真:"无论何人不杀敌人,逗留于后,贪图财物,尔等见到即用汗所赐的四尖角斧砍杀,用大礼披箭射死。"[5]在偷袭抚顺得手后,又于同年(天命三年)六月,连克清河、

---

[1] 《清太宗实录》卷一六,天聪七年十月丙寅。
[2] 《朝鲜李朝实录中的中国史料》第六册,第3146页。
[3] 《满文老档·太祖》卷一七,天命六年闰二月二十八日。
[4] 《清太宗实录》卷四八,崇德四年乙卯八月庚寅。
[5] 《满文老档·太祖》卷一〇,天命四年五月。

开原，得到了大批俘获，为了防止有人私携俘获回家，努尔哈赤特别下达命令："若无汗的印信，马驮财物，人乘马向西回家者，扎喀关守关额真要将其逮捕，捕后审理拟罪。"[1]天命八年（1623）五月又下令："所有的人，在与尼堪（指明朝）的战争中，如果有隐藏的各种东西，各自交出来。送来无罪，如果不送来，以后被他人告发时，将要治罪。"[2]

关外时期的满族社会，由于生产力水平低下，物质极端匮乏，尤其是粮食以外的生活必需品更是极端紧张，只有靠战争掠夺，来求得满足。正是因为战争是掠取财物、满足生活必需品的一种手段，所以一闻发兵，上自王公贵胄，下至八旗将士，莫不雀跃从征。也正因为掠获是八旗全体官民的生命线，才实行八家均分，一体均沾的分配原则。但至天聪后期，随着经济实力的增长，为刺激基层官兵参战的积极性，在分配俘获的原则上稍有变通。

天聪八年（1634）征察哈尔蒙古时，皇太极在军中宣谕："大军远征，念尔等行间劳苦，凡所获牲畜及布匹衣服等物，听尔等取之，每牛录会同均给。至于金珠缎匹，珍贵之物，宜献之各贝勒，毋得擅取。蒙天眷佑，使我军士富足，庶购买马匹，整顿器械，各有所资，不致有误。故逾格加恩，从来出师无此例也。如违旨隐匿应献之物，必照例治罪，仍没所获之物入官。"[3]这道上谕所定分俘获办法是没有前例的。在天聪八年以前，包括牲畜、布匹在内的一切俘获，均应归公。此次皇太极念及远征中军士劳苦，特允许"所获牲畜及布匹衣服等物"听任取之，故称"从来出师无此例也"。但"听尔等取之"，也并非归军卒个人私有，而是"每牛录会同均给"。

至崇德元年（1636）清太宗再次宣布："向来定例，凡出兵所获，一切珍重之物，应归公者，即送该管固山额真，隐藏者罪之。此外别有所得，方许入己。近闻诸人所得之物，不赴该管固山额真、牛录处交纳，竟自隐藏，反讳言此系我所得，此系我家人所得，意欲取媚，各图私献。如此之人，所献者少，所隐者多，乃假公济私，巧诈之谋也。况阵获诸

---

[1]《满文老档·太祖》卷一〇，天命四年六月。
[2]《满文老档·太祖》卷五〇，天命八年五月二日。
[3]《清太宗实录》卷一九，天聪八年六月丁丑。

物，皆为公家所应得，私受者固失大体，私进者亦由侵欺。今后凡有所得，送该管固山额真总收籍记。"[1] 从这项谕令看，强调者仍是"珍重之物"不得私隐，一律归"公家所应得"，用以充实军资，和作为国家奖赏的蓄藏。在这项谕令中还特别提出了"私受者固失大体，私进者亦由侵欺"的与受同科，共同治罪的原则。

4. 对待敌国军民政策
（1）抗者戮之，顺者养之

天命三年（1618），努尔哈赤在对明王朝开战前特颁军令："拒敌者杀之，不与敌者勿妄杀。"[2] 这是个最简单明确的规定，同时也是最重要的军律条款。在这以后历次颁发的军律中，都载有这样的内容。

"拒敌者杀之"，从战争的角度看来是无可非议的，但满洲统治者在征服战争中，往往宣布曾经抵抗过的全城、全村居民为"拒敌者"，因而不分军民，不论是否放下武器，一律加以屠戮，谓之"屠城"。这是一种最残酷、最野蛮的暴行，直到皇太极时期，仍然如此。例如，崇德六年（1641）十月，清太宗传谕围困锦州、松山、杏山的前线将帅："锦州、松山、杏山三城兵民，有穷迫来降者，十五岁以下愿留养为奴者，方准留养。"[3] 同年十二月重申："自兹以后，有从三城内逃出者，十五岁以下准留为奴，十六岁以上，勿赦。"[4] 这就是说，不分兵民，也不分抗拒还是降顺，只要是15岁以上男子，一律杀掉。饶有政策和策略思想的皇太极，之所以下此凶狠暴虐的军令，原因就在于锦、松、杏三城长期"拒敌"，成为清兵长驱直入关内的障碍，更何况八旗劲旅本身也受到很大挫伤。

对于归降的兵民，在一般情况下，要给予"编户为民"的待遇。这是从努尔哈赤时代就奉行不辍的。例如，天命三年（1618）取抚顺，"所得降民千户，父子兄弟夫妇俱无离散，至于六亲失散者，查给伊亲，奴

---

[1]《清太宗实录》卷三一，崇德元年十月戊寅。
[2]《清太祖武皇帝实录》卷二，天命三年四月；《满文老档·太祖》卷六，天命三年四月十三日。
[3]《清太宗实录》卷五八，崇德六年十月辛亥。
[4]《清太宗实录》卷五八，崇德六年十二月辛酉。

仆失散者,查归本主。又与房田牛马衣食牲畜器皿等物。仍照大明国设大小官属,令李永芳统管"[1]。正是由于劳动力的使用价值受到重视,以及封建性农业经济发展的需要,随便杀降是要受到惩处的。

天聪二年(1628),察哈尔蒙古"嘛哈噶喇率部众来降,达敏遇之,掠其财物,尽杀其男妇",严重破坏了敦睦蒙古以徕远方的一贯政策。为此,皇太极"命诛达敏,其从者鞭八十,贯耳鼻以徇"[2]。从这个受到查处的案件中,说明了凡杀降为首者诛。但是在关外以征战为主的时代,杀降几乎是普遍的。如果都按"降民"对待,则不能染指其妻子财物;反之,以"拒敌者"对待,便可杀其男子,掠其妻子财物。所以"顺者养之"作为一项政策法令确实是存在的,但并没有完全变成现实。对此,天聪九年(1635)"俘臣"仇震上书向皇太极直陈:"闻用兵以来,凡百姓、商贾、耕夫,归降之人传令不杀,此诚仁圣之君,即孟子所称者。但军士未必全遵令命,明说遵令,亦有暗暗横杀的。"[3]

(2)"阵中所得之人,勿剥其衣,勿奸其妇,勿离其夫妻"

天命三年(1618),努尔哈赤首次宣谕:"阵中所得之人,勿剥其衣,勿奸其妇,勿离其夫妻。"[4]在以后历次颁布的军令中几乎全部沿袭此项规定。例如,天聪六年(1632)四月,在远征察哈尔林丹汗途中,皇太极敕令全军:"不拒敌者勿杀,勿离散人夫妇,勿淫人妇女。有离人夫妇及淫妇女者死。"[5]五月谕八旗诸贝勒大臣时重申"所俘妇女,不许淫乱,牲畜不许宰杀。若离散人夫妇,淫乱人妇女者处死"的军令。[6]但是,"淫所俘妇女者死"在《满文老档》的原文是:"olji dendeme onggolo hehe ume dedure……hehe deduci wara weile",意为"俘获分配之前,不得睡女人,若睡女人,处死"[7],这就给"淫所俘女人者死"的军令做了真实注脚。为什么俘获分配前不得淫乱女俘?这是因为女俘作为一份财

---

[1]《清太祖武皇帝实录》卷二,天命三年四月二十六日。
[2]《清太宗实录》卷四,天聪二年十月乙未。
[3]《天聪朝臣工奏议》,仇震《条陈五事奏》。
[4]《清太祖武皇帝实录》卷二,天命三年四月壬寅。
[5]《清太宗实录》卷一一,天聪六年夏四月乙未。
[6]《清太宗实录》卷一一,天聪六年五月癸卯。
[7]《满文老档·太宗·天聪》卷五二,天聪六年四月二十八日。

产在分配前是属于公有的，其归属尚未确定，如加以侵犯，故论死。可见，这条严厉的军令，不在于保护女俘的人身不受侵犯，而是保护八旗公产不受侵犯，不是为了约束部队成为仁义之师，而是保护八家集体的私利。正因为如此，不同时期纂修的《清太宗实录》才不便据实直译。

至于在军律上规定的"离散人夫妇者处死"，同样不是从保护被俘者的家庭的人道主义考虑。因为在早期满族社会里，奴仆是允许建立家庭的，从赏给功臣、属下财产时，奴仆往往以"一对"（夫妻）作为数量的单位，不难推断对俘虏家庭的保护，仍然着眼于保护特定的私有财产的完整性。还有在天聪六年军律中所规定的"掠其衣服者，即以所得之物赏给首告之人，仍鞭责如例"，其立法的本意与前述相同，不赘。至于所说"鞭责如例"，据《满文老档》所载为"鞭二十七"[1]。

5. "台军"报警稽迟从重治罪

清入关前仿明军制，在边境及境内要隘遍设墩台，也称烽台，以及时传报敌情。早在努尔哈赤时代烽候传警就已逐渐制度化，至皇太极时期则进一步加以完善。天聪五年（1631）二月，皇太极谕守边诸臣："旧定军律，凡瞭见边外敌兵，即举烽燧。敌兵抵边约百人者，悬一席，鸣一炮；二三百人者，悬二席，鸣二炮；五百人者悬三席，鸣三炮；千人者悬五席，鸣五炮；万余人则悬七席，炮不绝声，络绎来报。我国人步行逃窜，至二三十人者，可沿途传报；逃止四五人者，许管墩台官率兵追之，其踪迹不许容隐，即报于该管将领。如隐匿不报，鞭一百。若乘马走者，所逃出地方台军，举燧勿绝，惟沿边墩台，不必举燧，其沿路传报台军，俱令举燧，络绎速传，仍登记所报时刻，迟误者，鞭一百。若两台相距辽远，满汉台军务速行传报。"[2]皇太极又专门饬谕主管台军的石廷柱说："烽台事务，因未行严饬，故数年以来，一切军机，传报稽迟。尔诸将如仍怠玩不谨，即一体坐罪。凡此戒谕，须晓谕守台代子章京、满汉人等。若申饬之后，台军迟误军机者，以奸细论。仍以所谕，抄录颁发各台，使官军昼夜记诵。其火药、药线、旗、席俱宜全备，若

---

[1]《满文老档·太宗·天聪》卷三九，天聪五年八月。
[2]《清太宗实录》卷八，天聪五年二月庚申。

缺一不备，即坐以误国重罪。"[1]

严饬台军及时报警，稽迟重罪，是军事斗争的需要，也是关外时期满洲国家所处的紧张环境所提出的防务上的需要。台军报警的内容不仅瞭望敌兵临境，也包括追捕逃人及容隐逃人者。由于烽候关系到国家的安危，因此，"讯误军机者，以奸细论"，处以重罪。从制度上看，不仅有警举"烽"，而且登记所报时刻，可以说是相当严密的。

6. 保护寺庙

天聪六年（1632），在征察哈尔蒙古时所颁军律中特别规定："勿毁庙宇，勿取庙中一切器皿，违者死。勿扰害庙内僧人，勿擅取其财物。仍开载僧众数目具报。若系窜匿庙中人口及隐寄牲畜，听尔等俘获。不许屯住庙中，违者治罪。"[2]蒙古地区寺庙林立，宗教信仰观念十分强烈，如果在军事行动过程，毁坏寺庙，只会伤害民族感情，增加军事上的困难。因此，皇太极以军律来推行保护寺庙、尊重蒙古固有宗教的政策，是很有政治眼光的，并且取得了很好的效果。即使是在对明朝的战争中，也颁发过"勿毁寺庙"[3]"勿拆庐舍祠宇"的军律。[4]目的都是从政治和策略上考虑的。

下面对清入关前八旗军律的特点作一概述。

第一，树立整体作战意识。

满族兴起之际，所面临的客观环境是：强邻逼处，战无虚日，尤其是最主要的敌人——明王朝国力雄厚、军民众多。相形之下，金国则资源贫乏，兵民寥寥。努尔哈赤洞悉这种严峻的形势，因此，如何最大限度地发挥八旗兵的战斗力，尽可能地减少伤亡，便构成了努尔哈赤的军事思想的特色。他说："当征战之际，最上者，莫过于不损己兵而能胜敌者也。"[5]天命三年，在对明朝开战前，努尔哈赤颁发的军令重申："攻克城邑，有一二先进者不足算，若一二先之，必致伤，如此者虽见伤不行

---

[1]《清太宗实录》卷八，天聪五年二月庚申。
[2]《清太宗实录》卷一一，天聪六年四月乙未。
[3]《清太宗实录》卷四三，崇德三年八月癸丑。
[4]《清太宗实录》卷五，天聪三年十月辛未。
[5]《清太祖武皇帝实录》卷二，天命三年四月。

赏,即没身不为功。其首拆城者即为首功,可报固山额真录之,待环攻之人俱拆毕,然后固山额真吹螺,令各处兵并进。"[1]皇太极继承了努尔哈赤上述军事思想,反对冒险用兵,他说:"我国方承天眷,甫集之兵民无几,若少亏损,何以克成大业?"[2]由此而形成了以军卒的损伤多寡作为衡量战果的重要标准之一,"凡行军之际,克城多而我兵俱全者为上,克城多而我兵稍有损伤者为中,至克城少而我兵大损伤者为下,宜罪之"。[3]而为了在战役上以少胜多,既减少伤亡,又能取得最大的战果,从努尔哈赤到皇太极都强调整体作战意识。清入关前的军律正是集中体现了努尔哈赤和皇太极这个军事思想。譬如,凡攻城、野战、防守、畋猎等行动,八旗一律各按自己的方位进入汛地,不得临阵退缩,也不得错乱汛地。战争(也包括狩猎)所获,均归公有,平均分配;严禁离纛单独行动。显而易见,制定这样的军律,就在于把集体作战意识,用法律的强制力贯彻于实际。严格的军律和长期的战争实践,把八旗军士厮卒培养成了一部战争机器中的忠于职守的部件,他们在统一的目标之下,循着统一的部署与规则,彼此配合,通力协作,从而产生出巨大的威力,以少胜多,由弱渐强,与明军形成了鲜明的对照。当然八旗兵注重整体作战的功绩,并不排斥八旗兵个人的勇武和独创精神,只不过个人的勇武和独创精神要服从于整体作战的需要而已。

第二,服从总的战略目标,但因时因地各有侧重。

关外时期的军律总的说来,具有普遍的约束力,但由于满洲面对的敌人有朝鲜、蒙古、明王朝以及东海三部、黑龙江索伦等等,因此在服从总的战略目标下,在具体的适用上因时因地而有不同的要求。

对明王朝的战争,辽东不同于辽西,关外不同于关内,对朝鲜和蒙古的战争,又不同于对明的战争。

天命六年(1621)努尔哈赤发动辽东战役,征服了辽河以东的明朝官民,占有了大片疆土,随即把都城迁往辽阳,以新征服的地区作为自己的统治基地,进而向明朝大举进攻。正是从这个战略目标考虑,努尔

---

[1]《清太祖武皇帝实录》卷二,天命三年四月。
[2]《清太宗实录》卷一六,天聪七年十月己巳。
[3]《清太宗实录》卷六五,崇德八年六月己丑。

哈赤颁布严格的军纪以约束八旗兵不得对汉人肆行杀掠。攻取沈阳、辽阳以后，努尔哈赤派德格类、宰桑古率军查看辽河渡口，严令不得侵夺汉人财物，"有一二人因夺取尼堪之物，逮捕、刺耳鼻"[1]。在严格的军律约束下，士卒带的干粮吃完之后只得忍饥挨饿。与此相反，天命七年（1622）正月，八旗兵越辽河攻占广宁，连下辽西诸城堡，此时努尔哈赤尚无意在辽西立足，因此下令烧毁各城堡村寨，强掳辽西汉民到辽东。

皇太极在位时期，先后五次派兵入边劫掠，除个别战役外（天聪三年至四年，首次入边之役），战争的基本目的都是蹂躏敌国以自富。这一点在统兵将领中的认识是十分明确的，他们说："边内人民财物禾稼，应杀者杀之，应取者取之，应蹂躏者蹂躏之……如此，则我兵得餍所欲，而边外蒙古愈加勉励矣。若马匹疲毙，即以所获之赀买马，其余并以制衣，则嗣后进兵，人人奋勇，靡有退志。"[2]

即使在松锦之战后，皇太极仍继续推行这种通过劫掠以削弱敌国，壮大自己的战略，他说："今明国精兵已尽，我兵四围纵略，彼国势日衰，我兵力日强，从此燕京可得矣。"[3]尽管每次入边掠明之前，皇太极都有意颁布过一些约束士卒不得妄杀的军律军令，但并未认真贯彻，几乎没有一例因戕杀平民、奸淫妇女而受到军法制裁的。原因很简单，冠冕堂皇的军律与劫掠的战略目标是相抵触的，表面文章抵挡不住物质贪欲的冲击。政治策略上的考虑，从根本上主宰着军事行动。但至顺治元年（1644），清兵入关以后，由于以夺取燕京，逐鹿中原为战略目的，军律也随之得到比较认真的贯彻，但孤城死守者例外。在对朝鲜和蒙古的战争中，显然又与对明朝的战争有别。皇太极主要考虑到通过战争达到与朝鲜、蒙古结成盟友或藩属的关系，因此，军纪的执行较为严肃。

对东海三部及黑龙江索伦的战争，严格执行军纪，戒杀戒淫。

由于满洲八旗兵员的主要来源之一是俘虏的东海三部和黑龙江索伦，该地居民与满洲族属或同一民族，或操同一语音，因此满洲统治者对该地区用兵十分强调军纪。如天聪三年（1629）往征瓦尔喀，皇太极亲谕

---

[1]《满文老档·太祖》卷二〇，天命六年三月。
[2]《清太宗实录》卷一四，天聪七年六月戊寅。
[3]《清太宗实录》卷六二，崇德七年九月壬申。

领兵主将:"尔等行军,宜严纪律,毋妄杀,毋劫掠,归附之众,皆编为民户携还。其所产貂皮及一切诸物,毋得纤毫私取。若克建功绩,自加升赏。"[1]

天聪七年(1633)往征虎尔哈,皇太极严申谕令:"尔等如止以俘获为念,听信谗言,害及无辜降人,致令已顺已获之人,复叛逃而去,即将该营将领,照奸淫妇女例治罪。所俘妇女,当择谨厚之人守护,若有奸淫事觉,领兵固山额真与奸淫之人俱从重治罪。其无夫之妇,各将卒分领看守。"[2]天聪八年(1634),再征瓦尔喀,皇太极又严切叮嘱:"所有俘获,当加意监守,如遇天寒,则给以火,不可令彼冻伤,若得食物,必均给之。"[3]对于俘获如此关怀备至,对于军律的贯彻如此认真严格,充分体现了战争所要达到的政治目的和皇太极的深谋远虑。但即使如此,淫掠之事也不可能完全避免,所不同者,对于此类违纪案件,都做了及时而严肃的处理。

第三,军律多申明于行师之前,以晓喻将士,以肃戎行。

从努尔哈赤起,每当出师征战之前,都要申明军律,并要求各将领层层传达,晓喻将士,以肃戎行。天命三年(1618)努尔哈赤对明用兵前,颁发军律,并提出:"若五牛录之主不申法令于众,罚五牛录及本牛录马一匹;若谕之不听,即杀梗令之人。"[4]皇太极也认为,"师行动众,约束宜严,不可不明示法律,以肃众志"。[5]因此,他十分重视出征前"申明法纪,教诫士卒,恪遵训谕,切识于心"[6],而且要求各级将领平时也要对部属勤加训诲,他说:"果能如此,所属士卒,又何至有陷于重罪者乎?倘各旗大臣,不勤加训饬,以致妄行奸盗,不诛,则纪律废弛,而为恶者益炽;诛之,则曾经效力之兵,而以无知蒙罪,又实可悯。"[7]由于要求各级领兵将领均须晓喻军律于广大士卒,因此士卒如发生违犯

---

[1]《清太宗实录》卷五,天聪三年七月甲午。
[2]《清太宗实录》卷一六,天聪七年十一月戊申。
[3]《清太宗实录》卷二一,天聪八年十二月癸卯。
[4]《清太祖武皇帝实录》卷二,天命三年四月。
[5]《清太宗实录》卷一九,天聪八年六月辛酉。
[6]《清太宗实录》卷九,天聪五年七月戊戌。
[7]《清太宗实录》卷五,天聪三年十一月庚寅。

军律，应予治罪时，也要罚及其主，连坐长官，这也是从努尔哈赤时代起就成为传统的。

第四，军律也适用于外藩蒙古。

以军律为形式的法律，也适用于归附的外藩蒙古部落。天聪七年（1633）八月，皇太极曾遣阿什达尔汉等人，至归附的外藩各蒙古部落，宣布敕谕，申明军律，要求统一部勒，违者处罚。由此也可以看出军律在关外法律体系中的地位和所起的作用。

第五，具有调整的广泛性。

关外时期按八旗部落，兵民不分。因此军律不仅适用于战争活动中的将士，它的某些方面对平时也有约束力。军律的频频颁发，说明了它对保证军事行动所起的作用，以及太宗对于用法律来调整国家各方面活动的重视，因而也标志着清初由习惯法向成文法的过渡。从关外时期军律所占的地位以及对法制发展所起的重要作用，可以推断在中国古代，用"刑起于兵"说来解释法律的起源，是具有一定道理的。

第六，反映专制主义的加强。

从努尔哈赤到皇太极所颁发的军律，大都以汗的谕令形式出现。这同《尚书》所记载的《甘誓》《汤誓》《泰誓》有相似之处。它反映了汗的个人意志已经成为最基本的法律渊源，执掌了生杀之权和最高的军事指挥权，因而也显示了清初专制主义制度的确立和发展。

六、蒙古八旗

16、17世纪之交，满洲崛兴，西北与漠南蒙古嫩科尔沁部及喀尔喀五部相邻。万历二十一年（1593）九月，科尔沁蒙古与叶赫、哈达、乌拉、辉发、锡伯、卦勒察、珠舍里、讷殷等部族组成所谓"九部联军"讨伐建州。是役，科尔沁蒙古乌鲁特部贝勒明安"马被陷，弃鞍赤身体无片衣，骑骡马脱出"。[1] 从科尔沁蒙古参与九部联军，至天聪九年

---

[1]《清太祖武皇帝实录》卷一，癸巳年九月。

(1635)编立蒙古八旗,40余年间,漠南蒙古与满洲经过反复较量,逐渐分化瓦解。大量蒙古族人民,或整部,或整个宗族,或零散人丁陆续内附八旗。努尔哈赤与皇太极两代君主为安置内附蒙古以为满洲羽翼而煞费苦心。他们曾试图通过把蒙古按原部落单独编旗和在八旗之下附设蒙古固山等形式,将漫无约束的众蒙古组织起来。在长时间的探索之后,满洲统治者最终肯定了组织内附蒙古的最佳方案——仿照满洲八旗编设蒙古八旗。

(一)蒙古八旗编设前内附蒙古的组织

1. 按原部落别立喀尔喀蒙古与乌鲁特蒙古各一旗

大宗蒙古内附,最早当推五部喀尔喀台吉古尔布什兄弟。天命六年(1621)十一月,"蒙古喀尔喀部内古尔布什台吉、莽果尔台吉率民六百四十五户并牲畜来归"[1]。当时,五部喀尔喀在明金战争中与明朝结盟,喀尔喀部长宰赛率军助明,兵败被俘,作为人质羁押于满洲。在这样的背景下,像喀尔喀台吉古尔布什如此有影响的人物竟率族众投靠,自然使努尔哈赤深受感动,他设大宴款待,又以聪古图公主妻古尔布什,赐名"青卓礼克图",给满洲一牛录300人并蒙古一牛录,授古尔布什兄弟二人总兵官世职。

第二年二月,八旗兵克辽西重镇广宁,明军溃入山海关内,科尔沁蒙古乌鲁特部在满洲军事胜利进展之际,整部内附。科尔沁原服属于蒙古察哈尔部,乌鲁特部贝勒明安自参与九部联军进攻建州尝到苦头后,于第二年即遣使与建州修好,从此,双方关系日益亲密。万历四十年(1612)努尔哈赤娶明安之女为妻。天命二年(1617)正月,明安来后金探亲,努尔哈赤出城百里相迎,以后"每日小宴,越一日大宴,留一月,赠礼至厚,与人四十户、甲四十副及缎匹财物"[2],临别时又送出三十里外。正因为有了这样的感情基础,所以才有天命七年初乌鲁特整部内附。

〔1〕《满洲实录》卷七,天命六年十一月。
〔2〕《满洲实录》卷四,天命二年正月。

随明安同行的还有"谔勒哲依图、索诺木、吹尔扎勒、达赖、密赛、拜音岱、噶尔玛、昂坤、多尔济、固禄、绰尔齐、奇卜塔尔、布彦岱、伊林齐、特灵、实尔呼纳克"等十六贝勒,"并喀尔喀等部台吉"。[1]他们的归附为满洲增加了三千余户军民以及数以万计的牲畜。如此大规模的异民族人众内附,在满洲发展史上实在是空前的。

除古尔布什、明安之外,先后内附的内喀尔喀台吉还有巴拜[2]、拉巴什希卜、索诺木、达赖、莽古塔布囊与鄂博和塔布囊。努尔哈赤对大量乌鲁特、喀尔喀蒙古的内附自然十分兴奋,但冷静下来之后,却又对如何妥善安置他们颇费斟酌。从常理说,明安等蒙古背井离乡,主动内附,当然不能视为编氓,分隶八旗,承认并保障各蒙古贝勒、台吉对该族属的统辖权,不打乱原部落组织体系,这是努尔哈赤首先考虑的一个方案。天命七年三月,努尔哈赤给蒙古诸贝勒写了一封信,信中说:"在我国内,从喀尔喀来的诸贝勒和从察哈尔来的诸贝勒(指乌鲁特诸贝勒)各编一旗为生,我想把你们来归的人编成两旗。"[3]这两旗就是在清开国史上存在了大约十年之久的乌鲁特蒙古一旗和喀尔喀蒙古一旗。

除《满文老档》之外,编乌鲁特蒙古一旗这件事还可以从其他记载得到佐证。《满汉名臣传·明安传》载:"(明安)七年率所属人户来归,予三等子爵,别立乌鲁特蒙古一旗。"[4]同书《布当传》亦载:"(布当)初为乌鲁特部贝子,太祖高皇帝天命七年布当与其叔父台吉恩格类各率所部同贝勒明安等来归,别立乌鲁特蒙古一旗。"《清史稿·明安传》也记录了"别立兀鲁特蒙古一旗"这一重要事件。[5]

至于喀尔喀蒙古一旗似以内附较晚的内喀尔喀巴约特部部长恩格德尔额驸为额真。恩格德尔,姓博尔济吉特氏,世居西喇木伦,万历三十四年(1606)"引喀尔喀部五贝勒之使,进驼马来谒,尊太祖为昆都

---

〔1〕《满洲实录》卷七,天命七年二月十六日。《满文老档·太祖》卷三六,天命七年二月十六日,乌鲁特部明安等十贝勒"率子女们、男千丁逃至广宁城"。
〔2〕《满文老档·太祖》卷三七,天命七年二月十八日、二月二十一日。
〔3〕《满文老档·太祖》卷四〇,天命七年三月二十九日。
〔4〕《满汉名臣传》卷一二,《明安传》。
〔5〕《清史稿》卷二二九,《明安传》。

仑汗"。[1]天命二年（1617）努尔哈赤以其弟舒尔哈齐之女妻恩格德尔，从此号为"额驸"。[2]嗣后，赐恩格德尔额驸平房堡男丁四百三十人，每年得征银一百两、粮一百斛为贡赋。[3]恩格德尔额驸从此有时住平房堡，有时回巴约特部故乡，往来频繁，任其自便。天命九年（1624）正月，恩格德尔请率本部人民移居满洲，努尔哈赤欣然同意，并对天宣誓说："皇天垂佑，使恩格德尔远离其父，而以我为父；远离其亲弟兄，以妻之弟兄为弟兄，弃其故土，而以我国为依归。若不厚待之，则穹苍不佑，殃及吾身。"随后恩格德尔额驸也宣誓说："蒙恩父汗抚育，若忘其厚恩，思回本国，不以汗之喜怒为好恶，犹念故国兄弟而怀二心者，穹苍不佑，殃及其身。"[4]努尔哈赤还赐给他有罪券："后若有罪，惟篡逆不赦，其余一切过犯，俱不加罪。"[5]旋即命令代善、阿敏、莽古尔泰、皇太极等率兵同恩格德尔额驸前往搬迁其部下人民。来归之日，努尔哈赤出东京至张义站亲自迎接，"复赐恩格德尔等田卒、耕牛、金银、蟒缎、布帛、貂鼠猞猁狲皮及房田应用之物，仍以平房堡人民赐之"[6]。恩格德尔在满洲社会享有特殊地位，俨然所有内附蒙古诸贝勒的领袖。天命九年在八角殿举行元旦朝贺礼时，第一班大贝勒代善率满洲诸贝勒叩拜，第二班即恩格德尔率蒙古诸贝勒叩拜，第十一班是吴讷格巴克什率隶属于八旗众蒙古叩拜。[7]这种礼仪上的安排，说明喀尔喀蒙古、乌鲁特蒙古两旗与吴讷格所率八旗下蒙古在等级上是有严格差别的，恩格德尔、明安与代善等四大和硕贝勒比肩而立，地位相埒。

在编立喀尔喀蒙古与乌鲁特蒙古两旗的同时，努尔哈赤考虑到蒙古贝勒们人地生疏，独立编旗生活有种种困难，又让他们任随各自的愿望，与满洲八家贝勒结为亲家，嫁女儿，娶儿媳，交朋友。天命七年四月初，蒙古贝勒们与八家诸贝勒组成了以下联姻关系：

---

[1] 《满洲实录》卷三，丙午年十二月。
[2] 《满文老档·太祖》卷五，天命二年二月。
[3] 《满文老档·太祖》卷三二，天命七年正月初八日。
[4] 《满洲实录》卷七，天命九年正月。
[5] 同上。
[6] 《满洲实录》卷七，天命九年正月初六日。
[7] 《满文老档·太祖》卷六〇，天命九年正月。

努尔哈赤家（两黄旗）———谔勒哲依图、吹尔扎勒、噶尔玛、索诺木、博琫；

代善家（正红旗）——莽果尔额驸父子、拜音岱、绰尔齐、密赛、伊林齐、额布根、伊思阿布；

阿敏家（镶蓝旗）——青济勒、达赖；

莽古尔泰家（正蓝旗）——多尔济、特灵；

皇太极家（正白旗）——明安、昂坤、班第、多尔济；

德格类家（正蓝旗）——奇卜塔尔；

阿巴泰家（正白旗）——布当、衮济、实尔呼纳克、阿金；

岳托家（镶红旗）——布彦代；

济尔哈朗家（镶蓝旗）——巴拜；

宰桑古家（镶蓝旗）——古尔布什额驸；

杜度家（镶白旗）——恩格类。[1]

乌鲁特蒙古与喀尔喀蒙古二旗虽不隶属于八旗，但遇有征战则率本旗兵马来会。天命八年（1623）四月，努尔哈赤派兵 2 800 员掩袭内喀尔喀扎鲁特部贝勒昂阿，令内附蒙古诸贝勒从征。天聪五年（1631）乌鲁特与喀尔喀二旗随八旗围攻明军据守的大凌河城，据《满文老档》记载，明安贝勒一旗（乌鲁特蒙古旗）与镶白、吴讷格巴克什旗、正蓝、镶蓝、鄂本兑旗、镶红、敖汉奈曼旗、正红并列为“九旗”（uyun gūsa），共同行动；恩格德尔额驸一旗（喀尔喀蒙古旗）与正白、施吾礼额驸旗、巴林扎鲁特旗、镶黄、正黄、土默特喀喇沁旗并列为“七旗”（nadan gūsa），共同行动。不过，乌鲁特与喀尔喀蒙古二旗到这时已快走完自己的历程了。

天聪六年（1632）九月，乌鲁特蒙古一旗的编制被撤销。据《清太宗实录》记载：“归顺兀鲁特部落贝勒”明安、明安之子多尔济额驸以及布彦代额驸、布当台吉、布尔特、博琫台吉等以从征察哈尔蒙古违犯军令被议罪。[2] 满洲统治者虽然宥免了对他们的惩罚，但“以归顺蒙古诸

〔1〕《满文老档·太祖》卷四〇，天命七年四月初一日。

〔2〕《清太宗实录》卷一二，天聪六年九月己亥。

贝勒所行违背，不令别立一旗，令随各旗贝勒行走，所属人员拨与吴讷格、鄂本兑旗下管理"。[1]《清史稿》编撰者注意到这一重大变化，并用"罢蒙古旗"[2]"散蒙古旗入满洲"[3]作了简明的交代。

喀尔喀蒙古一旗可能与乌鲁特蒙古旗同时被撤销，"以归顺蒙古诸贝勒所行违背，不令别立一旗"，似乎就包含了解散恩格德尔旗的意思。从当时的情况看，乌鲁特贝勒触法仅仅是不令他们别立一旗的导火线，满洲统治者对他们的不满应该说由来已久了。

努尔哈赤从不掩饰对蒙古诸部疲软涣散的鄙视，他曾直率地对来归蒙古诸贝勒告诫说："今既归我……切毋萌不善之念，若旧恶不悛，即以国法治之。"[4]又说："较之尔等蒙古国法度，我国法度反更严厉……破坏法者，乃破坏国政之魔鬼。"[5]由于别立旗分的归附蒙古贝勒仍有相当的独立性，因此严格的满洲法制和八旗军纪并没有在他们的旗分得到认真贯彻，一遇战争，各种矛盾就暴露出来。天聪二年（1628）第一次朝鲜之役后就有一位见识卓越的汉人向皇太极奏称："会兵一事，甚为不便。所会之客兵，未必受我节制，既属外附，未必与我协心。况皇上方欲播仁声于前途，或攻下一城，我兵秋毫无犯，客兵任意掳掠，是皇上之仁声自客兵坏之矣……所会之兵，素无纪律，胜则乌积，败则影散，得则共其利，失不分其忧，使之殿后犄角已无益，使之摧锋陷阵又恐失。何如我国素练之众，身臂相从，一足当十之可用也。"[6]《奏本》中所说的客兵系指蒙古兵，其中就包括乌鲁特与喀尔喀两旗。此后，在大凌河城之役，恩格德尔一旗畏战退缩，表现也不好。可以说，天聪六年九月的解散蒙古旗，归顺蒙古贝勒"所行违背"不过是借口而已。在这背后，还有一个不便明言的理由，即形势的发展不允许八旗之外长期存在两个独立的蒙古旗分。努尔哈赤时代有必要用宽厚的条件招徕远人，皇太极即

---

[1]《清太宗实录》卷一二，天聪六年九月癸卯。
[2]《清史稿》卷二二九，《明安传》。
[3]《清史稿》卷二二九，《恩格类、布当传》。
[4]《满洲实录》卷七，天命七年二月十六日。
[5]《满文老档·太祖》卷四〇，天命七年三月二十九日。
[6]《明清史料》甲编，第一本，《天聪二年奏本》，原国立中研院历史语言研究所编，商务印书馆，1935。

位后，对明王朝、察哈尔蒙古和朝鲜的战争全面展开，加强集中、统一领导，成为形势迫切的需要。

从天命七年（1622）到天聪六年（1632）十年中间，科尔沁蒙古乌鲁特部和内喀尔喀诸部贝勒们及其族属，经历了独立编旗到分附八旗的曲折过程。天聪六年九月以后，乌鲁特、喀尔喀贝勒们分别回到各自满洲贵族亲家的旗分，他们属下人员拨与吴讷格、鄂本兑旗下管理，当然这些属人的所有权仍属原蒙古贝勒。天聪九年（1635）以原吴讷格、鄂本兑两旧蒙古固山为基础编组蒙古八旗时，乌鲁特、喀尔喀诸贝勒及其属众都留在了各自所在的满洲旗分，这在下面还要说到。

2. 八旗下以吴讷格、鄂本兑为首的蒙古左右两翼

与喀尔喀、乌鲁特诸贝勒率众内附的同时，大量蒙古零散人口或因战败被俘，或被迫降附，或主动来归，或出于其他机遇，纷纷会聚于八旗之下，由这些零散人丁编组而成的蒙古牛录逐渐发展壮大为蒙古左右两翼，他们是天聪九年新编蒙古八旗的中坚。

八旗下蒙古牛录之名始见于天命六年（1621）十一月，[1] 也就是说，以零散内附的蒙古人丁编组蒙古牛录当不迟于天命六年。随着与察哈尔蒙古战事逐渐展开，更多内附的蒙古人丁被编为蒙古牛录，成为八旗骑兵不可忽视的力量。天命八年（1623）长途奔袭扎鲁特蒙古一役，出动军卒2 800名，其中蒙古兵1 000名。[2] 大约在天命、天聪之际，满洲统治者对旗下蒙古牛录进行了一次调整，每旗统一下辖五个蒙古牛录。《八旗通志初集》卷二一七《托克托尔传》记载："（托克托尔）姓台绰氏，世居巴林地方，于国初来归，时方以蒙古分隶八旗，每旗各设五牛录，因令托克托尔管一牛录事。天命十一年，贝勒代善攻囊努克，以托克托尔为向导。"同书卷一一一《旗分志十一》记载，正黄旗蒙古都统喀尔沁参领第五佐领"原系喀尔喀地方蒙古，于国初编为五牛录，以甲喇章京巴岱管其一"。同书卷一一二《旗分志十二》记载，镶蓝旗蒙古都统头参领第一佐领"原系喀喇沁、拜玉特地方蒙古，于天聪年间以其人丁

---

[1]《满洲实录》卷七，天命六年十一月。
[2]《满文老档·太祖》卷五〇，天命八年四月二十六日。

编为五牛录,令图占管其一"。上述记载证明,天命、天聪之际,每旗编设了五个蒙古牛录,即每旗下附一甲喇蒙古,八旗至少编设了40个蒙古牛录。这些牛录多以原部落人丁编设,各旗下的五牛录又往往属于同一部落,这样统一编设五牛录的痕迹直到雍正末、乾隆初仍赫然见诸官书,《八旗通志初集》正黄旗蒙古下辖的两个参领竟称为"喀喇沁参领"和"蒙古参领"。

但始编蒙古五牛录的准确年代,同一《八旗通志初集》的记载却有分歧。

一说天命九年。《八旗通志初集》卷一七一《甘笃传》记载:"(甘笃)蒙古镶蓝旗人,世居长白山东北隅,其高祖迁叶赫,遂为叶赫人。甘笃沉勇善骑射,见叶赫国事日非,慕太祖高皇帝威德,率众先归,叶赫遣兵追之,遂北奔蒙古,依巴林台吉以居,又以巴林为氏,因通习蒙古书。闻太祖招徕贤才,归附者云集,乃率子弟复来归。太祖召见嘉悦,授备御世职,适蒙古牛录章京名达兰者以罪罢,因以甘笃领其众。时天命九年,八旗始编五牛录,此其一也。天聪元年岁大歉,斗粟银八两,甘笃出己粟赡给本牛录人,资畜为空,太宗文皇帝特加奖谕。"上面提到的托克托尔任蒙古五牛录之一的牛录额真也肯定在天命十一年之前,在一定程度上可以证实天命九年的说法。

另一说是天聪四年。《八旗通志初集》卷一二《旗分志十二》在记述镶蓝旗蒙古属下各佐领历史时,恰恰也提到了上述达兰、甘笃牛录的根由:镶蓝旗蒙古都统头参领第四佐领"原系天聪四年编牛录时,令达兰管其一。达兰故,以噶克都管理"。噶克都,当即甘笃。该书同一卷还记载,镶蓝旗蒙古都统头参领第五佐领"原系天聪年间编喀尔沁人丁为五牛录,初以绰克图塔布囊管其一"。喀尔沁五牛录除上述第五佐领外,还有第六、第十一佐领和第二参领第五、第十二佐领,后四个佐领均明确记为"系天聪四年编立"。

为什么出现了以上的分歧呢?看来是《八旗通志初集》"志"和"传"作者不同,"旗分志"强调的是八旗下始编五牛录的时间,"人物传"则重在强调传主出任牛录额真的年代。实际的情况是,编设蒙古牛录早在天命中期就开始了,天聪四年为使八旗下属蒙古牛录的数目整齐划一,决定以原部落人丁为主,按八旗均分的原则,裁多补少,填平取齐，每旗统一各辖五蒙古牛录。故八旗始编四十蒙古牛录的时间定为天命、天聪之际较为稳妥。天聪九年（1635）二月编入蒙古八旗的并非八旗下所有蒙古牛录，而仅仅是以初编四十蒙古牛录为主体的蒙古左右两翼及新附喀喇沁牛录。可以说蒙古八旗在天命、天聪之际已具雏形，因此，初编四十蒙古牛录一事应该引起人们重视。

蒙古五牛录虽分隶八旗，但凡遇国家庆典及大征伐已开始别为一部了。前面已经提到，天命九年元旦朝贺时，吴讷格巴克什所率八旗诸蒙古官员班列第十一。天命十一年（1626）初努尔哈赤受挫于宁远城下，乃令"武纳格率八固山蒙古又益兵八百"，往取明军屯粮地——觉华岛。满文体《满洲实录》在吴讷格名前有"jakūn gūsai monggoi cooha i ejen"[1]（八固山蒙古兵之主）的头衔。可见此时旗下蒙古牛录遇有战事已有独立成旗的趋势，至于吴讷格则无异于八旗下所有蒙古牛录总首领。天聪二年（1628）九月皇太极亲征察哈尔蒙古，"遣总兵吴讷格、副将苏纳、贝勒明安、额驸恩格德尔率满洲兵八十人及蒙古全军"随行。[2]这里所提到的"蒙古全军"既包括吴讷格、苏纳所辖八旗下各蒙古牛录甲士，也包括独立于八旗之外的明安乌鲁特蒙古和恩格德尔喀尔喀蒙古两旗军卒。

蒙古左右翼两旗建于何时已不可考，至天聪三年（1629）八旗军首次入边掠明之役，始见蒙古二旗的明确记载：

> （十一月）丙申，上自三河县起营，行二十里，前行诸贝勒获一汉人，送至御前，讯以敌兵消息。其人云："大同、宣府二总镇兵，见在顺义县。"于是遣贝勒阿巴泰、岳托率二旗兵及蒙古二旗兵往击之。[3]

天聪五年（1631），已知随八旗左翼蒙古旗固山额真为吴讷格，随八旗右翼蒙古旗固山额真为鄂本兑。蒙古左右二旗亦称"左营"和"右

---

[1] 《满洲实录》卷八，天命十一年正月二十六日。
[2] 《清太宗实录》卷五，天聪三年二月庚子。
[3] 《清太宗实录》卷五，天聪三年十一月丙申。

营"，至天聪八年（1634）五月，谕改"旧蒙古右营为右翼兵，左营为左翼兵"[1]。大约就在这个时候，右翼固山额真已易为阿代，左翼仍以吴讷格为固山额真。[2]

由八旗初编的40蒙古牛录发展而成的蒙古左右翼二旗具有以下显著特点：其一，这一部分蒙古入旗最先，因此在天聪年间被称为"旧蒙古"，他们已适应八旗严密的组织和严格的军纪，熟悉满洲的战术和作战技能，加以满洲统治者殷切期望其早日独立成军，因此，经过长期的实战锻炼，蒙古左右翼二旗的战斗力已迅速接近满洲的水平。其二，蒙古左右翼二旗下属牛录的成员相对来说较为零散，其各级首领与牛录属人之间缺少密切的血缘、地缘关系，即以吴讷格、鄂本兑、阿代等头面人物而论，也都不能与明安、恩格德尔、古尔布什等率数以千百计族属来归的蒙古贝勒同日而语。[3]他们出身并非显贵，归附时所带不过数十丁壮，只能凭借军功和才具受到满洲统治者的赏识，擢拔到比较显赫的地位。因此，蒙古左右二翼在八旗之下很难以种族特异而形成独立王国。由于蒙古左右二翼具备上述特点，所以当天聪六年罢乌鲁特、喀尔喀两蒙古旗时，满洲统治者决定把其下"所属人员拨与吴讷格、鄂本兑旗下管理"，至天聪九年（1635）二月又进一步作出重大决策，从八旗的主干上，析出蒙古左右二翼这一分支，以它们为基础创编蒙古八旗。满洲统治者期望通过由"旧蒙古""兼辖"的方式，使众多新附蒙古融会于蒙古八旗之中，从而迅速成长壮大为与满洲八旗争荣并茂的新树。天聪以来，大量喀喇沁等部人丁的内附，直接促成了蒙古八旗的建立。

---

[1]《清太宗实录》卷一八，天聪八年五月庚寅。
[2]《清太宗实录》卷一八，天聪八年五月乙巳。
[3] 吴讷格，"蒙古正白旗人，先居叶赫，国初率妻子来归"（《八旗通志初集》卷一七一，《吴讷格巴克什传》）。"（吴讷格）姓博尔济吉特氏……太祖高皇帝创业兴京，诸蒙古向化，武纳格率七十二人来归，有勇略，通蒙古文及汉文，赐巴克什号"（《满汉名臣传》卷二，《武纳格传》）。鄂本兑，"蒙古正黄旗人，姓曼精氏，世居喀尔喀地方，初投明朝，任守备官。天命六年，我师克辽东，率三十五人并马六十匹来降。从大兵征明，克广宁城，以功授游击世职"（《八旗通志初集》卷一七〇，《俄本岱传》）。阿代，"蒙古正黄旗人，姓鄂尔果诺特氏，世居喀尔喀地方。国初从蒙古喀尔喀来归，授三等甲喇章京世职"（《八旗通志初集》卷一七〇，《阿代传》）。

（二）蒙古八旗的编设

天聪九年（1635）二月编设蒙古八旗，《清太宗实录》的记载如下：

（二月）……编审内外喀喇沁蒙古壮丁，共一万六千九百五十三名，分为十一旗。

古鲁思辖布杜棱一千五百名、万旦卫征一千六百一十五名……以此五千二百八十六名为一旗，命古鲁思辖布为固山额真。

俄木布楚虎尔九百一十三名、巴特玛塔布囊三十三名……以此一千八百二十六名为一旗，命俄本布楚虎尔为固山额真。

耿格尔一百八十八名……单把三百六十二名……以此二千一十一名为一旗，命耿格尔、单把同管固山额真事。

其余俱令旧蒙古固山兼辖。

正黄旗津扎、多尔济、布崖、阿玉石、拜都、塔拜、巴布泰、浑齐、吴巴什等之壮丁及在内旧喀喇沁壮丁共一千二百五十六名，合旧蒙古为一旗，命阿代为固山额真，其下设梅勒章京、甲喇章京各二员。

镶黄旗吴思库、拜浑岱等之壮丁及在内旧喀喇沁壮丁共一千四十五名，合旧蒙古为一旗，命达赖为固山额真，其下设梅勒章京、甲喇章京各二员。

正红旗昂阿、甘济泰、喇嘛斯希、库鲁格、巴特玛、海塞、苏班达礼、卜达礼等之壮丁及在内旧喀喇沁壮丁共八百七十名，合旧蒙古为一旗，命恩格图为固山额真，其下设梅勒章京、甲喇章京各二员。

镶红旗苏木尔、赖胡尔、噶尔图、绰思熙等之壮丁及在内旧喀喇沁壮丁共一千十六名，合旧蒙古为一旗，命额驸布彦代为固山额真，其下设梅勒章京、甲喇章京各二员。

正白旗布尔哈图、阿玉石、苏班、齐古喇海、荅古尔代、塞内克、什鲁克等之壮丁及在内旧喀喇沁壮丁共八百九十名，合旧蒙古为一旗，命伊拜为固山额真，其下设梅勒章京、甲喇章京各二员。

镶白旗喇木布里、诺云达喇、阿兰图、什里得克、桑噶尔寨等之壮丁及在内旧喀喇沁壮丁共九百八十名，合旧壮丁为一旗，命额驸苏纳为固山额真，其下设梅勒章京、甲喇章京各二员。

正蓝旗什喇祁他特、喀喇祁他特、考祁他特等之壮丁及在内旧喀喇沁壮丁共八百六十名，合旧蒙古为一旗，命吴赖为固山额真，其下设梅勒章京、甲喇章京各二员。

镶蓝旗诺木齐、石喇图，纳勒图、桑奈、张素、绰克图、诺密、弩木赛、阿衮等之壮丁及在内旧喀喇沁壮丁共九百一十三名，合旧蒙古为一旗，命扈什布为固山额真，其下设梅勒章京、甲喇章京各二员。[1]

根据上述记载，先来考察有关编设蒙古八旗的几个关键问题，然后再做出总的评述。

第一，天聪九年所编蒙古十一旗中，古鲁思辖布等三旗系外藩蒙古旗，其余八旗才是蒙古八旗。

古鲁思辖布一旗、俄木布楚虎尔一旗以及耿格尔、单把合领的一旗——此三旗共辖壮丁9 123名，占这次编审的内外喀喇沁壮丁总数16 953名的一半以上。有的学者认为："这三旗肯定仍然隶属于原有的'八旗满洲'之下。"[2] 这一看法似可商榷。

清代学者祁韵士在《皇朝藩部要略》一书中对编设蒙古八旗作了这样的记述："（天聪九年）二月，编内外喀喇沁蒙古壮丁共一万六千九百五十三名，为十一旗：喀喇沁部长苏布地子古噜思奇布领五千二百八十六人为一旗，土默特右翼部长鄂木布楚琥尔领一千八百二十六人为一旗，左翼善巴与其族庚格尔领二千十一名为一旗，其余在内旧喀喇沁合旧蒙古为八旗，以大臣、额驸领之。"[3] 祁韵士是研究外藩蒙古的专家，他把古鲁思辖布等三旗列为外藩，与蒙古八旗区别开来，并准确地说明这三旗并非全是"外喀喇沁壮丁"，而是既有外喀喇沁壮丁，也有外土默特壮丁。日本学者阿南惟敬也明确指出古鲁思辖布等三旗为外藩蒙古。[4]

---

〔1〕《清太宗实录》卷二二，天聪九年二月丁亥。
〔2〕 王锺翰《清史杂考》，人民出版社，1957，第124页。
〔3〕 祁韵士《皇朝藩部要略》卷一，中国方略丛书第一辑，台北成文出版社，1968。
〔4〕 [日]阿南惟敬《清初军事史论考》，日本甲阳书房，昭和五十五年版，第334页。

清官书所载八旗，包括满、蒙、汉八旗，统称"内八旗"，以与外藩蒙古各旗相区别。由此也决定了国中壮丁有"内外"或"在内"与"在外"之分。17世纪初期以后归附满洲的众蒙古，一部分"内附"八旗，或暂时别立旗分（乌鲁特、喀尔喀二旗）或直接分隶八旗（吴讷格、鄂本兑左右两翼）；另一部分还归旧牧，或在指定的新区驻收。前者最终与八旗融为一体，后者则演化为外藩蒙古。诸外藩仍保持本部落一定的自治权利，这是他们归附满洲的前提条件。天聪元年（1627）七月，察哈尔属下敖汉、奈曼部长率属来归，皇太极用对天盟誓的形式，向他们庄严保证，绝不将他们"视若编氓，勒迁内地"，而要"加之爱养，仍令各安疆土"。[1]随着满洲对明王朝、察哈尔林丹汗战争的胜利进展，外藩蒙古地方也陆续仿八旗编立旗分，逐渐加深了对满洲的依附关系。天聪九年二月所编成的古鲁思辖布等三旗就属于最早一批外藩蒙古旗之列。

古鲁思辖布系喀喇沁部长苏布地之子。天聪初，喀喇沁等部被察哈尔林丹汗侵袭，苏布地与其弟万旦卫征遂决定联络察哈尔劲敌　满洲。皇太极积极响应，促成了天聪二年（1628）金国与喀喇沁等部会兵征伐林丹汗。第二年苏布地有内附的表示，皇太极仍让在旧地驻牧。此后喀喇沁以外藩朝贡以时，并恪遵盟约会兵出征察哈尔和明王朝。至天聪九年二月，皇太极在外藩喀喇沁编审壮丁，设立旗分，其时苏布地已去世，遂以其子古鲁思辖布管旗。翌年二月，外藩蒙古四十九贝勒联名请皇太极上尊号，古鲁思辖布、万旦卫征与焉。可见喀喇沁一旗并未隶于八旗之下而属于外藩。

土默特部与喀喇沁相邻，"善巴与喀喇沁为近族"，"鄂木布楚琥尔与归化城土默特为近族"，[2]考虑到这两支虽居地相同而血统各异，天聪九年特分别编旗。天聪十年（1636）二月外藩四十九贝勒请上尊号，俄木布楚虎尔、耿格尔、单把三人均列名于土默特部之下。[3]由此可知，天聪九年所编俄木布楚虎尔一旗及耿格尔、单把合领的一旗同古鲁思辖布旗同样属外藩蒙古，未隶八旗之下，其属下壮丁严格地讲，系"在外土

---

[1]《清太宗实录》卷三，天聪元年七月己巳。
[2] 张穆《蒙古游牧记》卷二，《清代蒙古史料合辑》（二），全国图书馆文献缩微复制中心。
[3]《清太宗实录》卷二七，天聪十年二月丙子。

默特",盖因喀喇沁与土默特两部血缘、地缘关系密不可分,故统而言之"外喀喇沁"。

要之,《实录》所谓"十一旗",实系外藩蒙古三旗与蒙古八旗,因同时编审壮丁,故合称"十一旗"。

第二,"旧蒙古固山"即蒙古左右翼二旗。

天聪九年二月共编审内外喀喇沁壮丁16 953名,其中9 123名外喀喇沁壮丁(含外土默特壮丁)编成了外藩蒙古三旗,下余7 830名内喀喇沁壮丁"俱令旧蒙古固山兼辖"。所谓"旧蒙古固山"即原附八旗之下的蒙古左右翼二旗,与归附较晚的漠南蒙古诸部人丁相比,他们的前身——40蒙古牛录——是在天命、天聪之际形成的,故时称"旧蒙古"。

天聪九年二月定蒙古旗制时,旧蒙古固山共辖多少牛录已不得其详,但可以肯定的是,自天命、天聪之际各旗统一编设了5个牛录之后,仍在陆续编设新的蒙古牛录。有时间可考的是:镶黄旗衮楚斯牛录、多多扈牛录、拜都牛录(俱在天聪六年),正黄旗那穆褚库尔牛录(天聪九年),正白旗董俄罗牛录(天聪八年),镶白旗绰贝牛录(天聪五年)、拜浑代牛录(天聪八年),正蓝旗查哈拉牛录、色楞牛录、苏班牛录(俱在天聪八年)[1]——共10个牛录,实际当超过此数。又据《八旗通志初集》记载:"天聪九年编审蒙古牛录时,以八旗蒙古牛录甚少,令八旗各添二牛录。"[2]一次增加了16个牛录。是否可以这样认为,天聪九年二月编蒙古八旗时,原蒙古两翼下辖牛录已从天聪初的40个增加到大约70个,也就是说,新编成的蒙古八旗,每旗至少有8至9个旧蒙古牛录作为骨干。

新编成的蒙古各旗只有不到两甲喇训练有素的旧蒙古为骨干,力量似乎薄弱了一些,不过,更让满洲统治集团伤脑筋的是,在吴讷格、鄂本兑业已物故的情况下,从旧蒙固山中实在找不出八名富有组织经验和指挥才能的人物充当八蒙古旗的固山额真。最后确定的阿代、达赖、恩格图、布彦代、伊拜、苏纳、吴赖、扈什布八固山额真,除阿代、恩格

---

[1]《八旗通志初集》卷一一《旗分志一一》至卷一二《旗分志一二》。正白旗董俄罗牛录《旗分志》记天命八年编立,兹据同书卷一七一《董俄罗传》订正。
[2]《八旗通志初集》卷一一,《旗分志一一》。

图从旧蒙古左右翼选拔之外，布彦代、伊拜、苏纳、吴赖、扈什布五人都籍隶满洲八旗，达赖旗籍未详。[1]在遴选这些满洲旗籍的蒙古固山额真时，一个条件是需从本旗调任，另一个条件是熟悉蒙古语言风俗。例如布彦代额驸原系乌鲁特蒙古贝勒，初隶乌鲁特蒙古旗，天聪六年罢蒙古旗，布彦代随自己亲家岳托贝勒旗即镶红旗满洲行走，天聪九年二月分编蒙古八旗时，布彦代及其族属编成的牛录留在了满洲镶红旗，而他本人被挑选出任首届蒙古镶红旗固山额真。这种安排实在太绝妙了。

第三，关于7 830名"在内旧喀喇沁壮丁"的管辖问题。

天聪九年二月被编入蒙古八旗的在内旧喀喇沁壮丁共7 830名，各旗分配数字如下：蒙古正黄旗1 256名，蒙古镶黄旗1 045名，蒙古正红旗870名，蒙古镶红旗1 016名，蒙古正白旗890名，蒙古镶白旗980名，蒙古正蓝旗860名，蒙古镶蓝旗913名。显然，这是按八旗均分的原则分配的。值得探讨的是，数量如此巨大的内喀喇沁壮丁如何由蒙古八旗"兼辖"？一种可能是个部编成了牛录，隶于蒙古各旗。下面就先来研究这种情况。

王锺翰先生早就指出，八旗蒙古"一个牛录的最低限度的壮丁人数，是必须'人丁满百'始编为一整牛录"[2]。这一论断是有史实为据的。至于蒙古牛录壮丁最高限额是多少，从《八旗通志初集》蒙古八旗"旗分志"来看，还没有超过200人丁者。是否可以这样说，蒙古八旗每牛录人丁在150名上下。以此为标准，取蒙古八旗分配到的内喀喇沁人丁的平均数——1 000名——来计算，当编成6至7个牛录，八旗共新编约50个牛录。如果确实如此，就产生了一个问题：《八旗通志初集》"旗分制"所载天聪九年（含天聪九年）前以喀喇沁蒙古（含土默特蒙古）丁人编成的牛录不过20个，[3]即便把统计不够准确这一因素考虑进去，也不至相差如此悬殊吧！再者，新编喀喇沁牛录约50个，加上前面考证蒙古左右二翼当编蒙古八旗时已达约70牛录，合计共120牛录，如果真是这样的话，新编蒙古八旗每旗下辖大约15个牛录，而蒙古八旗当时每旗设甲喇章京二

---

[1] 详见笔者拙作《清初蒙古固山额真考》，《清史研究通讯》，1985年第2期。
[2] 王锺翰《清史杂考》，第125页。
[3] 《八旗通志初集》卷一一《旗分志一一》至卷一二《旗分志一二》。

员，即每旗下设两甲喇、大约10个牛录。似乎也不容易讲清楚。

为解释这些问题，有人主张7 830名"在内旧喀喇沁壮丁"大部分原来就已编成牛录，隶于旧蒙古固山，亦即蒙古左右两翼之下。日本研究清初八旗制度颇有成就的阿南惟敬先生即持有此种观点。他推测蒙古一旗由10至11个牛录组成，每一个牛录壮丁约150名，据此而得知每旗约1 500名。为了说明自己的观点，阿南惟敬先生举出正黄旗蒙古的组成为例：正黄旗1 500名当中的1 256名旧喀喇沁壮丁，其中大部分是已被编入旧蒙古固山的成员，新参加进来的人为一牛录或两牛录，约150名至300名，他们无非是津扎以下诸人所属的人丁。为编组蒙古正黄旗，就在"津扎、多尔济、布崖、阿玉石、拜都、塔拜、巴布泰、浑齐、吴巴什等之二百余名上，加上旧喀喇沁壮丁千余名在内共计一千二百五十六名，此外再加上旧蒙古喀喇沁以外的三百名左右的壮丁，一旗的总人数就是一千五百余名"[1]。

照这样的解释，正黄旗蒙古非喀喇沁牛录只有两个，所以阿南惟敬先生也在推测正黄旗蒙古成分之后说道："一看这个，似乎喀喇沁壮丁所占比重就过大了。"为弥补推论的缺陷，他又说"其他各旗的情况还会有不同"。虽说如此，阿南惟敬先生最后仍然肯定地下了结论："所谓蒙古八旗，虽然说是蒙古，但其主力是喀喇沁蒙古壮丁。"[2]这样的看法似乎还有可以商榷之处。

照阿南惟敬先生的算法，蒙古一旗由10至11牛录组成，每牛录约150丁，蒙古八旗当有12 500名左右壮丁。其中7 830名内喀喇沁壮丁可编为52个喀喇沁牛录，下余约4 500非喀喇沁蒙古壮丁应当有30个旧蒙古牛录。这仍不能解释前面提出的疑问：《八旗通志初集》"旗分志"所载天聪九年（含天聪九年）前以喀喇沁蒙古人丁编成的牛录不过20个。再以阿南惟敬先生提到的正黄旗蒙古说吧，在天聪九年前至少已编成了4个非喀喇沁蒙古牛录（鄂本岱、那穆褚库尔、殷图、巴思哈四牛录），[3]也不可能如阿南惟敬先生推测的只有两个。应当承认初编蒙古八

---

[1]《清初军事史论考》，第336—337页。
[2] 同上，第337页。
[3]《八旗通志初集》卷一一，《旗分志一一》。

旗时喀喇沁牛录数目较多这一事实，但如果说喀喇沁牛录占蒙古八旗牛录总数八分之五以上，是否与事实不符？

再者，从当时编审壮丁制度来看，天聪四年（1630）十月谕令编审旗下壮丁，以后三年编丁一次成为定制，天聪七年适逢比丁之年，八旗下所有牛录，当然也包括旧喀喇沁壮丁牛录在内，都要编审壮丁。过了一年多时间，即编立蒙古八旗的天聪九年二月，有什么理由单把旧喀喇沁牛录数千名壮丁再编审一遍呢？合理的解释是，天聪九年二月编审的7 830名"在内旧喀喇沁壮丁"，是暂时附在八旗分养，尚未编成牛录的喀喇沁人丁。

我们认为，7 830名内喀喇沁壮丁与原蒙古左右翼下旧喀喇沁牛录是两码事，这7 830名内喀喇沁壮丁的大部分自天聪初年陆续内附八旗，但尚未编成牛录，在编立蒙古八旗及以后的一段时间里，也只是小部分条件成熟者才编成喀喇沁牛录，大部分仍以零散的形式由蒙古八旗分养。

下面先来考察以7 830名内喀喇沁所编成的14个牛录：

	《八旗通志初集》"旗分志"[1]		《清太宗实录》[2]		编设时间
1	镶黄旗蒙古左参3佐	夸奇他特	正蓝旗蒙古	考祁他特	未记
2	镶黄旗蒙古左参6佐	阿育玺	正黄旗蒙古	阿玉石	国初
3	镶黄旗蒙古左参9佐	吴达齐	未记	吴塔齐	未记
4	正白旗蒙古右参12佐	达锡	未记	达什	国初
5	正白旗蒙古右参13佐	桑阿尔斋	镶白旗蒙古	桑噶尔寨	天聪九年
6	正白旗蒙古右参14佐	阿兰	未记	阿兰	崇德二年
7	正白旗蒙古右参8佐	巴图孟格	未记	未记	天聪九年
8	正白旗蒙古左参9佐	舒鲁克	正白旗蒙古	什鲁克	天聪九年
9	正红旗蒙古右参9佐	布达扎	正红旗蒙古	卜达礼	未记
10	正红旗蒙古右参11佐	昂阿	正红旗蒙古	昂阿	未记
11	正红旗蒙古左参1佐	甘吉泰	正红旗蒙古	甘际泰	崇德二年
12	正红旗蒙古左参9佐	巴特马	正红旗蒙古	巴特玛	未记
13	正红旗蒙古左参10佐	顾穆齐	正红旗蒙古	库鲁格	天聪年间
14	镶蓝旗蒙古二参10佐	诺穆齐	镶蓝旗蒙古	诺木齐	天聪八年

上表所列的14个牛录中，考祁他特、阿玉石、桑噶尔寨、什鲁克、

---

[1] 《八旗通志初集》卷一一《旗分志一一》至卷一二《旗分志一二》。
[2] 《清太宗实录》卷二二，天聪九年二月丁亥；卷三六，崇德二年丁丑六月辛丑。

卜达礼、昂阿、甘际泰、巴特玛、库鲁格、诺木齐10名牛录章京之名均见于天聪九年二月编设蒙古八旗的一段记载,此外达什、阿兰、吴塔齐3人的牛录则见于下面的追述:"(崇德二年六月)辛丑,叙从喀喇沁部落归附各官功,授……阿兰、达什……吴塔齐为牛录章京,俱仍管喀喇沁牛录事务。"[1]除以上14个牛录外,崇德二年(1637)六月以前编成的喀喇沁牛录还有额林臣、苏朗2人的牛录。[2]

通过上面的考证可知,7 830名内喀喇沁壮丁至少编成了16个牛录。是否可以这样讲,天聪九年及稍后的一两年间,7 830名内喀喇沁壮丁大约编成了16至20个喀喇沁牛录,每牛录以150丁计,为2 250至3 000丁,占总数的1/3至2/5。这部分牛录有一个共同特点,即以带来数十族属的头目为牛录章京,他们是本支人丁的宗族长,对满洲说来又有归附之功,所以最先以他们的族属编为牛录,令其世代统辖之。

那么,未编成牛录的四五千内喀喇沁壮丁究竟以何种方式由旧蒙古固山兼辖呢?我们认为,他们是以"闲散蒙古"的身份附在蒙古八旗下分养。所谓分养,是指分给旗下官员、富户之家收养,这些人因未编成牛录,所以不披甲当差,因而也不享受甲士的权利,故称"闲散蒙古"(sula monggo)。天聪五年(1631)明金大凌河之役有相当数量的蒙古降附,称为大凌河蒙古,为安置这批人,皇太极决定其中有兄弟亲戚在敖汉、奈曼、喀喇沁部落者仍归旧部,其余"籍其数,尚有千五百七十人,选其精锐者,上与诸贝勒收养之。又以其余分拨八旗,令旗下官及诸贝勒所属护卫并国中富户量力收养"。[3]由此可见,大凌河蒙古中,有相当数量的喀喇沁人丁分在旗下收养。这种安置方式对异族来归者带有普遍性,如大凌河投降的汉人军民、察哈尔来附数以千计的人户就长时间置于旗下闲散,明大凌河降人一万数千余名闲散了整整十年,松锦之战以后,皇太极才对他们彻底放了心,陆续编入汉军,披甲上阵。至于旗下闲散蒙古,至崇德末也没有绝迹。崇

---

[1] 《清太宗实录》卷三六,崇德二年丁丑六月辛丑。
[2] 同上。
[3] 《清太宗实录》卷一〇,天聪五年十一月癸酉。

德八年（1643）六月，皇太极谕户、兵二部："各旗下所有伊苏忒、喀喇车里克部落之闲散蒙古，无得令其隐漏。户部宜清察人丁，编入牛录，兵部再加察核，俱令披甲。其现在满洲旗下察哈尔、喀尔喀等部落蒙古，亦当察其壮丁增减，勿令混匿。至于诸王贝勒贝子公等家下闲散蒙古，亦编为小旗，设护军校管辖之。"[1]

旗下闲散是个很值得研究的问题。在满洲兴起时，将来归人丁于阵前立即编为牛录的事例确实存在，但通常的情形是，需经过一段时间适应八旗的生活后，才有可能编为牛录。对于汉、蒙与满洲为敌国的民族来说，还存在着猜忌、防范的心理因素，只有当时机成熟时，才能将他们编牛录、验披甲。天聪九年初，满洲统治者已经得到林丹汗走死青海的确信，察哈尔部蒙古已成一堆不可复燃的死灰；明清松锦之战后，天下鼎革之势已不待智者而知——只有在这种情况下，才有编设蒙古八旗和将大凌河降人编入牛录的可能。

现在可以对天聪九年二月编立蒙古八旗的程序作一总的叙述了：第一步，编审内外喀喇沁（含土默特）壮丁，共得16 953名；第二步，以其中9 123名在外喀喇沁（含土默特）蒙古壮丁编成外藩蒙古3旗；第三步，所余7 830名在内喀喇沁壮丁按大体平均的原则分给八旗；第四步，以原旧蒙古左右翼二旗约70个牛录为骨干，加上新编成的十余个喀喇沁牛录，共得80多个牛录，按原来的旗属，每旗大约10个牛录上下，合其余内喀喇沁壮丁为一旗；第五步，每个新编蒙古旗下辖两甲喇，设固山额真一员、梅勒章京二员、甲喇章京二员。蒙古八旗遂编设完竣。各旗除两甲喇外，仍兼辖大量闲散蒙古，或待日后编为牛录，或随时分补各旗缺额者，他们为蒙古八旗提供了大批后备兵员。

最后，推测一下蒙古八旗创立时人丁的总数。旧蒙古固山约70牛录、1万名壮丁，加上7 830名在内旧喀喇沁壮丁，新建蒙古八旗人丁总数近18 000名。魏源在《圣武记》一书中说："天聪九年，又分蒙古为八旗，兵万六千八百四十。"[2] 未知何据，附此备考。

---

[1] 《清太宗实录》卷六五，崇德八年六月庚寅。
[2] 《圣武记·附录》卷一一，《武事余记·兵制兵饷》。

（三）蒙古八旗编立后留在满洲八旗的蒙古牛录及新附察哈尔的旗属

1. 满洲八旗下的蒙古牛录

天聪九年二月编成蒙古八旗后，原在八旗下蒙古左右翼所属蒙古牛录都改编在蒙古八旗之下，但是，满洲八旗仍保留了相当数量的蒙古牛录，他们的旗籍也就改随满洲了。据《八旗通志初集》满洲八旗"旗分志"所载，"国初"满洲八旗以蒙古人丁编立的佐领共18个：镶黄旗满洲都统二参领十六佐领、三参领五佐领、四参领十佐领和十二佐领，[1] 正黄旗满洲都统四参领十八佐领、五参领十三佐领，[2] 正白旗满洲都统五参领三佐领和十五佐领，[3] 正红旗满洲都统三参领十一佐领，[4] 镶白旗满洲都统头参领四佐领、五参领八佐领，[5] 镶红旗满洲都统四参领九佐领，[6] 正蓝旗满洲都统头参领一佐领和十二佐领及十三佐领、二参领十四佐领，[7] 镶蓝旗满洲都统二参领十七佐领、三参领十佐领。[8] 上述18个牛录，据《八旗通志初集》"旗分志"的记载，分别以扎鲁特、喀尔喀、乌鲁特、察哈尔等部蒙古人丁编立。下面就以《八旗通志初集》"旗分志"为线索，参证有关档案、官书，追寻这些牛录的根源。

（1）原内附扎鲁特诸贝勒所属牛录

据《八旗通志初集》，镶黄旗满洲二参领十六佐领"系国初以扎鲁特地方来归人丁编立，始以其人布尔赛管理"，三参领五佐领"系国初以扎鲁特地方来归人丁编立，始以其人硕宾管理"。这两个牛录在中国第一历史档案馆所藏《历朝八旗杂档》有更详细的历史记录，"镶黄旗满洲五甲喇管理佐领原由档"载："佐领马吉之高祖原系扎鲁特地方巴克贝勒，于

---

[1]《八旗通志初集》卷三，《旗分志三》。
[2]《八旗通志初集》卷四，《旗分志四》。
[3]《八旗通志初集》卷五，《旗分志五》。
[4]《八旗通志初集》卷六，《旗分志六》。
[5]《八旗通志初集》卷七，《旗分志七》。
[6]《八旗通志初集》卷八，《旗分志八》。
[7]《八旗通志初集》卷九，《旗分志九》。
[8]《八旗通志初集》卷一〇，《旗分志十》。

天聪十一年（当是天命十一年之误）从扎鲁特地方率领三百人丁投奔，太祖高皇帝以其来于众人之先，编一佐领，令其佐领下人员管理。初管佐领人硕宾，二次卓尔宾，第三次浑齐，第四次奈曼代，第五次厄塞。崇德七年厄塞得罪之后，奉太宗皇帝谕旨：'令其率领伊等来归该头目管理。'钦此。因此将此佐领与巴克贝勒之亲孙朝克图管理。"该档又载普庆佐领的原由："厢黄旗满洲都统佐领兼二等侍卫、侍卫校、骑都尉普庆，伊祖喀尔巴拜、巴克，原系查鲁特地方贝勒，弟兄二人于太祖皇帝时率所属归来时，初编佐领时，编为二佐领，予属下人布尔塞、朔宾等管理。"[1]

按巴克为五部喀尔蒙古扎鲁特部贝勒，天命四年（1619）与喀尔喀部长宰赛贝勒在铁岭被后金军擒获，巴克后被释放回本部，天命十一年（1626）十月大贝勒代善等以扎鲁特败盟率军往征，俘获巴克等十四贝勒以归，皇太极待巴克等甚厚。[2]《八旗杂档》所谓巴克"于天聪十一年从扎鲁特地方率领三百丁投奔"云云，指的就是这回事。其时，编巴克兄弟属人为两牛录，并令所属人员硕宾和布尔赛管理。满洲制度，凡族长寨主率其属人来归编立牛录，既可以族长寨主及其宗亲出任牛录额真，也可以其属人代为管理本牛录事。硕宾、布尔赛的管理牛录即属于后一种情况，他们虽名为牛录额真，但只有管理权，其下牛录人仍为巴克兄弟所有，故崇德七年原牛录额真得罪之后，太宗命巴克之亲孙朝克图管牛录，此后，直至雍乾之际的马吉、普庆俱为巴克贝勒兄弟之宗亲，这样对牛录的管理权和所有权就统一了。

（2）原内附喀尔喀诸贝勒所属牛录

据《八旗通志初集》，镶黄旗满洲四参领十佐领"系国初以喀尔喀地方来归人丁编立，始以其人拜虎赉管理。拜虎赉升任蒙古寨桑，以萨虎管理。萨虎人不及，革退，以其子桑赛管理。桑赛故，以额驸顾尔布什之孙二等侍卫禅保管理"。《历朝八旗杂档》载镶黄旗满洲都统国柱佐领的原由："系勋旧佐领。国柱始祖顾尔布什，原系蒙古夸尔夸贝子，太祖高皇帝时率部属先众来归，封为驸马，授为三等子，将部属之众成立佐

---

[1]《历朝八旗杂档》47号，"镶黄旗满洲五甲喇管理佐领原由档"。
[2]《清太宗实录》卷一，天命十一年十月己酉、甲子，十二月庚子。

领,属下白虎赖管理。"[1]

按顾尔布什,即古尔布什,天命六年(1621)十一月偕其弟率属来归,努尔哈赤以其属人编为牛录。此牛录先令古尔布什属人拜虎赍管理,后改为古尔布什之孙禅保接管,此后直至雍乾之际的国柱,历届佐领俱为古尔布什的宗亲。

又据《八旗通志初集》,镶白旗满洲都统头参领四佐领"系国初以巴玉特地方来归人丁编立,始以其人昂噶管理。昂噶故,以昂盖管理。昂盖故,以巴玉特台吉巴拜之子科尔坤管理"。按巴拜为五部喀尔喀巴约特部执政贝勒,[2] 天命年间内附满洲,其属人所编牛录先由昂噶管理,以后改为巴拜之宗亲出任佐领。

(3)原内附乌鲁特诸贝勒所属牛录

上述国初以蒙古人丁编立、蒙古八旗建立后仍隶满洲八旗的18个牛录中,有10个系由嫩科尔沁蒙古乌鲁特部人丁所编。前面已经提到,天聪六年(1632)九月罢乌鲁特蒙古一旗时,令乌鲁特贝勒明安等随原结亲的满洲贝勒旗分行走,"所属人员拨与吴讷格、鄂本兑旗下管理"。这里用"管理"一词是十分确切的,因为这些乌鲁特蒙古人丁仍属原贝勒所有。天聪九年编蒙古八旗,原吴讷格、鄂本兑两旗下旧蒙古悉数编入,而乌鲁特贝勒们所属人员的归属究竟如何呢?

据《八旗通志初集》,镶黄旗满洲都统四参领十二佐领"原系以乌鲁特地方来归人丁编立,初以其人博绷管理。博绷故,以奇朴他尔之子一等阿达哈哈番特灵管理"。按奇朴他尔即乌鲁特贝勒奇卜塔尔,天命七年(1622)四月编乌鲁特蒙古一旗后,奇卜塔尔与德格类家结亲,其子特灵与莽古尔泰家结亲,天聪六年罢蒙古旗,奇卜塔尔、特灵随正蓝旗满洲贝勒莽古尔泰、德格类行走,其下属人先由吴讷格、鄂本兑二旗管理,天聪九年二月蒙古八旗编立时,他们随奇卜塔尔、特灵留在满洲正蓝旗。当年十二月正蓝旗为皇太极所并,故《八旗通志初集》"旗分志"记奇卜塔尔、特灵属人所编佐领隶满洲镶黄旗。

又据《八旗通志初集》,正白旗满洲都统五参领十五佐领"原系国初

---

[1]《历朝八旗杂档》48号,"镶黄旗满洲勋旧佐领世管佐领原由档"。
[2]《满文老档·太祖》卷一三,天命四年十一月。

以乌鲁特地方来归人丁编为半个牛录,即以其人达海管理。达海故,以其人古禄固管理。古禄固故,增以二十二丁,编为整佐领,以乌鲁特贝子伊林齐之孙俄起力管理"。按伊林齐原与代善家结亲,本应在正红旗满洲,其后代所属牛录籍隶正白旗满洲,未详何故。

又据《八旗通志初集》,正红旗满洲都统三参领十一佐领"系国初以乌鲁特地方来归人丁编立,始以弥赛之子侍卫鄂尔泽管理"。按弥赛即密赛,密赛原与代善家结亲,故其属人编牛录后隶满洲正红旗。

又据《八旗通志初集》,镶红旗满洲都统四参领九佐领"系国初以乌鲁忒地方来归人丁编立,始以恩克僧管理。恩克僧缘事革职,以布颜泰之长子多罗额驸兼一等阿思哈尼哈番俄木布管理"。按布颜泰即额驸布彦代,布彦代原与岳托家结亲,故其属人所编牛录后隶镶红旗满洲。

又据《八旗通志初集》,正蓝旗满洲都统头参领一佐领"系国初以乌鲁特地方来归人丁编立,始令诺穆图管理。诺穆图故,以阿济达管理。阿济达故,以法保管理。法保故,以索诺穆二世孙二等伯赫达色管理"。按索诺穆即索诺木。又正蓝旗满洲都统头参领十三佐领"亦系国初以乌鲁特地方来归人丁编立,始以罗敏管理。罗敏故,以和通齐管理。和通齐故,以阿什图管理。阿什图故,以乌鲁特贝子揣尔扎珥之孙喇嘛寨管理"。按揣尔扎珥即吹尔扎勒。索诺木、吹尔扎勒原与努尔哈赤家结亲,初隶黄旗,皇太极即位,改籍白旗,顺治年间摄政王多尔衮去世前后,两白旗与正蓝旗属下牛录又有对流,以此之故,索诺木与吹尔扎勒属人所编牛录最后籍隶满洲正蓝旗。

又据《八旗通志初集》,正蓝旗满洲都统二参领十四佐领"系天命七年以乌鲁特地方来归人丁编立,初以阿纪图管理。阿纪图故,以孟格图管理。孟格图故,以其台吉塞楞管理。塞楞故,以其兄布当之子满津管理"。按塞楞亦作色棱,其父为恩格垒,[1]与布当俱为乌鲁特贝子。布当原与阿巴泰家结亲,天聪六年罢蒙古衙,随阿巴泰在镶黄旗行走,天聪九年皇太极并正蓝旗,旋以镶黄旗与原正蓝旗部分牛录拨出,重建新正蓝旗,阿巴泰为正蓝旗旗内议政贝勒。在此次政变中,布当随阿巴泰改隶正蓝旗,故他与其弟色棱的属人所编牛录后隶正蓝旗满洲。

---

[1] 《八旗通志初集》卷一六五,《色棱传》。

又据《八旗通志初集》，镶蓝旗满洲都统三参领十佐领"系国初以乌鲁特地方来归人丁编立，初以其人陀郭代管理"。《历朝八旗杂档》276号"镶蓝旗满洲佐领原由档"记载："第一佐领原大赉台吉自蒙古吴鲁特地方率所属来归，太祖高皇帝以其人编为牛录，以其属下人陀古代管理"。由此可见，镶蓝旗满洲三参领十佐领原属大赉台吉。大赉，即达赖，原与阿敏家结亲，故其属人所编牛录后来隶镶蓝旗满洲。

又据《八旗通志初集》，正白旗满洲都统五参领三佐领"系以蒙古明安马法处来归人丁编立，初令真柱恳管理"。按明安马法即努尔哈赤岳父、乌鲁特贝勒明安，天命七年编乌鲁特蒙古旗后，明安与其子多尔济等与皇太极家结亲。天聪六年罢蒙古旗，诸贝勒各随满洲贝勒旗行走，明安的出路有两种可能，一是随皇太极的正黄旗，一是以努尔哈赤岳父的身份随多铎的正白旗，看来似为后者，以故明安属人所编牛录后隶正白旗满洲。真柱恳"初事蒙古明安马法，国初率丁壮四十人来归"[1]，可知他是明安属下人员。

又正蓝旗满洲都统头参领十二佐领，《八旗通志初集》只记系国初乌鲁特地方人丁编立，首任牛录额真是鄂里喀图。此牛录原主为何人尚待考证。

以上满洲八旗以国初乌鲁特蒙古人丁所编的10个牛录，其中9个可以确认为天命七年内附乌鲁特诸贝勒所属，这表明，天聪九年创建蒙古八旗时，乌鲁特诸贝勒所属的牛录一律都留在了满洲八旗，他们及其牛录属员的旗籍由天命七年原结为亲眷的满洲八家贝勒的旗分所定。满洲八旗中独以乌鲁特蒙古牛录为多，是有历史原因的。

（4）寨桑古英和硕齐所属牛录

据《八旗通志初集》，镶蓝旗满洲都统二参领十七佐领"系国初以蒙古来归人丁编立，始为半个牛录，以和硕齐之子波思希管理"。按和硕齐全称为寨桑古英和硕齐，他是镶蓝旗蒙古固山额真巴特玛的伯父。巴特玛，"满洲镶蓝旗人，姓博尔济吉特氏，世居克尔伦地方，伊苏特贝子之孙也。天命四年同伯父寨桑古英和硕齐率族属来归，太祖高皇帝赐寨桑

---

[1]《八旗通志初集》卷一五五，《真柱恳传》。

古英达尔汉和硕齐之号"[1]。蒙古旗制立，和硕齐属人所编牛录隶镶蓝旗满洲。

除以上可考原主的 14 个以蒙古人丁编立的牛录之外，在满洲八旗中还有 4 个同类牛录的原主尚待查考。尽管如此，也可以得出以下结论了：编设蒙古八旗时决定把内附较早的蒙古诸贝勒的牛录一律留在满洲八旗。这些蒙古贝勒的身世显赫，领有众多族属，且归附后又多与满洲八家贝勒结为秦晋之好，天聪九年编立蒙古八旗时，他们所属牛录仍留在满洲八旗，对他们来说，是一种特殊的恩宠，但在殊荣之中，又隐含着满洲统治者羁縻防范的深意。由此可见，内附蒙古诸贝勒及所属牛录多籍隶满洲绝不是偶然的巧合。

《清史稿》的编撰者说："最初蒙古来附，即隶满洲，有自明至者，又入汉军。天聪九年，定蒙古旗制，先已籍满洲、汉军者，亦不复追改也。"[2]这一论断显然不够严谨。最初蒙古来附时，八旗尚无满洲、蒙古、汉军之别，凡来附者一般都隶属旗下。随着蒙古、汉人归附日众，才渐次析出蒙古八旗和汉军八旗，于是才有了某某旗满洲旗分、蒙古旗分、汉军旗分的区别。[3]人们通常把蒙古、汉军旗制建立以前的八旗称为满洲八旗，是因为八旗原以满洲为主体，但这种提法似不够准确，不如径称八旗为好，《满文老档》即用这样的记述方法。《清史稿》所谓"（蒙古）有自明至者，又入汉军"，蒙古旗制立，旗籍不复追改云云，也不准确。实际的情况是，有自明至者，后有隶属汉军的，也有隶属蒙古的，并非一律，前者显例为和济格尔[4]，后者显例为鄂本兑[5]。至于"先已籍

---

[1]《八旗通志初集》卷一六九，《巴特玛传》。
[2]《清史稿》卷二二九，卷末"论曰"。
[3] 这里的"某某旗"之"旗"，系旗色；满洲、蒙古、汉军之"旗分"系军政合一的组织"固山"。档案、官书中的全称是：某某旗满洲固山、蒙古固山、汉军固山。满文的表达比较细致，如"镶黄旗蒙古固山"（即"镶黄旗蒙古旗分"）为："kubuhe suwayan i monggo gūsa"。人们通常简称"某某旗满洲、蒙古、汉军"或"满洲、蒙古、汉军某某旗"，二者均见于官书、档案。
[4]《满汉名臣传》卷一三，《和济格尔传》："（和济格尔）本为蒙古乌鲁特人，后隶正白旗汉军，遂为何氏。"
[5] 鄂本兑初隶正白旗，后改正黄旗，天聪九年前已去世，但官书以其为蒙古正黄旗人，鄂本兑牛录后隶正黄旗蒙古。

清初八旗制度

满洲"的蒙古，有些确实仍隶满洲，如上面所考十八蒙古牛录，他们以后被称为"满洲某某旗人"，或"某某旗满洲"，而大多数原隶八旗的蒙古牛录，即蒙古左右二翼下的蒙古人，则悉数编在了蒙古八旗，以后便称为"蒙古某某旗人"或"某某旗蒙古"。

2. 新附察哈尔蒙古的旗属

天聪九年（1635）初，漠南蒙古强部察哈尔散灭，林丹汗下大小寨桑等率所属人众纷纷降附满洲，下面仅举《清太宗实录》所载大宗归附者：天聪八年（1634）六月，"归附千余户"[1]，"分给八旗"[2]；"男子七百人，家属二千人，尽携牲畜来归"[3]；"土巴济农尽携其民千余户至"[4]。同年七月，"四百余户来归"[5]。同年闰八月，"噶尔马济农……等率众六千并家口来归"[6]。截止到这时，来归察哈尔蒙古总数达"户口四千余"[7]。同年十一月，"塞冷车臣寨桑……率四百户来归……又有未渡黄河，俟冰结后至者，巴赖都尔莽赖寨桑……等计五千户，二万口"[8]。天聪九年（1635）三月，"巴赖都尔寨桑……等十二头目率一千四百四人携妻子，牲畜来归"[9]。同年四月，"察哈尔汗妻囊囊太后、琐诺木台吉率部下一千五百户来降"[10]。"额哲部下群臣额齐格顾实……等率其部民一千余户归降"[11]，又从鄂尔多斯部济农处索回察哈尔"部民千余户"[12]。

从上面列举的各支来附察哈尔的数目看，天聪九年前后进入金国内地的察哈尔蒙古当不下万余户、数万口。

这些新附察哈尔蒙古除归附较早的土巴济农与林丹汗之子额尔克孔

---

[1]《清太宗实录》卷一九，天聪八年六月己巳。
[2]《清太宗实录》卷一九，天聪八年六月庚午。
[3]《清太宗实录》卷一九，天聪八年六月乙亥。
[4]《清太宗实录》卷一九，天聪八年六月壬午。
[5]《清太宗实录》卷一九，天聪八年七月庚寅。
[6]《清太宗实录》卷二〇，天聪八年闰八月庚寅。
[7] 同上。
[8]《清太宗实录》卷二一，天聪八年闰十一月戊辰。
[9]《清太宗实录》卷二三，天聪九年三月庚午。
[10]《清太宗实录》卷二三，天聪九年五月丙子。
[11] 同上。
[12] 同上。

果尔额哲及其属众列为外藩外，[1]其余一概分隶八旗赡养。由于他们还不具备编成牛录的条件，但又必须解决生计问题，遂有"分养"这种安置的方式，如天聪八年（1634）闰八月，"以察哈尔来归各官，分隶八旗赡养：隶正黄旗者，阿牙克喇塔喜木里克喇嘛寨桑、古木德塞臣寨桑，男子二百四十五……隶镶黄旗者，班珠杜棱、布颜代、博尔库，男子二百七十三……隶正红旗者，毛海叶尔登寨桑，男子二百三十三……隶镶红旗者，叟格都喇尔、塞冷，男子二百六十八……隶正蓝旗者，兀伯颜扎萨古尔、达尔马和硕齐，男子二百六十四……隶镶蓝旗者，顾实寨桑、喇户，男子二百四十七……隶正白旗者，卓果诺寨桑，男子二百四十一……隶镶白旗者，额林臣戴青、多尔济塔苏尔海、达赖杜棱，男子二百四十九……"[2]。上述蒙古分别安插后，皇太极"赐阿牙克喇塔喜木里克喇嘛寨桑、古木德塞臣寨桑牛百、羊千，令其均给部下穷乏者，毋得自取"[3]。皇太极当时主正黄旗，故出"内库"牛羊赡养分给正黄旗的新附察哈尔，"其余七旗所分寨桑等，令各该贝勒给以牛羊"[4]。可见赡养分到本旗蒙古乃属诸贝勒的一项义务，正由于是一项经济上要付出代价的义务，所以各旗分到的察哈尔官民人数大体平均。

出牛羊赡养是消极的办法，积极的、被视为更光彩的办法是让新附察哈尔随八旗去富庶的汉族地区抢掠。下面请看崇德元年（1636）九月武英郡王阿济格、饶余贝勒阿巴泰率兵入边大掠时有关俘获的一件奏报：

谭泰旗俘获[5]共 18 207，新察哈尔俘获共 4 022，阿代旗俘获共 10 010；

拜尹图旗俘获共 10 100，新察哈尔俘获共 2 890，吴赖旗俘获共 6 501；

叶克书旗俘获共 8 146，新察哈尔俘获共 585，恩格图旗俘获

---

[1]《清太宗实录》卷二七，天聪十年正月丁丑。
[2]《清太宗实录》卷二〇，天聪八年闰八月乙亥。
[3]《清太宗实录》卷二〇，天聪八年闰八月辛丑。
[4] 同上。
[5] "俘获"，原文是"baha olji"，"olji"，可译为"俘获"，有时也当"奴"讲，用于前者时，其含义又包括马、骡、驴、牛、人、羊，故总数后无量词。

共 6 779；

叶臣旗俘获共 8 300，新察哈尔俘获共 272，布彦代旗俘获共 6 517；

阿山旗俘获共 7 470，新察哈尔俘获共 1 135，伊拜旗俘获共 8 350；

图尔格旗俘获共 11 237，新察哈尔俘获共 1 045，苏纳额驸旗俘获共 18 100；

达尔哈额驸旗俘获共 8 528，新察哈尔俘获共 1 284，达赖旗俘获共 4 752；

篇古旗俘获共 12 906，新察哈尔俘获共 1 800，扈什布旗俘获共 4 603。[1]

原奏报未列旗色，但一望可知顺序为：正黄、镶黄、正红、镶红、正白、镶白、正蓝、镶蓝，每旗下的顺序又是：满洲旗分、新察哈尔、蒙古旗分。俘获的数目固然不能确证随八旗新察哈尔人数的多寡，因为所掠地区有贫有富，各旗战斗力、马匹等装备不等，都影响俘获的数量，但至少可以这样推论，新察哈尔人数可观，而较之满洲、蒙古旗还相差悬殊。

上述奏报还表明，数量巨大的新附察哈尔在崇德元年九月以前分隶八旗收养的方式未变，他们既没有编入满洲旗分，也没有编入蒙古旗分，只是在对明王朝战争中别立一军。崇德三年至四年（1638 至 1639）多尔衮、岳托率军分两路入边大掠之役仍有察哈尔附于旗下随征的事例。中国第一历史档案馆藏《盛京原档》崇德四年六月一日刑部审理此役军中违律案件有下面两例：其一，"镶白旗下察哈尔萨其得尔格尔之跟役尼堪取草被杀，牛录章京杨珠不约束兵丁，故罚以规定之罪，偿还一人"。[2] 其二，"察哈尔卫寨桑下额贵率领取粮米时，本牛录下拜尹图乱行被杀。额贵不约束兵丁，故罚以规定之罪，偿还一人"。[3] 以上案例表明，至

---

[1] 《满文老档·太宗·崇德》卷二七，崇德元年九月初八日。
[2] 《盛京刑部原档》205 号。
[3] 同上。

崇德中期仍有附于八旗收养察哈尔的方式，不过显然比两年以前数量大为减少。至少有部分新附察哈尔加入了蒙古八旗，如林丹汗的四大寨桑之一多尔济达尔汉诺颜"携族属来归，分隶八旗"，"隶厢黄旗蒙古"。[1] 天聪九年（1635）正月分拨镶白旗赡养的额林臣戴青后"隶正白旗蒙古"。[2] 他们属下人员或编为牛录，或以分补蒙古八旗牛录缺额者的方式逐渐与蒙古八旗融为一体。

（四）编立蒙古八旗的重要意义

蒙古八旗作为八旗的三个组成部分之一，在隶属关系、军队编制等基本方面与满洲八旗、汉军八旗有基本一致之处，但同时也具有自身的某些特点，因此，蒙古八旗才有独立存在的必要和不断发展壮大的可能。编立蒙古八旗对清初国家的创建意义十分重大。

第一，蒙古八旗是融合内附零散蒙古的最好社会组织形式。

从蒙古八旗逐渐形成的历史中不难看出，蒙古八旗的成分不仅与满洲、汉军有民族的明显差异，而且与外藩蒙古也有所不同。外藩蒙古与蒙古八旗虽同为蒙古族，但前者是整部归附，后者是零散入旗。清开国时期，零散蒙古内附八旗者络绎不绝，如何安置这一类蒙古，并进一步发挥他们娴于骑射的长处，是满洲统治集团必须解决的问题。这一类蒙古诚然比汉人更容易融合于满洲，但在语言文字、经济生活、风俗习惯、宗教信仰方面毕竟与满洲有别，把他们单独组成旗分，勒之以八旗军法，统之以满洲或满洲化蒙古的固山额真，既可以使他们独立解决生计问题，又可以增加八旗兵力。正因为蒙古八旗具备上述特点，因此成为清初安辑零散蒙古并使之融合于八旗的最好的组织形式。清入关前蒙古八旗下辖牛录发展到100余个，到雍正年间，又增加到210个，新增的约100个牛录中，由入关前旧蒙古牛录滋生人丁而分编者占一半以上，其余为顺、康、雍三朝新入旗蒙古所编的牛录。[3] 显然，入关前编立的蒙古八

---

[1]《满汉名臣传》卷一二，《多尔济达尔罕传》。
[2]《满汉名臣传》卷一三，《额琳奇岱青传》，镶白旗与正白旗在入关初旗色变换。
[3]《八旗通志初集》卷一一《旗分志一一》至卷一二《旗分志一二》。

旗奠定了它日后发展的基础，并在继续融合新入旗零散蒙古方面发挥着独特的作用。

第二，蒙古八旗的建立增强了八旗的军力。

入关前蒙古八旗约有牛录100余个，每牛录以150丁计算，共有丁壮15 000名以上。如果"每三丁，一人披甲"[1]，蒙古八旗可提供5 000名以上甲士；如果"每二名，披甲一副"[2]，则可提供甲士七八千名。就数量而言，当然会极大增强八旗骑兵的军力。

再来看蒙古八旗的战斗力。魏源认为，蒙古十人不及满洲一人。[3]从满洲骁勇善战这个意义上讲，魏源所说不无道理。不过，蒙古八旗的成长史说明，蒙古士兵个人素质虽不及满洲，但蒙古八旗的整体作战能力是逐渐接近了满洲水平的。初编40蒙古牛录时，凡蒙古兵出战，往往以满洲兵辅翼。天命十一年（1626）正月吴讷格率八旗蒙古兵单独完成军事任务，努尔哈赤"又益兵八百"，满文体《满洲实录》更明确记为"manju i cooha jakūn tanggū"[4]（满洲兵八百）。天聪三年（1629）二月，吴讷格、苏纳、明安、恩格德尔率蒙古全军往征察哈尔时，皇太极又给增加了"满洲兵八十人"[5]。蒙古八旗建立后，凡出征仍不得擅离满洲八旗。崇德初第二次侵掠朝鲜之役，蒙古八旗固山额真苏纳、俄莫克图以"擅离满洲旗"得罪。[6]到了崇德后期，蒙古八旗依靠满洲协助的状况有所改变。从崇德五年（1640）开始，八旗以义州为前进基地，筑城屯田，作了长期围困锦州的部署，并由八旗诸王贝勒率领满洲、蒙古、汉人将士之半轮番前往戍守，固山额真一级的高级统兵将领往往是满洲、蒙古各占一半。第二年八月，明清两军主力在松山一带展开决战，皇太极部署正黄旗蒙古伏杏山路，遮击遁入杏山的明军；又命正白旗蒙古前往支援正黄旗蒙古；正红旗蒙古前往追歼明溃卒。[7]九月，明辽东经略

---

[1]《清太宗实录》卷五五，崇德六年三月乙巳。
[2]《（康熙）大清会典》卷一〇五，《兵部·武库清吏司·军令》。
[3]《圣武记》卷一，《开创·开国龙兴记一》。
[4]《满洲实录》卷八，天命十一年正月二十六日。
[5]《清太宗实录》卷五，天聪三年二月庚子。
[6]《清太宗实录》卷三六，崇德二年六月甲子。
[7]《清太宗实录》卷五七，崇德六年八月甲子。

洪承畴被困于松山城中,皇太极又对包围松山、锦州、杏山等处作了如下安排:

围锦州者:谭泰(正黄旗满洲固山额真)、阿山(正白旗满洲固山额真)、叶克书(正红旗满洲固山额真)、准塔(镶白旗蒙古固山额真)、何洛会(正蓝旗蒙古固山额真)、马喇希(镶红旗蒙古固山额真)、巴特玛(镶蓝旗蒙古固山额真)。

围松山者:拜尹图(镶黄旗满洲固山额真)、阿赖(正黄旗蒙古固山额真)、恩格图(正红旗蒙古固山额真)、伊拜(正白旗蒙古固山额真)、艾度礼(镶蓝旗满洲固山额真)、英俄尔岱(镶白旗满洲固山额真)。

围杏山、高桥者:外藩科尔沁蒙古卓礼克图亲王吴克善、巴图鲁郡王满朱习礼。[1]

以上部署有满洲固山额真6人、蒙古固山额真7人,占了满蒙16固山额真的大多数。围困松锦两城将领的配置颇具匠心,每旗满洲固山额真与蒙古固山额真交错安排,以维持各旗之间战斗力的大体均衡。这种安排正是以蒙古八旗能够独立作战为前提的。总之,到崇德后期,蒙古八旗已成为满洲八旗一个不可或缺的重要方面军。

八旗蒙古对原来所属的蒙古各部以及明九边关隘较为熟悉,在清初对蒙古、明王朝的战争中他们往往充任向导。如镶蓝旗蒙古托克托尔原居巴林地区,归附满洲后,为最初编设的蒙古牛录的牛录额真,天命十一年(1626)大贝勒代善率兵攻巴林部囊努克,"以托克托尔为向导,取之,论功授备御世职"。[2]正蓝旗蒙古布尔喀图原系喀喇沁部贝勒,天聪三年(1629)八旗兵首次入边大掠,"以布尔喀图前在喀喇沁时曾往来明国,习知关隘,使为我师向导,于是入明边,攻克龙井关及洪山口、大安口城,抚定罗文峪"[3],后以布尔喀图"导引有功","又率本部落来归",赐名"代达尔汉",授为一等昂邦章京。[4]此次掠明之役充当向导的还有喀喇沁部落下闲散人额墨尔齐,他为八旗"右翼四固山兵向导入

---

[1]《清太宗实录》卷五七,崇德六年九月乙酉。
[2]《八旗通志初集》卷二一七,《托克托尔传》。
[3]《满汉名臣传》卷一五,《布尔喀图传》。
[4]《清太宗实录》卷三〇,崇德元年丙子六月甲戌。

边",被授为牛录章京。[1]满洲统治者对引导入边的蒙古授以世职,证明他们对战争的胜利起了重大作用。

除此之外,由于蒙古各部原与明王朝之间长期存在着贡赏互市关系,又有相当一批八旗蒙古以与明国议和开市,"有裨国计",而被授予世职。

总而言之,天聪九年二月编立的蒙古八旗从社会组织方面讲,解决了旗下蒙古的生计问题,为战争源源不断地提供了兵员、装备和给养;从军事组织方面讲,蒙古八旗不仅战斗力迅速接近满洲八旗的水平,而且在战争中还常常担负向导全军的特殊任务。编立蒙古八旗是满洲统治集团稳定在东北地区统治、增强国家实力的一项重要决策。蒙古八旗的创建史,是清王朝入关前政治制度、军事制度建设上饶有特色的一页。

七、汉军八旗

作为八旗重要组成部分之一的汉军,是在天聪中肇建而在崇德末才完备的,但溯其渊源则始于天命年间的汉兵。汉民披甲,编组成军,自成军政管理体系,经过了一个曲折反复的历程,它记录了广大汉族人民反抗民族压迫和阶级压迫的不屈不挠的斗争历史,反映了从努尔哈赤到皇太极这半个世纪左右的时间里对汉族统治政策的演变。

(一)努尔哈赤时代的汉兵

在满洲社会,阿哈(aha,奴仆)没有披甲当兵的权利,他们只能跟随主人出征,充当"库图勒"(kutule),也就是通常所说的厮卒、跟役,在战争中或打草喂马、采薪烧饭,或协助家主抢掠人畜财物。八旗兵没有庞大的后勤系统,原因就是随征的库图勒们分别承担了这项工作。在这样的历史环境中,汉兵的组建,也必须是从一部分归降汉人被承认为"伊尔根"(irgen)即"民"开始的。

---

[1]《清太宗实录》卷三〇,崇德元年丙子六月甲戌。

汉人不堪阶级压迫越过辽东边墙逃往建州由来已久，其中最著名的人物刘兴祚就是万历三十三年（1605）投奔努尔哈赤的。但这批人数量毕竟很少，而且，他们在生活习俗、语言以至心理素质方面也满洲化了。汉人大量归顺满洲是在天命三年（1618）明金战争揭幕之后，这一年四月努尔哈赤偷袭抚顺得手，俘获人畜三十万，其中的人口一律设为阿哈，他们当然没有资格当兵。不过，在这次战役中，明军抚顺游击李永芳被迫归降，此外还有数以千计的汉人降附。对这一部分汉人，努尔哈赤没有作为战利品，而是编成了"一千民户"，"照过去尼堪国的旧制委任大小官员，归原来的官李永芳管辖"[1]，迁往赫图阿拉。明末边将降金始于李永芳，而大规模编汉族降人为民户则自抚顺之役始。

此后，金军相继攻占清河、开原、铁岭等辽东城镇，天命六年（1621）又挥军南下，席卷辽河以东，翌年再克广宁、锦州、义州等辽西重镇。努尔哈赤最后虽然决策放弃辽西，但还是把那里的汉人驱赶到了辽东。以上各次战役，有明军大小将领如鲍承先、石廷柱、金砺、吴守进、王一屏、金玉和等降金，他们都成为日后汉军的重要骨干，同时又有大批汉人归降，他们同样被编为民户，并被征调从征，日后的汉军即滥觞于此。

与八旗"三丁披甲一副"的兵役制不同，辽东汉民实行的是二十丁抽一人当兵。天命六年七月，努尔哈赤晓谕汉民"计丁授田"规定"二十男丁内一人当兵"，[2] 从当年年底开始，就按照《计丁授田谕》征兵比例抽调汉兵。[3] 第二年年初，为准备进攻辽西，特降谕："尼堪官员管辖四千人者，出兵二百……管辖三千人者，征兵一百五十，管辖二千人者，征兵一百。"[4] 除征兵制外，在汉民中所实施的土地、赋役、行政管理制度也与八旗有别。

占领辽东之初，努尔哈赤任命"游击八员，都司二员"[5] 管理汉民事务。八游击之上，以佟养性管辖辽东五卫汉民，李永芳管辖沈阳中卫汉

---

[1]《满文老档·太祖》卷六，天命三年四月。
[2]《满文老档·太祖》卷二四，天命六年七月十四日。
[3]《满文老档·太祖》卷二八，天命六年十一月十八日。
[4]《满文老档·太祖》卷三二，天命七年正月初六日。
[5]《清太祖武皇帝实录》卷三，天命六年三月二十四日。

民,刘兴祚管辖金、复、海、盖所谓"南四卫"汉民。八游击之下,又设千总、百总作为管民基层官吏。总之,努尔哈赤开始占据辽东的时候,给予了归降汉人以民的地位,从他们享有的权利和应尽的义务看,其身份接近于满族国人(gurun),亦即牛录属员(jušen)。考虑到这些汉民与满洲的文化传统迥异,努尔哈赤也没把他们编入八旗。在这一历史背景下出现的汉兵,可以说是满洲统治者组建被征服民族的军队的最初尝试。不幸的是,这种尝试很快就失败了。

天命七年(1622)以后,满汉之间的民族矛盾迅速激化,其原因错综复杂,但从根本上讲,是满族落后的生产方式与汉族先进的生产方式交汇之初不可避免的对抗,由于历史原因形成的民族隔阂使这种对抗呈现出极其残酷剧烈的形式。天命十年十月,努尔哈赤竟下令屠戮仇金的汉民,结果是火炎昆冈,玉石俱焚,而原来明朝的地主绅士、青衿生员首当其冲,遭到一场空前的浩劫。经过这次惨绝人寰的大屠杀,幸存的汉民被强制编为庄屯,分隶八旗,给诸贝勒、大臣为奴。[1]绝大多数汉民沦为满洲奴仆,只有极少的汉民才被保护下来。在下达屠杀、编庄命令的同时,亲金的汉官被告诫说:"你们尼堪官员要各自收取各自的近亲,远亲勿得收取。若纳贿乱收,恐尔等脸面羞辱。"[2]佟养性、李永芳、石廷柱等汉官及其族属总算逃脱了被戮或为奴的噩运,但也分别隶属于八旗之下。天聪年间所谓"旧汉官""旧汉兵"指的就是这些人。

随着努尔哈赤晚年对汉族政策的急转直下,辽东汉民大部分沦为八旗权贵的奴仆,因此,相当长的一段时间里,汉兵也就销声匿迹,不复成军了。

(二)汉军的肇建

汉军肇建于天聪年间并不是偶然的,它是满洲统治集团为缓和汉族人民反抗而调整统治汉族政策的产物,也是皇太极加紧建设八旗炮兵兵种的必然结果。

---

[1] 《满文老档·太祖》卷六六,天命十年十月初三日。
[2] 同上。

首先，皇太极继任金国汗后，为缓和严重的社会危机和政治危机，被迫恢复了部分汉人庄奴为民。在这个前提下，汉兵才有可能复生。

天命十一年（1626）九月，皇太极宣谕："治国之要，莫先安民。"[1]针对天命末"汉人每十三壮丁编为一庄，按满官品级分给为奴……汉人每被侵扰，多致逃亡"[2]的情况，谕令将原十三名壮丁的庄屯缩小，满官一律按其世职，每一备御只分给八名壮丁、两头牛的一个庄屯，"其余汉人分屯别居，编为民户，择汉官之清正者辖之"[3]。这显然是一种调和的办法，结果汉人仍然逃亡不止，以致第二年三月生员岳起鸾上书警告皇太极若不改弦更张，"恐我国人民散亡殆尽"[4]。但尽管如此，恢复部分汉人的民籍，并任命汉官直接管辖，毕竟显示出满洲统治集团开始调整努尔哈赤晚年错误政策的意向，这是广大汉人以逃亡为主要方式进行坚韧不拔斗争的结果。

在天聪前期对明王朝和察哈尔蒙古的各次战争中，又将部分汉人编为民户。天聪二年（1628）征察哈尔多罗特部，"俘获万一千二百人，以蒙古、汉人千四百名，编为民户"[5]。天聪三年（1629）皇太极首次入边大掠，"招降榛子镇，以其民半入编户，半为俘"[6]。翌年，和硕大贝勒阿敏屠戮永平、迁安等地汉官、汉民后，将他们的妻子分给士卒为奴，皇太极幽禁阿敏之后，特别下令"籍孤子嫠妇，编为户口，给以房舍衣食"[7]。天聪四年（1630）皇太极驻军永平等地时，明军将领孟乔芳、杨文魁、马光远等先后降附，他们是创建汉军旗时另一批重要骨干，因为归降在佟养性、石廷柱之后，所以称之为"新汉官"，其下汉兵称"新汉兵"。除战争中的降人陆续取得民籍之外，还有部分汉人奴仆通过其他途径开户为民，如天聪三年（1629）九月，金国首次开科取士，原为汗及诸贝勒包衣下及满洲和蒙古家为奴的明朝秀才三百余人，通过考试中式

---

[1] 《清太宗实录》卷一，天命十一年九月甲戌。
[2] 《清太宗实录》卷一，天命十一年九月丁丑。
[3] 同上。
[4] 《清太宗实录》卷二，天聪元年三月己巳。
[5] 《清太宗实录》卷四，天聪二年二月丁未。
[6] 《清太宗实录》卷六，天聪四年四月丙辰。
[7] 《清太宗实录》卷七，天聪四年六月丙寅。

二百人,"尽皆拔出……免二丁差徭"[1],由国家以"别丁"偿还各家主的损失。至天聪中期,以旧辽东汉人复民籍者为主,会合其他来源,汉人民户下的壮丁当有数万之多,他们自然成为补充八旗兵力的重要来源。

其次,以皇太极为首的满洲贵族集团为笼络汉官,遂决定"别立旗分",让汉人总理汉人军政事务。

努尔哈赤晚年下达编庄令之后,全部社会成员均隶于八旗之下,不仅汉人奴仆附名于家主户籍,就是少数有独立户籍的汉民、汉官也分拨八旗管辖。皇太极即位后,命部分汉人恢复民籍,分屯别居,以汉官管辖。但所有汉民、汉官仍分隶各旗,由八旗派出满洲官员分管。满官不再直辖汉民,汉民所受的侵扰似乎有所减轻,但他们的地位并没有实质性的改善。天聪三年(1629)二月揭露了正黄旗管汉民千总科敛民间财物的事件,深入审讯后,却发现管汉民千总是无辜的,他的科敛是因为"本管官及笔帖式等至屯,供应不敷",才被迫"敛民间食物以饷"那些贪婪的满洲上司们。由这一线索追下去,竟查出"正黄旗固山额真以下,皆攫取民间牲畜食物","且八旗皆然",罪之不胜罪。[2]一般汉人贫民既受满洲上司的侵扰,又被本管汉官科敛盘剥,他们的处境自不待言,就是家有成百上千奴仆的汉官们,在满洲贝勒大臣之下,地位也同奴仆相差无几。天聪八年(1634)正月,皇太极追述汉官当时的处境时说:"初尔等俱分隶满洲大臣,所有马匹,尔等不得乘,而满洲官乘之,所有牲畜,尔等不得用,满洲官强与价而买之。凡官员病故,其妻子皆给贝勒家为奴。既为满官所属,虽有腴田,不获耕种,终岁勤劬,米谷仍不足食,每至鬻仆典衣以自给。是以尔等潜通明国,书信往来,几蹈赤族之祸。自杨文朋被讦事觉以来,朕姑宥尔等之罪,将尔等拔出满洲大臣之家,另编为一旗。"[3]显然,编立汉军旗的一个重要目的是争取汉族上层人物的支持,扩大满洲贵族政权的社会基础,进而招徕明朝武将文臣的降附,推进一统天下的大业。

最后,汉兵之得以重建,是由于八旗兵对火器的迫切需要。

---

〔1〕《清太宗实录》卷五,天聪三年九月壬午。
〔2〕《清太宗实录》卷五,天聪三年二月戊子。
〔3〕《清太宗实录》卷一七,天聪三年二月戊子。

一般来说，汉人不善骑射，也不如满洲强劲善战，加以努尔哈赤对汉人猜忌甚深，因此，天命时期汉兵多充守台与驻防之任。但是，火器的制造与使用却是汉人独擅的长技。当明金战幕拉开的时候，明军不仅配备了鸟枪火铳之类的土造火器，而且也开始使用从西洋引进的佛郎机，以至号为"神器"的红夷大炮。努尔哈赤很早就想通过朝鲜取得一二火器，但并没有成功。对明开战后，八旗兵陆续缴获了一些明军大炮，由于军中缺乏足够的技术人才，先进的武器只当作信炮使用。[1]天命六年、七年，八旗迭克辽东、辽西重镇名城，清官书把八旗兵吹得神乎其神，其实，主要的原因是明军疲软涣散，将士离心，简直不堪一击。当然，努尔哈赤用兵如神也不能抹杀，他的攻城往往靠里应外合的智取，并没打过几次像样的攻坚战。到了天命后期，明将孙承宗、袁崇焕等已构筑起宁锦防线，明金军事形势遂有改观。天命十一年（1626）初努尔哈赤率军大举进攻宁远，宁前道袁崇焕凭坚城重炮固守，此役八旗兵屡攻屡挫，被西洋大炮杀伤无数，努尔哈赤无功而还，引为一生最大憾事，而明军士气大振，认为宁远大捷为"七八年来所绝无，深足为封疆吐气。"[2]天聪元年（1627）五月，皇太极再次率国中精兵围攻锦州、宁远，结果仍然遭到重创，领兵贝勒济尔哈朗、萨哈廉及觉罗拜山或死或伤，最后只好借口"时值溽暑，天气炎蒸"，为"悯念士卒"而撤退。[3]以上两次战役，八旗兵素来奏效的梯牌、楯车等战具和穴城穿道的战术全然无用，而明军"红夷"大显神威，以致八旗兵长期怵于攻城，闻炮丧胆。天聪二年（1628）一位不知名的汉官奏称："野地浪战，南朝万万不能；婴城死守，我国每每弗下。"[4]对几年来战场上的变化作了概括的总结。为了扭转不利的形势，摧毁明军的坚城巨台，就必须学会制造和使用大型火炮，然而炼制火药、熔铸炮子、铸炮操炮，均非汉人莫属。因此，只有启用汉兵，组建一支炮兵部队，才能弥补精于骑射野战的八旗之不足。

---

〔1〕［朝］李民寏《栅中日录》记萨尔浒之役："遥闻大炮三声，隐隐发于东北……则贼（指八旗兵）得唐阵大炮，以相传报。"潘喆、李鸿彬、孙方明编《清入关前史料选辑》第三辑，中国人民大学出版社，1984，第451页。
〔2〕《明熹宗实录》卷六八，天启六年二月丙子。
〔3〕《清太宗实录》卷三，天聪元年五月乙亥。
〔4〕《明清史料》甲编，第一本，《天聪二年奏本》。

总之，到了天聪中期，在原有汉兵的基础上组建汉军旗的条件已经具备了，汉军旗的肇建已经到了水到渠成的地步。但是，汉军旗编设的时间清官书却没有明确的记载，因此，近代以来清史研究者对此颇有歧议，[1] 诸家之说虽未必尽是，但都对探索这一重要历史事件的历史真相做出了贡献。

要搞清汉军建旗的确切时间，首先必须明了汉军肇建的历史过程。

1. 至迟不过天聪四年，已经设置了管辖汉人军民事务的六甲喇额真。天聪五年（1631）十二月文馆儒臣宁完我奏称："昨年副将高鸿中出管甲喇额真。"[2] 天聪中期，汉官生员在奏疏中已习惯于将六甲喇与八固山并列，如扈应元奏称："今我国设立六部，设立书房，又分为六夹喇、八固山。"[3] 六甲喇额真首次正式亮相是在天聪六年正月，他们是副将石国柱、金玉和、高鸿中、金砺、游击李延庚、备御图瞻。[4] 此六人俱为天命年间来归的旧汉官，由此推测六甲喇的基本成员是旧汉兵。

2. 天聪五年（1631）正月铸红衣大炮成功，敕谕佟养性总理汉人军民事务。据《清太宗实录》记载，天聪五年正月初八日，"造红衣大将军炮成。镌曰：'天佑助威大将军。天聪五年孟春吉旦造。督造官总兵官额驸佟养性，监造官游击丁启明、备御祝世荫，铸匠王天相、窦守位，铁

----

[1] 孟森先生认为，"汉人在满洲军中自成为牛录者，名乌真超哈。天聪七年，始编为一旗"。根据是《清史列传·马光远传》："（天聪）七年，诏于八旗满洲佐领分出汉人千五百八十户，每十丁授绵甲一，以光远统辖。"（《明清史论著集刊》，中华书局，1959，上册，第301页）郑天挺先生主张天聪五年创建汉军旗，认为"1631年，满清将各旗的汉人拨出另编一旗（王氏《东华录》），后来定名为汉军，以黑色为旗帜"（《探微集》，中华书局，1980，第172页）。刘家驹先生与孟森先生观点相同，也认为汉军旗始建于天聪七年，他说："天聪七年令满洲各户汉人十丁者抽一，以补各旗的缺额，即是汉军八旗成立的先声。"（台湾《大陆杂志》34卷11—12期）日本学者阿南惟敬也认为"汉军一旗是天聪七年才成立的"（《清初军事史论考·汉军八旗成立之研究》）。陈佳华、傅克东先生持天聪五年的观点："从天聪四年二月征明班师后，已开始设置甲喇额真，为汉军独立成旗作好准备。""汉军一旗正式成立当在1631年（清天聪五年）农历正月。"（《民族研究》1981年5期，《八旗汉军考略》）《清史稿》的作者则浑言汉军建于天聪间："太祖用兵于明，明边吏民归者，籍丁壮为兵。至太宗天聪间，始别置一军，国语号'乌真超哈'。"（《清史稿》卷二三一，《佟养性传》）

[2] 《清太宗实录》卷一〇，天聪五年十二月壬辰。

[3] 《天聪朝臣工奏议》，扈应元《条陈七事奏》。

[4] 《清太宗实录》卷一一，天聪六年正月癸亥。

匠刘计平。'先是，我国未备火器，造炮自此始。"[1]由汉族工匠铸造的第一位红衣大将军炮自当十分粗糙，不能与明军的西洋红夷大炮相比。因为系仿"红夷"铸造，满文即称"hong i poo"，再回译成汉语时，为避讳"夷"字，则称"红衣大炮"。红衣大炮的铸成，不仅在八旗军事史上具有划时代的意义，而且直接促成了汉军旗的诞生。当年正月二十一日，即铸炮成功后不久，皇太极即敕谕佟养性："凡汉人军民一切事务，付尔总理，各官悉听尔节制……尔亦当殚厥忠忱，简善绌恶，恤兵抚民，竭力供职。"[2]由此可见，总兵官佟养性有权节制八旗下所有汉官，他所总理者，既有军务，也有民政。佟养性，原为抚顺富商，"天命初年，见太祖高皇帝功德日盛，密输诚款，为明所觉，收置于狱。寻自狱中逃出来归，太祖嘉之，赐宗室女为婿，号曰'施吾礼额驸'"[3]。曾经当过努尔哈赤间谍的佟养性对满洲的"忠忱"是毋庸怀疑的。天命时与他权势相埒的额驸李永芳这时已缄默不语，湮没无闻，而另一位旧汉官的领袖人物副将刘兴祚也已叛金投明，埋骨边关。在所有新旧汉官中，佟养性与满洲亲贵渊源最深，又是唯一总兵官级的大臣，选择他总理汉人军政事务绝不是偶然的。

3. 同年八月，《清实录》第一次记载旧汉兵携红衣炮出战，"施吾礼额驸旗"在《满文老档》中开始出现。《清太宗实录》记载，在围攻明军大凌河城之役时，皇太极于八月七日命令"总兵官额驸佟养性率旧汉兵载红衣炮将军炮当锦州大道而营"。[4]可见旧汉兵已成为主帅皇太极直接指挥的独立兵种——炮兵。《满文老档》天聪五年八月十三日条下记载："施吾礼额驸旗（si uli efu gūsa）下一人攻台时中炮折足……"[5]"旗"原文用"gūsa"一词，与八旗的"旗"完全一致。不过，《实录》虽亦记此事，但与《老档》有所不同："总兵官额驸佟养性部下卒一人攻台，中炮折足。"[6]

---

[1]《清太宗实录》卷八，天聪五年正月壬午。
[2] 同上。
[3]《八旗通志初集》卷一八二，《佟养性传》。
[4]《清太宗录实》卷九，天聪五年八月丙午。
[5]《满文老档·太宗·天聪》卷四〇，天聪五年八月十三日。
[6]《清太宗实录》卷九，天聪五年八月乙卯。

4. 天聪六年（1632）初首次检阅新编汉兵，"上幸北演武场阅兵。额驸佟养性率所统汉兵擐甲胄、执器械列于两旁。置铅子于红衣将军炮内，树的，演试之……赐养性……并赐六甲喇额真副将石国柱、金玉和、高鸿中、金砺，游击李延庚，备御图瞻，精兵额真副将石廷柱，步兵额真参将祝世昌……"[1]新编汉兵的数目，据当年正月二十二日佟养性所说："目今新编汉兵，马步仅三千余，兵力似少，火器不能多拿。"[2]如果按"十丁编兵一名"[3]计算，汉兵六甲喇共有丁壮3万余，每甲喇约5 000丁，较之满洲甲喇编制要大得多。前面已经提到，这新编成的六甲喇汉兵是最受满洲统治集团信赖的所谓旧汉兵。

5. 天聪七年（1633）正月，《实录》中首见"旧汉兵一旗"："（正月）甲辰，满洲八旗、蒙古二旗、旧汉兵一旗，各牛录额真等历任年久无过者，各依品级赏缎有差；其历任虽久而有过者，不赏。"[4]

6. 同年七月扩编汉兵："命满洲各户有汉人十丁者，授绵甲一，共一千五百八十户。命旧汉军额真马光远等统之，分补旧甲喇之缺额者。"[5]佟养性在天聪六年初建议："我国中各项汉人尚多，人人俱是皇上赤子，个个俱当出力报效，若果从公查出，照例编兵，派定火器，演成一股，有事出门，全拿火器，大张军威，无事归农，各安生理。"[6]这次扩编汉兵，就是接受了他的建议，从满洲家下人丁较多的各户抽调，这些家下人丁原系奴仆身份，许多当是旧辽东汉民，现抽出当兵，即开户为民，所以说是"一千五百八十户"。这一次增加了汉军绵甲1 580名，连同原有3 000余名，当近5 000之数。天聪七年的扩编汉兵，无疑是汉军八旗发展史上的一大事件，但不能据此证明汉军旗建于天聪七年。在上述记载中，所谓"分补旧甲喇"，是指旧汉兵六甲喇。马光远，原明朝建昌参将，天聪四年（1630）皇太极驻军永平，光远来降，擢为副将。光远资格较浅，但提升很快，天聪六年时已晋为总兵官，天聪七年

---

[1]《清太宗实录》卷一一，天聪六年正月癸亥。
[2]《天聪朝臣工奏议》，佟养性《谨陈末议奏》。
[3]《天聪朝臣工奏议》，丁文盛等《谨陈愚见奏》。
[4]《清太宗实录》卷一三，天聪七年正月甲辰。
[5]《清太宗实录》卷一四，天聪七年七月辛卯。
[6]《天聪朝臣工奏议》，佟养性《谨陈末议奏》。

初与佟养性联名上《申明下情奏》,[1]此后,佟养性不见记载,似已故去,而马光远屡屡单衔疏陈"汉营官兵"事务,[2]隐然以汉兵昂邦章京自居。《实录》记述"命旧汉军额真马光远等统之",实际上承认了马光远的特殊地位。

7. 天聪八年(1634)五月,定旧汉兵名为汉军。上谕曰:"朕仰蒙天眷,抚有满洲、蒙古、汉人兵众。前此骑、步、守、哨等兵,虽各有营伍,未分名色……今宜分辨名色,永为定制",定"旧汉兵为汉军"。[3]汉军,满文是"ujen cooha",故汉军亦称"乌真超哈""兀真超哈""乌金超哈"等,都是满文的音译,其含义是"重兵"。所谓"重兵"即使用红衣大炮的炮兵,它是与"骑兵"(阿力哈超哈)和"步兵"(白奇超哈)等并称的一个特殊兵种。

以上简要地叙述了汉军肇建的过程,结论是:汉军一旗于天聪五年实际上已经诞生了,因为当时它基本具备了作为军政合一组织的实质内容。第一,由总兵官佟养性总理军民一切事务。这样,"汉兵"或"汉营"就不单纯是一个军事组织,同时也具有行政、司法、社会等职能。当然,军事职能是首要的,正是先有了操纵火炮的汉兵军团,然后才有军政合一的"旧汉兵一旗"。第二,汉军一旗下辖六个甲喇,甲喇是汉军旗的基层组织。第三,按照"十丁编兵一名"的规制征兵。第四,战争或校阅时独立组成特种军团。当然,"汉军"一称是在稍晚的天聪八年才确定的,但这不影响汉军旗创建的时间。这里还要说明一点,《满文老档》和《实录》开始出现"gūsa"或"旗"这样的名称固然是我们认定建旗时间的一个重要依据,但是,"gūsa"一词最初的含义是单纯军事性质的"军团",[4]它先于八旗制度而出现,八旗建立以后,"gūsa"有时仍然仅指军事组织——军团。因此,"gūsa"或"旗"应该说仅仅是外在的

---

[1] 《天聪朝臣工奏议》,佟养性等《申明下情奏》。
[2] 《天聪朝臣工奏议》,马光远《请惩三将奏》《又请整饬总要奏》。
[3] 《清太宗实录》卷一八,天聪八年五月庚寅。
[4] 日本学者户田茂喜在《太祖的都城迁移问题》(《史学研究》十卷一号)一文对此已作了很好的说明:"在使用固山一词的当初,是由于军事关系,偶然结成临时的团体,意味着单一的军团。"见王冬芳《战前日本学者研究清入关前史述略》,辽宁社会科学院历史所清史研究室《日本的清史研究》,1983,第15—16页。

清初八旗制度 *159*

形式，只有和内在的本质结合起来才有意义。总之，确定汉军旗肇建于天聪五年是有充分根据的。不过，汉军一旗建立以后相当长的一段时间里，还有许多不完善之处，还不能与满洲旗制相提并论。再有一个不容忽视的问题，这就是汉军旗与八旗的关系没有完全解决，当然不是指战时，因为战时汉军组成独立的炮兵部队，直辖于领兵主帅，而在平时问题就复杂了，汉兵散归各旗后，很难实现统一领导。问题摆在满洲统治集团面前，如果承认汉军无论战时，抑或平时都具有独立的地位，那就无异于回到天命十年（1625）以前八旗之外存在汉族军民体系的状况，这当然是不能被允许的。上述问题在崇德年间的逐步探索中得到了妥善的解决。

（三）汉军旗制逐步完备

崇德二年（1637）七月，分汉军为两旗。这是完善汉军旗制的一个重要步骤，《清太宗实录》记载如下："分汉军为两旗。以昂邦章京石廷柱为左翼一旗固山额真，昂邦章京马光远为右翼一旗固山额真。照满洲例编壮丁为牛录。"[1]满洲统治集团之所以分汉军为两旗，并照满洲例编壮丁为牛录，直接原因是第二次侵掠朝鲜之役汉军见利攘夺，军纪败坏。七月十五日，即分编汉军前大约半个月的光景，皇太极召见汉官，当面训斥说："行师之际，经朕告诫再三，尔等辄违朕训，反身先倡率，徇纵士卒，攘夺殃民，乱法滋甚……夫鹰犬无知之物，畜养日久，尚收其益；尔等人也，虚糜廪禄，毫无报效，曾鹰犬之不若耶！"[2]第二天内院大学士鲍承先特上本向皇太极提出整顿汉军的建议："蒙皇上圣谕，令臣等赧颜无地，虽生犹死，实负洪恩。今汉营所立规矩不善，以致混乱军法，凡□知者惟一一陈之（按□为原缺字，当系'臣'字）。汉固山内，一家有至三五百丁、七八百丁者，虽立牛禄拨什库所管，亦系□□（按似缺'虚设'二字）。上至固山额真，下至牛禄拨什库，有势者□□□□者偏苦（按似缺'得利，无势'四字），是何法纪！所因者何？只因石

---

[1]《清太宗实录》卷三七，崇德二年七月乙未。
[2]《清太宗实录》卷三七，崇德二年七月辛巳。

总兵□□（按似缺'所定'二字）之旧规，不以火炮为重，纵肆掳掠，慢无禁治，□（按缺'苦'字）乐不均，人心不鼓，所以误事。今汉营兵丁，原□（按似缺'蒙'字）皇上恩养，其骑射胆略，素不精锐，若用之火□□□（按似缺'器，乃其'三字）长技，若用之冲锋破敌，臣恐误国损威，□□□（按似缺'致干犯'三字）重法，何偿我国之声名？……□□（似缺'明国'或'南朝'二字）民有州县卫所，兵有营哨司队。如我国有□□（按似缺'固山'二字）、有甲喇额真、有牛禄额真。今我国汉营□□□（似缺'既非我'三字）国规矩，又不是蛮子规矩，所以令人难守其□□（按似缺'制。臣'二字）愚见，将官下人丁照满洲规矩，每三百编□□□（按似缺'一牛禄'三字），照满洲披甲兵丁之数，人人挨查，苦乐均平……今我国渐大，人众炮多，然马步兵丁近万口，分为两营，不惟行走利便，抑且药炮易于看□（按似缺一'管'字）。出兵蛮子，固山兵丁不可令其散抢……"[1] 鲍承先的将汉军"分为两营"和"照满洲规矩"编牛录的建议很快被皇太极采纳了，因为鲍承先确实击中了汉军长期以来组织上存在问题的要害。

崇德二年（1637）七月以前，汉军一旗作为军政合一的组织，既统军又管民，其组织系统是固山之下设六甲喇，甲喇之下"虽立牛禄拨什库"，但并没有照八旗之例编为正式牛录。所以鲍承先说汉军既不同于明朝的州县卫所，也不同于满洲固山—甲喇—牛录层层统辖的旗制。从当时的情况看，六甲喇之下的汉族军民集中住在大小屯堡里，屯堡成为汉军旗下最基层的军政合一的组织。天聪七年（1633）总兵官马光远奏称："兵有编就壮丁，不许私自更换，马有买就壮马，不许闲骑瘦损……合无每月责令各管屯将官赴屯查看一次，兵马强壮何如？器械整饬何如？田地耕种何如？好的加意收拾，不好的即时改换，务要人马精强，不许任便瘦损。此便兵便农之实政也。"[2] 从这一段话不难看出汉民聚居的屯堡具有组织农业生产、军事训练、驻防出征等项职能。不过，屯堡与满洲牛录不同，它没有统一的规制。多则八九百人，少则一二百

---

[1]《明清史料》丙编，第一本，《鲍承先奏本》。
[2]《天聪朝臣工奏议》，马光远《又请整饬总要奏》。

丁。[1]从现有的记载来看，屯堡之外早在天聪初年以来，便开始编组汉军牛录了，至崇德二年以前，至少编成了31个汉牛录，其中天聪四年2个，七年2个，八年18个，九年3个，无具体年限，浑言天聪年间编立者5个，崇德元年1个。[2]这些牛录虽具牛录之名，但与规制比较统一的满洲牛录不同，属下人丁多寡不一，如甲喇章京张大猷所管长滩堡、小马头堡两处壮丁合编的一牛录有丁400余名，而佟三的牛录则有丁多达900余名。六甲喇下的多数屯堡在崇德二年之前只是由所谓"管屯将官"统辖，连牛录之名也还没有。无论已编牛录，或未编牛录，二者之间并无实质上的差别，正如鲍承先所讲的，虽立牛录拨什库，也并不按满洲牛录例，查丁派差，披甲当兵。一到战时，也不像满洲牛录那样有组织地抢掠，照约定俗成的规矩均分，结果是将官们手下兵强马壮，得利最多，从汉军整体看则军纪涣散，苦乐不均。

皇太极决定汉军"照满洲例编壮丁为牛录"，这是八旗汉军史上一项实质性改革。《清太宗实录》的撰写者没有记述汉军旗肇建于何时，似乎是认为崇德二年以前的汉军还不具备严格意义上的旗制。当然，汉军旗仿照满洲例编牛录的工作不是一朝一夕所能完成的，但崇德二年毕竟朝着这个方向迈出了决定性一步。

分汉军为两旗，在汉军发展史上具有同样重要的意义。从天聪七年汉军5 000甲士，至崇德二年"马步兵丁近万"，四年间，兵数翻了一番，这是促成汉军分为左右翼二旗的直接原因。更重要的是，满洲统治集团已经探索到了削弱汉军旗独立倾向的路子，从此以后，汉军旗二分为四，四分为八，使汉军如同蒙古八旗一样，各旗从属于同一旗色的满洲旗分，汉军八旗旗制也最终完备了。

崇德四年（1639）六月，继分汉军为两旗后，又析"二旗官属兵丁为四旗，每旗设牛录十八员，固山额真一员，梅勒章京二员，甲喇章京四员"[3]。以马光远为两黄旗属下汉军的固山额真，石廷柱为两白旗属下汉军的固山额真，王世选为两红旗属下汉军的固山额真，巴颜为两蓝旗

---

[1]《清太宗实录》卷二四，天聪九年九月癸酉。
[2] 详见《八旗通志初集》卷一一《旗分志一一》至卷一二《旗分志一二》。
[3]《清太宗实录》卷四七，崇德四年六月丙申。

属下汉军的固山额真。汉军旗二分为四，带有毫不掩饰的削弱马光远、石廷柱权力的意味。在这之前六天，皇太极把众汉官召到笃恭殿，历数马光远、石廷柱的罪状，责备他们攻锦州、松山时先令士卒马匹从盛京驮去炮子，又将未用尽炮子驮回，"岂非恐伤城中汉人乎？"又提起头一年汉军筑路殊属草率："岂非恐道路完好，红衣炮易于运攻明国乎？"在一连串的诘责之后，皇太极气犹不能消，更翻出了天聪三年（1629）的老账，数落石廷柱征明时为前哨，"反被敌杀我兵二人"[1]。刑部按皇太极的旨意，很快拟马光远"应论死，罚赎"，石廷柱"应籍家产三分之一"。[2]就在同一天，宣布了"赦廷柱、光远罪，分二旗官属兵丁为四旗"的上谕。[3]

崇德七年（1642）六月，再析汉军四旗为八旗，以祖泽润为正黄旗汉军固山额真，刘之源为镶黄旗汉军固山额真，吴守进为正红旗汉军固山额真，金砺为镶红旗汉军固山额真，佟图赖为正白旗汉军固山额真，石廷柱为镶白旗汉军固山额真，巴颜为正蓝旗汉军固山额真，李国翰为镶蓝旗汉军固山额真。至此，八旗汉军旗制大体完备。

第一，确定了汉军八旗的旗纛。

满洲八旗以黄、红、白、蓝为旗色。天聪五年（1631）旧汉兵一旗独立后，自不能与八旗旗色混淆，故执绿旗。绿，亦称元青或青，满文是"niowanggiyan"。天聪九年（1635）五月，以多铎为帅，率偏师趋宁远、锦州之间，以牵制明关外劲旅，是役汉军随征，《满文老档》记录这一战役过程时，在"乌真超哈固山额真昂邦章京石廷柱"上加"青纛的"几个字。[4]改汉军为两旗时，"两旗纛色皆用元青"[5]，即仍执绿色大纛。析汉军两旗为四旗时，改两黄旗汉军用元青镶黄边旗纛，两白旗汉军用元青镶白边旗纛，两红旗汉军用元青镶红边旗纛，两蓝旗汉军用纯元青旗纛。[6]析汉军四旗为八旗时，《实录》虽未记载旗色的变化，实际上，

---

[1]《清太宗实录》卷四七，崇德四年六月丙寅。
[2]《清太宗实录》卷四七，崇德四年六月丙申。
[3]同上。
[4]《汉译〈满文旧档〉》，第62—63页。
[5]《清太宗实录》卷四七，崇德四年六月丙申。
[6]同上。

八旗汉军当各用本满洲旗旗纛。绿旗作为汉族军队标志的时代暂告结束，入关以后，绿旗再度启用，不过，它留给了八旗之外新招降的汉人部队。八旗汉军旗纛的演变形象地反映出汉军从一个带有相对独立性的军政合一团体逐步分隶于满洲八旗的曲折过程。

第二，确定了汉军人员的旗籍。

汉军独立成旗之前，汉族军民的旗籍是单一的，即由所隶的旗分来决定。天聪五年（1631）以后，汉军人员便出现了双重旗籍问题，他们既是汉军旗人，同时又是原属满洲旗人，不过，在人们的观念中，汉军人员的旗籍仍决定于所隶的满洲旗分。例如汉军总兵官马光远在天聪六年（1632）的两件奏疏中，分别自称"蓝旗总兵官"[1]和"正蓝旗总兵官"[2]，他并不因自己是汉军旗人而否认原属旗籍。至崇德七年（1642）汉军旗制确定，无论形式上，或内容上，汉军人员双重旗籍的问题都得到了妥善解决，他们的旗籍即为某某旗汉军，或汉军某某旗。例如孟乔芳是镶红旗汉军，满文就是"kubuhe fulgiyan i ujen cooha gūsa"（镶红色的汉军旗）。孟乔芳于天聪四年（1630）降金，即隶镶红旗，及汉军八旗旗制定，遂为镶红旗汉军。

第三，汉军八旗编组牛录的工作基本告成。

崇德二年（1637）汉军两旗开始仿满洲例编牛录，但二年至六年的四年间，新编汉军牛录不过13个。崇德七年（1642）情况为之一变，当年即编成99个牛录，超过前此历年所编汉军牛录总数的一倍以上，占清入关所编全部汉军牛录162个的55%。

崇德七年汉军牛录激增的原因是，松锦大战后祖大寿等部明降军大量输入八旗汉军。清军围困锦州祖大寿军达数年之久，遭到极其顽强的抵抗，因此松山、锦州、塔山被克取后，实行残酷的屠戮军士丁壮的政策。侥幸生存的有：松山叛将夏承德部下男妇幼稚共1 863名（口）[3]，锦州总兵祖大寿妻子奴仆及部下官属兵丁户口4 580名[4]，杏山投降官民6 838

---

[1]《天聪朝臣工奏议》，马光远《敬献愚忠奏》。
[2]《天聪朝臣工奏议》，马光远《请设六科奏》。
[3]《清太宗实录》卷五九，崇德七年二月辛酉。
[4]《清太宗实录》卷五九，崇德七年三月丁亥。

名[1]。皇太极命"以锦州、松山、杏山新降官属兵丁分给八旗之缺额者,其余男子、妇女、幼稚共二千有奇,编发盖州为民。"[2]祖大寿等部明降军至少有数千官兵编入了新建的汉军八旗。

崇德七年汉军牛录激增的更为重要的原因是,天聪五年(1631)明金大凌河城之役降附的明军官兵在这时开始正式编为牛录。大凌河城祖大寿部明军素有善战之名,天聪五年冬剃发归降的有11 682人,[3]其中副将以下张弘谟、祖可法、祖泽润、张存仁、刘天禄、韩大勋、裴国珍、孙定辽、杨华征、李云、薛大湖、陈邦选、邓长春等多员,不乏明达足智之士,能征敢战之将。对大凌河降人如何处置,金国统治集团内部众议纷纭,皇太极为此颇费斟酌,最后决策将大凌河降人中"都司、守备等百余员俱付旧汉官收养,其军士分定河东、河西,以河西人归于八旗旧汉民内,以河东自辽东逃去之人,给还原主"[4]。大凌河降人因此均享有民的权利,副、参、游、都、守各级军官在物资匮乏的情况下受到了较好的照顾。但满洲贵族对大凌河降人猜忌甚深,防范甚严,明朝方面搜集到了这样的情报:皇太极将降人中"副参游都以及中千把等官留在沈阳,一日两点。及过了年,即收拾兵马往宣大去与插酋(按指蒙古察哈尔林丹汗)厮杀……奴性多疑,恐中国将官在沈阳家住不便,要尽带西行亦不便,故止带副将随行,留参游都守等官于家,以便提防之意"[5]。出于戒备之心,降人中士卒丁壮并未编为牛录,像旧汉民那样披甲上阵。松锦大战后,明清双方实力对比发生了根本性变化,皇太极写给崇祯皇帝的信中说:"迩来我军每入尔境,辄克城陷阵,乘胜长驱,若图进取,亦复何难?"[6]表现出坚定的自信心。崇德七年(1642)析汉军为八旗后一个月,皇太极谕令:"大凌河各官,俱寻保举之人,与旧人一体,出征上阵,或有妥靠之人,可越旗保举。"[7]经过十年之久,满洲统

---

[1] 《清太宗实录》卷六〇,崇德七年四月丙寅。
[2] 《清太宗实录》卷六一,崇德七年七月乙巳。
[3] 《清太宗实录》卷一〇,天聪五年十一月辛未。
[4] 《清太宗实录》卷一〇,天聪五年十一月丙戌。
[5] 《明清史料》乙编,第二本。
[6] 《清太宗实录》卷六一,崇德七年六月辛丑。
[7] 中国第一历史档案馆藏满文《清太宗实录稿》,崇德七年七月二十九日条,转引自刘建新《论明清之际的松锦之战》,见《清史研究集》四。

清初八旗制度　*165*

治者才解除了对大凌河数以万计明军将官军士的监护防范,采取了"新旧一体视之"[1]的政策。曾为明王朝倚为干城的辽东精兵,遂化为皇太极的八旗劲旅。

从天聪初年开始编组汉军牛录,至雍正末乾隆初,在一个世纪中间,共编汉军牛录270个(其中两黄、正白所谓"上三旗"每旗五参领,每参领八佐领,镶白、两红、两蓝"下五旗"每旗五参领,每参领六佐领)。入关前所编的162个牛录占了总数的60%。[2]可见,八旗汉军的中坚形成于入关之前。从这个意义上讲,汉军八旗旗制完备最重要的一个标志是崇德七年增编汉军牛录。

(四)汉军八旗在清开国史上的重要地位

崇德七年(1642)六月,经过长期准备,汉军八旗终于编设完竣,成为清代国家根本——八旗的三大支柱之一。除皇室、王府属下包衣汉人,民间满洲、蒙古家下奴仆以及孔有德、耿仲明、尚可喜、沈志祥属下军民人口之外,清王朝版图内全部汉人悉数归入了汉军八旗。数以万计的汉族军民正式入旗,对满族的壮大和清王朝的兴起具有特殊意义。

第一,为正在形成的满族共同体输入了大量新鲜血液。

满族是16—17世纪之际开始形成的新的民族共同体,它以建州女真、海西女真为主干,陆续融合了东海女真、黑龙江索伦以及汉、蒙等其他民族的成员。汉族与满族在经济生活、语言文字、文化传统、风俗习惯及心理素质等各方面迥然不同,后金征服辽东汉民后,就面临着如何统治这个坚决维护自己个性的异民族的严重问题。努尔哈赤考虑到汉民人数众多,且与满洲有截然不同的文化背景,没有采取将被征服部族纳入八旗的做法,允许汉民于八旗之外自成军政体系。不过,对汉人的上层人物,他还是通过联姻的方式加以笼络。李永芳娶贝勒阿巴泰之女

---

[1] 满文《清太宗实录稿》,崇德七年七月二十九日条,转引自刘建新《论明清之际的松锦之战》。

[2] 详见《八旗通志初集》卷一一《旗分志一一》至卷一二《旗分志一二》。"旗分志"所载满洲八旗下某些佐领,如佟图赖下佐领,原系汉军,康熙年间以后族抬入满洲旗。故雍正朝以前所编汉军牛录当多于270个。

为抚西额驸，佟养性娶宗室女号施吾礼额驸，固然都是着眼于政治，其中也寓有民族同化的含义。皇太极即位后，继承了其父晚年将国中汉人全部隶于八旗的现状，又逐步调整过去对汉族的错误的政策，他开始认真探索一条使辽东汉民以及陆续来归汉民满洲化的途径。他曾就入边掠明所得俘获多寡发表议论说："金银币帛虽多不足喜，惟多得人为可喜耳！""财物用之有尽，人岂能尽乎？若得一二，俱为国家党类，其所生诸子，亦俱为我满洲矣！"[1]可见他对同化汉人是充满信心的。至于如何同化汉人。贝勒岳托献策以八旗贝勒、官员之女及贝勒庄头（这些人多是已满洲化的汉人）之女下嫁汉人降附官兵。他说："使其妇翁衣食与共，虽故土亦可忘也。"皇太极"嘉纳"此议。[2]在同化汉人思想主导下，满洲统治者采取了切实的措施，把原来附于八旗的汉民，编制成在政治、军事、经济、社会组织等方面与满洲八旗相仿的汉军八旗。尽管这部分汉人的满洲化刚刚开始，尽管在民族融合的过程中满人受到了汉族诸多影响，但汉军旗人，特别是入关前已入旗的汉军旗人的民族成分为满族是不应该成问题的。[3]

以辽人为主的广大汉族人民通过汉军这一渠道，汇入了正在形成中的满族共同体，为满族输送了大量新鲜血液。汉军的组建，提高了满族的素质，也削弱了汉族的反抗意识。在中国历史上，汉族一向以自己光辉的历史和悠久的文化自豪，他们也曾被外来民族侵袭过，征服过，但随着岁月的推移，征服者或退出这块令他们胆战心惊的土地，或者留下来与汉人融合成了一个民族，而汉族却从来没有失去自己的个性。当然，局部地区也有例外的情况，我们可以举出17世纪上半叶数以万计的汉人融合到了满族之中，这部分人及其子孙后代以旗人自居，而满人也认为汉军是八旗整体不可分割的一部分。这一引人注目的历史现象固然有其特定的历史背景，但它雄辩地证明，满族是中华民族大家庭中一个胸襟博大、气度恢宏的优秀民族。

---

[1] 《满文老档·太宗·天聪》卷二七，天聪四年四月三十日；《清太宗实录》卷六，天聪四年四月乙卯。
[2] 《清太宗实录》卷一一，天聪六年正月癸丑。
[3] 王锺翰先生最先提出了这样的观点，见《社会科学战线》1981年1期《关于满族形成中的几个问题》。

第二,汉军的组建极大地增强了八旗的战斗力。

在早期满族国家兴起的过程中,一个严重的矛盾就是对外急遽扩张受到本身人力资源不足的制约,兵源不足尤感迫切。为解决这一矛盾,满洲统治者实行高额征兵制,又从东海诸部、黑龙江索伦中大量招携同一语音的族人补充不断减员的满洲八旗。不过,要满足战争需要,仅仅靠满洲族人显然是不行的。汉军创建时,马步3 000余人,两年后增至约5 000之数,至分汉军为两旗时,马步兵丁已万余人,崇德七年(1642)汉军旗制完备,人数又当有成倍增长。从牛录数目看,崇德四年(1639)时有72牛录,[1]而入关前汉军牛录已超过160个。仅以兵力而论,八旗汉军与八旗满洲、八旗蒙古和三顺王军堪称清初比肩并列的四大武装力量,而汉军独擅的威力巨大的红衣大炮更使八旗兵成为骑、步、炮兵种齐备的当时中国战斗力最强的军队。

明朝自泰昌、天启年间开始输入最新式的西洋火器——"红夷大炮",目的就在于扭转辽东战局的颓势。明金宁远之役,明方红夷大炮首奏奇功,继而又在锦州、宁远用红夷大炮击败即位未久的皇太极。此时八旗尚无像样的火器,在当时最先进的武器西洋大炮方面,明军处于绝对优势。天聪五年(1631)初金国仿造红夷大炮成功,随即组建专门操纵火炮的汉军,当年秋天大凌河城之役,刚刚组建的汉军用红衣大炮击破城外战略要点"于子章台",为取得战役胜利起到了关键作用。《清太宗实录》为此大书特书:"是台(于子章台)峙立边界,垣墙坚固,我军连攻三日,发红衣大将军炮,击坏台垛,中炮死者五十七人。台内明兵,惶扰不能支,乃出降。是台既下,其余各台,闻风慑恐,近者归降,远者弃走,所遗粮糗充积,足供我士马一月之饷。至红衣大炮,我国创造后,携载攻城自此始。若非用红衣大炮击攻,则于子章台必不易克;此台不克,则其余各台不逃不降,必且固守;各台固守,则粮无由得,即欲运自沈阳,又路远不易致。今因攻克于子章台,而周围百余台闻之,或逃或降,得以资我粮糗,士马饱腾。以是久围大凌河,克成厥功者,皆因上创造红衣大将军炮故也。自此凡遇行军,必携红衣大将军炮云。"[2]大

---

〔1〕《清太宗实录》卷四七,崇德四年六月丙申。
〔2〕《清太宗实录》卷一〇,天聪五年十月壬子。

凌河畔的炮声宣告了汉军正式登场，从此八旗兵种构成发生了根本变革，长于野战的满蒙骑兵得到汉军火炮部队的辅翼，八旗整体作战能力极大加强了，明军原有的火炮优势开始发生逆转。崇德六年（1641）开始的松锦大战是对汉军实力的一次严峻考验，汉军的红衣大炮不仅用于攻城，而且在野战中与明军火炮对攻。崇德七年（1642）四月汉军列红衣大炮轰击塔山城，"城崩二十余丈"[1]，满洲八旗蜂拥而入，尽歼守军7 000人。随后汉军移炮于杏山城北，"击毁城垣约二十五丈余"[2]，明军开城门乞降。塔山、杏山的攻克，显示了汉军强大的攻坚能力，皇太极加紧督促铸造更多的红衣大炮，连同松锦大战缴获的明方大炮，清军不仅在野战方面早已超过明军，而且在攻城火器方面也占有优势。崇德八年初，明军关宁守将无限感慨地回顾了双方实力对比的消长："我之所以制酋者，向惟火器为先，盖因我有而酋无，故足以取胜。后来酋虽有而我独多，犹足以侥幸也。今……酋铸百炮而有余，我铸十炮而无力……倘奴以全巢来攻……排列大炮百位，一齐攻打，城非铁壁，人非铜柱，能当此火力乎？"[3]宁远之役明军独擅火炮之长技，到松锦之战后，明方承认清军已"十倍于我之神器矣"[4]。其间不过20年，仅就火器优势的转换而言，清军从无到有，后来居上，明军每况愈下，束手待毙。皇太极大胆启用汉人铸炮操炮，并别出心裁地练就一支由汉人组成、汉人指挥的火炮部队。这样，在清入关前夕，八旗已完全具备了进一步征服整个中国的能力。

顺治元年（1644）清兵入关，八旗汉军随同八旗满洲、蒙古转战南北，六月镶红旗汉军固山额真金砺随本旗满洲固山额真叶臣入山西追击大顺军，至太原"督本旗兵以红衣炮攻克其城"[5]。十二月，豫亲王多铎率八旗与大顺军战于潼关，二十二日清兵距"潼关二十里立营，候红衣炮军"，翌年正月九日，"红衣炮军至，十一日遂进逼潼关口，贼众（指大顺军）凿重壕，立坚壁，截我进师之路，于是举红衣炮攻

---

[1]《清太宗实录》卷六〇，崇德七年四月庚戌。
[2]《清太宗实录》卷六〇，崇德七年四月甲子。
[3]《明清史料》乙编，第五本。
[4]同上。
[5]《清史列传》卷五，《金砺传》。

之。贼众震恐,我军相继冲入,诛斩无算"[1],遂克潼关。尔后多铎率大军经河南转趋扬州,南明江北督师史可法据城固守,多铎以"大炮未至,屯斑竹园"[2],没有立即攻城,四月二十五日红衣炮军至,始发炮轰击,城西北隅崩陷,清军拥入。此后克江阴、昆山、常熟等城,汉军皆以红衣炮摧坚陷阵。可以这样说,汉军的组建,从根本上改变了八旗原来以野战为基点所形成的战略战术,红衣大炮为清王朝轰开了一统天下的坦途。

第三,汉军为新兴的清王朝培养了大批文武兼资的军政人才。

汉军八旗主要将领降附满洲的时间先后不一、情况各异,但把他们作为整体观察。可以发现以下共同的特点。

其一,与满洲贵族集团的关系极为密切。

上面已经提到首任汉军固山额真佟养性,原为抚顺富商、辽东望族,建州初兴,他即向努尔哈赤密送情报,以后越狱逃往建州,深得努尔哈赤信赖。继任汉军左翼固山额真石廷柱,原为明军广宁守备,天命七年(1622)与其兄石国柱、石天柱及孙得功、郭肇基等人将广宁城献给金兵,努尔哈赤大喜过望,说:"今所在多向明朝,尔独近我,以广宁城降,深为可嘉。"[3]再来看汉军首任八固山额真:祖泽润为总兵祖大寿从子,官副将,大凌河城之役降金;刘之源原系镶黄旗满洲包衣[4];吴守进当努尔哈赤时即授参将世职,初设六部为首任户部汉承政;金砺原为明武进士,任镇武堡都司,于广宁之役率众归降[5];佟图赖为佟养真之子,天命四年(1619)养真率族众降附后金,天命六年(1621)金军下辽东,养真被派往镇江城镇守,为毛文龙所获,"抗节不屈,遂被杀"[6],称得上清王朝的忠臣烈士,佟图赖之女后嫁顺治皇帝,为孝康皇后,即康熙皇帝生母;石廷柱已如上述;巴颜,其父李永芳是第一个归降后金的明王朝高级官员;李国翰,其父李继学,原为萨尔浒之役时随经略杨

---

[1]　《清世祖实录》卷一四,顺治二年二月乙卯。
[2]　徐鼒《小腆纪年》上册,中华书局,1957,第359页。
[3]　《八旗通志初集》卷一七六,《石廷柱传》。
[4]　《八旗通志初集》卷一四四,《刘之源传》。
[5]　《满洲名臣传》卷一五,《金砺传》。
[6]　《八旗通志初集》卷一四三,《佟养正、佟图赖传》。

镐的商人，曾将明军军情密报后金，努尔哈赤收李国翰为亲近侍卫，赐号"墨尔根"，在满洲社会中，通称国翰为"墨尔根虾"。[1]其他汉军主要将领与佟养性之流大同小异。总的来说，他们的叛明降金绝大多数出于自愿，而且当时满洲刚刚崛起，明运虽衰，但包括努尔哈赤在内，都不敢相信日后能代明而入主中原，在这样的情况下，他们的投诚，受到满洲贵族集团的珍视，除给以高官厚禄之外，还通过与满洲贝勒大臣联姻及选取他们子弟为侍卫的方式，密切了彼此的感情，使这些人不仅与满洲贵族集团的命运休戚与共，而且从生活习俗直到心理素质也与满洲水乳交融了。日后也确实有相当多的汉军人员通过不同渠道改为满洲籍，如康熙年间，佟图赖族属在正蓝旗汉军十二佐领、镶红旗汉军三佐领，共计壮丁8 431名[2]；石廷柱族属在正白旗汉军五佐领，壮丁3 252名[3]，经议准，俱改为满洲籍，只是这万余壮丁仍留在汉军旗下，以免汉军人丁骤减，失去均衡。

作为武将，他们在满洲社会中地位极为优越，这是八旗汉军将领的第二个特点。

通过不同途径汇入满洲社会的汉人，可划分为民与奴两个等级，就民而言，又可区分不同的阶层，其中汉军将领身份最尊贵，除了上面已经谈到的原因之外，主要因为他们都出身武将，入旗后又担任军职。天聪年间，佟养性、石廷柱、马光远、王世选已被授为总兵官（后改称昂邦章京）世职，这几个人还可以说有军功或投诚之功，而大凌河城之役阵前投降的明军武将则无功可言，也统统"照原衔分别授职"[4]，并赐以世袭敕书，原锦州副将祖泽润为昂邦章京，其他原锦州、前屯卫等城副将祖可法、祖泽洪、张存仁、孙定辽、韩大勋、邓长春、裴国珍、李云、陈邦选、曹恭诚等为梅勒章京，在大凌河城之役被俘获的原明遵化副将薛大潮也被授为二等甲喇章京。这样，汉军的各级将领都有较高的世职，从而可以按世职享有与满人相近的政

---

[1]《清史列传》卷四，《李国翰传》。
[2]《八旗通志初集》卷一四三，《佟养正、佟图赖传》。
[3]《八旗通志初集》卷一九六，《华善（石廷柱之子）传》。
[4]《清太宗实录》卷三〇，崇德元年六月丙戌。

治、经济、法律等方面的特权。汉军将领世职之高与得来之易同汉族文臣形成了鲜明的对比。天聪年间，文馆儒臣宁完我、鲍承先的世职不过参将，范文程仅是游击，崇德初年，范文程任内秘书院承政，大学士衔，鲍承先亦系内院大学士，二人的世职仍为二等甲喇章京，直至顺治二年（1645）定鼎燕京后，才以文程"开国著劳，加世职为三等梅勒章京"[1]。汉族文臣对清开国的勋劳不亚于八旗汉军诸武夫，而文臣建树之大，又莫过于范文程，他所得酬报不过如此，其他人更可想而知了。

汉军将领与满洲统治集团关系密切，最受优宠，因此，他们对清王朝忠心耿耿，殚精竭虑，其中不少人成为清初业绩卓著的军政人才，对开创清朝一统天下立下了汗马功劳。皇太极即位后，虽然屡次派大军入边掠明，但决定明清命运的战场却在山海关外的辽西走廊，因此，宁、锦一带明清之间的战略决战势在必发。崇德六年（1641）七月，锦州、松山战云密布，熟谙这一带形势的石廷柱在七月二十三日上疏分析锦州为明清两军必争之地，八、九月间秋凉之后，明军主力"必与我国并力一战"[2]。三天以后，即七月二十六日，明蓟辽总督洪承畴率吴三桂等八总兵、步骑13万在宁远誓师，进援锦州，证实了石廷柱的预见。在七月二十三日的奏疏中，石廷柱还设想了战局发展的几种可能，并提出了相应的对策："明援兵从宁远至松山，带来行粮不过六七日，若少挫其锋，势必速退。或犹豫数日，亦必托言取讨行粮而去。我军伺其回时，添兵暗伏高桥，择狭隘之处，凿壕截击，仍拨锦州劲兵尾其后，如此前后夹攻，糗粮不给，进退无路，安知彼之援兵不为我之降众也？"[3]松锦之战的进展恰如石廷拄的上述设想，八月二十日明军屯粮所在的笔架山为清军袭占，松山洪承畴大军所持之行粮仅能支持数日，一些将领斗志消沉，主张回宁远支粮再战，于是13万援军在仓皇退却时为清伏兵歼灭大部。有趣的是，连明军主帅洪承畴的下场也早让石廷柱料定了，石廷柱说："洪承畴……纵得逃还，不过东市就诛而已，彼思我皇上恩养三王及凌河

---

〔1〕《八旗通志初集》卷一七二，《范文程传》。
〔2〕《清太宗实录》卷五六，崇德六年七月丁酉。
〔3〕同上。

官属兵丁，或亦来投我国，未可料也。"[1]在松锦之战前夕，石廷柱对战机、战局进展及结局的分析，对清军主帅皇太极显然有特殊重要的参考价值。《清太宗实录》全文收录石廷柱一疏，官修史书石廷柱传记均载其崇德六年七月"上困锦州策""条奏困锦州事宜"，[2]可见石廷柱在明清战略决战——松锦之战中的非同寻常的贡献。

顺治元年（1644）摄政王多尔衮率清军入关占领北京后，把战略重点放在平定直隶、山东、山西等地区，以稳定京畿，为消灭李自成大顺军、南明弘光政权奠定后方基地。汉军固山额真石廷柱、佟图赖率本旗汉军随正蓝旗满洲固山额真巴哈纳抚定山东。汉军固山额真李国翰、刘之源、祖泽润被派往剿平畿南反清武装，尔后，八旗汉军又随正红旗满洲固山额真叶臣略定山西。当年十月，豫亲王多铎率大军南下，经河南入陕西，追击李自成军，翌年，多铎军移师江南，消灭了南明福王、鲁王政权，河南、三江、闽浙等省大体平定，是役，固山额真佟图赖、吴守进率本旗汉军随多铎转战大江南北。顺治二年（1646）后，战事中心转移到湖广一带，大顺军余部与南明武装联合抗清，清廷派勒克德浑率师征湖广，固山额真金砺、刘之源随征。此后，佟图赖、刘之源又协助郑亲王济尔哈朗平定湖南。顺治八年（1651），大西军余部与南明桂王政权合师北拒，四川、云贵地区军情紧急，李国翰以偏师助吴三桂由陕西进征四川。八旗汉军诸将除随征各地外，还被任命为各地驻防将军，镇守要害城镇。至于汉军将领在清初出任部院尚书、侍郎及地方督抚提镇者，更是数不胜数。如果说文馆、内三院是清初汉文臣的摇篮，那么，汉军则为汉武将的渊薮。满洲统治者善待汉族上层人物，卒收底定中国的大功，汉军文臣武将也多能殚精竭虑，报效主恩，成为所谓"从龙丰沛旧臣"[3]。不过，满洲皇室对汉军上层虽优宠有加，但从心里不过以奴仆鹰犬畜之，力图把他们培养成忠顺驯服、强悍得力的奴才总管，在这样环境里发迹的汉军头面人

---

[1] 《清太宗实录》卷五六，崇德六年七月丁酉。
[2] 《清史列传》卷五，《石廷柱传》；《满洲名臣传》卷七，《石廷柱列传》；《八旗通志初集》卷一七六，《石廷柱传》。
[3] 昭梿《啸亭杂录》卷二，"汉军初制"。

物们也处处以奴才走狗自居，专以邀取新主恩宠为荣，这对清初吏治的败坏，乃至士风的颓丧沉沦所系匪浅，不容忽视。

附记：《清初八旗制度》一文原系张晋藩、郭成康合著的《清入关前国家法律制度史》（辽宁人民出版社，1988）之第三章《军政合一的八旗制度》。在《清入关前国家法律制度史·后记》已说明："本书第一、二、三、四章由郭成康撰写"（见该书第599页）。

"土黑勒威勒"考释

罚"土黑勒威勒"之说，偶见于《清三朝实录采要》、王先谦纂《东华录》，以及《清史稿》等史籍，在清前期的档案中，也可以看到这种科罚方法。[1]郑天挺先生在《清史语解》一文中指出："清初凡职官及世爵犯罪较轻者，多罚'土黑勒威勒'，就是轻的罚俸。"他据蒋良骐纂《东华录》顺治十八年四月"吏部议覆更定罚处土黑勒威勒事例疏"，考得罚"土黑勒威勒"即依本职俸给罚十分之一，还推测这种轻微的罚俸，是满洲旧俗。[2]罚"土黑勒威勒"系满洲旧俗，但清入关前的罚"土黑勒威勒"并非罚本职俸给的十分之一，因为那时职官并无俸给。清太宗皇太极曾说："我国家地土未广，民力维艰，若从明国之例按官给俸，则势有不能。然……所获财物，原照官职、功次加以赏赉；所获地土，亦照官职、功次给以壮丁。"[3]可见，清入关前官员及有世职、爵号者并没有定期俸禄，其经济来源主要依靠对外掳掠、自家庄屯的收入及采猎、牧畜等进项，这在档案、官书中可以找到无数例证。既然如此，清王朝入关前的罚"土黑勒威勒"必不能按职罚俸，当另有规定。为搞清这一问题，有必要探索"土黑勒威勒"的本义。

---

[1]《文献丛编》二十六年第二辑，《吏部处分则例》，原北平故宫博物院文献馆编辑出版，1937。
[2] 郑天挺《探微集》，"清史语解·土黑勒威勒"，第137页。
[3]《清太宗实录》卷一七，天聪八年正月癸卯，中华书局，1985。

"土黑勒威勒"系满语"tuhere weile"的音译。从王先谦纂《东华录》和《清三朝实录采要》所载各条罚"土黑勒威勒"来看,其满文有以下四种表达形式:

1. "tuhere an i weile gaiha"。例如,天聪四年十月谕令,凡隐匿壮丁者,"本主及牛录额真、拨什库等罚土黑勒威勒"。[1] 天聪七年二月己卯条下榜式库尔缠一案,"法司议革职治罪,上宥之,但罚土黑勒威勒"。[2] 崇德元年十一月以超品公杨古利"出边时不劝武英郡王殿后,坐是,罚土黑勒威勒"。[3] 崇德三年三月太宗行猎博硕堆时,席翰、康喀赖、吴善有失职守,"罚土黑勒威勒"。[4] 与满文《清太宗实录》相对照,以上各条所谓"罚土黑勒威勒",满文俱为"tuhere an i weile gaiha",[5] 只是因为用于不同的语言环境,"gaiha"有时又作"gaimbi"或"gaiki"。

2. "tuhere weile arafi, fafun de gaiha"。例如,崇德三年正月固山额真叶臣"坐其下顺托惠挟仇强夺额克亲俘获妇女,罚土黑勒威勒"。[6] 据中国第一历史档案馆所藏《盛京原档》,此条"罚土黑勒威勒"满文即是"tuhere weile arafi, fafun de gaiha"。[7]

3. "tuhere weile gaiha"。例如,崇德三年七月谕礼部:"凡出入起坐有违误者,罚土黑勒威勒"。[8] 崇德八年六月,以工部役民无状,"罚承政萨木什喀、参政裴国珍、启心郎喀木图土黑勒威勒"。[9] 上述两处"罚土黑勒威勒",满文体《实录》俱作"tuhere weile gaiha"。

4. "tuhere weile"。例如,天聪八年二月定丧祭焚衣殉葬例,规定焚衣"若逾定数,该管牛禄额真及代子章京俱罚土黑勒威勒";遭禁殉葬,"夫族兄弟各罚土黑勒威勒"。[10] 这两处"罚土黑勒威勒"满文体《实录》

---

[1] 王先谦纂《东华录·天聪五》,天聪四年冬十月辛酉,上海积山书局,光绪甲午石印本。
[2] 王先谦纂《东华录·天聪八》,天聪七年二月乙卯。
[3] 王先谦纂《东华录·崇德一》,崇德元年十一月癸卯。
[4] 王先谦纂《东华录·崇德三》,崇德三年三月甲子朔。
[5] 中国第一历史档案馆藏满文《清太宗文皇帝实录》(小黄绫本)。
[6] 王先谦纂《东华录·崇德三》,崇德三年正月辛未。
[7] 中国第一历史档案馆藏《盛京原档》160号。
[8] 王先谦纂《东华录·崇德三》,崇德三年秋七月丁丑。
[9] 王先谦纂《东华录·崇德八》,崇德八年六月癸酉。
[10] [日]邨山纬、永根铉编《清三朝实录采要·太宗》,卷四。

俱作"tuhere weile"。

在《满文老档》《盛京原档》和满文《清太宗实录》中，最常见的是第三种表达形式"tuhere weile gaiha"。下面先就此探讨"土黑勒威勒"的含义。

据《清文总汇》《清文鉴》，"weile"意为"罪"，"tuhere"用作"weile"的定语，系"tuhembi"一词现在时形动词的形式，"tuhembi"有"跌倒、倒、落"等含义，这一动词用作讼辞时，可译为"定拟""坐"。照此解释，"tuhere weile"即"定拟的罪""坐罪"。"gaiha"是动词"gaimbi"的过去时，"gaimbi"一词意为"要""取"，这里系指执法人员去"取"所"定的罪"应罚的银两，"gaiha"的主体既为法司，译成汉语时，就有"罚"的意义。据此，"tuhere weile gaiha"可译为"罚了定拟的罪"，或"罚了坐的罪"。

"土黑勒威勒"既源于满语"tuhere weile"，那么，它的意思就是"定拟的罪"或"坐的罪"。然而何谓"定拟的罪"或"坐的罪"呢？仍然令人不得其解。就我们接触到的档案而言，"tuhere weile"乃是上述第一种表达形式"tuhere an i weile"的简化形式。"an i"一词，意为"照常""寻常的"，在这里是"照常"的意思。"常"是指"常例""定例"。因此，"tuhere an i weile"可译为"照例定拟的罪""照例坐罪"。为了明确"土黑勒威勒"的含义，我们有必要结合当时的具体案例，先弄清所谓"照常""照例"的常例是什么。

"土黑勒威勒"这一说法，从档案看，始见于天命中期。《满文老档》天命八年二月十九日条载，备御三坦（santan）以属下士卒被杀之故，革职、解任，并"tuhere an i tofohon yan i weile araha"（记了照例定的十五两的罪）。[1] 同书天命八年二月二十七日条载，副将诺穆浑（nomhon）、参将讷鄂德（neodei）未拘禁应当拘禁的朝鲜人，以致其逃亡，诺穆浑革副将职，降为备御，并"tuhere an i gūsin yan i weile arafi, gung faitaha"（记照例定的三十两的罪，削了功）；讷鄂德"tuhere an i orin sunja yan i weile arafi, gung faitaha"（记照例定的二十五两的罪，削了功）。[2]

---

[1]《满文老档·太祖》（原文罗马音译《东洋文库本》）卷四五，天命八年二月十九日。
[2]《满文老档·太祖》（《东洋文库本》）卷四六，天命八年二月二十七日。

上面几个案例启示我们，司法机构量刑时是按照犯人的世职决定罚银多少的。《满文老档》天命六年四月初三日条载，游击职的五牛录额真妥贝（toboi）因罪解任、革职，并"hergen i bodome orini menggun gaifi……"（照世职计算，罚二十两银……）。[1]可见，当时确有照世职（hergen）罚不等银两的定例。司法机构在开始时往往注明"照世职计算"（hergen i bodome）如何如何，日子久了，就省略为"照例"（an i），再一简化，索性连"an i"也不写，径直记为"tuhere weile"（土黑勒威勒）。

从所列举的几个案例来看，不同世职罚银数是不同的：副将诺穆浑三十两（gūsin yan），参将讷鄂德二十五两（orin sunja yan），游击妥贝二十两银（orin i menggun），备御三坦十五两（tofohon yan）。

努尔哈赤起兵之初，其兄弟子侄辈只有贝勒、台吉等名号。八旗建立之后，始有和硕贝勒、执政贝勒等称谓，八旗官将则有管众人的额真、固山额真、梅勒额真、五牛录额真、牛录额真等官名，起初并无爵秩品级。天命五年开始"论功序爵，列总兵之品为三等，副、参、游亦如之，其牛禄厄真俱为备御"。[2]总、副、参、游、备，即所说的世职，满语时称"hergen"（黑儿根），崇德元年又改称为"hafan"（哈番）。[3]人们通常将世职称为"前程"。天命六年四月《满文老档》始见照世职罚罪的记载，原因是天命五年"论功序爵"后，才可能规定照世职罚罪的定例，因此，"土黑勒威勒"这种罪名当出现于天命中。

由于罚有定例，官将的世职也为人所共知，因此，努尔哈赤时代凡罚"土黑勒威勒"，一般只是罗列罚银数目，而不再赘言"照世职计算""照例定的罪"这几个字。例如，天命八年七月初八日以擅分于复州掳获财物之罪，罚阿布泰纳克出、董鄂额驸、武讷格巴克什"susaita yan i weile gaiha"（各罚了五十两的罪），卓礼克图额齐克、阿山、托博辉额齐克、布尔济阿格、达珠瑚"gūsita yan i weile gaiha"（各罚了三十

---

[1]《满文老档·太祖》（《东洋文库本》）卷二〇，天命六年四月初四。
[2]《清太祖武皇帝实录》卷三，天命五年三月。
[3]《清太宗实录稿》卷一四，崇德元年四月议定的《会典》："不许称黑儿根年马，止许称哈封。"

两的罪），尤德赫、叶古德、茂巴里"orin sunja yan i weile gaiha"（罚了二十五两的罪）。[1] 按：阿布泰纳克出、董鄂额驸、武讷格巴克什时为总兵官世职，[2] 卓礼克图额齐克、阿山、托博辉额齐克、布尔济阿格、达珠瑚时为副将世职，[3] 尤德赫、叶古德、茂巴里时为参将世职。[4] 这个案例进一步印证了当时确有照本身世职罚罪的定例，其细则是：总兵官五十两、副将三十两、参将二十五两、游击二十两、备御十五两。照此定例定拟的罪即名之为"土黑勒威勒"。

皇太极天聪八年，改世职名称为满语，依次为牛录章京、甲喇章京、梅勒章京、昂邦章京四级，甲喇章京、梅勒章京、昂邦章京又各分三品。以一牛录章京为一个世职，由牛录章京升至昂邦章京共四个世职，易言之，昂邦章京有四个世职，梅勒章京有三个世职，甲喇章京有两个世职，原有五个备御世职的总兵官称为"公"，有六个世职的总兵官称"一等上公"或"超品公"。世职的最小单位是半个牛录章京，通常称为"半个前程"。以上是非宗室爵，至于宗室爵号，崇德元年定，"凡显祖子孙，考论功德，列爵九等：一等为和硕亲王，二等为多罗郡王，三等为多罗贝勒，四等为固山贝子，五等为镇国公，六等为辅国公，七等为镇国将军，八等为辅国将军，九等为奉国将军"[5]。在太宗时期，世职名称虽有改变，但按世职罚罪的原则却一仍旧贯，而且进一步规范化了。

《满文老档》载崇德元年十月李民表诬告吴景道一案，祖可法以"诳言""tuhere an i weile dehi sunja yan gaiha"（罚了照例定的罪四十五两）。[6] 按祖可法时为梅勒章京。[7] 崇德元年十一月超品公杨古利以"出

---

[1] 《满文老档·太祖》卷五七，天命八年七月初八。
[2] 依次见《满文老档·太祖》卷四六，天命八年三月十八日条；天命八年三月十一日条；卷四九，天命八年四月十四日条。
[3] 依次见《满文老档·太祖》卷四六，天命八年二月二十三日条；卷五一，天命八年五月七日条；卷六九，天命十一年五月；卷四九，天命八年四月十四日条；卷六一，天命九年正月二十一日条。
[4] 依次见《满文老档·太祖》卷四八，天命八年三月二十四日条；卷六八，天命十一年五月条；卷五〇，天命八年五月初一条。
[5] 《（康熙）大清会典》卷一，《宗人府》，《近代中国史料丛刊三编》第73辑，台北文海出版社，1993。
[6] 《满文老档·太宗·崇德》卷二九，崇德元年十月十二日。
[7] 《满文老档·太宗·崇德》卷一七，崇德元年六月十三日。

边时不劝武英郡王殿后之故""tuhere an i weile uyunju yan gaiha"（罚了照例定的罪九十两）。[1] 崇德元年十一月甲喇章京洪尼雅喀以其属下人乱行被杀之故，"tuhere an i gūsin yan gaiha"（罚了照例定的罪三十两），沙尔虎达以其属下人往追逃人被杀之故，"tuhere an i gūsin yan gaiha"（罚了照例定的罪三十两）。[2] 按沙尔虎达当时为甲喇章京。[3]《盛京原档》载，崇德四年九月初六日正白旗包衣牛录章京伊拉木以属下人隐丁，"tuhere weile tofohon yan gaiha"（罚了照例定的罪十五两）。[4] 上面列举的案例表明，天聪八年改变世职名称时，罚"土黑勒威勒"的定例也有所修改，修改后的细则如下：牛录章京（一个世职）十五两，甲喇章京（两个世职）三十两，梅勒章京（三个世职）四十五两，昂邦章京（四个世职）六十两，公（五个世职）七十五两，超品公（六个世职）九十两。

其中昂邦章京、公尚未能举出具体案例，不过以每一世职罚十五两计，各罚六十两和七十五两大致不会有误。天聪八年以后，按品罚银的定例较之努尔哈赤时代更为简明，更便于法司掌握了。

诸王、贝勒、贝子、公等，则按其本身宗室爵科罚数目不等的银两。

努尔哈赤时代，对诸贝勒是否有罚"土黑勒威勒"的规定，笔者不得而知。皇太极即位之后，据天聪五年七月所定诸贝勒罚银例："凡诸贝勒……枉断人杖赎等罪及不奉谕旨私遣人与外国交易，或怠忽职业，或擅取民间财物、马匹，或将本旗人女子不行报部短价收纳在家者，均罚银二百两。"[5] 天聪时尚未定宗室爵号，但对八旗主旗贝勒、不主旗议政贝勒的轻微过误概罚银二百两，这已寓有照例罚罪的含义。崇德元年定宗室爵后，对诸王、贝勒、贝子、公等的照爵号科罚才有了正式的规定。

崇德四年六月，睿亲王多尔衮以本部官员违法而失于觉察之故，部议"应罚银二百两"，太宗命"睿亲王罚以应得之罪"[6]，这"罚以应得之罪"，满文体《实录》是"tuhere weile gaisu"（"着罚土黑勒威勒"或

---

[1]《满文老档·太宗·崇德》卷三三，崇德元年十一月初五日。
[2] 同上。
[3]《清史稿》卷二四三，《沙尔虎达传》。
[4]《盛京原档》223号。
[5]《清太宗实录》卷九，天聪五年七月庚辰。
[6]《清太宗实录》卷四七，崇德四年六月壬寅。

"着罚照例定的罪")。再来看《盛京原档》，有关此条的记载就更清楚了："tuhere weile juwe tanggu yan gaiha"（"罚了土黑勒威勒二百两"或"罚了照例定的罪二百两"）。[1] 崇德三年八月武英郡王阿济格以其属员绰和洛问赎人事时未以正言斥之，部议"应罚银千两"，太宗命"坐以应得之罪"[2]，这"坐以应得之罪"，满文体《实录》是"tuhere weile gaiha"，《盛京原档》此条记为"tuhere juwe tanggū yan gaiha"（罚照例定的二百两）。[3] 这表明，亲王、郡王罚"土黑勒威勒"时的定例为二百两。

再看多罗贝勒。崇德三年七月多罗饶余贝勒阿巴泰"擅留喇嘛于家"，部议"罚银三百两"，太宗命"罚银一百五十两"。[4] 《盛京原档》记此案较详，部议"罚两个土黑勒威勒三百两"（可也译为"罚两份照例定的罪三百两"），太宗命"罚一个土黑勒威勒一百五十两，入官"（或译为"罚一份照例定的罪一百五十两，入官"）。[5] 崇德四年五月，太宗"幸演武场时，阿巴泰不预候于大清门外"，满文体《实录》记为"罚阿巴泰土黑勒威勒"[6]，《盛京原档》则明确记为"罚了一百五十两"[7]。可见，多罗贝勒罚"土黑勒威勒"的定例是一百五十两。

档案中还有宗室公罚"土黑勒威勒"的案例。《盛京原档》记公硕托以隐丁之故，"šoto gung de tuhere tanggū yan i weile gaiha"（"罚了公硕托土黑勒威勒一百两"或"罚了公硕托照例定的一百两的罪"）。[8] 可见宗室公爵"土黑勒威勒"的定例是一百两。

根据以上材料，笔者对宗室爵罚"土黑勒威勒"的定例作一推测：和硕亲王、多罗郡王二百两，多罗贝勒一百五十两，固山贝子、公、将军一百两。在我们所见的档案和官书中，还未发现固山贝子、将军罚"土黑勒威勒"的案例，只能期待新的材料来核实。

---

[1] 《盛京原档》208号。
[2] 《清太宗实录》卷四三，崇德三年八月己未。
[3] 《盛京原档》192号。
[4] 《清太宗实录》卷四二，崇德三年七月辛巳。
[5] 《盛京原档》182号。
[6] 满文体《清太宗实录》卷四六，崇德四年五月丙子。
[7] 《盛京原档》207号。
[8] 《盛京原档》228号。

清入关前，凡有爵号、世职者，有时是按品级罚罪的，这就是所谓的罚"土黑勒威勒"。那么，无世职者是否也通用"照例定的罪"，即也按"土黑勒威勒"惩处呢？下面就此作一些讨论。

崇德三年八月十七日镶红旗虚衔牛录章京（untuhun nirui janggin）王树旺以科敛属下酒食，"罚（照例）定的罪十两"。[1] 王树旺虽管牛录事，但本身无世职，故称"虚衔牛录章京"。此案证明，虚衔牛录章京有时也罚"土黑勒威勒"，但轻于牛录章京，为十两。《盛京原档》203号虚衔牛录章京华英春一案亦可佐证。

崇德三年八月二十一日镶黄旗库尔古里隐丁一案，刑部拟统计男丁的分得拨什库阿尔泰、小拨什库喀木布鲁"打（照例）定的鞭子"（tuhere šusiha tantame），太宗命"分得拨什库阿尔泰、小拨什库喀木布鲁各打（照例）定的三十鞭"（tuhere gūsita šusiha tantaha）。[2] 由此可知，分得拨什库、小拨什库有时"照例鞭责"时，打三十鞭。不过，在《盛京原档》刑部档案中，特别标明鞭责数目的案例极少，有的仅在判词中写明，"打了（照例）定的鞭子"（"tuhere šusiha tantaha"），例如崇德三年八月初四日罗卓户等四名拨什库即"打了（照例）定的鞭子"。[3] 通常的情况则是，只列分得拨什库、小拨什库之名，后面写鞭三十，如崇德三年五月初十日分得拨什库佟吉文隐丁案[4]、同年八月二十一日小拨什库阿都案[5]、崇德四年八月二十五日分得拨什库佛都和案[6]，以及同年十一月三十日分得拨什库塔克图阿、小拨什库布扬阿案[7]，都是如此。这就表明，无世职者同样适用"（照例）定的罪"，即有时也按"土黑勒威勒"惩处，只不过他们无资格纳银赎罪而必须接受鞭责。

这里我们再来讨论"土黑勒威勒"第四种满文的表达形式为什么仅仅是"tuhere weile"的问题。《清三朝实录采要》此条译为"该管牛录额

---

[1] 《盛京原档》190号。
[2] 同上。
[3] 《盛京原档》186号。
[4] 《盛京原档》170号。
[5] 《盛京原档》190号。
[6] 《盛京原档》222号。
[7] 《盛京原档》229号。

真及代子章京俱罚土黑勒威勒""夫族兄弟各罚土黑勒威勒",多一"罚"字,是否忠于原文?我们认为,"tuhere weile"此处不应译成"罚土黑勒威勒",因为牛录额真为罚银,而无世职的代子章京(即分得拨什库,后称为骁骑校)以及夫族兄弟们并无以罚代刑的特权,对他们来说是鞭责了结。乾隆本《清太宗实录》将此处的"tuhere weile"译成"坐以应得之罪",则既有罚银之意,也有鞭责之意,还是可以的。满文体《实录》此处不用"gaimbi"(罚),恰见满文表达的准确。

通过以上考证,我们可以更明白地了解,所谓"土黑勒威勒",是努尔哈赤独创的一个罪名,到皇太极即位以后,虽做了一些修改,但其基本精神没有改变。"土黑勒威勒"源于满语"tuhere weile",而"tuhere weile"不过是"tuhere an i weile"的简化,其完整的意思是"照例定的罪",这个"例",在当时不仅司法官吏十分熟悉,而且也为官场人士所稔知,因此,在判词中毋庸赘"照例"(an i)字样,通常也无须说"罚多少两"或"打多少鞭"。概括地训,"土黑勒威勒"就是按品级罚银或鞭责。那么,是否一切违法行为都适用这一罪名呢?郑天挺先生指出,罚"土黑勒威勒"只适用于"犯罪较轻者"。据以上列举的案例分析,清入关前,确实如此。

下面请再看一条带有概括性的档案材料。《满文老档》载汉官佟养性、刘兴祚等人敕书,对罚"土黑勒威勒"有如下规定:"endeme calame weile baha de, šajin i tuhere weile gaimbi"("过误得罪时,依法罚土黑勒威勒",或"过误得罪时,依法罚照例定的罪")。[1]可见,科罚"土黑勒威勒",仅仅适用于因过误、差错而造成的轻微违法行为,至于大罪、重罪以及一切当时的法律观点认为不属于"土黑勒威勒"的罪行,则由刑部依单行法规,或依旧有判例,或临时斟酌定拟。即使是罚银和鞭责,也名目繁多,绝非仅"土黑勒威勒"一种形式。从档案官书所载的案例分析,凡失职、怠惰、对属下人犯法失于觉察、未能劝谏本管长官或本主的过失、元旦大宴迟到、斋戒期间食韭、作证反复、言语欺诳、隐匿丁口、赌博淫乱、察举失实、违法在家中听讼等等,在当时认为属于一般过误者,概罚"土黑勒威勒"。不过,有时也对犯大罪者科罚"土

---

[1]《满文老档·太宗·天聪》卷一五,《天聪朝颁汉大臣官员敕》。

黑勒威勒"，如崇德三年五月硕翁科罗巴图鲁劳萨等五人以"悖旨贪财，擅纵敌人"，部议劳萨死罪，席特库等四人均革职、鞭一百、赎身，而太宗命"死罪、革职、鞭责、罚赎俱宥之，此辈皆罚土黑勒威勒"[1]。显然，这种情况仅为酌情宽宥的权宜处置，属于法外施恩、重罪轻罚的性质，并不带有普遍意义。

这里顺便谈谈"tuhere weile"的翻译。清初，"tuhere weile"的汉译有两种，其一是音译为"土黑勒威勒"。这种译法是把"tuhere weile"作为一个专有名词来看待，从语法上讲，显然是不准确的，但它既为"tuhere an i weile"的简化形式，行用既久，便成为一个约定俗成的罪名，只要一提"tuhere weile"，人们便知是什么罪、应处以什么刑罚，甚至可以说"罚一个土黑勒威勒"，"罚两个土黑勒威勒"[2]，"将所罚土黑勒威勒分为三份，免其二，将其一入官"[3]，等等，今天听起来莫名其妙，可当时却觉得简单明快。另一种是意译为"应得之罪"[4]，这种译法比较含混，令人费解，但在当时则不然，因为人们对"应得之罪"的理解是"照例应得的罪"，或"按其品级应得的罪"，而不会理解为"依法应得的罪"。总而言之，在当时只要一提"土黑勒威勒"或"应得之罪"，人们便明白这是适用于轻微违法行为的按品级罚银或鞭责的罪名。雍乾之际重新校订《太宗实录》的时候，史官便将带有蒙昧时代味道的"土黑勒威勒"一概改为"应得之罪"。但由于如何"坐以应得之罪"的"定例"早已成为历史陈迹而被人遗忘，因此，今天读《清太宗实录》时，对"应得之罪"都不甚了然。"tuhere weile"的汉译在今天也是一个问题，我们在翻译满文档案的实践中常常为它所困扰，最后权且译为"规定之罪"，一则符合"照例定的罪"这一满文本义，再则容易使读者了解在坐罪时有某种定规。同时，我们也期待其他同志提出更准确的汉译来。

---

[1]《盛京原档》167号；《清太宗实录》卷四一，崇德三年五月癸亥。
[2]《文献丛编》二十六年第二辑，《吏部处分则例》。
[3]《盛京原档》161号。
[4]《明清史料》甲编，第一本，崇德四年六月二十三日《户部示谕稿》："若有栽种丹白桂者，该管牛禄章京封得拨什库纵不知情，亦必问以应得之罪。"《清太宗实录稿》卷一四，崇德元年四月议定的会典："有隐匿壮丁者，其主俱问应得之罪，牛禄章京、封得拨什库、噶尚拨发什库俱问应得之罪。"

"土黑勒威勒"自行世以来，便不断遭到汉官的责难，听听他们对"土黑勒威勒"的批评，谈谈这方面的情况，也许会使我们对"土黑勒威勒"有更为切近的了解。

清王朝入关前，在司法实践中按品级罚银或鞭责，这一独特的科罚方法作为本民族的法制传统，满族官员早已习以为常了，但对那些熟悉以《唐律》为代表的封建法制原则的明降官来说，却很不习惯。首任金国刑部承政的高鸿中在天聪六年正月奏言："近奉上谕，凡事都照《大明会典》行，极为得策。我国事有可依而行者，有不可依而行者，大都不甚相远，只有各官犯事照前程议罚，不惟《会典》不载，即古制亦未之闻也。犯事有大小，定罪有轻重。但犯些微过误者，照前程议罚；或官箴有玷者，亦照前程议罚；或职大职小同犯一事者，俱照前程议罚，恐非创制之良法。"高鸿中这里所批评的"各官犯事照前程议罚"，正是本文所探讨的罚"土黑勒威勒"。他主张"凡职官犯罪，或定三四等，一等罪罚各几石、折银几两，二等罪罚各几石、折银几两，量犯罪大小，只可依等议罚，庶法罪两平，人心贴服"[1]。对过误犯事，按品科罚，同犯一事，世爵越高，科罚越重，这的确如高鸿中所指出的，存在同罪异罚、法罪不平的毛病。高鸿中的责难不为无理。然而，皇太极尽管鼓励汉官大胆建言，却对高鸿中的条奏迅即加以点名批驳，借成吉思汗之子察罕代妄自尊大、轻渺先汗的故典，大谈其"凡此大业，国土人民，一切诸务，皆先帝所崛起而创立者"，告诫高鸿中"毋议前人所行为非"[2]，坚决维护努尔哈赤独创的按品罚罪的旧制。不过，汉官并未就此罢休，天聪七年四月刑部启心郎王廷选再次疏陈："我国论品不论过，虽汗之卓见如斯，似与遵照《会典》□□□□相符也。"[3]（按所缺四字，似为"行事不能"）王廷选在高鸿中受到训诫后一年多，又重复高鸿中的旧议，可见汉官对罚所谓的"土黑勒威勒"的不平之心。但从此后的档案、官书看，皇太极不为所动，依旧我行我素。按品罚银、鞭责，迄入关为止，始终坚持未变。

---

[1] 罗振玉编《天聪朝臣工奏议》，高鸿中《陈刑部事宜奏》。
[2] 《清太宗实录》卷一一，天聪六年二月甲戌。
[3] 《天聪朝臣工奏议》，王廷选《请率由旧章奏》。

皇太极即位后，汲汲求治，博采汉官奏议，对旧制陋俗多所改革，为什么对罚"土黑勒威勒"却如此执拗，不能稍事变通呢？我们认为，这是有其历史必然性的，它根植于早期满族社会的经济基础，为满洲统治集团的根本利益和政治需要所决定。

从经济方面看，独创"土黑勒威勒"之罪，并长期坚持不变，是由清初经济落后、财政拮据决定的。后金占领辽沈之前，粮食问题极为突出，占领辽沈之后，努尔哈赤虽然欲用"计丁授田"制代替辽东地区的原有的土地、赋役制度，但由于种种原因而失败。到了天命末，努尔哈赤更屠戮辽民，将所余汉人强制编庄，隶于八旗，使辽东地区的生产力遭到严重破坏。皇太极即位后，对农业生产关系做了部分调整，但粮食生产远远不能达到自给的程度。这一时期又有漠南蒙古各部的源源归附，同时还要安辑、抚养从东海三部、索伦携回辽东腹地的所谓"新满洲"，加以灾害频仍、战争不断，与明王朝议和之门已彻底关闭，传统的采猎、牧畜业产品——皮毛、人参、东珠等失去出口的市场，因此粮食、布匹及生活必需品严重匮乏。皇太极所谓"我国家地土未广，民力维艰，若从明国之例，按官给俸，则势有不能"，讲的就是这种经济、财政困窘的状况。如何解决这些困难呢？一个主要手段就是"抢"，通过战争掳掠人口、牲畜、衣服、金银以及其他财物，虏获物照官职、功次加以分配。崇德末年，在阿巴泰率军入边大掠之后，皇太极告诫诸王大臣等"岂可恃俘获以为生计"，"厚生之道，全在勤治农桑"，[1]说明迄入关为止，"恃俘获以为生计"并未从根本上改变。皇太极还说："所获财物，原照官职、功次，加以赏赉；所获地土，亦照官职、功次给以壮丁。"既然分配战争俘获以及其他经济利益以爵号、世职为重要标准，那么，在逻辑上推出按品级罚罪也就是顺理成章的了。

从政治方面看，独创"土黑勒威勒"之罪，并长期坚持不变，乃是满洲最高统治者厉行法治、加强集权的政治需要，在司法实践中，虽然触犯了个别贵族、官僚的局部利益和眼前利益，但却符合以满洲贵族为核心的满、蒙、汉统治集团的根本利益和长远利益。

首先，科罚"土黑勒威勒"有利于弥补法制的简陋。清王朝入关以

---

[1]《清太宗实录》卷六五，崇德八年六月己卯。

前，虽然汗谕、单行法规以及某些不成文的习惯法都具有法律效力，但总的看来，还处于因事立法的草创阶段，没有形成一部系统、完备的成文法典；就司法机构而言，也不甚完善严密。无疑，这种状况是不利于法纪的实施贯彻的。为弥补这一缺陷，努尔哈赤一方面以"分段审理，法官公议"制克服司法过程中偏徇枉法、庇护亲族的痼弊；另一方面简化定罪量刑，对职官的违法，大体划分了重罪、大罪与过误犯事的界限。重罪、大罪经法司依现有律例公议拟罪，请旨裁决；而轻微触法，尽管情节五花八门、包罗万象，但一律按"土黑勒威勒"坐罪科罚，这既便于法司定罪量刑，弥补法制的疏陋，又抑制了刑官攀缘比附、锻炼入罪的流弊。努尔哈赤和皇太极两代君主处于满族社会封建化的历史进程中，十分警惕汉官士大夫游谈无根、华而不实的作风，在处理军政事务时，始终保持本民族简捷径直、沉毅雄断的传统。独创"土黑勒威勒"之罪名，正体现了这一点。在法制简陋的草创时期，这实在是符合国情、行之有效的"创制之良法"。

其次，科罚"土黑勒威勒"有助于整肃法纪。诚然，早期满族国家法制的主要锋芒是针对广大被压迫人民和被压迫民族的，但为了贯彻国家统一政令，加强专制集权，保持八旗的协调统一，缓和阶级矛盾和民族矛盾，努尔哈赤和皇太极也把以法制武器解决统治阶级违法乱纪的问题置于相当重要的地位，不仅严肃处理大案、要案，而且对于"些微过误""官箴有玷"之类的一般违法行为也毫不姑息。《盛京原档》160号—163号记录了崇德三年正月刑部审理的十八件刑案，共有二十三名有世爵者被治罪，其中十三人被罚"土黑勒威勒"，他们违法的程度，用当时的法律衡量，确实都属于"过误犯事"。崇德三年正月的案件带有一定典型性，它表明，在统治阶级内部，一般的违法在全部违法案件中要占相当大的比重，同时也表明，刑部对有世爵者的"过误犯事"一概绳之以法，从而维护了法律的尊严。纵观清入关前的档案、官书，应该说这是普遍的现象。一般来说，一个国家法纪是否整肃，重要的标志之一就是对上层人物的轻微触法能否真正予以严肃处理。

最后，科罚"土黑勒威勒"有助于保持对品级较高的贵族大臣的约束。世爵愈高，惩罚愈重，这是科罚"土黑勒威勒"的原则，刑部汉承政高鸿中反对"职大职小同犯一事者，俱照前程议罚"，正是反对这一刑法原则。如果说犯罪就要有惩罚，那么，实际的罪行就要有一定的惩罚尺度，惩罚尺度应该和罪行是一致的。高鸿中主张法罪两平，反对同罪异罚，无疑是符合罪与罚关系的一般原则的。但另一方面也不可忽视，即惩罚又应当收到真正制止继续犯罪和警诫其他社会成员的效果，否则，惩罚也会流于形式，形同虚设。早期满族国家立法时考虑到了上述两个方面，一方面定罪量刑的基本根据是犯罪事实，另一方面又把"过误犯事"这种普遍的、经常的、大量的轻微违法行为合并为一类，特定"土黑勒威勒"之罪，科罚时不再区别情节之间的差异，而是按世爵高低的不同罚银或鞭责，这在一定范围内的"论品不论过"，从形式上看，似乎法罪不得其平，但从实质上看，恰有其合理之处。平日特权多的，责也重；经济收益高的，罚也苛。不如此而一概薄罚，对家资富厚的权贵来说，无异于九牛亡一毛，显然不可能收到刑罚的效果。清入关前，权贵畏法奉法，这与"罚重于上"的法制不无关系。

总而言之，"土黑勒威勒"作为清初法制体系中一个重要的组成部分，有其存在的历史必然性，尽管遭到汉官的一再抨击，却未做变更。就是在入关以后，有世爵者开始定期领取俸银禄米，但仍继续实行按世爵科罚的原则，只不过由按世爵罚银鞭责改为按世爵薄罚职俸而已。当然，早期满族国家的法制，从根本上讲是赤裸裸的等级特权法，"土黑勒威勒"作为它不可分割的一部分，自然也打上了等级特权法的阶级烙印。罚"土黑勒威勒"的本身，正是统治阶级上层享有法律特权的表现，他们的一般违法行为，可以以罚代刑，而对广大的牛录属人及一切无职者，则要处以鞭责、割耳鼻等身体刑，甚至在行军之际，凡偷鞍鞯、辔头、笼头、马绊之类的轻微过犯，都要处以挑脊背、割嘴、挑脚筋等酷刑，[1]更不去说那些不受法律保护的包衣、阿哈了。

原载《文史》第二十四辑，中华书局，1985

---

[1]《明清史料》丙编，第一本。

论文馆儒臣及其对清初政治的影响

清代的内阁,滥觞于开国时期的文馆。天聪三年(1629)四月,金国汗皇太极将翻译汉籍和记注国史的文臣作了明确分工,[1]此后,汉族儒臣、生员大批被充实进文馆,因此论者多以天聪三年为文馆的肇始。至崇德元年(1636)四月改国号为"大清"前夕,文馆更名为内三院。文馆是皇太极的机要秘书班子,在君权日重的天聪时代,文馆中的汉儒臣襄助皇太极做了大量工作,推动了早期满族国家的封建化。本文准备从文馆汉儒臣的政治性格及其对清初政治的影响这两个方面揭示他们的地位和作用。

一、文馆汉族官生的政治性格

文馆汉族官生作为一个特殊的政治群体,遭际相近,地位相同,有共同的文化素养和政治倾向,因此自然形成了共同的政治性格。

首先,他们多是作为俘获被掠入金国的。

文馆汉官生以后多数通显,为清朝的开国名臣,他们的事迹也多载在国史,但文馆诸臣列传在述及他们与满族国家的最初因缘时,往往用

---

[1] 《清太宗实录》卷五,天聪三年四月丙戌。

"天命年间来归""随众投诚"等等冠冕堂皇的字句一笔带过。我们不排除天命、天聪时确有文臣、生员归降满洲，但至少在天聪中期以前，这种情况并不多见，所谓"来归""投诚"云云大半是掳掠而来，这中间不知含有多少辛酸的血泪。

先看马鸣佩。《满洲名臣传》卷四本传记云："天命四年太祖高皇帝克辽阳，鸣佩随众投诚。"而蒋士铨为马雄镇所撰写的《马文毅公传》曾述及马雄镇之父马鸣佩、祖马与进的情况："天启辛酉，辽有兵祸。公（按指马与进，其官为训导）率民捍城甚力。妻赵氏因讹言，遽驱女孙入井，领家人四十余口同日死。父鸣佩，字润甫，从龙入关……"[1]天启辛酉，即后金天命六年，其时努尔哈赤率军攻克辽沈，即所谓"辽有兵祸"，马鸣佩全家惨死，其父马与进或死于城守，或城破被杀，作者语焉不详。在这种情况下怎么可以想象马鸣佩"随众投诚"呢？合理的解释应该是，屠城时马鸣佩以年幼故，被后金官兵掠去，没为阿哈。

再看王文奎。《清史列传》卷四本传记云："浙江会稽人……年二十，为明诸生，北游遵化。天聪三年，太宗文皇帝征明，下遵化，文奎来归，贝勒豪格携至沈阳，命直文馆。"而天聪七年王文奎本人疏称："臣以俘徒应死，蒙本贝勒再生。"[2]可见所谓"来归"，是遵化失陷时，江南秀才王文奎恰在城中，被金军所俘，分与贝勒豪格，携回沈阳。

下面看鲍承先。鲍承先原为明开原东路统领新勇营副将，明金广宁之战时被俘。《清史稿·鲍承先传》记广宁失守后，"承先窜匿数日，从众出降，仍授副将"[3]。其实，鲍承先系战败被俘，皇太极在天聪九年就曾直言："鲍承先等果有何功？俱系临阵与我军抵敌，因败走被擒者。"[4]

至于范文程天命时"仗剑谒军门"，已有文详尽考辨，他是努尔哈赤破抚顺时的"阶下囚"。[5]

要之，文馆汉官生之所以与金发生关系，大半不是慕义来归，而是

---

[1] 钱仪吉编《碑传集》卷一一九，《清代碑传全集》，上海古籍出版社，1987。
[2] 罗振玉编《天聪朝臣工奏议》，王文奎《请电微烛奸奏》，《清入关前史料选辑》第二辑。
[3] 《清史稿》卷二三二，《鲍承先传》。
[4] 《清太宗实录》卷二二，天聪九年正月戊寅。
[5] 张玉兴《范文程归清考辨》，《清史论丛》第6辑。

在血雨腥风的恐怖中，被迫将自己的命运交给为他们所鄙薄的"异类"，忍辱含垢，苟且偷生而已。《清史稿·蒋赫德传》描绘了他归附的经过："蒋赫德初为明诸生，尝应乡试，夜闻明远楼鼓声，曰：'此颓败之气，国安能久？'不终试而去。遍游九边，曰：王气在辽沈，将有圣人出，吾蓄才以待可也。旋为太宗赏拔，卒致通显。"[1]这显然是蒋赫德通显后的杜撰。《清史列传·蒋赫德》则较为平实："本名元恒，世居遵化，天聪三年，太宗文皇帝统师征明，克遵化，选儒生俊秀者送盛京，入文馆读书，元恒与焉，赐名赫德。"[2]又据《八旗通志初集》卷一八九，金兵取遵化时，蒋赫德"年甫十五"。可见蒋赫德当时还不过是个俊秀少年，遵化失陷后，被掳，送入文馆读书，作为日后文臣的预备人才。

第二，他们在入文馆前遭际惨苦，处于满洲社会的最底层。

文馆汉官生绝大部分是天聪三年以后陆续进入文馆的，在此之前，他们或为汗与贝勒的包衣，或在满洲、蒙古家为奴。天聪初年，以皇太极为首的满洲贵族集团开始调整对汉族的政策，其中一个重要方面就是拉拢汉族士人参加金国政权。天聪三年九月，首次考试儒生即是明证。鉴于这段记载已为人们熟知，这里从略。

天聪三年以后入文馆的一部分秀才当是这次考试的优异者。除此而外，皇太极还通过荐举的方式，擢拔了一批汉官。宁完我原为贝勒萨哈廉家奴，天聪三年经自荐被召对，继而宁完我又荐举鲍承先等五六人，在天聪三、四年掠明时，俱受提擢。他们已将国难家仇、自身遭遇置诸脑后，而死心塌地为满洲统治者出谋划策。正是由于文馆官生大都经历了这一番颠簸痛苦的过程，才与满洲统治集团建立了一种特殊的关系，并对满洲社会有了深入的了解。

第三，他们在入文馆前，已初步具备了儒家思想的理论修养，个别甚至有从事政治的实践经验。

汉官生入文馆前是明诸生者，有范文程、李栖凤、王文奎、马国柱、杨方兴、罗绣锦、马鸣佩、雷兴、张文衡等九人。此外，梁正大、齐国儒为后金天聪八年的举人。鲍承先、高鸿中则入馆前在明朝有较高的军

---

[1]　《清史稿》卷二三八，《蒋赫德传》。
[2]　王锺翰点校《清史列传》卷五，《蒋赫德传》。

职。他们在上述所指出的十七名汉官生中占了四分之三,只有宁完我、高士俊、朱延庆、陈极新非诸生出身或出身不详。还应该指出,在他们之中,范文程、马鸣佩、李栖凤等人为名门显宦之后。不过,作为一个整体看,这一群年轻的士子在明末还都不可能以家世自矜,如果没有明清之际的历史机遇,他们多半会一生潦倒,老死场屋的。

第四,他们在入文馆任事后仍然受到社会的贱视。

努尔哈赤成功地把崛兴的满族造就为一个洋溢着尚武精神的民族,在那里世职、爵号只能通过军功取得,而世爵则直接意味着子女玉帛和显贵地位,没有军功的人,包括汗身边的近臣,即使辅佐文治,业绩超卓,也不可能得到世职,因此,在社会上处于贫贱地位。皇太极开始认识到文治的重要性,他说:"自古国家,文武并用,以武功戡乱,以文教佐太平,朕今欲振兴文治。"[1]提高文臣的社会地位,就是振兴文治的一个重要方面。达海无军功,但以译汉书得授游击。《清史稿·达海传》指出:"国初文臣无世职,有之,自达海始。"[2]但重武轻文的传统绝非一朝一夕可以改变的,据《清太宗实录》载,达海逝,"子雅亲降一等袭职,授备御。文臣例无承袭,盖异数也"[3]。武士以军功得世职,死后由子侄辈按原职承袭,这是通例,而达海之子降一级承袭,乃是"异数"!可见传统观念的顽固难破。日后修太宗实录,对达海评价甚高:"达海与额尔德尼应运而生,实佐一代文明之治。"[4]但达海生前并未得到应有的酬报,这只要看他死时的凄清,以致殓时竟无完靴,就可以生动地说明他的贫窭。在"重富不重贵"的满族社会风气下,他们的处境也就可想而知了。

达海这样的满洲儒臣尚且如此,备受民族歧视的汉文臣的地位就更等而下之了。天聪二年佚名《奏本》的作者说:"臣又见我国之中,平人有钱者得戴贝勒大人之帽,得穿贝勒大人之衣,扬扬得意,街头横行。有等贫穷官员,饿殍其色,悬鹑其衣……同于乞丐。"[5]宁完我讲到汉官

---

[1]《清太宗实录》卷五,天聪三年八月乙亥。
[2]《清史稿》卷二二八,《达海传》。
[3]《清太宗实录》卷一三,天聪七年二月壬申。
[4]《清太宗实录》卷一二,天聪七年七月庚戌。
[5]《明清史料》甲编,第一本。

的处境时说得十分凄楚动人:"满洲国人,语言既同,贵贱自别。若夫汉官,只因未谙满语,尝被讪笑,或致凌辱,至伤心堕泪者有之。"[1]宁完我所谓的汉官实际上是指没有世职或世职卑微的文臣,那些从明朝降附过来的武将多授予较高的世职,当不在其列。天聪九年二月新附生员杨名显等奏陈:"皇上如欲大图之,莫若文武并兴。但见今之武将有归者,因皇上崇武故也,文臣甘于死而不顺者,不知皇上兴文故也。"[2]可以证明到天聪后期文臣在后金被轻贱的状况还没有从根本上改变。范文程、鲍承先、宁完我的世职均靠自己荷戈上阵冒死得来,被皇太极"资为心膂","每入对,必漏下数十刻始出"的范文程,[3]到崇德改元前还不过三等甲喇章京。这种重武轻文的社会风气直到入关之后仍然存在。

文馆中的汉官生诸人情况不一,性格各异,范文程沉毅稳健,宁完我通达轻躁,王文奎明哲深邃,李栖凤练达勤慎。总的看来,他们作为一个社会阶层的代表人物,由于有大致相同的出身、教养、经历及社会地位,因此,铸成了他们具有"大明骨、大清肉"这样满汉双重的政治性格。起伏跌宕的生涯、劫后余生的切肤之痛、骤被超拔的喜悦和感激,使他们与满族统治者建立了一种特殊关系,并对满洲社会,从政治、法律到文化、风俗等都颇为熟悉。这一批年轻的受到儒家思想熏陶的士子处于满汉历史文化交流的旋涡,在满族社会急剧封建化的历史潮流中,适时地与一代英主皇太极结合在一起,从而给予清初政治以极其深刻的影响。

二、文馆儒臣对清初政治的影响

文馆儒臣对清初政治的影响是极其深刻而广泛的,他们影响政治的方式也是多种多样的,就汉儒臣而言,则主要以奏议的方式陈述他们的

---

[1]《清太宗实录》卷一〇,天聪五年十二月壬辰。
[2]《天聪朝臣工奏议》,杨名显等《谨陈四款奏》。
[3]《清史稿》卷二三二,《范文程传》。

政治主张。以下从五个方面考察文馆儒臣对清初政治的影响。

第一，确定"参汉酌金""渐就中国之制"的改革方针。"汉化"，是后金占据辽沈，并将政治中心移往辽东之后的必然趋势。但满洲统治者鉴于辽金元入居汉地，易世之后，皆成汉俗的教训，对政治改革十分拘谨。努尔哈赤晚年对汉化基本上取抵抗态度。"诸事皆以意创行"，"因心肇造"[1]，轻蔑文治。但严峻的事实是：不改革满洲社会原有基础上的政治、法律制度等上层建筑，便不可能在辽东建立起稳固的统治，更谈不到与明争天下了。皇太极即位后，锐意革新，天聪五年仿明制建立六部，是改革的一个重要标志。不过六部建立以后，就面临着这样的问题：六部的职责如何确定？最初似有"凡事都照《大明会典》行"的意向。[2]但事实上，拒绝"汉化"固不足取，全盘"汉化"也不切实际。天聪七年正值改革处于徘徊之际，洞悉满汉差异的宁完我提出了"参汉酌金""渐就中国之制"的主张：

> 《大明会典》虽是好书，我国今日全照他行不得。他家天下二三百年，他家疆域横亘万里，他家财赋不可计数。况《会典》一书，自洪武到今，不知增减改易了几番，何我今日不敢把《会典》打动他一字？
>
> 我国六部之名，原是照蛮子家（按指明人）立的，其部中当举事宜，金官原来不知。汉官承政当看《会典》上事体，某一宗我国行得，某一宗我国且行不得；某一宗可增，某一宗可减，参汉酌金，用心筹思，就今日规模，立个金典出来，每日教率金官到汗面前，担当讲说，务使去因循之习，渐就中国之制。[3]

正是宁完我第一个敏锐地抓住了政治改革中这一带根本性的方针问题，并且给予了简捷明快的回答。特别应该指出，宁完我是从满洲国家的长远发展提出这一改革方针的，他以为只有如此，"日后得了蛮子地

---

[1]《清太宗实录》卷一二，天德六年七月庚戌。
[2]《天聪朝臣工奏议》，高鸿中《陈刑部事宜奏》。
[3]《天聪朝臣工奏议》，宁完我《请变通〈大明会典〉设六部通事奏》。

方,不至手忙脚乱"[1]。从清初政治改革的进程来看,也正是从自身国情、民情出发,借鉴明朝的典章制度,循着"参汉酌金""渐就中国之制"这一根本方针,使一套满汉融合的新制渐臻完善的。

第二,以儒家经典作为政治改革的理论指导。政治改革头绪纷繁,汉官生员见解各异,很少有人能触及根本。儒家理论修养较深的王文奎则找到了关键。他在天聪六年九月的奏本中说:"臣自入国以来,见上封事者多矣,而无一人劝汗勤学问者,臣每叹源之不清而欲流之不浊,是何不务本而务末乎?"王文奎所谓源不清、不务本,是指皇太极偏爱野史小说而不务正道。他说:"汗虽睿智天成,举动暗与古合,而聪明有限,安能事事无差?且汗尝喜阅《三国志传》,臣谓此一隅之见,偏而不全。"治国平天下却不是《三国》等所能胜任的。王文奎认为:"帝王治平之道,微妙者载在四书,显明者详诸史籍,宜于八固山读书之笔帖式内,选一二伶俐通文者,更于秀才内选一二老成明察者,讲解翻写,日进四书两段、《通鉴》一章,汗于听政之暇,观览默会,日知月积,身体力行,作之不止。"[2]

王文奎以学习儒家典籍及历代统治阶级的政治经验为正本清源的头等大事,可谓抓到了政治改革的根本。努尔哈赤关于"八王共治"的遗训,长期以来具有法律效力的不成文习惯法,以及根深蒂固的传统观念,这些维护旧经济基础的上层建筑是不可能轻易退出历史舞台的。而摧毁它们的最锐利的理论武器是儒家经典,确立起一整套封建上层建筑的理论基础也是儒家经典。天聪九年十一月,莽古尔泰等阴蓄异谋案发,诸贝勒大臣会议正蓝旗"人口财产俱入官",意即八旗均分,而皇太极欲独吞正蓝旗,遂谕令集文馆满汉儒臣复议,儒臣以"都城过百雉,国之患也"的古训为据,主张皇太极为国之至尊,"上下之间,自有差等",[3]为皇太极吞并正蓝旗大造舆论。最后削莽古尔泰一支宗室籍,并将正蓝旗归皇太极所有。这一事件是儒家政治观念对努尔哈赤"八王共治"遗训的一次重大胜利,对开创帝权独尊的新时期有直接影响。在改革旧俗方

---

[1]《天聪朝臣工奏议》,宁完我《请变通〈大明会典〉设六部通事奏》。
[2]《天聪朝臣工奏议》,王文奎《条陈时宜奏》。
[3]《清太宗实录》卷二六,天聪九年十二月辛巳。

面也是如此。天聪五年七月，谕禁"嫁娶则不择族类，父死而子妻其母"的陋习，违者，以奸论。同时，皇太极说明："明与朝鲜皆礼义之邦，故同族从不婚娶，彼亦谓即为人类，若同族嫁娶，与禽兽何异？是以禁止耳。"[1]这是用儒家伦理道德为改革满洲旧俗开路。以上两例确能证明学习儒家经典是政治改革的头等大事。

达海翻译汉书，备受称颂，原因正如《清太宗实录》所指出的："初，我国未深谙典故，诸事皆以意创行。达海始用满文译历代史书，颁行国中，人尽通晓。"[2]达海翻译汉籍在前，王文奎提倡读经于后，对清初政治的影响极为深远。

第三，以设六部、立谏臣、更馆名为中心进行官制改革。天聪五年七月，金国仿明制设六部，倡议者是宁完我等儒臣。宁完我在天聪五年十二月的奏本中提及："初被召对，辄荐五人……后臣等公疏，请设六部，立谏臣、更馆名、置通政、辨服制等事。疏经数上，而只立六部。"[3]屡上的奏疏今已亡佚，不能了解其详情。但立谏臣、更馆名却是文馆汉大臣生员们以后一再提及的。结果是天聪六年正月"bithei boo"（笔帖赫包，即书房）已改称"bithei yamun"（笔帖赫衙门）。至天聪十年三月，在文馆原有的基础上，进一步明确职掌，充实官吏，并更馆名为内三院（内秘书院、内国史院、内弘文院）。崇德元年四月又建立都察院，都察院"职司谏诤"，对诸王贝勒大臣及六部等衙门都有权稽察纠弹。[4]至此，宁完我等从天聪三、四年开始的建议大体得到了实现，以参汉酌金为指导方针的官制改革基本完成，维护帝权独尊，诸王贝勒赞襄国政、匡辅国家的这种崭新政体的官僚机构初具规模，这就为稳定在东北地区的统治，并与明展开争夺中国统治权的决战奠定了坚实的基础，为入关之初迅速适应对中原地区的统治准备了条件。

第四，辨服制，建立以皇权为中心的封建等级秩序。早期满族国家与传统的汉族封建国家的社会风气迥然不同，在那里并不是按照封建等

---

〔1〕［日］邨山纬、永根铉辑《清三朝实录采要》，太宗天聪五年七月庚辰。
〔2〕《清太宗实录》卷一二，天聪六年七月庚戌。
〔3〕《清太宗实录》卷一〇，天聪五年十二月壬辰。
〔4〕《清太宗实录》卷二九，崇德元年五月丁巳。

级决定服饰、居室、饮食、祭祀、丧葬等。对此,沦为异域的汉官生员很不以为然。王文奎在奏本中说:"窃见我国官民,毫无分别,贪而富者,即氓隶而冠裳之饰上等王侯,清而贫者,即高官而服饰之混下同仆从。"[1]这些在金国名为官生、实同乞丐的士子们迫切要求正衣冠,以在备受歧视的满洲社会中以服饰的特异而显示其等级。因此,"正衣冠、辨等威"成为汉官、生员人人关切的严重问题,"章奏之内,无人不言"[2]。他们向皇太极建议,正衣冠并不必如明朝圆领纱帽,"惟分别尊卑等级,便是制度"[3],最终应做到"帝王之冠服,不同公侯;公侯之冠服,不同散官;若是庶民,即家资巨万,不过庶民之冠服已耳,惟有功于国者,衣冠不等平人。"[4]他们认为,正衣冠、辨等威,事关大局,刻不容缓,"国体威严系于斯,人心系恋系于斯,纪纲法度系于斯,风移俗易系于斯"[5],搞好了,就会"主权尊,民志定,贤愚允奋,国势愈隆"[6]。

皇太极对采纳汉官生员上述建议十分慎重,不过伴随着君权的日益提高和满洲社会内部封建化程度的加深,还是逐步实行了汉官生员的建议。天聪六年二月令和硕贝勒以至庶民不许穿用染黑貂皮作囤子及宽边子镶的衣服,不许戴帽上绽尖缨者。[7]当年十二月再一次下谕:"国家服式之制,所以辨等威,定民志……不可不定为法制。"该谕令明确规定了诸贝勒以下至庶民的服式要求。[8]天聪七年六月,再谕"入朝冠服之制"[9]。崇德改元,建国大清之际,又对诸王贝勒贝子的顶子、朝带、乘舆、府邸等等作了烦琐的规定,以维护皇权至上的封建等级制度。同时,对各部院大臣的顶带服色也都作了详尽的规定。尽管彻底贯彻这些法制还要经历长时间的斗争,但文馆儒臣们所渴望建立的分别尊卑等级的"一代制度"的雏形已经具备了。崇德初,晋升为内三院大学士的范

---

[1] 《天聪朝臣工奏议》,王文奎《条陈时事奏》。
[2] 《天聪朝臣工奏议》,李栖凤《尽进忠言奏》。
[3] 同上。
[4] 《天聪朝臣工奏议》,王舜《恭陈末议奏》
[5] 《天聪朝臣工奏议》,李栖凤《尽进忠言奏》。
[6] 《天聪朝臣工奏议》,王文奎《条陈时事奏》。
[7] 《清太宗实录稿本》,第7页。
[8] 《清太宗实录》卷一二,天聪六年十二月甲子。
[9] 《清太宗实录》卷一四,天聪七年六月己巳。

文程、鲍承先世职虽不过甲喇章京，但"顶带服色及随从人役俱与梅勒章京同"，学士王文奎、罗绣锦虽为白身，但"顶带服色及随从人役俱与甲喇章京同"[1]。在满洲社会中，儒臣的尊严开始确立了，这同时也标志着早期满族封建化的历史进程已大大跨进了一步。

第五，荐举人才，培养安邦治国、守土治民的文臣。金国将才辈出而惟少文臣，明朝文臣又至死不顺，因此，发现和培养国中现有的人才就成为关系国家长远发展的带战略性的重大问题。天聪初便有明智之士指出："窃观金国之所重者，惟军功一款，而诸功不与焉，愚以为举贤之功，当与军功并重可也。"[2]天聪三年之后，金国主要通过荐举和科举两条途径网罗文臣。天聪三年九月后金首次考试儒生，中式者二百余人，占后金境内全部秀才的三分之二之多。天聪八年又开科取士，刚林、齐国儒、罗绣锦、梁正大、雷兴、马国柱等十六人中举[3]。而宁完我自荐又荐举鲍承先等人，朱延庆荐举陈极新、申朝纪，则是荐举人才的著名事例。汉族儒生通过科举或举荐进入文馆后，又进一步陈述人才的重要性。天聪七年七月王文奎疏称："古来成事业者，要求实用……汗宜恳切出一明谕，不拘俗类，不限贵贱，不分新旧，令有才能者，不妨自荐，有熟知者，许令保举。"[4]这显然启了皇太极。皇太极屡谕荐举人才，天聪九年二月又谕群臣："朕惟图治以人才为本，果有深知灼见之人，即当悉行荐举。"[5]而范文程在通过科举发现人才方面更有特殊贡献，用李霨的话说："时初，开科目取士，公（按即范）知贡举，所拔士后皆为名臣。"[6]

经过文馆的历练，不少文臣调往六部二院任职，在天聪、崇德时期已发挥了积极作用。值得提出的是，有的儒臣已开始从战略上考虑对文臣的培养。朱延庆在天聪八年奏陈："窃思我国之攻城破敌、斩将搴旗者实不乏人，守地治民、安内攘外者概未多见……恐仓卒之际，或难名实

---

[1] 《清太宗实录》卷二七，崇德元年五月丙午。
[2] 《明清史料》甲编，第一本，1935。
[3] 《清太宗实录》卷一八，天聪八年四月辛巳。
[4] 《天聪朝臣工奏议》，王文奎《请荐举人才奏》。
[5] 《清太宗实录》卷二二，天聪九年二月壬午。
[6] 李霨《内秘书院大学士范文肃公墓志铭》，《碑传集》卷四。

相称也。"[1]果然十年之后，清兵入关，守土治民的文臣亟感缺乏，"用满臣与民阂，用汉臣又与政地阂，惟文馆诸臣本为汉人，而侍直既久，情事相洽，政令皆习闻，为最宜也"，故"顺治初，诸督抚多自文馆出"[2]。顺治元年七月，文馆旧臣杨方兴、马国柱、李栖凤、高士俊、马鸣佩、王文奎、罗绣锦等分赴河北、河南、山东、山西为督抚司道正印等官。[3]顺治二、三两年大江南北任总督重任者，文馆旧臣竟占了七分之五。他们是宣大总督马国柱、湖广四川总督罗绣锦、河道总督杨方兴、淮扬总督兼漕运总督王文奎。顺治时任过总督巡抚的文馆旧臣还有：雷兴、朱延庆、陈极新、李栖凤、马鸣佩、高士俊、张文衡等人。顺治初，不仅督抚多由文馆出，而且他们悉数被派往要害地区，充当镇压各地反清斗争的得力爪牙和忠实奴仆。如马国柱总督宣大山西，王文奎、罗绣锦巡抚大河南北，杨方兴总督河道，保证粮运通达。至顺治二年以后，随着战争重心移往长江中游，遂调罗绣锦总督湖广、四川，王文奎总督淮扬兼督漕运，马国柱调江南、江西、河南总督。这些督抚均久在任上，杨方兴总河凡十四年，罗绣锦顺治九年死于湖广四川总督任上，马国柱至顺治十一年因病乞免。王文奎虽有周折，但十余年间历膺重任。

在文馆旧臣中，还有范文程、鲍承先、宁完我先后任内三院大学士，其中范文程所领皆机密，尤为清太宗皇太极所倚重，入关之际，其所建言对清初政治影响尤巨。逝后，被誉为四代辅臣，康熙帝特赐"元辅高风"匾额。

综计可确考的天聪时文馆汉官生员十七人中，入关以后任大学士者二人，任督抚者十一人，其他诸人，或在八旗管民，或在内院供事，也都略有政绩可考。如果说，文馆儒臣规划的清初封建化改革的蓝图奠定了入关之初的政治基础，那么，文馆培养、储备的文臣则为顺治时治国安邦、守土治民提供了组织准备。二者相辅相成，意义并重。

一批出身微贱，遭遇坷坎，在早期满族社会中备受歧视的小人物，竟在清开国史上留下了深深的足迹，对清王朝来说，他们堪称一代名臣。

---

[1]《清太宗实录》卷二一，天聪八年十二月丙午。
[2]《清史稿》卷二三九，《祝世昌传》，卷末"论曰"。
[3]《清世祖实录》，顺治元年七月甲辰、壬子。

然而，在偌大的明帝国，他们没有出路，而在后金的努尔哈赤时代，他们更惨遭浩劫，只是在皇太极执政之后，他们才得以脱颖而出，一展宏图大志。如果单个考察每个人，也许有种种偶然性，但联系到明清之际周期性封建王朝的更替，满族社会不可抗拒的封建化历史进程，难道这批文人有着大体相同的命运不是必然的吗？当然，即使处于皇太极时代，这一批文人的才能见识也可能发挥得充分一些，或者，更多地被压抑了，这就要取决于当时的满洲统治者所采取的政策了。平心而论，皇太极对汉族文臣儒士的政策的基本方面应当予以肯定，这一政策在历史上取得了巨大成效。总而言之，如何认识与发挥一个具有巨大潜力的社会阶层智力集团在历史上的作用，明清之际金国文馆儒臣的命运实在值得我们深长思之。

原载《东北地方史研究》1986年第1期

刘兴祚论

相近的时代条件往往会造就出相似的历史人物。明末的刘兴祚与南宋初的李显忠虽然相距五百年,但细心的史家还是把他俩相提并论。[1] 刘兴祚与李显忠的确有许多相似之处,他们都曾流落于异族统治之下,且同被重用,镇守一方;然而,他们又都苦苦地眷恋着故土,最后竟不惜破家以殉国,把父母妻子都奉献给了崇高的民族祭坛。这类历史人物的出现,正说明中国历史上某一特定时期民族矛盾、民族斗争的复杂性和残酷性。刘兴祚和李显忠都称不上千古完人,结局也不那么轰轰烈烈,但就气节风骨而论,他们与那些名垂青史、浩气长存的民族英雄相比却毫不逊色;甚至可以说,他们悲剧一生所包含的文化传统的底蕴,更值得人们珍视与反思;不过,世人却很少缅怀和纪念这些不幸者。如果说李显忠的反正还能得到南宋当局的理解和承认,他的传记也能留存于《宋史》,那么,刘兴祚殉国大节却被付之泯泯,清人视其为不共戴天的叛徒,明人则怀疑他的忠诚,在易代之后所修的正史中,我们竟找不到他的列传。刘兴祚被他的故国遗弃了,长期以来也被历史冷落了。身处异邦的刘兴祚曾把自己比喻为客寄他乡的"馆燕"[2],这只孤单的燕子辛

---

[1] 谈迁:"刘兴祚虽浦广之余,食棋怀音,百计营脱,与宋之李显忠、魏胜何异?"张宗祥点校《国榷》卷九一,崇祯三年四月乙卯,中华书局,1958;谷应泰:"兴祚逋亡之余,百计脱归,有宋李显忠之风。"《明史纪事本末·补遗》卷四,"毛帅东江",中华书局,1977。

[2] 刘兴祚赠朝鲜王弟《咏馆燕》:"含泥成穴谁家栋,犹恐弯弓羽翼伤。"吴晗辑《朝鲜李朝实录中的中国史料》,第八册,第3346页。

苦营筑了巢穴，却并不以为是自己终身的归宿，为了寻找真正的家，它明知眼前是弓矢，是罗网，是莫测的风风雨雨，甚至是覆巢惨祸，但仍然展开了双翅。不幸的是，它的家已经永远寻觅不到了！刘兴祚的一生遭遇，恰似一只漂泊无定寄人篱下，却执着追寻的"馆燕"。

明崇祯三年，亦即金天聪四年，正月初三日，刘兴祚在山海关附近为满洲善射手乱箭所杀，从而结束了他一生悲剧的最后一幕。这一天是公元1630年2月14日。

刘兴祚本来不过是辽左一个年轻的士人，明清鼎革的特殊历史机遇把他推进了民族矛盾、民族斗争的旋涡之中，成为一位极富传奇色彩的重要人物。当刘兴祚流落建州女真，并得到清朝奠基人努尔哈赤、皇太极父子青睐和倚重的时候，明廷曾悬"除荆州刺史，给银万两"的重赏购求这个民族败类的头颅，[1]而刘兴祚潜归故土，并反戈一击，在战场上与八旗兵遭遇时，金国汗皇太极竟放弃唾手可取的永平城，连夜部署精兵猛将擒杀这个满洲的叛逆。[2]当我们开始探索刘兴祚这样一位重要历史人物究竟如何走上了曲折坎坷、悲凉凄怆的人生之路时，深深感到材料的贫乏。

关于刘兴祚早年的情况，留下的记载实在很寥寥。他的出生年月已无从查考，就是他的国籍至今也未能定论。[3]据我们的研究，刘兴祚是

---

[1] [朝]李肯翊《燃藜室记述》二十七，《刘海兄弟事》，潘喆、李鸿彬、孙方明编《清入关前史料选辑》第一辑，中国人民大学出版社，1984。

[2] 《清太宗实录》卷六，天聪四年正月壬午："上集诸贝勒、大臣谕曰：朕思擒刘兴祚，胜得永平。"

[3] 孟森先生在《明元清系通纪》（未刊部分）据《朝鲜李朝实录》判断曾充当刘绖差官去朝鲜的"刘海"，"即后之刘兴祚，父名慎诬（本名慎诬？），朝鲜嘉山人。原名海，而在中国名牛。甲午为万历二十二年，刘绖以朝鲜有倭难入东，遂携海至中国，至万历四十七年已随绖二十五年矣。（萨尔浒之役）绖败殁，海遂入建州为爱塔。后十年战死。其入中国当甚稚。至清太宗，尽杀刘氏子孙，而兴祚之母尚在，刘氏兄弟年固不高，可推定也"（中国社会科学院历史研究所清史研究室编《清史论丛》第二辑，商鸿逵为孟森遗稿《关于刘爱塔事迹的研究》所附《赘言》，1980）。可见，孟森先生认为刘兴祚原为朝鲜人，万历四十七年（1619）因萨尔浒战役失败，没入建州。这一看法与清方、明方及朝鲜史料所载刘兴祚为辽东开原人，且早年没入建州的事实不符。商鸿逵先生在披露孟森先生上述看法时又进一步阐发："刘氏兄弟及其母亲都是先从朝鲜到开原的。"这虽然弥合了刘兴祚既是朝鲜人，又是辽东开原人之间的矛盾，但仍与《满文老档》有关刘兴祚乙巳年（万历三十三年，1605）投入建州的事实不符。（转下页）

居住在辽东开原的汉族人，1605年（明万历三十三年）由于偶然的机遇，流落到了边外的建州女真。[1]他的家族是当地颇为殷实的大户，兴祚本人自幼读书，在投入建州之前，虽然还没有进学，但对中国古代经史之类的书籍已有所涉猎，并从中受到了儒学伦理的初步熏陶。刘兴祚早年所受到的以儒家思想为核心的中国传统文化教育，给他的思想打上了深刻的烙印，尽管在日后的社会剧烈动荡中不免有失足之处，但当国家和民族到了最危难的时刻，人生之路最严峻的抉择摆在面前之际，自幼铭刻于心的儒家纲常伦理便如晨钟暮鼓震撼着他的良知。在下面即将展开的篇章中，我们将不止一次地看到刘兴祚早年所受的儒家教养对他的决

（接上页）按《朝鲜李朝实录》所记的萨尔浒之役时奉命前往朝鲜的差官"刘海"确系朝鲜人（详见吴晗辑《朝鲜李朝实录中的中国史料》第八册，第3018—3019页），但这个"刘海"也在萨尔浒之役中战死了。据《燃藜室记述》二十七，《刘海兄弟事》："刘海，我国晋州人，本姓慎名敏，父应昌，万历（二十二年）遭倭变，一家九人搜掳。海十□岁入刘綎军，冒綎姓，变名为海，请以差官入来，乞下晋州寻父，朝廷不许，使其父乘船上来……归与綎征奴，战死。"明天启七年（金天聪元年，1627）金军侵入朝鲜，刘兴祚作为金军使者与朝鲜君臣多次交涉，《朝鲜李朝实录》称刘兴祚为"刘海"，因与上述刘綎差官、朝鲜人"刘海"姓名偶合，故孟森先生、商鸿逵先生将此绝不相干的两个人误为一人。

[1]《满文老档·太宗》所载有关刘兴祚世职的敕书开首是："汗谕：爱塔（刘兴祚在建州女真名爱塔），尔系开原城地方人，因战前太平时来降之功，授备御职。"（《满文老档·太宗》卷一五，无年月）《满文老档·太祖》记录刘兴祚升任参将的原因说："在太平年月，乙巳年，爱塔抛弃父母妻子故乡，投奔汗来了，汗特加疼爱，给了备御职。"（重译《满文老档·太祖》卷二三，天命六年六月十三日，辽宁大学历史系《清初史料丛刊》，1979）按乙巳年系1605年，万历三十三年。这些档案形成于兴祚从金国叛逃之前，其真实性是不容置疑的。《清太宗实录》卷四，天聪二年九月庚申；王先谦纂《东华录·天聪三》，天聪二年九月庚申，上海积山书局，光绪甲午石印本；《清史稿》卷二二八，《库尔缠传》——俱以兴祚为开原人，看来皆本于《满文老档》。与刘兴祚同一时代，又同在辽东的明将徐孤臣说："贼将刘爱塔，开原之人而早年被掳者也。"（吴晗辑《朝鲜李朝实录中的中国史料》第八册，第3284页）毛文龙属下千总毛大巳也说："开原人刘海（朝鲜人习惯称兴祚为刘海）身虽在虏，心不忘天朝。"（吴晗辑《朝鲜李朝实录中的中国史料》第八册，第3354页）明将周文郁所撰《刘将军事实》记兴祚"辽开原卫……于奴未犯顺之先，为市夷掠去"，周文郁：《边事小记》卷四，广文书局，1969。谈迁《国榷》记云："初，兴祚居开原卫，陷于建虏。"（该书卷九一，崇祯三年四月乙卯条）谷应泰《明史纪事本末·补遗》亦云："兴祚，榆林人，居开原卫，没于建州。"（卷四，"毛帅东江"）朝鲜史料《栅中日录》《日月录》《续杂录》《荷潭录撮要》也都记刘兴祚"华人""辽人"或"辽东人"（俱见《燃藜室记述》）。上述明、清双方及朝鲜史料记载刘兴祚为辽东汉人，早年流落建州，基本是一致的。

定作用，而现在需要解释的是，刘兴祚何以流入了"化外"的"夷狄"之乡？

中国人本来就有安土重迁的惰性，像兴祚这样出身和教养的年轻人如果没有特殊原因是很难想象会心甘情愿地投向建州。据清人讲，兴祚"初干法，开原道将挞之，兴祚惧，遂弃父母妻子来降"[1]，而明人却说兴祚是被"市夷"俘掠而去的，[2] 二者孰是孰非，今天很难判定。这里我们想深入探讨的倒是，在这偶然机遇的背后，究竟有没有某种历史的必然性呢？

1602年（万历三十年），也就是刘兴祚离家出走的前三年，巡按辽东御史何尔健向万历皇帝报告了开原、铁岭、沈阳、辽阳一线萧条破败的景象："该臣奉命巡视三韩。先是，由辽、沈历汛、懿、开、铁等处，所过蓁莽极目，烟火不属，人迹罕少，即有墩堡屯台，十无二三完固。而其中军马器械，大都多老弱瘦损朽钝不堪之甚……辽、沈视开、铁村屯颇多，人烟颇稠，然所在枯槁无复生意。道路行者垂首丧气，重足侧目，憔悴尪羸，半人半鬼，令人举目而不敢视。"[3] 其实，辽东的残破由来已久。嘉靖后期的空前饥馑已使屯军死徙将半，隆庆以来蒙古、女真的抄掠蹂躏，更使辽左有无人之患。这些还可以归之于无可奈何的外患与天灾，而以辽东总兵李成梁为首的武弁们贪功生衅、克军剥商，以税监高淮为首的恶棍们明火抢劫、狼吞虎噬，则是比天灾外患更不堪忍受的人祸。如果说当时处于水深火热中的仅仅是贫苦军民，那么封建统治的基础还不致有崩溃之虞，可怕的是，税监高淮每到一处，沿门搜财，富户首当其冲，对稍能度日的生员，更出于一种本能的仇视，"辄行拿责，拷逼财物"。[4] 御史何尔健按辽时，各处生员随行其后，"恸哭流涕，哀声四震"。[5] 当时弹劾高淮、请罢矿税的章疏纷纷送达御前，但万历帝全都留中不省，而高淮有所奏，则朝上而夕报可，所劾无不曲为庇护。由此来看，辽事的不可收拾，症结还在于万历帝。人民的忍耐毕竟是有

---

[1] 《清太宗实录》卷四，天聪二年九月庚申，中华书局，1985。
[2] 周文郁《边事小纪》卷四，《刘将军事实》。
[3] 何尔健《直陈困惫疏》，何兹全、郭良玉编校《按辽御珰疏稿》，万历三十年十一月初七日，中州书画社，1982。
[4] 《按辽御珰疏稿》万历三十一年六月二十日，《横剥愈甚疏》。
[5] 同上。

限的，至1602年以后，辽东民情已如沸腾的开水，"或封门罢市，或弃产登山，或奔逃彝地，或潜伏海岛，又或纠众聚结，谋为抗悖"[1]，最令人怵目惊心的是，那些既不能逃，又不敢反的懦弱者只得祝发文身、断手刖足而甘为残废。刘兴祚所在的开原、铁岭、抚顺、清河一带与建州女真、海西女真为邻，当时几乎形成了流亡边外的风潮，到兴祚背井离乡、没入建州的1605年之际，仅清河、宽奠的边外就聚集了六万之多的逃民。[2] 辽东军民以自己的故乡为苦海，却把"夷"地当成乐土，这实在是很发人深思的。御史何尔健打了一个生动的比喻："彼方为渊为丛，民方为鱼为雀，而我为獭为鹯。"[3] 这足以表明，在一个反常的历史环境中，人民反常的心理和行为。其实也并不难理解，在生命安全都没有起码保证的时候，谁还管什么"华夷有别"之类的古训呢？刘兴祚就是在上述特殊的时代环境里长大的，他的家庭不见得比那些或逃或反的富户有更好的命运，他所向往的青衿的境遇又那么令人寒心，被俘掠而去也罢，畏罪出逃也罢，总之，年轻的刘兴祚离开了不值得他眷恋的故国和家园，而且一去就是二十三年。他的出走虽事出偶然，却也是在一种时代潮流下带有必然性的行为，固然不值得赞扬，但至少可以得到人们的谅解和同情吧。

当刘兴祚踏上建州的土地时，恰适女真族历史上第二个光辉时代的开端。1583年（万历十一年）努尔哈赤起兵以后，很快显示出与其他旋起旋灭的女真豪酋迥然不同的气象，他只用了五六年的光景便大体统一了建州女真各部，随后立即投入了光复前朝完颜金遗业的紧张战斗。自然努尔哈赤的运气也实在太好，他在中国东北边陲崛起之日，恰恰是明王朝江河日下之时，别的姑且不论，只要看数以万计的辽东军民潮水般地涌出本来是捍卫他们利益的边墙而寄身于建州，就足以表明人心的向背了。努尔哈赤对边外这些汉人采取宽容的态度，[4] 据说还修了"蛮子

---

[1] 《按辽御珰疏稿》万历三十一年六月二十日，《横剥愈甚疏》。
[2] 董其昌《神庙留中奏疏汇要》第十二册，"兵部"，卷一一，燕京大学图书馆铅印本，1937。
[3] 《按辽御珰疏稿》万历三十年十一月初七日，《直陈困惫疏》。
[4] 《按辽御珰疏稿》万历三十年十一月初七日，《直陈困惫疏》："彝人利其薄获，阳谓为天朝民也，相与安之，而阴实有招徕之意。"

城"专门收纳愿意投靠建州的逃人。[1]正是在这时候，刘兴祚来到了建州。他最初的生活情况，我们并不清楚，但似乎可以说并非一帆风顺。对刘兴祚颇为了解的明朝将领周文郁说他"沉潜有心计"[2]，这与其说是他天生秉性，莫如说是劳苦困顿、精神压抑长期作用的结果。就是把被俘为奴这种可能性加以排除，我们试想，一个年轻人失去了故国，失去了家乡，失去了父母兄弟，而来到言语不通、衣冠有别的异邦，该是怎样的一种艰难呵！但刘兴祚毕竟站稳了脚跟，并逐渐开拓出了人生的坦途。他得到了努尔哈赤赏识，并为他起了一个满语名字"爱塔"。到努尔哈赤分拨国中自由民给诸子侄专主时，爱塔被分到了代善的属下。代善是努尔哈赤的次子，1615年（万历四十三年）创立八旗时，他的牛录属员编成了正红旗，爱塔也就成为正红旗下罕见的汉族甲士。然而，此时的刘兴祚已经相当地满洲化了。他在建州度过了整整十个春秋，娶了代善之子萨哈廉乳母的女儿为妻，所以无论从语言、习俗，乃至心理素质都与周围的满族人融为一体了。与那些和他同命运的汉人相比，刘兴祚也许是最幸运的，这倒要归诸他本人的特质。开原地方三面与蒙古、女真逼邻，号称九边最危之地，民风强悍而善斗，[3]我们在日后刘兴祚身上所看到的勇武豪健的气概，正是他固有的禀赋。如果他仅仅是一介书生，恐怕很难在尚武好战的满洲社会中崭露头角，另外，仅凭弓马膂力也不见得能超拔于稠人广众之中。这里他的汉文化修养一定起了重要作用，满洲巴克什达海与兴祚感情甚笃，巴克什库尔缠与兴祚更称得上生死之交，沟通他们之间的媒介，就是对汉文化的共同景仰。如果说努尔哈赤身边这些亲信文人对兴祚时加称道以至加以荐引，总该是符合情理的事。总而言之，文武兼长、慷慨豪爽的刘兴祚受到努尔哈赤的器重绝非偶然，他在后金国占据辽东以前培植的深厚根基以及建立的广泛联系对日后的发达将起决定作用。

1618年（万历四十六年）努尔哈赤设计袭破抚顺，由此揭开了长达二十六年的对明战争的序幕。在以后的三年之间，辽河以东的广阔土地

---

[1]《明神宗实录》卷五二四，万历四十二年九月壬戌。
[2]《边事小纪》卷四，《刘将军事实》。
[3] 陈子龙等辑《明经世文编》卷四二二，《议复开市抚赏疏》，中华书局，1962。

便轻而易举地纳入了后金国的版图。为了统治新的臣民，努尔哈赤特设由汉人充任的游击八员，爱塔既谙熟满洲的人事政体，又与汉民没有感情语言方面的隔阂，自然成了最合适的人选。1621年（明天启元年，金天命六年）四月他被派往辽东半岛南端，担任驻金州的游击，当年六月擢升参将，在努尔哈赤授给爱塔新职的敕书上记录着他两个月的功绩：截回企图逃往海岛的辽民两千余人，击退了山东登莱方面明朝水军的进攻，捕获因大风搁浅在金州湾的汉人九十人、朝鲜人五十二人……[1]当爱塔把汉人俘虏解送到辽阳之后，除留下有用的匠人，其余全被努尔哈赤下令屠杀了。[2]事实证明爱塔的忠诚是没有疑问的，所以当年八月又被提升为副将，[3]总管号称辽东最富庶、也是军情最紧急的所谓"南四卫"——金州、复州、盖州和海州。四个月中间，爱塔的地位扶摇直上，仅次于施吾里额驸佟养性、抚西额驸李永芳，成为汉官当中第三号重要人物。为了表示对爱塔的特殊恩宠，努尔哈赤有意仿效"解衣推食"的故典，在1621年严冬临近之际，脱下了身穿的貂皮皮袄送给了爱塔。[4]努尔哈赤万万没有料到，此时的爱塔正经历着他一生中最痛苦、最激烈的内心反省，从《满文老档》的某些记载来看，爱塔对交付的任务从1621年年底已经相当怠慢了，努尔哈赤虽有所不满，[5]但并没有引起足够的警惕。直到1623年（天启三年，天命八年）四、五月间，复州备御王丙告发爱塔通敌叛变的密信摆在努尔哈赤面前的时候，才使这位惯于行间的老英雄陷入了困惑和疑虑。

爱塔的谋叛确是事实。当年七月明登莱巡抚袁可立在向朝廷的奏报中追述了此事的原委："今二月内，总兵沈有容执有生员金应魁赍到奴酋（努尔哈赤）伪授世袭总兵驻复州刘兴祚即刘爱塔密禀一纸，内称彼欲反正内应，以报中国，因求臣免死加衔牌。臣念辽阳以纳降陷城，广宁以叛官诱败，兴祚之言未可凭信。又思因间用间，实兵家妙用，随手于二月二十三日写免死票一纸、加衔札付一张，付沈总兵转给金应魁先往。

---

[1] 重译《满文老档・太祖》卷二三，天命六年六月十三日。
[2] 《满文老档・太祖》，卷二四，天命六年七月初七日。
[3] 《满文老档・太祖》，卷二五，天命六年八月十二日。
[4] 《满文老档・太祖》，卷二八，天命六年十一月初三日。
[5] 《满文老档・太祖》，卷三〇，天命六年十二月十日；卷四〇，天命七年三月二十五日。

沈总兵于三月十三日率兵出海，相机接应，去迄，其后续接塘报皆云爱塔于七月来归也。奴（努尔哈赤）四月间从金州近海尽赶人民退处复州，以王丙之故致奴觉察，将爱塔并李永芳长子械而去，杀其弟刘兴仁暨王丙，阖城屠戮，所未尽者悉赶而东，且并永宁、盖州，俱行赶徙，而四卫已空其三，沿海四百余里之地奴尽弃之而不敢据。"[1]《满文老档》中也留下了上述未遂叛变的片断记载，[2]足以印证和补充登莱巡抚袁可立的奏报。这次牵连颇广、里应外合的反金事变被努尔哈赤迅速镇压下去，复州人民付出了两万颗头颅的惨重代价，[3]爱塔与努尔哈赤之间亲密和谐的关系上也投上了阴影。在审讯原告王丙和被告刘兴祚兄弟等人的过程中，由于爱塔矢口否认，[4]王丙这个民族败类终以诬告罪被处死，不过同案中爱塔之弟刘兴仁也被杀害，当年七月爱塔又被降为参将。[5]不难看出，努尔哈赤处理此案时，在感情上不愿意相信爱塔的贰心，而在理智上又不能不相信爱塔至少被牵连进了阴谋当中。矛盾的心理造成了混乱的判决，努尔哈赤处境的难堪是可以想见的。

惊心动魄的风波总算过去了，但它留给人们一个难以解答的疑问：受到努尔哈赤如此爱重的刘兴祚为什么滋生了叛金之心？王先谦纂《东华录》很可以代表清官方的看法："兴祚，开原人，初未入学，冒用衣巾，开原道将挞之，兴祚遂来降。太祖克辽东，以兴祚为副将，令管盖、复、金三州。兴祚多索民间财畜，为李继孝所讦，解任，自是有叛志，与明奸细往来交通。"[6]而同情兴祚的周文郁则作了与此迥异的解释："辽阳陷，兴祚日抱慷慨，冀得一当以报国。奴欲用火器，兴祚设计沮之；奴欲锄辽人，兴祚多方保全之……癸亥（1623）春，祚奉奴令守金、复，随令幕客金姓者潜报登镇沈有容及当事，欲其从海渡师，彼为

---

[1]　《明熹宗实录》卷三六，天启三年七月甲寅。
[2]　《满文老档·太祖》卷四九，天命八年四月十二日条、二十四日条；卷五一，五月初七日条；卷五二，五月二十三日条；卷五三，六月初九日条；卷五五，六月十七日条等。
[3]　《满文老档·太祖》卷五六，天命八年六月二十六日。《边事小纪》卷四，《刘将军事实》记"尽屠复州之民十余万"，盖夸张之词。
[4]　《国榷》卷九一，崇祯三年四月乙卯。
[5]　《满文老档·太祖》卷五七，天命八年七月初四日。
[6]　王先谦纂《东华录》"天聪三"，天聪二年九月庚申。

内应。"[1]刘兴祚究竟是反复无常的贪墨小人，还是胸怀大义的爱国志士，在这里还不忙于下最后结论，不过有一点值得注意，兴祚叛金归汉之志是从辽沈陷落之后才萌生的，诸说并无分歧。

努尔哈赤之所以风卷残云般地征服了辽东，一个不容忽视的重要原因是辽东人心思变，莫有固志。辽阳城即将被后金军攻陷的时候，"满城扰乱，守者皆鼠伏檐壁下，而民家多启扉张炬若有待，妇女亦盛饰迎门"[2]，这固然与努尔哈赤事先派入的间谍鼓动不无关系，但老百姓如果与城守当局同心同德，又何至于听信煽惑呢？民心这个东西，实在变幻莫测，政治家花了很大气力去争取它，而一旦到手却因政策失误，转瞬间便烟消云散，不可收拾。过去明王朝曾有过这种痛苦的经验，现在该轮到努尔哈赤品尝了。金军占据辽阳以后，"封贮府库，民间金钱缯绮攫取一空，分遣西房。驱辽民聚城北，奴众聚城南。遣三骑持赤帜传自髡者贳不杀，于是河东之民无留髡矣。家有父子五人者抽三人为兵，有三人者抽二人。酉之第二了循洲州而南，四卫之人望风奔窜，武弁、青衿各携家航海流寓山东，不能渡者栖各岛间"[3]。辽民终归还是逃生的"鱼雀"，"獭鹯"则由明而易金了。刘兴祚随着金军铁骑重返故土时，辽东的人心正经历着急剧的变化，它敏感地反映出民族矛盾已掩盖了阶级矛盾上升到了主导的地位。1621年七月，镇江汉民与明将毛文龙内外呼应，袭取镇江，捕杀金国游击佟养真等多人，努尔哈赤随即派兵屠杀镇江汉民，幸存的一万二千人全部没为奴仆。据朝鲜人目击，金军屠杀毛文龙属下士兵的手段极其凶残："此时唐人之被掳者，虏令跪坐受箭，一箭不死，则使之拔箭来纳。唐人自拔箭拭洗跪进，贼又射之。许多唐人虽知必死，而一承指挥，至死不敢谁何，犹恐不及，如失魂之人。目见之，惨不忍言。"[4]以镇江事件为起点，努尔哈赤对汉人的民族压迫越来越残暴，而辽东汉人反金的敌忾情绪也越来越激烈。诚然，刘兴祚曾为努尔哈赤真诚地效过力，他也是踏着同胞们的尸骨一步步高升的，但周围的

---

[1]《边事小纪》卷四，《刘将军事实》。
[2]《明熹宗实录》卷八，天启元年三月壬戌。
[3]《明熹宗实录》卷八，天启六年三月丁卯。
[4]《燃藜室记述》二一，《日月录》。

现实不能不使深沉的刘兴祚转入内向的自我反省，泯灭已久的民族意识逐渐得到复苏，他开始用幼年时已在头脑中打上了烙印的儒家伦理去判断善与恶、是与非，并以此为准则，为自己重新确立人生的价值。

从《满文老档》的记载来看，至1621年年底，刘兴祚已失去了任职之初的热忱，他试图利用自己的特殊地位去保护那些处于火海中的同胞。这年的十二月，刘兴祚由于没有按期完成征收粮草银铁等物以及拒绝在其管下各地实行"满汉合居"的命令，受到努尔哈赤的申斥；[1]翌年三月，兴祚又逮捕了正蓝旗穆哈连总兵官属下勒索汉民财物的马守堡，为此不惜与满洲权贵穆哈连直接冲突；[2]六月，盖州汉民向兴祚控告合住的满人强横霸道，兴祚无能为力，只得请求努尔哈赤干预。[3]仅就上述有限的几条记录来看，便足以说明兴祚的爱憎十分鲜明。周文郁讲"奴欲锄辽人，兴祚多方保全之"，是可以从清人档案中找到充足证据的。而王先谦纂《东华录》所谓兴祚"多索民间财物，为李继孝所讦，解任"云云，在清人档案中却发现了反证。1622年（天启二年，天命七年）三月，在一份都堂下达给刘兴祚副将的命令中透露，"李都司"向努尔哈赤告发了南四卫长期拒派应差的牛，而刘兴祚恰恰对此负有直接责任，都堂虽已三令五申，兴祚却置之不理。[4]这个"李都司"正是李继孝。李继孝，《清实录》作李继学，[5]《清史列传》云："（继学）初以商人随明经略杨镐军，通使我朝。天命六年大兵取辽阳，继学来归，授都司，以副将刘兴祚婪索民财，劾罢之。复屡获间谍，追杀逃人，叙功予三等男爵。"为了把刘兴祚丑化成反复无常的贪墨小人，《清实录》竟不惜把一个品质很成问题的无耻官商打扮成为民请命的清官，可见，文人的曲笔确有颠倒黑白、混淆善恶之妙用。所幸的是，存世的档案终于使被诬陷的刘兴祚得到昭雪。

1623年的阴谋失败以后，刘兴祚可能一度陷入了彷徨，他永远地失去了努尔哈赤的器重，而自己的一颗赎罪报国之心也并没有换来明朝方

---

[1]《满文老档·太祖》卷三〇，天命六年十二月十日。
[2]《满文老档·太祖》卷三九，天命七年三月十九日。
[3]《满文老档·太祖》卷四二，天命七年六月初七日。
[4]《满文老档·太祖》卷四〇，天命七年三月二十五日。
[5]《清太祖武皇帝实录》卷二，天命三年十二月初二日条："辽东经略杨镐遣承差李继学同前放还者二人至。"

面的真诚谅解。登莱巡抚袁可立不过是从"因间用间"的兵家计谋出发对兴祚加以权宜利用而已，当然，这也不能责怪袁可立，明金之间无所不在的间谍战把双方军事首脑的神经搞得过度紧张，特别是明廷方面，对努尔哈赤的奸细真有点草木皆兵，谈虎色变，一些当事者甚至对沦陷中的数以百万计的辽人一概视为仇雠，只有大学士、督师孙承宗力排众议，在1624年（天启四年，天命九年）四月指出："陷身于外者，未必尽是甘心，而脱身于中者，岂其愿为恶党？"基于对辽东民心的正确分析，他又建议朝廷改弦更张，采取积极的对策从内部瓦解敌人的营垒："自杨文通盖州而陷溺之民心日动，自刘兴祚通归滨而残暴之贼杀日烦。我方开一面之网，借贼之杀机以散其附之心。岂更密罗织之条、失我之宽政以断归来之路？"[1]孙承宗的明智使彷徨中的刘兴祚又燃起了希望，他与孙承宗暗中取得了联系，[2]并很快在明宁锦防线找到了他坎坷一生的难得知己——袁崇焕。袁后来回忆道："崇焕为宁蓟道时，（刘爱塔）屡遗书崇焕，欲自拔西来，崇焕固止之，欲留问于大清（按'人清'二字系清人窜改），使大清之一举一动得以窥伺，大清两次入关，塔俱遣人先报，得以为备。"[3]于此可见袁刘二人之间相互信赖的亲密关系。除此之外，刘兴祚还与据守皮岛、从侧背威胁金国的东江总兵毛文龙时有信使秘密往来。如果翻检《满文老档》等清方记载，爱塔在1623年以后似乎销声匿迹了，但实际上，他的脉搏紧随着整个汉民族的心脏，一刻也没有停止跳动。1626年（天启六年，天命十一年）八月，努尔哈赤去世，刘兴祚再度活跃在政治斗争的前台，以一个神秘莫测的人物出现在朝鲜君臣的面前。

1626年九月，努尔哈赤第八子皇太极即任金国汗，为改变四面临敌的不利态势，他与执政诸贝勒议定，首先出兵制服朝鲜，同时一举消灭以朝鲜为基地的毛文龙所部明军。翌年正月十三日金军前锋越鸭绿江偷

---

[1] 沈国元《两朝从信录》卷二一，天启四年三月大学士孙承宗《弭边衅疏》，潘喆、李鸿彬、孙方明编《清入关前史料选辑》第二辑，中国人民大学出版社，1984。
[2] 《明熹宗实录》卷三八，天启三年九月丁未条："巡抚辽东右金都御史张凤翼言：'……诸房可使，则如督臣挑哈喇纥与之仇杀以代（伐？）其交；叛将可通，则如辅臣间刘爱塔与之疑二以溃其腹。'"
[3] 《崇祯长编》卷一八，崇祯二年二月戊子，台北史语所校印，1962。

袭义州得手,消息传到朝鲜王京,举朝大震。

其实,刘兴祚早就把金军入侵计划通过各种渠道转达给了朝鲜方面。据兴祚后来自述:"夷兵未来之前,仆为贵国(按指朝鲜)计,曾发密帖,再通于毛帅,以之飞报于贵国。又于旧岁正月发一密帖与宁远都堂(袁崇焕),使之移文于贵国,或防守,或连和,此心此事,又未知曾知会也。"[1]如果说袁崇焕与毛文龙由于种种原因未将情报及时送达,那么,早在前一年十月朝鲜已通过明将徐孤臣了解到金军的动向。据《朝鲜李朝实录》记载:"仁祖四年十月癸亥,平安监司尹暄驰启曰:'唐将徐孤臣言:贼将刘爱塔……使挞子李姓者,持谘书出送曰:奴酋死后,第四子黑还勃烈承袭,分付先抢江东,以除根本之忧,次犯山海关、宁远等城云。'"[2]这个徐孤臣也是个值得一提的人物,他原为明军参将,辽东失陷后,先投毛文龙麾下,后来又不满于文龙的作为,就率所部五十余人在鸭绿江边营造土窟,且耕且守,坚持抗金斗争。兴祚与他暗中联络,并且把金国上层最核心的机密首先透露给他,而徐孤臣对兴祚也颇为了解,他坚信兴祚情报的准确,无奈朝鲜当政者却不以为意,白白耽误了两个多月的宝贵时光。及至得到义州被围的消息,慌慌张张调兵遣将的时候,金军已然攻下了定州,向朝鲜腹地长驱直入了。这以后,金军统帅和硕大贝勒阿敏接二连三地派出信使,投书朝鲜地方大员迫和,而朝鲜国王李倧也一再致书金军,责其无故引兵犯境。就在双方书信往复、彼此辩诘的过程中,金军屠凌汉,屠安州,陷平壤,前锋已过了平山,朝鲜国王则仓皇辞庙,逃到了汪洋大海之中的江华岛。二月八日,阿敏派出了以副将刘兴祚为首的正式使臣前往江华岛,与朝鲜王面商结束战争事宜。

刘兴祚的再度起用大概是在新汗皇太极即位之初,就现有的记载来看,至迟到1626年十月他已开始执行皇太极交付的特殊任务。[3]兴祚奉

---

[1] 《朝鲜李朝实录中的中国史料》第八册,第3349页。
[2] 同上书,第3284页。
[3] 《朝鲜李朝实录中的中国史料》仁祖五年(明天启七年)二月丁未条载,朝鲜王向被金国羁押的姜弘立、朴兰英打听"虏情",弘立曰:"兵出不意,未知所以。而上年十月刘海(兴祚)、大海(达海)等来问于臣曰:中原与我仇怨已深,而以先汗亡、新汗立,故尚有差人来修庆吊之礼,朝朝(鲜)何不送人来耶?"第八册,第3308—3309页。

命出使，为他又提供了一个尽忠明朝的绝好机会。朝鲜国小兵弱，但是素称礼义之邦，对金国怀有一种基于道义的敌忾，对明帝则以臣子自居。因此，当明金萨尔浒之战时，朝鲜曾出兵助剿，辽东失陷后，朝鲜又多方援救流亡的辽民，资助寄居皮岛等地的毛文龙。这样，随着金军的侵朝，设法扶助危难中的朝鲜，就具有在战略上打击金国的作用。然而，在1627年（天启七年，金天聪元年）二月断断续续的谈判中，刘兴祚报效明朝的一片苦心并没有得到朝鲜君臣的理解，看来这时他们还不清楚刘兴祚的底细，也没有把他与密送情报的刘爱塔视为一人，这从他们习惯把兴祚称为刘海就可以证明。[1]

二月十一日朝鲜王首次接见刘海，在这之前兴祚已把自己的身份私下透露给朝鲜大臣："不佞，汉人也，岂以一时之流离，失持危扶颠之心乎？今贵国民遭涂炭，少有人心，无不痛泣，况不佞素怀慈悲者乎？"[2] 又说："以我为金国之将乎？我心不然。"[3] 但到正式接见的时候，刘海的面目却为之一变："海欲揖，上未即举手。海怒甚，起出。是时左右观者莫不骇愤。"[4] 这是朝鲜方面的记录，而金人记录更详："兴祚乘舟抵江华岛，见李倧。李倧端坐，不出一言。兴祚怒曰：'汝何物，作此土偶状耶？'李倧色赧，无以答。"[5] 更可骇怪的事情还在后面，当二月底金朝谈判再度出现周折的时候，刘海竟送来了如下的一封密信："昨不佞以为事必完决，欣慰而来。谁想来至开城府北，遇见前日差去二名金人回来说称：'国王既不发誓，是不愿讲和之意，何糊涂以了事塞责？'叫不佞速回，与国王面誓，方才罢兵，不然，送还王弟，竟到王京云。何面目以见贵国之人？但此国之人，人面兽心，难可凭信。预知贵国王，投示各城村馆，速将粮米转送空地处窖埋，人与畜急躲于深山远岛，毁烧草

---

[1] 朝鲜人称刘兴祚为刘海最早见于李民寏的《栅中日录》，明万历四十七年（1619）五月二十七日条记："奴酋令彦加里（杨古利）、大海（达海）、刘海（兴祚）等延差官于中路……"六月一日条又记："阿斗（阿敦）、彦加里则只识蒙字，大海、刘海，华人之粗知文字者。"按兴祚在满洲通称爱塔、刘爱塔，朝鲜人可能据满语语音称为刘海。在朝鲜人中绝不称兴祚为刘爱塔。
[2] 《朝鲜李朝实录中的中国史料》第八册，第3311页。
[3] 同上书，第3312页。
[4] 同上。
[5] 《清太宗实录》卷二，天聪二年三月辛巳。

束,如此则不出半月,势必回兵。此不佞尽心之言,乞国王裁处,勿为细故虑也。"[1]金军悬师深入,利在速战速决,当时以岳托为首的大多数将领主张立即还师,已与阿敏分道扬镳。朝鲜王如采纳兴祚的建议,中止和谈,坚壁清野,则战局的发展尚不可逆料。但是朝鲜对刘海怀有戒心,最后竟屈从金军的压力,与金国结为所谓"兄弟之盟"。

刘兴祚在金朝谈判中给朝鲜人留下了"反复狙诈"[2]的印象,从最善意的估计出发,他们认为刘兴祚不过是凭"三寸辩舌"[3]周旋两国间的策士,因而拒绝了兴祚提出的与朝鲜国王密议的请求。[4]平心而论,当面临亡国之祸时,忽然出现了像刘海这样一个面目可疑、诡谲多变的人物,朝鲜方面保持警惕是很自然的。从另一方面来看,金军统帅阿敏虽说倚重兴祚与朝鲜交涉,但是却不授予他丝毫便宜行事的权力。阿敏交代给兴祚的和谈基本条件是强迫朝鲜"斥绝天朝,去其年号"[5],与金国结为"兄弟之盟",在这种情况下,刘兴祚的回旋余地极其有限。况且,兴祚的一举一动还要受到同行"胡差"的严密监视。由于以上种种原因,刘兴祚此次朝鲜之行并未实现他扶助朝鲜、尽忠明朝的初衷,这在兴祚来说,不能不说是很大的遗憾。日后,他曾向朝鲜国王倾诉了心中的委曲:"汉人金官刘兴祚叩头敬启于大贤王殿下:'伏念兴祚生长礼义之邦,流落毡裘之乡,颇识顺逆之分、从违之理。昨见此中倚强帅师,蚕食贵国,目睹生民蹂躏,肝脑涂地,兴祚恨不得痛哭流涕,粉骨碎身,不避艰险,为贵国君臣排乱解纷也。一腔空悬,天日可监。但此国骄慢成风,贪噬为性,兴祚既权受其职,安敢不勉投所好?所以心实谦卑,而迹类倨侮;内存洁白,而外若沾濡。总之从权做事,皆为贵国周旋也。高明旷达,能索我于牝牡骊黄之外乎?'"[6]这是迄今所能见到的最能洞悉兴祚的处境与思想的一份材料。为了取得敌国的信任,他有时不得不为虎作伥、伤残同类;为了掩盖自己的真相,他又必须时时随机应变、逢场

---

[1] 《朝鲜李朝实录中的中国史料》第八册,第3328—3329页。
[2] 同上书,第3366页。
[3] 同上书,第3349页。
[4] 同上书,第3314页、第3316—3317页。
[5] 同上书,第3314页。
[6] 同上书,第3362—3363页。

作戏。他每日每时都生活在莫测的风险之中，经受着良心谴责的痛苦和精神矛盾的折磨。能够支撑他坚持下去的只有一腔报国赤诚。可贵的是，在刘兴祚的思想中并没有狭隘的民族偏见，诚然，他对金国有刻骨仇恨，但是，与那些把少数民族视为"夷狄""禽兽"的汉族封建士大夫不同，刘兴祚是在努尔哈赤把民族压迫的枷锁强加给汉族人民的时候，是在皇太极对朝鲜进行不义之战、邻国人民生灵涂炭的时候，才斥责金国"贪噬成性""人面兽心"的，因此，刘兴祚的思想表达了人民的愿望和时代的趋向。刘兴祚并不一般地仇视满族人，上层社会的那些朋友且不论，在他的身边还团结了一大批不满于金国贵族统治的所谓"鱼皮夷种"。[1]在他与异族统治者的交往中，确曾有过冲突和不快，不过这里很难找到个人之间的睚眦仇怨，相反，努尔哈赤父子对他可谓仁至义尽。刘兴祚的反金带有惊人的坚韧性，他长期处于逆境之中，不动摇，不变节，忍辱负重，义无反顾，原因是他并非以个人得失为动机，而是从民族大义来理解"顺逆之分、从违之理"的。然而，刘兴祚毕竟是个凡人，长期地处于动荡与忧患之中，使他感到孤独和恐惧，1627年五月，他在赠朝鲜王弟原昌君李玖的一首题为"咏馆燕"的诗中，有"含泥成穴谁家栋，犹恐弯弓羽翼伤"之语，同时在另纸上写道："俺虽在奴，心原在南朝，天日在头上矣！"[2]不难看出，萦回于兴祚心头的归国之念已经越来越难以遏止了。

17世纪20年代末期，持续了十年之久的明金战争第一次呈现出对明王朝有利的趋势。1627年初金国发动的侵朝战争并没有从根本上解除后顾之忧，当年五月皇太极所率金军主力又在锦州、宁远一带被明军击败，打通辽西、进取山海的战略计划成了泡影。在军事上受挫的同时，国中经济、政治形势也严重恶化，粮价腾贵，盗贼蜂起，汉人大量逃亡。刘兴祚在给朝鲜国王的密帖中谈了从金国内部的观感："近日之势，（金人）已为穷寇，攻宁远不下，则欲敛兵无食，再攻不能，又不知将何往乎？"[3]由此可见皇太极进退两难的窘态。恰在此时，垂危的明王朝却出

---

[1]《边事小纪》卷四，《刘将军事实》。
[2]《朝鲜李朝实录中的中国史料》第八册，第3346页。
[3] 同上书，第3349页。

现了一线生机。1627年八月，朱由检即皇帝位，改年号为崇祯，这个新皇帝上台伊始，便不露声色地诛除了以魏忠贤为首的阉党，翌年四月又起用深孚众望的袁崇焕为兵部尚书，督师蓟辽。崇焕再度主持辽事，使兴祚备受鼓舞。多年来兴祚细心揣摩金国人心向背，广泛结交下层民众，他"每索毛帅（文龙）空札，或数十百张，填书我陷虏辽人姓名，乘夜密投于各室中，盖一以邀结人心，一以试探向背。每散一次，则出首者仅数人耳。又平日赍奴物，招鱼皮夷种，祚至彼云，系毛帅所遣以犒者，约平奴之日，以为我用"。[1]明金战争形势的可喜变化，终于使他坚信"灭奴可以日计"[2]，返回祖国，"以图大事"[3]的时机终于成熟了。进入1628年（明崇祯元年，金天聪二年）以后，兴祚和他的兄弟兴治等人开始积极策划逃出金国。

执政的金国贵族集团在努尔哈赤去世后，对爱塔仍然信疑参半。用他与朝鲜折冲周旋，无疑是表示信任和器重，但侵朝战争结束后用兵宁锦，却又不让爱塔随军，令他陪同朝鲜王弟李玖归国，这里不能不说寓有防范之意。此后兴祚与朝鲜及毛文龙等暗中频频书信来往，难免露出形迹，事实上，皇太极和执政诸贝勒已掌握了爱塔密谋潜逃的某些证据，兴祚甚至被逮捕送交法司鞫审，不过却没有被治罪。究其原因，皇太极从内心是相当同情爱塔的，若干年后他曾指责爱塔的主子大贝勒代善说："朕见其虐害爱塔，夺其乘马，取其财物，畜料爱塔不能自存，必至逃亡。"[4]他对爱塔的一再宽宥，未尝没有以诚相待，望其改悔的用心。当时还有另一个人从旁给予爱塔很大帮助，他就是皇太极的侍臣巴克什库尔缠。爱塔被收讯后，库尔缠在皇太极面前力保："此人忠诚，断无潜逃之理，似此诬词，使彼闻之，何以自安？"[5]库尔缠是皇太极"叔母之子"[6]，又是负责撰写《国史》（即传世的《满文老档》）的近臣，他的辩

---

[1] 《边事小记》卷四，《刘将军事实》。
[2] 同上。
[3] 同上。
[4] 《清太宗实录》卷二五，天聪九年九月壬申。
[5] 《清太宗实录》卷一三，天聪七年二月己卯。
[6] 《朝鲜李朝实录中的中国史料》仁祖五年三月庚辰条："姜弘立书有曰：'刘海谓曰：……郎差即新汗叔母之子。'"所谓"郎差"，就是库尔缠。第八册，第3326页。

护无疑对皇太极有相当的影响。不过,皇太极的恩遇也罢,库尔缠的信任也罢,此时都已不能羁绊刘兴祚了,他既不是见利忘义的势利小人,也不是拘泥于小信小义的凡夫俗子,在他胸中燃烧起来的归国之念已经如此炽烈,以至皇太极和库尔缠的信用竟被他利用作为掩护,成功地潜逃出了戒备森严的金国。

  同历史上一切奴隶制或农奴制的国家一样,缉捕逃人也是满洲国家的一项重要职能。一旦发现国人或奴仆外逃,金国便如临大敌,前有驻防要害的军士堵截,后有从都城派出的骑兵尾随追剿。至于大小汉官则受到更严密的监视,因此,一般逃人或许可以侥幸成功,而能够逃出金国天罗地网的汉官则微乎其微,更何况像刘兴祚这样一个曾经涉嫌叛逃的头面人物,要逃走又谈何容易! 1628年九月初,金国正处于出征察哈尔蒙古前的紧张准备之中,这给兴祚提供了一个难得的良机,他苦心孤诣地想出了一个用诈死的办法麻痹金人的潜逃计划,预先写好了两封遗书,一封交付其妻送给贝勒萨哈廉,一封交付其妾送给巴克什达海,遗书中交代了自杀的原因:"吾屡被人劾奏,幸皇上不听谗言,仍加爱养,日夜不安,实切忧惧。昔曾子之母方织,有二人告曰:尔子杀人。曾母曰:吾子非杀人者。不听。至三次告曰:尔子杀人。曾母投杼而走。予虽以善自处,能如曾子乎?皇上虽爱吾,能如曾母爱其子乎?人日以谗至,岂有不信之理?所以为此拙计也。"[1] 这里所说的"拙计",系自焚而死。当巴克什达海、库尔缠奉命前往兴祚之家验尸时,只见尸骸焦黑,无法辨识,凭着从灰烬中拾得的金戒指,他们确信自己的好友爱塔已经惨死,不禁抚尸恸哭,尽哀而去。皇太极闻讯,特命兴祚之子刘五十承袭副将世职,作为对爱塔一生功绩的酬报。由于征期在即,皇太极听从达海、库尔缠的建议,留下了兴治等族人,将其兄之尸遵照死者遗言葬于边外扎木谷地方。不料,当皇太极还师沈阳的时候,刘兴治等人借葬兄之机已远走高飞,一去不返。更令人震惊的是,时隔未久又传来了刘兴祚早已安然逃往皮岛的消息,那大火中的尸骸不过是一个替身。原来兴祚早就物色到一个与己相类的替者,九月初三那一天,把他骗到家里,用酒灌醉后将他缢杀,再将自己的金戒指戴在他的手上,随即放火烧毁

---

[1] 王先谦纂《东华录·天聪三》,天聪二年九月庚申。

住屋，伪造了自焚的现场，而兴祚本人却乘乱潜逃。爱塔不仅背弃而且还愚弄了皇太极，这使皇太极心中产生了强烈的报复欲望。

平心而论，皇太极即位后，汉官的处境开始有所改善，就兴祚而言，又是皇太极蓄意加以笼络的对象，留在金国，并没有大祸临头的危迫，隐忍下去，不难成为大清开国的勋臣。但对于兴祚来说，个人前程早已置之度外。在亟谋脱归的日日夜夜，最让他牵肠挂肚、难于割舍的还是他的八旬老母。兴祚后来曾对朝鲜人表白："吾所以沦没虏中，以老母故也。"[1] 如果不是担忧老母被虐害，他可能早就下决心出逃了。事实上，兴祚的忧虑并非多余，当皇太极得知兴祚兄弟潜逃，震怒之下，立即逮捕兴祚之母以及兴祚兄弟的妻孥，他还不想屠杀这些无辜者，因为她们是招回兴祚兄弟的诱饵。这些都在兴祚预料之中，但他最终战胜了感情的系恋，毅然把她们留在虎口之中。翻开明金（清）交战的历史，与兴祚地位、思想和处境相似的汉官不乏其人，他们或者临难苟安，或者顾念妻子，谁也不敢孤注一掷，铤而走险。刘兴祚之所以为刘兴祚者，恰恰在于他具有异乎常人的勇气，而这勇气只能来源于不惜破家以殉国的伟大的献身精神。尽管如此，兴祚的心里还是留下了难以愈合的创伤，在他此后留在世上的有限的日子里，每忆及老母，便不禁惨然泪下。[2] 能够减轻他内心痛苦的，也许只有在抗金战场上实现报国夙愿吧。

然而，偌大的祖国，刘兴祚竟报效无门。从他逃归皮岛、重睹汉官威仪那一天起，他就隐隐约约地感到了一种难言的怅惘。

辽东陷落后，明廷又开镇皮岛，以毛文龙为东江总兵，意在东结友邦朝鲜，西连登莱水师，从侧背牵制金军，以利关宁正面的固守。文龙开始尚有抗金救国的朝气，不时出奇深入金国腹地骚扰，又常常派出间谍对沦陷中的官绅进行策反。东江之于金国，犹如虱蚤在背，撮之无处着手，听之吮肤不宁。但到兴祚来到皮岛时，东江连这一点牵制作用也

---

[1] 《朝鲜李朝实录中的中国史料》第九册，第3416页。
[2] 1629年二、三月间朝鲜特进官李景稷去皮岛会见了刘兴祚，回国后朝鲜王向他询问刘海情状，景稷曰："刘海前日来此时，言'吾所以沦没虏中，以老母故也'。今番相见，则酒后辄出涕，其归正似实矣。"《朝鲜李朝实录中的中国史料》第九册，第3416页。

几乎消失了。毛文龙蹩于海岛一隅,意气大为消沉,名义上是明王朝东江镇帅,实则已堕落成悬师海外、拥兵自重的军阀。"复辽"云云,不过是向朝廷索取粮饷的借口,他处事的唯一准则是如何确保自己安坐岛中,长享公侯之乐。据朝鲜人的记载:"都督(毛文龙)日奉则日食五六回,三回则器数五六十品,将官亦食二十品。都督宠妾八九人皆饰以珠翠,女侍甚多,皆游手饱暖,崇侈如此。标房外三十余人,门子三十五人,管家三十余人,亲丁数百,皂隶夜役三百人。"[1]看到这种局面,兴祚大失所望,自己冒死犯难、弃母背妻,难道是为了寄身岛帅麾下,平庸度日吗?

使兴祚更为不平的是,他的一腔忠义,文龙竟然未能向朝廷表白,关于兴祚的反正,毛文龙的塘报只是轻描淡写地说:"(崇祯元年)十月初九日,统领官兵冯有时……等于镇江高岭地方,得获敌所用金州备御刘爱塔带同家眷男妇二百三十一名口来归南朝。"[2]文龙这样做还是他一贯的伎俩,令兆"招降之功"[3],为的是博得封赏。结果却叫兴祚蒙受委屈。直到半年以后,崇祯帝仍命蓟辽督师袁崇焕、登莱道王廷试核查"刘爱塔是否归顺"[4],经过调查,王廷试确信兴祚来归非诈,但仅仅建议"或赐敕宣谕,量加虚衔,以固其志"[5],稳健之中掩饰不住对辽人根深蒂固的猜疑。

对兴祚的明珠暗投最为惋惜的是袁崇焕,1629年(崇祯二年,天聪三年)二月,他在上崇祯帝的奏疏中为兴祚作了有力的剖白:"刘爱塔者,原名兴祚,辽人也。举家为大清兵所得,爱其才,待如子。但爱塔则心在明朝,寝食不忘。臣崇焕为宁蓟道时,屡通书崇焕,欲自拔西来,崇焕固止之,欲留间于大清,使大清之一举一动,得以窥伺。大清两次入关,塔俱遣人先报,得以为备。天启七年秋,崇焕去任,镇将差人通之,事泄,塔几不测,以计得免。崇祯元年九月,遣其胞

---

〔1〕《续杂录》,转引自罗继祖《十七世纪初辽东人民抗后金的斗争》,《史学集刊》1981年复刊号。
〔2〕罗振玉辑《明季辽事丛刊》之《东江遗事》卷上,"援辽功绩",台北鼎文书局,1978。
〔3〕《明清史料》甲编,第一本。
〔4〕同上。
〔5〕同上。

弟刘弘基从船上来宁,遂云塔已措置一人代死,身穿塔衣服,焚腐其尸,令人不得认识,以此脱往东江。崇焕未信,一月有南来者云:'塔死矣!'又一月得东江消息云:'塔至矣。'今弘基见在宁远……"[1]可见,兴祚的忠诚,在崇焕看来是那样的不容置疑。此时的崇焕对兴祚更寄予厚望,他已在崇祯帝面前立下了"五年复辽"的军令状,崇祯帝赐予他的尚方剑固然是保证复辽的利器,但崇焕若不能如期复辽不也是要饮剑以谢天下吗?他和兴祚一样,也把老母妻孥都献给了民族大业。自平台召对以后,崇焕荐王象乾以御察哈尔虎墩兔憨,市粟高台堡以抚喀喇沁蒙古,核定关宁额兵,配置关外主将,数月之间,他东奔西走,马不停蹄,不敢稍有怠忽,这一切布置停当,崇焕开始把眼光投向了东江,那里才是他规复辽东的"必由之路",而从敌人营垒中倒戈的兴祚所具有的特殊意义是不言而喻的。1629年二月,毛文龙奉旨就崇焕议事,崇焕特疏"请偕爱塔同来,对面商榷"[2],崇祯帝同意了这一请求。此次文龙就崇焕议事,地点当在宁远,兴祚随文龙至宁远,面见崇焕的愿望终于实现了。崇焕为什么点名要见兴祚,他们二人"商榷"的究竟为何事?实在耐人寻味。明清之际的史学家谈迁对兴祚未能受到明廷重用而大为感慨,他说:"日者刘兴祚来归,怨建房次骨,势不反顾。当事宜召问,令条列建房情状,彼兵数何若?号令进止何状?将领大小何若?诸部分合何若?宗戚智勇何若?戍守坚暇何若?一一采录。他日用为向导,倍他间多矣。彼建房深入,胡地单虚,假兴祚为锋,潜出万骑,持十日粮,逾辽河掩其后,利则进,否则疾返,虽未即胜,令建房知我不测,援西突东,将来未敢轻目我也。今膜外置兴祚,毫无采择……于彼己情形茫如也。失见在可用之人、可乘之会,而更思借箸,坐待岁月,亦计之晚矣。呜呼!"[3]这个批评加在崇祯帝头上,可谓正中要害,然而崇焕一点也没有"膜外置兴祚",这从他急于与兴祚面商,以及日后对兴祚的倚重,都可以得到证实。再者谈迁以书生论列军事也未见得比崇焕考虑的周详,崇焕与

---

[1] 《崇祯长编》卷一八,崇祯二年二月戊子。
[2] 同上。
[3] 《国榷》卷九一,崇祯三年六月甲子。

兴祚初次会见的详情今天虽不敢杜撰，但至少可以这样说，谈迁所能想到的，崇焕与兴祚都"商榷"过了，还有一个重要的情况，他们也可能密议过，这就是如何处置摇摆于明金之间的毛文龙。

毛文龙与金国勾勾搭搭早在努尔哈赤时代就已开始，但这个诡诈狡黠的乱世英雄不到山穷水尽之日绝对不会弃岛投金、屈为人臣。当兴祚到皮岛的时候，毛金之间的暗中交易又紧锣密鼓地开场了。袁崇焕履任之后，为迫使毛文龙接受节制不断施加压力，文龙自感处境日危，遂与皇太极开始密商出卖东江、投降金国的条件，1629年二、三月间，他在给皇太极的密信中说："再有结局之期，你如何待我？如佟（养性）、李（永芳）之隆，我不肯，如西夷之头领隆，我亦不肯。"[1]一副市侩嘴脸跃然纸上。更为可鄙的是，刘兴祚兄弟也被当作了降金的筹码，在上述密信中毛文龙对皇太极说："你若真要他弟兄们，连各岛人都是你的，何况他弟兄乎？"[2]毛文龙的鬼蜮伎俩并不能逃过兴祚的耳目。兴祚到岛之后，"隐置"参将毛有杰家"[3]，这个毛有杰便是明清之际颇有名气的耿仲明。耿仲明也是从金国逃归皮岛的，金人称之"耿千总"，与兴祚似乎是旧时相识。耿仲明深得毛文龙的信任，文龙用他"主钱帛，兼缮器"[4]，可以推想，兴祚通过耿仲明而了解到毛金密谋内幕的可能性最大。从兴祚的思想和处境分析，无论出于效忠朝廷，抑或出于救护自身，都不可能对毛文龙的阴谋袖手旁观，向袁崇焕告发文龙谋叛乃属必然之举，[5]而密告的机会很可能就是袁刘初次见面之时。

1629年六月，袁崇焕斩文龙于双岛，兴祚的情报无疑起了重要作用，但这个举朝震惊的事件兴祚并没有直接参与，只有他的兄弟刘兴治在现场助了崇焕一臂之力。据说，"袁公诛文龙，兴治以材官从格，左右无哗者，其力居多"[6]。随后，崇焕先分东江兵为四协，以游击刘兴祚

---

[1] 《明清史料》甲编，第一本。
[2] 同上。
[3] 《朝鲜李朝实录中的中国史料》第九册，第3405页。
[4] 《边事小纪》卷三，"孔李叛登本末耿叛附"。
[5] 关于这个问题，详见笔者与林铁钧先生合写的《论袁崇焕的主和与斩帅》一文。
[6] 《东江遗事》卷下，"也是园杂记"。

领一协，[1]旋即差遣徐敷奏往皮岛，裁汰岛兵，改设两协，令兴祚管一协并与其兄弟兴治、兴贤、兴沛等共领全岛精兵。崇焕又疏请暂虚岛帅以候有功者，盖寄厚望于刘兴祚也。照崇焕的整个战略设想，复辽"当从东江做起"[2]，斩帅以后，东江既已大致部署就绪，崇焕遂差员调取兴祚面商机宜。当年九月底，兴祚、兴贤二人渡海抵锦州与崇焕相见，因秋天风高而未及回岛，不料金军从喜峰口入边战报已到，崇焕于十月底仓皇驰援京师，兴祚兄弟既未同行，崇焕也没有按照军情的突变对他们另有指示。谈迁以兴祚率精兵逾辽河掩袭金军后路的设想，在今天看来似乎不失为围魏救赵的良策，但这终归还是书生的纸上谈兵。这只要看周文郁对兴祚日后处境的描述便不难信服："督师（袁焕）入援，以兴祚新至，不同行。十二月枢辅孙公（承宗）奉命来关，兴祚与其弟兴贤谒于关西红花店，时已领宁前孙副使（元化）所拨兵八百余，令其西援者。人或因其援而疑之，兴祚亦自疑不敢进。枢辅乃发同（回？）郑一亨之一千八百、靳国臣之夷丁三百，暨随行张汝行之四百，王承胤、石国柱之三百，合之为四千，以护永平及建昌一带。而永平道又以兵多费饷欲驱散之，枢辅屡谕不从。"[3]你看，兴祚虽已官至副将[4]，但并没有兵权，所领的八百余名兵丁不过是暂时拨归他指挥的，孙承宗、孙元化固然相信兴祚，而周围怀疑的气氛竟那样沉重，以致兴祚人疑自疑，欲进又止，仿佛真的有什么见不得人的阴私。"西援"尚且如此，以他为锋，率骑一万云云，岂非梦呓？

其实，兴祚的被疑不过是剧烈动荡中的政局的一个局部反映。十二月一日，崇祯帝突然逮蓟辽督师袁崇焕下于狱，罪状并未立即公布，而都下早已哄传崇焕与金密有成约，千里入援的目的是引敌胁和！北京城外的辽兵闻讯放声大哭，顷刻军心瓦解，遂拥祖大寿夺路奔回关外。兴祚新从金国逃回，又是崇焕一手提拔的心腹爱将，崇焕既以通敌被逮，

---

[1] 李清《袁督师计斩毛文龙始末记》。又兴祚始受游击一职在崇祯二年闰四月（《崇祯长编》卷二一，崇祯二年闰四月己巳）。
[2] 《崇祯长编》卷二九，崇祯二年十二月丁卯。
[3] 《边事小纪》卷四，《刘将军事实》。
[4] 同上。

兴祚的清白谁敢担保？"辽将、辽兵都是奸细"[1]之说早已甚嚣尘上，数万哗变的辽兵又刚刚涌出山海关，谁还敢用辽人兴祚为将与金军对阵？

当兴祚在十二月凛冽的寒风中踯躅于山海关西的时候，他百感交集，心潮汹涌，一生的悲剧该到收场的时候了！他决心喋血疆场以成归正初志："（孙承宗）以郑一亨守丰润，以兴祚合台头营王维城、太平路将陆自强、建昌路将马光远、永平道中军程应琦杀贼于青山营冒儿头。时诸将合兵于太平路，共二千余，而兴祚以维城当其南，应琦当其北，自挑精健夷汉丁八百当中路，仍以光远步兵枪炮手伏贼之后，遂以（十二月）二十九日衔杖疾走，以除日未辨也，入砍贼营。盖兴祚以夷语夷帜贼莫能辨，加以维城等兵奋勇继至，当阵斩获五百九十二级，而先获十一级，马骡称是。贼尽弃所掠妇女辎重而去。"[2]1630年（崇祯三年，天聪四年）农历正月初二夜，皇太极正部署金军环攻永平城，得青山之役败报，于是召集诸贝勒云："朕思擒刘兴祚，胜得永平。"[3]遂调兵遣将，围捕兴祚。翌日，兴祚押解金人首级赴永平报验，"至两灰口，陡遇贼数千骑，以驮马逸，不及甲，箭衣力战，自卯至申，杀贼无算，无何，中流矢死"[4]。这一天是公元1630年2月14日。

刘兴祚个人的悲剧至此已经落幕了，但由它荡起的余波在明清之际的政治舞台上却久久未能平息。

巴克什库尔缠随金军围歼兴祚，不忍见挚友尸横荒野，"殓以衣，夺军士被覆之，裹以席瘗焉"[5]。皇太极闻兴祚死讯，乃命将其尸"驮归老营，于广众之前，剖胸裂肠，快泄其愤"[6]。刘兴祚死得惨烈，但又死得其所，较之含冤惨死于自己同类刀下的熊廷弼、袁崇焕，兴祚是幸运的，当他身膏敌矢、流尽最后一滴血时，一定会安然瞑目了。

擒杀刘兴祚，是皇太极疯狂的报复行为，不过，并没有因此而干扰他理智的清醒思考。诚然，刘兴祚的叛逃对皇太极的刺激太深了，对汉

---

[1]《崇祯长编》卷二九，崇祯二年十二月丁巳。
[2]《边事小纪》卷四，《刘将军事实》。
[3]《清太宗实录》卷六，天聪四年正月壬午。
[4]《边事小纪》卷四，《刘将军事实》。
[5]《清太宗实录》卷六，天聪四年正月癸未。
[6]《边事小纪》卷四，《刘将军事实》。

人的芥蒂终其生而耿耿于怀。但皇太极不同于乃父努尔哈赤，他不想重蹈覆辙，用"马上治天下"的方法制服汉族的反抗。从刘兴祚身上，他再一次强烈地感受到汉族人民反抗暴力征服的不屈不挠的斗争精神。对汉族采取较为和缓的统治政策，这就是皇太极通过刘兴祚事件总结出来的正确结论。

巴克什库尔缠最终还是为兴祚献出了生命。1633年（崇祯六年，天聪七年）二月，库尔缠被处斩，主要罪案是：兴祚逃亡之前，力保其忠诚；兴祚既死，又殓而葬之；及碎兴祚尸，复"窃收其尸，裹以被，置树上"[1]。因兴祚而受株连的满人绝非库尔缠一人，1636年（崇祯九年，清崇德元年）十月，正蓝旗一个叫英格（yengge）的人以"当爱塔潜逃时曾与之谋议"等四款罪而被处死。[2]兴祚在满人中间有如此死生与共的莫逆之交，也可见其一生的为人，而这里包含的深刻意义是，反抗民族压迫往往是不分民族畛域的。

兴祚阵亡以后四个月，他的兄弟刘兴治等据皮岛叛明。对兴祚之死，朝廷迟迟未予优恤，而一时谣言纷传兴祚"未死从贼"。[3]兴治先留皮岛代摄其兄所领两协事，对兄死未恤不胜愤恨，又恐怕明廷借调岛兵之机并杀其兄弟辈，遂先发制人，计斩署岛副总兵陈继盛等以叛。未久，兴治等接受明廷招抚，但以家属为金人拘系，故时时用"客国臣"名义通书皇太极。1631年（崇祯四年，天聪五年）春岛中内讧，兴治死难。[4]诸刘子弟被羁押于金者惨遭肢解，妇女没为奴婢，只有兴祚老母一人得免。皇太极为诱引兴治等降金，曾许以"若盖州、析木城、岫岩地方，拣选住种，不教尔等北来奔驰"[5]，这无异于许诺裂土封藩。如孟森先生

---

〔1〕《清太宗实录》卷一三，天聪七年二月己卯。
〔2〕《满文老档·太宗·崇德》卷二九，崇德元年十月十一日。
〔3〕《边事小纪》卷四，《刘将军事实》。
〔4〕关于兴治之死，周文郁记云："辛未春，以兴治都将崔耀祖、吴坚忠争杀，两俱败没，兵丁又乘机焚掠，兴治命夷丁剿乱，而遂彼此奋斗不解。兴治大恸曰：'去年朝廷以我兄故饶我死，今复何词再幸逃国法。纵朝廷宥我，我能自安乎？'遂赴火自焚死。"（《边事小纪》卷四，《刘将军事实》）《清实录》则谓兴治兄弟为岛中逃亡满人所杀（《清太宗实录》卷八，天聪五年三月甲午）。周文郁为招抚兴治的主将，他的说法当更可信。
〔5〕《太宗文皇帝招抚皮岛诸将谕帖》，罗振玉辑《史料丛刊初编》，台北文海出版社，1964。

所云:"毛文龙部下投清者,清初四王乃居其三。使刘兴治肯如耿仲明、孔有德,当更早以拥兵之汉人为清所倚,亦一清初之异姓王也。兴治不为之,非刘氏之始终为明哉?"[1]及皮岛内乱不止,刘氏一门被歼,明朝以皮岛为基点的东方战线濒于全面瓦解。

兴祚之死,在明末纷扰不息的党争旋涡中也漾起了一轮微澜。1630年(崇祯三年,天聪四年)年中,江西道御史袁弘勋请斩袁崇焕、徐敷奏一本中称:"太平之战,兴祚误中流矢;兴贤投入奴营,为姚塔贝勒部将,敷奏欺瞒掩饰,报兴贤阵亡,而请恤之。今兴治、兴沛并告反矣。诸家口原在奴巢豢养,供奉殊厚,今者兄弟合叛,戕杀官将陈继盛、王承鸾等十数人,拘集獐鹿诸营舡只,尽赴皮岛,此岂髌激杀伤已者?"[2]其时阉党余孽此呼彼应,必欲坐实袁崇焕的叛逆大罪,借此倾覆内阁,为逆案人物复仇。而兴治叛明,恰恰授人以柄。袁弘勋闪烁其词,含沙射影,其用心虽在构陷袁崇焕,但却使兴祚遭到恶毒中伤。当兴祚的祖国和民族在满洲贵族的侵掠、蹂躏之下奋起自卫时,兴祚所献身的事业无疑是正义的、进步的,无奈领导这一事业的明王朝已经极端腐朽,这就是刘兴祚悲剧结局的原因之所在。

今天,当人们回顾祖国历史上各民族之间的战争时,总爱借用一句故典——"兄弟阋于墙",这的确是很贴切的。如果查阅一下当年局中人对此持何种看法,那也是件饶有兴味的事。下面请看明末清初的两个事例:

嘉靖、隆庆年间,北方的边患主要是鞑靼蒙古的俺答汗。万历初年,内阁首辅张居正当国,对已经"款贡"的俺答汗,他主张开诚相见:"盖今之房情,与昔不同。昔未臣服,故可用计处;今既为一家,凡事又当待之以信,喻之以理。"[3]

1631年(明崇祯四年,金天聪五年)十月,皇太极率八旗兵围困明大凌河城,城中主将祖大寿之子祖可法至金军营中约和,贝勒岳托对他

---

[1] 孟森《关于刘爱塔事迹的研究》,《清史论丛》第二辑,1980。
[2] 中国第一历史档案馆编《明档补遗·崇祯朝题行稿》,《兵部尚书梁题为袁弘勋题请斩袁崇焕著部议事》。
[3] 张居正《张太岳集》卷二八,《答山西崔巡抚计纳叛招降之策》,上海古籍出版社,1984。

说:"前此对垒,则为我仇敌;今已讲和,犹兄弟也。"[1]祖可法遂与金国诸贝勒行满洲抱见礼。

张居正与爱新觉罗·岳托,一汉一满,都可称为时代之俊杰,他们是剥削阶级的代表人物,其民族观从本质讲是错误的,但二者有一点认识却不谋而合:汉、蒙、满犹如"一家"的"兄弟"。中国历史上各民族之间,特别是居住在中原地区的汉族与北方少数民族之间,确实多次经历过压迫、侵掠、仇杀、征服等种种劫难,其残酷性令人不寒而栗。这是中华民族大家庭内部各兄弟民族之间的矛盾和斗争,其结果并没有导致中华民族的分裂,基于经济上的共同利益,中国历史上的各民族终于形成了以汉族为主体的现代意义上的统一民族——中华民族。

刘兴祚恰恰生活在"兄弟阋于墙"的不愉快的年代,这自然给对他的评价带来诸多为难之处。实际上,问题也并不复杂,关键是要抓住兴祚身上带有本质性的东西以及找到评价他的科学标准。

"尽忠南朝",无疑是刘兴祚思想的核心,也是他一切行为的出发点。兴祚心目中的朝廷,实际上寄托了他对祖国和民族的全部希望。祖国和民族都是历史的概念。我们之所以肯定刘兴祚,是因为在他的祖国和民族惨遭满洲贵族侵掠、蹂躏和征服的时刻,他毅然冲出敌人营垒,站到了进步的、正义的一方。肯定刘兴祚,也就是肯定"反对一切民族压迫是绝对正确的"[2]这一马克思主义的原则。我们不仅肯定刘兴祚,而且对这个不怎么为世人注意的人物给予了高度评价。刘兴祚在当时确实算不得什么显赫人物,然而,历史为他提供了一个难得的机遇。明清之际辽东一隅这个历史舞台实在太壮观了,民族矛盾、阶级矛盾以至国际矛盾互相激荡,烘托出了一幅色彩瑰丽、场面宏伟的时代画卷,在这一背景下,形形色色的人物纷纷登台表演。这是人才荟萃的地方,明末第一流的政治家和军事家都曾在这里施展毕生抱负,而有清一代的开国勋臣几乎都诞生在这里。社会的变化急剧而深刻,潮流所至,难免鱼龙混杂,

---

[1] 《清太宗实录》卷一〇,天聪五年十月丙寅。
[2] 中共中央编译局编《列宁全集》第二〇卷,《关于民族问题的批评意见》,人民出版社,1958。

泥沙俱下。且不去评说那些站在时代潮流前头的领袖人物,我们只想比较一下与刘兴祚遭际相近的在政治、军事斗争旋涡中起过重大作用的弄潮儿。

刘兴祚既不同于范文程、王文奎这些先后没入满洲、但对患难中的祖国和人民始终怀有热切同情的柔弱书生,也不同于鲍承先、张存仁那些在民族自卫战争中变节、但又对清初政治有所补益的颇有见识的武将。张铨、张春被金人俘获之后,或者杀身成仁,或者守节明志,自与兴祚有别,而祖大寿一门在为国为家为身三者不可得兼的情况下,经过长期徘徊动摇,还是沦为贪生怕死之徒,也无法与兴祚同提并论。至于孔有德、耿仲明之流,大概与兴祚的某些经历最为近似,但这类人寡廉鲜耻、唯利是图,最终堕落为民族的罪人绝非偶然,兴祚是高山,他们不过是一抔黄土。就是刘兴治等辈也与兴祚的归宿不同,他们对异族的暴力威压毫无畏惧,却不能容忍同胞的失误和猜疑。

刘兴祚带着人所共鉴的缺失,也带着同时代人所罕见的熠熠光彩而活跃于历史舞台。

兴祚的憎爱格外分明,他的恨是那样强烈而深刻,他的爱又是那样执着而深沉。在满洲贵族的淫威之下,有些人消沉了,有些人变节了,有些人为虎作伥,有些人用同胞的鲜血染红了自己的顶子,而兴祚却在血与火之中醒悟,他沉着地寻找机会报效祖国和人民。当明军大小将领在民族危亡的关头纷纷投向金国而荣显的时候,作为金军高级将领的刘兴祚却抛弃了对他个人来说最可宝贵的一切,从金国潜逃出去。兴祚一经抱定了效忠朝廷的神圣志向,便矢志不渝、百折不回,直到战死在抵抗满洲贵族侵略战争的疆场上。像兴祚经历了如此严峻考验的同时代的人实不多见,金人的威胁利诱,老母的感情系恋,同胞的误解怀疑,都不能丝毫动摇他忠于祖国的拳拳的心。

刘兴祚的爱国精神足以光耀千古,与山河同寿!

鲁迅诗云:"度尽劫波兄弟在,相逢一笑泯恩仇。"中华民族内部骨肉相残的时代已经一去不复返了。今天,当人们可以冷静地回首往事的时候,明清之际的众多人物有幸获得了重新评价。到处是圣君贤相,遍地是英雄豪杰,兴祚地下有知,当更增加了寂寞和悲哀吧。兴祚生前身后的遭际实在太惨烈了,三百多年前的周文郁悲愤地质问苍天:"何天之报施善人如是耶？抑不如是不足以见忠臣烈士之心耶？"[1]然而，时至今日，他的呼号不过在史海中激起了些许波澜。

刘兴祚还没有恢复他在中国历史上应有的地位，这显然是不公正的！让刘兴祚得到世人应有的怀念和景仰吧！

与成崇德合著。郭成康主笔（第一作者），
原载《清史研究》1994 年第 2 期

---

[1]《边事小纪》卷四，《刘将军事实》。

康乾盛世的成就与隐患

明清鼎革之际中国政治的走向

17世纪中叶，明清鼎革，其时中国政治的走向，存在着截然相反的两种可能性。

清顺治十年（1653）正月，年轻的顺治帝福临幸内院，与大学士范文程、额色黑、宁完我、陈名夏等从容论议，"自汉高以下，明代以前，何帝为优"。范文程等以为汉高、文帝、光武、唐太宗、宋太祖、明太祖，俱属贤君。顺治帝问："此数君者，又孰优？"陈名夏回答"唐太宗似过之"。顺治帝不以为然，他最推崇明太祖朱元璋，并发表了以下一段极富特色的评论："岂独唐太宗，朕以为历代贤君莫如洪武，何也？数君德政有善者，有未善者，至洪武所定条例章程，规画周详，朕所以谓历代之君不及洪武也。"[1]

事隔八年，即康熙元年（1662），思想家黄宗羲著《明夷待访录》，指名抨击明太祖："有明之无善治，自高皇帝罢丞相始也。"他认为，欲洗荡明季政治的污泥浊水，只有恢复唐宋丞相旧制。[2]不要以为这是书生议论，黄宗羲抱负甚高，自谓著《明夷待访录》，可比于箕子之向周武王论列人君治天下的"九畴"之纲，若遇明主用之，三代以下延绵不绝

---

[1] 《清世祖实录》卷七一，顺治十年正月丙申，中华书局，1985。
[2] 黄宗羲：《明夷待访录·置相》，载《黄宗羲全集》，浙江古籍出版社，1985，第一册，第8页。

的"乱运"可望由此而终结。[1]

对明太祖及明初政治的褒贬竟如此大相径庭,似乎再明白不过地昭示,17世纪中叶中国政治正处于历史的十字路口:是沿着以明太祖废丞相为标志的强化皇权方向继续走下去呢,还是反洪武之道而行之,以丞相制对皇权加以某种补充、限制和制衡。

一

对于丞相职权最早,也是最经典的论述大概莫过于汉相陈平了。汉文帝问右丞相周勃:"天下一岁决狱几何?""天下一岁钱谷出入几何?"周勃愧不能对,汗出沾背。文帝转问左丞相陈平,陈平回答,决狱责之廷尉,钱谷责之治粟内史。文帝不怿,问陈平:"苟各有主者,而君所主者何事也?"对曰:"主臣。陛下不知其驽下,使待罪宰相。宰相者,上佐天子理阴阳、顺四时,下育万物之宜,外镇抚四夷诸侯,内亲附百姓,使卿大夫各得任其职焉。"文帝乃称善。[2] 丞相的权力来自皇帝,所以陈平自谓"待罪宰相";但丞相不仅是统百官、总万事,掌握最高行政权力的天子辅臣,而且负有近乎玄妙的燮理阴阳重任。应劭是这样释"丞相"一词的:"丞者,承也;相者,助也。"[3] 他从语义学上简捷而准确地阐明了君相的权力关系,可谓抓住了相权的真谛。秦汉以降以迄明

---

[1] 周武王访于箕子,箕子对以平治天下之九畴之纲,详见《书·周书·洪范》(《四书五经》,上册,第74—79页)。黄宗羲著《明夷待访录》的深远用心,他在《题辞》中作了如下的解释:"余尝疑孟子一治一乱之言,何三代而下之有乱无治也?乃观胡翰所谓十二运者,起周敬王甲子以至于今,皆一乱之运;向后二十年交入'大壮',始得一治,则三代之盛犹未绝望也。前年壬寅夏,条具为治大法,未卒数章,遇火而止。今年……冬十月,雨窗削笔,喟然而叹曰:昔王冕仿《周礼》著书一卷,自谓'吾未即死,持此以遇明主,伊、吕事业不难致也',终不得少试以死。冕之书未得见,其可致治与否,固未可知;然乱运未终,亦何能为'大壮'之交。吾虽老矣,如箕子之见访,或庶几焉!岂因夷之初旦,明而未融,遂秘其言也!"《黄宗羲全集》第一册,第1页。
[2]《史记》卷五六,《陈丞相世家》,中华书局,1982。
[3]《汉书》卷九上,《百官公卿表》,中华书局,1962。

初,一千五百年间,丞相的名号虽屡有变化,相权的盈缩历代也不可一概而论,但司丞相之职者"佐天子,总百官,治万事"[1],"佐天子,理万几"[2],所谓"一人之下,万人之上"的特殊地位却没有根本变化;君臣上下也习惯于以阴阳不调责之宰相,[3]宰相因此而献身者亦偶见史书。

丞相制的政治生命力何在?首先,专制时代主宰国家和人民命运的皇帝不可能都是圣君。贾谊早就说过人主有"上主""中主"和"下主"之分,像尧舜那样的上主不必忧,而桀纣那样的下主,又不可胜忧,惟"可引而上,可引而下"的中主,"得善佐则存,不得善佐则亡",才是最可忧虑的。[4]黄宗羲把个中道理讲得最深刻:"天子传子,宰相不传子。天子之子不皆贤,尚赖宰相传贤足相补救,则天子亦不失传贤之意。宰相既罢,天子之子一不贤,更无与为贤者矣,不亦并传子之意而失者乎?"[5]再者,像中国这样地广人众的大国,政务之繁剧,也不是天子个人所能独揽的。隋文帝"勤劳思政",号"励精之主",唐太宗则以为,"此人性至察而心不明。夫心暗则照有不通,至察则多疑于物……每事皆自决断,虽则劳神苦形,未能尽于合理。朝臣既知其意,亦不敢直言。宰相以下,惟即承顺而已。朕意则不然,以天下之广,四海之众,千端万绪,须合变通,皆委百司商量,宰相筹画,于事稳便,方可奏行。岂得以一日万机,独断一人之虑也。且日断十事,五条不中,中者信善,其如不中者何?以日继月,乃至累年,乖谬既多,不亡何待?"[6]以唐太宗这样不世出的圣君尚且需要选任宰相筹划,更无论所谓中主或不贤之君了。可见传子不传贤的专制君主政体,若能借助贤相辅佐,其痼弊至少可以得到某种程度的匡救。

---

[1] 《新唐书》卷四六,《百官志》,中华书局,1975。
[2] 《元史》卷八五,《百官志一》,中华书局,1976。
[3] 汉宣帝时居相位的丙吉不问人死而问牛喘的故事为丞相典调和阴阳著名事例:"(丙吉)尝出,逢清道群斗者,死伤横道,吉过之不问,掾史独怪之。吉前行,逢人逐牛,牛喘吐舌,吉止驻,使骑吏问:'逐牛行几里矣?'掾史独谓丞相前后失问,或以讥吉,吉曰:'民斗相杀伤,长安令、京兆尹职所当禁备逐捕,岁竟,丞相课其殿最,奏行其赏罚而已。宰相不亲小事,非所当于道路问也。方春少阳用事,未可大热,恐牛近行,用暑故喘,此时气失节,恐有所伤害也。三公典调和阴阳,职所当忧,是以问之。'掾史乃服,以吉知大体。"《汉书》卷七四,《丙吉传》。
[4] 贾谊《新书》卷五,《连语》,商务印书馆,1937。
[5] 《明夷待访录·置相》。
[6] 吴兢《贞观政要》卷一,《政体第一》,上海古籍出版社,1978。

"天下治乱系于宰相"[1]，该具有何等沉重的历史分量呵！

但如"贞观之治"那样圣君贤相和谐融洽、宫府一体的治世竟如此罕见，则足以证明君权与相权在相互依赖的同时，又存在着难以避免的矛盾。从皇统延绵久远的长远利益考虑，明智的帝王深知必须得贤相赞襄和启沃，平庸之主也不得不依赖丞相去主持运转整个官僚机器。问题在于，丞相百官之长的地位，往往养成专擅跋扈的权臣，其总理万事的职权又难免造就壅蔽人主的奸臣。出于对相权深切的疑虑，历代帝王无不处心积虑地探索着何以削弱和控制相权，于是由独相制发展到多相制，由三省长官共掌相权发展到宰相不专任三省长官，所谓丞相者或系尚书省或系中书省，位号纷杂，更革不一，而总的趋势是皇权日益膨胀，相权日渐萎缩，诚如《历代职官表》作者纪昀所言："中间虽偶袭相名，而要其实，亦只三省长官，迥非秦汉之丞相可比"[2]，而皇权与相权消长的规律则不外人主用亲幸内臣渐渐替代外朝宰相，迨至位望既隆，则又有后来居上者，盖"人主之狎近幸而憎尊望者之逼己也"[3]。经过千余年君权与相权反复较量，相权无疑被大大地削弱了，不过专横奸险之臣借相位窃政蠹国的隐患并未能彻底根除。雄猜之主不能不重新审视丞相制的利弊得失，并尝试设计一种全新的君臣权力关系构架，一劳永逸地结束权相困扰的噩梦。

于是有明洪武废相。

二

明官制初沿汉唐之旧而损益之，以中书省为政本之地，置左右丞相，俱为正一品，六部为中书省下属，其长官尚书，秩正三品，百司庶府奏

---

[1] 程颐在《论经筵第一札子》中说："中常之君，无不骄肆；英明之主，自然满假。此自古同患，治乱所系也。故周公告成王，称前王之德，以寅畏祗惧为首。自古以来，未有不尊贤畏相而能成真圣者也。"（载程颢、程颐著，王孝鱼点校《二程集》第二册，中华书局，1981，第539页）嗣后人们讲"天下治乱系于宰相"，皆云本自程颐。

[2] 《历代职官表》卷二，《内阁表·谨案》，《文渊阁四库全书》第601册，台北商务印书馆，1986。

[3] 章炳麟《检论》卷七，《官统上》，《章太炎全集》（三），上海人民出版社，1984。

事，听中书拟议而后上闻，章奏始达御前。这一套制度，太祖朱元璋早已不惬于心，他对元朝以"政专中书"而覆亡深怀儆惧，[1]对大臣专擅蒙蔽，更深恶痛绝，并坚定地认为："上下相维，小大相制，防耳目之壅蔽，谨威福之下移，则无权臣之患。"[2]即使没有胡惟庸谋反案，太祖也要对传统政治体制做一次彻底的手术，只不过需要选择时机和事由罢了。

洪武十二年（1379）九月，占城国王进表及贡象马，中书省未及时奏，内臣出外，见其使者以闻，太祖急召使者入见，叹曰："壅蔽之害，乃至此哉！"[3]右丞相汪广洋遂先被赐死，十三年初又以谋反罪诛左丞相胡惟庸，并就此谕文武百官曰："朕自临御以来，十有三年矣。中间图任大臣，期于辅弼，以臻至治。故立中书省以总天下之文治，都督府以统天下之兵政，御史台以振朝廷之纪纲。岂意奸臣，窃持国柄，枉法诬贤，操不轨之心，肆奸欺之蔽……赖神发其奸，皆就殄灭。朕欲革去中书省，升六部，仿古六卿之制，俾之各司所事，更置五军都督府，以分领军卫，如此则权不专于一司，事不留于壅蔽，卿等以为何如？"[4]自始皇肇建，历代虽有更张，但大体循行一千五六百年的丞相制，欲一朝而废止，兹事体何等严重！太祖不能不向群臣略表征询之意，就其内心而言，似乎也不能说已有成竹在胸。

经过十余年政治实践，首先升六部尚书秩为正二品，又陆续设立都察院、大理寺，并于洪武十五年置殿阁大学士，以备顾问，秩仅正五品，而通政司已先于废相建立矣。一种由天子总揽朝政、足以取代丞相制的政治体制，规模粗备，运转正常，太祖遂决心将其法制化，以垂久远。洪武二十八年六月帝御奉天门，敕谕文武群臣："自古三公论道，六卿分职，自秦始置丞相，不旋踵而亡，汉、唐、宋因之，虽有贤相，然其间所用者，多有小人专权乱政。我朝罢相，设五府、六部、都察院、通政司、大理寺等衙门，分理天下庶务，彼此颉颃，不敢相压，事皆朝廷总之，所

---

[1] 洪武十一年三月诏曰："胡元之世，政专中书，凡事必先关报，然后奏闻。其君又多昏蔽，是致民情不通，寻至大乱，深为可戒！"（《明太祖实录》卷一一七，台北史语所校印，1962）。
[2] 《明太祖实录》卷一一〇，洪武九年十一月辛巳。
[3] 《明太祖实录》卷一二六，洪武十二年九月戊午。
[4] 《明太祖实录》卷一二九，洪武十三年正月己亥。

以稳当。以后嗣君并不许立丞相，臣下敢有奏请设立者，文武群臣即时劾奏，处以重刑。"[1]随即颁发《皇明祖训》，载入上述敕谕，令子孙世世恪守。三年后太祖辞世，终有明一代，"丞相""宰相"之名不复见于官制。

洪武废相，堪称中国专制集权政治发展史上具有划时代意义的重大事件。秦汉以下的丞相制，君相之权限虽然没有如现代法律意义上明确的划分，但"故事"相沿，君相权力之行使，大体遵循如下原则：天子受命于天，是国家子民当然的最高主宰者，不仅决定大政方针，而且掌握任免丞相等文武百官、准驳一切政事的所谓用人行政大权；丞相虽受命于天子，但人主又不可处处干预、掣肘其统百官、总万事的权力，且天子有乱命，丞相敢不奉诏，旨若不合，亦可封还执奏。明祖罢相以前，君相若能大体不离上述原则，政治则比较开明，国运则比较兴旺；反之，皇帝侵夺相权或权相窃弄国柄，则往往导致政治混乱，国运衰落。明太祖借诛杀胡惟庸余威，打出复古的旗号，彻底废弃分寄大权于丞相的汉唐旧制，而代之以全新的君臣权力划分的准则：皇帝兼昔日君相二任于一身，独揽国家一切权力，亲理天下军政事务；大小臣工俯首听命，六部五府等"彼此颉颃，不敢相压"。为顺治帝激赏的"洪武所定条例章程"，即这一套"上下相维，小大相制"的君臣权力配置框架，其精髓一言以蔽之曰"事皆朝廷总之"，或曰"乾纲独揽"。

三

顺治帝高度评价洪武定制，如果仅是一个偶然的、孤立的事件，倒未必值得如此重视，因为他当时不过是个十几岁的青年，政治上远未成熟；真正需要严重关注的是，清初几代帝王对此竟持有完全一致的认识。

顺治之父——严格意义上清王朝的奠基人——清太宗皇太极曾晓谕群臣："明初规模详备，数传而后，虽兵马屡挫，城池屡失，而国势屹然

---

[1]《明太祖实录》卷二三九，洪武二十八年六月己丑。

未倾。"[1]其时尚处关外一隅、改国号为"清"不久,皇太极正苦苦地思索着如何将大清江山的基础构筑得坚实永固。他一再以筑室构屋为例告诫臣下:"尝观前代励精图治,法制详明者,国祚必永;怠忽政事,废弛纪纲者,国势必危。盖治国之道如筑室然,基址坚固,庀材精良者,必不致速毁,世世子孙,可以久居。"[2]事实上,皇太极也正是以洪武定制为蓝图为帝国大厦奠基的,依样葫芦建立的六部、都察院且不论,独出心裁而设的内三院(内国史院、内秘书院和内弘文院)的首长虽名为大学士,看似有意模仿明朝的内阁,其实,二者根本不可相提并论,只有甲喇章京、牛录章京世职[3]的希福、刚林、范文程、鲍承先权充大学士,不能不让人们回忆起洪武时代ज备顾问、官不过五品的殿阁大学士。于此一端,亦足见皇太极非同一般的深谋远虑。明清鼎革之际中国政治的大致走向,从这里已经透露出一个重要的消息。

顺治元年(1644)清兵入关,定鼎燕京。两年后,翻译《明洪武宝训》书成,顺治帝以"《宝训》一书,彝宪格言,深裨治理",亲制序文,载于编首,仍刊刻满汉文,颁行天下。[4]略谓明太祖起自布衣,备尝艰苦,其《宝训》详明切实,洞彻根本,宜垂为宪典。所谓前事不忘,后事之师。洪武开基定制,迄今未及三百年,事理相通,当为遵行。[5]清史先辈孟森称此举"直自认继明统治,与天下共遵明之祖训。此古来易代时所未有"[6]。奉旨翻译《明洪武宝训》者,为亲耳聆听过皇太极开国立基宜仿明祖之训谕的大学士刚林等,而其时以"皇父摄政王"名义行使帝王之权的,则是皇太极之弟多尔衮。"御制序文"与其说出自未满十龄的少年天子福临之手,毋宁认为它反映了多尔衮的思想。[7]其时摄政

---

[1]《清太宗实录》卷三七,崇德二年七月辛未,中华书局,1985。
[2]《清太宗实录》卷三六,崇德二年六月甲寅,另见卷三七。
[3] 清入关前立军功者,宗室授予爵号,非宗室则授予世职。世职初为五等:总兵、副将、参将、游击、备御。天聪八年(1634)易世职名为满语,依次为昂邦章京、梅勒章京、甲喇章京、牛录章京和半个牛录章京。
[4]《清世祖实录》卷二五,顺治三年三月辛亥,中华书局,1985。
[5] 满文《洪武宝训》(或译《洪武要训》),顺治二年内府精与本,现藏中国第一历史档案馆图书馆。满文御制序文的大意,承蒙中国第一历史档案馆满文部副主任吴元丰先生相告。
[6] 孟森《明清史讲义》下册,第397页。
[7]《多尔衮摄政日记》闰六月初七日记摄政王听政时对大学士说:"予近览《洪武宝训》,皆说军国大事,实有经济,足裨治理。"该书为原故宫博物院本,系清内阁大库旧物。

王多尔衮正站在明王朝大厦的废墟上,着手建立大清帝国的万年之基。

迨至清太宗皇太极之孙、清世祖顺治帝之子康熙帝即位,天下大定。历代君圣相贤的熙洽之治,固然令政治上日渐成熟的康熙帝无限神往,但在他的骨子里却丝毫没有偏离其父祖既定的政治方向。在一道命访求明太祖后裔以奉春秋祭祀的上谕中,康熙帝说:"朕于宫中详览前史,每见开国之主,必英姿伟略,才识过人,始能创肇丕基,奄有天下……明太祖天授智勇,崛起布衣,纬武经文,统一方夏,规模制度,准今酌古,咸当周详,非独后代莫能越其范围,即汉、唐、宋诸君,诚有未及也。"又说:"缅维明太祖旷世英雄,超轶往昔,规模典章,我朝尚多征据,岂可以宗祀沦绝,承受无人?"[1]这道上谕书于康熙三十八年(1699)帝三次南巡途中,[2]不知出于何种考虑,当康熙帝在世时深藏宫中,秘而未宣,直到雍正帝御极,翻检皇考遗匣时,才被发现,遂公之于世。[3]

从17世纪30年代直至这个世纪的最后一年,清朝祖孙三代帝王对明太祖及明初政治的评价,竟具有如此一致的连贯性,实在发人深思。通常所谓"清承明制"云云,严格地讲,乃是《皇明祖训》所体现的制度体系,就政治而言,则是太祖一手擘画的"事皆朝廷总之"的政制法度。

四

然而时隔二百余年,清初诸帝所承袭的明制躯壳,与明祖最初设计相较,已几乎面目全非了。其中问题最大、争议也最激烈的,恐怕莫过

---

[1] 参见萧奭《永宪录》卷二下,中华书局,1959;中国第一历史档案馆编《雍正朝起居注册》,中华书局,1993,第一册,第102—103页。

[2] 康熙三十八年三次南巡,驾至江宁,康熙帝不听大学士等谏阻,亲往孝陵祭奠,见陵寝颓毁,即"欲访查明代后裔,授以职衔,俾其世守祀事",并于孝陵悬挂"治隆唐宋"匾额(《清圣祖实录》卷一九三,康熙三十八年四月壬子)。该谕旨中亦有"朕三经南巡,皆诣太祖陵园,亲身奠酹"(《永宪录》卷二下)之句,可为内证。

[3] 《雍正朝起居注册》第一册,第102—103页。

于似相而非相，非相而似相的内阁了。

明太祖仿宋制置殿阁大学士，官只五品，不过侍左右、备顾问而已。成祖登极，召翰林编修解缙等于东角门参与机务，以其地近内廷，时人谓之"内阁"，而其余翰林官仍值文渊阁。其时入内阁者，不置专官，不得专制各部院衙门，各部院衙门奏事亦不得相关白，然"内阁"之名起于成祖，且阁臣得以参决机务，是以论者谓"洪武之制，至永乐又一变"。迨洪熙、宣德间，诸大学士以太子经师恩，累加至三孤，位望益尊，而宣宗内柄无大小，悉下大学士等参可否，内阁权力日重。正统年间，始专命内阁条旨，自是纶言批答，裁决机宜，悉由票拟，故事权益重。至嘉靖、隆庆、万历时，内阁大学士朝位、班次俱列六部之上，且阁臣兼长部院，六部诸司靡不承奉风旨，奏事亦先向内阁关白。内阁首辅张璁、夏言、严嵩、徐阶、高拱、张居正俨然为真宰相，而内阁诰敕房、制敕房早已置中书舍人矣。故论者又谓"永乐之制，至中叶以后又一变"。万历中以迄明末，大学士惮于揽权，阁权又有所收缩。但就大势而论，地位日高、权势日重的内阁与洪武废相的精神悖离得越来越远。

惟是大学士委寄虽隆，而终明之世，秩仍正五品，故其官仍以尚书为重，其署衔必曰"某部尚书兼某殿阁大学士"，且内阁无印信，其行文部院等衙门，则暂借翰林院银印。人们习称的"政本之地"内阁，在《大明会典》中竟附于"翰林院"条目之下。[1] 盖内阁虽渐似古相，但有明一代君臣仍慑于高皇帝祖训，不敢放手恢复丞相制。

如此一来，内阁便成了地位不定，权限模糊，名实不能相副的国家中枢机构。而人们对内阁是否为汉唐宰相由此便起了争论，问题的严重性在于，就连内阁首揆们也有截然相反的两种意见。

一派主张，内阁虽无丞相之名，但有丞相之实。这类人大多欲有所

---

[1] 参见《历代职官表》卷四，《内阁下》，《文渊阁四库全书》第601册；《明史》卷七二，《职官一》，卷一〇九，《宰辅年表一》，中华书局，1974；黄佐《翰林记》，《文渊阁四库全书》第596册；赵翼著，王树民校正《廿二史札记校证》卷三三，《明内阁首辅之权最重》，中华书局，1984；《（万历）大明会典》卷二二一，《翰林院》，中华书局，1989；王其榘《明代内阁制度史》，中华书局，1989；关文发、颜广文：《明代政治制度研究》，中国社会科学出版社，1995；黄彰健《明清史研究丛稿》，台北商务印书馆，1977。

作为，如嘉靖朝的张璁在《应制陈言疏》中说："人君以论相为职，宰相以正君为功……我太祖高皇帝惩前代宰相专权，不复设立，而今之内阁，犹其职也。皇上责以调元赞化，可谓得任辅相之道矣。"[1]高拱则直截了当地说，内阁辅臣"虽无宰相之名，有其实矣。"[2]隆庆六年（1572）正月穆宗敕加高拱柱国晋中极殿大学士，高拱疏辞曰："国朝设置内阁，上备顾问，代言而已。后乃隆以穹阶，委以平章重务，是辅弼之臣也。辅弼之臣，上佐万机，无专职，无所不兼。必使阴阳调和，纪纲振饬，百官奉职，万姓乐生，礼教流行，风俗淳美，兵强财足，四夷咸宾，然后其职乃尽。尽其职，乃可言功。"[3]这分明是继汉相陈平之后又一篇势逼人主的丞相宣言书。令人难于理解的是，作为太祖子孙的穆宗，竟然对此无动于衷！

另一派则以万历朝著名首辅叶向高为代表，认为"阁臣无相之实，而虚被相之名"[4]，"我朝阁臣，只备论思顾问之职，原非宰相"[5]。在叶向高看来，"今之阁臣，虚冒相名，自票拟而外毫无事权"[6]，如果说有相权的话，那只能是六部。他在给曾任首揆的申时行信中说："不肖无聊之中，每思高皇帝罢中书省，分置六部，是明以六部为相也……今惟遵高帝旧制，仍裁阁臣，而以天下事仍责之六部，彼六部操柄在手，事有分属，犹可支持，其与阁臣张空拳，丛群责，而徒愤闷以死也，不大相绝哉？"[7]叶向高既有阁臣"委任权力与前代之宰相绝不相同"[8]的想法横亘于胸，因此他从不干预部务，与张璁、高拱、张居正等辈的行政风格迥不相同。

内阁职权已如此混沌不明，而更夹缠不清的是所谓"票拟"。票拟初名"条旨"，即代天子批答臣僚章奏。洪武时批答与御前传旨为一事，

---

[1]　陈子龙等辑《明经世文编》卷一七七，《应制陈言》，中华书局，1962。
[2]　《明经世文编》卷三〇二，《论养相才》。
[3]　《明穆宗实录》卷六五。
[4]　《明经世文编》卷四六一，《与申瑶老第二书》。
[5]　《明神宗实录》卷五〇一。嘉靖年间南京礼部尚书霍韬早就说过："内阁之臣，止司票拟，而外人不知者，遂谓朝廷大政，俱出其手。"《明世宗实录》卷二〇四。
[6]　《明经世文编》卷四六二，《条陈时务疏》。
[7]　《明经世文编》卷四六一，《与申瑶老第二书》。
[8]　《明神宗实录》卷五一一，万历四十一年八月庚寅。

永乐、洪熙朝批答皆出自御笔,至宣德间,"始令内阁杨士奇辈及尚书兼詹事蹇义、夏原吉于凡中外章奏,许用小票墨书,贴各疏面以进,谓之'条旨',中易红书批出,上或亲书或否","自正统后始专命内阁条旨"[1]。票拟之职权究竟有多大?攻权相者可以说:"夫中外之责孰大于票拟?有汉唐宰相之名,而更代天言;有国初顾问之荣,而兼隆位号,地亲势峻,言听志行,柄用专且重者,莫如今日。"而辩之者亦可以说:"昭代本无相名,吾侪止供票拟,上委之圣裁,下委之六部持片。"[2] 即使平心静气地论议,见解也绝不相合。隆庆朝给事中骆问礼认为永乐时内阁仍不失太祖本意,日后尚书入阁不复出,"且有票本之权,其事不得不重"[3]。黄宗羲则说:"入阁办事者,职在批答,犹开府之书记也。其事既轻,而批答之意,又必自内授之而后拟之,可谓有其实乎?"[4] 骆问礼认定永乐以后内阁渐有相权,是以论证票本权重;黄宗羲意在反驳"无宰相之名,有宰相之实"的说法,自然要贬抑票拟职权。

总而言之,凡看重内阁日渐形成的票拟等实际权力,则不免认为"无相名而有相权";而强调阁臣恪遵只备论思顾问之祖制,票本之权非太祖、成祖之至意者,必然否认阁臣为丞相。要干一番大事业的内阁首揆,可以理直气壮地宣称无所不在的宰相权力;安分守己、备员内阁者,则往往"百凡皆奉圣断,分毫不取(按:'取'似为'敢'字之误)欺负,部务尽听主者,分毫不敢与闻"[5]。既有人视煌煌祖训若弁髦,索性把入阁者皆目之为宰相;也有人执祖训抨击一二权势稍重的阁臣上窃人主威灵,下侵六曹执掌。真可谓此亦一是非,彼亦一是非;你有你的行事标准,我有我的为臣准则。在内阁职权这样事关大局,不容半点含糊的问题上,竟如此混乱嚣杂。古代中国虽素有重人治而轻法治的传统,但像明代内阁那样,其职权弹性之大可以任人随意解释,恐怕也不多见。以至于今天的研究者对明代大学士是否真称得上宰相,也就有了不小的分歧。

---

[1] 黄佐《翰林记》卷二,《传旨条旨》。参见廖道南《殿阁词林记》卷九,《拟旨》,载《文渊阁四库全书》第452册。
[2] 《明史》卷二五七,《冯元飚传》,中华书局,1974。
[3] 《明经世文编》卷四七〇,《喉论》。
[4] 《明夷待访录·置相》。
[5] 《明神宗实录》卷五〇一,万历四十年十一月乙未。

五

仅从这一点看,明太祖废相后奠定的那一套政治体制并非完美到无懈可击的地步。

内阁的缺陷说到底,是皇帝想乾纲独揽,但事实上又必不能乾纲独揽。不能乾纲独揽,则丞相制难免借某种机缘而复活,而在内阁掩饰下的相权还没舒展开来,"坏祖宗成法"的大帽子便铺天盖地地压下来,俨然以丞相自居者"终以贾祸"[1],继任之人更不敢措手了。明太祖只考虑丞相与人主矛盾的一面,一夜之间结束了通行一千五六百年的丞相制,然而,丞相与人主统一的另一面,却没有予以足够的重视。

当太祖罢相之时,御史许士廉就委婉地提醒说:"但虑陛下日应万机,劳神太过。"[2] 所谓"日应万机",太祖很快就领教了,洪武十七年(1384)"自九月十四日至二十一日,八日之间,内外诸司奏札凡一千六百六十,计三千三百九十一事"[3],其他日常政务不算,每天光批阅奏札就超过二百件、处理政事四百余件。他先设四辅官,旋即废黜,随命翰林官平驳诸司章奏,"每断大事决大疑,臣下惟面奏取旨,有所可否,则命翰林儒臣折衷古今而后行之"[4]。用这样简练有效方法,居然实现了乾纲独揽,这不能不给清初诸帝留下深刻印象。但真正能达到如此境界又谈何容易?没有过人精力,绝顶记忆力,坚韧不拔的意志,基于丰富阅历而形成的对民之情伪的洞彻和对诸司庶务的练达,以及高度的政治责任感和对权力的热爱,根本无法做到。太祖子孙大概只有成祖差强人意,其他充其量不过贾谊所谓"中主"而已。诚如王夫之论及明初废相之非时所言:"今以天下之大,选贤简德之繁且久,不能得一二心膂之臣,任以论思,乃靳然果废其官。夫唯开业于风雨、英敏神灵者,括万几,统一心,无所凝滞。过此以往,奏报日冗,陈案日仍,晏安日藉,

---

[1] 《明神宗实录》卷五〇一,万历四十年十一月乙未。
[2] 《明太祖实录》卷一二九,洪武十三年正月己亥。
[3] 《明太祖实录》卷一六五,洪武十七年九月己未。
[4] 黄佐《翰林记》卷二,《传旨条旨》。

声色玩好、禽马柔曼、淫音幻技日进于深宫，外劳内蛊，其不折而入于中奄者，无几也。"[1]

明太祖既无法保证后世子孙都像他一样能纬武经文，英敏神灵，括万几而统一心，又不能从往昔继嗣之主太半荒怠童昏的覆辙中吸取教训，未雨绸缪，设法补苴，而把全部希望寄托在一纸《祖训》上，最终演化成由似相而非相、非相而似相的内阁来填补国家权力中枢的真空，也就不难理解了。为人所诟病的权相、权阉、党争等政治混乱现象，无不与此息息相关。天子幼冲或怠政偷安，则难免有严嵩之类的奸相和张居正之类的权相；首辅权盛、皇帝猜忌，恰为阁宦窃权提供了可乘之机；无论首揆擅权抑或畏葸，都往往招致不同派系言官的攻讦，于是政府与言路相水火，进一步发展为官僚间党同伐异，相倾相轧，以致用人行政，颠倒混淆。迨至明季，政治的嚣杂纷乱，已到了无法收拾的地步。可以说，明太祖和他的子孙变革和调整传统政治的企图，以全面失败而告终。

对上述现象的存在，明清之际有见识者——无论是黄宗羲、王夫之等明之孤臣，还是以异民族入主中原的清朝皇帝——的看法似无分歧；但如果深究所以致此之原因，二者则又有全然不同的解释。

后者认为归根结底在于人，而前者则断定一切问题的症结在制度。

"有明之无善治，自高皇帝罢丞相始"——黄宗羲这句名言可视为从制度角度检讨明朝政治失败的集中体现。

明代权阉祸国，为举世所共愤。黄宗羲认为，内阁事位既轻，大权又不能无所寄，"彼宫奴者，见宰相之政事坠地不收，从而设为科条，增其职掌，生杀予夺出自宰相者，次第而尽归焉……故使宫奴有宰相之实者，则罢丞相之过也"[2]。王夫之则说："因权臣之蠹国而除宰相，弃尔辅矣。宰相废而分任六部……事权散乱，统之者唯秉笔内臣而已"[3]，故"胡惟庸、汪广洋之祸，消于纶扉，移于涓寺，而万安、焦芳、黄立极、丁绍轼之徒，承颜颐，奉密教于北门者，且波溶瓦散而不可救"，以致

---

[1] 王夫之《黄书·任官第五》，载王夫之著，王伯祥校点《黄书·噩梦》，中华书局，1956。
[2] 《明夷待访录·置相》。
[3] 王夫之《噩梦》。

"元气痿,大务阁,民愁闾左,士叹十亩,粒空于野,金蚀于藏……可不痛与"[1]。在他们看来,政治不善的根源既在强化专制的罢相,而当时谁都不能提出新的君臣分权的原则,那就只有走历史的回头路——恢复丞相制。

黄宗羲的具体方案是"宰相一人,参知政事无常员。每日便殿议政,天子南面,宰相、六卿、谏官东西面以次坐。其执事皆用士人。凡章奏进呈,六科给事中主之,给事中以白宰相,宰相以白天子,同议可否。天子批红。天子不能尽,则宰相批之,下六部施行","宰相设政事堂,使新进士主之,或用待诏者。唐张说为相,列五房于政事堂之后:一曰吏房,二曰枢机房,三曰兵房,四曰户房,五曰刑礼房,分曹以主众务,此其例也"[2]。

当然,就黄宗羲内心而言,他追求的最高理想是干脆废除"名之为独夫"的专制君主和"为天下之大害"的君主专制制度,而回到"三代以上"天下为公、君臣平等的唐虞之世;[3]复秦汉以降的丞相制,实在是无可奈何的下策。似乎可以说,黄宗羲是在承认君主专制的前提下,企图用开明专制取代君主独裁。

黄宗羲、王夫之的想法固有激烈之处,但以相权制约皇权的政治思想,却深深地植根于中国古代文化传统,为广大士人所认同。

六

孔子早就说过:"无为而治者,其舜也与。夫何为哉?恭己正南面而已矣。"[4]"舜有五人而天下治。"[5]所谓五人,指禹、稷、契、皋陶和伯益。在他的心目中,最理想的政治局面应当是:圣人以德化民,垂拱而治。而

---

[1] 王夫之《黄书·任官第五》。
[2] 《明夷待访录·置相》。
[3] 参见《明夷待访录》之《原君》《原臣》《原法》。
[4] 《论语·卫灵公》,参见杨伯峻《论语译注》,中华书局,1980。
[5] 《论语·泰伯》。

关键在于得贤臣分任众职，所以他又说："昔尧舜听天下，务求贤以自辅。夫贤者，百福之宗也，神明之主也。"[1] 先秦最后一位大儒荀子不像孔子那样把理想政治寄托于三代以前，而直截了当地说"君者，论一相"，"彼持国者必不可以独也，然则强固荣辱在于取相矣"[2]，"相者，论列百官之长，要百事之听，以饰朝廷臣下百吏之分，度其功劳，论其庆赏，岁终，奉其成功，以致于君，当则可，不当则废"[3]，选好了相，就能达到"天子不视而见，不听而聪，不虑而知，不动而功，块然独坐，而天下从之如一体，如四肢之从心"的出神入化的最高境界——"大形"[4]；否则的话，以一人之心力，"大有天下，小有一国，必自为之然后可，则劳苦耗悴莫甚焉"，非但人主不胜劳悴，而且事情也办不好。是以荀子把他的政治思想凝练为"主好要则百事详，主好详则百事荒"[5]这样的警句。诚然，孔、荀并未提出具有规范意义的丞相制，但作为一种儒家文化价值判断的标准，对后世中国政治体制的构建，则产生了极其深远的影响。

不无讽刺意味的是，秦始皇作为丞相制的奠立者，却开了独裁政治的先河。始皇之治，"丞相诸大臣皆受成事"，"事无大小皆决于上，上至以衡石量书，日夜有呈，不中呈，不得休息"[6]。不过，当时人们就对此窃窃私议，至秦暴亡，更成为尊三代而过秦者批评的口实，以致后世开明之主大抵引为鉴戒。迨至汉初，儒家思想因时乘势而起，陈平才据先儒精神对丞相的职权首次作了规范性的阐述，而其思想脱胎于荀卿的轨迹，则历历可寻。至汉武帝独尊儒术，孔子之道遂成为正统。以后尽管君权日张，相权不断受到侵犯、践踏和宰割，"圣君贤相"的政治局面并不多见，但作为一种坚定的政治理念，一种判断政治优劣的价值标准，孔子等先秦儒家所确立的人君不能独治的原则代代相承而不可磨灭，则是不争的事实。

---

[1] 王肃注《孔子家语》卷三，《辩政第十四》，《四部丛刊初编》子部五五，上海书店，1989。
[2] 《荀子》卷七，《王霸篇第十一》，《四部丛刊初编》子部五六，上海书店，1989。
[3] 《荀子·王霸篇第十一》。
[4] 《荀子·君道篇第十二》。
[5] 《荀子·王霸篇第十一》。
[6] 《史记》卷六，《秦始皇本纪》。

上面曾提及，隋文帝亲决细务，"每一坐朝，或至日昃，五品以上，引坐论事，宿卫之士，传飧而食"，已遭到唐初君臣的非议，而为唐太宗推崇的治道则是"广任贤良，高居深视"[1]。唐德宗曾亲择官吏来管理畿邑，宰相柳浑谏曰："此特京兆尹职耳。陛下当择臣辈以辅圣德，臣当选京兆尹成大化，尹当求令长亲细事。代尹择令，非陛下所宜。"德宗然之。[2]隋唐以下，两宋天子猜忌大臣，故宰相不专任，并与枢密对掌大政。[3]司马光遂谏言："臣闻皋陶赞于舜曰：'元首明哉，股肱良哉，庶事康哉。'盖言人君明则百官得其人，百官得其人，则众事无不美也。又曰：'元首丛脞哉，股肱惰哉，万事堕哉。'盖言人君细碎无大略，则群臣不尽力，群臣不尽力，则万事皆废坏也。此二者，治乱之至要也。荀子曰，明主好要，暗主好详。主好要则百事详，主好详则百事荒。故为人君者自有职事，固不当详察细务也。"他希望人君除量材授官、度功加赏和审罪行罚三者外，"其余皆不足言也"[4]。陆贽亦有相同见解："臣闻人主不亲细事……荀卿子曰：'主好要则百事详，主好详则百事荒。'臣观今日之事，有宜责之令者，令则曰'我不得自行其事'，有宜责之守者，守亦曰'我不得自行其事'。推而上之，莫不皆然，文移回复，互相牵制。其说曰'所以防私'，而行私者方借是以藏奸伏慝，使人不可致诘。"[5]人们普遍认为，圣天子只不过总其大端而已矣；像日后明太祖发明的"事皆朝廷总之"的提法，以及诸如"乾纲独揽""乾纲独断""躬理万几"之类清朝皇帝不离嘴边的所谓"家法"，如果当真出现于明清以前的庙堂之上，那至少是骇人听闻的奇谈怪论。[6]

　　可以说君权每扩张一步，都必不可免地遭到一次持有儒家传统政治

---

[1]　吴兢《贞观政要》卷一，《政体第一》。
[2]　《新唐书》卷一四二，《柳浑传》。
[3]　《宋史》卷一六一，《职官一》。
[4]　司马光《传家集》卷二八，《乞简省细务不必尽关圣览上殿札子》，载《文渊阁四库全书》第1094册。
[5]　陆九渊《删定官轮对札子》，载陆九渊著，钟哲点校《陆九渊集》卷一八，中华书局，1980。
[6]　以上关于君相制的政治思想依据，多参考萨孟武《中国政治思想史》（台北三民书局，1979年第三版）和萧公权《中国政治思想史》（台北联经出版事业公司，1982）两书的论述。

价值观的士大夫的有力反击。至明初废相,形势略变。明太祖论证丞相并非合乎古制时,针对"道尧舜、法先王"的儒家传统,同样打出了复古旗号,即所谓"自古三公论道,六卿分职",试图用迂回的策略,避免与正统的儒家思想正面交锋;有宰相之实的张璁、高拱、张居正等阁臣以伊尹自任,理直气壮地张扬"人君以论相为职,宰相以正君为功"[1]的君相之道,而与高皇帝祖训也可以相安无事。这种现象看似难于理解,其实恰恰表明传统政治观念的坚韧不拔和深入人心。直到清初官修《明史》,馆臣借"赞曰"发表自己见解时,仍可以说"天下治乱系于宰辅"[2],更足以证明,中国士人对丞相制所体现的开明专制寄托了多么深挚的系恋!

历史不能重演,历史也不宜假设;但如果允许有一次例外的话,那就请做这样大胆的设想:李自成的大顺王朝若能一传再传下去,黄宗羲悬拟的政治构想会不会实现呢?中国的政治史如果照肯定的答案延续下来,今天起码不难给出令人信服的圆满解说。

七

然而,代明而主宰华夏之邦的是崛起关外的清朝。清朝皇帝对明季弊政的根源有自己独特的认识。

上面提及的那道迟发的康熙上谕在称誉明太祖制度周详同时,不无惋惜地说:"迨其嗣君习于宴安,堕坠先绪,或纵欲逞志,或委任非人,遂致纲纪废弛,倾厥宗祀,良可悼叹!"[3]在《阅〈皇明祖训〉偶书》一文中,他又说:《皇明祖训》一书萃列后之谟,兼众智之美……迨其后世子孙渐至陵替者,岂其贻谋未臧欤,由不能善守故也。朕披览之际,心焉景慕,常以为鉴。"[4]康熙帝之孙、18世纪中国的统治者乾隆帝一再

---

[1] 《明经世文编》卷一七七,《应制陈言》。
[2] 《明史》卷二五三,《王应熊等传》。
[3] 萧奭《永宪录》卷二下。
[4] 《圣祖仁皇帝御制文集》(初集)卷二九,《杂著》,载《文渊阁四库全书》第1298册。

申说明代政治之失不在制度而在人的道理。乾隆四十五年（1780）九月命编纂《历代职官制》时说："明洪武因胡惟庸之故，改丞相为大学士。其实官名虽异，职守无殊，惟在人主太阿不移，简用得人，则虽名丞相，不过承命奉行，即改称大学士，而所任非人，窃弄威福，严嵩之流非仍名大学士者乎？盖有是君，方有是臣。"[1]翌年四月，针对尹嘉铨著书称大学士为"相国"，特降谕旨："宰相之名，自明洪武时已废而不设，其后置大学士，我朝亦相沿不改，然其职仅票拟承旨，非如古所谓秉钧执政之宰相也……大学士之于宰相，虽殊其名而其职自在，如明季严嵩岂非大学士？而其时朝政不纲，窃弄威福，至今称为奸相。可见政柄之属与不属，不系乎宰相、大学士之名，在为人君者之能理政与否耳。"[2]清帝认定，再周备的制度，没有人主躬亲勤政也可能纪纲废弛，宗社倾覆。比起黄宗羲"有治法而后有治人"[3]之论，清帝的思路似乎更符合"人存政举，人亡政废""有治人无治法""徒法不能以自行"等语所概括的中国人治传统观念。

更具有说服力的是历史事实：明太祖子孙之懒于理政简直到了荒唐的地步。乾嘉间史学家赵翼做过大概的统计，结论是："自成化至天启一百六十七年，其间延访大臣不过宏治（按：即弘治，为避乾隆御讳，故书宏治）之末数年，其余皆廉远堂高，君门万里，无怪乎上下否隔，朝政日非。"[4]成化至天启凡八帝：宪宗、孝宗、武宗、世宗、穆宗、神宗、光宗和熹宗，在位最久的是神宗，万历四十年（1612）这位皇帝晏处深宫已二十几年，吏部尚书孙丕扬年八十有一，以不得行其志，挂冠而去，三月，南京河南等道御史等官疏称："臣等历观祖宗朝二百余年，未有皇太子六七年不开讲，而满朝催请付之不理者；未有辅臣孑然孤立，匡勷无人，而久不枚卜者；未有两都六曹正亚卿缺乏至一二十人者；未有台臣空匮，经年不补，至科场大典缺监临者；未有候命科道至三年外，犹然株守旅邸者；未有二十余年不接大臣一面，不议国家一言者。"[5]至

---

[1]《清高宗实录》卷一一一五，乾隆四十五年九月壬辰，中华书局，1986。
[2]《清高宗实录》卷一一二九，乾隆四十六年四月辛丑。
[3]《明夷待访录·原法》。
[4] 赵翼《陔余丛考》卷一八，《有明中叶天子不见群臣》，中华书局，1963。
[5]《明神宗实录》卷四九四，万历四十年四月丙寅。

万历四十三年（1615）梃击案起，始一见阁臣，此后终神宗世不复有召见臣工之事。太祖的不肖子孙已经把事情做绝了，以致赵翼感慨道："主德如此，何以尚能延此百六七十年之天下而不遽失，诚不可解也！"[1]假若太祖子孙稍能勤政的话，或许明朝政治会另有一番气象吧？这一合乎情理的设问，极其有利于清帝的立论。

总而言之，高度评价明太祖和明初政治的清朝皇帝大致从这样一种思路审视历史：明祖子孙没有锲而不舍、义无反顾地沿着祖训指明的强化皇权、躬理万几的方向走下去。照此逻辑推下去，只要人主乾纲独断、励精图治，不使大权旁落，刷新前朝弊政，不过一转移间耳。

八

黄、王等思想家则认为，从诏罢中书丞相那一天起，便铸成了无可挽回的历史大错；设使丞相不罢，必可免天崩地解、明社为屋的惨祸。

平心而论，黄宗羲等从制度着眼，合乎先儒古训，比较容易引起汉族士大夫的共鸣，而清帝强调人主的决定作用，虽与儒家政治理念相悖，但乘君权强化的历史大势也颇具所向披靡的威风。本文开头提到的大学士陈名夏景仰唐太宗，顺治帝则推尊明太祖，提供了这方面一个饶有趣味的例证。

如果再深问一句，复丞相制就能使政治清明，乾纲独揽则一定纪纲整肃吗？丞相制作为中国古代君主专制下政本之所寄，存在着先天的、自身难以克服的弊端：君相权限缺乏现代法律意义上的明确界定，皇帝既可以随意侵犯相权，宰相也可以不时窃弄皇权，于是有种种不良政治。黄宗羲、王夫之说高皇帝废相，宫奴遂有宰相之实，这话不错，但汉唐有宰相时何以也发生了不亚于明代的阉祸呢？说到底，丞相制的弊端是

---

[1] 赵翼《陔余丛考》卷一八，《有明中叶天子不见群臣》。

由君主专制的痼弊所决定的。[1]黄宗羲虽然对君主专制深恶而痛绝之，但又拿不出同时代如洛克那样"分权说"的政治方案，彻底解开君主专制制度的死结，那就只有走历史回头路之一途。缺乏政治新意也许是黄宗羲复相主张被冷落的一个原因吧。

乾纲独揽的思想，严格讲是从明太祖才开始有意识地付诸政治实践的，但真正能做到"事皆朝廷总之"的大概惟有太祖、成祖二人而已，对此明朝大臣官员没有持异议者，而且他们不约而同地对祖训加以肯定，并多以祖制规劝、吁请以至乞求太祖那些懒于理政的子孙大奋乾纲。弘治时大学士刘健不满孝宗渐失初政时的励精之志，遂上疏谏称："祖宗朝凡有咨访论议，或亲临幸，或召见便殿，或奉天门，或左顺门，屏开左右，造膝面谕，以为常制。""乞照祖宗故事"而亲政。[2]他见孝宗或有"佛老鬼神之事"，又疏请"（皇上）奋行乾健，以万几为重务"[3]。隆庆末年，尚宝卿刘奋庸促请"精神志意渐不逮初"的穆宗"躬揽大权，凡庶府建白，阁臣拟旨，特留清览，时出独断，则臣下莫能测其机，而政柄不致旁落矣"[4]。他的条陈未必不是指向以古相自任的高拱，但连高拱也知道陈请新即位的神宗恢复"御门听政"等"祖宗旧规"，"以见政令出自主上，臣下不敢预也"[5]。神宗初政尚可人意，但很快即静摄深宫，阁臣"一事之请，难于拔山，一疏之行，旷然经岁"[6]，年迈告病，则"视去国如登山，盼俞旨如望岁"[7]，开始还满怀希望恳请神宗振作起来，"独操纲纪，执两端而用之"[8]，最后竟至哀求皇上可怜阁臣"艰难穷困，日甚一日"的窘境，赶快出来与他们面商"军国大计，用舍大事"[9]。其时阁臣狼狈，朋党嚣张，阉宦窃权，政治混乱无序已发展到了顶点，不独

---

[1]　对宰相制度有深入研究的周道济早已指出："我国宰相制度之缺陷，以及君主专制政体之缺陷，诚以君主既得专制，势必滥用其权力，致彻底的法治（rule of law）无从建立也。"周道济：《中国宰相制度研究》第16页，华冈出版部，1974。

[2]　《明经世文编》卷五二，《论票拟疏》。

[3]　《明经世文编》卷五二，《论圣政疏》。

[4]　《明史》卷二一五，《刘奋庸传》。

[5]　《明经世文编》卷三〇一，《特陈紧切事宜以仰裨新政疏》。

[6]　《明神宗实录》卷四五八，万历三十七年五月丙申。

[7]　《明神宗实录》卷四九二，万历四十年二月丙戌。

[8]　《明神宗实录》卷四四〇，万历三十五年十一月甲寅。

[9]　《明神宗实录》卷五二三，万历四十二年八月丁未。

国计民生，而且官僚阶层，无不深受其害。物极必反，能够扭转乾坤者，非居九五之尊的皇帝而莫属。申时行在回复叶向高的信中说，阁臣尽管有种种难处，"然其要，则在主上一有转移，便能改观易听矣"[1]。给事中汪若霖极言朋党乱政、大臣专权之流祸，遂大声疾呼实行"天子一人至尊无对，其下三公、九卿、百执事以相参"的"先王之制"[2]。这一席话与太祖高皇帝当年摆出的废相理由何其相似乃尔！

由此看来，明太祖提出的"事皆朝廷总之"的最高目标，经过有明二百余年的政治实践最后彻底落空了。盖太祖子孙多不独揽朝纲，且自己不揽也不允许阁臣来揽。叶向高私下抱怨万历帝"深恶臣下之操权"，"圣明深居日久，更防太阿旁落"[3]，汪若霖犯颜极谏曰"皇上每行一事，或虞臣下攫其功，固有以不必行为利者；皇上每用一人，或虞臣下受其德，固有以不必用为快者"[4]，表明臣下早已摸透了人主阴暗乖谬的心理。在这样一种反常的状况下，连昔日由丞相所维系的统治阶级意志的集中和统一亦不可得，最后只能以国破家亡、生灵涂炭而了局。

明清之际，厌倦了政治混乱的人们望治心切，很少有人能像黄宗羲那样，冷静而理智地对君主专制制度进行深刻的解剖；舆论的主要倾向是期望皇帝必须有而且必须实施足够的权威，凡与此相悖而足以造成无政府状态者，诸如朋党、权臣、宦寺之类，皆在挞伐之列。万历年间已有人指出："争门户，角意气，使国家不得议论之利而反蒙其害，此其为祸甚于干戈盗贼，识者无不忧之。"[5]至明朝覆亡，有识之士痛定思痛，更激切指陈先朝君子"同同相扶，异异交击，有好恶而无是非，急友朋而忘君父，事多矫激，人用偏私，由研求道术而流于意气，由意气相激而流于情面，由情面瞻徇而流于货赂，狐城鼠社，蔓引茹连，遂致事体蛊坏，国势陵夷，局改时移，垣垒石破，害深河北之贼，罪浮东海之波"[6]。

---

[1] 《明经世文编》卷三八〇，《答叶台山相公》。
[2] 《明经世文编》卷四六九，《洞察天人之故以儆有位疏》。
[3] 《明经世文编》卷四六〇，《答刘云峤》。
[4] 《明经世文编》卷四六九，《汪给谏文集》卷一。
[5] 《明经世文编》卷四六二，《纶扉奏稿》卷二。
[6] 朱一是《为可堂集·谢友人招入社书》，转引谢国桢《明清之际党社运动考》，中华书局，1982，第204页。

明清鼎革以后中国政治演进的方向，固然取决于意欲仿效明祖刷新政治的清朝皇帝，但汉族精英阶层中要求强化皇权思潮的兴起，无疑为清初诸帝提供了实现乾纲独断政治目标有利的舆论环境。至于乾纲独断一旦真的实行起来，会不会使纲纪整肃呢？当时思想界主流似乎无暇也无意给予足够的关注。黄宗羲以丞相制衡皇权的政治方案应者寥寥，[1]实在是情势使然，他的具有前瞻性的政治思想在两个世纪以后终于引起了积极的反响，那已是资产阶级民主革命开始兴起的19世纪末了。[2]

九

尽管如此，清初诸帝欲按自己意愿推进乾纲独断的实现，也并非轻而易举的一件事。

须知强化皇权的舆论主流是在明中叶以后特殊政治形势下看涨的，由人主怠荒所导致的极端无政府状态只能暂时掩盖君主极权的隐患。一旦汉族士大夫，包括汉化较深的满族上层人物，感觉到事态的演化已偏离了圣君贤相的传统政治理想轨道，开始向君主独裁滑下去的时候，溶于周身血液中的儒家政治文化因子又会使他们昂奋起来，为维护神圣的道统，也为了维护臣节的尊严，转而向他们曾经热望加强的皇权展开不屈不挠的殊死抗争。清朝皇帝如果以完成明太祖未竟之业为己任的话，那他们就无论如何也不能回避这场思想文化战线上的遭遇战。这将是一场旷日持久的残酷搏斗，从17世纪中叶至整个18世纪，从摄政王多尔衮到乾隆皇帝，历百数十年之久，挟暴力镇压之势，"或三岁而戮之，十

---

[1] 这寥寥的应者中，特别要提出的是著名思想家顾炎武，他极为推崇《明夷待访录》，在给黄宗羲的信中说："大著《待访录》读之再三，于是知天下之未尝无人，百王之敝可以复起，而三代之盛可以徐还也。"黄宗羲《南雷文定》第三集，《附录》，《丛书集成初编》2466册，上海商务印书馆，1936。

[2] 梁启超《清代学术概论》提及："梁启超、谭嗣同辈倡民权共和之说，则将其书（按指《明夷待访录》）节钞，印数万本，秘密散布，于晚清思想之骤变，极有力焉。"中华书局，1954，第14页。

年而戮之，百年而戮之"[1]，一直到臣工全都俯首帖耳，庙堂永绝逆耳之音，方始罢手。

明太祖或许疏忽了整肃传统政治思想和士人根深蒂固的价值观念的严重性，而把卫护新的政治结构的全部希望寄托在一纸《祖训》之上。清朝皇帝毕竟比明太祖高明，他们借大辟朋党而振刷士风，所以批判的气势如高屋建瓴，锐不可当；他们时时不忘高扬乾纲独断的"家法"，因此批判宋儒"天下之治乱系宰相"之说显得理直气壮，义正词严。清朝统治者没有重蹈明朝政治覆辙，在18世纪初期终于成功地将一整套适应君主独裁的政治制度体系建立起来，与此关系匪浅。

清朝皇帝推行极权政治所面临的又一难题在于，他们不得不暂时承袭下来的前朝旧制，已将《皇明祖训》的深意丧失殆尽，特别是作为政本之地的内阁，往往容易使丞相制借尸还魂。顺治十七年（1660）夏旱，顺治帝降旨切责部院及科道，独未及阁臣。阴阳不调，古称宰相之责，大学士觉罗巴哈纳、刘正宗、李霨等遂"以天旱具疏引罪"[2]，随即御史季振宜复疏言："《书》云'元首明哉，股肱良哉'，又云'天工人其代之'，是三公得人则逸，不得其人则劳，且古有不问伤人而问牛喘者，明阴阳之不调，宰相责也，至于因水旱而策免、有不待策免而自引退者，往往见之史册矣。"[3]请顺治帝追究大学士的失职。康熙十八年（1679）京师大震，裂地成渠，白昼晦暝，左都御史魏象枢以变出异常，密请重处大学士索额图、明珠，即"可以弭此灾矣"[4]。可见顺治以至康熙年间，不惟大学士以宰相自任，群臣亦以宰相视之大学士。皇帝稍不留心，仍然难免明朝故事重演。

宰相作为国家政事中枢机构，是与汉唐以来的君相制相配套的。明太祖废除丞相制，并对政治体制做了相应的调整，但他没有圆满完成沟通上下的关键一环——中枢机构的构建；也可以说，明太祖仅仅提出了强化皇权、君主独裁的目标，而未能真正找到实现这一目标的具体途径。

---

[1] 《龚自珍全集》第一辑，《乙丙之际箸议第九》，上海人民出版社，1975。
[2] 《清世祖实录》卷一三五，顺治十七年五月壬午。
[3] 《清世祖实录》卷一三六，顺治十七年六月乙酉。
[4] 中国第一历史档案馆整理《康熙起居注》，中华书局，1984，第三册，第1951页。

从17世纪中叶以后至18世纪初，六七十年之间，摄政王多尔衮和顺、康二帝在承袭、利用包括内阁在内的明代官制的过程中，一方面高度警惕丞相制的复活，并以有别于明帝的躬理万几的勤政姿态，将用人行政大柄牢牢地抓在手里；另一方面，则悉心探索着如何对掣皇权之肘的内阁及六科等原明官制加以彻底改造。18世纪二三十年代，当康熙帝创行、雍正帝继而通行的奏折制度将军机处推上政治舞台、军机处取代内阁成为国家大政之所出的新的军政中枢时，才最终完成与君主独裁相配套的政治体制的艰难探索。这个探索过程如果从明太祖确立"事皆朝廷总之"的政治目标算起的话，竟长达四百余年之久！中国的政治也只有到了18世纪，才由雍正、乾隆两位皇帝"圣圣相承"，实现了近百年的君主独裁。

本文系郭成康著《18世纪中国与世界·政治卷》
（1999）"绪言"前半部分

清初奏折探析

奏折制度为清帝所独创，且几乎与有清一代相始终，它的出现不仅标志着中国古代官文书制度的重大变革，而且与清代政治体制的演变息息相关。可以说，清初以来皇帝与内阁、督抚与部院权力分配的矛盾斗争最终孕育出了奏折制度。而折奏方式的广泛使用和规范化，又势必将皇权高度强化的象征——军机处推上历史舞台。本文以探索奏折的出现和发展为重点，时间范围大体限定在顺治、康熙两朝近八十年内。

一、顺治年间官私文献所提及的"奏折"

奏折起源于何时？历来论者说法不一。《清世祖实录》记载：顺治十三年六月谕吏部："向来科道及在京满汉各官奏折，俱先送内院，今后悉照部例，径诣宫门陈奏。其外省所送通政使司题本及在京各官本章，仍照旧送通政司转送内院。"[1]这是"奏折"一词首次在官书上出现。有的专家认为，此处所谓"奏折"，"实系明代以来所用奏本，而非后日通行的奏折"，并进而推测世祖实录中这一处"奏折"字样似出自雍乾时史馆儒臣之手，"清代'奏折'字样的正式出现，应该是康熙初叶的事

---

[1] 《清世祖宗录》卷一〇二，顺治十三年六月甲申。

情"[1]。另一种意见认为上述有关"奏折"最早的一条官方记载"未必可靠",此外还提出"世上至今尚未发现有顺治朝的奏折实物",主张奏折的出现乃康熙年间的事。[2]但也有的专家认为"顺治时已有'密封奏折'之名",根据是官方文献之外,《王文靖集》所载王熙自撰年谱中顺治十八年正月初三下记"奉谕询问、密封奏折,俱不敢载"[3]。

看来,进一步探索《清世祖实录》等文献所载"奏折"一词的含义,对搞清奏折制度的起源、澄清论者纷歧的意见可能不无关系。

上述顺治十三年六月的谕旨首先指出"奏折"的主体是"科道及在京满汉各官",并进一步明确说可以照"部例""径诣宫门陈奏"。这里的"部例"究竟何指?

现在一般都认为清初承袭明代题奏本章制度,官员公事用题本,钤官印,私事用奏本,不钤官印,内外衙门题奏本章皆须经内阁票签后上呈御览。实际情况并非完全如此。清朝入关之初,各部院题本就没有经过内阁而直接上达天子。顺治元年五月,大学士冯铨等即启奏睿亲王多尔衮:"臣等备员内院,凡事皆当与闻,今各部题奏,俱未悉知,所票拟者不过官民奏闻之事而已。"多尔衮允其"按明时旧例"之请,从此"各部院覆奏本章"才下内阁票拟。[4]但翌年三月即以"凡陈奏本章照故明例,殊觉迟误,今后部院一切疏章可即速奏"[5]。所谓"速奏",实际是不必先经内阁票签而直送宫门或听政时面奏。顺治十年正月亲政不久的顺治帝谕称:"今各部奏疏但面承朕谕,回署录出,方送内院。"可见多尔衮时代到顺治亲政各部奏疏批旨的规制是:先面承上谕,部院堂官回署录之票签,才送内院照票批红发科。[6]其弊病在于传旨可能出现错误,所以很快改为"各部院奏事,各臣照常面奏,候上览毕,退,上批满汉

---

[1] 庄吉发《清代奏折制度》,台北故宫博物院,1979,第26页。
[2] 中国第一历史档案馆编《康熙朝汉文朱批奏折汇编》,档案出版社,1984,第一册,"编辑说明"第2—3页。
[3] 杨启樵《雍正帝及其密折制度研究》,广东人民出版社,1983,第157页。
[4] 《清世祖实录》卷五,顺治元年五月戊午。
[5] 《清世祖实录》卷一五,顺治二年三月戊戌。
[6] 《清世祖实录》卷七一,顺治十年正月甲戌。

字旨,发内院,转发该科"[1]。不过,这样一来,皇帝御览亲批,不胜其烦,因此到这一年十月顺治帝即以"章奏繁多,若径送内院又恐易滋弊窦",决定在"太和门内择一便室,令大学士、学士等官分班入直,本章或亲批,或于上前面批,若有应更改之事,即面奏更改"[2]。这一定制日后虽小有修改,[3]但部院本章先经御览批旨,然后再经院(内阁)发科的程序则一直坚持下去。总之,部院需要速奏的本章从清初开始,除顺治元年至二年不到一年的时间之外,并没有按明朝旧制先送内院(内阁)票拟,而是直达御前,由皇帝直接处理。内院(内阁)大学士、学士只不过在听政时到太和门值班,承旨书谕而已。

清初最高统治者在从内院(内阁)分割出票拟部院题本权力的同时,又一步步将"科道及在京满汉各官"带有机密性的奏章的直接处置权力也揽到自己手中。按明制"臣民具疏上于朝廷者为奏本"[4],"军民人等陈情、建言、申诉等事,具有奏本"[5]。清初承明制,内外各衙门"一切奏本,不分公私,均赴司投进,违者参驳"[6],即奏本必须先投递通政使司,再转呈内院票拟。但很快于顺治二年三月即将"与各部无涉,或条陈政事,或外国机密,或奇特谋略,此等本章,俱赴内院转奏"[7]。绕过收发本章的通政使司,盖为保密起见。不过,先送内院拆阅票签,仍有泄密之虞。因而才有上述顺治十三年六月"向来科道及在京满汉各官奏折,俱先送内院,今后悉照部例,径诣宫门陈奏"的谕旨。这里使用"奏折"字样,很可能是为了使"条陈政事,或外国机密,或奇特谋略"这一类奏本,与无须保密的如奏贺、乞恩、谢恩、认罪等类奏本区别开来。杨启樵先生举出顺治末王熙自述的"密封奏折"[8],即可视为京官用奏折

---

[1]《清世祖实录》卷七一,顺治十年正月甲戌。
[2]《清世祖实录》卷七八,顺治十年九月戊子。
[3] 顺治十七年五月谕吏部:"部院等衙门所奏本章,若即日发下拟旨,本章繁多,关系重大,恐一时难以致详。今后各衙门及科道各官本章,俱着于每日午时进奏,候朕披览,次日发下拟旨,以便详阅批发。"《清世祖实录》卷一三五,顺治十七年五月壬申。
[4] 申时行等纂《(万历)大明会典》卷七六,中华书局,1989。
[5]《(万历)大明会典》卷二一二。
[6]《(光绪)大清会典事例》卷一〇四二,台北新文丰出版公司印行,1976。
[7]《清世祖实录》卷一五,顺治二年三月戊戌。
[8]《雍正帝及其密折制度研究》,第157页。

清初奏折探析 257

"条陈政事，或外国机密，或奇特谋略"的有力佐证。它出现在官书之外私人文集之中，也可证明世祖实录出现的"奏折"字样未必系日后史官的杜撰。今天诚然未发现顺治朝奏折实物，但不宜由此而断定顺治朝没有奏折这种文书形式。

总之，顺治朝十七年是明代题奏本章制度向清代奏折制度演变的重要开端，科道及京官"奏折"的机密性及"径诣宫门陈奏"的方式，已具备了日后通行的奏折的实质性内容，部院本章尽管尚无"奏折"之名目，但其内涵也与日后奏折无实质性差异。皇帝对部院本章收受和批答程序的显著变化，尤当引人注目。是不是可以说，大学士等入直太和门承旨书谕已经揭开了清代政治体制深刻变革的序幕呢？

二、康熙朝的密折

康熙朝中期，某些具有特殊身份的人物和地方大吏被授以用密折上奏内外情报的特权，标志着奏折制度的重要发展。今天人们论述康熙朝奏折时，大多即指此类密折。

所谓某些具有特殊身份的人是指苏州织造李煦、江宁织造曹寅和尚书王鸿绪等。李煦籍隶正白旗包衣佐领，康熙三十一年由畅春苑总管改任苏州织造。[1] 现存李煦第一折系三十二年六月请安折，七月第二折《奏报苏州得雨，并报粮价折》中称："臣无地方之责，不应渎陈，仰见皇上爱民如子、视民如伤之至意，敢就所知，谨奏以闻。"康熙在折尾朱批："朕已大安，五月间闻得淮徐以南时旸舛候，夏泽愆期，民心慌慌，两浙尤甚，朕夙夜焦思，寝食不安，但有南来者必问详细。闻尔所奏，少解宵旰之劳，秋收之后，还写奏帖奏来。凡有奏帖，万不可与人知道。"[2] 曹寅亦为正白旗包衣下人，与李煦同一年出任江宁织造[3]，他被授予密奏

---

〔1〕 王利器《李士桢李煦父子年谱》，北京出版社，1983，第242、261页。
〔2〕 《康熙朝汉文朱批奏折汇编》第一册，第6页。
〔3〕 《李士桢李煦父子年谱》，第261页。

地方情事比李煦晚得多。四十七年三月初一日曹寅《奏报自兖至宁一路闻见事宜折》奉朱批："已后有闻地方细小之事必具密折来奏。"[1]王鸿绪，江苏华亭人，他被授命密奏朝中阴私情事在四十四年。这一年任工部尚书的王鸿绪先有两折密陈宝泉局炉头借帑情弊及会审札萨叩阍案等事，奉朱批："京中有可闻之事，卿密书奏折与请安封内奏闻，不可令人知道，倘有泻漏，甚有关系。小心！小心！"王鸿绪受宠若惊，奏称："仰荷天恩，破格密加委任，惟有竭尽犬马，力矢忠诚，以仰报圣恩于万一。"[2]从现存康熙朝奏汉文奏折来看，此种密折的出现不会早于康熙中期，而受命刺探内外情报者，地方官之外亦只有李煦、曹寅（及其子曹頫）和王鸿绪数人而已。

  这种奏折的突出特点是绝对机密。李煦、曹寅与王鸿绪与一般有守土之责的地方官不同，他们是作为皇上绝对可以信赖的包衣家奴或亲信耳目密送情报的，因此，他们受命密奏的范围包括京中及江浙等与国家社会安定最关紧要地区的绝密大事，诸如皇位继承、官场黑幕、反清动乱等等。这些负有特殊使命的人物深知自己处境的危险，所以奏事时也异乎寻常的诡秘。四十六年三月康熙密谕王鸿绪密奏御前人等骗买苏州女子事："前岁南巡有许多不肖之人骗苏州女子，朕到家里方知。今年又恐有如此行者，尔细细打听，凡有这等事亲手蜜蜜（即"秘密"。——编按）写来奏闻，此事再不可令人知道，有人知道尔即不便矣。"[3]王鸿绪诚惶诚恐，在尔后所上密折中祈请"即赐御批密发，并望特谕总管面交臣手"，为不暴露自己，又将"折子封套之外用纸加封，止写'南书房谨封'字样"[4]。四十八年皇太子胤礽废而复立，康熙密谕李煦："近日闻得南方有许多闲言，无中作有，议论大小事。朕无可以托人打听，尔等受恩深重，但有所闻，可以亲手书折奏闻才好。此话断不可叫人知道，若有人知，尔即招祸矣。"[5]李煦立即亲书密折具奏："臣闻原任户部尚书王鸿绪今岁解职回家之后，每月必差家人进京至伊兄都察院王九龄

---

[1]《康熙朝汉文朱批奏折汇编》第一册，第845页。
[2]《康熙朝汉文朱批奏折汇编》第一册，第277页。
[3]《康熙朝汉文朱批奏折汇编》第一册，第613页。
[4]《康熙朝汉文朱批奏折汇编》第一册，第665页。
[5]《康熙朝汉文朱批奏折汇编》第二册，第659—660页。

处探听宫禁之事，无中作有，摇惑人心。"此折留中，亦无朱批，但康熙在李煦同日所上晴雨折子上批谕："知道了。尔亲手写的折子打发回去恐途路中有所失落不便，所以不存了。尔还打听是什么话，再写来。密之！密之！"[1]李煦随即于四十九年初密奏："臣打听得王鸿绪每云我京中时常有密信来，东宫目下虽然复位，圣心犹在未定……而王鸿绪门生故旧，处处有人，即今江苏新抚臣张伯行亦鸿绪门生，且四布有人，又善于探听，伏乞万岁将臣此折与前次煦亲手所书折子同毁不存，以免祸患，则身家保全皆出我万岁之恩赐也。"此折亦留中，且未加朱批，为安抚李煦，康熙在李煦同日所上粮价折上朱批："知道了。密折伏于丙丁了。"[2]"丙丁"于五行中属火，但不知康熙出于什么考虑，李煦这两件密折并未付之一炬。李煦奏折现存四百余件，是康熙朝折奏最多的一位。[3]曹寅现存奏折亦在百件以上，而康熙在公开场合仅提到过一次"曹寅、李煦有密折启奏"。王鸿绪从四十四年至六十年断断续续有密奏折子，康熙对此守口如瓶，即便王鸿绪与江南三织造情报系统暗中斗法，他也未向奴才李煦暴露王鸿绪的特殊身份。

　　另一类密折是地方大吏用来密奏地方情况的，它的机密程度一般来讲略低于前述密折。四十八年康熙在浙抚黄秉中请安折上批谕："凡督抚许上折子，原为蜜知地方情形，四季民生，雨旸如何，米价贵贱，盗案多少等事。尔并不奏这等关系民生的事，请安何用？甚属不合！"[4]雨雪粮价，似乎无密可言，但这些事关乎一方安定，故而要用折密奏。不过，除上述常规性的密奏外，还间或令他特别信赖的督抚密奏邻省情事，四十四年五月曾密谕河南巡抚赵弘燮"将直隶、山东、陕西、湖广交界地方今年二麦收成分数，秋禾发生如何，有无蝗蝻生发，旱与不旱，几时得雨访查明白密奏"[5]。命大吏密奏封疆以外情报，康熙曾直言不讳地说："若浙江巡抚奏秋成八分，其福建从浙江过者询之。或云十分，或云六七分，一

---

[1]　《康熙朝汉文朱批奏折汇编》第二册，第703—704页。
[2]　《康熙朝汉文朱批奏折汇编》第二册，第736—737页。
[3]　故宫博物院明清档案部编《李煦奏折》，中华书局，1976，"前言"。
[4]　《康熙朝汉文朱批奏折汇编》第二册，第724页。
[5]　《康熙朝汉文朱批奏折汇编》第一册，第181—182页。

有参差,便可知其虚实矣。"[1]他又举实例说明:"前者四川之民,流往贵州地方者甚多。贵州巡抚密奏,可知四川巡抚能泰之无能。"[2]在督抚提镇密折中也偶见令刺探隐秘的密谕,如四十九年十二月在福建将军祖良璧谢恩折上朱批:"总督居官如何?"祖良璧遵旨密奏,康熙在折尾批谕:"凡有奏折当其密才好,不可令人写。"[3]五十二年七月密谕贵州巡抚刘荫枢:"前任提督作官为人何如?贵州通省总兵何如?写密折奏闻,已后凡奏折须尔亲手写来。"[4]五十三年七月密谕漕运总督郎廷极:"迩来闻苏州巡抚怕人害他,以致满城人心风鹤,又听无赖小徒作言生事,有冒缨之不足道者,至各省捕捉,京中以为笑谈。果如此否,尔打听实事,密折奏闻。"[5]六十一年正月川陕总督年羹尧折中叙及,前此陛见时皇上曾命"密访署云贵总督臣张文焕居官贤否",并奏称"自回川之日即遣妥确亲信之人赴滇密访"[6]。督抚提镇这类密折实际上与李煦、曹寅、王鸿绪密折相去无几了。康熙五十五年发生孟光祖借诚亲王胤祉之名巡视五省诈骗大案,只有直隶巡扶赵弘燮密折奏报"有三千岁游行五省"之事。[7]康熙大为警觉,多次申饬有关督抚,并特别指出:"若非赵弘燮具奏,朕犹不得知之矣。"[8]总的来看,在康熙的督责下,发端于李煦,以搜集情报为目的的密奏形式在康熙晚期有向地方大吏逐渐渗透扩张之势。

与地方大吏密折奏事渐次推广和深化的同时,京中大臣也被明确授权用折密奏。促使康熙做出此项决策的契机是五十年十月揭露的皇太子党中坚人物,步军统领托合齐结党会饮大案。康熙于五十一年正月召谕领侍卫内大臣、大学士、都统、尚书、副都统、侍郎、学士、副都御史等:"朕今春秋已高,听政年久,众亦谓朕事事经历,无不周知。但不闻不见之事甚多,虽有言官,类多瞻顾缄默,是以托合齐等辈小人,常昂然张胆,构

---

[1]《圣祖仁皇帝御制文集》(第四集)卷九。
[2] 中国第一历史档案馆整理《康熙起居注》第三册,中华书局,1984,第2364—2365页。
[3]《康熙朝汉文朱批奏折汇编》第三册,第231页。
[4]《康熙朝汉文朱批奏折汇编》第五册,第67页。
[5]《康熙朝汉文朱批奏折汇编》第五册,第701页。
[6]《康熙朝汉文朱批奏折汇编》第八册,第872页。
[7]《康熙朝汉文朱批奏折汇编》第七册,第559—561页。
[8]《康熙起居注》第三册,第2385页。

集党羽,今已显露。乱臣贼子,历代有之,但为君者,见于几先,则不露声色,自然灭除,若渐使滋蔓,其弊不可胜言矣!朕为国为民,宵旰勤劳,亦属分内常事,此外所不得闻者,常令各该将军、总督、巡抚、提督、总兵官因请安折内附陈密奏,故各省之事不能欺隐,此于国计民生大有裨益也。尔等皆朕所信任位至大臣,当与诸省将军督抚提镇一体于请安折内将应奏之事,各罄所见,开列陈奏。"在训谕结束时康熙明言令京中大臣密折奏闻的用意就在于使"大贪大奸之辈,不知谁人所奏,自知畏惧,或有宵小诳主,窃卖恩威者,亦自此顾忌收敛"[1]。

继三品以上大臣被授予密奏权之后,康熙五十五年又谕令科道"参劾,亦可缮折具奏"[2]。科道本系朝廷耳目,或露章题达,或条奏弹劾,本应成为天子最主要的情报来源,顺治十三年已有明旨命科道具"奏折"条陈政事或机密情事,上文已经提及。但康熙对言官怀挟私心,草率塞责,不能及时为天子提供准确情报的成见由来已久,经过数十年的不断探索,他最后认定"在今日开言路之法",莫善于密折奏事。[3] 因此,现有康熙朝奏折中独言官绝少。

对于自己独出心裁而创行的密折,康熙曾十分自负地说:"密奏亦非易事,稍有忽略,即为所欺。朕听政有年,稍有暧昧之处皆洞悉之,断不能欺朕。奏请之人,亦不敢欺朕。密奏之事,惟朕能行之,他人则不能矣。"[4] 康熙没有料到,他所独创的密折在其子雍正手里竟达到了出神入化的完美境界。

三、康熙朝非机密性的奏折

除后世所瞩目的密折之外,康熙朝还有非机密性的奏折,其对政治

---

〔1〕《清圣祖实录》卷二四九,康熙五十一年正月壬子。
〔2〕《康熙起居注》第三册,第2313页。
〔3〕《圣祖仁皇帝御制文集》(第四集)卷九。
〔4〕《康熙起居注》第三册,第2464页。

的深刻影响当不在密折之下。

《康熙朝汉文朱批奏折汇编》的编辑者已经指出:"从《康熙起居注》的记载来看,奏折使用之初,并不是一种机密文书。在康熙二十年代,它似乎是大学士及部院大臣等向皇帝奏报特定的交办事项的专有文书。"[1]他们引证的《康熙起居注》二十年十月初二日条如下:"上御乾清门,听部院各衙门官员面奏政事。大学士、学士等会同户部并仓场,为漕运冻阻具折请旨。上顾阁臣曰:漕粮当照限运解,该督抚等不行速运,但求宽限……户部亦不详为筹画于事有益与否,惟草率照督、抚所请,准其宽限。今船只迟误,以致冻阻。此折着户部领去,具本来奏,尔等将此情节票出,着严行议奏。"[2]这类事例在《康熙起居注》中不绝于书,显然,在御门听政时君臣公开议论的户部折子之类与康熙界定的密折含义——"所谓密奏者,惟所奏之人知之,朕独知之,方可谓之密奏"[3]——是不可相提并论的。

不过,仅仅指出这一点似乎还不够。这类非机密性的官文书是不是"在康熙二十年代左右"才出现的呢?[4]下面先来考察上引《康熙起居注》所载漕运冻阻事件的题奏、批答程序:先是该督抚具题请求宽限,经内阁票拟,康熙允准,交大学士会同户部具奏,户部主稿"具折"于听政时会同大学士等面奏,准该督抚所请,康熙谕饬户部折奏非是,令"具本",即用题本再奏,并命侍直大学士等将此旨意票签来看。不难看出,这种题奏、批答方式早在顺治年间业已实施了(见本文第一部分),只不过当时"径诣宫门陈奏"的部院奏本尚无"奏折"或"折子"之称而已。据《康熙起居注》,此类部院上行官文书至迟在康熙二十年已被冠以"折"的名目,部院以"具折请旨"方式奏请皇上裁夺。

这类在康熙年间已被通称为奏折的官文书在《康熙朝汉文朱批奏折汇编》中所在多有,下面举首次出现的四十五年十一月兵部奏折为例:"兵部谨奏为奏闻事。康熙肆拾伍年拾壹月初柒日头等侍卫五十、奏事傻

---

[1]《康熙朝汉文朱批奏折汇编》第一册,"编辑说明"。
[2]《康熙起居注》第一册,第758页。
[3]《康熙起居注》第三册,第2464页。
[4]《康熙朝汉文朱批奏折汇编》第一册,"编辑说明"。

子、来保转传上谕,嗣后自京城往各省人员所用车马数目、前去缘由,并勘合火牌内填注需用钱粮之处,开明折子,拾日壹次启奏。再,由各省来京人员所用之处,亦照比例缮写折子启奏。"(以下为兵部十日一次汇奏的内容,从略。)此折满汉文并行,兵部堂官署名,不钤兵部印信。[1]《康熙朝汉文朱批奏折汇编》所辑部院奏折书写书格式多同此例,折尾一般有满文朱批,间或亦有墨笔传旨者。值得注意的还有,谕旨可由御前侍卫、奏事官员直接传达于该部院,该部院奏折或面奏,或交奏事官员转奏。[2]

部院奏折"径诣宫门陈奏",由皇帝拆阅、批旨,只可视为康熙对顺治朝既定方式的继承;下面着重论述的督抚提镇及将军等部分奏折也逐渐使用"奏事请旨"的形式,则是康熙于密折奏事之外另一影响深远的创制。

现存大吏第一件"奏事请旨折"系康熙三十六年九月二十六日四川提督岳昇龙《奏为筹画所属营伍请旨遵行事折》,内称:"蒙简命寄任封疆,凡有地方事宜,未敢擅专题报,自当尽心筹画,请旨遵行……冒昧奏请,倘邀俞允,容臣会商督抚两臣详晰具疏,听候敕部议覆施行,为此具折恭奏请旨。"[3]岳昇龙此件奏折其一说他身为提督"未敢擅专题报",其二说如果康熙允准,他会恪遵具题之例施行。此后,地方大吏凡属此类奏事请旨折皆不外上述两层意思。如四十四年九月云南巡抚佟毓秀"跪折为恭请圣训事":"滇南乃苗夷边境,一切事宜必得圣明指示,方有裨益,倘有紧要情事可否容奴才密折先奏,恭请圣训,然后具题,庶边疆得受皇上之洪福,而奴才亦得少免陨越也。"在地方大吏的本意来讲,用折先行仰承训旨,不过是为了有所遵循,得以少免陨越,他们也从不忘声明只有折奏奉旨俞允方正式动本具题;就康熙的初衷而言,允许督抚提镇等先行用折请旨,不过为及时了解地方重大情事,对督抚等不便率尔具题者予以训示,因此,对此类奏事请旨折的朱批多为"具

---

[1]《康熙朝汉文朱批奏折汇编》第一册,第486—545页。
[2] 康熙五十五年二月初八日,"礼部以御史董之燧所参同考官储在文等之处,请将刘谦、蒋恭棐等提至京城质审,以折子交奏事双全转奏"(《康熙起居注》第三册,第2248页)。
[3]《康熙朝汉文朱批奏折汇编》第一册,第25—26页。

题""该具题""着速具题""不宜上闻"或"与总督密议"之类例行谕示。[1]如果切实遵循这样的君臣默契,也许不会打破督抚与部院、皇帝与阁部以及地方大吏上司与下属之间按故有本章制度维系的权力平衡,但恰恰在康熙最初设计的这种外吏奏事请旨折子之时,便已埋下了最终深刻改变君臣之间、朝廷与地方之间权力配置结构的根苗。

康熙四十五年五月初五日直隶巡抚赵弘燮《奏为请准将旧欠钱粮分三年带征折》中称"臣在东拜曾经面奏,如地方有疑难重大事情,先具折奏请圣裁",以下便以河间府属庆广临三邑"钱粮新旧并征,民力维艰,奏请分年带征",奉朱批:"具题。"[2]但赵弘燮题本尚未缮就,就接到了部咨传达的将旧欠钱粮尽行蠲免的上谕。看来,康熙已不想等赵弘燮题本辗转上达,而直接谕部施行了。不久,赵弘燮等六月初九日又有一件更为紧迫的《奏报永定河堤口漫决现正修筑折》,康熙在赵弘燮另一折上批谕:"又奏报事一折,当有速议处,故不发回。"[3]这次更明确说明赵报事一折"有速议处",当即以此折交与大学士及各该部紧急商议应付之计。由此可见,即使直隶近在咫尺,某些重大紧急之事也容不得具折奏闻——发还朱批奏折——督抚等遵旨具题——经过通政司呈递,由内阁票拟恭呈御览如此迂缓繁复、稽迟时日的公文旅行故套。康熙违反常规立即将折子交议,完全可以视为顺乎情理之事。对此,康熙在批谕四川松潘总兵路振扬请安折(无年月)上说得十分明白:"朕安。仰请圣裁一折奏得是,若批具题,恐日迟远,故敕部即议。"[4]随着时间的推移,将督抚等奏事请旨折直接交阁部等亦自然而然地成为一种通例,如"折子交了内阁了","朕同内阁大臣议了,都说此折奏的是,依尔所奏","此折论船极当,朕欲交部,其中有不便句,尔再具题","凡密折皆已批回,关于军务者,令议政看,可议者有部文","奏折甚是明白,议政

---

[1] 《康熙朝汉文朱批奏折汇编》第一册,第237页,其他事例俱见《汇编》第一册,第477—483页(贵州巡抚陈诜折),第一册,第688—689页(湖广提督俞益谟折),第一册,第994—1000页(肃州总兵刘汉业折),第六册,第223—227页(云南巡抚甘国璧折),第七册,第136—137页(护理贵州巡抚白潢折)。
[2] 《康熙朝汉文朱批奏折汇编》第一册,第351—355页。
[3] 《康熙朝汉文朱批奏折汇编》第一册,第374、373页。
[4] 《康熙朝汉文朱批奏折汇编》第八册,第1115页。

处都看过了"、"九卿大臣都看过了"[1]之类的朱批屡屡见诸地方大吏的奏折。甚至贵州巡抚刘荫枢五十四年十月初七日奏请"今年暂停征讨泽旺阿喇蒲坦"折已有"皇上俯察可否，密而勿发"的乞请，[2]但康熙还是将它发交汉九卿、詹事、科道议奏了。[3]

由于有了奏折直接敕部即议的通例，督抚等外吏便掌握了与部院相颉颃的特权。直隶巡抚赵弘燮可以折奏请求"以能员钦授通永道员"[4]，贵州巡抚刘荫枢请多拨二十万两银到黔的两件题本"皆格于部议"后，亦可以通过折奏寻求皇上支持，敕部多拨。[5] "内外相维，体统相制"[6]、"督抚不可侵部院之权，部院亦不宜刻求督抚之非"[7]，是清代皇帝处理督抚与部院关系的指导思想和基本原则，康熙在赋予地方大吏等以奏折请旨的权力时，虽然考虑到了必须维护内外制衡的格局，但政治运行的实践证明，随着折奏请旨的日渐普遍，不可避免地会出现督抚等侵夺部院之权的倾向，这在康熙朝虽不严重，到了雍正朝便已成了天子必须认真对待的问题了。由于有了奏折直接敕部的通例，由通政司接受外省题本转呈内阁，经内阁票拟呈送御览的自明代承继下来的本章制度也被打开了缺口。诚然，康熙并非想以奏折代替传统本章，凡官员举劾、钱粮开销、刑名核拟、地方工程等等重大而经常性事务仍例由督抚具题或咨部而后见诸施行，但督抚遇到疑难、紧急、重要事件可以绕过通政司、内阁，具折直达御览，某些奏事请旨还可以直接交发阁部议奏，这是继中央部院奏折"径诣宫门陈奏"之后，皇帝分割内阁之权的又一影响重大而深远的政治举措。

督抚等奏事请旨折子是否都不属于密折范畴呢？看来不可一概而论。似乎可以这样划分：凡未下阁部议奏的奏事请旨折皆可视为密折，而已

---

[1]《康熙朝汉文朱批奏折汇编》第七册，第364—365页；第八册，第347页；第四册，第626页；第八册，第202、426、739—740页。
[2]《康熙朝汉文朱批奏折汇编》第六册，第544—547页。
[3]《康熙起居注》第三册，第2258，第2260页。
[4]《康熙朝汉文朱批奏折汇编》第一册，第433—434页。
[5]《康熙朝汉文朱批奏折汇编》第三册，第267—268页。
[6] 贺长龄、魏源编《清经世文编》卷一〇，秦蕙田《经筵讲义二篇·龙德而正中者也》。
[7]《清圣祖实录》卷二五六，康熙五十二年八月丙子。

敕发部议者，则非密折。康熙五十九年正月川陕总督年羹尧密奏都统法蜡行事，朱批云："事关密折，所以未发议政。"[1]在年羹尧折另一朱批又云："凡密折皆已批回，关于军务者令议政看，可议者有部文，无庸议者都在兵部收着，故未批回。"[2]发阁部的奏折已不是"惟所奏之人知之，朕独知之"的密折，康熙理所当然地把这类折子排除在密折之外。据此，康熙朝非机密奏折除部院奏事请旨折外，还应包括外省大吏等奏事请旨敕部即议的奏折。

康熙朝非机密性奏折与密奏折子即密折一起，构成了清初奏折中最主要、最有史料价值的奏事折。其中密折与外省大吏敕部即议这类非机密性奏折在康熙三十年代同时出现，确系康熙帝首创；而部院奏事请旨这类非机密性奏折，其渊源则可上溯到顺治朝的部院本章，到康熙二十年代习称"折"，只不过名副其实而已。联系到顺治年间京官、科道具奏机密情事可用"奏折"，应当说有清一代独具特色的奏折制度实萌生于顺治朝，康熙中期以后，它便很快步入了充满活力并渐趋定型的成长时期。

四、康熙朝奏折制度已具雏形

粗略地看，近万件康熙朝汉文朱批奏折很像是一堆杂乱无章官私文书的汇辑。以奏折的称谓而论，就有"奏折""折子""密奏折子""密折""奏帖""密缮小折""谢恩折""请安折""晴雨折子""粮价折子""蝗蝻折子"等名目，甚至水师千总郭王森《条陈海防十事折本》兵部亦称之为"奏折"[3]；同一类奏折，称谓也往往因人因时而异，密折可称"奏帖"，也可称"密缮小折"，晴雨折子可称"雨泽折子""晴雨录"，也可称"晴雨册"。奏折尺幅大小不一，"其中长十三公分左右、宽七公

---

[1]《康熙朝汉文朱批奏折汇编》第八册，第647—648页。
[2]《康熙朝汉文朱批奏折汇编》第八册，第202页。
[3]《康熙朝汉文朱批奏折汇编》第三册，第316页。

分左右的小折数量甚多"[1]。奏折书写的格式也极不规范，开首有写"奏折"的，有写"折奏"的，有写"奏"的，有写"密折"的，亦有未加注明者；折子每面多少行、每行多少字、字体大小、笔画粗细，均由折奏人自定；折尾一般书写具奏人官职、姓名，但也有姓名之上加盖私印甚至别章的。[2]所有这一切都表明，奏折在康熙朝还处于创行阶段，康熙所关注的是内容，而非形式；是政治实效，而非表面文章。尽管如此，奏折既然不同于传统本章，在它逐渐发展的数十年间，也自然形成了某些新的通行规范。

第一，折奏人的资格。

康熙三十年代初，并没有督抚提镇准奏折子的明确旨谕，督抚等获得折奏权有时系奉特旨，有时需经乞请，奉旨俞允才能折奏。如四十二年康熙以江宁巡抚宋荦"南巡二次谨慎小心"，命苏州织造李煦传旨："以后有奏之事，密折交与尔（李煦）奏。"[3]四十五年贵州巡抚陈诜则以"臣闻巡抚诸臣有许进折子之例"，奏请"用密折陈奏"，奉俞旨始进折子的。[4]直到五十四年以后巡抚甘国璧、李发甲、张圣佐等还伏乞"赏用奏折"，以致康熙不耐烦地逐个批谕："巡抚该奏折的，不用请旨""巡抚职任该奏折""巡抚该奏折子"[5]。再举总兵为例，现存第一件总兵折子是四十七年甘肃总兵刘汉业《奏报得病原委及筹边要务折》，此折开头便称："题补边方武职，事隶督提，原无总兵具折启奏之例"，以下笔锋一转："然事有权宜，情有缓急，如奴才受命出京之日，跪请圣训时曾启奏如地方有紧要事宜，许奴才密折启奏，当蒙主子圣谕，如有紧要大事可以具折启奏。"[6]就这样刘汉业便开了总兵具折的先例。到五十六年督抚提镇大多约定俗成地得到了折奏权，康熙才明谕："督抚提镇皆许密奏。"京中三品以上大臣及科道许用密折奏事权分别在五十一年和五十五年，已如上述。此外，李煦、曹寅及王鸿绪用密奏折子，可视为特例。某些

---

〔1〕《康熙朝汉文朱批奏折汇编》，第一册，"编辑说明"。
〔2〕同上。
〔3〕《康熙朝汉文朱批奏折汇编》第一册，第83页。
〔4〕《康熙朝汉文朱批奏折汇编》第一册，第407—409页，第477页。
〔5〕《康熙朝汉文朱批奏折汇编》第六册，第223—227页；第七册，第186、783页。
〔6〕《康熙朝汉文朱批奏折汇编》第一册，第994—1000页。

致仕在籍大臣可以具折请安、奏事，似乎是在任时折奏权的延续。

第二，写折和递折。

奏折一般需折奏人亲自缮写封奏，见于五十五年上谕："嗣后满汉文武大臣请安折子俱着亲自缮写封奏，若自己总不能写者，令各人子弟缮写，其令子弟所写者，将伊某人，伊子某人名字注写。若有启奏事件，即于请安折子内具奏。"[1]但除非绝密奏折，康熙一般并不苛求，而折奏人也往往遇绝密折子时才不令人捉刀，如赵弘燮折称："此案系奉特旨，所具密折，亲笔跪书，不敢假手于人。"[2]年羹尧折称："缘系密奏折子，臣自缮写，不敢使一人得知。"[3]王鸿绪密缮小折皆为绝密情报，因此全部由个人包办。

督抚等地方大吏的奏折原系君臣私人间秘密联系，因此不可擅动驿马，例以家人雇骡赍递。四十八年两广总督赵弘灿为恭进西洋药"格而墨斯"，破例由驿递邮传，且"冒昧填用火牌。飞驰恭进"，奉朱批："已后有此等事，照此折好。"[4]至五十五年十二月始明谕："各省督抚提镇等，凡请安奏折俱差伊等家人雇骡捧赍前来，屡致迟滞，若有紧急之事，必致迟误。嗣后伊等标下或千把总微员或亲信好兵派出一人，兼伊等家人一名，令其驰驿前来，一次只骑马二匹，驿递不致苦累，事务亦不致迟误，其官兵贤否朕借此亦可得验看。"[5]奏折还可由他人代递，如宋荦、张伯行折子由李煦代递，派出江南平粜官员奏折由曹寅代递，护军统领温普折子由年羹尧代递，等等，这不过是特例。

外省奏折到京，或京官奏折，例诣"宫门"呈递以径达御前。[6]这是指皇帝在大内而言，若驻畅春苑则赴畅春苑上折，[7]若秋狝木兰，则

---

[1]《康熙朝汉文朱批奏折汇编》第七册，第620—621页。
[2]《康熙朝汉文朱批奏折汇编》第一册，第421—422页。
[3]《康熙朝汉文朱批奏折汇编》第二册，第772—774页。
[4]《康熙朝汉文朱批奏折汇编》第二册，第301—302页。
[5]《康熙朝汉文朱批奏折汇编》第七册，第1028页。
[6] 张廷玉："(四十一年)斋生公奉折诣宫门谢恩"，《澄怀园主人自订年谱》卷一，《近代中国史料丛刊》第52辑，台北文海出版社，1966。另据四十五年十一月十九日巡抚陈诜折："谨遣臣男翰林院编修臣世倌诣宫门代臣叩谢。"（《康熙朝汉文朱批奏折汇编》第一册，第483页）
[7]《康熙朝汉文朱批奏折汇编》第一册，第333页。

"口外进折"或"热河行在进折"[1]。"宫门",似指景运门,据雍正元年正月初二日署直隶巡抚赵之垣等《奏谢恩赐先帝遗物折》:"臣于(康熙六十一年)拾贰月贰拾贰日差臣家人季从英赍折赴京奏事,于贰拾伍日在景运门上折,有奏事大人传旨……"[2]景运门即日后外奏事处所在地。[3]"奏事大人"在现有康熙朝汉文朱批奏折中记有苏傻子(即傻子)、汪双全(即双全),[4]双全官员外郎,他们可能是内务府的官员;另有御前噶喇昂邦吴达禅、二等侍卫喇西[5],以及头等侍卫五十等,他们是御前大臣和侍卫。看来,康熙年间在"宫门"有御前侍卫与内务府司员组成的在外奏事班子接折,这即是日后外奏事处的前身。在奏折中还有"梁总管传宣圣旨""养心殿赵昌、王道化传旨"[6]等记录,此类人当为太监。另外,王鸿绪曾将密折"交与李玉转达睿览"[7],这李玉据张廷玉《澄怀园主人自订年谱》,系康熙"内侍"[8]。日后的内奏事处恐怕可以从这里找到渊源。

第三,批发奏折。

皇帝将奏折启封阅览后,亲笔朱批后发还折奏人是通例。五十四年康熙说:"朕于各处奏折内,朱笔谕旨皆出朕一手,并无代书之人。此番出巡,朕以右手病,不能写字,用左手执笔批旨"[9],五十五年又说:"可发出者朕即发出,不可发出者留中。"[10]他还说过:"凡所批谕旨,朕处并

---

[1]《康熙朝汉文朱批奏折汇编》第一册,第232页;第四册,第466页。
[2] 中国第一历史档案馆编《雍正朝汉文朱批奏折汇编》,江苏古籍出版社,1989—1991,第一册,第1页。
[3] 震钧《天咫偶闻》卷一:"内廷奏事之制,每日子正,部院各一笔帖式持折至东华门外,少俟,门启,随奏事官以入,到景运门内九卿房,以折匣及本衙门印片一纸交奏事官,奏事官登之于簿。少顷,乾清门启,奉之以入,至内奏事处,交奏事太监以述御览,时不过丑正也。"北京古籍出版社,1982。按:此条史料单士元先生在《清代奏事处考略》一文中率先引证,载《文献论丛》,《沈兼士先生纪念刊》,国立北平故宫博物院,1948。
[4]《康熙朝汉文朱批奏折汇编》第一册,第828页。
[5]《康熙朝汉文朱批奏折汇编》第一册,第59—66页。
[6]《康熙朝汉文朱批奏折汇编》第四册,第433页;第三册,第466页。
[7]《康熙朝汉文朱批奏折汇编》第一册,第663—665页。
[8] 张廷玉《澄怀园主人自订年谱》卷一。
[9]《康熙起居注》第三册,第2203页。
[10]《康熙起居注》第三册,第2313页

无底稿。"[1]这些话有存世的数千件汉文朱批奏批为证,毋庸多言。因为是君臣皆知的通例,所以偶尔上奏折子未蒙批发,折奏人往往特加声明,如五十三年四月十一日赵弘燮上折五件,但批回四本,特具折奏明"一本未蒙批发"[2]。五十七年五月初一日年羹尧差家人赍递奏折一封内二件,仅一件有着落,另一件"原折未蒙批回",故专折声明"未审此折曾否御览"[3]。

内外臣工的批谕,除通常的朱笔谕旨外,间或有墨笔传旨,如康熙四十九年闰七月十四日两广总督赵弘灿等《奏报查问西洋人哆啰并进画像等情形折》即提及:"五月二十五日臣等家人薛廷士、焦德赍回折子,奉赵昌、王道化、张常柱、李国屏传旨……"为保证传旨的准确性,还附有"墨笔传旨一件",因文繁从略。[4]

康熙朝形成的折奏及批答的某些规范对日后奏折制度的完备化有着深刻影响,但它的诸多不成熟处尚待其后继者加以完善。不管怎样,在顺康两朝八十年间,奏折作为政治生活中的崭新事物,从它问世的那一刻起,便显示出强人的政治生命力。对前明本章制度早已不惬于怀的清帝把它视为强化皇权的利器,内外臣工则出于不同的目的也急切地想取得以奏折"通天"的特权。奏折就是在君臣上下共同推动下,奋力地打破着昔日题奏本章的一统天下。机密而便捷的奏折替代或部分替代非壅即泄的题本和奏本只是时间问题了。这一时期臣工折奏和皇帝批答奏折固然存在着诸多不完善之处,但正如以研究政治组织和政治行为"定律"著称的英国政治学家和历史学家帕金森所言:"在兴奋的发现与进展期间,是没有时间设计完美无缺的总部。当所有重要工作完成后,才有时间从事这种工作。我们晓得完美就是结局,结局就是死亡。"[5]

清初奏折之所以值得人们深入探索,奥秘可能正在于此。

原载《清史研究》1996第3期,笔名任青

---

[1]《康熙起居注》第三册,第2203页。
[2]《康熙朝汉文朱批奏折汇编》第五册,第501—502页。
[3]《康熙朝汉文朱批奏折汇编》第八册,第202页。
[4]《康熙朝汉文朱批奏折汇编》第三册,第7—12页。
[5] [英]帕金森著、潘焕昆、崔宝瑛译《帕金森定律——组织病态之研究》,台北中华企业管理发展中心,1981年第7版,第42页。

雍正密谕浅析
——兼及军机处建立时间

清雍正年间设立军机处是继明初朱元璋废丞相、皇帝综理六部事务之后,君主专制政体历史演变中又一重大事件。以往的研究者多以西北两路用兵需要探究军机处建立的原因,本文则通过奏折制度以及随之而来的密谕的嬗变,把军机处的出现纳入更深远的历史背景下去研究。

一

清承明制,"内阁为机务要地,掌宣纶簿,赞理庶政"[1],为国家中枢机构。凡内外本章,阁臣票旨进呈御览,经裁定批红,令六科抄发;皇帝阅本有欲改签者,则折一角,积十数件,降旨御门,大学士面奉谕旨,乃缮入票签更进。谕旨、本章按如此程序运作,国家政治实无秘密可言,而由此体现的政体设计思想,固然在于使权力机构相维相统,彼此颉颃,但其不可或缺的一环——六科独主封驳——亦未尝没有制衡皇权的深意。

顺治十三年六月,始令在内臣工"奏折"直递"宫门"。谕曰:"向来科道及在京满汉各官奏折,俱先送内院。今后悉照部例,径诣宫门陈

---

[1] 《(康熙)大清会典》卷二。

奏。其外省所送通政使司题本及在京各官本章，仍照旧送通政使司转送内院。"[1]"奏折"先送内院拆阅票签，仍有泄密之虞，是以有上述谕旨。对此处"奏折"的性质，人们有不同的理解，但无论如何，这种直达御前的密封"奏折"，不仅堪称日后通行奏折的嚆矢，且开了清朝秘密政治的先河。

康熙创行奏折制度，令内外臣工密奏，初不过欲周知天下情形，诚如康熙所言："天下大矣，朕一人闻见，岂能周知？若不密奏，何由洞悉？"[2]又曰："凡督抚许上折子，原为密知地方情形，四季民生，雨旸如何，米价贵贱，盗案多少等事。"[3]是以奏折初行，多臣下密奏四方隐情，康熙批谕往往寥寥数语，且递折不得擅动驿马，例以家人、兵弁雇骡赍递，批回原折亦交折差送还具折者。嗣后奏事请旨折日渐通行，但康熙朱批多为"具题""该具题""着速具题""不宜上闻"或"与总督密议"之类例行训示。可见，奏折的行用，在康熙初衷，仍不得突破公开政治的传统。

然而，奏折一旦出现，其发展自有其不以君臣意志为转移的趋势，而这种趋势恰恰自康熙时起已初见端倪。道理似乎很明白，既有臣工密奏，则难免有不便交阁部发抄的密谕。

康熙十八年十月二十二日盛京将军安珠瑚密奏开采金银铜矿一事，清字折，无朱批，同年十一月初十日康熙另颁墨书清字上谕一道："谕盛京将军安珠瑚：尔所奏情由，朕已尽悉。至盛京等地诸矿，除另有旨外，吉林宁古塔将军，朕将特颁另旨。着尔亦将尔奏览原委，书写明白，连同开采金、银、铜、铅人情形，酌情密咨吉林将军。特谕。"[4]有时奏折既蒙朱批，又另颁谕旨，如安珠瑚遵旨覆奏安置新满洲一折，朱批曰："颁给奉天将军安珠瑚谕旨一道，顺便交付包衣牛录章京观保之子塔布库带去，着将军亲手拆看。"[5]康熙之有密谕，始见于此。至汉文密谕则以密令王鸿绪刺探内外隐情最为典型。康熙四十四年帝于南巡途中密谕

---

[1]《清世祖实录》卷一〇二，顺治十二年六月甲申。
[2] 中国第一历史档案馆整理《康熙起居注》，第2464页。
[3] 中国第一历史档案馆编《康熙朝汉文朱批奏折汇编》，第二册，第724页。
[4] 中国第一历史档案馆编《康熙朝满文朱批奏折全译》，第5—6页。
[5]《康熙朝满文朱批奏折全译》，第6页。

入直南书房之工部尚书王鸿绪："京中有可闻之事，卿密书奏折与请安封内奏闻，不可令人知道，倘有泄漏，甚有关系。小心！小心！"[1]该密谕为康熙亲笔，另纸朱书，王鸿绪于接到发还朱批奏折及封内朱谕覆奏时，将"御批"与"封内密谕"分别叙述。[2]与随折批谕的朱批谕旨不同，密谕是皇帝就某一紧要机密事件密发臣下的特旨，但就亲书密谕初始形式而言，实与朱批并无绝对的界限，易言之，亲书密谕不过是由朱批衍化而来者。

由皇帝亲书密谕再衍变而为廷臣代书密谕，其政治上的意蕴则尤引人瞩目。康熙四十七年三月初四日闽浙总督梁鼐密奏台湾镇总兵王元激起民变一折，无朱批，另有恭楷代书朱谕一道："王元即黄元，先任沙虎口副将，朕向所深知，为人胆量虽好，做官平常，所以不得官兵之心，原不欲用，因他海贼出身，惯晓海外情形，故亦勉强用去，近日果有此事，尔等再细察访奏闻。"[3]此密谕恭楷朱书，每行17字。四十八年十一月十一日驻藏办事侍郎赫寿密奏藏内与准噶尔彼此往来一折，亦以密谕代朱批，该谕旨恭楷朱书，12行，每行18字，[4]与日后雍正年间代书朱谕格式相同。这两道密谕非康熙手书，且其词气亦经文饰，已无康熙口语化朱谕风格。此类密谕究系何人为康熙代书？乾隆末管世铭《鹤半巢诗集序》言及设军机处前，"特颁诏旨，由南书房、翰林院视草"[5]，赵翼亦说："康熙中谕旨或有令南书房、翰林撰拟。"[6]他特别指出南书房拟旨的高士奇："高江村士奇，康熙中直南书房，最蒙圣祖知眷。时尚未有军机处，凡撰述谕旨，多属南书房诸臣。"[7]不过，以上所谓"视草""撰述谕旨"云云，只能认为是宽泛意义上的"谕旨"，而不能说南书房翰林代康熙撰拟密旨。朱金甫《论康熙时期的南书房》一文则援引《南书房记注》披露康熙给南书房翰林

---

[1]《康熙朝汉文朱批奏折汇编》第一册，第277页。
[2] 同上。
[3]《康熙朝汉文朱批奏折汇编》第一册，第850页。
[4]《康熙朝汉文朱批奏折汇编》第二册，第694页。
[5] 梁章钜、朱智撰，何英芳点校《枢垣记略》卷二二，"诗文三"，中华书局，1984。
[6] 赵翼撰，李解民点校《簷曝杂记》卷一，"军机处"，中华书局，1982。
[7]《簷曝杂记》卷二，"高士奇"。

高士奇一道手敕云："尔在内办事有年，凡密谕及朕所览讲章、诗文等件，纂辑书写甚多，实为可嘉。特赐表里十疋、银百两以旌尔之勤劳。特谕。"[1]据此可证确有代书"密谕"的南书房翰林。高士奇卒于康熙四十三年，上述四十七、四十八年两道密谕固非高士奇所书，但康熙令南书房翰林撰拟密谕由来已久，则是毫无疑义的。

康熙时的密谕除上述朱批、朱谕之外，还有通过寄信传达的密谕。康熙五十五年十月初三日新任山东巡抚李树德折奏有下述一段话："奴才叼荷主子破格隆恩，简授山东巡抚，于十月初二日到省，蒙升任抚臣蒋陈锡亲捧密旨一道至奴才署中，奴才恭设香案跪展捧阅，内开九月十三日蒋廷锡奉上谕：俞文言这人断不可放，尔密密写字与尔兄，将朕此旨告诉巡抚李树德，教他留心。钦此。（下略）"[2]

蒋廷锡，江苏常熟人，"初由举人供奉内廷"，雍正曾称其"在内廷侍从二十余年，恪慎勤劳"[3]，如果从雍正讲这番话的雍正四年逆推，蒋廷锡供奉内廷至少从康熙四十年即开始了。康熙五十五年之际，蒋廷锡任少詹事，康熙密谕新任山东巡抚李树德之旨不便交阁部明发，而卸任巡抚恰为蒋廷锡之兄蒋陈锡，故令蒋廷锡寄信传旨。这种以家信传谕的方式对日后廷寄不能说毫无影响，特别是蒋廷锡乃日后最早承旨寄谕大臣之一，但康熙当时之有此举，无疑带有很大的随意性。

伴随着奏折出现的诸种形式密谕，包括朱批、朱谕，特别是朱谕中代书谕旨及以寄信方式下达的谕旨，尽管乃康熙不经意为之，但实已透漏了国家权力中枢开始转移的最早消息。不过，康熙时奏折制度还处于草创阶段，康熙密谕臣工不过偶一为之，特别是康熙不允许地方大吏借折奏而绕过阁部径行其请，因此，奏折的创行及与此相应密谕的出现，并不会打破皇帝与阁部、部院与督抚按固有本章制度所维系的权力平衡，国家大政还是公之于天下的。

---

[1] 朱金甫《论康熙时期的南书房》，《故宫博物院院刊》1990年第2期。
[2] 《康熙朝汉文朱批奏折汇编》第七册，第467—468页。
[3] 王锺翰点校《清史列传》卷一一，《蒋廷锡传》。

二

如果说康熙对秘密政治的认识还处于探索之中的朦胧状态,那么,雍正则明确认定国家政治自应有秘密的一面。雍正四年十一月以云南巡抚杨名时一再将密折密批载入题本,特宣谕:"国家庶务殷繁,亦有不便宣露于众者,亦有本章谕旨所不能尽者,亦有一时不能即定者,故于密折内往来斟酌。"[1]他有意识地将一应军政事务分为不过"明路"的"密奏密谕"与必须过"明路"的本章明谕。雍正元年四月,四川提督岳钟琪以"钦奉密旨",所有料理兵马起程日期及支用钱粮数目"俱不敢缮疏题报"为由,特具密折奏闻。雍正不以为然,在岳折上批谕:"此事原你在京时密行的事,总未经部,又未动本,如今出二千兵,用钱粮,钱粮还可,出兵之事,不是暗事,尔可着量借何辞、指何名,或折或本来奏,发于或议政或该部,过一过明路方好。"[2]可见过"明路",即经由具本题奏——内阁票拟,或具折奏闻——敕交部议(包括交议政处)的运行程序,宣示于众;而不过"明路"的"暗事",即"密折密批"的绝密事件。在雍正心目中,二者是判然分明的。

雍正即位以来,密奏密谕事件较之康熙年间急剧增加。现收录于《雍正朝汉文朱批奏折汇编》的朱折35 000余件,加上未公布的满文朱批奏折6 000余件,[3]雍正自言"各省文武官员之奏折,一日之间,尝至二三十件,或多至五六十件"[4],确是实情。特别是督抚藩臬道府及提镇副将的奏折逐年增多,雍正元年此类地方文武官员奏折近700件,占当年全部奏折约1 200件的六成(58%),雍正六年增至近2 000件,占当年全部奏折约2 500件的80%,加上抚远大将军岳钟琪奏折120余件,如许之多的奏折在在需要雍正批谕。而雍正朱批动辄百数十言、数百言,至有上千言者,训谕反复婉转,细密周详,与康熙朱批言简意赅的风格

---

[1]《雍正朝汉文朱批奏折汇编》,第八册,第944页。
[2]《雍正朝汉文朱批奏折汇编》第一册,第290—291页。
[3] 此数字承蒙中国第一历史档案馆满文部主任屈六生相告。
[4]《清世宗实录》卷九六,雍正八年七月甲戌,中华书局,1985。

实不可同日而语。值得注意的是，在内容上，雍正承袭康熙而开以数百字朱批指授方略之先例。雍正元年夏，青海蒙古亲王罗卜藏丹津有异动，雍正在川陕总督年羹尧五月十一日《奏陈西海情形》折上批谕："全是。好。"以下用近400字朱批反复告谕年羹尧"你一身干系实如泰山之重，轻视自己，即轻视朕一样，冲冒之说，万万使不得！"朱批以"特谕"二字作结。[1] 随后又在年羹尧五月十四日《奏陈西海布置情形折》上朱批："二十一日晚此奏折到来，朕自己的主意，立刻批于你前字去的。二十二同怡亲王、隆科多、拉什又议之，他们之意，有事不如无事……总在你定大主意，朕恐有动作处，怕你掣肘难行，已通行各处提镇、将军、巡抚，一切事任你调遣，已发部文矣。但不可高兴贪功，着实慎重，若有不得已，你量得透，当行再行，万万不可轻举。特谕！"[2] 以上两道朱批谕旨，可视为廷寄上谕通行之前，雍正以朱批指示军机的典型。

军事之外，对于重大机密事务，雍正亦习惯在臣工奏折上批示机宜。雍正七年十二月初二日浙江总督李卫密奏破获张云如、甘凤池等谋为不轨并请钦派大臣来南审结一折，雍正在折中夹行朱批至16处之多，折尾朱批竟达六七百字。[3] 李卫长于治盗，凡属此类事关国家安全的紧要事务，雍正多以朱批谕旨指示处置方法。

雍正五六年间，雍正对云南巡抚朱纲说："内外群臣奏折皆随阅随批，若遇军机要务，皆一一与廷臣商酌，详细批明，尚多有于折内旁注者，从前缴回折子尔看堆积甚多，莫不朱批满纸，可见初政较今更繁。"[4] 按之现存汉文朱批奏折，可知雍正所言并无夸张。

雍正踵行康熙草创的奏折制度，朱批谕旨无论数量抑或质量皆有可观的增进，但他仍恪守康熙创行奏折之初衷，"并非以奏折代本章"，是以当出现以奏代题苗头之后，特训谕臣工："凡为督抚者，奉到朱批之后，若欲见诸施行，自应另行具本，或咨部定夺；为藩臬者，则应详明督抚，俟督抚具题，或咨部之后，而后见诸实行。若但以曾经折奏，遂

---

[1]《雍正朝汉文朱批奏折汇编》第一册，第372页。
[2]《雍正朝汉文朱批奏折汇编》第一册，第389—390页。
[3]《雍正朝汉文朱批奏折汇编》第十七册，第379—385页。
[4]《雍正朝汉文朱批奏折汇编》第十一册，第386页。

借口已经得旨而毅然行之,则凡钱粮之开销,官员之举劾,以及苗疆之军务,地方之工程,诸如此类,督抚皆得侵六部之权,藩臬皆得掣督抚之肘矣。行之日久,滋弊必多,为害甚钜。"[1]可以说,仅止于朱批,还不可能动摇固有的权力配置格局;在探索秘密政治之路上雍正之所以获得成功并非借助朱批,而是康熙时已开其端绪的亲笔密谕和代书密谕。

三

雍正朱批间或以"特谕"作结,实与密谕难以区别,然另纸亲书朱谕则一望可知为密谕。雍正元年三月二十五日广东巡抚年希尧奏谢其妹年氏晋贵妃,雍正朱批:"知道了。一切总仗不得,大丈夫汉自己挣出来的方是真体面。勉之!"[2]随朱批奏折封寄的还有"上谕年希尧"约300字朱谕一道,命年希尧据实密奏布政使王朝恩、按察使朱绛,以及"绍兴蛮子书吏出身大有歪才"的沈澄。[3]雍正八年夏"圣躬违和",雍正特亲书密谕分别寄发山西巡抚石麟、浙江总督李卫、河东总督田文镜、云南总督鄂尔泰、福建巡抚赵国麟、署陕西巡抚查郎阿等,命"留心访有内外科好医生与深达修养性命之人,或道士或讲道之儒士俗家",全文约160字,以"慎密为之"结尾。[4]现存雍正汉文亲书密谕甚夥,仅《雍正朝汉文朱批奏折汇编》第三十三册即有密谕年羹尧近20件。[5]

雍正亲书密谕一般随发还朱批奏折令赍折武弁家人带回,但亦有由兵部封发"马上飞递"者。雍正四年四月杭州将军鄂弥达、浙江巡抚李卫《奏遵旨差员搜检查嗣庭家藏字迹书本折》开始即说:"雍正四年四月十三日臣李卫准到兵部火票内开:内庭发浙江巡抚、杭州将军同开看黄

---

[1]《清世宗实录》卷九六,雍正八年七月甲戌。
[2]《雍正朝汉文朱批奏折汇编》第一册,第193页。
[3] 同上。
[4]《雍正朝汉文朱批奏折汇编》第十八册,第682、716、748、769页;第十九册,第131、339页。
[5]《雍正朝汉文朱批奏折汇编》第三十三册,《朱谕暨廷寄》第1116—1139页。

纺丝包匣一个，事关紧要，相应马上飞递该衙门交投等因"，李卫等奉到的"皇上密旨字谕"全文是：

> 字谕将军鄂弥达、巡抚李卫：谕到即差副都统傅森，李卫差信得及属员一人，立刻速至查嗣廷家将一应字迹、抄录、书本尽行搜出，封固送部。可在其家中或墙壁、地窖中有藏匿者，亦皆留心详细搜检，不得泄露，令作走漏，尔等领罪不起。特谕。速行！[1]

这件朱谕属特急特密重大事件，故由内廷封发，交兵部填写火票，驰驿飞递。这一传送密谕的方式，与日后由内廷发出，交兵部加封，发驿驰递的廷寄谕旨毫无二致。

值得注意的是，雍正初年与皇帝亲笔朱谕并行的还有恭楷朱书密谕。雍正元年秋冬之际有交发各督抚朱书密谕一道："密谕督抚：社仓一事，甚属美政，但可行之于私，不可行之于公，可起之于丰年，不可作于歉岁。此非上谕之事，亦不宜报部举行，即尔督抚亦不便勒令属员奉行，只可暗暗劝谕好府州县徐徐行之。若能行通，妙不可言……特谕！"[2]此条上谕恭楷朱书，22行，每行18字，词气虽酷似雍正朱批，但已着润饰痕迹，显然有承旨书谕者。这道关于社仓的谕旨，本可以由户部咨行各督抚而不用密谕，但雍正考虑到"此非上谕之事，亦不宜报部举行"，故用"密谕密奏"，不过"明路"。唯其并非紧急机密事件，且同一内容的密谕要誊写多份，所以令他人恭楷代书谕旨。与此相类还有严禁各省州县滥行供应钦差人员的密谕。[3]此类密谕亦常附有雍正亲笔批谕，如"上谕总督杨宗仁""此密谕尔等者，不可具本"[4]。

既有他人承旨书谕，则呈览代书谕旨时难免与旨意不尽吻合，因此偶见雍正加以订正之处。雍正三年正月十二日云贵总督高其倬收到"兵部咨发到密交""谕旨一匣、安南国王敕旨一道又内阁密封公文一角"，

---

[1]《雍正朝汉文朱批奏折汇编》第八册，第317页。
[2]《雍正朝汉文朱批奏折汇编》第二册，第82页。
[3]《雍正朝汉文朱批奏折汇编》第二册，第86、272、284页。
[4]《雍正朝汉文朱批奏折汇编》第三十三册，第1083页。

其中"皇上密谕一道"原件曰：

> 密谕云贵总督高其倬，安南立界一事，朕前已批示矣……冯允中即便立碑定界，占寨毁舍（按：此处雍正加"造营房"三字），甚属孟浪，即前谕（按：此处雍正加一"尔"字）准四十里之界，尔亦当相机料理，不可生事。再此事前后所以然之故尔悉一一明白密奏朕知。特谕。[1]

此密谕朱书恭楷，每行亦18字，全用文言，无一丝雍正朱批的口语气息。最值得重视的是，有两处雍正亲笔朱改，经改订的朱谕不再另纸誊录，即带朱笔更改封发。军机处撰拟廷寄的术语有所谓"述旨"，其实，亲信廷臣代书密谕时述旨已然存在。至为雍正密谕代书者，则可确指有张廷玉无疑。

张廷玉，安徽桐城人，康熙三十九年进士，改庶吉士，四十二年授检讨，翌年命入直南书房。其父大学士张英，康熙十六年以翰林院侍讲学士入直南书房，张英乃与高士奇一道为最早侍从南书房者。[2]康熙六十一年十一月帝崩逝，据张廷玉自述："是时，梓宫在乾清宫，上（雍正）以东厢为苫次，席地而坐，晨夕涕泣，群臣入奏事则忍泪裁断。凡有诏旨，则命廷玉入内，口授大意，或于御前伏地因书，或隔帘授几，稿就即呈御览，每日不下十数次，皆称旨。"[3]其时张廷玉官礼部侍郎，雍正特旨命兼学士衔，"办理翰林院文章之事"[4]。雍正三年七月，张廷玉以户部尚书署大学士事，内阁面奉谕旨始倚重张廷玉书写，雍正日后论及记载谕旨之慎重时说："朕嗣统以来，元年二年内阁面奉之旨书写时，动辄讹舛，自张廷玉为大学士，听朕谕旨，悉能记忆，缮录呈览，与朕言相符，盖记载一事，良非易事，毫厘千里之差，不可不慎。"[5]至雍正

---

[1]《雍正朝汉文朱批奏折汇编》第五册，第155页。
[2] 参见《清史列传》卷一四《张廷玉传》，卷九《张英传》。
[3] 张廷玉《澄怀园主人自订年谱》卷一。
[4] 同上。
[5]《世宗宪皇帝御制文集》卷三，《论科甲出身官员》，《文渊阁四库全书》第1300册，台北商务印书馆，1986。

八年帝病剧，张廷玉与大学士马尔赛、蒋廷锡"赞襄机务"，"有密旨则命廷玉独留"[1]。十一年雍正闲论旧事云："大学士张廷玉侍朕左右，敬慎小心，十一年如一日……前岁朕躬违和，凡有密旨悉以谕之，彼时在朝之臣工只此一人。"[2] 当然，自雍正即位始，张廷玉所书之旨中，密旨不过间或有之，即代书密谕者，亦未必仅张廷玉一人而已。但是，以内阁大学士的身份拟写密谕，其政治上所蕴含的意义与康熙时密旨令南书房翰林"视草"显然不能相提并论。本属内阁职掌的参与机务、撰拟诏旨的权力已在君臣不经意之间，悄悄地剥离出来，置于皇帝的直接控制之下。

四

如果说雍正初由大学士代书密谕的出现已开始了国家权力中枢转移的缓慢过程，那么，廷寄谕旨的出现并日渐成为密谕的主要形式，则不仅加速，而且最终完成了这一进程。

其实，廷寄谕旨与大学士代书的密谕相去不过咫尺之间。廷寄谕旨，即廷寄，亦称寄信、密寄。廷寄与内阁明发上谕相比，具有下述特征：其一，内容系虑漏泄的"机事"，故不交部议（包括议政处），不发抄，不通过部咨行文督抚外吏；其二，内阁大学士等亲重大臣面承谕旨，撰拟进呈；其三，交兵部加封，发驿驰递。[3] 上述雍正密谕由大学士代书且述旨及递送方式与廷寄几无差异，由此再进至廷寄，只在一转移间耳。庄吉发指出"清初廷寄制度是由朱笔谕旨或特谕演进而来"[4]，所言极是。

雍正初不经阁部直接密谕地方应办事，则多令亲重王大臣寄谕。雍正元年十月初七日江南学政法海奏折中提及："近接隆科多字，怡亲王转

---

[1] 《澄怀园主人自订年谱》卷二。
[2] 《澄怀园主人自订年谱》卷三。
[3] 参见赵翼《簷曝杂记》卷一"廷寄"；王昶《军机处题名记》，见梁章钜、朱智《枢垣记略》卷二二"诗文三"。
[4] 庄吉发《清代奏折制度》，第78页。

传谕旨，令臣将广东巡抚任内已行未行之事，凡有关国计民生者备细开陈。"[1] 二年闰四月十三日直隶巡抚李维钧奏折中也提到："臣于闰肆月拾壹日接太保吏部尚书提督公舅舅臣隆科多书，闰肆月初壹日面奉上谕，转传到臣。"李维钧在折奏时特别声明："凡奉上谕，多由部臣行文钦遵，今特命舅舅臣隆科多寄信与臣，实出异数，臣益揣分难安矣。"雍正在此行旁朱批："此原系密谕尔之事，所以令不必部中行文，务寄信与你。"[2] 这一番君臣密语十分耐人寻味：通过诸如隆科多这样的亲重大臣以寄信转传密谕，较之由部行文，要机密得多，为臣者从中体会到与皇上的特殊亲密关系，故李维钧竟称之为"异数"；而雍正之所以采用廷臣寄信，乃系"密谕"之事，自然不欲部中传达。不过，就雍正初年而言，密谕地方大吏、领兵将军，主要还是通过朱批和朱谕，寄信仅偶一为之而已。

自雍正三年始，以内阁大学士封发的寄信谕旨日渐增多，引人瞩目。雍正三年五月十二日署川陕总督岳钟琪接到"由兵部加封递到内阁传单一纸、恭录上谕一道"，"内阁传单"内开："内阁大学士马齐等钦奉上谕一道，于雍正三年五月初一日封发署理川陕总督岳钟琪处，到日凡关系旨内将军、巡抚处，即各行知，一体遵奉施行。"恭录上谕开首是"雍正三年四月二十八日议政王大臣庄亲王允禄等面奉上谕"[3]。由亲重王大臣"面奉上谕"，经内阁封发的谕旨，严格地讲，还不能称之为廷寄，从现存雍正朝汉文朱批奏折来看，雍正四年始见堪称廷寄的密谕。据河南巡抚田文镜奏称：

> 兹于雍正肆年拾贰月拾柒日接准兵部咨，内阁大学士交出发河南巡抚田文镜字一封，相应转发等因到臣，臣即拆阅，字内开写雍正肆年拾贰月初玖日面奉谕旨：河南巡抚田文镜被御史谢济世特疏纠参，朕秉公据理，降旨决断，田文镜见旨后自应具本谢恩。尔等三人可密寄信去，令伊将谢本先从奏折内进呈朕览，俟朕览过发回，伊再具本。钦此。遵旨寄闻。富宁安、朱轼、张廷玉仝寄。拾贰月

---

[1]《雍正朝汉文朱批奏折汇编》第二册，第89页。
[2]《雍正朝汉文朱批奏折汇编》第二册，第917页。
[3]《雍正朝汉文朱批奏折汇编》第五册，第68页。

初玖日等因。臣跪读之下……[1]

谢济世参劾田文镜,雍正偏袒田而将谢革职审办,事在雍正四年十二月初七,越二日,即密令大学士富宁安、朱轼和张廷玉传谕田文镜,指示其如何动作;富宁安等于面奉谕旨当天即书谕呈览,并加封交兵部寄发。十二月十七日廷寄谕旨至河南,田文镜尚不知京中之事变。其时内阁大学士七人,顺序为马齐、嵩祝、萧永藻、田从典、朱轼、富宁安、张廷玉,而在内廷承旨寄谕者乃殿后之三中堂。

从雍正四年末起至六年,汉文廷寄日渐增多,承旨寄谕的除富宁安、朱轼、张廷玉外,还有怡亲王允祥、署大学士孙柱(即逊柱)、大学士蒋廷锡、大学士马尔赛以及左都御史查郎阿、工部尚书黄国材、户部侍郎西林等,密谕事件既包括机务,也有指授军事方略者。[2] 雍正六年十一月内,汉文廷寄至少有以下6件:十一月初三日怡亲王、大学士马尔赛、张廷玉、蒋廷锡奉旨传谕侍郎史贻直督造福建战船一件;十一月初六日怡亲王、大学士马尔赛、张廷玉、蒋廷锡奉旨传谕云南总督鄂尔泰严拿讯究苗寨汉奸一件;十一月十三日怡亲王等奉旨传谕江西南昌总兵陈王章防护文员安全一件;十一月十九日怡亲王、大学士马尔赛、张廷玉、蒋廷锡奉旨传谕河东总督田文镜拨给徐湛恩养廉银一件,同一内容的廷寄也发给了南河副总河嵇曾筠;十一月二十九日怡亲王、大学士马尔赛、张廷玉、蒋廷锡奉旨传谕署广东巡抚傅泰严究粮头包揽黎人额粮一件。[3] 由此可见寄信上谕频发之一斑。

与此同时,廷寄书写格式亦趋于规范。雍正五年十一月署广西巡抚阿克敦于赴任途次"接准兵部咨内"廷寄一封:"和硕怡亲王、大学士张廷玉、户部尚书蒋廷锡、工部尚书黄国材、左都御史查郎阿、户部侍郎西林字寄署广西巡抚阿克敦,雍正五年十月十七日面奉上谕:据韩良辅折奏安南用兵一事……目今广西备兵及韩良辅所请备兵及邻省拨兵与禁

---

[1] 《雍正朝汉文朱批奏折汇编》第八册,第642—643页。
[2] 俱见《雍正朝汉文朱批奏折汇编》第九册,第404、426、700页;第十册,第774—775页;第十一册,第218页;第十二册,第402页;第十三册,第782、664、808页。
[3] 《雍正朝汉文朱批奏折汇编》第十四册,第544、448、609、593、406、912页。

洋之事，俱不必行，尔等可阅看韩良辅奏折，即寄信前去。钦此。遵旨寄信前来。"[1] 以上是阿克敦覆奏时所述廷寄内容。

《雍正朝汉文朱批奏折汇编》中有浙江总督李卫缴回廷寄原件，照录如下：

> 和硕亲王，大学士张、蒋字寄浙江总督李，雍正六年十月初九日奉上谕：岳钟琪处有投书之奸民，始初不肯供出伙党之姓名，后被岳钟琪设计发誓引诱始陆续供出十余人，其在楚者已差人前往查拿，可将供出浙江之人开出令李卫密行缉捕，明白究问，并将所供别省之人亦开单内，令李卫知之。总之查拿匪类以速慎为要，正犯勿使漏网，无辜不可拖累。又奸民口中供出浙江吕留良等，可将岳钟琪奏折抄寄李卫，一一研究，并查其书籍。倘伙贼既获之后，再当诘问党羽其应行拘缉者，即着李卫一面办理，一面奏闻。钦此。遵旨寄信前来，并将岳总督奏折及名单抄录驰寄，总督可遵旨慎密速行办理。切切。十月初十日。[2]

这件廷寄墨书楷体而略有行书意味，每行18或19或20字不等，首书寄信王大臣官爵姓氏，次书"字寄"对象官衔姓氏，再次书某年某月某日"面奉上谕"，再次书上谕内容，以"钦此"作结。上谕之后，以寄信王大臣的口吻写"遵旨寄信前来"。据赵翼所言，雍正年间拟旨"皆桐城张文和公廷玉为之"，廷寄的"格式乃张文和奏定"[3]，是可信的。此廷寄格式几终清之世未变。[4]

同为不经"明路"的特颁密旨，廷寄较之朱批、朱谕具有的优越性

---

[1]《史料旬刊》，原故宫博物院文献馆编辑出版，第2册，1930，天70—71，《雍正安南勘界案·阿克敦折五》。庄吉发在《清代奏折制度》一书中已引证此条史料，并指出："阿克敦覆奏时所抄录的寄信上谕，其格式与后来军机大臣所寄出的廷寄，并无不同。"（该书78页）

[2]《雍正朝汉文朱批奏折汇编》第十三册，第813页。

[3]《簷曝杂记》卷一，"军机处""廷寄"。

[4] 参见中国第一历史档案馆编《光绪宣统两朝上谕档》（广西师范大学出版社，1996）所载廷寄。

是显而易见的,皇帝要做的事只限于召见亲重大臣口述旨意及将旨稿改订,至于如何结构文字,如何润色这一系列艰苦的文字工作则全部交给了博识强记、善于体会天子意旨,且书旨得体、运笔如飞的亲重大臣去做了,而密旨的准确性和权威性也绝对可以保证。在密谕的各种形式中,廷寄尽管地位日渐显著且已制度化,但就雍正来说,恐怕还需要在政治实践中继续体察权衡。但是,以雍正七年冬起皇帝病情的日益严重与八年末准噶尔大举进犯西路军营为契机,终于使蓄势已久、具有强大政治生命力的廷寄谕旨取朱批、朱谕而代之,成为雍正密谕的主要形式。

据雍正自述,自七年冬"身子就不大爽快,似疟非疟"[1],到八年"三月以来,或彻夜不成寐,或一二日不思食,寒热往来,阴阳相驳,然朕仍日见廷臣,办理事件,批谕折奏,引见官员,亦未甚勉强从事,至四月尽五月初数日甚觉违和"[2]。这是雍正自即位后初次大病,而且持续时间相当之长,起因据雍正向鄂尔泰透露:"朕今岁违和,实遇以大怪诞事而得者。"至于遇到了什么"大怪诞事",雍正在鄂尔泰折上批谕:"卿或明年或后岁来陛见时当面细详再谕。"[3]这年夏秋间,得河南道士贾士芳调治,雍正病情有所好转,但旋将贾士芳逮治处斩,经过此次变故,雍正对口诵经咒的调治失去了信心,尔后服食过医生钟元辅所制药饵及据说有"奇验"的乾坤正气丹,[4]看来身体状况有所好转。十月初五日雍正特命鄂尔泰赍折家人进宫瞻仰金颜,这个叫保玉的家奴对鄂尔泰讲:"亲见万岁佛爷脸面十分丰满。"[5]总而言之,雍正七年冬至八年秋间雍正得了一场大病,从此元气大伤,像初政那样,"昼则延接廷臣,引见官弁,傍晚观览本章,灯下批阅奏折,每至二鼓三鼓"[6],不以为苦反以为乐,六七载如一日地亲政勤政,已一去而不可复返了。

而恰恰在这个关节,雍正八年十二月下旬,准噶尔蒙古突袭西路军营的奏报接二连三地驰递京师,需要雍正及时处置的紧要军机事务一时

---

[1] 《雍正朝汉文朱批奏折汇编》第十八册,第1026、1028页。
[2] 同上。
[3] 《雍正朝汉文朱批奏折汇编》第十九册,第536页。
[4] 《雍正朝汉文朱批奏折汇编》第十九册,第758页;第二十册,第704页。
[5] 《雍正朝汉文朱批奏折汇编》第十九册,第535页。
[6] 《世宗宪皇帝御制文集》卷八,《朱批谕旨序》。

间急剧增加。在雍正病体不堪繁剧的情况下，已行之数年，且功效卓著的廷寄遂自然而然地被频繁采用起来。

雍正八年五月以准噶尔使臣特磊来京，降旨暂停止两路出师，并召北路靖边大将军傅尔丹、西路宁远大将军岳钟琪来京计议军事。岳钟琪八月初八离营赴京，十二月初八日自京启程返营，而十二月初三小策凌敦多布所率准噶尔大兵偷袭西路军营，护理宁远大将军印务纪成斌于初五、初八两日连发三折驰报军营被袭、马驼被劫走。[1]十九日军报到京，雍正闻变即命大学士马尔赛、张廷玉、蒋廷锡寄谕岳钟琪，"仍照朕所定吉日从西安起行"[2]。随后又书朱谕一道驰发岳钟琪："事既如此出乎意料之外，目下局面实非人力之所能施……朕意住肃州将一切事办理筹画妥协，请旨再出口方是。所关甚大，万不可轻举也。不尽之谕，大学士等代朕传谕。"[3]作为此朱谕的"不尽之谕"，即廷寄一道与朱谕及纪成斌三次奏折一齐寄发岳钟琪。二十八日雍正接到纪成斌续报军情，又命大学士马尔赛等传谕岳钟琪，此件廷寄以"大学士公马，大学士张、蒋、尹，副将军兵部尚书查，内大臣步军统领阿，内大臣理藩院尚书特字寄大将军岳，雍正八年十二月二十八日奉上谕……"开头，上谕近700字，书旨日期系雍正八年十二月二十九日。[4]谕中有两处朱笔更改之处：其一，"应否筑几所小城或炮台几座"一句，将"或"字划掉，旁加"于他或高山或隘口多筑"10字。马尔赛、张廷玉、蒋廷锡、尹泰、查弼纳、阿齐图、特古忒于十二月二十八日奉旨，二十九日书谕呈览，经朱笔改订寄发，而不必另纸誊录。此即日后廷寄带朱封发的先例。[5]

岳钟琪于十二月二十七日接到初次廷寄及朱谕，得知军营之变，二十九日具折指责纪成斌调度无方并自责"所举不得其人"，雍正在其折朱批："因朕谕繁多，未暇亲批，口谕大学士寄字之外，总言莫负朕之

---

[1]《雍正朝汉文朱批奏折汇编》第十九册，第595、638—641页。
[2]《雍正朝汉文朱批奏折汇编》第三十三册，第1104页。
[3]《雍正朝汉文朱批奏折汇编》第十九册，第753页。
[4]《雍正朝汉文朱批奏折汇编》第十九册，第755—756页。
[5] 管世铭《扈跸秋狝纪事》诗云："面承密敕语从容，分写新纶撰进恭。御笔亲增三五字，别传天语带朱封。"管自注："诏草经朱笔更改，例应另纸恭录，惟廷寄谕旨即以朱发。"诗见《枢垣记略》卷二〇，"诗文一"。

倚任。"[1]所谓"口谕大学士寄字",即雍正九年正月初六日发出的廷寄:"今日接到大将军岳钟琪奏折内称贼兵犯营,纪成斌并不发兵堵御险要隘口,又不将马驼等项收回,以致逆夷深入,资其抢夺,纪成斌调度无方,殊辜委任,臣保举不得其人,实难辞咎。"[2]廷寄全文超过800字,承旨当日即撰拟呈览,并经朱笔改订5处。此后岳钟琪奏折上时有"另有旨谕,大学士寄字来""有口谕大学士等之旨"之类的朱批。不难看出,雍正八九年之交,指授军事方略的密谕虽朱批、朱谕、廷寄并用,但廷寄已居于主要地位,盖羽檄交驰,军情孔亟,雍正个人势不能以亲书朱批、朱谕包办军机,更何况雍正大病初愈,身体尚未复元。

　　从雍正九年正月初四至二十四日20天中寄发岳钟琪处廷寄不下10件,即初四日、初六日、初八日、初九日、十二日、十三日、十五日、十九日、二十二日和二十四日各件。[3]这10件廷寄,最长的八九百字,短的亦超过400字,且有4件系奉旨之当日即书谕、呈览并经朱笔改订寄出的。除频频向西路岳钟琪等寄发指示机宜的廷寄之外,北路军营傅尔丹也有降旨处。[4]此外,为调兵遣将向四川巡抚宪德、山东巡抚岳濬、两江总督高其倬、湖广总督迈柱、署陕西总督查郎阿等处亦发出廷寄。[5]以上仅是西路兵事突发所致军事廷寄骤增,而同时命湖南巡抚赵宏恩严究曾静案余党王澍、命云南总督鄂尔泰查审苗人头领禄鼎坤家族谋反案,以及命传谕有关督抚加意抚恤被灾就食之穷民等等,皆属重大紧急机密事务,也在在需要发出廷寄谕旨。总之,雍正八九年之交是廷寄发展到大量运用的重要阶段。此后整个九年的上半年有关军事的廷寄一直保持相当频繁的程度,特旨交出重大机务的廷寄亦较四至八年为多。而雍正在臣工奏折上的朱批则日见简短,诸如"览""是""览,勉为之""览,深慰朕怀""嘉悦览之""实力为之""览卿奏谢矣"等个把字的朱批比比

---

[1]《雍正朝汉文朱批奏折汇编》第十九册,第755页。
[2]《雍正朝汉文朱批奏折汇编》第十九册,第789—790页。
[3]《雍正朝汉文朱批奏折汇编》第十九册,第781—782、789—790、790—792、805—807、944、943、975—977、1032—1033、1029—1030页。
[4]《雍正朝汉文朱批奏折汇编》第十九册,第791页。估计北路军营折奏与廷寄、朱谕、朱批俱用清字,汉字廷寄不过偶尔一见。
[5]《雍正朝汉文朱批奏折汇编》第十九册,第875、938、948、965、970页。

皆是，[1]连雍正自己也承认："偶然不批，乃极寻常之事。"[2]这与雍正初政动辄数百字，以至上千字的朱批无疑形成了鲜明的对照。至这一年六月北路傅尔丹大败于和通泊，雍正指授方略的廷寄当再次出现高峰，不过北路军营与岳钟琪所在的西路军营不同，似用清字折奏报，廷寄谕旨亦用清字，故在《雍正朝汉文朱批奏折汇编》中得不到反映。

廷寄滥觞于康熙季年，雍正初由代书密谕演化而来，其雏形见于雍正三四年顷，至五六年已由大学士张廷玉规范化，而当时廷寄尚与亲书密谕、代书密谕沓然并行，至雍正八九年事机杂出，军务繁剧，廷寄才以其独具的特点和优点成为密发谕旨的主要形式，如此一来，则承旨书谕、办理机务的亲重大臣自然也为天子须臾不可离了。

赞襄机务、承办廷寄的王大臣自雍正三四年以来多有变化。但大致可以说八年五月之前，以怡亲王允祥、张廷玉、蒋廷锡三人为主，其他如大学士马齐、富宁安、朱轼、马尔赛，协办大学士逊柱，左都御史查郎阿，工部尚书黄国材，户部侍郎西林等则依密谕事件不同间亦在廷寄中出名。怡亲王去世后，大学士马尔赛、张廷玉、蒋廷锡在内廷办理一切事务，使重病的雍正得以"静养调摄"[3]。及西北两路用兵，张廷玉自述"日侍内直，自朝至暮不敢退，间有侍至一二鼓时"[4]，其间马尔赛调军前，蒋廷锡卒于官，自云贵总督鄂尔泰十年初内召参与军机，始以其为满洲大臣领衔发出廷寄。鄂、张之外，大学士马尔赛、尹泰，副将军、兵部尚书查弼纳，内大臣、步军统领阿齐图，理藩院尚书特古忒，领侍卫内大臣丰胜额，大将军岳钟琪，以及总督高其倬和户部侍郎海望间亦列名于奉旨寄信大臣之列。综观承旨书谕、办理寄信大臣的爵衔，自以内阁大学士为主，怡亲王允祥以天潢贵胄董理其事，盖属特例，而九卿等与议机务，密办廷寄，亦渐成规制。其时办理廷寄者尚无军机大臣之名，雍正不过随口称之为"赞襄机务之人""日侍朕之大臣""办理军务

---

[1] 需要说明，雍正九年长达500字的朱批，如广东布政使杨永斌五月十二日折的朱批，岳钟琪一件无年月折（似为九年）朱批竟达1500字（《雍正朝汉文朱批奏折汇编》第三十三册，第1076—1077页），也偶尔可见。
[2] 《雍正朝汉文朱批奏折汇编》第二十册，第607页。
[3] 《清世宗实录》卷九九，雍正八年十月甲寅。
[4] 《澄怀园主人自订年谱》卷二。

之廷臣"[1]……而承接廷寄的将军大吏覆奏时则直称其爵衔,偶见有称"中堂"者,[2]其他以"内阁寄字""大学士寄字"为通例。乾隆年间赵翼称"为军机大臣者,皆亲臣重臣"[3],王昶言之更详:"其大臣惟尚书、侍郎被宠眷尤异者,始得入,然必重以宰辅。"[4]其实特简大学士及尚侍等亲臣重臣赞襄机务、承旨出政的体制早在雍正中已定型了。

自廷寄创行,承旨书谕,翊赞天子所处理者,俱为不过"明路"的机密事务,其内容大要为机务与军事两方面:前者系交地方文武大吏等密办的紧要事件,后者在西北两路战争爆发前为密办军需,而后则为指授方略。雍正中期前后,怡亲王允祥,大学士张廷玉、蒋廷锡、马尔赛既主军事,亦管最机密的紧要事务,可见军事与机务是很难截然分开的。大约对准噶尔战争爆发前,廷寄事件以机务为主,至八年末准噶尔突袭西路军营,一时间指示军事机宜的廷寄急剧增多,才大大超过了有关机务的廷寄。赵翼说"凡机事虑漏泄不便发抄者,则军机大臣面承后撰拟进呈"[5],王昶则将寄信的"机事"具体为"诰诫臣工,指授方略,查核政事,责问刑罚之不当者"[6]。他们讲的虽是乾隆以后事,但机务与军事交特简亲臣重臣密办的规制在雍正朝中期前后业已出现。

由此可见,雍正中军机处虽未有其名而实已肇建。从此清帝彻底摆脱了阁臣执奏、六科封驳从制度上对皇权的牵制,天子意志通过秘密政治渠道可以顺畅无阻地得到贯彻。

五

军机处何时建立,史籍记载各异,今人说法亦不相同,但多以为军

---

[1]《雍正朝汉文朱批奏折汇编》第二十册,第618页;第十九册,第513、789页。
[2]《雍正朝汉文朱批奏折汇编》第十六册,第8页。
[3]《簷曝杂记》卷一,"军机处"。
[4]《军机处题名记》,见《枢垣记略》卷二二,"诗文三"。
[5]《簷曝杂记》卷一,"廷寄"。
[6]《军机处题名记》。

机处的设立乃适应西北两路用兵的需要，有的论者甚至推论："世宗设立军需房的原因是为了用兵西北而密办军需，并非为贯彻中央集权，削减议政王大臣的职权。就雍正年间而言，军机处的设立，与独裁政治的背景及发展，不宜过分强调。"[1]表面上看，军机处的设立无疑与雍正年间西北两路用兵密切相关，但其更深层次的原因则在于君主专制不断强化的需要。

明太祖朱元璋革中书省，废丞相不设，专任六部，分相权于九卿，是为唐宋以来三省制之一变。至成祖朱棣始简儒臣直文渊阁，令其参与机务，于是有内阁之名，嗣经提高大学士地位，专任票拟，内阁之制益备。明代出现首辅专擅、宦竖弄权，并非制度存在严重缺陷，而是天子高居简出、晏处深宫而造成的大权旁落。诚如乾隆帝所言："明洪武因胡惟庸之故，改丞相为大学士，其实官名虽异，职守无殊，唯在人主太阿不移，简用得人，则名虽为丞相，不过承命奉行，即改称大学士而所任非人，窃弄威福，严嵩之流，非仍名大学士者乎？盖有是君方有是臣。"[2]清初仍内阁之制，而力矫前明之弊，顺治"亲政之初，即日至票本房，使大学士在御前票拟"[3]，康熙坚持御门听政，并在创行奏折后，将某些奏事折敕交阁部或议政处议奏，在并不改变内阁为国家权力中枢地位的前提下，初步实现了乾纲独揽。

然而，内阁尽管有"参与机务"之名，其实不过是参与最高决策，而国家庶政，包括军政大计的运作却是公开的。公开政治，作为历代君臣公认的一种传统，自汉代以来相沿已久，至明初废相仍以六科独主封驳，清承明制，六科"所奉旨意，有灼见未便之处，许封还执奏；部院督抚本章，有情理未协者，俱得驳正题参"[4]。康熙创行密折，但无意改变旧制；雍正则对传统政治的运行方式进行了重新审视，从现实政治需要出发，他坚定地认为秘密政治之不可偏废，并在政治实践中，不断探索，锐意创新，从朱批谕旨一变为亲笔朱谕，再变为代书朱谕，再变为

---

[1] 庄吉发《清代奏折制度》，第67页。
[2] 《清高宗实录》卷一一一五，乾隆四十五年九月壬辰。
[3] 《簷曝杂记》卷一，"军机处"，参见《清世祖实录》卷七一、七八、一三五等有关记载。
[4] 贺长龄、魏源编《清经世文编》卷一四，曹一士《请复六科旧制疏》；另见《（光绪）大清会典》卷六九，《都察院·六科》。

廷寄谕旨,廷寄一旦出现,实际已开启了内阁"分局"的不可逆转的进程,它的日趋制度化则必然将新的国家权力中枢推上政治舞台,不管这个新的权力中枢何以名之,它的确立并制度化仅仅是个时间问题,雍正中西北两路用兵则使它以军需房——军机房——军机处之名凸现在廷臣面前,最终完成了国家权力中枢由内阁向军机处的转移。专制集权历史发展的内在逻辑虽说如此,但也许非如雍正这样的具有独特个性与魄力的帝王是不能完成此种划时代转变的。

显然,军机处的本质并不在军事,而在有"承旨办理机务"之名的秘密政治。赵翼正是从权力配置转换的角度讲:"军机处,本内阁之分局。国初承前明旧制,机务出纳悉关内阁,其军事付议政王大臣议奏","雍正以来,本章归内阁,机务及用兵皆军机大臣承旨"[1]。就军机大臣执掌的"机务"与"用兵"而言,从总体、长远着眼,前者总是居于主要地位,且可以涵盖后者。廷寄从它诞生之日起,其内容即以机务为主,雍正八九年西北用兵紧急时刻,机务廷寄仍所在多有。雍正十年三月谕准铸"办理军机处印信"时特说明"行知各省及西北两路军营"[2],可见除西北两路军营外,各省亦多廷寄密谕事件。乾隆御极之初,以"西北二路既已无事,而苗疆之事亦少",裁撤军机处,[3]但遇有密奏密谕事件,仍令总理事务处发出廷寄,有的书以"总理事务王大臣等字寄",有的书以"大学士鄂、张字寄"或"大学士张廷玉字寄"[4]。可以说此二三年间,军机处名亡而实存。迨乾隆二年十一月谅荫毕,仍命恢复办理军机处建置,谕称:"目前两路军务尚未完竣,且朕日理万几,亦间有特旨交出之事,仍须就近承办。"[5]而"特旨交出之事",即所谓"机务"。此时乾隆已深知军机处存在的根据在于时有"机务"要秘密办理。嗣后乾隆谕旨也称"皇考时设立军机房,不过以为承旨办理机务之地"[6]。嘉庆十年,

---

[1]《簷曝杂记》卷一,"军机处"。
[2]《清世宗实录》卷一一六,雍正十年三月庚申。
[3]《清高宗实录》卷五,雍正十三年十月甲午。
[4] 中国第一历史档案馆编《乾隆朝上谕档》第1册,第2、20、22、27、30、43、54、56、61、62、84、87等页载有各件廷寄,档案出版社,1991。
[5]《乾隆朝上谕档》第1册,第237页。
[6]《清高宗实录》卷三五五,乾隆十四年十二月庚寅。

持续十年的白莲教大起义被平定，五月御史何元烺以"现在军务久经告蒇"，请酌改军机处名目，嘉庆以为断不可行，谕称："军机处名目，自雍正年间创设以来，沿用已久，一切承旨书谕及办理各件，皆关系机要，此与前代所称平章军国重事相仿，并非专指运筹决胜而言。"[1]为便于运作秘密政治而设立的军机处作为一种全新的政治中枢机构，它的底蕴是要经过一个相当长的时间才会被人洞悉，特别是习于传统政治运作的汉族士大夫，往往把它视为与军务有关的临时机构。简言之，从军机处这一新生事物出现时起，它的生命力恰恰就在于皇帝对秘密政治的深刻认识和迫切需要。

总而言之，设立军机处之初雍正虽未必有"贯彻中央集权，削减议政王大臣的职权"的成算在胸，但他在以密折密谕推行秘密政治的实践中，却发现并确定了最便于独揽乾纲的权力配置格局。正是基于这种认识，考察军机处的设立，似不宜局限于军事方面的需要之类的偶然性历史因素，而应把它看成是以强化皇权为核心的明清政治体制变革过程的最后完成，用传统官文书（题奏本章和谕旨）制度演变所导致的国家权力中枢转移加以解释。当时身处局中的叶凤毛在乾隆中就已说过："国朝仍前明之制，以内阁为政府，大学士为宰执……前明天子拱默，委任左右，故阁臣往往比中涓、作威福、营奸利，虽分权于部而权益重。国朝拟旨有定例，内外大臣、言官折奏则直达御前，天子亲笔批答，阁臣不得与闻。天子有诏，则面授阁臣，退而具草以进，曰可，乃下。后首揆必兼军机，日蒙召对，次揆入见以时，恩礼有加，诸卿莫逮……我朝圣圣相承，万机独理，纪纲整密，权不下移。"[2]此论至为精当，且早于王昶、管世铭、赵翼诸人，似宜予以足够的重视。至于军机处何时设立，由于这是一个缓慢的渐进过程，连最有资格做出结论的张廷玉也付之阙如，[3]今天如果一定要确定时间界标的话，似乎用赵翼"雍正年间"之说，较为稳当。

原载《清史研究》1998年第1期

---

[1] 《清仁宗实录》卷一四四，嘉庆十年五月壬寅，中华书局，1986年。
[2] 叶凤毛《内阁小志·自序》，《丛书集成初编》，第885册，中华书局，1985。
[3] 《澄怀园主人自订年谱》卷三中首见"办理军机处"，在雍正十一年。

康乾盛世的成就与隐患

康乾盛世，严格地说是从康熙二十三年（1684），到嘉庆四年（1799），也就是说从17世纪晚期到18世纪末这一个世纪又十几年的时间。它是清代268年历史最辉煌的时期，也是中国古代最后一个盛世。这最后的盛世已处于世界大势发生了空前巨变的大背景下，因此，具有比以往盛世更丰富的历史内涵，可以说康乾盛世是打开清史大门的一把钥匙，也是观照中国今天和明天的一面镜子。

为什么把康熙二十三年作为盛世的起点呢？因为康熙即位时只是个8岁的孩子，还管不了国家大事，而且那时腹地还存在着拥兵割据的平西王吴三桂等三藩势力，台湾和广大边疆地区也没有统一，汉人反满情绪十分强烈，国家对外则厉行海禁，片板不准下海，以致经济、财政、金融都困难重重。经过二十几年卓有成效的努力，到康熙二十二年（1683）情况有了根本改变。三藩之乱平定了，台湾统一了，汉族知识分子大体认同了被视为"夷狄"的满族的统治，老百姓望治心切，国家解除了海禁，开放了东南沿海广州等四个对外通商口岸。总之，清朝终于在汉族居住的传统农业地区，也就是中国人口最集中、经济最发达的中原地区站稳了脚跟。这一年康熙31岁，年富力强，风华正茂，亲政17年以来决断大政方针的魄力，国家面临危难时的从容镇定，建功立业之后不虚夸，不张扬，能够清醒地公开承认存在的深层次问题——这一切，已树立起这个年轻君主在统治集团中的权威，而对与朝廷不合作的明朝"遗民"成功的争取工作，以及通过不遗余力地表彰儒术所表现出的对汉文化的真诚仰慕，则很得汉族士大夫乃至普通读书人的好感。康熙终于可以在明末以来连续半个多世纪的战乱的废墟上集中精力进行国家的巩固和开拓了。被史家艳称的"康乾盛世"正是从这时起才显现出它最初的发皇气象。

那么，盛世的终点为什么定于嘉庆四年？乾隆一生最敬重的是他的祖父康熙皇帝，而康熙在位61年，乾隆早就表示过自己不敢上同皇祖纪元六十一载，如果天假以年，那么到乾隆六十年他85岁时，就要举行周甲内禅大典，将皇位让给他选定的太子。乾隆真的活到了预期的年头，他老人家不仅身体状况极佳，而且毫无"倦勤"之意。但内禅典礼仍照原计划举行，这样嘉庆皇帝就即了位，不过要由乾隆作"太上皇帝"，进行"训政"——其实这时嘉庆已经35岁了。结果嘉庆只能当名义上的一国之君，直到乾隆停止呼吸的嘉庆四年正月初，国家大权仍牢牢地掌握在太上皇手里。如此说来，延续百年之久的康乾盛世的下限应该到这时为止才好。乾隆撒手人寰时，他内心深处是有不少遗憾的，人口膨胀成了盛世之累，物价持续上涨使国家"量入为出"的财政体制全面告急，吏治腐败一发而不可收拾，湘黔苗民起义和川陕楚白莲教农民大起义烽烟四起。更为严重的是，西方列强侵华战争已日益迫近，盛世华衮掩盖下隐患重重，但出路究竟何在呢？这些问题不仅困扰着垂暮的乾隆，也令一切有识之士忧心忡忡。清朝百年盛世随着乾隆的辞世落下帷幕，中国古代最后一个盛世也一去不复返了。

一、为什么把康乾时代的中国称为盛世

首先，国家大一统局面的实现。

大一统是中国古代政治家追求的最高理想，也是中华民族的情结。经过数千年的蕴蓄积累，经过一代又一代人的开拓进取，到了清朝康雍乾时期，终于实现了稳定的国家大一统局面，奠定了今天中国的版图。这个成就来之不易，堪称超越千古。历史上汉唐元明强盛时期，我国的版图也曾达到过黑龙江以北外兴安岭、大漠南北、广阔的

西域、世界屋脊青藏高原和台湾澎湖，以至南海诸岛，但像康乾盛世那样对边疆地区真正实现了长期的稳定的有效的政治管辖和军事控制，边疆地区成为中国领土不可分割的一部分，内地的汉族与边疆地区的少数民族以经济文化纽带联系在一起成为唇齿相依、血肉相连的一个整体——这一切都是以往任何朝代都无法望其项背的。对这一成就给予怎样高的评价都不过分。

第二，人口突破3亿，达到历史上的最高峰值。

乾隆六年（1741）国家开始实行在内地省份各州县依据保甲门牌统计户口的新制度，这一年年底统计的人口总数是1.4341亿余人，过了20年，也就是乾隆二十七年（1762）首次突破2亿，到乾隆五十五年（1790）又突破3亿。半个世纪里人口总数翻了一番，这在中国人口史上是空前的。

中国古代第一个全国性的人口统计数字——5959.6万人，即接近6000万人，是西汉末平帝元始二年（公元2年）的记录。从那时起到南宋绍熙年间实现第一次翻番，达到1亿人，历经近1200年。从南宋的1亿人口到17世纪中叶，适中的估计1.5亿人，增加50%，则用了450年的时间。而18世纪100年间中国人口不止翻了一番，首次突破3亿，速度之快，是前所未有的，而且在一个世纪中人口呈直线上升趋势，也与此前波浪式增长迥然有别。中国今天人口的基数以及在整个世界人口格局中所占的地位是康乾时代最后奠定的。

在农业人口占全部人口绝大多数，农业作为决定国家命脉的支柱产业的古代，人口数量历来被视为国家兴旺富庶的最重要的标志。事实上也是如此。南宋时期是中国经济发展的一大高峰，明朝隆庆、万历年间，是又一个经济发展的新高峰，康乾盛世一百年农业、手工业、商业和对外贸易又上了一个新台阶，随之而来的是，中国人口总数出现了第三次最高峰值。对于今天中国来说，人们一般想到的是过多人口制约经济社会发展的不利一面，但在康乾时代，两三亿人口是当时农业社会可以承载的，从积极的方面看，一百余年间，人口持续快速增长无疑是将盛世推向巅峰的主要推动力之一。当时，国家以10亿亩上下的耕地养活30%左右的世界人口，而能长期保持国家安定和社会稳定，又谈何容易。这不能不说是康乾盛世又一个超越千古的成就。

第三，经济发展，城镇繁荣，在世界经济格局中中国经济总量长期处于领先地位。

康雍乾时代世界经济全球化的进程已经越来越加快了步伐，东亚最强大的国家——中国的制造业在整个世界经济中具有特殊重要的地位，绸缎、生丝、瓷器、茶叶等独步世界的商品不仅销往南洋、日本、中亚等传统国家地区，而且远销俄国和欧美。一直到乾隆辞世的18世纪末，中国在世界制造业总产量所占的份额仍超过整个欧洲5个百分点，大约相当于英国的8倍，俄国的6倍，日本的9倍。[1]那时美国刚刚建国，不好比，中国GDP在世界总份额中占到将近1/3。[2]今天到处称王称霸、不可一世的美国，倚恃的就是其超级经济大国的实力，而美国在世界GDP所占份额不过30%。[3]那时中国在世界经济中的地位还可以从一个叫贡德·弗兰克所做的研究结论中得到印证，这个德国人写了一本名为《白银资本——重视经济全球化中的东方》的书，书中说直到19世纪之前，"作为中央之国的中国，不仅是东亚纳贡贸易体系的中心，而且在整个世界经济中即使不是中心，也占据支配地位"。弗兰克在这本书中文版前言中热情洋溢地说，中国人让出全球经济上的中心地位不过150年或6代人的时间，中国的经济成就不是基于西方的模式获得的，当今天世界已经再次"调整方向"的时候，中国已准备占据她直到1800年以后一段时间为止"历来"在世界经济中占据的支配地位，即使不是中心地位。[4]

---

[1] [美]保罗·肯尼迪著，王保存等译《大国的兴衰——1500—2000年的经济变迁与军事冲突》，求实出版社，1988，第181—182页。
[2] 经济学家安古斯·麦迪森对中国和欧洲历史上的各种经济指标做了估算，得出的结论是：在欧洲工业革命完成以前，中国和欧洲（苏联地区除外），是世界上两个最大的经济体。1700年（康熙三十九年）中国和欧洲的国内生产总值（GDP）在世界所占的比重分别为23.1%（中国）和23.3%（欧洲）。1820年（嘉庆二十五年）则分别为33.4%和26.6%。转引自李伯重《江南的早期工业化（1550—1850）》，社会科学文献出版社，2000，第15页。
[3] 据国家统计局国际统计信息中心"2000年世界主要国家和地区国内生产总值及人均国内生产总值"表推算，第15页。
[4] [德]贡德·弗兰克著，刘北成译《白银资本——重视经济全球化中的东方》，中文版前言，中央编译出版社，2000。

弗兰克可能是海外学界的左派,他彻底地摒弃了"西方中心论"根深蒂固的偏见。他的带有挑战性的论点自然还需要从学术上进一步加以论证,但一个外国人尚且如此对待这段历史,我们有什么理由不分外珍视康乾盛世这一难得的历史教材呢?

第四,国家财政储备雄厚,盛世巅峰期的户部银库所存白银常年在六七千万两上下。[1]

银库是户部三库之一,为天下财赋总汇,各省岁输田赋、漕赋、盐课、关税以及各项杂赋等,除留本省支用外,凡起运至京的,全部存入银库。需要说明的是,户部银库的储备并不等于全国白银总储备,因为各省藩库以及各地盐法道库、粮储道库也留储部分白银。但户部存银数的消长,则无疑是全国经济财政状况好坏的最重要的一个指标。当时全国每年财政总收入大约在白银四千几百万两,也就是说户部存银相当于国家岁入约一倍半的样子。康雍乾时代国家财政储备的雄厚与以往各朝代比是空前的,就有清一代而言,也堪称达到了顶峰。在经济繁荣、财力富厚的支持下,康乾时代文化学术事业也盛况空前。

第五,《四库全书》等著名的大型文化工程的完成。

古人云:用武开基,右文致治;礼乐之兴,俟以百年。而历代只有幸逢盛世,才有条件启动带有总结性、开创性的修书修史大型文化工程。康乾盛世标志性的大型文化工程至少可以举出历时百年修成的《明史》,踵接《永乐大典》之后历康熙、雍正两朝修成的类书《古今图书集成》和乾隆年间纂修完成的中国古代第一大丛书《四库全书》这三大项。康雍乾三位皇帝都十分重视总结历史经验,特别是总结明朝盛衰兴亡的历史经验,其历史相当于清朝的近代史。康熙说过,《明实录》自己就看了两遍。历时近百年,颇受史家称誉的《明史》的主体部分就是在康熙时完成的。《四库全书》共收书3 500多种,几乎囊括了清乾隆以前的中国古代最主要的文献典籍,它的卷数(近8万卷)相当于中国古代最大的类书《永乐大典》的3倍多。这部规模空前的巨型丛书历时十几年,先

---

〔1〕 中国第一历史档案馆编《乾隆朝上谕档》,档案出版社,1991。

后缮写7部,分藏紫禁城中的文渊阁、盛京文溯阁、京师西郊圆明园文源阁、承德避暑山庄文津阁,以及江浙地区的扬州文汇阁、镇江文宗阁和杭州文澜阁。历经兵火浩劫,目前存世的《四库全书》只有两部半而已,而中国台湾学人已将文渊阁所藏《四库全书》影印行世,使人们可以充分利用这一康乾盛世留下的宝贵文化遗产。

最后,康雍乾时代的中国,不仅在周边各国而且在整个世界都具有很高的地位和美好的形象。

当时西方人主要是通过在华西洋传教士,以及来华商人、旅游者的观察、描述等渠道了解中国的,儒家经典经他们之手也开始翻译到了西方,而传递到那里的种种信息总是令人对这个文明悠久的东方神秘之国无限神往。他们对来自中国的精美绝伦的丝绸、瓷器、漆器、服装、家具,以至轿子、壁纸、折扇等,爱不释手,佩服之至,也印证了从遥远的东方传来的种种传闻。这样就出现了欧洲主要是法国的"18世纪的中国热"。公众的兴趣和上流社会的时尚一时钟情于古老中国的文化和艺术,德国的莱布尼茨,法国的伏尔泰、魁奈等著名思想家都对中国的政治、社会、文化、学术及民众的道德,以至帝王官员的品行才干,给予高度评价。伏尔泰认为中国是世界上治理得最好的国家,他说:"(中国)一省一县的文官被称为父母官,而皇帝则是一国的君父。这种思想在人们心中根深蒂固,把这个幅员广大的国家组成一个大家庭。正因为全国一家是根本大法,所以中国比其他地方更把维护公共利益视为首要任务。因此,皇帝和官府始终极其关心修桥铺路,开凿运河,便利农耕和手工制作。"[1]

当然,这些身在欧洲的西方人对中国的观察是很肤浅的,很有些雾里看花的味道。那时欧洲正处于社会变革和思想启蒙的时代,伏尔泰等一派人物不过从对中国的印象出发来阐发和论证他们提出的政治思想理念,这样自然添加了许多理想化的色彩。我们引用了伏尔泰等人赞美中国的话,并不是说康乾时代的中国就那样好,那样十全十美,而只是想说,那个时代总的来看,确实存在国家强盛、社会安定、经济繁荣、文化昌盛这不容抹杀的事实,因此,作为中国在世界折射出的投影比较美

---

[1] [法]伏尔泰著,梁守锵译《风俗论》上册,商务印书馆,1995,第216页。

好，也是很自然的。

总之，清代康乾盛世可圈可点之处甚多，较之历史上著名的文景之治、贞观之治以及开元盛世不仅毫不逊色，而且可以说达到了更高的水平；康乾时代的中国如果和当时世界上最强大的英国和俄国相比的话，也堪称旗鼓相当，各有千秋。当代美国史学家魏斐德在高度评价了清初帝王奠定帝国稳固基础的功绩之后说道："清朝统治者建起了一个疆域辽阔、文化灿烂的强大帝国，在此后的近两个世纪中，中国的版图几乎比明朝的领土扩大了一倍，因而无论国内还是国外，都再没有真正的对手能够向清朝的统治挑战。"[1]他这里说的"近两个世纪"，下限到了鸦片战争爆发的道光二十年，即1840年，但主要指康雍乾时代一百多年的时段。

我们这样来概括康乾盛世的伟大成就，并不意味着那时的中国到处是花团锦簇、歌舞升平的人间天堂，不是的，康乾盛世这一百余年间老百姓的日子过得仍然十分艰难，遇到天灾，纵有国家赈济，但仍不免流民载道，路有饿殍。乾隆五十年（1785）中原大旱，当年冬天奇冷，著名史学家赵翼有诗记载黎明前饥民簇拥一团冻死在施粥厂门前的惨状，正是那个时代的真实写照。[2]从统治者那一面来讲，他们面临的问题多如茧丝牛毛，遇到的困难、挫折以及失败踵接不断，诸多亘古未见的难题摆在面前。以儒家理论为指导的传统治国方针政策有的已经过时，行不通了，全凭自己在实践中去摸索。但无论如何，康熙、雍正、乾隆三位皇帝总是能够牢牢驾驭住在风浪中颠簸的中国这条硕大无朋的船只，朝着他们心目中预定的航向前进。当乾隆晚年逐渐感到力不从心，全局开始失去控制时，尽管他千方百计加以粉饰，但百年盛世也就走到尽头了。所以，在看康乾盛世时，我们并不完全赞同旧史家常说的什么"海内富庶，家给人足""四海宁晏，万方来朝"之类的溢美之词，也不想用那个时代俯拾即是的黑暗面和种种人所共鉴的不足和缺失去抹杀昔日辉煌的万丈光焰，而是把康乾盛世放在漫长的流淌至今的历史长河中，恰

---

[1] [美]魏斐德著，陈苏镇等译《洪业——清朝开国史》，江苏人民出版社，1995，第1021页。

[2] 赵翼著，胡忆肖选注《赵翼诗选》，中州古籍出版社，1985，第134页。

如其分地给予它应有的评价。也许，在我们今天看古人的事，评说包括中国古代一切所谓中兴、治世、盛世时，都应持这种气定神闲的平常心态。

康雍乾时代已处于所谓封建末世，为什么在封建制度穷途末路、气息奄奄的垂死阶段竟然出现了前无古人的盛世呢？

二、政治安定和社会稳定是中国在 18 世纪国势达到鼎盛的首要原因

康乾盛世出现的原因讲起来，可以总结很多，国内的、国际的、主观的、客观的、政治的、经济的等等。我们这里主要着眼于统治者治国经验的总结，也就是关系全局的政治方面的原因，经济和国际方面的原因在讲第三、第四大问题时会涉及。出现康乾盛世，首先是因为中国有了一个持续百年的政治安定和社会稳定的局面。把它列在首位，是想特别强调它的重大意义。

历史经验告诉我们，没有一个政治安定、社会稳定的大环境，经济发展，文化繁荣，人民安居乐业，国家完成和保持统一，国际地位的提高，等等，一切都是空话。中国过去战乱、灾荒、瘟疫以至国家分裂的时候多，"离乱人，不如太平犬"，可谓浸透了我们祖宗几千年辛酸血泪的心声。反过来看，国家统一安定的时候少，被人传为美谈的历史上的盛世，其实持续的时间也都不很长。汉初文景之治四十年，中间还有吴楚七国之乱；贞观之治，不过二十几年光景；开元盛世最为人们称道，大约四十几年，到天宝十四载安史之乱勃发，"渔阳鼙鼓动地来，惊破霓裳羽衣曲"，唐玄宗仓皇辞庙，盛世便戛然而止。此后藩镇割据，五代十国；到北宋才勉强统一起来，不过限于中原地区而已；明初太祖、成祖时号称强盛，接下去仁宗、宣宗有"洪（熙）宣（德）之治"的说法，但到明英宗时就发生了"土木之变"，竟闹出了皇上也被瓦剌蒙古掳走的天大笑话，此时上距朱元璋建立大明帝国八十年刚出头儿。所以说从康熙平定三藩、统一台湾开始，天下承平百年之久的康雍乾时代实为中国

古代几千年历史所仅见,于此也可见在中国长期维持和平安定确实不是一件寻常事,长期生活在和平环境中的人往往难于深切体会"和平安定"这四个字的沉甸甸的历史分量。

康熙、雍正、乾隆祖孙三代皇帝究竟如何实现了百年政治安定和社会稳定,达到这历史上最英明的帝王未曾达到的境界呢?

第一,康雍乾三位皇帝百年相承,精心完善了专制主义中央集权的政治体制,使朝廷统治效能空前提高了。

中国自古以来就是一个领土广袤,人口众多,自然经济半自然经济占主导地位,地区发展极不平衡,由数十个具有不同文化习俗、宗教信仰的民族组成的国家。这一基本国情决定了国家权力高度集中自有历史合理性的一面。如何解决国家长期维持和平安定这个难题,当好中国这样一个大国的家,始终是古代热切关怀国计民生的一代又一代的思想家、政治家们不懈探索的课题。经过千百年的实践,可以说已经积累起如何组织国家政权的丰富经验。

秦汉以来,朝廷大体是按"皇帝—宰相(丞相)制"的模式构建的。天子受命于天,是国家臣民当然的最高主宰,但天子又不是什么都管,而是任命一个称职的德高望重的宰相,由宰相"佐天子,总百官,治万事"。这种政治体制符合儒家政治理念,荀子就说过"主好要,则百事详;主好详,则百事荒"[1],显然,他不赞成国君事必躬亲、察察为明。其实,皇帝与宰相这种大体的分工从根本上讲,还是由中国地广人众、政务繁剧这样的国情决定的,以天子个人之力怎能独揽朝政呢?古代皇帝有几个能赶得上唐太宗?连唐太宗都说,以天下之广,四海之众,千端万绪,一切事情先交百司商量,宰相筹划,"于事稳便,方可奏行"[2]。除了国情之外还有一个原因,那就是龙子龙孙中中等资质的居多,这是自然规律,但在家天下的古代,必须由皇太子继承皇位。皇帝中庸、弱智怎么办?就只好靠不世袭的贤能宰相了。明清之际大儒黄宗羲把个中道理说得非常透彻。"天子传子,宰相不传子。天子之子不皆贤,尚赖宰

---

[1]《荀子》卷七,《王霸篇第十一》。
[2] 吴兢《贞观政要》卷一,《政体第一》。

相传贤足相补救。"[1]

然而,"皇帝—宰相(丞相)制"最大的缺陷在于君主与宰相的权限缺少现代法律意义上的明确界定,运行起来,不是皇帝随便侵夺相权,就是权相、奸相窃弄君权,造成政治的不稳定。到明太祖朱元璋做了皇帝,他毅然决然将通行了一千五百年的丞相制给废掉了,但他很快领教了"一日万机"的滋味,每天日常政务不说,光批阅奏札就有几百件,于是只好把翰林院的文臣召入内廷当秘书,这样逐渐就有了总汇天下政事的内阁,宰相制也有点借尸还魂的意思,内阁首辅大学士夏言、严嵩、高拱、徐阶把持政柄且不说,到张居正,竟俨然以汉唐古相自居,一时威权震主,结果祸发身后,此后绝无一个首辅像他一样敢担当。朱元璋的子孙不争气的多,他们兴趣很广泛,就是懒于管国家大事。到万历皇帝更把事做绝了,27岁正当壮年就说什么"非人夹持,不能久站,恐一时颠仆",以后竟二三十年不上朝,连祭天祭祖也遣人代行。这样一来,皇帝不怎么管事,内阁大学士又没有一个管事的正式名分,皇帝身边的太监乘机出来把持政柄,所以,有明一代"权阉祸国"可能超过中唐和晚唐。总之,明太祖虽然提出了"事皆朝廷总之"的目标,但他和他的子孙却没有找到实现这一目标的具体途径,晚明政局混乱,国家统治效能急剧下降,这是最主要的原因。

继明而兴的清朝从一入关就开始了改革国家机构特别是中枢机构的艰难探索。他们作为文明晚进的少数民族,在马上得天下,故而崇尚集中、统一、高效、简捷,与汉人的政治理念有所不同,根本没想过走看起来有些拖泥带水、束缚人主手脚的汉唐宰相制的老路,而明末国家衰亡的覆辙又给了他们极强烈的刺激。所以,清初政体改革自然总是不忘以晚明的政治涣散为参照物,实践起来,则势必朝着强化皇权、提高国家统治效能的目标走下去。康熙年间创行奏折,迈出了最重要的一步,到雍正年间通行奏折制度并创设军机处,国家中枢以处理重大、紧急、机密军政事务的军机处为主体,辅以处理日常军政事务的内阁,居然实现了明太祖提出而未能达到的目标,即以皇帝个人之力独揽国家一切繁剧军政事务,而事实上确实也达到了机构精简、迅捷高效、机密严谨、

---

〔1〕 黄宗羲《明夷待访录·置相》。

运转协调,这样一种历史上前所未有的境界。中国古代专制主义中央集权政治体制到这时候才可以说达到完备程度,康乾盛世赖以实现的百年政治安定应该说主要原因即在于此。这其中的关键是奏折制度和军机处。

奏折,俗称折子,正规地说,是自下而上的官文书。开始时,康熙不过想了解下面真实的情况,就在外放的亲信奴才请安折子上信手用朱笔批谕诸如"前任巡抚品行如何?""近来省里议论京城事乎?"之类的指示。日子一久,越来越感到臣下密折奏事的必要,他说:"天下大矣,朕一人闻见岂能周知,若不令密奏,何由洞悉?"于是,密折就渐渐成了康熙掌握事关国家安全、政风民情等各类信息的制度化的重要渠道。而从一开始,奏折制度就带有绝对机密的特点,写折子一般不准假手旁人,而康熙朱批也绝对不令人代笔,有时右臂疼得无法握笔,就用左手批折子,所以,折子的内容除了皇上和写折子的人外没有第三者知道。需要说明的是,并非随便哪个大臣官员都能上密折的,所以,具折权就成了标志大臣官员的地位与同皇上亲密程度的一种令人羡慕的通天特权。总督和巡抚是一省或数省的最高军政首长,因此先后都奉特旨可以奏折子。有时这些人想在地方上有什么大举措,想先探听一下皇上的意向,就借上密折之机,将事情原委先讲清楚,最后说"奴才受恩深重,不敢不据实直陈,并抒管见,未知所议允协与否,伏祈主子睿鉴施行"云云。这样一来,奏事请示之类的折子渐渐多了起来,地方有所兴革,君臣间往往先通过密折和朱批反复磋商推敲,酝酿成熟,皇上再命有关部院或九卿议奏,最后皇帝一锤定音,国家不少大政方针,不少带有革新性质的政策,就是这样确定下来的。这类奏事折很快构成了全部奏折的最主要部分,它与前面讲的告密折子同样要求绝对机密。到雍正时折奏权有了进一步扩大,而雍正往往在每一件重大而紧急的密折上都认真做了"朱批"。起初,他身强力壮,精力充沛,经年挑灯夜战,还勉强应付得了,日子一久,特别是雍正八年(1730)冬对准噶尔开战后,军书旁午,件件皆须皇帝指示,一下子中国专制政体那个国家政务繁剧与君主个人精力有限的固有矛盾又凸显出来。经过长期摸索和绵密思考后,他终于找到了皇帝可以有效地独揽朝政的最佳国家政权组织架构,以及在皇帝绝对控制下的以军机处为主,辅以内阁来处理军政事务的中枢运行机制。

先来看军机处的运行机制。前一天晚上雍正把各省督抚专差驰递御览的折子都看了，对若干件请示重大紧急军政事务的奏事折子虽需要长篇批谕，但只写上诸如"即有旨""另有旨""有旨谕部""已有旨了"之类的三言两语的朱批，留待次日召见军机大臣时办理。第二天一早，雍正就在内廷养心殿西暖阁召见军机大臣。军机大臣先已到了与养心殿一墙之隔的隆宗门内的军机处值房，看过了皇上一早交下的写有"即有旨"等朱批的折子，一听"叫起"，便鱼贯而入，到皇上跟前跪聆某一折子的口谕。雍正最后说"写旨去吧"，他们立即回到军机处，开始还是军机大臣亲自握管拟写旨稿，不久便把这项工作交给了军机章京，由军机大臣向召唤前来的军机章京转述皇上旨意。军机章京年富春秋，谨饬练达，思维敏捷，运笔如飞，片刻之间写好旨稿，呈军机大臣审核无误，即恭呈皇上斟酌审定。偶尔稍有不妥，雍正则朱笔加以增删，改动几个字，也不必再誊清，赫然入目的几个朱笔改订的字更见谕旨经皇上亲自审定——这样，一件千数百言的重要谕旨转眼间就完成了，开首是"大学士某某，字寄某省总督（或巡抚）某某，某年某月某日奉上谕"，中间是谕旨的内容，结尾是"钦此。遵旨寄信前来"。这一格式从形式上保证了谕旨虽非出自皇帝朱笔，但绝对具有最高的权威性，因此沿用至清末未有改变。这种由内廷寄发，因此称为"廷寄"的谕旨加封盖上军机处银印，交兵部再加封后，发国家驿站、军台驰递，根据事情紧急程度，或"马上飞递"，即日行三百里，或更快一点，四百里，或五百里，或六百里，或六百里加紧，都在信函上标明，最快的西安、荆州五日可到。军机处一上午一直处于十分紧张的状态，往往一道谕旨还没办完，太监又来"叫起"。到正午该发的廷寄都办妥了，军机处人员散值后还需留下军机章京值日兼值夜，以备皇上紧急召见。军机处协助皇上办这么大的事，人员却少得出奇，而且都是兼差。军机大臣通常6—8员，奉特旨从大学士和各部尚书、侍郎等皇帝最信任的重臣中调任，由于是临时到军机处值班当差，所以任免时总是说大学士（或尚书、侍郎等）某某"着在军机处学习行走"或"着不必在军机大臣上行走"等字样。清代与明朝一样，也不许有宰相之称，后来史家套用汉唐旧制，说清朝只有身兼军机大臣的大学士方为"真宰相"。军机章京也是从各部院的司员及内阁中书临时借调来的，总共二三十人而已。就这三四十位大小秘书、隆宗门内南北两排平房，在皇帝的指挥布置下，一上午竟井然有序地处理了国家所有最重大最紧急最机密的军政大事。军机大臣没有一天不与天子见面,被朝臣视为最受皇帝倚信的重臣,但他们的职责所在,只是承旨传述缮撰旨稿,"而不能稍有赞画于其间也"[1],所以,军机处的机构和工作程序又足以确保皇帝大权不致旁落。

日常的、无须特别保密的、不那么紧急的,且有成例可循的军政事务则总汇到内阁去办。内阁与外朝文华殿相对,离皇帝起居的养心殿较远,是从明朝继承下来的中枢机构。军机处建立后,由未被调到军机处当差的大学士在那里主持工作,他们把四方章奏详审后,先用墨笔仿皇帝口气批一种或几种可供选择的意见附在章奏之上,即所谓"票拟";经皇帝认可,"票拟"的意见即由朱笔改写,连同章奏本身,就成了朝廷正式文件,下发京内外衙门遵照执行。雍正年间,国家中枢的重心明显地偏于军机处,所以,有人就说内阁处理的不过是些"寻常吏事"罢了,其实也不尽然。每年经内阁票拟的各部院的本章在乾隆中就有六千余道,九一不是国家大小军政事务。皇帝一般在晚膳后审阅内阁本章,偶尔发现"票拟"有误,便小题大做将有关大学士狠狠训斥一通,所以在内阁工作的大学士、学士们虽不比到军机处当值荣显,但都兢兢业业,谁也不敢丝毫懈怠。内阁协助皇帝处理了天下头绪纷繁且专业性极强的种种事务,皇帝就可以集中精力和时间,借助入值军机的军机大臣和军机章京们之力,游刃有余地处理国家机密紧急的重大事务了。所以前面说,到雍正时最后定型的国家中枢机构及其运行机制提供了"以皇帝个人之力独揽国家一切繁剧军政事务"的条件,中国古代专制主义中央集权政治体制到这时候才可以说达到完备程度。

国家政务繁剧与君主个人时间、精力有限的固有矛盾缓解了,还有一个"天子之子不皆贤"的老问题。

奏折一旦成为制度,军机处一旦设立,对皇帝而言,也就提出了必须亲政而且勤政的绝高要求,如果历史上"春宵苦短日高起,从此君王不早朝"故事重演,军机处就立刻瘫痪,国家的心脏随之停止跳动。所以,一旦实现了真正意义上的乾纲独揽,其逻辑的发展就不仅会引起传统国家政体的深刻变革,而且势必要改变人主自身。从如临如履的政治

---

[1] 赵翼《簷曝杂记》卷一,"军机处"。

责任感、孜孜不倦的勤政作风,到睿智的政治判断力和对国家大局的总体把握,以至健全的体魄及高尚的生活情趣等方面,无一不是皇帝必须具备的。"天子之子不皆贤"与专制皇权的矛盾到了这时较之以往朝代显得越发突出,汉族王朝立嫡立长的皇位继承制显然有些行不通了。这个事关国家最高权力交替、国家机器有序高效运转的严重问题康熙想解决,但没解决好,结果留下了帝位授受不明的千古疑案。但天分极高的雍正即位之始就另辟蹊径,经过苦苦思索,他扬弃了满族不立太子的家法和汉族立嫡立长、明诏建储的传统做法,从而创立了成为有清一代定制的秘密立储制度。

秘密立储制,顾名思义,不是不立储,而是不明诏立储,而且密立的皇太子不是非嫡长子不可。其具体操作,可举雍正创制为例。雍正即位之初把满汉文武大臣召集到乾清宫,宣布立储大事,并将亲笔写的立某某为皇太子的谕旨密封藏于匣内,然后,置之于宫中最高处——乾清宫顺治皇帝手书"正大光明"匾额之后,秘密立储典仪至此告成。但究竟封哪一位皇子为太子,将来一旦皇帝驾崩即皇位者,不仅满汉大臣们不知道,就是被封为太子的皇子本人也不知道。为确保立储密旨日后不发生意外变故,雍正于当众缄藏立储密旨后,又另书副本一件密封,常以随身,对此群臣都不知道。雍正十三年(1735)八月二十三日子时,雍正猝死于圆明园,亲信重臣找出皇帝随身所带御书立皇四子弘历(乾隆)为皇太子密旨,即于灯下宣读,又返回宫中,取出雍正元年(1723)缄藏于乾清宫"正大光明"匾额后的正式立储密旨,核对无误。至此,在内外一片宁谧的气氛中,乾隆成了紫禁城和整个国家的新主人,雍正处心积虑设计的秘密立储制顺利地通过首次严峻考验,皇四子弘历不仅庶出,而且他的生母出身寒微,作为清代秘密立储制创行后第一任皇帝,他的政治素质和身体素质,以及日后的治绩,应该为这一新创的皇位继承制度提供了一个令人信服的成功的范例。

奏折制度、军机处以及秘密立储制等创建并顺利有效地运行,标志着中国古代专制主义中央集权制达到了完备程度。乾隆七十岁时自称"古稀天子",写了一篇《古稀说》,以自豪的口吻讲,以往各个朝代政局混乱以至亡国,不外乎存在"强藩""外患""权臣""朋党""外戚""女宠""宦官""奸臣",以及以谄媚而得宠的所谓"佞幸"之类东西,现在通通荡然无存了。如果把此时的和珅算个"佞幸"的话，那么，除了这一点，乾隆说得并不错。从根本上讲，就是康乾时代皇权空前强大，专制主义中央集权体制的强化和完备，最大限度地遏制了统治集团的内耗，从而使国家统治效能在这一百年间空前提高了。具体来讲，主要表现在：皇帝可以及时全面掌握事关国家安危治乱的重要信息，最高统治者对政情民意以至雨雪粮价的了解的真实程度远远超过了以往任何朝代；尽管国家疆域辽阔，但已不存在任何一处君主鞭长莫及的死角；国家中枢和六部、都察院等职能部门在皇帝督责下，分工明确，配合协调，能够娴熟地管理社会控制的细枝末节；军队，无论是满洲族人编成的八旗，还是汉人组成的绿营，都绝对处于皇帝的严密控制之下；法网绵密，功令森严，臣民畏法奉法；驿站、塘铺网络覆盖全国，驿传制度周密完善，政令通畅，传达迅速，对广大边疆地区的控制力空前增强；朝廷之于地方，犹如身之使臂，臂之使指，令行禁止，运转自如；社会动乱以至其他越轨行为往往在萌发酝酿时，就被发现并及时加以消弭；可以集中财力、人力和物力对大型水利工程，特别是以清口（洪泽湖北端与黄河交汇处）为中心的黄、淮、运水利系统工程进行有效的治理；实施经常的，有时是跨省区的大规模的救灾和灾后赈济工作；等等。

下面分析康熙、雍正、乾隆这祖孙三代皇帝特殊的禀赋和特殊的政治品质，因为在专制时代，再好的制度和机制最终还是要通过人才能发挥作用。

第二，康雍乾三位皇帝的优点和特点。

清朝皇帝以"敬天，法祖，勤政，爱民"为凛然恪守的家法，前一代皇帝去世向全国臣民颁发的最后一道诏谕，即所谓"遗诏"，都大体遵照这四个方面总结一生的治绩。其中"爱民"不能尽视为虚伪的宣传，就"勤政"而论，清朝皇帝总体说来都算得上勤政，康熙、雍正、乾隆更当之无愧。康熙六十四岁上得了一场大病，以为将不久于人世，就把大臣和皇子们叫到身边，坦诚地对自己一生作了总结，称日后"遗诏"内容尽在此中。他说，我虽不能做到移风易俗，家给人足，但"数十年来，殚心竭力，有如一日，此岂仅'劳苦'二字所能概括也！"。这是实话。他每天早晨把御案搬到乾清门前"御门听政"，各衙门的首长依次跪奏政事,皇上当面裁决,最后留下内阁大学士面商国家"切要政务"。"御门听政"原本是明朝皇帝祖宗旧规,但很快就废弛了,而康熙接过来,加以改造,为我所用,可贵的是,硬把它数十年如一日坚持了下来,居大内在乾清门,住西苑在瀛台勤政殿,畅春苑在正殿澹宁居,巡幸在外则在行宫大蒙古包里,刮风下雨,酷暑严寒,从无间断,这有《康熙起居注》为证。雍正自言即位以来长期处于"昼则延接廷臣,引见官弁,傍晚观览本章,灯下批阅奏折,每至二鼓三鼓"这种紧张工作节奏中,不以为苦,反以为乐,他每晚批阅奏折,少则二三十件,多至五六十件,动辄数十言、数百言,一千数百字的大文章也不少见,字迹清秀遒劲,语气婉转曲折,结构周详严谨,与康熙朱批言简意赅的风格及日后乾隆朱批的程式化倾向迥然不同。现存雍正朱批奏折 4 万余件(其中汉文折约 35 000 余件,满文折约 6 000 余件)是雍正勤政不懈的最有力的见证,还不用提数不胜数的题本及朱批请安折、谢恩折了。到乾隆即位时,军机处的规制业已确立,皇帝每日卯刻晨起,即进膳,一直忙到正午过后。晚上有军报驰递宫门,虽夜半必起身亲览,立即召来值夜军机章京指示机宜,军机章京从起草、作楷到进呈,往往需要两三个时辰,但见皇上"犹披衣待也"。乾隆经常巡幸在外,军机处、内阁乃以"行在军机处""行在内阁"随驾,政务紧张程度甚至超过在宫在园(圆明园)之时。乾隆常于马上降旨,军机大臣即令军机章京歇马缮撰,驰至顿宿之行营进奏,由皇上御笔改定。即使元旦、万寿节等大节日,也不能完全放松,眼前的戏剧歌舞实在令人赏心悦目,但军机大臣还不时来皇上跟前请示,一个叫管世铭的军机章京万寿节纪实诗有云:"鱼龙散乐列琼筵,视政如常倍觉虔。一曲仙韶听未阕,重臣三对御床前。"[1]该是当年皇帝勤政的真实写照。

  清朝皇帝勤政不息,一种容易想到的解释是,清朝皇帝是少数民族,总有一种危机感,历史上有那么多进入中原汉区的少数民族,或建立一隅政权,或占住了半壁江山,甚至混一宇内,盛极一时,曾几何时,不是丢掉了本民族的个性,融于汉族之中,就是叫汉人推翻了。鉴于历史教训,清朝皇帝也觉得自己时刻坐在火山顶上,所以,一刻也不能懈怠,

---

[1] 梁章钜、朱智撰,何英芳点校《枢垣记略》卷二〇,"诗文一"。

久而久之，勤政也就成了世世相承的家法。这种解释有一定道理。但表现在康雍乾三位皇帝身上，他们的勤政似乎源于一种高度的政治责任感和使命感。康熙曾说过："一事不谨，即贻四海之忧；一时不谨，即贻千百世之患。"这话说得有点冠冕堂皇，似乎勤政是对国家和历史负责。乾隆则讲得更实在一些。他说自己实因肩上担子太重了，不仅有皇父雍正的直接嘱托，还有皇祖康熙的殷切期望。乾隆以庶出的皇子承继大宝，的确与祖父康熙对他的特殊关爱与呵护是分不开的。所以，每逢皇父忌日，乾隆都要盥手焚香，将载有"宝亲王弘历（乾隆）秉性仁慈，居心孝友，圣祖皇帝（康熙）于诸子孙中最为钟爱，抚养宫中，恩逾常格"一段文字的皇父传位"遗诏"恭读一遍，"以志思慕之诚，以凛继绳之重"。古往今来，为帝为王者何止千百，但能数得出几位像乾隆这样身负父祖两代重托呵！在乾隆人生旅途过半，政治生涯也过半时曾深情地说，自古帝王所以秉承付托者，不过其父而已，偶尔有祖父的意向，而我则身受皇祖、皇父两代的重托。言念及此，我还敢有一丝一毫的怠惰吗？雍正勤政与其子乾隆有同有不同。雍正勤政的动力，很大成分在于身边潜在敌对势力太多太大，他甚至不敢长时间离开宫廷；乾隆不然。他的至高无上的地位没有人敢于撼动；但他们二人却都通过勤于政务体验到了成就感和荣誉感，并由此享受着令他人畏惧屈服和受他人爱慕尊敬恭维谄媚的乐趣。表现在勤政形式上，雍正有点儿像个苦行僧，乾隆劳逸结合，活得很潇洒。

高度的政治责任感和使命感，以及以此为动力的非同寻常的勤政作风，是身为最高统治者的康雍乾三位皇帝的突出优点，与历代帝王比较，他们又有什么特点呢？

与历代绝大多数的汉族皇帝不同，康熙、雍正和乾隆作为中国少数民族出身的君主有一个十分可贵的"大中国"的观念。汉族统治阶级的脑子里则大多缺乏一个包括边疆众多的少数民族居住地区在内的"大中国"观念，他们说起"中国"，往往是仅指汉族居住的中原地区。这是因为他们看不起边远地区的少数民族，把他们当成不懂纲常伦理的"夷狄"。"华夷之别"作为传统儒家思想体系一个重要命题，长期以来根深蒂固，不利于以汉族为主体的包括各个少数民族的民族团结和中国国家的统一。雍正身为"夷狄"，从化解满汉之间紧张对立的情绪，维护清朝统治的合法性出发，有理有据地对"华夷之别"进行了批驳。他理直气壮地说："我朝肇基东海之滨，统一中国，君临天下，所承之统，尧舜以来中外一家之统也，所用之人，大小文武，中外一家之人也，所行之政，礼乐征伐，中外一家之政也。"既然如此，还有什么理由对入主中原的"东夷"满洲横加歧视呢？雍正好辩且善辩，而以对"华夷之别"的辩诘最令人激赏。他突破了大汉族主义自我优越的民族观，摒弃了儒家传统观念中蔑视边疆地区少数民族的狭隘偏见，其逻辑延伸的结论必然是把中国看成既包括中原腹地，又包括广阔的边疆地区的现代科学意义上的中国，而在实践上自然成为清廷制定的今天看来也有诸多借鉴意义的有利于维护和加强全国统一、民族团结的民族统治政策的一个重要的理论基点。当然，这个民族统治政策中掺有不少歧视和压迫汉人及其他少数民族人民的消极成分，必须加以鉴别和抛弃，这自不待言。

　　较之历代汉族帝王，康熙、雍正和乾隆还有一个明显的重要的区别，那就是他们拥有更为重视实践的崇实务实作风。文明后进的满洲没有汉族那样值得炫耀但也过于沉重的历史文化遗产，他们认知世界的习惯是通过亲身触摸去感知自己所不了解的一切，他们宁肯相信经过自己感知体认并被实践证明了的成功经验，而对先验的理论、神圣的教条和虚夸的文饰通通不感兴趣。康熙、雍正、乾隆，都堪称"实行"路线的一脉相承的履行者。这里可以举乾隆自己也不讳言的一段弯路略加说明。初政时的乾隆受儒家思想影响较深，搞了一些复古的名堂，但日后在执政实践中，经一再反省，他终于可以欣慰地说："年少时犹未免有泥古好名之意，至今则洒然矣。"乾隆的可贵之处在于他尊重实践，正如他在《古风》一诗中所述："曩余佩古训，治理颇能言。行之扞格多，乃悟实践难。"[1]实践和古训，在治理国家时，究竟何者为先？当二者抵触时，是泥古不化，拘守旧制，还是尊重实践，通权达变，勇于创新，突破古训的束缚？这大概是满汉两种文化在认识论上的明显分野。纵观康雍乾时代百余年的历史，凡有所兴革，多能通过不断探索，认真总结，最终达到比较好的结局。前面讲到的对传统政治体制的改革以及雍正时创行"提解耗羡"，对传统赋役制度和官俸制度的改革，都遵循着把"实行"

---

[1]《清高宗（乾隆）御制诗文全集·御制诗初集》卷八，中国人民大学出版社，1993。

放在第一位的思想路线，在诸如用人、行政、理财等方面，也不乏跳出儒家传统思想观念的羁绊而有所创新的地方，这对于当时已处于世界形势发生巨变，经济全球化的步伐日益加快的大背景下，解决以往从来没有遇到的诸多新问题无疑具有重要意义。

康熙、雍正、乾隆所具备的帝王特质，从根本上讲，是由满族文化传统决定的。满族与汉族是两个各有不同历史谱系不同文化传统的民族，有清三百年间汉文化始终居于主体地位，而满文化则挟有政治优势在康雍乾时代发挥着主导作用，诚如鲁迅说过的，清的康熙、雍正、乾隆三个皇帝，"是深通汉文的异族的君主，以胜者的看法，来批评被征服的汉族的文化和人情，也鄙夷，但也恐惧，有苛论，但也有确评"[1]。由满族文化所决定的康熙、雍正、乾隆的这种特质对当时政治的影响，无论是正面的，还是负面的，或者开始时正面是主要的，随着时间的推移、条件的转变而负面作用越来越明显，都给那一段历史打上了不可磨灭的深刻烙印，不少影响今天还存在。

第三，最高统治者胸怀持续性的明晰的治国方略。

基于国家全局安定考虑的政治大战略——"西师"和"南巡"。

乾隆四十九年（1784），皇帝第六次南巡，也就是最后一次南巡即将结束时，他在杭州颁发了一篇重要的历史文献——《南巡记》，总结即位五十年来一共做了两件大事：一曰"西师"，一曰"南巡"。

"西师"，是指乾隆二十年至二十二年（1755—1757）大兵两次进军伊犁，最后平定准噶尔蒙古的战争。准噶尔，牧地在汉唐西域一带，明朝名之为"瓦剌"，瓦剌强悍的骑兵多次进薄京城。入清以后，瓦剌被称为准噶尔。从康熙三次亲自出塞，远征朔漠，揭开了与准噶尔长达七十年的战争序幕，中间雍正在位十三年几乎无时不处于对准噶尔紧张的备战、开战与和谈之中，乾隆更倾举国之力最终完成了平定准噶尔大业。

准噶尔在全国战略全局中具有特殊的重要地位。武力强劲的准噶尔部雄踞西北，有雄心也有实力与清朝一争中国的主人。其兵锋所向，一是南向西藏，挟持达赖和班禅两个大喇嘛以号令众蒙古，一是东向喀尔

---

[1]《鲁迅全集》第六卷，《且介亭杂文集·买〈小学大全〉记》，人民文学出版社，1981。

喀蒙古和漠南蒙古以完成蒙古统一大业。对清朝来说，准噶尔不是什么肘腋之患，而是心腹之患。不彻底消灭准噶尔，西藏就永无宁日，尊奉喇嘛教的大漠南北的蒙古各部也就永无宁日，被康熙皇帝倚为长城的蒙古不能安定，清朝也就失去了占统治人口90%以上、具有悠久文化历史传统的汉族的最可靠的盟友，处于被南北夹击的危险态势，真可谓生死存亡，系于西北准噶尔一隅，这是何等严重的事体呵！正如雍正在他的心腹重臣鄂尔泰密折上朱批所讲的："准噶尔事一日不靖，西藏事一日不妥；西藏料理不能妥协，众蒙古心怀疑贰。此二处实为国家隐忧、社稷生民忧戚系焉。所以圣祖（康熙）明见事之始末利害，立意灭取准噶尔、安定西藏者，圣知灼见，不得已，必应举者也。"[1] 乾隆在战略思想和治国方略上与康熙和雍正是一脉相通的。他继承父祖遗志，最终完成了平准伟业，他自我矜夸的"十全武功"竟有七次——两次金川之役、两次平准之役、回部之役和两次廓尔喀之役——都与西藏和蒙古有关，在取得对廓尔喀入侵西藏的自卫反击战胜利后，乾隆专门写了《喇嘛说》一文，进一步从理论上阐明了"兴黄教"的重大意义："盖中外黄教，总司以此二人，各部蒙古一心归之，兴黄教，即所以安众蒙古，所系非小。"[2] 乾隆晚年把"西师"列为一生所做头等大事，他是经过深思熟虑、反复权衡才下笔的。可以说，这是他们祖孙三代百年思考和实践的精辟总结，也是对他后世子孙规划治国方略应遵循的原则的谆谆训诲。

再看"南巡"。康熙在位期间六次南巡，乾隆法祖，同样南巡六次。乾隆在《南巡记》中把"南巡"与"西师"并列为一生所做两件大事，可见南巡意义重大。"南巡"，不是一般意义上的到南方巡视，"南"者，特指江浙两省。南巡江浙对维护全国安定究竟有什么战略意义呢？

要确立对汉族的统治，千头万绪，康熙和乾隆认定，关键之处在于能否使江浙地区的汉人，特别是那里汉族知识分子稳定帖服下来。因为江浙当时是华夏文化的荟萃之所。中国古代政治、经济、文化重心最早在黄河流域，但经过晋末永嘉之乱、唐朝中期安史之乱以及金朝武力征

---

[1] 中国第一历史档案馆编《雍正朝汉文朱批奏折汇编》，第一一册，第14页。
[2] 《喇嘛说》原碑现在北京雍和宫，用满、汉、蒙、藏四种文字书写，另载《清高宗（乾隆）御制诗文全集》。

服北半个中国等战乱,经济重心渐渐南移到江浙等江南地区,随着衣冠士人举族纷纷南渡,自然也把华夏传统文化带到了那里,文人们在优裕的物质生活滋养下,在南国青山绿水、春风秋月的催化下,更把华夏文化推向了新的高峰,明清进士、高官多南产,就提供了一个具有说服力的例证,连乾隆也承认江浙是"人文渊薮"之所在,《四库全书》总共修成七部,按乾隆的指示,有三部放在江浙,供那里文人就近浏览。但康雍乾三位皇帝对江浙士人的猜忌防范之用心又最深。这一方面是,清初征服江南时制造了诸多如"扬州十日""嘉定三屠"之类的惨绝人寰的屠城事件,理所当然地激起了汉族人民世代难平的民族敌忾情绪;另一方面,则在汉人"华夷之别"畛域太深,这种错误观念在华夏文化的正统江浙地区尤其强烈而牢不可破。清朝入主中原,满族人当了皇帝,今天看来没什么了不起,都是中国人嘛,但那时则认为"中原陆沉"了,"日月无光"了,"夷狄盗窃天位"了,绝对不能容忍!所以乾隆在说江浙是"人文渊薮"时,又常骂那里"风俗易嚣",人民难治。如果仅仅江浙一隅也好办,在"士为四民之首"的古代,华夏文化正统所在的江浙士人领袖对清廷的态度可是关乎整个汉族人心向背、清朝治乱安危的头等大事。所以,康熙、乾隆的六下江南虽不能说完全没有游山玩水、松弛身心的成分在内,虽不能说他们完全没有关切民生的善良愿望,但主要还是基于清醒的政治战略方面的考虑,千方百计想把那里的汉族老百姓、士人,尤其是那些精英人物安抚好。为此,他们祖孙俩特地在明太祖孝陵前三跪九叩,频频接见声望夙著的江南耆老宿儒,风尘仆仆跑到各处阅视河工、海塘,更不去说那些豁免江南(包括江苏和安徽两省)、浙江民间田赋积欠以及赐举人、增学额等等显而易见的羁縻笼络的举措了。

"西师"的锋芒具体指向准噶尔,而宏观的战略意图则在于广袤的蒙藏边疆地区的稳定;"南巡"的意趣似乎专注于江浙,其实它蕴含着驾驭整个汉族人民的深远用心。中国自古就是一个由汉族聚居的中原地区与少数民族散居的边疆地区共同组成的多民族国家,二者之间存在着自然形成的扯不断的经济文化纽带,但这并不等于自然地会出现一个统一的多民族的国家,这里还需要一条政治纽带。以往历朝历代的统治者大多没有把这条纽带做好,有的甚至根本不想做,康雍乾时代的英主们则放出了宏远博大的战略眼光,做成了一端是"西师",一端是"南巡"的精致而坚韧的政治纽带，百年间咬住这两件头等大事不放，北边凭倚蒙古这个忠实可靠的盟友，挟政治军事之优势，以北制南，镇抚人口占全国90%以上、文化优越的汉人；南边则依托汉族中原地区源源不尽的富厚人力、物力和财力，跃马塞外，彻底制服关系国家战略全局的准噶尔，迅速平息在西藏发生的动乱。毋庸讳言，康雍乾三位皇帝追求的是夯实爱新觉罗皇族千秋万代的帝国基础，但在客观上，也就锻铸了超越千古的大一统丰功伟业，使中国广大地区实现了百年的和平与安定。

康雍乾三位皇帝递相承继的另一个重大的治国方略是整饬思想与严惩贪污。用乾隆的话说就是："干犯法纪之人，莫如悖逆、贪污二者，于法断无可纵！"

"悖逆"，在清代属十恶不赦，罪犯处以凌迟极刑，其亲属也要受到株连的最严重的政治性犯罪，其罪款不外诋毁清朝、指斥皇帝两大类。如果真的图谋推翻清朝统治并付诸行动，那么，律以"悖逆"，也还算罪有应得；但乾隆这里说的"悖逆"，指的是文人著书写史流露出的反满反清思想，他说一本叫《东明历》的野史"不但邪言左道，煽惑愚民，且有肆行诋毁本朝之语，此而不谓之'逆'，则必如何而后谓之'逆'者"。显然，他不是以行为本身，而仅仅从当事人的文字作品去推求其思想倾向定罪量刑。这势必造成，而事实上确已造成了盛世的思想恐怖和文祸泛滥，乾隆口头上常说"朕从不以语言文字罪人"，可见他并非完全不懂语言文字所表达的思想与实际行为有着严格的法律意义上的绝对区别，但他似乎故意给反满反清攻击皇帝的思想打成吓人的"悖逆"罪名。不难看出，他的政治意图在于震慑人心，强化对思想的绝对控制，以达到不仅不准行动，而且连想也不准想的目的，如此一来，清朝的铁桶江山不就可以亿万斯年长存下去了吗？这一点，乾隆继承了雍正的思想，雍正明确指出过，盗贼明火执仗，是有形的，地方官即使想掩盖也势所不能；至于那些专以文字蛊惑人心的"匪奸"，如地方官不留心访察，尽可置之不问，很难败露。而权衡二者，"匪奸"之为害国家、淆乱人心，"甚于盗贼远矣"。这一段文字是雍正从他发动的吕留良文字狱总结出来的重要经验，乾隆全盘接受，而且认识的更深刻，措施也更有力。

把"悖逆"视为法律打击的首要目标，反映出乾隆对整饬思想极端重要性的认识，推而广之，对尚不能构成"悖逆"的所谓"人心风俗""世道人心"之类问题他同样也给予高度重视。何谓"人心风俗""世道人心"？概括说是指社会风气、人的思想，具体来讲，举凡部分汉族士大夫、知识分子政治上的不满情绪，某些反封建专制体制的朦胧思想，统治集团内部的分离倾向，学术领域的"异端"，旗人社会的杯酒诗吟、玩物丧志等汉化苗头，以至民间风水堪舆、妄言祸福，秘密教门的男女混杂、夜聚晓散，等等，通通可以囊括于其中，通通都在严厉打击之列。在乾隆看来，这也是万万不可掉以轻心的关乎大清帝国安危的大事。

思想统一对中国这样一个大国是重要的，康雍乾时代厉行整饬思想，一时确也有助于保持政治安定和社会稳定，其正面效应不容完全抹杀；但这里面潜伏着巨大的隐患，因为严厉的文化专制扼杀了思想自由，从而也窒息了中华民族的创新精神，最终造成了"万马齐喑"的可悲而且可怕的局面。

把"贪污"与"悖逆"并列为法律武器严厉打击的首要对象，则反映了乾隆对整肃吏治以安定民生的极端重要性的清醒认识。乾隆对其父雍正说过的"除弊莫大于去贪官污吏，果贪污尽去，则天下自享其利矣"[1]一段话深有同感；他又是一位有强烈责任感的帝王，从维护大清帝国根本利益、长远利益出发，绝不允许贪官污吏剥民自肥，毁掉国家的根基。他多次明确向全国臣民表示："朕之严于待墨吏，乃所以安民也"，"此等劣员多留一日，则民多受一日之残，国多受一日之蠹"。乾隆当政的六十几年也确实是当时后世公认的整个清代惩贪最严厉一段时期。清律规定，贪污白银至千两即判处斩首，待秋审时处决。不过，已拟死的贪官如在限期将赃银全部赔缴的话，又可以援引"完赃减等条例"免死减等发落。这样一来，贪官污吏没有几个被绑上刑场、明正典刑的。乾隆经过反复思考，克服种种阻力，毅然决然地降旨废除了"完赃减等条例"，而代之以"完赃不准减等"的新例。乾隆首先抓住了惩贪首先必须严于立法这个要害。严于惩贪立法之后，还有一个执法的问题。后世评论乾隆惩贪，几乎一致肯定其执法之严。晚清时思想家薛福成说过："高

---

[1]《雍正朝汉文朱批奏折汇编》第十七册，第54页。

宗（乾隆）英明，执法未尝不严。当时督抚如国泰、王亶望、陈辉祖、福崧、伍拉纳、浦霖之伦，赃款累累，屡兴大狱。侵亏公帑，抄没家产动至数十百万之多，为他代所罕睹。"[1]事实的确如此。乾隆年间，督抚大吏因侵贪被立案查处者多达三十几起，其中明正典刑或赐令自尽的有二十余名，平均一两年即有一名省级军政大员因贪污或索受贿而被正法，这是前代所罕见的，也是有清一代所仅见的。

"西师"和"南巡"，着眼在帝国战略全局的安定；把"悖逆"和"贪污"视为法律武器首要打击目标，则反映出对可能动摇整个社会根基的最主要不稳定因素的高度关注。康雍乾三位皇帝百年间紧紧抓住"西师""南巡"和"悖逆""贪污"这两大政治主题，以大开大阖的手笔，书写了一篇气势雄浑的大块文章。它的缺失和败笔尽可评点批判，但平心而论，从维护像中国这样一个大国的政治安定和社会稳定来看这段历史，无疑是有许多有益的经验值得今天借鉴的。

就世界范围看，中国国势的强盛至少维持到康乾盛世落幕的18世纪末，而国势的衰落，人们公认是从1840年鸦片战争开始的。

为什么国势极于鼎盛，转瞬之间又急剧衰落，成了西方列强疯狂吞噬的一块"弱肉"？

难道在盛世最辉煌的时候竟没有任何征兆吗？

在一场无声的关系中华民族生死存亡的世界大国竞赛中，我们究竟从什么时候开始出了问题，我们的步伐究竟是在哪里疲软起来的？

三、利弊相因，祸福相倚
——盛世光环掩盖下的隐患

人口膨胀、物价持续上涨和失去制衡的专制皇权是康乾盛世的三大隐患。这三大隐患，极端专制是中国古代的老问题，人口膨胀和物价持续上涨则是历史上从来没有遇到过的新问题。新问题的出现，折射出整

---

[1] 薛福成《庸庵笔记》卷三，江苏人民出版社，1983。

个世界正在发生巨大的变化。自15世纪末地理大发现和航海时代开始以后，人类历史从此开始了从农业文明向工业文明演进，从传统社会向近代社会转型的空前深刻的革命性变革。往昔几乎无法逾越的浩瀚大洋已经不能成为隔绝各大洲人民之间来往的障碍，全球的整体性空前加强了，中国的变动和发展与外部世界息息相关，并由此一步步走向了近代转型的门槛，联系到西方列强对华战争日益迫近的险恶的国际环境，通过改革与开放迅速增强我们的综合国力，显得尤为紧迫。但到乾隆撒手人寰时，老问题依然故我，新症候越发严重，三大隐患暴露无遗，内地农民大起义和边疆民族地区的动乱这些困扰历代统治者的噩梦又出现了，落日的辉煌几乎转瞬间便在天际消失殆尽。

第一，人口问题。

人口压力在康乾盛世起步时就隐然出现了。康熙晚年时曾对身边近臣表示过对人口无止境增长势头的担心："今人民蕃庶，食众田寡，山巅尽行耕种，朕常以为忧也。"[1]雍正即位不久也不无忧虑地说："国家承平日久，生齿殷繁，地土所出仅可赡给，偶遇荒歉，民食维艰，将来户口日增，何以为业？"[2]乾隆初政十余年间，萦怀于心的突出问题是如何养活日益繁衍的人口，君臣上下以"养民"为议题，深入探讨了缓解人口压力的各种方案。

应该说，人口压力的日渐增大，不仅是当时中国开始面临的问题，而且也是世界各国、各民族遇到的带有普遍性的现象。为什么在一个多世纪时间里世界人口几乎同步增长呢？最主要的原因之一是自地理大发现之后，美洲新大陆的玉米、番薯、土豆、花生等农作物新品种开始缓慢地向旧大陆传播，其中至关重要的玉米和番薯，到18世纪才在欧亚非各洲真正得到推广，以至法国年鉴学派史学家布罗代尔称之为"18世纪的食物革命"[3]。玉米、番薯等具有高产、耐旱、对土地

---

[1] 中国第一历史档案馆整理《康熙起居注》，第三册，第2094页。
[2] 《清世宗实录》卷六，雍正元年四月乙亥。
[3] [法]布罗代尔著，顾良、施康强译《15至18世纪的物质文明、经济和资本主义》第一卷，生活·读书·新知三联书店，1992。

适应性强等优点，辛劳的移民成为它们积极的传播者。这一时期中国人口膨胀，玉米、番薯等在内地的广泛引种和推广无疑是一个不可忽视的重要原因。中国人口倍增与世界人口增长趋势基本保持一致，从一个侧面证明了全球整体性的空前加强。值得注意的是，中国人口增长速度高于世界人口平均增长速度。18 世纪世界人口从 6.41 亿增至 9.19 亿，增幅为 43.37%；中国人口从 1.5 亿增至 3.13 亿，增幅为 108.67%，"一世纪间不止翻了一番"[1]。正是由于以上原因，中国人口在世界人口比重几乎上升到最高值。一般估计中国人口相当于世界人口 1/5—1/3，如公元初中国人口为世界人口 24%—30%，18 世纪初约为 23.40%，到这个世纪末则上升到约为 34.06%。中国人口在此之前已位居世界第一位，而经过 18 世纪的高速增长，更稳固地奠定了这种优势地位。

亘古未见的人口膨胀对世界各国、各民族提出了严峻挑战，同时也是一次难得的发展机遇。世界历史表明，人口与资源的紧张关系往往会推动由农业文明向工业文明、由传统社会向现代社会迈出第一步；然而，能否跨出这艰难的第一步，还取决于人口压力的强度、是否存在缓解人口压力的空间，以及统治者究竟采取何种对策。照传统思路制定的对策不外以鼓励垦荒为主，辅以兴修水利、轻徭薄赋、完善仓储赈济制度等，以达到最大限度增加土地资源，养活被现有耕地挤压出去的过剩人口的目的；另一条途径是发展工商业、城镇服务性行业和农村手工业及其他副业来吸纳过剩人口，这是一种摆脱了传统思路的以工业化和城镇化解决人口压力的崭新对策；当然，还有海外移民和海外殖民的特殊途径。作为国家的人口政策，往往不会是单一型的，而是综合型的。康雍乾时代国家为缓解日益严重的人口压力，主要是采取适应当时中国国情特点的以鼓励垦荒为核心的传统政策，同时对东南沿海某些省份也采取了一些富有近代性内涵的新政策。

清初经多年战乱之后，抛荒未垦之地甚多，因此国家积极鼓励垦荒以使农业尽快复苏。康熙中期以后，情况已有不同，鼓励垦荒政策虽然

---

[1] [美]何炳棣著，葛剑雄译《1368—1953 中国人口研究》，上海古籍出版社，1989，第 275 页。

继续推行，但着眼点已转移到为缓解人多田少的矛盾上。这一时期推行的鼓励垦荒政策及与此相关的法律，说起来并不复杂，概括起来，一是用法律手段禁止各省清丈田地，禁止举报隐匿垦田，一是宣布新垦田土永不起税升科，并实心实政，加以切实贯彻实施。

乾隆即位之初，在《大清律例》中增加一款新的"条例"，该例全文是："各省丈量田亩及抑勒首报垦田之事，永行禁止；违者，以违制论！"[1]为什么把清丈田亩和强令农民自首所垦之荒地列入违法行为呢？因为已经开垦成熟而被隐匿下来未纳赋税的田亩，各省，特别是边远省份所在多有。比如四川，康熙就说过："四川之荒田，开垦甚多，果按田起课，则四川省一年内可得钱粮三十余万。"不仅四川一省如此，康熙在同一谕旨中还举出永定河冲决之处百姓垦出膏腴之田"不下数十百顷"，以及江南（指今天江苏、安徽两省）黄河堤岸也有不少新垦地。地方官为炫耀任内业绩，总是想通过重新清丈田亩和强令农民自首的办法把这部分流失的田赋税款收上来。康熙不同意，他坚定地认为，如何齐民应该摆在压倒一切的地位，不必也不应从增加田赋着眼；对民间的垦荒，甚至如四川那样大规模的垦荒，宁肯田赋大量流失，各级地方政府也不要插手过问。此种看似消极的垦荒政策实际上对无地或少地的贫苦农民最为有利，对离乡背井前往边远省份就食的流民最有利。不过，康熙虽然讲了，还缺少对地方官急功近利行为的刚性约束。乾隆领会其祖父思想的深意，颁布了相应的法律。清律明文禁止清丈，意味着默认以往隐漏的田亩可以不纳田赋；明文禁止抑勒报垦，则势必对已垦田土升科起税取宽容态度。

那么，对新垦田土，国家打算拿出什么政策呢？

乾隆五年（1740）为解决"各省生齿日繁，地不加广，穷民资生无策"这个越来越严重的问题，朝廷宣布"嗣后凡边省、内地零星地土可以开垦者，悉听本地民夷垦种"。不过，何谓"零星地土"，各省在实施过程中规定的则例过于琐细，在实践中仍难于操作，例如云南规定："地角山头，坡侧旱坝，可以垦种在三亩以上者，照旱田十

---

[1] 吴坛《大清律例通考》，参见马建石、杨育棠主编《大清律例通考校注》，中国政法大学出版社，1992，第433页。

年起科之例，以下则升科；若系沙石硗确，不成片段，更易无定，或虽成片段，不能引水灌溉者，均永免升科；至水滨河尾，人力可以挑培，或田稍成片段，在二亩以上者，照水田六年起科之例，以下则起科；如不成片段，零星地土，不能定其有收者，亦准其永免升科。"[1]从表面上看，应起税升科与不应起税升科都有一定章程，但如何区别此等零星地亩，又非官府的书吏衙役介入不可，而他们一旦插手，朝廷的出发点本来是做一件利民的善举，结果反而可能成了殃民的灾难；再者，无地农民开垦的多是自然条件恶劣的生荒地，几年辛劳，刚刚有点收成，就列入国家田亩册籍，起科征税，一旦稍遇雨水不调，新垦地亩很容易减产或绝收，但既已升科起税，田赋则必不可免。无地农民不敢开荒，主要是以上两个原因。有鉴于此，云贵总督杨应琚于乾隆三十一年（1766）再次奏请将滇省一切"山头地角、坡侧旱坝、水滨河尾零星地土，听民开垦，不必从中区别，概免升科"[2]。他说的是边远省份云南可以不必区别垦出田亩大小，"概免升科"，也就是一律永远不用纳税，乾隆认为这个办法简练可行，降旨允准，户部根据这一精神随后议定："凡内地及边省零星地土，悉听民人开垦种植。"所谓零星地土，根据各地区的不同，如苏州等属定为"不及一亩"，河南、山东、四川等省"下地不论顷亩"[3]。这样一来，除人口密集、新垦荒地的空间极其有限的江苏省外，其他各省基本放开让被原有耕地挤压出去的无业流民前往开荒谋生，各级地方政府不准为解决财源不足或表现自己政绩而干预垦荒之事；在什么地方垦荒，垦荒面积多大，完全由无地农民自己决定，既不用担心垦熟之后要向国家纳税，也不用顾虑地方胥吏借机婪索，他们垦荒的积极性大大提高。

从康熙晚期到乾隆去世，也就是说整个18世纪的一百年间，由于对农民垦荒取宽容态度，特别是由于后来又制定了具体的可操作的鼓励垦荒政策及相关的法律，大量农民为谋求生路，扶老携幼离开原有的人口

---

[1] 贺长龄、魏源编《清经世文编》卷三四，杨应琚《请广开垦疏》。
[2] 同上。
[3] 《清朝文献通考》卷四。

密集地区向边远省份以至广阔的边疆地区流迁，出现了所谓"湖广填四川""闯关东""走西口"，以及闽广移民台湾的移民大潮，内地、边省以至广阔的边疆地区的山区、半山区、丘陵和海岛，以及水淹沙壅、石多土薄的荒田弃土，得以大量辟为耕地，玉米、番薯这些来自美洲的农作物新品种也被移民们带到那里，得到广泛引种，从而养活了成倍增长的人口。边省中四川恐怕最具典型性。乾隆十三年云贵总督张允随就说过："查贵州旧案，自乾隆八年至今，广东、湖南二省人民由黔赴川就食者共二十四万三千余口，其自陕西、湖北往者更不知凡几。国家定蜀百余年，户口之增不下数十百万，而本地生聚尚不在此数。一省如此，天下可知。"[1]据《中国历代户口、田地、田赋统计》，从1685年到1812年，四川垦田由170万亩增至4 600万亩，[2]人口则由乾隆晚期的800余万激增至1851年的4 400余万，[3]成为全国人口第一大省，这增长的人口，主要是从广东、江西、安徽、湖南、湖北及其他人口密度较大的内地省份迁移来的。总之，国家鼓励垦荒的政策，使全国耕地面积激增，突破了10亿亩大关，创下历史最高纪录。这对于缓解日益增长的人口压力，具有决定性的意义。

　　从康熙到乾隆，垦荒政策的出发点很明确，即在大体能够维持"田地正赋既有定额"的前提下，并不汲汲于借垦荒增益国赋，而把注意力集中在如何以版图之内现有之地土养活日益繁衍的人民。诚如乾隆所言："民为邦本，庶富相因，但令小民于正供之外，留一分盈余，即多一分蓄积，所谓'藏富于民'，'百姓足，君孰与不足'者，此也。"我们今天不能苛求他们一定要代表人民的利益，这是不可能的，因为他们一切政策——包括鼓励垦荒政策——的最终落脚点都是为了大清帝国的稳定，为了爱新觉罗皇族江山万世永固，但他们真正能把孔孟讲的道理落在实处，而绝非仅仅为追求一时宣传效果，就很不简单了。下面可以举出晚明至清末国家征税田亩数额来证明这一点。

---

[1]　《清高宗实录》卷三一一，乾隆十三年三月，是月。
[2]　梁方仲编著《中国历代户口、田地、田赋统计》，乙表61，上海人民出版社，1980。
[3]　梁方仲编著《中国历代户口、田地、田赋统计》，甲表82。

明万历末至清代历朝全国纳赋地亩一览表[1]

皇朝纪年	公元	田地（单位：亩）
明万历四十八年（泰昌元年）	1620 年	743 931 900
清顺治十八年	1661 年	549 357 640
康熙二十四年	1685 年	607 843 001
雍正二年	1724 年	723 632 906
乾隆十八年	1753 年	735 214 536
嘉庆十七年	1812 年	791 525 196
咸丰元年	1851 年	756 386 244
同治十二年	1873 年	756 631 857
光绪十三年	1887 年	911 976 606

从上表不难看出，就全国而论，清初至雍乾之际是逐渐恢复明朝万历末田赋原额的过程，雍正以后一百余年间虽有增长，但幅度不大，大致在七亿几千万亩上下浮动。从各省纳税地亩来看，乾隆朝以后绝大部分省纳税田亩增长幅度极微，个别省份甚至呈负增长。[2] 为什么全国实际耕地面积在乾隆年间就已经超过了10亿亩，而在国家征收田赋的册籍上记载的纳税地亩数只有7亿多亩？原因就在于，数以亿计的新垦地亩，特别是边省新垦地亩，按照国家政策，永远不升科纳税，自然就不会列入国家征税户籍。乾隆说到了，也做到了，为了宗社的根本利益，他实心想把盛世滋生之民养活起来。在他前面二百多年的万历皇帝实际上也遇到了人口膨胀的问题，那时正处于中国人口第二个高峰期，大约1.5亿，亟须筹措养民之计，但万历偏偏加派"三饷"，每年从农民身上多搜刮一千多万两白银，结果剜肉补疮，把大明帝国的根基搞动摇了。所以，日后清朝皇帝总是讲，明朝不是亡于崇祯，而是亡于万历。就这一点来说，清朝皇帝把"不加赋"奉为祖训，世代凛然恪守，确实比晚明之君聪明。

为了缓解人口增长的压力，康雍乾时代在福建、广东等省还实行了

---

[1]《中国历代户口、田地、田赋统计》，甲表 64、乙表 61。
[2] 同上。

有利于海外贸易和工矿业发展的政策,这对解决人口问题的传统思路有所突破,值得重视。

当时中国人口压力最大的地区是东南沿海,包括福建和广东两省,那里山多田少,过剩人口或漂流海外,或就食湖广川陕,显然这都不是根本解决问题的办法,只有利用濒临大海、地多矿藏的有利条件发展海外贸易和工矿业,才是吸收过剩劳动力的前景光明之路。但康熙晚年,从国家安全的政治高度考虑,下令禁止东南沿海商民前往南洋贸易。到雍正中,闽浙总督高其倬以闽省"福、兴、漳、泉、汀五府,生齿日繁,多无田可耕,流为盗贼,势所不免"为由,奏请开禁,经雍正批准,南洋贸易之禁,被全面解除。[1] 闽广等沿海省份华商前往巴达维亚(今印度尼西亚雅加达)的贸易重新兴旺起来,从而解决了与外贸有关的那部分人口的生计,同时,对南洋贸易又带动了东南沿海地区外向型手工制造业的发展,这也吸纳了部分过剩人口。与禁南洋之争十分相似的还有康雍乾之际的广东矿禁之争。康熙年间,除为鼓铸所需的铜铅之外,其他矿种全都明令禁采,但康熙考虑到"无田可耕贫民,每日所得锱铢以为养生之计",于康熙五十二年(1713)特准无业贫民零星开采。雍正即位以来,广东矿禁时弛时禁,朝廷政策摇摆不定,主张开放矿禁的地方大吏,从孔毓珣、王士俊,到鄂弥达无不以"粤东山多田少,生齿日庶,生计倍难"为理由。乾隆初,争议再起,广东提督张天骏以开矿每致聚众滋事,"为海疆安靖之计",力主继续禁止开矿。两广总督鄂弥达具折批驳,大概说现在粤东召商开采铜矿,铜斤多了,制钱多了,百姓方便了,有利国用,无过于此。况且粤东山多田少,小民生计艰难,如果就近招募开矿冶炼,滨海无数失去土地的流民都可以借此找到生计,可见开采粤东铜矿不仅有裨鼓铸,而且利益民生。他还针锋相对地指出:"海疆固宜安靖,然所谓安靖者,必地方整理,人民乐业,始可云安靖,非图便偷安,阘茸废弛,侥幸无事,竟置朝廷重务于膜外而谓之安靖也。"鄂弥达反对把社会安定和经济发展对立起来,认为只有在经济发展的基础上人民安居乐业才可能在更高的层面上实现真正的安定。乾隆

---

[1] 王锺翰点校《清史列传》卷一四,《高其倬传》。

坚决支持鄂弥达，特降旨说："这所奏甚是！"[1]广东解除矿禁标志着清代国家产业政策一次具有某种崭新意义的重大调整，其影响远远超出广东一省。18世纪初期中国闽广地区在人口压力下最先出现的解除海禁和矿禁的强烈需要，从某种意义上讲，可以把它看作古老的农业社会的中国迎来的工业文明的一抹熹微的曙光。但当时的中国，还是一个农民占全国人口90%以上的农业大国，紫禁城里的皇帝制定全国性的缓解人口压力的政策时面对的正是这一基本国情。带有新思路意味的通过发展工矿业和海外贸易的人口对策，不过是应付东南沿海一隅人口压力的被动之举，缺乏自觉的明确的政策意识。当时长江三角洲和太湖周边地区人口密度大大超过闽广两省，而朝廷并没有拿出与此相类的对策，原因就在于该地区原本城镇繁荣，商品经济十分活跃，是全国工商业和农村工副业最发达的地区，无业游民谋生之路甚多，可以消化掉大部过剩的人口。那里不是没有人口压力，不是没有因人口膨胀导致的种种社会问题，特别是当自然灾害袭来的时候，但并没有看到朝廷提出积极发展工商业的人口对策。所以，不能过高估计当时针对闽广两省的带有某些近代性意味的人口政策。

  总而言之，康雍乾时代最高统治者为养活日益繁滋的人口，不可回避地要探索如何增加社会财富的种种方案，事实上他们也从中国的地域广阔、边远地区尚有较大垦荒空间的国情出发，适时地制定并实施了诸如鼓励垦荒、兴修水利、劝农力田、提倡种植番薯和玉米等农作物新品种，以及放宽对人口流移的限制等促进农业经济增长以缓解人口压力的对策。与具有某些新思想内涵的开放南洋贸易与解除广东矿禁相比，上述种种举措，显然构成了清廷人口政策的主体。这一政策的基点是最大限度地开发土地资源的潜力，从而养活前所未有的庞大的人口。其结果，从政治着眼，占人口绝大多数的农民生计大体有了着落，所以社会保持了长期稳定；从经济上看，则使成倍增长的人口与大幅度增加的垦田相结合，把传统农业社会的生产力水平提到了空前的高度，由此而推动的全国性人口资源和土地资源的重新配置，使我国经济地理格局更趋完善

---

[1] 中国人民大学清史研究所、档案系中国政治制度史教研室合编《清代的矿业》上册，中华书局，1983，第39—40页。

（当然，大规模盲目垦荒所导致的内蒙古大草原边缘地带的沙化以及长江荆江江段泛滥频度渐增等生态环境破坏的问题，已开始敲响了警钟）。从这个意义上讲，康雍乾时代人口翻了一番还多，正是康乾盛世经济繁荣的不可忽视的一个原因，也是它的重要表征之一。但同时必须指出，以人口和垦田数量增加所带动的康雍乾时代的中国的经济增长，毕竟与同一时代以英国为代表的由早期工业化向近代工业化发展的模式还有不同。

现代经济学家在描述经济发展过程时，用"增长"一词，还是用"发展"一词十分慎重。这两个概念有时固然可以互相替换，但二者却存在着基本区别。"经济增长"仅仅指一国或一地区在一定时期包括产品和劳务在内产出的增长；"经济发展"则意味着随着产出增长而出现的经济、社会和政治结构的变化。因此，前者偏重数量的概念，内涵较狭窄，而后者的内涵较宽泛，是既包含数量也包含质量的概念。[1]显然，用"经济增长"一词来概括中国18世纪经济运行趋势是比较贴切的，其增长的动力主要来源于人口倍增和耕地大量垦辟，而其后果并未从质量上根本改变产业结构和城乡人口结构等经济、社会结构，更遑论改变传统的政治体制了。加以制度上的原因，18世纪中国的经济增长，越到后来越显露出后继无力的疲软态势。正是由于这个原因，人口问题不仅未能从根本上解决，伴随着经济增长而成倍增加的人口使统治者陷入了更深的忧虑。乾隆五十六年（1791）初，在一道长篇谕旨中皇帝悲观地说，国家承平日久，生齿日繁，物产只有此数，而食用日渐加增。康熙年间朕就听到过小民有度日艰难之语，如今又过了七十余年，户口滋生何止三倍五倍，当时一人衣食之需，今天要供二十人之用，"欲使家给人足，比户丰盈，其势断有所不能！"[2]。而在一首题为《民数谷数》的诗中，乾隆又曾自问自答："设曰驱之尽务农，那得许田供耕耨？"耕地的垦辟是有限度的，人口的增加是无止境的，在"驱之尽务农"之外推不出其他善策的乾隆，除了"蒿目忧心呼天佑"之外，只能深深地慨叹"朕甚忧

---

[1] 参见［美］吉利斯、帕金斯等著，李荣昌等译《发展经济学》，经济科学出版社，1989，第14—15页；谭崇台主编《发展经济学》，上海人民出版社，1989，第7—10页。

[2] 《清高宗实录》卷一三七〇，乾隆五十六年正月甲申。

之"〔1〕。几乎称得上万能的乾隆皇帝，似乎对养民已经失去了信心。问题的严重性还在于，到康乾盛世行将结束时，已不是什么能不能做到"家给人足，比户丰盈"了，苗民起义率先在湘黔川三省交界地区爆发，而引发苗民揭竿而起的一个主要原因就是，被称为"客民"的汉族移民对苗人田地的巧取豪夺，〔2〕更大规模的农民起义则在湖北、四川、陕西毗邻的深山老林里酝酿着，那里百数十年来已聚集起楚、粤、赣、皖、黔等省"以数百万计"〔3〕的无业流民，这些失去昔日田园依傍，被抛到社会边缘的苦难群体正借助秘密教门——白莲教的组织蓄势待发，乾隆传位嘉庆的禅位大典刚刚结束，他们就呼啸而起，无情地撕破了康乾盛世华丽的外衣。

康乾盛世第二个隐患——物价持续上涨。

物价问题与人口问题密不可分。从康熙晚期物价问题显露之日起，清朝最高统治者就始终认定人口膨胀是造成物价持续上涨的主因；也可以说，他们正是从物价问题才感受到人口膨胀的最初压力的。

康熙五十二年（1713）初冬，康熙论及粮价时说"今岁不特田禾大收，即芝麻、棉花皆得收获"，可为什么"如此丰年而米粟尚贵"？雍正帝即位后，也注意到粮价的持续上涨，雍正五年（1727）的谕旨提及"近年以来，各处皆有收成，其被水歉收者，不过州县数处耳，而米价遂觉渐贵，闽广之间颇有不敷之虑"。春荒粮价涨，秋熟粮价落，本不足怪；现在为什么出现了不管收成丰歉，粮价皆贵这种千古罕见的反常现象呢？当物价问题初露端倪之际，康熙就推断："丰年而米粟尚贵，皆由

---

〔1〕《清高宗（乾隆）御制诗文全集·御制诗四集》卷九三。
〔2〕 当时人记载："苗寨中富民（民，系指汉民）放账，其息甚大，钱一千，谷一石，一二年加息数倍，不能偿，折以山地、衣服，虽受其盘剥而仰以为生，或即所折山地转求佃耕，或易以他山地为之佃耕，听其役使，生死惟命。"严如熤《苗防备览》卷八，华文书局，1969。苗民起义便以"驱逐客民"相号召，领袖石三保、吴八月邀集各寨苗民入伙的传帖"说苗子田地都被客民占了，心里不甘，声言各寨的苗子都要帮他夺回耕种"。中国第一历史档案馆、中国人民大学清史研究所、贵州省档案馆编《清代前期苗民起义档案史料汇编》，光明日报出版社，1987。
〔3〕 参见《清经世文编》卷八二，严如熤《规画南巴棚民论》；洪亮吉《卷施阁集·文甲集》卷一，《意言·治平篇》，《近代中国史料丛刊续编》第45辑，台北文海出版社，1977。

人多地少故耳。"雍正探究米价居高不下时，也认为"地土之所产如旧，而民间之食指愈多，所入不足以供所出，是以米少而价昂，此亦理之必然者也"。到乾隆初期，米价腾贵已成为必须正视的社会问题，以至乾隆特降旨令各省督抚陈奏原因和对策。在谕旨中他用"连岁递增，有长无落"来概述物价的涨势。谕旨最后乾隆无可奈何地表示："朕反复思之，不能深悉其故，亦未得善处之方。"应该说，乾隆已开始把米贵作为一种宏观经济现象加以考虑了，但这次持续一年多的高层有关米贵的论议对当时出现的明显的通货膨胀现象并不能提出新鲜的见解，大多数督抚在覆奏时仍把米价持续上涨归因于"生齿日繁"，以及政府采买过多、风俗日奢、米谷出洋等方面。

自乾隆十二至十四年（1747—1749）的上层论议之后，18世纪后半期再也没有展开过有关物价持续上涨的认真的、深入的探索。乾隆帝的困惑未能解决，只好认可其父祖将米贵之由归之于人口繁滋的解释。可以说，包括乾隆和洪亮吉在内的中国最有见识的人物在探讨物价问题时都脱不出"天下无不食米之人，米价既长，凡物价夫工之类，莫不准此递加"的思维定式。他们虽然在一定程度上揭示出人口增长与社会总需求增大的关系，但忽略了白银内流等货币方面更为重要的因素。

乾隆末作为英国使团副使来华的英国人乔治·斯当东一眼就看出了中国物价显著提高的原因是"最近一个世纪以来，大量白银从欧洲流入中国"[1]。他之所以能从货币角度解释当时中国物价上涨的原因，在很大程度上是因为西欧在此之前早已经历了比中国要剧烈得多的物价革命。从16世纪中叶起，由于美洲白银大量流入欧洲，西班牙的物价首先开始上涨，到17世纪初涨至4倍，英、法物价的上涨则到17世纪中叶达到顶点。[2] 美洲白银输入中国自明代中期就已开始了，不过，由于清初顺康之际严厉的海禁，对外贸易急剧萎缩，白银内流基本停止，以至白银紧缺，银贵钱贱，官民交困，国家财政极为紧张，故而康熙晚期之前中国并未出现西欧那样的物价革命。康熙二十三年（1684）统一台湾后开

---

[1] [英]斯当东著，叶笃义译《英使谒见乾隆纪实》，商务印书馆，1963，第481页。
[2] 参见彭信威《中国货币史》，上海人民出版社，1965，第853页；以及全汉昇《中国经济史论丛》第二册，香港中文大学新亚书院、新亚研究所出版，1972，第506页。

放海禁,西方等国来华商人为购买品质上乘的绸缎、生丝、瓷器、茶叶等中国产品,将整船整船产于美洲的银元运往广州等东南沿海通商口岸,中国在中外贸易中长期处于有利的出超地位,因而白银从地球的不同方向源源不断流入中国,以至许多历史学家"把中国描写成吸引全世界白银的唧筒"[1]。据今人研究,18世纪100年间有数以亿计的外国银元(一枚银元约重7钱)输入中国,[2]而同一时期,中国本土出产的白银充其量不过5 000万两上下而已。[3]史学家布罗代尔从全球的经济现象着眼,精辟地指出:"从1550年到1680年,由于美洲的银矿采用现代技术(汞齐法),白银产量激增,从而成为持久的、强大的通货膨胀的动力。"[4]

同康雍乾时代的人口成倍增长具有全球整体性加强的外来因素一样,18世纪中国的物价问题也是在以贸易为纽带全球经济联系空前紧密的大背景下,世界性通货膨胀在中国的反映,尽管这一反映带有滞后的特征。

"通货膨胀"是现代经济学的概念,它通常指价格总水平的持续上涨。[5]康熙晚期以来出现的物价持续上涨的现象,除了进口白银激增这一外来因素之外,还应考虑到流通领域内各级政府铸造的制钱(即通常所说的铜钱、大钱)供应量的急剧增多。在整个18世纪一百余年间,国

---

[1] [法]布罗代尔《15至18世纪的物质文明、经济和资本主义》第一卷,第539页。
[2] 据彭信威的估计,"在道光以前的一百四十年间,欧洲船只输入的白银数量要在八千万两以上。如果加上来自菲律宾和日本等地的白银,恐怕有几亿两之多"(《中国货币史》,第854页)。全汉昇在《清中叶以前江浙米价的变动趋势》一文中说:"据估计,从1700年至1830年间,仅广州一口输入白银约共4万万元"(《中国经济史论丛》第二册,第515页)。百濑弘的研究结论是:"在18世纪中期,经过广东和马尼拉由外国输入到中国的银币额每年不下二三百万元,在其末期即中国的乾隆末期,升至四百万或者五百万元以上。"(刘俊文主编,栾成显、南炳文译《日本学者研究中国史论著选译》第六卷,中华书局,1993,第464页)
[3] 彭泽益《19世纪后半期的中国财政与经济》,人民出版社,1983,第26页。
[4] 《15至18世纪的物质文明、经济和资本主义》第一卷,第546页。
[5] 现代西方经济学家保罗·A.萨缪尔森指出:"更确切地说,通货膨胀的时期是这样的时期:该时期存在着用价格指数衡量的一般价格水平的上涨。"([美]萨缪尔森、诺德豪斯著,高鸿业等译《经济学》第12版上册,中国发展出版社,1992,第367页)斯坦利·费希尔也说:"当一般物价在上涨时,我们就面临着通货膨胀的问题。"([美]斯坦利·费希尔、鲁迪格·唐布什著,庄巨忠等译《经济学》下册,中国财政经济出版社,1989,第3页)另参见胡昌暖对通货膨胀概念的界定,见《价格学概论》,中国人民大学出版社,1990,第101—102页。

家为维持银钱比价——一两白银兑换1 000枚制钱——的基本稳定，投放流通领域的制钱数量也大幅度增加。总计京内外各局，自乾隆初至嘉庆初期，即18世纪40年代以后的70年间，每年铸钱保持在30亿文以上。[1]按官方规定的银钱比价，其价值与同一时期进口的白银至少能够持平，[2]甚至有可能超过。因此，探究18世纪中国物价持续上涨的货币因素，制钱剧增与白银内流应视为同等重要的两个方面。此外，在探讨货币因素时，除了考虑货币投放量持续扩大一面外，似乎还应把这一时期由于商品经济活跃所导致的货币流通速度加快，也纳入研究的视野。

康乾盛世一百余年间物价并非每年持续递增，实际的情况是物价有升有降，但总的趋势是沿着一条上下波动的曲线缓慢上升。上述乾隆十二年开始的上层关于米价上涨大议论中，有个叫赵青藜的御史说，米价之贵"或因岁歉，或因采买，而及其采买既过，歉岁复熟，价非不稍减，然以视从前米贵时之原价，固已略浮其值矣。如此经三五次起落，三五次浮积，而视原价固已大相悬绝矣"[3]。下面还可以举出天下最富庶之区——苏州、松江、常州、镇江四府——的米价波动来印证赵青藜对当时米价走势的描述。身历乾、嘉、道三朝的江苏金匮（今无锡市）人钱泳说，雍正、乾隆初，那里米价每升十余文。乾隆二十年虫荒，涨至三十五六文，后连岁丰稔，价渐复旧，但每升十四五文为常价。至五十年大旱，则每升五十六七文。自此以后，无论荒熟，总在二十七八至三十四五文之间为常价。[4]总的来看，如果把康熙晚期以来物价的走势放在一个长时段观察的话，说它"持续上涨"，从而具备了现代经济学意义上的通货膨胀的基本特征，还是可以的。

乾隆初期高层关于米贵的论议，它之所以未能抓住问题的症结并提出相应的对策，而此后再也没有展开过关于物价问题的认真讨论，除了视野狭窄和知识结构方面的缺陷之外，恐怕在当时通货膨胀的压力并不严重。当康乾盛世已落幕，通货膨胀的积累效应对社会的影响愈益显

---

[1] 参见拙文《18世纪中国物价问题和政府对策》，载《清史研究》1996年第1期。
[2] 参见［日］百濑弘《清代西班牙元的流通》一文，《日本学者研究中国史论著选译》第六卷，第464页。
[3] 《清经世文编》卷三八，赵青藜《清减谷价兴水利疏》。
[4] 钱泳撰，张伟点校《履园丛话》，中华书局，1979，上册，第27页。

著的时候，觉罗桂芳曾撰文指出："康熙、雍正以及乾隆之初，民间百物之估，按之于今，大率一益而三，是今之币轻已甚矣。"[1] 他说这话时是嘉庆十九年（1814）。这段话如果用现代术语表述，就是说18世纪前后百余年间，价格总水平上涨了300%，而货币则大幅度贬值。桂芳长期主持政府财政工作，并一度入值军机处。可以说，第一个对18世纪中国通货膨胀进行宏观描述的人正是桂芳。他的印象式结论不仅与乾嘉时期某些片断的记载基本一致，而且为现代经济史专家的研究所证实。[2] 基于桂芳的这一判断可以推算出康熙晚期以后百年间的年通货膨胀率约为1.1%，属于温和通货膨胀[3] 最低值，从短时间的感受而言，可以说是微不足道的；甚至可以这样假定：温和的通货膨胀刺激了康雍乾时代经济的复苏和增长。[4] 可以设想，如果没有包括白银和制钱在内的足够货币支持，18世纪中国的物价虽不会出现持续上涨的情况，但所付出的代价很可能是"康乾盛世"会黯然失色；康熙初期海禁，银钱俱紧，导致物价极贱而经济萧条即为明证。[5] 从这个意义上讲，持续百年的物价的缓慢上升，正是康乾盛世经济繁荣的不可忽视的一个原因，也是它的重要表征之一。

---

[1]《清经世文编》卷九，桂芳《御制致变之源说恭跋》。
[2] 全汉昇在对江浙地区的米价进行研究之后指出："自康熙中叶以后，米价开始上升，其上涨趋势一直到乾隆末年继续未已，康、雍之间约提高一倍，到乾隆末年价格更增涨至康熙中叶价格的4倍以上。"（全汉昇《清中叶以前江浙米价的变动趋势》，载《中国经济史论丛》第二册，第511页）他进一步做出判断："当日以苏州和扬州为中心的长江三角洲的米价上涨趋势是具有全国性的，在整个18世纪大约上涨4倍以上。"（全汉昇《美洲白银与18世纪中国物价革命的关系》，载《中国经济史论丛》第二册，第491页）黄冕堂考察了南方的江浙、闽广、川湖和北方的京畿、鲁豫、山陕，以及地跨南北的安徽的粮价，他的结论是："以南方的主食大米和北方的主食小麦、高粱而论，顺治至康熙前廿年，每石约银三至六钱，合制钱三至六百文，与明后期未爆发农民大起义前的粮价基本相同，从康熙中后期至乾隆间，每石约银一两至一两五六钱，个别的上涨至石银二两。"（黄冕堂：《清史治要》，齐鲁书社，1990，第431页）
[3] 萨缪尔森把通货膨胀分为温和的、奔腾式的和超级的三种通货膨胀，年通膨胀率低于10%为温和通货膨胀，表现为价格的缓慢上升。《经济学》第12版，上册，第370页。
[4] 韦庆远、叶显恩主编《清代全史·第五卷》的撰写者即认为："温和的通货膨胀可能促进农产品的生产，促进生产领域的投资，有利于城市商业和手工业的发展。"见《清代全史》，辽宁人民出版社，1991，第五卷，第192页。
[5] 关于这个问题，可参看《清经世文编》卷二六，慕天颜《请开海禁疏》。

然而，距今两个世纪以前的立足于维持农业社会稳定的传统财政经济体制却经受不住长期通货膨胀积累效应的严峻挑战。至少从乾隆中期以后，即18世纪晚期，通货膨胀的负面影响已到了令统治者无法坐视的程度。

18世纪中期以后，政府直接垄断的与国计民生攸关的几大经济支柱——滇铜、漕运和盐业最先受到成本日益上涨的强烈冲击，它们几乎同时从兴盛走向萎缩、衰落，并最后陷入绝境，其原因尽管是多方面的，物价上涨则最关紧要。就以漕运为例吧。漕粮号称"天庾正供"，为确保有漕八省400万石漕粮运至京仓，运漕旗丁有额拨行粮月粮，但乾隆晚期即因"今昔粮价不同，生齿浩繁，买食不敷，丁力未免拮据"，"近年什物价值每件增昂，用度拮据"，到嘉庆初问题更形严重，漕运总督蒋兆奎奏称："旗丁运费本有应得之项，惟定在数十百年之前，今物价数倍，费用不敷。"[1]米价上涨了大约3倍，旗丁行月钱粮仍维持百年前的折银旧例不作调整，旗丁生计如何维持，漕政怎能不败坏？

与铜、盐、漕逐渐陷入困境的同时，国家主管的耗资巨大的河工、海塘工程也因"例价"严重背离现实价格水平而难以为继。所谓"例价"，即历年经各部院（主要是工部）议准的夫、工、木、石、口粮等价格，一般称"部定例价"或"官发例价"。乾隆年间河工等项因物价昂贵以致例价不敷而无法经户部报销之事已屡见不鲜。嘉庆十一年（1806）大学士戴均元以河道总督前往清江浦催堵智、礼两坝并抢护顺黄坝埽工，了解到运土每方实际需价一千七八百文，较之例价每方8分银（合制钱80文上下）高出20倍以上。对此河员叫苦不迭，"只得以宽估实收，通融册报"[2]相蒙混。海塘工程问题同样严重。乾隆后期，浙江改筑海宁鱼鳞大石塘，工期拖得很长，到结算时因工料物价"今昔不同"，原估工程银竟短缺200万两之多！[3]

康熙晚期以后长期通货膨胀的积累效应，社会各阶层、各集团感受

---

[1]《清史稿》卷三二四，《蒋兆奎传》。
[2]《清经世文编》卷一〇三，戴均元《请工料照时价实销疏》。
[3] 台北故宫博物院编《宫中档乾隆朝奏折》，台北故宫博物院出版，1982，第58辑，第850—854页。

不一，而由于物价上涨受到最大损害的社会集团莫过于国家公职人员了。因为尽管百年间价格总水平上涨了300%，但文武官员以至满汉兵丁的廉俸粮饷百年间却几乎维持原额不变，[1]昔日一两银能买大米200斤，如今恐怕连70斤也买不到了。州县官倚为左右手的钱粮、刑名两位师爷的行市更看涨，过去二三百两银子能延至的，此时非千金不可，但州县官的养廉总共不过白银千两上下。军队官兵俸饷——京中禁旅八旗每年俸饷约银500万两，各省驻防八旗及绿营每年俸饷、马乾一千六七百万两上下——同养廉银一样，百年间也大体维持原额不变。养廉、俸饷不敷日用、办公之需，文官武弁只好"设法"另谋生财之道。乾隆中期以后贪风大炽，陋规泛滥，不能说与此无关。

与乾隆初以"米贵"为突出征象的物价问题相比，乾隆晚期的物价上涨显然已从所谓"民食维艰"逐渐发展到影响国家财政、经济、金融、交通（驿传系统），特别是吏治等方方面面的严重问题，僵化不变的财政体制首当其冲，已经到了非改革不可的时候了。对此，从中央到地方的主管官员直到皇帝莫不有日益紧迫之感，然而，面对百物翔贵而导致经济财政陷入困境的严峻现实，朝廷束手无策，惟事搪塞敷衍。归纳起来，不外以下几种权宜之计。

微调官价，稍加津贴。如漕运旗丁行粮月粮折色部分原定价过低，采取分地区调剂的办法，乾隆中议准：两湖"将一半四钱折色行月粮价，每石概以七钱折给"。至于河工因物料工价昂贵，例价不敷，则"津贴不过加至十分之二三，至多亦不过十分之五"。但无论调价也好，津贴也好，都不过如杯水车薪，于事无补。

摊廉摊征，转嫁官民。如乾隆后期浙东鱼鳞大石塘工程缺口银200万两是这样弥补的，除皇上"恩赏"40万两及查抄案等项下可筹措数十万两外，不足部分由浙江通省官员自乾隆四十六年（1781）起每年各捐养廉1/4，分20年扣销银60万两，福建没建海塘，但因同在闽浙总督辖下，也就仿照浙省办法，所有官员分10年摊扣养廉凑银30万两以补足。河湖工程溢出例价之外临时酌情津贴的部分，按乾隆的话"自应分年均摊带征还款"，因此，摊征可视为通例。但有时因款项巨大，且尚

---

[1]《(光绪)大清会典事例》卷二六一；《清史稿》卷一二五，《食货六》。

有前项摊征银未完，亦有降旨予以豁免的事例，如乾隆四十八年（1783）豫省青龙冈漫工酌增夫料价值银945万余两，河南巡抚李世杰奏请分30年摊征，乾隆以此次"为款甚多"，"又尚有摊征未完银九十余万两"，遂命"加恩普行豁免"。这种明知摊征无望、纯属追求宣传效果的"加惠于民"的大度做法虽偶或有之，也只能视为特例而已。

对官员陋规之类灰色收入的姑息。陋规恐怕是18世纪中国最大的财政漏卮，也是大小官员于廉俸合法收入之外解决办公日用之需的主要来源。乾隆处置陋规总的原则是："不败露则苟免，既败露则应问，较之婪赃，究为有间。"正是由于这种暧昧的态度，因此贪污罪、贿赂罪虽律有明文，而收受陋规的罪与非罪的界限却极为模糊。如果说津贴调价、摊廉摊征是可以见诸煌煌谕旨的变通之计，那么，"靠允许官员或多或少地公开受贿"[1]来解决因物价上涨而造成的官兵薪饷不足，则只能君臣之间彼此心照了。

究竟为什么国家的决策者在明了物价问题的严重性后仍然因循苟且呢？究竟为什么国家不对已不合时宜的财政体制加以变通，以适应新的经济发展水平下物价不断上涨的趋势呢？这就有必要对当时僵化的财政体制加以探究。

18世纪以至19世纪中叶，清廷每年大体恪守岁入银四千数百万两、岁出银四千数百万两这一财政收支格局，这指的是预算内收支。[2]因为各项经费收支有大体固定的额数，所以乾隆初期户部侍郎梁诗正称之为"经制有常"[3]。在岁入经费四千数百万两中，地丁银，即田赋一项由于清

---

[1] [美]巴林顿·摩尔著，拓夫等译《民主与专制的社会起源》，华夏出版社，1987，第136页。

[2] 《清史稿》卷一二五，《食货六》。除大致固定的经费收支外，遇有军费、河患、灾赈、赔款等不时之需，则靠开事例大捐、盐商富贾捐输报效、修河工料摊征等非常规收入加以弥补。

[3] 仁和琴川居士编《皇清奏议》卷三七，《敬筹八旗变通之法疏》，《近代中国史料丛刊三编》第99辑，台北文海出版社，1967。雍正帝说："赋有常经。"（《清世宗实录》卷八九，雍正七年十二月癸卯，中华书局，1985）乾隆时挂在嘴边的"国家经费有常"（《清高宗实录》卷四，雍正十三年十月壬申；乾隆三年六月壬午）讲的都是财政经制。嘉庆初程含章在《论理财书》中所说的"国家出入有经，用度有制"（《清经世文编》卷二六）更言简意赅地揭示出"经制有常"的内涵。

康乾盛世的成就与隐患　*333*

帝世守"永不加赋"为大训,所以长期稳定在两千八九百万两上下[1],约占经费总岁入的十分之六七。在"量入制出"[2]财政原则之下,占如此重要地位的田赋岁入有常,岁出经费自然很难有多大回旋余地,特别是岁出中兵饷、百官廉俸、河工岁修、漕运、驿站等几大项开支绝不允许有大的调整,诸凡部定种种例价、官兵廉俸兵饷标准自然不能随物价上涨的幅度作相应的调整。嘉庆所谓"加赋断不可行",桂芳所谓"取民之制,如赋税之入,不能以其币轻而益之"[3],讲的就是18、19世纪之交面对今非昔比的高价位,整个统治集团无可奈何的苦衷。

研究18世纪中国物价、人口这些重大社会经济问题,最终难免会碰到一个十分荒谬的现象:一方面长期温和通货膨胀的积累效应严重地削弱了国家的财力,使国计民生和吏治遭遇空前严重的困扰;另一方面朝廷明知症结在于人口激增和物价持续上涨,却宁肯出台"扣廉归款"之类剜肉补疮的秕政,或以稍加津贴、微调"例价"等权宜之计苟且敷衍。这种现象看似难于理解,其实清朝最高统治者正是从维持农业经济和社会结构稳定,以达到王朝长治久安的高度出发,才凛然世守"不加赋"的祖训,其结果只能使变革传统财政经济体制的尝试从一开始便遇到了不可逾越的障碍。

社会稳定对中国这样一个人口众多的农业大国固然至关重要,长期社会稳定确实对康乾盛世所取得的辉煌业绩提供了最关紧要的保障,但是,当中国社会内部在全球业已发生巨变的影响下,开始出现如人口、物价等一系列亘古未见的难题的时候,改革与发展实际上已经严峻地提上了历史的议事日程。遗憾的是,掌握着中国命运的乾隆皇帝仍然固守追求稳定的基本政治目标,甚至为此不惜以牺牲发展与改革为代价,其结果不仅贻误了中国社会在近代转型前夜发展的机遇,而且欲求社会稳定也不可得。

---

[1] 据梁方仲编《中国历代户口、田地、田赋统计》第393、394、396、398、401、415页各表推算。
[2] 乾隆六年谕旨称:"制国用量入为出"(《清高宗实录》卷一四四),即"量入制出"之意。但这里的"量入制出"系指预算内经费收支而言,经费外岁出岁入则又当别论。
[3] 《清经世文编》卷九,桂芳《御制致变之源说恭跋》。

康乾盛世第三个严重隐患是皇权的过度膨胀。

与人口、物价问题比较,这个隐患的逐渐暴露,恐怕对康雍乾时代国势转衰更有其直接的作用,影响也更为深远。把皇权过渡膨胀视为康乾盛世的最大隐患,可以从乾隆中期以后迅速蔓延的政治腐败、事关国家与民族命运的决策的严重失误、中华民族人才的消磨及思想的窒息三方面加以解说。

政治腐败是乾隆中期以后国家最严重的问题之一,其突出表现是贪风炽烈。而后世评论乾隆惩贪,几乎一致肯定其执法之严。为什么出现了惩贪愈严、贪风愈烈这令人费解的怪事呢?

乾隆中期以后政治腐败、贪风炽烈原因是多方面的。有立法司法上的失误、社会风气的奢靡颓废、官场风气的败坏以至清官无法为也不能为、官吏道德自律堤防的普遍溃决、养廉银不足以养廉的实际问题等因素。但最主要的是极端专制不可克服的痼弊,具体表现是皇权过度膨胀和与此相关的地方军政首长权力太大。

败露于乾隆四十六年(1781)的以甘肃藩司王亶望为首、甘肃通省官员冒赈贪污大案,总计贪污赈济银七八百万两,约相当于国家每年财政收入的1/6,被乾隆定性为"从来未有之奇贪异事"。这一集团性贪污大案情节并不复杂。乾隆三十九年(1774)陕甘总督勒尔锦奏准甘肃恢复捐监(即各省士人在甘肃捐纳粮食即可得到监生资格)旧例,新任藩司王亶望倚任心腹兰州知府蒋全迪,勾通舞弊,举凡有灾没灾,各州县报灾之轻重,及发给折捐银两之多寡,都由王亶望、蒋全迪在省上商定,凡贿送银两多的州县便多开灾分(即受灾程度严重),少送银子的便令少开灾分,于是各州县纷纷捏灾冒赈,侵吞赈银,层层分肥,以至甘肃全省几无一好官。最令人骇异的是,甘肃通省官员上下串通,公开舞弊,冒赈贪污已历时六七年之久,而最高统治者处心积虑设计的以密折互相揭发为主的重重监督机制竟普遍失灵,最后要乾隆皇帝亲自摘发,才揭开了盖子,这也许最能说明"州县之畏督抚,过于畏皇法"[1]这一督抚大吏权力过重的休制性的缺陷。本来有互相纠劾之责的陕甘总督勒尔锦与甘肃藩司王亶望在折捐冒赈上沆瀣一气,自不必论;而近在邻省,抚

---

[1] 章学诚《章学诚遗书》,文物出版社,1985,第330页。

陕8年，且两署督篆的毕沅也未据实参奏；与藩司同级的甘省臬司福宁则以"通省如此，我一人亦断不能从中梗阻"而缄口不言；负有"访察属吏"之"专责"的道员与知府，本来从制度上讲秉有最有力的制约手段，因为违例改捐折色（监粮严禁折银征收，以防从中舞弊，甘肃则公开折银收捐，故称"违例"），势必无实在监粮，负责盘查仓粮的道、府若不出结，骗局自然不攻自破。再者，州县报灾，皆由灾民呈诉，地方官勘报后，须经府、道等逐层查勘，才能具报成灾分数，若无道、府加结，捏报灾分便无从谈起。还有，发放赈银、赈粮，也需道、府监督核查，道、府若不加结，州县谁敢冒赈？但数年之间，竟无一道府挺身而出，将此中积弊向督抚或朝廷举报。事发后有的供称"我见通省都是如此相沿出结，我一人实不能拗阻"，有的供称"诸事由藩司主政，道府不能与藩司抗衡，州县视道府为不足轻重"，有的供称"在灾赈内捏增分数、浮开户口，上司原是知情，至道府加结、委员监散，这都是虚应故事"……对这一贪污巨案，乾隆帝曾无奈地说："甘省王亶望侵冒监粮诸弊无人不知，而事未败露，竟无一人首先发觉，可见外省官官相护，牢不可破，实可寒心！"但他到底没有参透，或者不想说破，督抚权力过重，归根结底是服从于强化专制皇权的需要。[1]此中道理，彰彰甚明，身为甘肃藩司的王亶望若不是买通了顶头上司、陕甘两省最高军政长官勒尔锦，特别是若不使出浑身解数终于讨得皇上欢心和倚信，他哪敢如此一手遮天，胆大妄为？

乾隆年间督抚权力过重诚然是一个政治体制中的大问题，但专制政体最大的结构性缺陷还是没有其他任何权力制衡的皇权。

乾隆惩贪之严自无异议，同时也要看到，每当发动惩贪大案时，他的内心是极不平静的。他对从严惩贪的重要性有比较清醒的认识，他又是有高度政治责任感的帝王，从维护大清帝国的根本利益、长远利益出发，绝不能容许贪官污吏毁掉国家的根基；但每当查办贪污大案日渐深入而即将揭开政治黑暗内幕时他又犹豫了，又手软了。甘肃通省官员贪污大案的处理就不免虎头蛇尾。依律应处斩的官犯有一百余名，乾隆自

―――――――
[1] 以上俱见中国第一历史档案馆编《乾隆朝惩办贪污档案选编》第二册，"甘肃捐监冒赈案"，中华书局，1994。

称"不忍"看到他们"骈首就戮",就千方百计找出种种借口将其中半数免死减等发落了;甘肃贪污大案还没处理干净,又揭发出了山东巡抚国泰贪纵大案,如果深挖下去的话,全省官员又有可能都被带出来,这次和珅作为钦差大臣前往主持审办,跑到半道儿就接到皇上密谕,说什么朕实"不忍"似甘省再兴大狱。乾隆究竟顾虑什么呢?用他的话说,一是"国体",一是"朕之颜面"。所谓"国体",说的是清朝统治的合理性;"颜面"云云,则关系圣君的权威和尊严。这就是乾隆查办贪污大案时的矛盾心理。这种心理对从根本上杜绝政治腐败,至少遏止住贪风愈演愈烈的势头,起着严重的消极作用。

不仅如此,乾隆本人的某些作为,实际也在助长着贪污贿赂的泛滥。晚清时薛福成说过:"高宗(乾隆)英明,执法未尝不严,然诛殛愈众,而贪风愈甚。非其时人性独贪也,盖有在内隐为驱迫,使不得不贪也。"[1]他是在论及和珅贪黩时讲这番话的。从逻辑上推论,所谓"在内隐为驱迫",是说督抚等被迫大贪其污以趋奉和珅求得庇护,导致政治极端腐败,和珅自然难辞其咎,但如果说大小臣工在当时有"在内隐为驱迫"的话,那么,令他们苦不堪言,又苦不敢言的最大的"驱迫",正是来自乾隆皇帝本人。诸如乾隆朝败坏吏治的最大的公害可以举出臣工互相攀比进贡、罚议罪银、扣罚养廉和赔补公项等,这一切无不与乾隆贪财好货的劣根性有关。臣工互相攀比进贡、罚议罪银、扣罚养廉和赔补公项等等的严重危害,屡有御史、翰林等言官词臣犯颜直谏,但都被乾隆蛮横粗暴地压制下去。人们震慑于专制帝王钳制人口、愚弄天下的淫威,且对暮年君主喜谀恶直、恃气虚骄的心态已深有所悟,在这样的政治环境中,还有谁敢非难那个其实已千疮百孔,却又被君臣粉饰得"即上溯三代,下迄宋元,亦复罕有伦比"的所谓"盛世"呢?为什么在惩贪最严厉的乾隆时代却出现了严刑峻法无法遏制的贪贿之风?为什么中国古代第一巨贪和珅恰恰是在乾隆眼皮底下养成的?以往人们多把乾隆晚年政治腐败的责任都推到和珅头上,这显然未能忠实于历史,也不能对导致政治严重腐败的原因有深刻的认识。政治腐败,和珅有很大责任,乾隆则应负更大的责任,但归根到底,还是皇权极于巅峰下不受监督和

---

[1] 薛福成《庸庵笔记》卷三。

制约的专制政治体制出了问题,和珅与乾隆个人道德的堕落,不过是专制体制结构性缺陷的集中反映。

下面从国家重大决策的失误,进一步探讨当时最大的隐患即皇权极度膨胀对盛世转衰的影响。

康雍乾时代引人注目的一个重大决策失误就是限制西方国家只能在广州一口通商,即所谓"广州单口通商"。

康熙统一台湾后,立即解除海禁,开放粤、闽、江、浙四海关。当时,最早闯入东方的殖民者葡萄牙、西班牙与荷兰在西方对华贸易总格局中占主要地位,特别是中荷贸易在18世纪中叶以前更具有特殊重要性。但到乾隆年间葡萄牙、西班牙与荷兰已经相继没落了,当时主宰对华贸易、最终将改变中国历史命运的是欧洲最强大的国家英国;从中国方面看,对外贸易,主要是中英贸易。乾隆十六年(1751),至少有18艘外国商船抵达广州黄埔与中国通商,其中英国商船9艘,荷兰商船4艘,法国、瑞典商船各2艘,丹麦商船1艘;乾隆二十九年(1764),从欧美各国输入中国的商品总值近200万两白银,其中英国货就占了多一半。以海上霸主自居的英国,自然有一种孤傲自大、居高临下的霸气,随着经济实力的增长,他们对中国粤海关的种种限制已觉得忍无可忍。英国东印度公司为摆脱广州口岸,重新开展以定海、宁波为中心的对江浙地区的贸易,于乾隆二十年(1755)特指派在广州商馆担任"通事"的英国人洪任辉随商船前往宁波探寻开展贸易的可能性。第二年又有一艘英国东印度公司商船收泊宁波旗头洋。

乾隆得知英国商人设法北上开辟宁波贸易的企图后立即做出反应,以"海滨重地"应"防微杜渐"为由,命传旨闽浙总督加强防范。这"海滨重地"四字,最能反映乾隆决策时的真实想法。江浙一带汉族士民的反清意识,犹如烧不尽的原上之草,逢到气候适宜便又滋长蔓延开来。因此,乾隆坚持认为,江浙一带民风最为"浇漓",因而那里稍有风吹草动,便不能不首先从清廷统治稳定的高度着眼,采取相应的对策。眼下如果姑息放任英国人开辟宁波口岸的话,势必又要成为一个像广东澳门那样的"夷人"聚居地,而结果必然是洋人与汉民杂错相处,不利"海滨重地"的安全。但乾隆最初考虑采取经济手段,用提高浙海关税率的办法,以达到让英商"不期禁而自不来"的目的。乾隆二十二年(1757)

年初，新修订的浙海关现行税则出台，正税较之粤海关增加一倍。皇帝很满意，降旨说："浙民习俗易嚣，洋商杂处，必致滋事，若不立法禁绝，恐将来到浙者众，宁波又成一洋船市集之所。"

没想到英国东印度公司的商船照来不误。英国人有商业头脑，知道丝、茶和瓷器主要产地在江浙皖赣一带，就近采买可以大大降低成本；再者，他们不怕中国海关提高正税，而真正怕的是粤海关那些多如牛毛的陋规，以及连规费之名也没有的莫名其妙的勒索。浙江巡抚杨廷璋愿意宁波向英商开放，于是向皇帝密奏说，广东洋行包买包卖，把持刁难，洋商不愿意去，所以来浙，只求准我贸易，愿照新例纳税。既然如此，还有何说？乾隆本不稳定的心理再次发生动摇，他改变既定决策，决定准许英商来浙江贸易，并指示闽浙总督喀尔吉善和杨廷璋，将来定海一关即照粤关之例，选用内务府官员充任宁波台州道的道员，督理浙海关事务。此后"夷商赴浙赴粤，皆可准其所适"。这样一来，浙海关与粤海关便一体对英商开放了。

看来经济全球化的趋势已向紫禁城里的天朝皇帝发出了最初的信息。值得庆幸的是，乾隆二十二年，即公元1757年年中，皇帝终于克服"汉人难治"的政治偏见，做出了符合世界发展潮流，有利于中国社会经济结构良性调整的正确决策。

可惜好景不长。仅仅数月之后，乾隆就突然宣布，今后只准洋商到唯一的对外口岸——广州——进行贸易。广州单口通商，是乾隆皇帝对西洋各国贸易政策转变的一大关键。英国方面哀叹这意味着"准许在中华帝国东部口岸贸易的时期宣告结束！"[1]

乾隆态度何以翻覆得如此之快，如此之剧烈？当事者英国东印度公司方面最为敏感。他们以为，"广州地方当局对北京当局有重要影响，由于他们体验到日益增长的对外贸易所生的利益，他们必然渴望将其独占"。还说，英国商人开拓浙江口岸的计划"受到广州方面的督抚的强烈反对，据说，他已决定袒护'广州人'"[2]。这个"广州方面的督抚"就是

---

[1] [美] 马士著，区宗华等译《东印度公司对华贸易编年史》第一、二卷，中山大学出版社，1991，第299页。

[2] 《东印度公司对华贸易编年史》第一、二卷，第299页。

原任两广总督、后调闽浙总督的杨应琚。他针对浙江方面对粤海关洋行"包买包卖,把持刁难"的非议,上奏辩解说:"粤省现有洋行二十六家,遇有番人贸易,无不力图招至,办理维谨,并无嫌隙。惟番商希图避重就轻,收泊宁波,就近交易,便益良多。若不设法限制,势必渐皆舍粤赴浙。再四筹度,不便听其两省贸易。"[1]这里所说的"洋行",又有所谓"十三行"之称,在粤海关的监督下,他们既作为中西贸易的中介,又是国家控制外国来华商人、保证海关税收的枢纽;两广总督、广东巡抚,以及驻防的广州将军也都把对外贸易视为取之不竭的财源,特别是可以通过洋行商人贱价采购西洋奇珍,进献主子以固宠。乾隆对粤海关洋行"包买包卖,把持刁难"早有了解,对于广州方面地方大员、内府奴才、皇商行商由千丝万缕关系固结的地方利益集团的黑幕也并非全然不知,但经营数十年形成的粤海关监控来华西洋人的完备严密的系统,绝不是浙海关一朝一夕能够建立起来的。反复权衡利弊之后,乾隆最后还是回到了帝国安全具有压倒一切重要地位的基点,在阐述广州单口通商的理由时,明确无误地表示此举意在"浙省海防得以肃清"。

广州单口通商是关乎中国历史走向的一个带有象征意义的关节点。在中西贸易对中国内地,特别是东南沿海地区的经济发展具有越来越强劲的助推力时,如果乾隆坚持定见,一言而决,将浙海关与粤海关一体对外开放的话,那么不仅华南地区,而且中国经济重心华东地区,都会受益匪浅。

然而乾隆一念之差,竟铸成了今天追悔不及的历史遗憾!

大概像乾隆二十二年广州单口通商这样历史的偶然性在起作用的事例并不很多见,但这一次,人们确实可以清晰地看到一个已近"知天命"年纪的中国统治者走到了十字路口,左右观望,犹豫不定,在最后一刻却不幸地向历史的歧途迈出关键性的第一步。

乾隆五十八年(1793)英使乔治·马戛尔尼首次来华谈判中英贸易这一重大事件决策的失误,可以说是广州单口通商事件逻辑上的必然延续。这一次乾隆的决策更为独断专行,对我们国家命运的影响也更为严重。应该说,这次英国人主动找上门来本来是有很大谈判余地的。为达

---

[1] 转引自朱雍《不愿打开的中国大门》,江西人民出版社,1989,第63页。

到"获准江浙一带靠近商品产地的口岸""废除进口货物关税,或降低至初期贸易征税的水平"等"主要目的",英外交大臣亨利·邓达斯训令特使马戛尔尼在与中方谈判时要有妥协的精神,灵活的态度,如中国方面提出禁止鸦片走私时,"必须让步,而不要冒丧失其他主要利益的危险"[1]。显然,当中国还具有强盛国力足以同西方最强大的国家英国相抗衡的关键时刻,如何通过外交途径争取到中国最大的利益,主动权是掌握在乾隆皇帝手里的。但乾隆压根儿就不打算和这帮不懂"礼仪"的野蛮人谈判,更谈不到考虑应采取何种策略以维护中国的国家利益。他在做出如此重大决策时不仅没有交大学士、九卿、科道及各省督抚议奏,征询他们的意见,也没有交军机大臣在最核心层加以论议,而是以天朝大皇帝"敕谕英王"的口吻将英国提出的要求一股脑儿地全部回绝,最后,有礼貌地将英国使臣推出国门了事。对当时中国社会经济发展具有深远影响的中英贸易谈判,就这样以简单草率的方式关上了大门。

"乾纲独断"一词最精练地概括了皇帝在国家决策机制中的地位,以及在整个决策活动中的作用;但这并不能简单地理解为事事由皇帝拍脑门儿决定。每当遇到有关国家大政方针的重大决策时,康雍乾时代常规的方式是,首先由皇帝批交大学士、九卿会议,或议政王大臣会议,或军机大臣会议,提出可供选择的方案。如果关系到不同地区的利益,还要征询有关各省督抚大吏的意见,在整个决策过程中,负有监察职责的御史和给事中也允许提出他们的建议。不过所谓"常规方式",并没有明确的法律制度的约束,而带有作为最高决策者皇帝个人随意性的浓厚色彩,具体表现在咨询哪些部门和人员,以及决策的程序都由皇帝视情况而定;况且,皇帝也完全可以不采取常规方式,不咨询任何部门和人员的意见,凭自己意志独断。

在遇到重大问题决策时,究竟采取常规方式,还是由"圣衷宸断",从形式上看,皇帝的个性和作风似乎起着决定性作用,但实质上仍然是由专制集权的政治体制决定的。乾隆刚从父亲手里接管国家政权时,兢兢业业,唯恐失误,既真诚求谏,又虚心纳谏,是他六十余年政治生涯中作风最开明的时期。据乾隆死后参与纂修《清高宗实录》的洪亮吉讲,

---

[1]《东印度公司对华贸易编年史》第一、二卷,第533—537页。

乾隆皇帝初年，勤求至治，一天之中朱笔细书，折成方寸，或询问张廷玉、鄂尔泰，或询问孙嘉淦、朱轼，"曰某人贤否，某事当否？日或十余次"，而诸臣亦皆以老成师傅自居，随事奏片，质语直陈。[1]在这种情况下，重大问题的决策失误可能性就比较少。乾隆六至七年（1741—1742）关于是否禁止南洋贸易的决策，乾隆命议政王大臣会议主持拿出方案，又广泛听取了江浙闽广督抚，以及了解情况的福建籍御史的意见，整个决策过程持续了一年又三个月，不急不躁，不温不火，程序清晰，节奏分明，乾隆很少发表自己的意见，但最后利弊得失权衡好了，由他一锤定音，以维持雍正以来的开放政策而结束。但我们很快看到，乾隆的开明不久就向专断的方向转化了。乾隆中期以后，持续三代的平准之役取得最后胜利，一举拓地两万里，乾隆威势空前提高，于是屡兴大狱，震慑天下臣民。到乾隆晚年，皇权膨胀极于巅峰，随之而来的是，由初政之际慎办天下之务，逐渐演变为"雄才而易事"，凡"意之所欲，信以为不逾；令之所发，概期于必行"，进而高己卑人，一意孤行，甚至敢冒天下之大不韪。[2]反映在对外关系的重大决策上，对广州单口通商的决策，就是在未经廷议，也没有很好协调广东与江浙等省利益关系的情况下，由乾隆采取非常规决策方式"圣衷宸断"的；对中英首次通使这件关系中国历史走向的大事，更是凭个人感情好恶，独断专行，导致决策的重大失误。

当世界形势业已发生前所未有的变化，中国正从传统社会迈向近代门槛而矛盾丛生、困难重重的时候，当最需要国家决策符合形势的发展和实际需要的时候，却恰逢皇权极度膨胀致使重大决策的一再失误，结果竟一次又一次地失去了从衰落的颓势中振作起来的宝贵机遇。

最后，从中华民族人才的消磨和思想的窒息来看皇权极度膨胀对盛世转衰的影响。

乾隆刚刚去世，翰林编修洪亮吉就上书痛陈："人材至今日，消磨

---

[1]《清史稿》卷三五六，《洪亮吉传》。
[2]《清经世文编》卷九，孙嘉淦《三习一弊疏》。

殆尽矣！"[1]这种可悲的情况是怎样造成的呢？乾隆二十年（1755），乾隆蓄意制造了一起扫荡朋党恶习的文字狱——胡中藻《坚磨生诗钞》案，内外臣工为胡中藻以文字得罪被砍掉了脑袋惊骇不已，乾隆担心下面或有非议，就不惜搞特务手段。新任浙江按察使富勒浑是个绝对忠实的奴才，陛辞时皇帝交代他一项特殊任务：到任后留心体察赋闲在钱塘（今杭州市）老家的协办大学士梁诗正的反映。梁诗正在兵部任过职，富勒浑做过他的下属，于是，借这层关系去梁府刺探。没想到梁诗正十分机警，没上当，他一本正经地向富勒浑表示，胡中藻罪有应得，并顺势谈了自己为官多年的诀窍："笔墨招非，人心难测，凡在仕途者，遇有一切字迹，必须时刻留心，免贻后患。"富勒浑没套出什么，不甘心，不久又借故到了梁府，引出胡中藻的话题，梁诗正依然大谈为官之道："一切字迹最关紧要，我在内廷时唯与刘统勋二人从不以字迹与人交往，即偶有无用稿纸亦必焚毁。"乾隆原本估计梁诗正对胡中藻诗狱必有怨言，得到富勒浑的密报，很满意，在富勒浑的折子上批谕："梁诗正知惧，尚不至于怨望，何必探求？"过了两年，又起用梁诗正当了工部尚书，就是因为梁诗正"知惧"，被文祸吓怕了，彻底驯顺了，够奴才资格了。梁诗正和富勒浑提到的那个刘统勋可是个人物，此公过世，朝野以为国家失去栋梁，乾隆特赐谥"文正"，给了臣子所能得到的最高褒奖。就是这样一位不世出的人才，做官竟到了"偶有无用稿纸亦必焚毁"的谨小慎微的程度，庙堂之上还有什么希望！孙嘉淦说触目皆是"趋跄谄胁，顾盼而皆然；免冠叩首，应声而即是"的政治奴才，指的是雍正末年官场风气，到乾隆晚年不是更加颓败了吗？所以良知未泯的洪亮吉感到十分痛心。须知让士大夫帖服到这种程度，可不是一朝一夕之功。嘉道之际的思想家龚自珍说得好，是"积百年之力，以振荡摧锄天下之廉耻"，而要诀则在"戮心"二字，"戮其能忧心，能愤心，能思虑心，能作为心，能有廉耻心，能无渣滓心"，其结果只能是"一人为刚，万夫为柔"，专制权威固然大树特树起来，然而，圣主之下必是一群苟且模棱、委蛇圆通、阿谀奉承、蝇营狗苟的无耻之徒，国家设有危难，指望他们不顾利害，奋身而起，又怎么可能呢？道光十九年（1839），龚自珍向茫茫上苍发出了

---

[1]《清史稿》卷三五六，《洪亮吉传》。

"不拘一格降人才"的呼喊,他对一个生气勃勃、政治开明、人才得以自由涌现的新的时代充满了热烈的期待;不幸的是,鸦片战争的隆隆炮声就要动地而来了。

人口、物价与皇权膨胀如影随形般地与康乾盛世纠缠在一起,兴盛也罢,由盛转衰也罢,无不与人口、物价与皇权膨胀互为因果,紧密相关;这中间的利弊相因,这中间的福祸转化,真让你不能不为那一时代中国的历史命运而浩叹!

要彻底领悟康雍乾时代中国历史命运的变迁,仅从内部加以推究和解析还是不够的,只有将审视的目光兼顾到整个世界时,才有可能得到一个比较圆满的答案。

四、世界形势剧变:中国与欧洲大国间战略均势即将被打破

史学大师陈寅恪研究唐朝由盛转衰时特别指出,唐的盛衰与突厥、吐蕃、回纥、南诏,以及高丽等周边民族和国家的盛衰存在着一种"连环性",一种互为因果的关系。[1]这一观察历史问题的视角应该说具有普遍意义。当我们今天考察康乾盛世时,更要延伸开来,有一个全球的视角。因为自地理大发现,航海时代开始以来,中国国势的盛衰,不仅和周边国家的盛衰息息相关,和远隔重洋的西方国家的兴衰也不无某种联系。比如,在那万里遥隔的旧大陆的另一端,有个叫瓦特的英国人发明了蒸汽机,乾隆根本不知道,很可能知道了也不当一回事;但这件事非同小可,它所代表的科学技术发展将作为一个最深层的主要因素,不仅改变了英国与其他西方国家间的力量对比,而且最终改变了中英两国间的力量对比。所以,看康乾盛世又不能像看唐朝开元盛世那样,只考察周边民族和国家就行了,还要把眼光放开看整个世界。自己国家和自己

---

[1] 陈寅恪《唐代政治史述论稿》下篇,《外族盛衰之连环性及外患与内政之关系》,上海古籍出版社,1982。

国家比已经不行了，重要的是，必须和地球上那些发展最迅猛的国家比，不管这类国家是否与你天各一方。如果过去是"沉舟侧畔千帆过"的话，那么，现在则如逆水行舟，沉船自不必说，就是停滞不进，或是比别人稍慢一点，也要迅速被甩到后面。

然而，这可不是一场同西方国家进行的轻松的体育比赛，严酷的现实很快摆在面前，不管是不是情愿，我们已经被造物者无情地置于一个你死我活的世界大竞技场中。自15世纪末至18世纪，欧洲强国借助帆船、大炮和商业的实力，迅速向东方进行殖民扩张。他们信奉的是优胜劣汰、弱肉强食的哲学，古老的中国开始领教与"温良恭俭让"大异其趣的西方文明的威胁。16世纪中，葡萄牙人从海上侵占了中国的澳门，17世纪初叶，荷兰人侵占了中国的台湾。俄国则经陆路从北方向中国进行包抄和蚕食。进入18世纪，特别是18世纪中叶以后，英国取代了西班牙、葡萄牙、荷兰、法国等早期西方殖民强国，并打着"贸易自由"和"主权国家平等"的旗号对清朝统治下中国的主权开始进行试探性的冲击。

不过，那时还没有任何一个西方强国具备发动越洋战争打败中国的实力，不管在海上，还是在大陆，任何一个国家都不可能向中国进行成功的挑战。清康熙元年（1662），民族英雄郑成功从荷兰殖民者手里收复台湾，是发生在17世纪中叶以后中国与欧洲的首次海战，紧接着在康熙二十年代后期与俄国争夺黑龙江中游雅克萨城的战争，是为中国与欧洲的首次陆战，这两次带有标志性的战争的胜利者不是欧洲海陆强国，而是东亚第一强国中国。

整个18世纪国际形势也对中国有利。这一百年间，欧洲的政治格局大体上处于强国之间的均势中，军事力量和外交影响比较均等地分配于法国、西班牙、俄国、瑞典、英国等主要国家之间，为争逐海上霸权和陆上霸权，各国之间战争不断，注意力一时还不能顾及东方，更不可能联手对付中国。英国可能是这种势力均势格局的主要受益者，它把自己的地位主要建立在争夺海上霸权和广泛的海外贸易与海外殖民的活动中。总的来看，在康雍乾时代一百余年间，尽管俄国从北方陆路、英国从南方海路对中国已构成潜在的威胁，但中国与欧洲强国间的力量对比还处于大体平衡的战略均势。这一有利的国际环境是康乾盛世出现的又一个不能忽视的外部原因。但到了18世纪末,也就是康乾盛世已成明日黄花,中国社会内部危机逐渐暴露出来的时候,中国与欧洲大国间战略均势的天平就开始显现出向西方偏斜的趋势。《大国的兴衰》的作者保罗·肯尼迪引用了贝罗克以下两个统计表格以说明18世纪中叶以后150年间世界主要国家工业化水平的消长:[1]

1750—1900年世界制造业产量的相对份额　　（单位：%）

	1750年	1800年	1830年	1900年
整个欧洲	23.2	28.1	34.2	62
英国	1.9	4.3	9.5	18.5
俄国	5	5.6	5.6	8.8
日本	3.8	3.5	2.6	2.4
中国	32.8	33.3	29.8	6.2

1750—1900年按人口计算的工业化水平　（以1900年英国为100）

	1750年	1800年	1830年	1900年
整个欧洲	8	8	11	35
英国	10	16	25	100
俄国	6	6	7	15
日本	7	7	7	12
中国	8	6	6	3

不难看出,由于中国人口与整个欧洲大致相等,在蒸汽机和动力织机改变世界均势之前,中国在世界制造业的产量中的份额甚至不在整个欧洲以下。中国与欧洲大国之间在18世纪之所以能维持战略均势,从这里似乎也能找到部分答案。如果从按人口计算的工业化水平来看,1750年中英两国相差并不太远,与整个欧洲比较则处于相等水平,而比同时期的俄国与日本更略胜一筹。到18世纪结束时,中英之间的差距开始拉开,鸦片战争前十年两国之间的差距已扩大至6比25,到了1900年竟达到

---

[1] [美]保罗·肯尼迪《大国的兴衰——1500—2000年的经济变迁与军事冲突》,第181—182页。本书在引用贝罗克两个表格时省略了其中若干内容。

了3比100。与此同时，中国与俄国、日本也拉开了不小的距离。

18世纪以来中国与欧洲大国间战略均势从形成到最终被打破，归根到底取决于二者综合国力的转化。18世纪末单就中国自身而言，也许比50年前，国力并未见减弱，但大国之间经济与军事无声的竞争，已将中国置于不利的被动地位。乾隆皇帝似乎已经意识到了形势的严峻。乾隆五十八年（1793）八月二十六日，乾隆从避暑山庄返回京城，立即前往圆明园参观英国马戛尔尼使团的"贡品"。据使节团副使乔治·斯当东记载，乾隆帝对装有110门大炮的"皇家号"军舰模型[1]颇感兴趣，"他详细问到当时在场帮助安装的使节团人员关于军舰上许多零件的问题，以及有关英国造船事业的一般问题"[2]。隔一日，乾隆帝即密令军机大臣传谕两广总督长麟等："英吉利在西洋诸国中较为强悍，且闻其向在海洋有劫掠西洋各国商船之事，是以附近西洋一带夷人畏其恣横。"[3]九月一日再次密令军机大臣传谕沿海各督抚等："该国夷人虽能谙悉海道，善于驾驭，然便于水而不便于陆，且海船在大洋亦不能进内洋也，果口岸防守严密，主客异势，亦断不能施其伎俩！"[4]面对称霸海上的英国军舰，乾隆帝深知中国的制海权已沦于英人之手。不幸的是，这位中国年迈的主宰者并不想奋发图强、改弦更张，而是采取龟缩政策，幻想据守内陆以求苟安。他无论如何也想不到，风动力帆船"皇家号"炮舰即将被新一代蒸汽推动的装甲舰所取代，不仅中国"内洋"，而且内陆长江也将成为它们恣意横行的战场！

阅历丰富、目光锐利的马戛尔尼则通过访华窥破了貌似强大的中华帝国的虚弱本质，他用以下一段话概括此次东来的印象："清帝国好比是一艘破烂不堪的头等战舰，它之所以在过去一百五十年中没有沉没，仅仅是由于一般幸运的、能干而警觉的军官们的支撑，而它胜过

---

[1] 此军舰模型系英王赠送乾隆帝的礼品之一，据斯当东介绍，"礼品中加配一只全套装备的英国最大的军舰模型。有110门重炮装备的巨大军舰上的各个微细部分俱在模型上表现无遗"。[英]斯当东《英使谒见乾隆纪实》，第250页。
[2]《英使谒见乾隆纪实》，第406页。
[3]《清高宗实录》卷一四三五，乾隆五十八年八月戊子。
[4]《清高宗实录》卷一四三六，乾隆五十八年九月癸丑。

邻船的地方，只在它的体积和外表。但是，一旦一个没有才干的人在甲板上指挥，那就不会有纪律和安全了。"〔1〕他甚至狂妄宣称："只要我们派两三艘小战舰，不消两个月工夫，就可以把中国沿海的海军全部摧毁。"〔2〕

19世纪开始以后，中国国势的迅速衰落，不仅是以往历代王朝荣枯盛衰的重演，而且暴露出植根于农业社会的中国传统文化的内在缺陷。与此形成强烈对照的是，世界格局在英国工业革命、北美独立战争和法国大革命推动下正发生着剧烈变动，欧美西方列强日新月异地迅猛发展。但乾隆的子孙嘉庆、道光哀叹盛世不再之余，仍凛然恪守"以祖宗之心为心，以祖宗之政为政"的"家法"，因循保守，不思变革，对日益迫近的西方列强的武装侵略麻木不仁。19世纪前半叶40年的岁月也就这样蹉跎过去了，只待英国发动侵略中国的鸦片战争，把中华民族推向被列强宰割的苦难深渊。

日本学者沟口雄三是这样比喻中国当时境遇的："这种令人悲伤的状况，就如同一条巨大的蟒蛇，由于两千年来的脱皮，本来应该在洞穴中栖身养生，从而使自身得以复苏，以新的姿态展露于世，但事实上这条巨蟒却没有得到瞬息喘息，反而因暴露于荒野而不断遭到猛兽袭击，被咬噬得千疮百孔。"〔3〕他说的"脱皮"，指的是中国由传统社会转向近代社会的蜕变。鸦片战争以后，我们开始沦为西方列强的半殖民地，失去了向近代转型的历史机遇和主动地位。由于康乾盛世潜伏的隐患全部发作，更由于西方资本主义、帝国主义列强的疯狂侵略，历史注定中华民族首先要做出巨大牺牲，为争得民族独立和国家主权进行长期奋斗。这一充满希望又必须付出沉重代价的过程竟持续百年之久，最后，以中国共产党领导中国人民完成了新民主主义革命，宣布中华人民共和国的成立而告结。从那时起，我们的发展并不是一帆风顺的，而环顾全球，各国之间的竞争更加激烈，从现在起，可能至

---

〔1〕 克拉默·拉宾《出使中国：据马戛尔尼勋爵谒见乾隆纪实》，伦敦，1961，第212页。转引自《简明清史》第二册，第533页。

〔2〕 [英]乔治·马戛尔尼著，秦仲龢译《英使谒见乾隆纪实》，《近代中国史料丛刊》第88辑，台北文海出版社，1973。

〔3〕 [日]沟口雄三《俯瞰中国近代的新视角》，《清史研究》2001年第1期。

少还需要一百年时间,我们才能逐步实现中华民族的伟大复兴,达到一个全新的盛世。

纵观历史,迭相兴衰乃大国间之常事。我们现在正处于中国历史上最好的发展时期,也是实现中华民族伟大复兴的最关键的时期。康乾盛世所取得的成就,为我们奠定了自立于世界强国之林的宽厚坚实的基础,那个时代的种种失误,难于避免的和本来可以避免的,在认真总结之后都会成为我们今天弥足珍贵的精神财富。

原载《康乾盛世历史报告》(2002),
收入本书时多处做了删节

康乾之际禁南洋案探析
——兼论地方利益对中央决策的影响

自康熙五十五年（1716）至乾隆七年（1742）以禁止南洋贸易为中心，清统治集团上层展开了多次深入的争议，这二三十年总的政策趋向，无疑是从严禁到弛禁、从封闭到开放，而其间中央政策的反复曲折，以及地方利益集团通过种种渠道对中央决策的影响，不仅集中反映了进入18世纪以来中国社会经济诸多引人注目的新现象，而且从中也可以清晰地透视出中国传统的政治体制、经济结构和文化观念所面临的严峻挑战。

一

中国东部和东南部濒临大海，明代以今婆罗洲以东称东洋，以西称西洋。[1] 入清以后，西洋的概念有所变化，系指濒临大西洋的欧洲国家和地区，在西洋和东洋之间，又有南洋之称。南洋泛指今马来半岛一带广阔的水域，康雍乾之际所谓南洋（有时亦称西南洋）主要指噶喇吧和吕宋。噶喇吧又称噶罗巴、加留巴、交留吧等，即今印度尼西亚雅加达。

---

[1] 张维华先生据张燮《东西洋考》卷五《文莱篇》所云"文莱即婆罗国，东洋尽处，西洋所自起"，称"明人以今婆罗洲以东称东洋，以西称西洋"。见张维华《明史欧洲四国传注释》，上海古籍出版社，1982，第125页。

雅加达古名巽他加拉巴，后改雅加达，1619年荷兰人占领后改名为巴达维亚。[1]吕宋为菲律宾群岛古国之一，1571年西班牙侵占马尼拉城，清人所谓吕宋，盖指今吕宋岛马尼拉。[2]

早在宋元时期，中国与马来群岛诸国便存在着贸易往来，自明中叶西方殖民者葡萄牙、西班牙、荷兰等相继东来，中国与南洋传统的商业贸易活动的规模有了进一步发展，闽广江浙的商船来往于吕宋、噶喇吧等地与中国东南沿海之间，不仅独力支撑着中西、中荷间接贸易，而且在中国—巴达维亚—荷兰和中国—吕宋—西属墨西哥世界贸易格局中发挥着重大作用。同时，有越来越多的闽广等地人民搭附商船前往南洋各地谋生，成家立业，从事各项经济活动。明清鼎革，清政府厉行海禁曾使中国与南洋贸易受到暂时的遏制，康熙二十三年（1684）解除海禁后，南洋贸易很快出现了新的高潮，并一直持续到康熙五十六年（1717）清廷下令严禁商船前往南洋。康熙"欲严洋禁"的想法酝酿已久，但直至康熙五十五年才断然决策禁止南洋贸易。该年十月二十五日康熙御畅春园澹宁居听政，诏谕大学士等详述禁南洋的理由："海外有吕宋、噶罗巴两处地方。噶罗巴乃红毛国舶船之所，吕宋乃西洋舶船之所，彼处藏匿贼盗甚多。内地之民希图获利，往往船上载米带去，并卖船而回，甚至有留在彼处之人。"随即康熙又简要谕示实施原则："朕意内地商船，东洋行走犹可，南洋不许行走。即在海坛、南嶴地方，可以截住。至于外国商船，听其自来。"[3]谕旨中所谓"红毛国"指荷兰，"西洋"则指西班牙；海坛即今福建平潭岛，南嶴即今福建南澳岛。除严禁中国商民前往南洋贸易外，并命东南沿海各省督抚"行文外国，将留下之人，令其解回立斩"[4]。

康熙五十六年开始的禁南洋贸易并非如清初那样的全面禁海，而是单方面的、有选择的海禁。其禁令仅适用于闽广江浙沿海从事南洋贸易

---

[1] 参见《明史欧洲四国传注释》，第88页；温广益等编著《印度尼西亚华侨史》，海洋出版社，1985，第80—81页。
[2] 参见《明史欧洲四国传注释》，第57—58页；童家洲《略论中菲早期贸易及华人、华侨在其中的贡献》，载吴泽主编《华侨史研究论集》（一），华东师范大学出版社，1984。
[3] 中国第一历史档案馆整理《康熙起居注》第三册，第2324—2325页。
[4] 《清圣祖实录》卷二七一，康熙五十六年正月庚辰。

的华商，而荷兰、葡萄牙、英国等西方各国商人则听其自由来华贸易，并于五十七年又"以澳夷（按指在澳门居住的葡萄牙人）及红毛诸国非华商可比，听其自往吕宋、噶罗巴"[1]。对于华商来说，则不仅东洋贸易（主要指日本）可以照常进行，而且以"安南国与内地毗联"，经两广总督杨琳在京陛见面奏请旨，对广东商人亦网开一面，照东洋一例听其前往贸易。[2] 这种针对性极强的海禁对西方各国对华贸易格局的影响姑且不论，即以禁令本身存在的缺陷而言，也注定难以取得预期成效。因此，禁南洋贸易只有康熙五十六年以后五六年间确有成效，至康熙逝世、雍正即位，禁令几乎形同虚设，据荷兰方面资料记载，1723年（即雍正元年）到巴达维亚的中国商船有21艘，1724年有18艘，已超过了禁南洋前每年16艘的规模。[3]

面对禁南洋贸易存在的种种窒碍及闽广大吏对洋禁的不同意见，雍正经过反复权衡，于雍正五年（1727）三月正式批准经兵部等议准、福建总督高其倬"复开洋禁"的奏请[4]，这样，康熙五十六年开始实施的历时十年之久的禁南洋，至此正式弛禁。

乾隆五年（1740）八月发生了荷兰殖民当局疯狂屠杀巴达维亚华侨的"红溪惨案"，消息传回中国，在清统治集团内部又一次引发是否禁止南洋贸易的争议。乾隆六年七月福建水师提督王郡，以及署闽浙总督策楞、署福建巡抚王恕先后具折密奏南洋噶喇吧地方荷兰"杀戮在彼贸易汉人"之事，策楞等奏请"仍照康熙五十六年之例，禁止南洋商贩"，当年八月十一日乾隆将策楞等奏折批交"议政王大臣速议具奏"。八月二十五日御史李清芳针对策楞等请禁南洋一折，具折反对全面禁止南洋贸易，建议仅"暂时停往噶国卖买"。两天后，乾隆在李折上批谕："议政王大臣一并议奏。"九月初六日，议政大臣、裕亲王广禄等遵旨议覆，指出策楞等并未说明既禁南洋"则出洋海口作何稽查防范"，"并于沿海

---

[1] 印光任、张汝霖著，赵春晨点校《澳门纪略》上卷，《官守篇》，广东高等教育出版社，1988。
[2] 中国第一历史档案馆藏《军机处录副奏折·外交》7790-12。
[3] 参见温广益等编著《印度尼西亚华侨史》第89—90页；吴建雍《清前期中国与巴达维亚的帆船贸易》，《清史研究》1996年第3期。
[4] 《清世宗实录》卷五四，雍正五年三月辛丑。

贸易商民生计有无关碍"；"南洋商贩，不止福建一省，其江浙广东等处亦有往彼贸易商船，若闽省议禁，则他省亦应一体禁止"，广禄等议政王大臣以"臣等未能深知彼地情形，未便悬议"，请将此案敕交闽广江浙督抚妥议具奏，乾隆于当日批谕："依议。"[1]至翌年二三月间两广总督庆复遵旨覆奏，主张包括噶喇吧在内一切南洋贸易毋庸禁止；[2]三四月间署闽浙总督策楞等覆奏，仍主禁南洋贸易，但策楞等议折附片又称："倘蒙恩不忍以吧番一岛之猖狂概禁南洋别国，俯允御史（李清芳）奏请只禁吧番，臣等仰恳皇上天恩，特降谕旨。"[3]七月新任闽浙总督那苏图、浙江巡抚常安覆奏，主张"将噶喇吧暂禁，其暹罗、柔佛等国仍准往来"[4]；八月两江总督德沛覆奏，"以为南洋不便禁止，商贩仍听经营为便"[5]。以上督抚奏折，乾隆俱批发原议政王大臣等议奏。该年十月五日裕亲王广禄等会议，主张"将南洋一带诸番仍准其照旧通商，以广我皇上德教覃敷，洋溢四海之至意"，乾隆随即谕旨允准。[6]持续一年又三个月之久的南洋贸易争议至此以维持雍正以来的开放政策而结束，自康熙以来一波三折的禁南洋案也最后画上了一个圆满的句号。

二

就禁南洋案而论，中央做出决策，无论严禁，抑或弛禁，都受到东南沿海封疆大吏直接的、重大的影响。似乎可以说，督抚对政策目标的倾向在中央决策时起着举足轻重的作用。

康熙晚年特旨禁南洋贸易的根据之一是内地之米偷漏出洋，卖与外

---

[1] 中国第一历史档案馆藏《宫中档朱批奏折·外交》355-1、355-2、355-3、355-4。
[2] 《军机处录副奏折·外交》7790-12。
[3] 《宫中档朱批奏折·外交》355-3、355-6。
[4] 《宫中档朱批奏折·外交》355-7。
[5] 《军机处录副奏折·外交》7790-13。
[6] 《宫中档朱批奏折·外交》355-8。

洋海贼。这与历任福建、江南巡抚张伯行密奏关系密切。[1]而雍正最终下决心南洋弛禁,在很大程度上是被闽浙总督高其倬的奏议所打动。高其倬调任闽督不久,即具折奏称:"福、兴、漳、泉、汀五府,地狭人稠,自平定台湾以来生齿日繁。山林斥卤之地,悉成村落,多无田可耕,流为盗贼,势所不免。臣再四思维,惟广开其谋生之路,如开洋一途,前经严禁,但察富者为船主商人,贫者为头舵水手,一船几及百人,其本身既不食本地米粮,又得沾余利归养家属。若虑盗米出洋,则外洋皆产米地;虑透消息,则今广东船许出外国,岂福建独虑泄露?虑私贩船料,则中国船小,不足资彼之用。以臣愚见,开洋似于地方有益,请弛其禁。"[2]嗣后乾隆六年两广总督庆复反对恢复南洋之禁的理由也是:"广东一省,地窄民稠,环临大海,小民生计艰难,全赖海洋贸易养赡资生","就粤而论,借外来洋船以资生计者,约计数十万人","南洋贸易商贾各挟资本,子母营利,粤东一省,舵水万人皆食外域米粮,各谋生计","就粤省而论,(禁洋)于商民衣食生计实有大碍"[3]。显而易见,中央决策时绝不能无视高其倬、庆复等大吏从海疆重地经济发展、社会安定着眼而提出的极有分量的意见。

督抚之外,地方缙绅从本地区利益出发对中央决策的影响令人瞩目。这一类人在政治上的影响有所不同,大致可分为通过督抚影响中央决策和直接影响中央决策两种方式,前者可举蓝鼎元为例。蓝鼎元(1680—1733)字玉霖、任庵,号鹿洲,福建漳浦人。蓝氏之族多将帅才,康雍之际名将蓝廷珍为其堂兄。蓝鼎元17岁时"观海厦门,泛海舟溯全闽岛屿,历浙洋舟山,乘风而南,沿南噢海门以归"。康熙六十年偕蓝廷珍航海渡台,参与镇压朱一贵反清起义。雍正三年在京分修《大清一统志》,以其对东南沿海的渊博知识,一时名噪京城,"卿贰慕之者,多躬先造访,或内臣出赝封疆,辄诣府君(指蓝鼎元),为条陈地方情形利病"[4]。写于雍正二年的《论南洋事宜书》可视为其"条陈地方情形利病"的代

---

〔1〕 中国第一历史档案馆整理《康熙起居注》第三册,第2314页。参见蓝鼎元撰,蒋炳钊、王钿点校《鹿洲全集·鹿洲初集》卷三,厦门大学出版社,1995。
〔2〕 王锺翰点校《清史列传》卷一四,《高其倬传》。
〔3〕 《军机处录副奏折·外交》7790-12。
〔4〕 参见蓝鼎元撰,蒋炳钊、王钿点校《鹿洲全集·鹿洲初集》,《行述》。

表作,其中论及南洋之禁的危害最为痛切:"闽广人稠地狭,田园不足于耕,望海谋生十居五六,内地贱菲无足重轻之物,载至番境,皆同珍贝。是以沿海居民造作小巧技艺,以及女红针黹,皆于洋船行销,岁收诸岛银钱货物百十万,入我中土,所关为不细矣。南洋未禁之先,闽广家给人足,游手无赖亦为欲富所驱,尽入番岛,鲜有在家饥寒、窃劫为非之患;既禁以后,百货不通,民生日蹙。居者苦艺能之罔用,行者叹致远之无方,故有以四五千金所造之洋艘,系维朽蠹于断港荒岸之间……一船之敝,废中人数百家之产,其惨目伤心可胜道耶!"在论析洋禁对闽广商民之计毁灭性的破坏后,蓝鼎元又指出它对国家和社会安定的危害,并逐条反驳所谓"卖船与番"及"载米出洋"等谬说。[1]蓝鼎元与曾任闽广总督的郝玉麟、鄂弥达关系非同一般,这有《上郝制府论台湾事宜书》《上鄂制府书》《谢郝制府并论台湾番变书》[2]为证,但他与高其倬、庆复的关系则无直接证据,只有其《行述》中"内臣出赞封疆,辄诣府君,为条陈地方情形利病"这极为概括的一句话而已,其他就只好将高其倬奏折与《论南洋事宜书》相互比勘,从中不难发现高折实以后者为主要依据。如果说高其倬(或为他办折稿的幕宾)看过《论南洋事宜书》,并倾心接受了蓝鼎元的政见,恐怕不是无稽之谈。

在乾隆六七年之际禁南洋案中起了关键作用的人物之一是广东道监察御史李清芳。此人字同侯,福建安溪人,大学士李光地族孙、河臣李清时胞兄。[3]他可以作为给予中央决策直接影响的闽籍缙绅的代表。在乾隆六年八月二十五日所上《敬陈管见折》中李清芳举出不可恢复洋禁理由有四:"洋船贸易往东洋者十之一,往南洋者十之九,凡江浙闽广四省海关税银多出于此,一加禁遏,则四省海关税额必至亏缺,每年统计不下数十万,其有损于国帑,一也;大凡民间贸易,皆先时而买,及时而卖,预先蓄积,年年流通,今若一旦禁止,商旅必至大困,二也;又内地贩往外洋之物,多系茶叶、橘柚、瓷器、水银等货,易其朱提而还,

---

[1] 《鹿洲全集·鹿洲初集》,《论南洋事宜书》。
[2] 俱见《鹿洲全集·鹿洲初集》卷三。
[3] 参见孙尔准、陈寿祺等修纂《(道光)重纂福建通志》卷二二九,"人物",同治年间刻本;《清代碑传全集》卷七一,《巡抚山东李公清时墓志铭》,上海古籍出版社,1987。

禁之则内地所出土产杂物多置无用，而每岁少白金数百万两，一二年后东南必至空匮，三也；又每年出洋商船不下数百艘，每船中为商人、为头舵、为水手者几及百人，统计数十万众，皆不食本地米粮，若一概禁止，则此数十万人不惟糊口之计、家室之资一时不能舍旧图新，因转而待哺，内地米价必加增长，四也。"[1] 李清芳除论及洋禁对东南沿海商民生计的消极影响之外，又提出"亏缺国帑"和"刺激米贵"的见解，特别是后者，对当时为米价居高不下焦虑不安的乾隆当有深刻影响，乾隆将李清芳奏折作为策楞主张禁南洋的对立意见一并批发议政处议奏，对上层有关洋禁争议的深化无疑起到了及时的、重大的作用。

李清芳之外，对中央决策予以重大影响的另一位福建籍缙绅是蔡新，只不过他隐在幕后而已。蔡新也是漳浦人，乾隆六年禁南洋贸易再次成为朝议焦点时，内阁学士方苞曾向时任翰林编修的蔡新征询意见。蔡新复书略谓："闽粤洋船不下百十号，每船大者造作近万金，小者亦四五千金，一旦禁止，则船皆无用，已弃民间五六十万之业矣。开洋市镇如厦门、广州等处所积货物不下数百万，一旦禁止，势必亏折耗蚀，又弃民间数百万之积矣。洋船往来，无业贫民仰食于此者不下千百家，一旦禁止，则以商无赀，以农无产，势将流离失所，又弃民间千百生民之食矣——此其病在目前者也。数年之后，其害更甚，闽广两省所用皆番钱，统计两省岁入内地约近千万，若一概禁绝，东西之地每年顿少千万收入，不独民生日蹙而国计亦绌，此重可忧也！"[2] 据说，蔡新复方苞书对否定"闽大吏"禁南洋之议起了关键作用，《福建通志》蔡新列传在复方苞书后以"议遂不行"[3]作结，由此可见，蔡新的主张至少通过某种渠道上达当时柄政者，并对中央决策有一定影响。

福建缙绅除蓝鼎元、李清芳、蔡新介入禁南洋案之外，陈昂、庄亨阳亦值得一提。陈昂是福建同安人，曾参与收复台湾之役，积功至苏州城守游击、碣石镇总兵，擢广东副都统。《清圣祖实录》五十六年二月丁亥条下录有陈昂的条奏，就条奏而论，只能认为他是完全赞同南洋之禁

---

[1]《宫中档朱批奏折·外交》355-3。
[2]《(道光)重纂福建通志》卷二三，"人物"。
[3] 同上。

的。但这位了解环海形势与地方民情的福建籍上层官员，到临终时还是袒露了内心真实的想法："（陈昂）见沿海困于洋禁，谓其子曰：'滨海民生业尽在番舶，禁绝之则土货滞积，生计无聊，未有能悉此利害者，即知之又莫敢为民请命。我今疾作，终此而不言，则终莫上达矣。'遗疏以闻，报可。商民称便。"[1] 看来，陈昂遗疏对雍正五年解除洋禁似乎也起了一定的作用。庄亨阳，福建靖南县人，官至淮徐海道，袁枚、方苞皆曾为之立传，可知他也是当时知名人士。在《禁洋私议》中，庄亨阳指出："福建僻在海隅，人满财乏，惟恃贩洋番银，上以输正供，下以济民用，如交留吧者，我民兴贩到彼，多得厚利以归，其未归者，或在彼处为甲必丹，转徙贸易，每岁获利千百不等，寄回赡亲，其族戚空手往者，咸资衣食，给本钱为生，多致巨富，故有久而未归者，利之所存不能遽舍也，去来自便，人各安其生。自海禁严，年久者不听归，又有在限内归而官吏私行勒索，无所控告者，皆禁之弊也。"他还认为，"永弛前禁，令海舶得以及时往返"，乃为上策。[2] 庄亨阳虽为缙绅，但这篇《禁海私议》是他隐居靖南龟山时，以处士横议朝政的文字，他的意见是否通过某种途径为当道者所重视，则不得而知了。

三

由督抚及地方缙绅或间接或直接反映的地方利益对中央决策能否产生影响，要取决于中央决策的机制和依据，以及具有最高决策权的皇帝的信息来源、个人作风等多种因素。

中央和地方是现代政治术语，清代通常用"内""外"区别中央政府和地方政府。"内"，指京中部院、八旗；"外"，指外省督抚、将军。乾

---

[1]《（道光）重纂福建通志》卷二二九，"人物"。
[2]《（道光）重纂福建通志》卷七八，"海防"。参见袁枚《小仓山房文集》卷七，《淮徐海道按察司副使庄复斋墓志铭》，《近代中国史料丛刊续编》第78辑。

隆时秦蕙田说："设官分职，内外相维，体统相制。"[1]内外关系准则正如秦蕙田所说是相维相制。所谓相维，是说内外分工合作，相互维系；所谓相制，是说内外相互制衡，彼此颉颃。部院与督抚之间相维相制的权力关系具体表现为部院掌握纲纪法度，以防止因各省大吏专擅行事而破坏全国政令的统一和集中；而督抚谙练地方土俗民情，便于因地制宜贯彻国家政令，同时亦能及时反馈国家政令在贯彻实施中的问题，提出修正的建议。这种政治体制设计的实质在于最大限度维护至高无上的皇权。即以事关地方利益的中央决策来看，部院等中央政府机构虽然参与决策活动，但廷臣的意见对于皇帝来说，充其量不过供咨询参考而已，最后须经圣裁才能产生法律效力，见诸实施。因此今天所谓清代中央决策，说到底是皇帝圣衷宸断。不过，积历代王朝盛衰荣枯的经验，清帝深知维护内外相维相制的政治体制和决策机制的极端重要性，因而在一般情况下，凡事涉地方的中央决策总是恪遵"督抚题奏——皇帝批交阁部、军机处议奏——阁部、军机处议覆——皇帝裁夺"这一常规运转程序。但由于种种复杂的背景，中央决策机制也会出现问题，在这种情况下，中央决策难免失误。

康熙五十六年开始的禁南洋贸易是清初海外贸易政策的引人瞩目的逆转，它不仅关系到闽广江浙沿海地区的经济发展和社会稳定，而且外洋流入中国银元的减少又势必影响到全国财经、金融的正常运行。对于这样一件关乎国家方针的大事，康熙并没有遵循决策的常规程序，事前既没有征询东南沿海督抚的意见，也没有在大学士、九卿中议论过，即仓促地独断了，剩下来的事不过如何具体实施而已。身历康雍乾三朝，对其时政治气候冷暖有切身体会的方苞论及康熙晚年作风时曾说："时上临御天下已五十年，英明果断，自内阁九卿台谏，皆受成事，未敢特建一言。"[2]雍正解除南洋之禁虽在即位之后四年又四个月之后，但终能翻驳圣祖旧案，仍不失有魄力、有勇气之举，在这四年多的时间里，他通过东南沿海督抚的密折及其他渠道，对洋禁的弊害及实施中出现的问题有了清楚的了解，并对地方大吏的政策意向也有了准确的体察，但他仍

---

[1] 贺长龄、魏源编《清经世文编》卷一〇，秦蕙田《经筵讲义二篇·龙德而正中者也》。
[2] 戴钧衡编《方望溪（苞）先生全集》（集外文）卷六，《近代中国史料丛刊》第52辑。

然在慎重地全面权衡解除洋禁的利弊得失，直到雍正五年才将闽浙总督高其倬奏请弛禁南洋的折子"下怡亲王会同大学士、九卿议行"[1]。显然，雍正在做出重大的、战略性决策时是恪遵常规决策程序的。

不过，比较而言，还是初政时期的乾隆做得最符合规范。从乾隆六年八月"红溪惨案"的信息经福建水师提督王郡及署闽督策楞的密折上达御前，乾隆及时批交议政王大臣议奏，决策程序正式启动，到第二年十月议政处遵旨议覆，主张南洋贸易一仍其旧，乾隆允行，历时一年多的决策过程不温不火，不焦不躁，节奏清晰，层次分明，地方利益得到了比较充分的反映，不同意见（尽管是品级卑微的御史的意见）没有遭到粗暴的排拒。仅就乾隆朝禁南洋案的中央决策而论，它堪称专制主义中央集权政治体制下一次成功的、臻于完美的决策典范。

地方利益能否对中央决策产生影响，不仅取决于中央决策机制，还取决于中央决策的基本原则是否与地方利益发生不可调和的矛盾。在通常情况下，清代中央决策时高度重视各直省及边远地区经济水平、文化背景、风土人情、民族状况、宗教信仰等差异，通行于各直省的政策，并不强行边远地区奉行，即便各直省在贯彻时，也根据因地制宜的原则，在实施时间、方式方法上各省有相当大的灵活性。然而，承认地区差异，授予督抚贯彻全国统一政令的灵活性必须具备前提，即由地区差异而决定的地方特殊利益绝不能与国家根本的、长远的战略利益发生冲突；一旦发生冲突，即便地方利益再重要，在中央决策时也绝对不予考虑。

禁南洋的实质是禁止闽广江浙商民前往"红毛""西洋"占据的噶罗巴和吕宋，同时严防已经定居南洋的华侨返回祖国。质言之，是对汉人与"西洋"勾结颠覆清朝统治的严密防范。此中深意，地方大吏和有识之士洞若观火。雍正初闽浙总督觉罗满保在一件密折中指出："臣查从前禁止商船前往西南各洋，原为防范外国夷人起见。"[2]乾隆七年二月两广总督庆复在折奏中也说："康熙五十六年，因吕宋、噶喇巴等口岸多聚汉人，圣祖仁皇帝谕令内省商船禁止南洋贸易。"[3]庄亨阳在《禁洋私议》

---

[1] 王锺翰点校《清史列传》卷一四，《高其倬传》。
[2] 中国第一历史档案馆编《雍正朝汉文朱批奏折汇编》第三册，第404—405页。
[3] 《军机处录副奏折·外交》7790-12。

中讲得更透彻："设禁之意，特恐吾民作奸勾夷，以窥中土。"[1]康熙作为一个汉族臣民占绝大多数国家的少数民族统治者，胸中横亘着对汉人无法消释的猜疑和防范，又对西方来华海盗式商人凶残暴虐深怀怵惕和隐忧，他之做出禁南洋的政治决断尽管是错误的，却不能说没有现实的根据，特别是当北方屏障喀尔喀蒙古受到准噶尔策旺阿喇布坦严重威胁时，绝不能让陆疆海疆烽烟同时再起。康熙确有政治上不安全感，但他坚信自己能够牢固控制局势，令他真正忧虑的是身后帝国的安全。出于居安思危的高度责任感，他宁肯把问题看得严重些，让臣下对可能发生在"千百年后"的西洋之累警钟长鸣。正是从大清帝国长治久安的政治高度出发，康熙决定立即构筑一道坚实而绵密的藩篱，把内地与越洋东来凶狠强悍的西洋人及留居海外心怀叵测的汉人隔绝开来。为了达到这一至高无上的战略目的，地方利益是那么微不足道，自然也无须咨询那些敬谨无识的臣僚们的意见。

康熙的办事方法和思维逻辑对其后世子孙具有深刻影响。雍正初两广总督孔毓珣与廷臣关于"渔船之式"略有分歧。廷议以为"广东渔船若船式准令宽大，恐无知小人以为海禁渐弛，复行贩米接济贼船，应照旧制"；孔毓珣对此并无异议，只是希望雍正能够同意既有违式之船免其拆毁。雍正在孔折折尾批谕："廷议渔船仍照旧式，甚是。总之，海禁宁严勿宽，余无善策。尔等地方大吏不可因目前利便而贻他日之害。"[2]

乾隆虽未就洋禁发表过长篇谕旨，但他将禁南洋案交议政王大臣提出咨询意见很能说明问题。清初承明旧制，"机务出纳悉关内阁，其军事付议政王大臣议奏"[3]。乾隆初期，军机处建立有年，凡机密重大事务咸在军机，禁南洋案却绕开了军机处而交议政处议覆，此中奥秘何在？按乾隆六七年间兼议政大臣衔的王大臣依次是：裕亲王广禄，平郡王福彭，慎郡王允禧，大学士、首席军机大臣鄂尔泰，大学士福敏，大学士查朗阿，尚书、军机大臣讷亲，尚书、军机大臣海望，协办大学士、尚书三

---

[1]《(道光)重纂福建通志》卷七八，"海防"。参见袁枚《小仓山房文集》卷七，《淮徐海道按察司副使庄复斋墓志铭》）。
[2]《雍正朝汉文朱批奏折汇编》第三册，第26页。
[3] 赵翼《簷曝杂记》卷一，"军机处"。

泰、尚书、军机大臣班第,尚书来保,尚书哈达哈,尚书、军机大臣纳延泰,左都御史杭奕禄和总督仓场户部侍郎塞尔赫共15人,另兵部侍郎舒赫德亦与议。[1]这16位王大臣清一色满蒙旗籍,汉大学士张廷玉(兼军机大臣)、陈世倌和徐本(兼军机大臣)因没有议政大臣头衔,自然被排除在议政王大臣会议之外。乾隆与康熙用心相同:禁南洋案系议论防范汉人与西洋夷人勾结,保证大清帝国长治久安的政治问题,因此只能在政权最核心层进行。

中央决策从政治高度出发,把帝国安全放在首要的地位,在康、雍、乾三帝本无二致;然而,康熙五十六年禁南洋与雍正五年弛禁及乾隆七年仍照旧开放南洋表明,中央决策除上述政治原因之外,还有其他原则也在影响中央决策的走向和结局。

除维护帝国政治安全外,维护全国经济、财政、金融的正常运行,亦是带有全局性的原则问题。海外贸易对国计民生的严重影响早在康熙初厉行海禁时已有人作过令人信服的论析,历任江宁、湖广巡抚的慕天颜在《请开海禁疏》中指出:"顺治六七年间,彼时禁令未设,见市井贸易,咸有外国货物,民间行使多以外国银钱,因而各省流行,所在皆有","自迁海既严,而片帆不许出洋矣,生银之两途(按另一途指开采)并绝,则今直省之所流转者,止有现在之银两,凡官司所支计,商贾所贸市,人民所恃以变通,总不出此"。他认为当时财源枯竭、兵饷匮绌、百姓困苦、国用不纾,症结就在禁海,"穷变通久之道,不必求之天降地出,惟一破目前之成例,曰开海禁而已矣"[2]。康雍乾之际禁南洋争议中,蓝鼎元、庄亨阳剖析的是洋禁对闽广商民生计的摧残,以及闽地对"番钱"的依赖;李清芳则进一步指出禁南洋将带来"每岁少白金数百万两,一二年后东南必至空匮"的严重后果;蔡新则眼界更开阔,计虑更深远,他以为闽广两省"岁入内地(番钱)约近千万",若一概禁绝,数年之后"不独民生日蹙,而国计亦绌",这才是真正可忧虑的啊!从慕天颜到蔡新这一批有识之士已敏锐地察觉出当时的海外贸易,特别是外国银元内流对稳定财政经济金融的巨大作用。从这个意义上讲,南洋贸易的严禁

---

[1]《宫中档朱批奏折·外交》355-4、355-8。
[2]《清经世文编》卷二六,慕天颜《请开海禁疏》。

或弛禁就不仅仅是闽广地区的局部问题，而对全国财政经济和金融的健康运行也具有牵一发而动全身的重大影响。蓝鼎元、庄亨阳、李清芳及蔡新等未必能有如此全面明晰的认识，但他们毕竟是生长于滨海地区的中国最早一批得风气之先者，通过他们的点拨，囿于"养民之道，惟在劝农务本"传统社会经济思想，又昧于世界大势剧变的清朝最高统治者，还是能够多少感受到一点海外贸易对东南沿海地区以至广阔内地国计民生所具有的沉甸甸的分量。

由此看来，清廷历次禁南洋案中央决策所依据的原则按顺序依次为：帝国的长治久安、全国财政经济金融的正常运行和闽广等东南沿海地区社会稳定，三者的关系并非绝对地互相排斥，而是相反相成，彼此依存。如何协调，堪称决策的艺术；其运用之妙，则存乎帝王之一心。康熙创行密折制度，督抚提镇可以密折将地方重大紧急之事及时奏闻请旨，可惜康熙通过密折和南巡到苏州实地访闻了解到"内地之米透露出洋"和"沿海商人卖船外番"等信息是不完全和不准确的，加上他有意小题大做的想事方法，以及临御天下五十余年逐渐养成的独断作风，终于促成他在全国面临严峻政治局势之时，从维护帝国安全的单一原则考虑，决心禁洋。雍正即位后，进一步推广密折制度，他从督抚等渠道得到的信息较之康熙固然充分一些，但督抚等迎合雍正禁洋成见，仍不能全面、准确地提供地方上的信息。所幸雍正临御天下之初，汲汲求治，为避免决策失误，能够虚心了解下情。雍正三年春他曾批交闽浙总督满保一件条陈海疆事宜的奏折，并做了朱批："此奏乃着实经历海洋之人条陈者，朕览此中多有可取处，然朕不达地方情形，不敢轻颁谕旨，将此原奏发来，你可与吴升、蓝廷珍、林亮、陈伦炯商酌，择其有益者行之。"[1] 同年秋又降亲笔朱谕给两广总督孔毓珣："朕实不达海洋情形，所以总无主见，有人条奏，朕观之皆似有理，所以摇惑而不定，全在你代朕博访广询，谨慎斟酌其至当奏闻，若亦不能洞悉，宁迟日月不妨也。可与杨文乾、万际瑞、陈良弼、黄助等平心和衷详议奏闻。"[2] 由于雍正这种虚心诚恳的态度，才有可能改变康熙末大吏"既知之又莫敢为民请

---

[1]《雍正朝汉文朱批奏折汇编》第五册，第775页。
[2]《雍正朝汉文朱批奏折汇编》第六册，第473页；第七册，第342页。

命"的不正常情况，闽浙总督高其倬等才敢真实地反映禁南洋对地方的严重危害。雍正在掌握了决策所需的足够信息之后，经过审慎研究、反复权衡，最后同意经怡亲王和九卿议覆、总督高其倬弛禁的奏请。乾隆六七年禁南洋的上层争议中，由于乾隆的开明，因此能够得到较之康、雍时更加充分的信息，加以乾隆处理此案时虚怀若谷、多谋善断，因而政策未出现逆转。

四

因闽广江浙地方利益而引发的中央关于禁海的争议不独清代有之，自明中叶以来便屡有发生。

正德六年（1511）葡萄牙人占据满喇加后，逐渐向中国东南沿海发展，十六年海道副使汪鋐将葡萄牙海盗商人逐出广东近海屯门岛，不独中葡贸易中止，即南洋各国贸易亦一概禁绝，广州贸易因之而消缩。嘉靖八年（1529）提督两广侍郎林富上《请通市舶疏》，疏中列举番舶贸易于国于军、在官在民凡有四利：番舶朝贡之外抽解足够御用；抽解之外，可充两广用兵军饷；变卖番货，兼可调济广西；小民借番货辗转交易以自肥。经林富疏请，嘉靖帝准开广东海禁，而闽浙沿海虽仍前禁洋，但葡倭诸商阑通市易，略无忌惮，嘉靖二十六年（1547）朱纨被命提督浙闽海防巡抚浙江，上任后革渡船，严保甲，搜捕奸民，"闽人资衣食于海，骤失重利，虽士大夫家亦不便也，欲沮坏之"，吏部用闽籍御史周亮等言，改朱纨巡视，以杀其权，后又以朱纨擅杀，罢其职。朱纨自言："纵天子不欲我死，闽浙人必杀我！"乃仰药死。朱纨自视事后屡被掣肘，曾悲愤地说："去外国盗易，去中国盗难；去中国濒海之盗犹易，去中国衣冠之盗尤难。"[1] 闽籍缙绅与朱纨之辈相仇雠，固可理解，即有些闽省大吏出于地方安定考虑，也反对海禁。嘉靖四十三年（1564）福建巡抚谭纶疏称："（福建）海滨而居者，不知其凡几也，大抵非为生于

---

[1] 详见《明史》卷二五《朱纨传》。

海则不得食。"如"一切禁罢,则有无何所于通,衣食何所从出? 如之,何不相率而勾引为盗也?"三年后,福建继任巡抚涂泽民再次疏请开放海禁,得到新登基的隆庆帝允准。[1]

自明中叶以后迄清康雍乾之际,历时 200 余年的禁海与开海之争,从本质上讲是以闽广两省为代表的东南沿海地区与全国主体部分经济结构差异所致,反映到政治上,则是闽广江浙地区的经济利益必然会程度不同地左右着中央关于海禁的决策。闽广江浙沿海地区地狭人稠,16 世纪以来人口增长更激化了固有的人多地少的矛盾;该地区历史上有从事海外贸易的传统,西方殖民者占据满喇加、爪哇、吕宋等马来群岛据点之后,中国被越来越深地卷入了世界资本主义市场,传统海外贸易更得到长足发展;由于海外贸易的刺激,东南沿海地区商品经济十分活跃,手工业、商业和农业的产业结构也发生了相应的变化;以闽广江浙较高的经济水平为依托,该地区文化学术事业发达,通过科举考试等渠道,向中央和地方输送一批又一批政治人才。特别是秉持中枢或开镇一方的大员,更能以切身的经验把本地区特殊利益要求直接及时地反映到中央。明中叶以来,在禁海问题上中央欲禁而不能,足以证明闽广江浙地区经济、政治实力绝不容许漠然置之! 可以说,16 世纪以后东南沿海地区特殊的经济结构和人文环境,已使其走在中国历史潮流之先,而高踞于全国最先进的地位。唯其如此,也势必与仍处于自然经济结构的农业社会的国家主体部分发生矛盾。立足于全国而制定的包括对外贸易政策在内的中央政策,为传统的政治体制和文化观念所制约,自然难于兼容东南沿海地方特殊的经济利益,不管出于何种理由,禁海一而再,再而三地定为国策,实在也有其深刻的历史根据。

专制主义中央集权制政治体制的核心是至高无上的皇权,由此而注定中央决策活动缺乏法制化、民主化和科学化。诚然,清代军国大事中央决策一般遵循大学士、九卿等遵旨议覆、皇帝钦断的常规,但如何操作,则不同皇帝有不同的方式,同一皇帝不同时期的做法也可能大相径

---

[1] 上述明正德、嘉靖、隆庆时期有关海禁的叙述,参见张维华《明清之际中西关系简史》,齐鲁书社,1987;陈尚胜《闭关与开放——中国封建晚期对外关系研究》,山东人民出版社,1993。

庭。同是南洋禁海案，康熙乾纲独断，雍正交给他最倚信的怡亲王允祥与大学士、九卿等议奏，乾隆则交议政王大臣会议议奏。就中央决策程序而言，乾隆六七年禁南洋案御史李清芳参与决策活动，并没有法制上必然如此的律条，只是内阁循例将策楞奏请禁南洋贸易奏折发抄，使廷臣遍知此事，李清芳才得以在议政处未议覆之先陈奏反对意见，因而带有相当大的偶然性。[1]清帝自诩的乾纲独断，既指大政由皇帝最后裁决，也有无须咨询臣工而圣衷宸断的含义。康熙撤藩、乾隆平准，是后者最成功的典范，清帝对此极为自负。总之，中央决策的议事机构和议事程序都没有严格的法律规范，而完全由皇帝个性、作风和某一时期的政治注意力所决定。如果把康雍乾之际禁南洋案作一个完整过程来看的话，应该说闽广地区的经济利益，特别是沿海地区与海外贸易有着千丝万缕联系的世家大族的利益得到了比较充分的反映。细加审视，地方利益反映到中央不外督抚和京官两条渠道，前者是地方大吏咨询地方名流或聘请当地人士为幕宾从而代地方陈情，后者则是籍隶该地方的京官以公开或隐蔽的形式为乡曲利益呼吁。有这样的渠道固然是一种政治上的进步，不过，这种带有极大随意性的方式，并不能全面地、及时地、准确地反映不同地区，不同阶级、阶层、集团的利益要求，它与现代意义上决策的民主化是有天壤之别的。从康雍乾之际的禁南洋来看，中央决策所依据的信息来源较之以往的时代，无疑要充分得多，这是因为其时清代独创的奏折制度正处于从产生到渐臻完善的过程，凡过去不便露章题达的事情督抚都可以通过密折先行奏闻请旨，借助奏折和朱批，君臣也可以比较心平气和地探讨现行政策的利弊得失，以及如何制订适应现实的新政策。不过提供中央决策的信息来源毕竟是有限的，清统治者既不谙正在发生急剧变化的世界大势，也不了解当时与西方国家鼎峙于海上的中国商船船队的巨大实力。他们据以决策的信息对权衡如何维护帝国眼前的安全也许勉强够用，但如果以世界为大有用武之地的舞台考虑在未来的岁月如何置身于世界强国之林的话，就显得那么可怜了。总而言之，康雍乾之际禁南洋贸易案中央决策的随意性、专断性和缺乏科学性，表

---

〔1〕 需要说明一点，凡军机处密议密奏事件，一律不交内阁发抄。由于军机处及议政处密议密奏事件廷臣皆不与闻，因而也不可能参与中央决策活动。

明清代专制主义中央集权制已开始暴露出其制约中国历史进步的体制上致命的缺陷。

政治体制之外，文化观念的滞后也对中央决策起着制约作用。清代视南洋诸国为夷狄可以上溯到春秋时代的华夷观。中原地区诸国对自己的文明有高度的优越感，因此将周边未接受周礼的戎狄蛮夷视为近似禽兽的野蛮人。明代中叶以后西方殖民者接踵东来，并开始与中国发生直接或间接的贸易关系，但明朝按照传统的观念，力图把这种陌生的国际关系限制在祖宗朝贡体制的框架中。这种居高临下的朝贡制度包含的政治上歧视的内容是不言而喻的，值得注意的是它显示出的天朝欲通过朝贡加惠远人达到羁縻笼络的政策目标。因此，君临世界的中华皇帝以朝贡作为制夷手段，恩威并施，迫其就范，就自然而然地成为决策时的最佳选择。由古老的华夷观衍化而来的处理包括贸易往来在内的国际关系的准则，自西方国家东来开始面临严峻的挑战。而早期西方殖民者对中国主权的粗暴侵犯，却强化了本已不合时宜的华夷观念、朝贡制度的不合理的一面。因此，这种传统观念在明清易代之后，几乎被全盘接受了下来。

以"郡县"和"封建"为论题，实质内容在于探讨中央与地方关系的辩论，自"孤秦"[1]以降，始终是思想家与政治家关注的一个焦点。迨及清代，所谓"复封建"云云，应该说早已成为腐儒的迂阔之谈被普遍抛弃了。值得注意的是，清初大思想家顾炎武在肯定"郡县"这一中央集权政治体制的同时，深刻地揭示了"郡县之敝"，认为"封建之失，其专在下；郡县之失，其专在上"。顾炎武热烈地期待着"有圣人起"，接受他"寓封建之意于郡县之中"的政治改革方案，以实现天下大治的理想。[2]清朝最负盛名的康雍乾三帝显然不是顾炎武心目中的"圣人"，但他们在政治实践中却不能不正视这位敏锐的思想家指出的"郡县之敝"的严酷现实。专制主义中央集权的极端化发展，地方自主权被剥夺殆尽，确实使这一延续千年之久的政治体制走向反面，从根本上丧失了活力。贯穿康雍乾三朝的禁南洋案从一个侧面比较清晰地显示出18世纪中国最

---

[1] 王夫之认为秦以孤立而亡，故谓之"孤秦"，参见王夫之著，王伯祥校点《黄书·噩梦》。
[2] 顾炎武《顾亭林诗文集》卷一。

高统治者在调整中央与地方关系上的某些思路和有益探索，但也可悲地昭示在继续强化专制主义中央集权的大趋势之下，仅仅采取一点应急式的补偏救弊的政策措施是根本没有出路的。从这个意义上讲，发生在中国社会内部正酝酿着从传统走向现代这一空前伟大变革时代的禁南洋案，似乎蕴含着诸多需要重加审视的认识价值。

原载《中国社会科学》1997年第1期

乾隆年间侵贪问题研究

乾隆中期以后，国势从鼎盛转入中衰，由官吏侵贪而导致吏治迅速腐败是最直接、最重要的原因。在清代法律术语中，"侵"指官吏侵盗国家钱粮，"贪"则指官吏收受、索要下属或部民财物。乾隆帝在谕旨中曾把侵、贪的含义作了明确的界定："渔利于民者，贪也；蠹蚀于官者，侵也。"[1]如果与现代刑法加以比附的话，"侵"略同于贪污罪，而"贪"则略同于受贿罪。乾隆年间惩贪之严峻，为论者所公认，而其时贪风之炽烈，是后世也不加讳饰的事实。同、光时人薛福成说过："高宗英明，执法未尝不严。当时督抚如国泰、王亶望、陈辉祖、福崧、伍拉纳、浦霖之伦，赃款累累，屡兴大狱。侵亏公帑，抄没资产，动至数十百万之多，为他代所罕睹……然诛殛愈众，而贪风愈甚，或且惴惴焉惧罹法网，惟益图攘夺刻剥，多行贿赂，隐为自全之地。非其时人性独贪也，盖有在内隐为驱迫，使不得不贪也。"[2]章学诚也痛感吏治的败坏有不得不然的趋势，他在嘉庆帝亲政之初上书指出："天下之患，莫患于知其不可，而群趋于不得不然之势。"[3]章学诚和薛福成二人，一先一后，都以为乾隆年间吏治败坏、官吏婪赃不应归咎于人的本性，而必须从社会环境的客观方面去探讨其不得不然的原因。应该说，他们的看法代表了那一时代

---

[1]《清高宗实录》卷三五一，乾隆十四年十月甲辰。
[2] 薛福成《庸庵笔记》，第60页。
[3] 章学诚《章学诚遗书》，文物出版社，1985，第327页。

有识之士的普遍认识。乾隆年间的侵贪问题极其复杂，的确不宜加以简单化、绝对化的评议。本文试图从立法执法、廉俸制度、社会风气、官吏心态、政治体制等方面，联系乾隆中期以后诸秕政，对这一问题进行综合性研究，从而揭示出在那一特殊的历史时期，中国古代普遍存在的侵贪痼弊所具有的特殊表现形态及其深刻的社会根源，以期对进一步了解清帝国由盛转衰的原因和中国传统社会末世的状况有所裨益。

一

乾隆帝在位时间长达六十年之久，周甲内禅后又以太上皇名义"训政"三年多一点时间，其执政之久，在中国古代是空前绝后的。被史家艳称的"康乾盛世"正是在他的统治下才达到了顶峰。后世訾议乾隆朝的贪污成风、贿赂公行，并非指整个乾隆时期，而是以乾隆中期为转折点，特别是乾隆统治的最后二十年，才出现了贪风大炽，有严刑峻法所不可遏止之势。

其实，乾隆中期以后吏治的迅速腐败在当时已成为有胆识者深为忧虑的严重问题。第一个挺身而出揭露出盛世外衣掩盖下的种种黑暗现象，并引起巨大反响的是尹壮图。尹壮图官内阁学士，乾隆五十五年（1790）在往返京师与原籍时几乎遍历中国最重要的省份，随后他向皇帝奏称："各督抚声名狼藉，吏治废弛，经过各省地方，体察官吏贤否，商民半皆蹙额兴叹。各省风气，大抵皆然。"[1]在奏折中，尹壮图指出所经各省是直隶、山东、河南、湖广、江苏、浙江、广西、贵州和云南，占当时直隶各省一半以上。这桩因尹壮图直言引起的大案的结局是以其自认"愚谬妄谈"而从宽免死。而经常出入中国的朝鲜使臣在向本国发回的情报中则毫不隐讳地指出了当时种种弊端："大抵为官长者，廉耻都丧，货利是趋，知县厚馈知府，知府善事权要，上下相蒙，曲加庇护，故恣行

---

[1]《清高宗实录》卷一三六七，乾隆五十五年十一月丁酉。

不法之事,而毕竟偾逌。"[1](乾隆五十五年)"阁老和珅,用事将二十年,威福由己,贪黩日甚,内而公卿,外而藩阃,皆出其门。纳赂谄附者,多得清要。中立不倚者,如非抵罪,亦必潦倒。"[2](乾隆五十九年)"近来彼中法纲多紊,贿赂成习,贡献无实……阁老和珅权势隆盛,货赂公行,庶官皆有定价。"[3](乾隆六十年)。

迨至乾隆崩逝,嘉庆亲政,言路稍稍放宽,翰林院编修洪亮吉奏陈乾隆季年弊政最为激切:"十余年来,督、抚、藩、臬之贪欺害政,比比皆是……出巡则有站规,有门包,常时则有节礼、生日礼,按年则又有帮费。升迁调补之私相馈谢者,尚未在此数也。以上诸项,无不取之于州县,州县则无不取之于民。钱粮漕米,前数年尚不过加倍,近则加倍不止。督、抚、藩、臬以及所属之道、府,无不明知故纵,否则门包、站规、节礼、生日礼、帮费无所出也。州县明言于人曰:'我之所以加倍加数倍者,实层层衙门用度,日甚一日,年甚一年。'究之州县,亦恃督、抚、藩、臬、道、府之威势以取于民,上司得其半,州县之入己者亦半。初行尚有畏忌,至一年二年,则成为旧例,牢不可破矣。诉之督、抚、藩、臬、道、府,皆不问也。"[4]洪亮吉而外,以布衣言事的章学诚批评乾隆季年吏治也极为犀利:"自乾隆四十五年以来。迄于嘉庆三年而往,和珅用事几三十年,上下相蒙。惟事婪赃渎货,始如蚕食,渐至鲸吞,初以千百者,俄而非万不交注矣,俄而万且以数计矣,俄以数十万计,或以百万计矣。一时不能猝办,率由藩库代支,州县徐括民财归款。贪墨大吏胸臆习为宽侈,视万金呈纳,不过同于壶箪馈问,属吏迎合,非倍往日之搜罗剔括,不能博其一欢。官场如此,日甚一日,则今之盈千百万,所以干而竭者,其流溢所注必有在矣。"[5]嘉庆初政,不无除旧布新之志,其时抨击乾隆中期以后诸秕政者不可胜数,洪亮吉、章学诚所论最为深刻,也最具代表性。

尹壮图、洪亮吉和章学诚无疑是乾嘉之际最有骨气,也最敢讲话的

---

[1] 吴晗辑《朝鲜李朝实录中的中国史料》第十一册,第4810页。
[2] 《朝鲜李朝实录中的中国史料》第十一册,第4881页。
[3] 《朝鲜李朝实录中的中国史料》第十一册,第4891页。
[4] 《清史稿》卷三五六,《洪亮吉传》。
[5] 《章学诚遗书》,第328页。

一批有识之士，他们以当世人论当世事，尽管有种种局限，但对今天研究乾隆年间的侵贪问题则极有启发。如果将他们三人及朝鲜使臣的看法作一归纳的话，是不是可以说，朝中权要和珅、贪墨大吏，和州县牧令上下勾结，朋比为奸，导致了乾隆中期以后吏治的败坏。下面，就从他们的论述出发，深入地探讨当时贪污、贿赂呈现的特殊性。

首先，侵贪由个别犯罪向集团化犯罪恶性发展。

从乾隆四十六年至四十九年（1781—1784）共查处了甘肃通省官员冒赈婪赃大案、乌鲁木齐等处官员冒销帑银案、山东巡抚国泰贪纵营私案、王亶望赀财私行抽换案和江西巡抚郝硕勒派属员案五件集团性贪污贿赂大案。乾隆四十六年夏败露的甘肃通省官员冒赈婪赃大案，为首者是原任甘肃布政使升任浙江巡抚王亶望、陕甘总督勒尔锦，以及现任甘肃布政使王廷赞；甘肃通省官员，即自乾隆三十九年恢复捐监旧例至案发历任两司、道、府、州、县一百余员全部染指其间；而这一骇人听闻奇贪大案的后台则是京中权要　大学士、首席军机大臣于敏中。至乾隆四十七年（1782）秋审办结此案，总计陆续正法五十六员，免死发遣者四十六犯，其他判处徒、流，以及革职者更不暇细数了，乾隆四十六年甘省大计之典被迫停止。[1]最令人不解的是，甘肃全省官员上下相蒙、相沿作弊，六七年间竟无一人挺身举发，最后要乾隆帝亲自揭开盖子。乾隆四十六年山东巡抚国泰贪纵营私案，自藩司于易简以下全省官员迫于国泰勒索，多馈送金银或玉器古玩，以至乾隆帝"以人数众多"而免其深究。[2]同年还有乌鲁木齐等处官员冒销帑银案。乌鲁木齐都统下辖镇西府的宜禾县、奇台县，迪化直隶州的阜康、昌吉、玛纳斯县，自迪化州知州木和伦以下，各县知县、县丞等几乎全部借部拨购粮价与当地谷价之差而冒销帑银，作为这一贪污集团保护伞的是乌鲁木齐都统索诺穆策凌，曾任奇台知县和宜禾知县珊图里侵蚀银十余万两，馈送索诺穆策凌银五千五百两及贵重皮张等；原迪化知州德平贪污采买粮价银

---

[1] 李侍尧折奏："查甘省道府直隶州暨各厅州县、州同、县丞俱于滥行出结捏灾冒赈案内革职治罪……仰恳圣恩将此大计免其举行。"朱批："该部知道。"台北故宫博物院编《宫中档乾隆朝奏折》第49辑，第381—382页。

[2] 中国第一历史档案馆编《乾隆朝上谕档》，档案出版社，1991，第12册，第8页。

一万余两,"送过索都统黑狐皮四张、黑骨种羊皮二百张、金如意一柄重四十两、金手镯铃铛等物共重十数两,又陆续送过银一千一二百两"[1]。作为甘肃通省官员冒赈婪赃大案的案中案,王亶望赍财私行抽换是乾隆四十七年(1782)初败露的,以闽浙总督陈辉祖为首,藩、臬两司以及仁和、钱塘二首县的知县通同作弊,抽换王亶望入官财物,以银易金。在审办此案过程中,陈辉祖又供出"河南藩司李承邺自山西臬司任内,数年以来陆续寄送金仙人、金台、金杯等物一百余两;湖北道张廷化于去年寄送金四十两;武黄道周曰潢于四十三年送金一百两;上年我到浙江时,噶尔弼善送我金子四百两;去年冬间巴国柱因病回籍,送过金子二百两;湖北蒲圻县何光晟于四十三年送过金子六十两;此外,惟陈淮曾代办金如意等物"[2]。乾隆四十九年(1784)江西巡抚郝硕婪索属员一案,同样是司道以下通省官员无一不贿求赂谢的,除藩、臬两司等大员发往军台效力之外,其他以顾蒉为首的七十一员只好"免其革任",照"国泰案内议罪之案"分等议罚,[3]其中"送银二千两者一员,一千两以上者共十九员,八百两以上者共九员,六百两以上者共三员,四百两以上者共三十员,二百两以上者共九员"[4]。

需要说明的是,乾隆中期以前,以督抚大吏为首的贪贿大案并非没有,乾隆二十二年(1757)云贵总督恒文借办贡勒索属员案即著名一例。但像上述甘肃通省官员冒赈婪赃等五例大案要案那样,一旦败露,下辖数十员乃至百数十员属吏就几乎全部触犯法禁,而且在短短的一两年间,骇人听闻的集团性贪污大案接踵而发,这却是乾隆中期以后才出现的引人注目的新动向。

其次,伴随着集团性贪污贿赂的恶性发展,出现了全国性的亏空问题。

康熙末年,吏治废弛,上自部库通仓,下至州县仓库,普遍存在亏空之弊,经雍正帝大力振刷,整饬官方,清厘弥补,库储大为充实。迨

---

[1] 《乾隆朝上谕档》第11册,第238、243页。
[2] 《乾隆朝上谕档》第11册,第494页。
[3] 《宫中档乾隆朝奏折》第63辑,第44—45页;《乾隆朝上谕档》第12册,第205页。
[4] 《乾隆朝上谕档》第12册,第239页。

至乾隆帝临御天下，很长时期内，未尝没有亏空、挪移之弊，未尝没有惩治亏空的大案，但总的说来，亏空还未发展成为严重的财政和社会问题。但乾隆中期以后，几乎每查办一个以督抚为首的贪贿大案，即必有一番查办该省通省亏空之案。而只要查办州县亏空，则往往该省督抚便难逃法网。亦可以说，只要从认真查办亏空入手，便可以彻底揭开整个官场贪贿腐败的盖子。所以，包括乾隆帝在内，几乎谁都不敢，也不情愿捅开这最脆弱、最黑暗的要害部位。

乾隆四十六年山东巡抚国泰婪赃案和乾隆六十年（1795）闽浙总督伍拉纳、福建巡抚浦霖案的败露，都是从被迫查办亏空开始的，结果山东"通省各州县亏空库项竟有二百万两之多"[1]，而福建则亏空银二百五十万两以上，仅省城两厅两县即亏空银七万八千余两、谷五万三千余石。[2] 仓库亏空如此严重，督抚并非不知情，福建藩司伊辙布早经禀过总督伍拉纳，伍拉纳命其止开报"缺谷六十四万余石，缺银三十六万两"[3]，不及实亏的十分之一。如果不是福州将军魁伦密奏"风闻各州县仓储大半多非实贮"，福建通省亏空及伍拉纳、浦霖纳贿之事可能永远不会暴露。

甘肃通省亏空则由查办王亶望为首的通省官员冒赈婪赃而起。经查明"皋兰等三十四厅州县亏短仓库确数共少银八十八万八千九百九十余两，又亏空仓粮七十四万一百一十余石，及草束四百五万一千有零"[4]。乾隆四十八年（1783）查出浙江亏空银一百三十万余两，也是因王亶望曾任该省巡抚、陈辉祖以闽浙总督兼浙江巡抚而起。[5] 其他各省亏空实数虽不得而知，但仓库亏短则程度不同地存在。嘉庆帝亲政后对这个烂摊子也束手无策，既不敢彻底清查，也不敢催迫弥补，只能定限勒交，"徐徐办理"，他自我解嘲说："培养元气，胜于仓库实贮奚啻万倍！"[6]

当然，亏空是相当复杂的问题。各省情况不同，致亏原因也有别；

---

[1] 《清高宗实录》卷一一六〇，乾隆四十七年七月甲辰。
[2] 参见《史料旬刊》第30册，地94《伊辙布供单》。
[3] 《史料旬刊》第30册，地96。
[4] 《宫中档乾隆朝奏折》第51辑，第316—317页。
[5] 参见王锺翰点校《清史列传》卷二七，《福崧传》。
[6] 《清仁宗实录》卷四一，嘉庆四年三月戊子，中华书局，1986。

即便同一省，各州县致亏的原因也不尽相同；以同一州县而论，牧令主观条件的不同，也往往有亏与不亏，多亏与少亏之分。但就当时人们的看法来讲，则以为亏空与官场中无所不在的贿赂关系最大。乾嘉之际累任大学士、军机大臣的王杰有一段议论很中肯，他说："臣未通籍以前（按王杰，乾隆二十六年进士及第），州县交代闲杂款项，偶短二三百金，不但不敢闻于上司，并不敢闻于僚友。其时上司亦皆廉洁公正，题升调补，无可营求，即无所谓馈送，州县食其廉俸，自可宽裕，无所谓亏空之说。迨乾隆四十年以后，有擅作威福者，钳制中外，封圻大臣不能不为自全之计，而费无所出，遂以缺分之繁简，分贿赂之等差，馈送之外，上下又复肥己，久之习以为常。要之，此等赃私，初非州县家财也，直以国帑为夤缘之具，而上已甘其饵，明知之而不能顾问，喜其殷勤也，有过体恤之，惧其讦发也，究至于反受挟制而无可如何。间有初任人员，天良未泯，小心畏咎，不肯接收，上司转为之说合，懦者千方抑勒，强者百计调停，务使其虚出通关而后已。一县如此，通省皆然；一省如此，天下皆然。于是大县有亏至十余万者，一遇奏销，横征暴敛，挪新掩旧，小民困于追呼，而莫之或恤，靡然从风，恬不为怪。至于名为设法弥补，而弥补无期，清查之数，一次多于一次，完缴之银，一限不如一限，辗转相蒙，年复一年，臣不知其究竟！"〔1〕

诚如王杰所言，乾隆中期以后各省、各县普遍存在的亏空其严重性在于"靡然成风，恬不为怪"，而更有甚者，竟出现本无亏空还要做亏空的怪事。嘉庆帝在亲政之初特谕各省督抚，说昔之州县亏空，不畏上司盘查，而畏后任接手，上司盘查，可以挪东补西，蒙混过关，后任接手，则自顾考成，无不悉心查核。但"近年则新旧交相联络，明目张胆，不特任内亏空未能弥补，竟有本无亏空，反从库中提出带去，名曰'做亏空'，竟移交后任。后任若不肯接收，则监收之员，两边说合，设立议单，其不肯说合者，又令写具欠券，公同画押，以国家仓库作为交易，实属从来未有之创举"〔2〕。没有亏空硬要"做亏空"，州县仓库岂有不亏之理？之所以如此，从根本上讲，州县牧令与其上司府道、两司、督抚以

---

〔1〕 贺长龄、魏源编《清经世文编》卷一六，王杰《请核实亏空变通驿站疏》。
〔2〕 《清仁宗实录》卷五七，嘉庆五年正月壬戌。

贿赂为黏合剂已牢固地结为一个俱荣俱损的利益整体，不败露则已，一旦败露，则通省历任官员俱如覆巢之卵，无一幸免。

再次，与集团性贪污密切相关，乾隆中期以后贪贿赃款数额惊人，前所罕见。

甘肃通省官员冒赈婪赃案是借捏报赈恤贪污违例折收捐监银两的方式作弊，王亶望、王廷赞先后主持甘省捐监六七年间，每年收捐监生三四万名，总计三十万零四百六十一名，[1]每捐监一名私收折色五十五两银，另收"公费银"四至六两，[2]共约银六十两。依此推算，从乾隆三十九年至四十六年案发，甘肃各州县总共折收捐监银两达一千八百万两以上，其"大半归于冒销赈恤"[3]，数目当不少于银一千万两，大致相当于当时每年财政总收入的五分之一到四分之一。赃数如此巨大的贪污案，在清朝历史上是前所未有的，以至在查处此案的过程中，乾隆帝一再慨叹此为"从来未有之奇贪异事"。在这一贪贿大案中，各州县贪污、贿赂赃数亦十分惊人。原任平番知县何汝南四十、四十一年两年内办灾，放过赈银、赈粮共十六万三千余两，其中浮开银五万余两，"前后被总督勒尔锦派买物件银六千余两，王亶望索过银一万八千两，蒋全迪索过银五千余两"[4]。原任狄道州陈常办赈申报需银三万九千两，王亶望、蒋全迪命虚报为六万二三千两，浮开之银王亶望得一万二千两，蒋全迪得一万两；陈常在折收捐监时，每名多收银十两，共浮收四万有余，"王亶望索去银一万余两，蒋全迪索去银一万余两"[5]。通计此案，入己赃数在千两至九万余两的州县官，除在监瘐毙之外，多达一百一十员，其中婪赃二万两以上者二十人，这还不包括该案首犯王亶望、勒尔锦、王廷赞及蒋全迪。

甘肃通省官员冒赈婪赃数额之巨固为"从来未有之奇贪异事"，但州县官员贪婪数万以至十数万、督抚受贿数十万以至数百万，在乾隆中期以后并不罕见。乌鲁木齐地方官员冒销库帑案算不上特大案件，知

---

[1] 参见《乾隆朝上谕档》第11册，第674页。
[2] 参见《宫中档乾隆朝奏折》第48辑，第564—566页。
[3] 《清高宗实录》卷一一三五，乾隆四十六年六月己丑。
[4] 《宫中档乾隆朝奏折》第48辑，第700—702页。
[5] 《宫中档乾隆朝奏折》第48辑，第716页。

县瑚图里亏空库银九万两、侵蚀银三万三千余两,知县窝什浑亏空银三万七千余两,贿赂都统索诺穆策凌等三万一千余两。[1]该案贪污入己赃数在数千两至三万余两的州县官员除瑚图里、窝什浑之外,还有德平等七员。[2]

  督抚大吏在任期间收受各种形式的贿赂究竟有多少,这是无法确切统计的,不过只要看他们巨额家赀也不难窥其大概。王亶望"家赀至三百余万之多"[3],这是抄没家产时金、银等总数,无法估值的古玩字画又不知凡几,且不去说他以"贡献"之名呈送给皇上多少、捐助海塘工程多少、自己挥霍掉多少,仅以抄家时的三百余万家赀而论,王亶望任浙江巡抚这个肥缺一百五十年的廉俸亦不够(浙抚养廉银每年一万两,又兼管盐政,另增九千八百两)。闽浙总督陈辉祖虽比不上王亶望婪赃之巨,但抄家时仅其任所所藏金银及各处营运银两、田房物件即约值银三十一万五千余两,这还不包括本籍家产在内。[4]乾隆四十五年(1780)总督李侍尧婪赃案发,"籍其家,所蓄宝货,值九十万银",这还不包括其云贵总督任所的赀财。[5]乾隆六十年(1795)闽浙总督伍拉纳、福建巡抚浦霖以纳贿俱被查抄家产,在浦霖原籍家中查出白银二十八万余两,金锭、金器、珠玉、田房尚不在内,[6]伍拉纳家产亦值"三四十万之多"[7]。贪污、贿赂是个很难搞清的问题,但通过查抄家产即可知其大概,乾隆帝欲了解"督抚任内是否尚能谨饬"[8],一个重要手段即查抄被参劾婪赃官员的家产。上述王亶望等督抚家赀自数十万至数百万,充其量不过是其贪污、索受贿得来赃款的一部分,据当时人的估测,"大抵(李)侍尧贪赃中,五之三入于进贡"[9],如这说法靠得住,贪墨大吏被籍没家

---

[1] 参见《清高宗实录》卷一一五九,乾隆四十七年六月癸巳;卷一一六二,乾隆四十七年八月戊辰。
[2] 参见《乾隆朝上谕档》第11册,第324页。
[3] 《清高宗实录》卷一一六六,乾隆四十七年十月乙亥。
[4] 参见《乾隆朝上谕档》第11册,第404页。
[5] 参见《朝鲜李朝实录中的中国史料》第一册,第4688页。
[6] 参见《史料旬刊》第33册,地182。
[7] 《史料旬刊》第34册,地238。
[8] 同上。
[9] 《朝鲜李朝实录中的中国史料》第十一册,第4701页。

赀数至少要加倍才接近他任内婪赃入己之数。

督抚婪赃之巨已足人咋舌,而比起京中权要,不过是小巫见大巫而已。于敏中长期担任大学士、军机大臣,乾隆四十四年(1779)病故,乾隆借故查其家赀,竟达二百万之巨,大怒道:"朕任敏中数十年,知其为廉盲,安得有许多赀?"[1]至于和珅家产之巨,恐怕在中国古代堪称前无古人,后无来者。据公布和珅罪款的谕旨:"家内银两及衣物等件数逾千万,其大罪十七;且夹墙藏金二万六千余两,私库藏金六千余两,地窖内并有埋藏银两百余万,其大罪十八。"[2]仅就金、银来说,这也是大大缩小了的数字。薛福成则记录了他寓目的"世俗传钞之本"《查抄和珅住宅花园清单》,据该清单,和珅被抄家产"共有一百零九号,内有八十三号尚未估价","已估者二十六号,合算共计银二万二千三百八十九万五千一百六十两"[3]。薛福成以为"私家记载颇资耳食,难尽为凭"。不过,他又说:"此单传抄已旧,余所见数本大致相同,断非凭空捏造。"[4]看来,和珅家赀究为多少,恐怕是很难搞清的一笔糊涂账。但官方公布的数字显然过低。和珅正月初八下刑部狱,籍家,七天后公布和珅罪状上谕,抄家当仍在继续,且无暇对各项家产逐一估价,此其一;其二,仅就十七、十八款所载金、银而言,也不够明白。朝鲜《李朝实录》记载了上述谕旨,写得较为清晰:"家内银两及衣物等件,数逾千万,其大罪十七。且有夹墙,藏金二万六千余两,地窖内并有埋藏银两百余万。其大罪十八。"[5]可见正月十五日即查抄出了包括隐匿在夹墙、地窖中的金银千数百万两。此后可能陆续有所搜获,其家产中白银一项在一二千万两之谱似接近事实。至于古玩、玉器、字画等项虽价值连城,但很难估值,而且当时例不估值,一概没入内务府。因此,包括金银、古玩字画、田房当铺,以及其他贵重器物究竟价值多少不能,也不必深求,如果能对其家产中金银数目有一个共识便足以说明问题了。

像于敏中、和珅如此贪黩肥橐,在乾隆中期以前实在是闻所未闻,

---

[1]《朝鲜李朝实录中的中国史料》第十一册,第4701页。
[2]《史料旬刊》第6册,天182。
[3]《庸庵笔记》,第61—66页。
[4] 同上。
[5]《朝鲜李朝实录中的中国史料》第十二册,第4981页。

见所未见的。长期入值军机处，与柄中枢者过从甚密的赵翼记云："往时，军机大臣罕有与督抚外吏相接者。前辈尝言张文和公（廷玉）在雍正年间最承宠眷，然门无竿牍，馈礼有价值百金者辄却之。讷公亲当今上初年，亦最蒙眷遇，然其人虽苛刻，而门庭峻绝，无有能干以私者。余入军机，已不及见二公。时傅文忠（恒）为首揆，颇和易近情矣，然外吏莫能登其门，督抚皆平交，不恃为奥援也。余在汪文端（由敦）第，凡书牍多为作答，见湖抚陈文恭（宏谋），伴函不过仅锦二端，闽抚潘敏惠（思榘），公同年也，馈节亦不过葛纱而已……是时风气如此。"[1]从乾隆初政枢辅较为清廉，"馈礼有价值百金者辄却之"，到和珅向下索贿，以二十万白银为少，张口便是四十万，[2]其三四十年间的演变确如章学诚所言："始如蚕食，渐至鲸吞，初以千百计者，俄而非万不交注矣，俄而万且以数计矣，俄以数十万计，或百万计矣。"

最后，陋规的泛滥成灾，亦是乾隆中期以后侵贪痼弊所呈现的新特点。

所谓陋规，就字面上讲，是指衙门中历来相沿的不良成例，举凡地丁之外的"火耗""平余"，漕粮之外的"漕规""斛面"，盐课之外的"匣费""节规"，关税之外的"盈余""存剩"，此外如督抚过境时的"站规""门包"，学政典试时的"棚规""红案"，又有"舟车贴费""行市官价""冰敬炭敬""密赠别赠""公费帮费"，地方衙门的"心红纸张"，中央部院的"部费"，以至娼楼赌馆交到官府的"娼赌费"等，花样繁多，不一而足，姑一言以蔽之曰"陋规"。其形式为法定赋税收入之外的非法或半合法的黑色收入，故时人概括说："国家律令无文，故曰陋规"；究其实质，则是程度不同的需索与贿赂。

尽管如此，由于陋规数量悬殊，情节各异，实难一概而论。如馈赠通问，固王法所不禁的人情，但由此很容易流为昏夜苞苴之弊，且"水礼"之类数额多少虽为法所禁，亦难划定严格界限。咸丰年间署甘肃藩

---

[1] 赵翼《簷曝杂记》卷一，"军机不与外臣交接"。
[2] 嘉庆四年九月戊辰谕："春间查办和珅一案，曾经绵恩查奏，（两淮盐政）征瑞有馈送和珅银二十万两未经收受之事……现在征瑞前来行在，经朕面询，据称此项银二十万两，因为和珅妻面致送，彼时和珅意存良少，欲令伊增至四十万，是以未收。而从前实曾送过和珅银二十万，当经收受。"《清仁宗实录》卷五一，嘉庆四年九月戊辰。

司张集馨赴任途经保定,前往拜谒直隶总督桂良,"馈送土宜八色",收进五样:"貂尾褂筒一件,大铁箱鼻烟二大捧,本色貂帽沿二副,衣料四套,平金佩件一大匣。"[1]这些礼物价值不赀,且都称不上什么"土宜"。再有,相当多的陋规为地方官办理公事所资,只要不横征暴敛,百姓还能忍受。康熙年间,火耗是最大一项陋规,然操守清廉如陆陇其知嘉定县时,每两地丁仍"收耗羡银四分"[2]。因此,当时舆论对有节制的陋规多持宽容的态度。章学诚说:"相沿陋规,如加一二之平余、斛面,以及杂税盈余,盐当节规……民间相安已久,亦不复觉其为陋规矣。"[3]张集馨甚至说,有的陋规若加禁革,"州县不遵,百姓亦不遵,其取辱也宜矣"[4]。总之,当吏治相对清明时,地方官吏借陋规以补廉俸之不敷,陋规虽无所不在,尚不致造成社会公害。

然而,乾隆中期以后,陋规已呈泛滥成灾之势。尹壮图在嘉庆帝亲政后疏陈时弊折中将这一变化讲得十分清楚:"乾隆二十年以前,各省属员未尝不奉承上司,上司未尝不取资属员。第觉彼时州县俱有为官之乐,闾阎咸享乐利之福,良由风气淳朴,州县于廉俸之外,各有陋规,尽足敷公私应酬之用。近年以来,风气日趋浮华,人心习成狡诈。属员以夤缘为能,上司以逢迎为喜,踵事增华,夸多斗靡,百弊丛生,科敛竟溢于陋规之外。上下通同一气,势不容不交结权贵以作护身之符。"[5]章学诚则把溢于陋规之外的科敛指为吏治的"极弊",具体有"漕规之斗斛倍蓰,丁粮之银钱倍折,采买之短价抑勒,公事之借端横敛,印官上任,书役馈送辄数万金,督抚过境,州县迎送必数千金,此皆日朘月削,闾阎不可旦夕安者"[6]。

地丁、关、盐、漕是为国家财赋之所出,亦官吏营私舞弊的利薮,历来陋例丛生,厉禁不绝。主要在地丁、关、盐、漕。洪亮吉说"钱粮漕米,前数年尚不过加倍,近则加倍不止",与章学诚所言"丁粮之银

---

[1] 张集馨撰,杜春和、张秀清点校《道咸宦海见闻录》,中华书局,1981,第199页。
[2] 《清经世文编》卷二七,钱陈群《条陈耗羡疏》。
[3] 《章学诚遗书》,第329页。
[4] 《道咸宦海见闻录》,第116—117页。
[5] 姚元之《竹叶亭杂记》,中华书局,1982,第53页。
[6] 《章学诚遗书》,第329页。

钱倍折"吻合。以漕规为例，嘉庆初查明山东"漕帮旗丁经费陋规"清单，"内开该帮漕船三十九只，得过各州县帮贴陋规银五千余两"[1]。通漕计算，各省漕船"原数万四百五十五号"[2]，每年旗丁所得州县帮贴漕规总数在百万两以上。而有漕州县以帮贴旗丁为名，加征"耗赠"，贪污中饱，又当比百万两加倍，或加倍不止。再看盐务陋规，两淮盐政衙门"每日商人供应饭食银五十两，又幕友束脩、笔墨纸张一切杂费银七十两，每日供应银一百二十两"，一年竟达四万三千余两之多，这里面有的开销名目还可以理解，但数目如此之巨显然意在言外，连乾隆帝也说宫中每年膳房通计不过三万余两，户部尚书每年饭食银两不过五千余两，两淮盐政不过微末司员，竟至于此！[3] 其实各省盐商供应盐官办公费之类的陋规不过区区小数。各省督、抚等大员无不收受盐务陋规，历任闽浙总督俱收盐店总商规礼，"自乾隆四十四年起，杨景素收过银二万两，富勒浑三任共收过银五万五千两，陈辉祖收过银二万两，雅德两任收过银四万五千两，伍拉纳任内共收过银十五万两"[4]。各地盐商还有帮贴大吏进贡的所谓"贴补公费"，乾隆四十九年（1784）查办广东盐务陋规案，历任两广总督"俱用银自三万余两至五六万两不等，而杨景素在任未及一年，竟倍用至六万余两之多"[5]。对盐商来说，每年公摊几万至几十万两银子供应其主管上司盐政、盐运使，供应所在地的父母官，都唾手可办，不在话下，真正成为不堪重负的特大陋规则是帮贴办差，特别是南巡大差，长芦、两淮、浙江三地盐商动辄要拿出百数十万两，以至数百万两白银，这在下文谈到两淮提引案时还要述及。海关及内地各关陋规之多之重，较之地丁、盐、漕有过之而无不及，冯桂芬痛切地说："关无善政"，"浮费之多，莫甚于关"，"大抵田赋之数民之所出者二三，而国之所入者一；关税之数，民之所出者十，而国之所入者一"[6]。这虽指道咸年间而言，但乾隆季年大势已成。

---

[1]《清仁宗实录》卷五六，嘉庆四年十二月丙申。
[2]《(光绪)大清会典事例》卷二○二。
[3]《清高宗实录》卷一四五八，乾隆五十九年八月丁巳。
[4]《史料旬刊》第32册，地145。
[5]《清高宗实录》卷一二○○，乾隆四十九年三月戊子。
[6] 冯桂芬《校邠庐抗议》，《近代中国史料丛刊》第62辑。

地丁、盐、关、漕诸陋规外，乾隆中期以后，各衙门陋规多如牛毛，不暇细数。乾隆五十三年（1788）查办台湾海口陋规案，鹿耳门海口文武两税馆每年约收"番银"五万余圆，总兵分三至四千圆，副将分二千余圆；鹿仔鹿"陋规与鹿耳门无异"，同知约得一万余圆，守备六千余圆；至淡水、八里坌海口亦有陋规。[1]再看钦差、督抚过境的站规。乾隆五十一年（1786）两广总督富勒浑婪赃案查出其家人李世荣随主子自闽入粤，沿途需索州县站规，仅福清知县郭廷魁即被勒索"花银"一千二百零五圆，自京回闽，仅浦城知县钮琨即被索去"花银"五百一十七圆。[2]总督入境，州县站规竟达银千数百两。这也是前所未有的事。台湾海口陋规和富勒浑家人需索站规，从一个细小的方面反映出陋规的普遍性和严重性。

可以这样说，乾隆中期以后文武官员（武职官员乾隆四十六年起，名粮虚额归入养廉）每年收入主要不靠朝廷给的廉俸，而改为仰给于各种名目的陋规。所以汪辉祖说："俗所指美缺，大率陋规较多之地，岁例所入，人人预筹分润。"[3]至于陋规收入较之廉俸多多少，那就要看缺之肥瘠和官员本人的道德良心了。贪官墨吏如王亶望陋规所得可在廉俸的数十百倍，廉洁自矢的清官取之有节，但恐怕亦非数倍十数倍则难以为继。这可举稍后的张集馨为例，此人道光年间所任陕西督粮道，是有名的肥缺，"京外谓是缺总有三四十万"，故有"粮道是财神庙主持"的俏皮说法。张集馨自律较严，据称自己每年入项六万余金，[4]而陕西粮道每年养廉不过二千四百两，[5]张集馨每年陋规所得竟在养廉银的二十倍以上。这大致能反映出乾隆中期以后陋规泛滥，以致法所不禁、人咸宽容的非正常的状况。

总而言之，乾隆中期以后，特别是乾隆帝当政的最后二十年间，历来的侵贪痼弊确实呈现出了前所未见，或前所罕见的诸多特殊的、引人

---

[1] 参见《宫中档乾隆朝奏折》第68辑，第805—808页。
[2] 参见《宫中档乾隆朝奏折》第61辑，第196—197页，《清高宗实录》卷一二六〇，乾隆五十一年闰七月己卯。
[3] 《清经世文编》卷二一，汪辉祖《论用财》。
[4] 张集馨《道咸宦海见闻录》，第80页。
[5] 《（光绪）大清会典事例》卷二六一。

注目的新现象。在即将揭开19世纪序幕、中国正由传统社会蹒跚地迈向近代的历史背景下,这一至关重要的变化的原因究竟是什么呢?下面先从法制方面加以论析。

二

清代惩治侵贪的法律包括律文和附律条例两部分。律文沿袭明律,而条例则依据不断变化的情势,随时加以增修删订。在拟罪科刑时,法司根据"有例则置其律;例有新者,则置其故者"[1]的基本原则,多援照条例,而将本律置诸高阁,是以条例不仅是正式的法律规范,而且其地位要高于本律。乾隆帝在位期间,从严惩侵贪的立法精神出发,对某些关键附律条例作了根本性的删订,从而为惩治侵贪提供了有力的法律武器。

《大清律例》中大体相当于今之贪污罪的罪名是"监守自盗仓库钱粮",其律文曰:"凡监临主守自盗仓库钱粮等物,不分首从,并赃论罪,并于右小臂膊上刺盗官(银、粮、物)三字。一两以下,杖八十;一两以上至二两五钱,杖九十;五两,杖一百;七两五钱,杖六十徒一年;一十两,杖七十徒一年半;一十二两五钱,杖八十徒二年;一十五两,杖九十徒二年半;一十七两五钱,杖一百徒三年;二十两,杖一百流二千里;二十五两,杖一百流二千五百里;三十两,杖一百流三千里(杂犯,三流,总徒四年);四十两,斩(杂犯,徒五年);三犯者,绞,问实犯。"[2]何谓"监临主守",《大清会典事例》解释云:"凡律称监临者,内外诸司统摄所属,有文案相关涉,及(别处驻扎衙门带管兵粮水利之类)虽非所管百姓,但有事在手者,即为监临;称主守者,(内外各衙门)该管文案吏典,专主掌其事,及守掌仓库狱囚杂物之类,官吏、库子、斗级、攒拦、禁子并为主守;其职虽非统属,但临时差遣管领提

---

〔1〕《(光绪)大清会典》卷五四。
〔2〕《大清律例》卷二三,"刑律·贼盗·监守自盗仓库钱粮",《文渊阁四库全书》第672册。

调者，亦是监临主守。"[1]对"并赃论罪"则这样解释："并赃，谓如十人节次共盗官银四十两，各分四两入己，通算作一处，十人各得四十两，罪皆斩；若十人共盗五两，皆杖一百之类。"[2]

但在司法实践中，对监守自盗罪最高处刑——斩刑的拟定并不照依上述律文的规定，而是根据雍正三年（1725）所定附律条例："凡侵盗钱粮入己，自一千两以下者，仍照监守自盗律拟斩，准徒五年；数满一千两以上者，拟斩监候。"[3]此后，条例虽屡经修改（雍正六年一度改为"入己数满三百两者拟斩监候，不满三百两者，照正律并赃拟罪"[4]）；至乾隆元年（1736）十一月删除，复侵盗钱粮数满千两以上者拟斩监候原例，[5]但监守自盗钱粮数满千两拟斩则作为"正例"相沿不替。

由此可见，极为严峻的监守自盗罪的本律经有关附律条例的修正已宽弛得多；然而，即使如此，犯有监守自盗罪且入己满千两以上的官吏仍能逃避刑诛，原因是监守自盗律文还附有更宽的"完赃免死减等"的条例。

该条例雍正三年（1725）定，主要内容是："侵盗、挪移等赃，一年内全完，将死罪人犯，比免死减等例，再减一等发落；军、流、徒罪等犯，免罪。"若一年未全完，"再限一年追赔，完者，死罪人犯免死减等发落；军、流、徒罪，亦减等发落；若不完，军、流、徒罪犯人，即行充配，死罪照原拟监追……仍再限一年，着落犯人妻及未分家之子追赔……如果家产尽绝，正犯身死，及妻子不能赔补，地方官取具印甘各结，申详督抚，保题豁免结案"[6]。至于三年限外不完，正犯亦未身死，应如何处置，上述条例未有明确规定。显而易见，以极宽的条例，济之极严的律文，立法者主要是从经济着眼，务使国家库帑避免或减少损失。

就律文而言，《大清律例》有关对贿赂罪的惩治要严于贪污罪。清律中大体相当于今之贿赂罪的罪名是"枉法赃"和"不枉法赃"。"刑

---

[1] 《（光绪）大清会典事例》卷七三九。
[2] 《（光绪）大清会典事例》卷七八一。
[3] 同上。
[4] 同上。
[5] 参见《清高宗实录》卷三〇，乾隆元年十一月戊戌。
[6] 《（光绪）大清会典事例》卷七八一。

律·受赃·官吏受财"下规定:"凡官吏(因枉法、不枉法事)受财者,计赃科断。无禄人各减一等,官追夺除名,吏罢役,俱不叙用。"[1]所谓"枉法"与"不枉法",区别在于收受当事人财物之后,判断是否曲法,曲法者为枉法,否则为不枉法。凡枉法赃各主者,通算全科,即收受十人财,一时事发,通算作一处,全科其罪;不枉法赃各主者,则通算折半科罪。[2]枉法赃、不枉法赃最高刑为绞刑,枉法赃至八十两即绞,不枉法赃则一百二十两处绞。由于"折半科罪",实际上二百四十两以上才处以最高刑。在司法实践中,凡枉法赃、不枉法赃俱照上述律文定罪量刑,未有较宽的附例加以修正,所以说,清律蕴含有惩治贿赂严于惩治贪污的立法深意。关于这一点,下文还要展开讨论,这里需要说的是,枉法赃、不枉法赃律文也附有"完赃免死减等"的条例,"若官吏因事受财,贪婪入己,审明枉法、不枉法,及律载准枉法不枉法论等赃,果于一年限内全完,死罪照原拟减一等改流,军、流以下各减一等发落;倘限内不完,死罪仍照原拟监追,流罪以下,即行发落,其应追赃物,照例勒追完结"[3]。这一点,与监守自盗罪完赃免死减等的条例并无二致,同是轻国法而重帑项,在客观上,则是对贪官墨吏的姑息宽纵。

乾隆即位之初,对雍正朝新定惩贪条例略有增删,不过,总的趋向是由严转宽,大致到乾隆六年(1741)时,形成了如上文所述的惩治侵贪的律例体系。这在一定程度上反映出这位年轻的君主统治思想还不够成熟、为政经验还有待丰富。乾隆的可贵之处在于,他很快从司法实践中发现了惩贪立法不严的痼弊,并准确地指出,"完赃免死减等"条例乃一切问题的症结之所在,此例不加删除,则从严惩治侵贪的立法精神便无从贯彻。经过长时间的酝酿,最后终于下定决心,将"完赃免死减等"之例永行停止。

乾隆六年九月,鉴于侵贪案件日渐增多,而犯官只要限内完赃,俱减等发落,乾隆以为如此处置"殊不足以惩儆",遂降旨命将乾隆元年以来侵贪各案人员实系贪婪入己、情罪较重者,"发往军台效力,以为黩货

---

[1] 《大清律例》卷二三,"刑律·贼盗·监守自盗仓库钱粮"。
[2] 《(光绪)大清会典事例》卷八二〇。
[3] 同上。

营私者之戒"[1]。乾隆十二年（1747）九月又降旨，命嗣后"凡二限已满，照原拟监追之犯，九卿于秋审时核其情罪，应入情实者，即入于情实案内，以彰国法"。该谕旨称："因例内载有分年减等，逾限不交，仍照原拟监追之语，至秋审时概入缓决，外而督抚、内而九卿法司，习为当然。初不计二限已满，既入秋审，自当处以本罪，岂有虚拟罪名，必应缓决之理？即在本犯，亦恃其断不拟入情实，永无正法之日，以致心无顾忌。不知立法减等，原属法外之仁，至限满不完，则是明知不死，更欲保其身家。此等藐法无耻之徒，即应照原拟明正其罪。"[2]乾隆这时虽尚未打算停止"完赃免死减等"条例，但已通过上述谕旨向无力完赃和有力而故意延宕的侵贪人员发出严重警告，并言出法随，于十四年（1749）秋审将戴朝冠、刘樵和朱江三名侵亏人犯正法。[3]

在宣布处决戴朝冠等的明发谕旨中，乾隆虽表示嗣后凡犯侵亏，即应按律治罪的决心，但仍明示天下臣工，"权不改勒限之例，若后来侵贪者复多，必照此旨办理"[4]。

作为掌握最高立法权的乾隆皇帝既深知"完赃免死减等"条例对吏治的严重危害，又何以未能及时予以删除呢？这其中自有他的为难之处。前面已经述及，清律立法惩贪首先考虑的是追赔亏帑，同时对侵亏人犯，特别是侵盗仓库钱粮更是格外宽纵。对于前者，在十四年秋审谕旨中，乾隆命令凡侵亏人犯"亏空帑项，除该员家属完缴外，着落该上司分赔"[5]；而真正难于破除的倒是后者，宽待贪员，姑息贪污，是根深蒂固的传统观念，欲停止"完赃免死减等"条例，则必先破除它的立法根据。

中国古代法律自汉代以来，即深受儒家思想的影响，以礼入法，礼法合一，是古代立法的神圣准则。乾隆在十四年秋审谕旨中就提到当时有所谓"律载贪罪重于侵，必有深意"的一种议论，而其"深意"，即立法所据的儒家思想。《礼记·大学》有曰："与其有聚敛之臣，宁有盗臣。

---

[1]《清高宗实录》卷一五一，乾隆六年九月庚寅。
[2]《清高宗实录》卷二九九，乾隆十二年九月庚戌。
[3] 参见《清高宗实录》卷三四九，乾隆十四年九月甲戌。
[4]《清高宗实录》卷三四九，乾隆十四年九月壬申。
[5] 同上。

此谓国不以利为利,以义为利也。"宋儒朱熹对此句的解释是:"君子宁亡己之财,而不忍伤民之力。故宁有盗臣,而不畜聚敛之臣。"[1]监守自盗,即今之贪污罪,侵犯的是国家财产,故称"盗臣";枉法赃、不枉法赃,即今之贿赂罪,侵犯的是属民的财产(当然也败坏了国家的形象),故称"聚敛之臣"。按照儒家经典和理学大师的意见,即"与其有聚敛之臣,宁有盗臣"。明、清律例俱惩治贿赂重于贪污,监守自盗入己千两以上方拟斩,且有"完赃免死减等"条例,其立法根据,即所谓"深意",说穿了,就是"与其有聚敛之臣,宁有盗臣"这样一句似是而非的儒家教条。

十四年秋审,乾隆就对上述官场以为天经地义的怪论大不以为然,他明降谕旨加以辨析:"夫谓与其有聚敛之臣,宁有盗臣者,乃重为聚敛者戒,而非为盗臣者宽。盗臣与聚敛,厥罪惟均,不独聚敛之臣不可有,即盗臣亦岂当有哉?且此特泛论治道而已。"又进一步申说:"侵盗帑项,与勒索所部财物虽并列刑章,而库帑之关系重大,人无不知,乃身为职官,敢侵帑而漫无顾忌,则虐取所属,恣饱贪壑,自必无所不为。"[2]当年朝审,重申此意,口气则更严厉:"向来锢习,以为宁盗毋贪。此在为上者爱民之深,权其轻重,谓与其厉民,毋宁损上,以是重言人臣之不可贪耳,而岂忍以盗待臣子哉?为臣子者,又岂甘以盗自处哉?人徒知渔利于民者,贪也;蠹蚀于官者,侵也。援律傅罪,轻重判然。不知贪者固有害于下,而侵者实无畏于上,以无畏之心,而济之以无穷之欲,则派累以肥橐者有之,因事而勒索者有之,甚至枉法而受赃者有之。"[3]乾隆翻驳古训,谆谆垂诫,不啻三令五申,由此亦可见渗透到法律中的姑息贪污的儒家立法精神何等牢不可破。

由于迟迟未能将"完赃免死减等"条例删除,因此难免秋审时将完赃官犯混入缓决之事发生。乾隆二十二年(1757)秋审将届,在审阅湖南官犯招册时,乾隆发现原任布政使杨灏以限内完赃,归入缓决,不禁怒火中烧,"手战愤栗",遂下令将原拟之湖南巡抚蒋炳交部治罪,三法

---

[1] 宋元人注《四书五经》上册,《大学章句》,中国书店,1985,第8页。
[2] 《清高宗实录》卷三四九,乾隆十四年九月壬申。
[3] 《清高宗实录》卷三五一,乾隆十四年十月甲辰。

司及与审之九卿、科道等一律交部议处,杨灏则于湖南即行正法。在宣布此事的明发谕旨中,乾隆严厉指出:"藩司大员狼藉至此,犹得以限内完赃,概从末减,则凡督抚大吏,皆可视婪赃亏帑为寻常事……限内完赃,仍得保其首领,其何以饬官方而肃法纪耶?"[1]翌年九月,乾隆帝为从根本上扭转吏治积重难返之势,决定将"侵亏入己完赃减等例"永行停止,谕称:"律令之设,原以防奸,匪以计帑,或谓不予减等,则孰肯完赃,是视帑项为重,而弼教为轻也……嗣后除因公挪移及仓谷霉涅情有可原等案,仍照旧例外,所有实系侵亏入己者,限内完赃减等之例,着永行停止!"[2]法司遵旨将原例删除,在"刑律·贼盗·监守自盗仓库钱粮"本律之后,新添附例:"凡亏空钱粮,除因公挪移及仓谷霉湿等案,仍照旧例办理外,其实系亏空入己者,虽于限内完赃,俱不准减等。"[3]两年后,又将"所有例内枉法赃限内全完减等之条永行停止",以画一"立法惩贪之道"[4]。至此,历经二十年之久曲折反复的过程,乾隆帝终于克服重重阻力,将纵容、姑息贪污贿赂,助长吏治腐败的"完赃减等"条例正式从《大清律例》中予以删除,而代之以完赃亦不准减等的新例。此后,他又坚持定见,不为浮议所动[5],终其一生,"完赃减等"旧例未能复立。

然而,乾隆帝刚刚去世,即遵嘉庆帝谕旨议准,将乾隆二十三年"侵亏完赃不准减等"条例删除,新定条例规定:监守自盗钱粮入己在一千两以上者拟斩监候,"勒限一年追完,如限内全完,死罪减二等发落","若不完,再限一年勒追,全完者,死罪及流徒以下,各减一等发落","如不完……死罪人犯监禁,均再限一年,着落犯人妻及未分家之子名下追赔。三年限外不完,死罪人犯永远监禁,全完者,奏明请旨,

---

[1] 《清高宗实录》卷五四六,乾隆二十二年九月戊戌。
[2] 《清高宗实录》卷五七〇,乾隆二十三年九月戊戌。
[3] 《(光绪)大清会典事例》卷七八一。
[4] 《(光绪)大清会典事例》卷八二〇。
[5] 乾隆二十三年十二月御史汤先甲奏称:"州县侵亏帑项,宜照旧例办理。在贪墨败检之徒,诚何足惜?然非所以慎重国帑。"对此,乾隆帝批驳道:"若以限内完赃为足慎重国帑,则该御史今日之奏,非为问刑,乃为言利矣。"(《清高宗实录》,卷五七六,乾隆二十三年十二月甲寅)

均照二年全完减罪一等之例办理。至本犯身死，实无家产可以完交者，照例取结豁免"[1]。对这条恢复"完赃免死减等"旧例的新并条例，光绪年间任刑部尚书、著名律学家薛允升一针见血地批评说："此以侵欺之罪为轻，而以帑项为重也。"[2]另据《清史稿》载，奏复"完赃免死减等"旧例的是金光悌。金光悌，嘉庆十三年（1808）末以外吏内擢刑部尚书，但奏复旧例时官刑部员外郎，《清史稿》本传有以下一段记载："人咸以光悌用法严，然亦有从宽者。旧例，监守自盗限内完赃者减等，乾隆二十六年（按系乾隆二十三年之误）改重，不减等。光悌奏复旧例。"金光悌奏复旧例的理由未详，但史稿本传接下去又述及另一事："后阿克苏钱局章京盗官钱，计赃五百两以上，主者引平人窃盗律，当绞，情实。光悌曰：'盗官钱当拟斩监追，不决；绞，情实，则决矣。不得引窃盗律。'奏平之。仁宗览奏曰：'官盗较私盗反薄耶？'对曰：'与其有聚敛之臣，宁有盗臣——律意如是。'卒如其议。"[3]这件事或许对嘉庆亲政之初何以恢复"完赃免死减等"旧例也有启发。总而言之，从雍正三年定例"完赃免死减等"，到乾隆二十三年将该条例永行停止，代之以完赃亦不准减等新例，以至嘉庆初年删除乾隆二十三年新例，恢复限内完赃减等旧例，不单纯是律例本身的反复，而其中蕴含的立法者法理依据之区别更值得重视。

还应指出，嘉庆初年的恢复旧例，实际上较之雍正三年所定条例又后退了一步。前面已经提及，雍正三年条例对三限之内未完赃应如何处理，未有明确规定，因此，法司俱按死罪照原拟监追的惯例掌握。但雍正帝锐意整肃吏治，当他在位期间，历届秋、朝审案内，侵盗、贪婪各犯拟入情实、奉旨勾决者有八案，拟入情实、未经勾决者亦有八案，此外未待秋审因贪婪即行正法者还有两案。[4]可见，雍正三年条例虽有完赃免死减等发落的内容，却无保障侵贪人员永无正法之日的明文。三限未完赃者是否拟入情实、拟入情实是否予勾，全在皇帝权宜处置。而

---

〔1〕 这条修并改定的新例，《（光绪）大清会典事例》系"嘉庆四年遵旨议准"（该书，卷七八一），薛允升《读例存疑》记为"嘉庆六年修并"，光绪乙巳年京师刊本。
〔2〕 薛允升《读例存疑》卷二五，"刑律·贼盗上"。
〔3〕 《清史稿》卷三五二，《金光悌传》。
〔4〕 参见《清高宗实录》卷二九九，乾隆十二年九月庚戌。

法司揣摩皇帝惩贪的意向,时严时宽、畸轻畸重,亦无一定之准则。乾隆初政,以宽缓矫正雍正朝的严猛,因而法司办理秋、朝审案,每遇侵贪官犯辄予宽纵,且一次混入缓决,即为成案,断不复改,人们习称之"老缓"[1]。因此,乾隆帝断然删除雍正三年条例,并在继承雍正帝严惩侵贪精神的同时,制订了从严惩处侵贪的新例。然而,嘉庆初年修并的新例却规定"三年限外不完,死罪人犯永远监禁",这无异于明文规定贪污罪的最高刑为无期徒刑,在司法实践中,"侵盗钱粮入己……数满一千两以上者,拟斩监候"的正例也就成了虚设而不用的一纸空文。正是基于这一点,熟谙清律例沿革的薛允升批评嘉庆初年修并的条例时说:"乾隆年间侵贪正法者不少,此例定后,绝无此等案件,而户律'虚出通关'各律例俱有名无实,亦刑典中一大关键也。"[2]

就惩贪立法而言,乾隆朝可指摘之处也所在多有。普遍存在的问题是,律例虽严却多成具文。例如为惩治仓库亏空而制订的"虚出通关朱钞""附余钱粮私下补数""挪移出例"等律,违者皆以监守自盗论,[3]不可谓不严,但薛允升已指出这些律例"俱有名无实"。再如,清律"官吏受财"律下附例:"凡上司经过,属员呈送下程,及供应夫马、车辆一切陋规尽行革除,如属员仍有供应,上司仍有勒索者,俱革职提问,若督抚不行题参,照例议处"[4],亦不可谓不严,但冯桂芬也说此类"俸禄外丝毫有取皆不枉法赃"不过为"空虚不用之律例",若"以综核名实之法治之,曹局一空矣"[5]。他讲的虽是咸同时的弊端,而乾隆年间并无二致。

下面具体分析乾隆朝立法方面两个比较严重的问题:明知其错而不予删除的"与受同科"条例和"陋规"的罪与非罪界限模糊。

"与受同科"是《大清律例·刑律·受赃》"有事以财请求"律文后的附例,条例主要内容是:"凡有以财行求,及说事过钱者,审实,皆计所与之赃,与受贿人同科。"[6]此例系康熙三十七年(1698)条例,雍正

---

[1]《清高宗实录》卷三五〇,乾隆十四年十月癸未。
[2]《读例存疑》卷一五。
[3] 参见《大清律例》卷一一,"户律·仓库"。
[4]《大清律例》卷三一,"刑律·受赃·官吏受财"。
[5] 冯桂芬《校邠庐抗议》卷上。
[6]《大清律例》卷三一。

三年（1725）、乾隆五年（1740）两次增修，基本内容未变。[1]所谓"以财行求"，即行贿；所谓"说事过钱"，即介绍贿赂。"与受同科"，即行贿、介绍行贿与受贿科以同罪。从法理角度分析，"与受同科"的谬误是显而易见的。薛允升首先指出"与受同科"条例较之"官吏受财"律更严："官吏受财，分别枉法、不枉法科罪，说事过钱者得减一等、二等，与财者坐赃论，律文本有分别。此例改为一体同科，较律加严。"如此一来，"设如受不枉法赃一百二十两以上，受者自应论死，与者及说事过钱之人一体论死，自古以来，无此情法"。他对为何定此条例表示难以理解："受财，有受财之罪；行求，有出钱之罪；一体同科，古无此法。究系因何纂为定例，并无按语可考。"[2]

"与受同科"在法理上固无法解释，更严重的是，在司法实践中，由于行贿者、介绍行贿者与受贿者同科，因此罕有据实揭发者。"与受同科"看来似从严从重惩治贿赂，实际上却起着保护索贿、受贿的墨吏的作用。路振扬早在雍正初年就已对"与受同科"提出修正，他说："此等营私之徒，彼此容隐，其事不易败露，即必有人告发，犹必互相掩饰"，为此，他奏请新定"营私自首之例"："如与者于事后能据实自首，则照原赃倍追给主，免其应得之罪，止罪受者及说事过钱之人；若说事过钱之人能据实尽首，除免赃给赏例内分别已详外，亦免其应得之罪，止罪与受之人。"路振扬以为，此亦"除贪之一法也"[3]。经议准，路振扬所奏虽被定为"有事以财请求"律的附例[4]，但"与受同科"条例仍为赃吏所倚恃，特别是案发之后，受贿者更有恃无恐，挺身不承婪赃之罪。

乾隆六十年（1795）闽浙总督伍拉纳、福建巡抚浦霖婪赃受贿案始于福州将军魁伦密奏"各州县仓储大半多非实贮"[5]，乾隆帝即命新署闽浙总督长麟会同魁伦查办。从当年五月初一至八月下旬，仅查出伍拉纳、浦霖收受盐务陋规等罪款，而其婪索属员、收受馈送等案中重大情节却毫无进展。乾隆帝料定伍、浦二人若不听情受贿，绝不肯为下属亏空钱

---

[1] 参见《读例存疑》卷四一；《（光绪）大清会典事例》卷八二一。
[2] 《读例存疑》卷四一。
[3] 《清经世文编》卷一六，路振扬《请定营私自首之例疏》。
[4] 《（光绪）大清会典事例》卷八二一。
[5] 《史料旬刊》第29册，地79。

粮讳饰隐瞒，故而屡降严旨命长麟等查出实在情节，"毋得稍有瞻徇，致干重咎"。经长麟等逐一严追，只有原厦门同知黄奠邦供出每年致送伍拉纳、浦霖银各四千六百两，在任二年共送过伍拉纳银九千二百两、浦霖银九千二百两，其他提审各员"佥称福建州县多系苦缺……实无余力馈送营求"[1]。军机大臣据黄奠邦供质之业已革职解京的伍拉纳和浦霖，伍拉纳对收受黄奠邦之银两无可推卸，但一口咬定除此之外，"实未得过别项银两"，军机大臣再四严诘，仍"坚供不移"。浦霖心虚，供出收受黄奠邦贿银后，又供出"得过知府石永福、署知县史恒岱二人各花边钱一二千圆不等"，至于其他贿送之事，浦霖不敢封口，供称"此外州县也还有送过我的，我实一时记忆不清了"[2]。此时已是当年十月份了，归政大典在即，乾隆帝只得命军机处将浦霖供词封寄魁伦，"严切究讯""该二员逢迎行贿"之罪，至于其他州县馈送之事则"不必辗转根究"[3]。为什么不再根究，在同时颁布的明发上谕中，乾隆说得十分清楚："此外属员中私行馈送者自不乏人，但与受同罪，本人必不肯再行供出，若辗转根究，不无波及，竟可无庸再行查办。俟石永福、史恒岱二人查讯明确后，此案即可完结。"[4]

伍拉纳、浦霖婪赃受贿案是乾隆归政前亲自处理的最后一起贪污大案，说他有心包庇伍、浦二人，似欠公允；说长麟、魁伦亦深染"官官相护"习气，不肯实力办案，也不够公平。但在持续近半年的反复究讯中，只不过查出了伍拉纳、浦霖婪赃受贿的枝叶而已，原因就在于"与受同科"的条例实际上已成了查清此类贿赂案的不可逾越的障碍。如果说乾隆帝亲自过问、严旨督责的钦案尚且如此，其他贿赂案之难于彻底查清则更可想而知了。应当说明，律例确有"许被索之属员据实详揭"，并"许本官直揭都察院转为密奏"，或"直揭部科"[5]。乾隆年间以属员揭发上司索贿而奉旨查办的贪婪大案并非绝对没有，乾隆三十四年（1769）原任贵州巡抚方世俊及现任贵州巡抚良卿受贿案系粮道永泰、知州刘标

---

[1]《史料旬刊》第33期，地213。
[2]《史料旬刊》第34册，地233。
[3]《史料旬刊》第34册，地234。
[4]《史料旬刊》第34册，地235。
[5]《（光绪）大清会典事例》，卷八二〇、八二一、八三。

揭报长官婪索而发,乾隆三十七年(1772)云南布政使钱度贪婪案系知县朱一深直揭户部而发,不过,永泰、刘标、朱一深之所以铤而走险,置"与受同科"条例于不顾,乃是他们被上司参革在先,故不惜鱼死网破,以求死里逃生。但此类案件究属个别,而伍拉纳、浦霖婪赃纳贿案中,与受双方俱茹刑不吐则更具有典型性。

对"与受同科"条例在查办贿赂案件中的消极作用,乾隆帝早有清醒的认识,乾隆四十六年山东巡抚国泰勒索属员贿赂一案,他特谕钦差大臣和珅等,御史钱沣参折内"所称仓库亏空多至八九万两不等,和珅等到彼时迅速逐一比对印册盘查,自无难水落石出,此事尚属易办。至各属以贿营求思得美缺一节,不特受贿者不肯吐露实情,即行贿各劣员明知与受同罪,亦岂肯和盘托出?即或密为访查,尚恐通省相习成风,不肯首先举发"[1]。乾隆六十年伍拉纳、浦霖案查办受到阻碍时,乾隆帝也指出症结在于"与受同罪"。对于这种只有清律独有、法理上又令人难于理解,而在司法实践中弊病显而易见的荒诞条例,乾隆帝竟听任其保存于《大清律例》,不能不说是惩贪立法上的重大疏失。

乾隆年间惩贪立法上另一严重缺陷是"陋规"罪与非罪界限不清。

清律中本有惩治收受陋规的条例,如上面提到的属员呈送下程,与受者俱革职提问,再如"刑律·受赃·在官求索借贷人财物",本律:"若接受所部内馈送土宜礼物,受者,笞四十,与者减一等;若因事(原注'在官')而受者,计赃,以不枉法论。"[2]该律还附有条例:"凡出差巡察之员所到州县地方,如有收受门包,与者照钻营请托例治罪,受者照婪赃纳贿例治罪。"[3]又如"户律·仓库·多收税粮斛面"本律:"若仓官、斗级不令纳户行概,踢斛、淋尖,多收斛面者,杖六十;若以附余粮数计赃重者,坐赃论罪。"[4]由此可见,与受陋规俱坐应得之罪,亦即收受陋规概属犯罪行为。

然而,作为具有最高立法权的乾隆帝对陋规的态度却很暧昧,当

---

[1]《乾隆朝上谕档》第11册,第111—112页。
[2]《(光绪)大清会典事例》卷八二一。
[3] 同上。
[4]《(光绪)大清会典事例》卷七五八。

事涉陋规时，他多次表示：事后收受属员馈赠"与因事纳贿者尚属有间"；两淮盐政衙门的"外支闲款"，"与向来外省各衙门陋规相同，不败露则苟免，既败露则应问，较之婪赃，究为有间"；漕帮陋规"究系相沿陋规，与营私纳贿者有间"；"福建厦门洋行陋规一案，因系旧日相沿，事与婪索败检者不同"[1]。收受陋规在情节较轻以及用于公事时固然与贪婪有别，但此类法外征索与收受贿赂毕竟没有不可逾越的鸿沟。在乾隆帝的心中却始终横亘着收受陋规与婪赃纳贿究属有间的定见，因此乾隆一朝六十年国家未能从根本上完善处置陋规的立法也就不难理解了。

由于陋规的罪与非罪界限模糊不清，因此在司法实践中只能如乾隆帝所言"不败露则苟免，既败露则应问"，而"问"罪时又缺乏明确的律例，故乾隆年间审理的涉及陋规大案畸轻畸重。乾隆十六年（1751）法司以巡抚严瑞龙侵用余平赃至四千八百两拟斩，乾隆帝却认为"侵用余平一项亦系各省藩司相沿陋习，况伊在任多年，所积数只于此，是其操持尚知谨慎"，不准以此定其罪案；[2]而三十七年（1772）云南布政使钱度以侵欺勒索即行正法，克扣铜本平余则构成其重大罪款。[3]二十六年（1761）河东盐道衙门收受盐商公费一案，历任道府厅县等官朱若东、邓锡礼、张任莘拟斩，当年秋审入于情实处决；[4]而五十九年（1794）两淮盐政全德收受盐商"供应银"十九万二千两，却命"自行议罪"，奉旨允准加倍罚交银三十八万四千两了结。[5]法司在处理陋规案时难于依法定罪，因而往往揣摩皇帝意旨。五十三年（1788）台湾海口武弁收受船户陋规一案，闽浙总督李侍尧从重拟罪：从乾隆三十一年至五十一年历任总兵杨瑞等十五员，均应杖一百、流三千里，从重发往伊犁充当苦差，所得陋规全数追缴；历任淡水同知段阶等二十二员以枉法论，均应绞监候，[6]其目的在很大程度上欲坐实总兵柴大纪钦定"玩法营私""贪黩侵

---

[1]《清高宗实录》卷一二五、三四一、四一七、七二四。
[2]《清高宗实录》卷三八八，乾隆十六年五月戊申。
[3]《清高宗实录》卷九〇九，乾隆三十七年五月丙辰；卷九一三，乾隆三十七年七月戊午。
[4]《清高宗实录》卷六四六，乾隆二十六年十月己巳。
[5] 参见《文献丛编》第六辑。
[6] 参见《宫中档乾隆朝奏折》第68辑，第805—808页。

渔"的罪案。

诚然，陋规是一个十分复杂的社会现象，在立法上有很大难度，也不可能光靠法律手段予以根治。乾隆中期以后，大小官吏凭借自己的职权，肆无忌惮地索受商民士子陋规，其中虽有可以理解的社会因素，但就其性质而论，大多应按"枉法赃""不枉法赃""准枉法赃"或"坐赃"坐罪。此外，个别名目的陋规虽一时难于尽革，但官吏胥役借端营私，也助长了侵贪犯罪。乾隆帝未能从业已变化的新形势出发，及时从立法上对形形色色的陋规做出罪与非罪的明确界限，完善惩治与受陋规的立法，反而有意无意地为陋规网开一面，其结果只能助长一切陋规的恶性发展，同时给法司处理此类案件带来混乱，对官场中普遍存在的陋规合理观念也只能起到姑息纵容的不良作用。乾隆中期以后，与受陋规现象发展到了泛滥成灾的地步，有其深刻的社会原因，但立法上的失误也确是一个值得检讨的重要因素。

纵观乾隆朝的惩贪立法，可指摘之处所在多有，不过，就其大局而论，乾隆朝六十年仍堪称有清一代立法惩贪最为严厉，也最有建树的一段时期。乾隆帝准确地抓住了"完赃免死减等"条例这一关乎惩贪全局的要害，然后以极大的魄力除旧布新，从而使原本设为空虚不用的律例具文，真正发挥了震慑贪官污吏的威力。乾隆中期以前吏治相对比较清明，康乾盛世渐至巅峰状态，是与重视惩贪立法密切相关的。然而，也恰恰在这样的法制背景下，却未能遏制贪污腐败的发展势头，乾隆中期以后贪风大炽，以致整个官场有不得不贪之势，个中奥秘确实值得深入探讨。

孟子的一句名言："徒法不能以自行。"[1]在崇尚人治的中国古代被奉为圭臬。乾隆帝也时时训诫臣工："徒法不可以自行""有治人，无治法"，可见，他虽重视立法除弊，但与执法比较，却更重视后者。后世评论乾隆惩贪，一致肯定乾隆执法之严。从薛福成说乾隆严于执法"为他代所罕睹"，到《清史稿》撰写者以为"高宗谴诸贪吏，身大辟，家籍没，僇及于子孙，凡所连染，穷治不稍贷，可谓严矣"，以至今天也有专家指出，"乾隆帝在惩贪问题上基本上可以说是铁面无私，有海瑞之风"。

---

[1]《四书五经》，《孟子章句集注》，上册，第51页。

在肯定乾隆从严惩贪的同时，还应看到，由于乾隆君临天下长达半个多世纪，不同时期执法力度相差很大，而且对不同类型侵贪案件的执法也有欠公平，即便人们极为称道的侵贪大案的办理，也往往虎头蛇尾，因此客观、公正评价乾隆惩贪的执法方面，不宜一概而论，而应对具体问题作具体分析，既肯定其惩贪执法的主要方面，也应指出其重大的失误之处。

在乾隆当政的六十多年间，大致初政十年和归政前十年是两段明显的，连他本人也不讳饰的惩贪不力时期，因而从惩贪执法的全过程来看，可以说是呈现一个倒马鞍形。前一段时期的惩贪不力，是在初即位时对总的治国方针调整过程中出现的政策偏差问题，比较容易纠正，事实上也很快纠正过来了。中间一段时期为时最久，乾隆在严格惩贪立法的同时，加大了执法力度，从严执法具有相当的自觉性、坚定性和稳定性。最后十年的惩贪不力与前十年有很大不同，此时乾隆年事已高，暮气渐浓，千方百计掩饰吏治迅速败坏的局面，力图粉饰所谓盛世景象，维护自己"千古第一全人"[1]的虚幻形象。

乾隆继雍正的严猛政治之后，刻意矫正前朝诸流弊，虽然高标"治道贵乎得中，矫枉不可过正"，但初政方针具有浓厚的宽缓色彩，一时天下有"尧舜复生"[2]的赞誉。在惩治侵贪上，首先停止了雍正年间一度实行的侵亏入己数在三百两以上拟斩的条例，宽免前朝未结亏空案中上司的代赔或分赔，对贪赃大案也多未依法惩处。例如原任粤海关监督祖秉圭侵欺银十四万余两，雍正十一年（1733）十月已拟斩监追，雍正帝命限二年交完，逾期"即在广东正法"，至乾隆二年（1737）秋审，祖秉圭尚未完银十二万两，刑部等请旨将其即在广东正法，乾隆命改为斩监候。[3]由于惩贪不力导致的刑政趋于废弛的倾向很快引起了乾隆的警觉，乾隆六年（1741）三月谕及山西布政使萨哈谅和学政喀尔钦婪赃时说："皇考整饬风俗，澄清吏治，十有余年，始得丕变，今不数年间，而即有荡检逾闲之事……言念及此，朕实为之寒心。"又说："务崇宽德，朕之

---

[1]《清高宗（乾隆）御制诗文全集》，《御制文余集》卷二，中国人民大学出版社，1993，第1页。
[2]《清代碑传全集》，袁枚《文华殿大学士太傅朱文端公轼神道碑》，上海古籍出版社，1987。
[3] 参见《清高宗实录》卷四七，乾隆二年七月丙午。

本性，然遇有贪官污吏，朕亦断不肯姑容也！"[1]乾隆十年以后，由于贪风复炽，侵贪之员比比皆是，使乾隆进一步认识到"如仍前宽纵"将产生严重后果。[2]从此时起，乾隆有意识地采取一系列切实措施，在完善惩贪立法的同时，加大惩贪力度。十二年（1747）颁发谕旨，令凡贪官追赃限满即入情实候勾，至十四年秋审，针对法司"每遇官犯，辄事宽纵"，相蒙入于缓决，谓之"老缓"的痼弊，特命"将各省秋审官犯入缓决者，概行查具清单，奏闻请旨"[3]，官犯虽不尽侵贪，而惟侵贪者常多，"而向来侵贪之犯，人人皆知其必不正法，不过虚拟罪名"[4]，此届秋、朝审乾隆痛革相沿而成的痼弊，将侵贪各案蒙混入于缓决者俱改入情实，凡逾限未完者则一律"予勾正法"[5]。十四年秋、朝审对整个官场是一次巨大的震撼，亦可以视为乾隆初政以来惩贪不力阶段的终结。此后，乾隆仍一再检讨前此政策的失误。十六年闰五月谕称："朕御极之初，于亏空案内分赔、代赔各项，多从宽宥，地方官不能体朕格外加恩之意，因循故智……此等贪黩之风，不可不力为整顿，是以照律定拟，惩一儆百。"[6]二十三年十二月又谕："朕御极之初，承皇考整饬之后，钦遵成训，随时用中，复济之以宽大……乃沿之日久，或贪官篮篼不饬……若煦煦以姑息为仁，将官方国纪，风俗人心，何所底止！"[7]至二十三年、二十五年先后永行停止侵盗、贪婪"完赃减等"条例，从严惩贪更走上了较为健全的法制轨道，此后凡官吏侵贪，不败露则已，一旦上司、科道纠参，或下属详揭，法司只能照律例拟罪量刑，只要按律当死，鲜有幸免刑戮者。薛允升讲"乾隆年间官犯侵贪正法者不少"，严格来讲，是指从乾隆十年（1745）以后，大约持续四十年的从严执法时期，其实例下面还要详谈。

大致以乾隆五十年（1785）断限，此后十年情况又一变，惩贪不力

---

[1]《清高宗实录》卷一三八，乾隆六年三月甲戌。
[2]《清高宗实录》卷二八八，乾隆十二年四月戊辰；卷二八九，乾隆十二年四月丙戌。
[3]《清高宗实录》卷三五〇，乾隆十四年十月癸未。
[4]《清高宗实录》卷三五一，乾隆十四年十月甲辰。
[5] 同上。
[6]《清高宗实录》卷三九〇，乾隆十六年闰五月辛未。
[7]《清高宗实录》卷五七六，乾隆二十三年十二月甲寅。

既非无法可依,亦非执法不严,其表现为乾隆意欲粉饰,故而几乎无人敢于讦发侵贪之事。五十一年发生的窦光鼐参劾浙省州县仓库亏缺案的一波三折,从中很可以窥见乾隆帝内心的隐秘。浙省学政窦光鼐奏陈嘉兴、海盐、平阳三县亏空已有三十余万,而钦差尚书曹文埴则称浙江全省亏缺不过三十三万,乾隆以窦光鼐公正,命会同查办浙省亏空,及窦光鼐深入平阳等县彻底清查,乾隆又责其固执己见,哓哓不休,先是交部议处,随后又令拿交刑部,幸亏窦光鼐查出平阳知县黄梅勒派侵渔等得赃二十余万的真凭实据,乾隆才命将窦光鼐于押解途中释放,决定彻查此案。此案虽以黄梅正法、阿桂等钦差大臣被谴及褒扬、擢升窦光鼐为结,但窦光鼐几遭不测的教训却令良心未泯的官员铭刻于心。[1] 乾隆五十五年(1790)内阁学士尹壮图也是奏陈各省仓库亏缺,结局就没有窦光鼐幸运了,乾隆帝竟令其"将所奏直隶等省亏空者何处?商民兴叹究系何人?……逐一指实覆奏",尹壮图自然不能指实,乾隆仍令尹壮图随同钦差前往直隶、山西、山东、江苏等省实地盘查,自然是钦差未到,各省早已挪掩完毕,尹壮图往返数千里,最后承认"各省库项丰盈,仓储充足,并无丝毫短缺……商贾士民,安居乐业,共享升平,实无地方官滋扰之事",法司以尹壮图妄生异议论斩,乾隆虽饶了他的命,[2] 但在处理这一轰动一时、影响深远的大案中,乾隆钳制人口、愚弄天下的淫威,以及暮年君主恃气虚骄、喜谀恶谏的心态已暴露无遗。在这样的政治环境中,还有谁敢去捅那千疮百孔,却又被乾隆视为尽美尽善的"国体"呢?所以说乾隆季年吏治的症结是乾隆不愿惩治贪贿腐败。不过,当归政在即时,乾隆还是检讨了自己的过失,六十年(1795)处理伍拉纳、浦霖一案时说:"此皆因朕数年来率从宽典,以致竟有如此婪赃害民之督抚,朕当先自责己。"[3] 为表示从严执法的决心,伍拉纳(系觉罗)、浦霖不仅按律抵法,而且押赴刑场,明正典刑,按察使钱受椿在福建即行正法,布政使伊辙布本欲解京尽法惩治,但于途次病毙,亏空一万两

---

[1] 窦光鼐案,参见《清高宗实录》卷一二五二至一二六三有关部分;《清代碑传全集》上册,第203—204页;薛福成《庸庵笔记》,第66—67页。
[2] 尹壮图案,参见《清高宗实录》卷一三六七至一三七二有关部分;《清仁宗实录》卷三八,嘉庆四年正月丁亥。
[3] 《清高宗实录》卷一四八八,乾隆六十年十月乙酉。

以上州县李堂等十员皆斩。此时距预定于嘉庆元年（1796）正旦举行的内禅大典不过一个多月光景，乾隆严办此案既是想给一生从严惩贪画上完满的句号，也有垂范后世子孙之深意。

平心而论，乾隆帝在当政的半个多世纪中，从维护清帝国的根本的、长远的利益出发，对严惩贪贿腐败的重要性是有充分认识的，他多次通谕："朕之严于待墨吏，乃所以安民也""（贪官）恣饱欲壑，置民瘼于不问，此而不办，何以肃吏治而儆官常""此等劣员，多留一日则民多受一日之残，国多受一日之蠹"……并在谕旨中郑重申明"干犯法纪之人，莫如悖逆、贪污二者，法断无可纵"[1]。对于吏治的清浊、闾阎的苦乐，以至官场中种种情弊，乾隆通过密折制度、引见垂询及巡幸时省方问俗，还是比较清楚的。因此，乾隆当他在位的大部分时间能从严惩贪，执法有力度，其持续时间之久在中国古代堪称绝无仅有。然而，出于某种政治原因，乾隆时时有意无意地忽视了现实存在的腐败问题，特别是到了耄耋之年，刑政更是趋于废弛。所谓政治原因，用乾隆常讲的话即要维护国体和顾全"朕之颜面"。前者指整个国家的形象，它与清朝统治的合法性密切相关；后者指乾隆个人的形象，它是在位时期取得的超迈千古的文治武功所烘托出的圣主权威和尊严。乾隆从内心十分不情愿查办甘肃通省冒赈婪赃之类的大案，因此一再向臣民表白自己"不得已之苦衷"；办过这样的大案后，也往往"不欲再兴大狱"。从乾隆的内心来看，的确是非常矛盾。听任贪贿之风蔓延下去，会从根本上动摇清帝国的统治基础，而彻底查办，又会把政治的黑暗、官僚队伍的腐败暴露于光天化日之下。总的来看，乾隆晚年趋于保守，暮气日深，他更多考虑的是如何维持表面上的歌舞升平的盛世景象，由此而导致了从严惩贪上的大滑坡。

评价乾隆帝执法惩贪，不宜就乾隆朝六十年浑然而论，已如上述。此外，在处理不同类型的贪贿案件，以及处理同一大案要案的前后阶段，乾隆帝在执法力度上也有失衡之处。

惩贪除弊，察吏安民，就吏治而言，大致有部院、大吏（督抚之外，藩臬亦可称一方大吏）、州县和吏役四处关节。当时人讲："郡县有一不

---

[1]《清高宗实录》卷五七六，乾隆二十三年十二月甲寅。

肖吏，则郡县之民无宁居者矣；督抚有一黩货之人，则所属之郡县无一休息者矣；部院诸大臣不能奉公守法，则天下之督抚无一廉者矣。"[1]乾隆惩贪，对州县牧令及书吏胥役毫不假借，可谓严矣；对督抚藩臬，相对而言，亦不能说不严；唯独对京中权贵营私玩法的纵容姑息，几乎到了不可思议的地步，是他惩贪的一大失误。

乾隆年间，督抚大吏侵贪立案查处者共三十几起，其中明正典刑或赐令自尽的有二十余名，他们是浙江巡抚常安（乾隆十三年）、南河总督周学健（十三年，周还犯有违制剃头罪）、山东巡抚鄂乐舜（二十一年）、湖南藩司杨灏（二十二年）、云贵总督恒文（二十二年）、山东巡抚蒋洲（二十二年）、山西藩司杨龙文（二十二年）、陕西巡抚何其衷（三十一年）、福建巡抚李因培（三十二年）、贵州巡抚良卿（三十五年）、湖南巡抚方世俊（三十五年）、广西巡抚钱度（三十七年）、四川总督阿尔泰（三十八年，阿尔泰另有贻误军务罪）、云贵总督彰宝（四十年）、浙江巡抚王亶望（四十六年）、陕甘总督勒尔锦（四十六年，勒尔锦另有贻误军务罪）、甘肃布政使王廷赞（四十六年）、山东巡抚国泰（四十七年）、山东布政使于易简（四十七年）、闽浙总督陈辉祖、江西巡抚郝硕（四十九年）、两广总督富勒浑（五十一年）、闽浙总督伍拉纳、福建巡抚浦霖、福建布政使伊辙布和福建按察使钱受椿（六十年）。值得注意的是，以上贪墨大吏绝大多数是在乾隆十年以后厉行执法陆续诛戮的。平均一两年即有一名省级军政大员因侵贪或徇庇侵贪而被正法，这是前代所罕见的，也是有清一代所仅见的。

再看州县贪官，乾隆四十六年甘肃通省冒赈婪赃大案除督、抚、藩等先行正法外，当年及第二年秋审照"侵盗钱粮千两以上拟斩"正例被判死刑的共有一百零二员，执行斩决的前后共五十六犯，[2]基本是州县级官员。一件贪污案五六十名贪官骈首就戮，这是前代所罕见的，也是清代所仅见的。凡书吏、胥役婪赃，一经发觉，即按律抵法。对此类案件，乾隆往往视为大案要案，亲自督责按律定拟从严惩处。三十一年浙江诸暨县民赴都察院呈控该县官吏将已征钱粮捏报未完，通同侵蚀，乾隆即

---

[1] 《清经世文编》卷七，储方庆《殿试策》。
[2] 参见《清高宗实录》卷一一六七，乾隆四十七年十月甲寅。

派刑部侍郎四达驰驿前往，会同浙抚熊学鹏彻底查办。[1]

对督抚、牧令侵贪厉行执法，还表现在雷厉风行的抄家上。凡侵贪案件，承办大员一旦查有实据，立即请旨将犯官革职、查抄，籍没家产异常迅速而彻底，贪官污吏的下场不仅是身首异处，而且家产无论精粗多寡，一律人官，真是落了个"白茫茫大地一片真干净！"。现存档案保存了这方面极为珍贵的资料，特别是甘肃通省贪污大案有关的档案记录了查抄一百多名犯官家产的全过程，[2]对抄家之严厉有极翔实的记载。乾隆朝少数督抚等侵贪大案，由于性质极其恶劣、数额极其巨大，还于法外特别定例，对犯官子孙予以刑罚。王亶望按律斩决，乾隆以为其罪浮于法，于是打破"罪人不孥"的常规，命将其子王裘等三人一并革职，发往伊犁充当苦差，"其幼子八人俟年十二岁时再行陆续发往"[3]。除王亶望外，王廷赞等首犯及婪赃四万两以上十余名犯官亦照此办理，并规定凡"年十二岁以下者，解交刑部监禁，俟及岁再行发遣"[4]。此后遂成定例，乌鲁木齐等处官员冒销帑银案，及伍拉纳、浦霖案内凡赃数逾四万两者，除本犯处斩、籍没外，其子俱发往伊犁充当苦差。上述种种法外苛法不仅前代罕见，有清一代也仅此一见。

对督抚侵贪，乾隆也偶有故纵之处。二十九年（1764）闽浙总督杨廷璋勒派属员垫买物件已查出实据，乾隆帝却压制钦差大臣舒赫德、裘曰修不得"吹求"，结案时以"朕念杨廷璋年齿就衰，平时尚能悉心任事"，"从宽授散秩大臣"。另乾隆二十五年（1760）江西巡抚阿思哈婪贿派累，钦差大臣刘统勋按律拟绞，翌年奉旨免罪，给三品顶戴，往新疆效力赎罪。最让后人诟病的是李侍尧案，李侍尧在云贵总督任上，勒索属员银两，收受银厂陋规一事败露，钦差大臣和珅定拟斩候，经大学士、九卿核议改为立决，乾隆有意保全李侍尧，遂命将此案核拟原折"发交督抚阅看，将和珅照例原拟之斩候及大学士、九卿从重改拟斩决之处，酌理准情，各抒己见，定拟具题，毋得游移两可"[5]，但绝大多数督抚复

---

[1] 该案见《清高宗实录》卷七四七至七六九有关部分。
[2] 参见《宫中档乾隆朝奏折》第48—55辑有关部分。
[3] 《清高宗实录》卷一一四一，乾隆四十六年九月丁巳。
[4] 《清高宗实录》卷一一四四，乾隆四十六年十一月辛丑。
[5] 《清高宗实录》卷一一○六，乾隆四十五年五月乙酉。

奏同意从重立决，仅闵鹗元一二大吏请援"议勤""议能"之律文，"稍宽一线"，这才给了乾隆一个借口，将立决改定为"应斩监候，秋后处决"[1]。这桩侵贪案件确实表现了乾隆在执法上存在随意性，不过，掌握最高司法权的皇帝为将"斩决"扳回"斩候"，竟费如此周折，亦可见执法虽不无主观随意性，但回旋余地毕竟有限。顺便提一下，乾隆年间定罪量刑总的趋向是从重，奉旨查办侵贪案件的督抚或钦差大臣不仅不敢徇情枉法，而且按律拟罪之后，还要声明"从重"量刑。归根到底，这也是乾隆从严惩贪执法所决定的。

大吏贪纵营私很复杂，虽不能说尽是部院大臣导之，但于敏中、和珅等朝中权要贪黩好货正如当时人讲的不失为一重要原因。赵翼说乾隆中期以前主政者都洁身自好，大致可信，唯以奢豪著称的傅恒稍有可疑，但后人并未有所指摘，人们一致认定于敏中为始作俑者。于敏中在乾隆二十五年以户部侍郎入值军机，到三十九年由于傅恒、尹继善、刘统勋相继凋零，而乾隆着力培养的勋戚福隆安尚未经历练，遂以大学士兼任首席军机大臣，兼管户部，他的玩法弄权，交接外吏似从此时始。礼亲王昭梿论政府风气演变时指出，于敏中承汪由敦衣钵"入调金鼎，初尚矫廉能以蒙上眷，继则广接外吏，颇有篚筐不饬之议。再当时傅文忠、刘文正诸公相继谢事，秉钧轴者惟公一人，故风气为之一变。其后和相继之，政府之事益坏，皆由公一人作俑，识者讥之"[2]。甘肃通省官员贪污大案尚在处理过程中，乾隆已指出"王亶望恃有于敏中为之庇护"，以后又断定"于敏中拥有厚赀，亦必系王亶望贿求略谢"，故称于敏中与王亶望等通同一气，肥橐殃民，"竟酿此大案"[3]。可以说，乾隆对甘肃贪污大案与权要、督抚内外勾结，朋比为奸的隐秘已有了相当深入的认识。不过，在甘省贪污案未摘发之前一年多的时间里，乾隆已查出于敏中不明来源家产达二百万两之巨，尽管还没掌握真凭实据，他也能大致推出系收受外吏各种形式的馈赠所致。此时，乾隆对甘肃捏灾冒赈已有风闻，也揣测此事与于敏中难免有瓜葛，但"迟回未发者"有二三年之久。他

---

[1] 《清高宗实录》卷一一一六，乾隆四十五年十月戊申。
[2] 昭梿撰《啸亭杂录》卷七，"于文襄之敏"。
[3] 《清高宗实录》卷一一六七、一二四八、一四七九。

后来承认"王亶望一案，朕本不欲办"，确是心里话。即使王亶望案已进入深入查处阶段，乾隆仍不愿彻底揭开盖子，谕称："此时于敏中尚在，朕必重治其罪，姑念其宣力年久，且已身故，是以始终成全，不忍追治其罪。"[1]直到五十一年（1786）才命将于敏中撤出贤良祠，归政前夕才下令革去于敏中之孙于德裕承袭的轻车都尉世职。纵观乾隆帝对于敏中一事的处理，不能说他不了解从地方到中央整个贪污网络相互纽结的奥秘，但对政府中枢业已溃烂和地方正在迅速烂掉的部位进行一次彻底的大手术，他已无此勇气，也无此魄力了。而问题的严重性恰恰在这里，就在于敏中与王亶望等内外勾结的黑幕被掀开一角又很快捂严之日，正是贪名昭著的和珅权势炙手可热之时，而于敏中与和珅相比，一生贪黩所聚不过一个零头而已，就对吏治的败坏而言，二人亦不可同日而语。然而，乾隆对和珅的庇护却远远超过了于敏中。当时和珅秽声远播海外，举朝并无一人敢于纠劾，乾隆五十一年（1786）御史曹锡宝参奏和珅家人刘全，意在旁敲侧击，波及和珅，已被时人誉为"凤鸣朝阳"。乾隆在处理这件朝野瞩目的弹劾案时，对曹锡宝无端指责，百般刁难，不惜以天子之尊，晓晓不休为一家奴置辩，最后竟以曹锡宝参奏不实，部议降二级调任，乾隆虽从宽改为革职留任，却对曹锡宝人格肆意诬蔑。[2]直到嘉庆帝亲政，查抄刘全家产竟至二十余万，才为曹锡宝恢复名誉。[3]参劾和珅之下贱家奴尚且如此艰难，故而终乾隆之世，和珅贪贿罪状始终没有败露。乾隆刻意包容朝中权要，特别是和珅的弄权玩法，贪黩营私，对乾隆季年政治腐败影响既深且广，贪墨大吏之所以不避刑诛，群趋贪婪，确实不能以人性解释得通，驱迫其"不得不贪"的一个重要原因即和珅之辈的勒索。乾隆对州县以至督抚地方官员执法诚然严厉，却因不整肃中央政府的腐败，其实际作用大半被抵消了。

侵贪案件除上述吏胥、牧令、大吏和部院可归纳为一类之外，还有主管盐政、榷关、铜政、钱法等财政、金融方面官员的侵贪案件。盐政、

---

[1] 《清高宗实录》卷一一三七、一一四八、一一三九、一一六七。
[2] 曹锡宝案参见《清高宗实录》卷一二五六、一二五七、一二五九有关部分；《清史稿》卷三二二，《曹锡宝传》；《清代碑传全集》上册，第298页。
[3] 参见《史料旬刊》第7册，天237，《上谕十一》。

盐运使、税关监督等并不直接亲民，但盐课、关税等为大利所在，特别是乾隆中期以后，盐课、关税在国家财政收入的比重上升，加以盐、铜及内外榷关被国家垄断，因之给腐败造成了庞大的温床。总的来看，乾隆年间对此类侵贪案件查处不力，执法不严，除乾隆三十三年（1768）两淮提引案因侵蚀预提纲引余息银两数额逾白银千万两以上，两淮盐政高恒、普福及盐运使卢见曾分别斩、绞外，几乎未见主管盐、关等官员罹法者。对此类案件的处理，多为以罚代刑，特别是乾隆中罚交"议罪银"制度逐渐成形后更是如此。

对属于侵贪的科场考官贿卖关节一类的案件，乾隆在处理时又毫不手软，往往从快从重，意图杀一儆百，整饬科场舞弊之风。乾隆十七年（1752）恩科会试，监试御史蔡时田夹带关节，经刑部严加刑讯，蔡时田及书写关节的举人曹咏祖即行正法。[1]四十八年（1783）广西乡试，场内承办供应的知州叶道和藐法图利，勾通舞弊，即行处斩。[2]这类案件在全部侵贪案件中微乎其微，但由于乾隆予以高度重视，惩治极为严厉，因而在官场震动很大。

最后，还应说明，即便是处理同样一件大案，在执法力度上也有失均衡，先严后宽，虎头蛇尾，几乎成了处理侵贪大案的惯例，最典型的莫过于甘肃通省官员贪污案。案发之初，乾隆决心极大，表示要"根求到底，令其水落石出"，命钦差大臣阿桂彻底查办，及至阿桂照例将侵蚀银数至千两以上者共六十六员均拟斩候请旨时，乾隆又以"朕心有所不忍"，将其分为三类：二万两以上二十二犯拟斩，入于本年秋审；一万至二万两之十五犯，从宽免其入本年秋审；一千两以上不足一万两者二十六犯从宽拟斩候，明年秋审请旨。此后又陆续查出新的侵贪罪款，依例拟死超过百人以上，乾隆只好命在监各犯自陈前此镇压撒拉尔回人起事之役是否"出力"，意图"于万无可宽中，求其一线生路"，结果使应斩罪犯四十余名改为"免死发遣"。连乾隆也承认，此案处理到最后"实不免失之姑息，引以为愧"[3]。而乾隆开初所说的"根求到底"云云，

---

[1]　参见《清高宗实录》卷四二〇、四二一、四二二有关部分。
[2]　参见《清高宗实录》卷一一八九、一一九一、一一九三、一一九四、一一九五有关部分。
[3]　参见《清高宗实录》卷一一三四、一一四〇、一一六一、一一六七有关部分。

也只不过到王亶望、勒尔锦大吏而已,对酿成此巨案的于敏中则"不忍追治其罪",而不揭开王亶望如何向于敏中贿求赂谢的内幕,"根求到底""水落石出"又从何谈起?

尽管从执法角度看,乾隆惩贪还存在种种失误,甚至重大失误,但就其主要倾向而论,应当予以肯定。总而言之,乾隆中期以后贪风大炽主要不在法制方面的问题,似应从社会、经济、政治等其他方面去探寻缘由。

三

乾隆年间,地方文职官员固定的、合法的经济来源除微不足道的俸银之外,惟养廉银而已。"养廉银",顾名思义,至少应能养成和保持官员的廉洁,然而,自雍正初创行养廉银制度之始,就有人尖锐地指出:"养廉者,其名;养不廉者,其实也。"[1]此后,历朝皇帝虽一再讲"国家厚给养廉",但养廉不敷正常的、必要的开销却愈来愈严重,以至晚清时冯桂芬以为养廉足,"而后吏治始可讲也"[2]。为了深入探讨乾隆年间的侵贪问题,下面就从当时官吏的薪给制度切入。

养廉银制创行之前,清朝内外文武官员合法收入基本上依靠俸禄。文武京官的俸禄,自正、从一品俸银一百八十两、禄米一百八十斛以下,按品递减银二十五两、米二十五斛,至正、从五品俸银八十两、米八十斛,以下正、从六品俸银六十两、米六十斛,正、从七品俸银四十五两、米四十五斛,正、从八品俸银四十两、米四十斛,正九品俸银三十三两一钱一分四厘、米三十三斛一斗一升四合,从九品俸银三十一两五钱二分、米三十一斛五斗二升,未入流与从九品同。[3]地方文官与京官一例按品级颁发俸银,但不支禄米,武职官员则比同品文官俸银较低,但增

---

[1] 《清经世文编》卷一七,陶正靖《吏治因地制宜三事疏》。
[2] 《校邠庐抗议》,第28—29页。
[3] 参见《(光绪)大清会典事例》卷二四九。

给薪银。[1]当时,此项微薄收入对官吏浩繁开支来讲,无异于杯水车薪,各类官员都另有生财之道。

雍正初年对固有的薪给制度作了根本性的改革,地方文职官员除俸银外,加给养廉银。养廉银数在俸银数十倍至百数十倍,如总督兼尚书衔为从 品,不兼者为正二品,其养廉最多为川陕总督三万两,最少的直隶总督亦有一万二千两;巡抚从二品,其养廉最多为西安巡抚二万两,最少的广西巡抚八千四百两。至乾隆十二年(1747)对督抚养廉裁多补少,加以调剂,总督大体在一万五千两至二万五千两,巡抚在一万两至一万二千两。[2]知县官七品,最高者达二千两,少亦有五六百两,大体在千两上下。布政使、按察使、道员、知府大约从二千两至九千两不等。[3]这次薪给制度的改革,地方文职官员至少在形式上得到了巨大的实惠,但如此一来,却使中央政府文官与地方文官,武职官员与文职官员之间合法收入的差距急剧拉大了,结果必然导致固有矛盾更加突出。雍正初增给地方文官养廉的前提是耗羡归公,因此,并未增加国家财政支出。尽管如此,雍正帝能够正视俸银微薄,不足以资办公、日用之需,且不避加赋之嫌,毅然定火耗、加养廉,确是难能可贵的。然而,雍正未能由地方推及中央,由文职推及武职,大幅度地提高中央政府官员及内外武官的俸禄,又是这次官员薪给制度改革不彻底之处。揆其原因,盖州县征收地丁银,向有火耗羡余,因此增加养廉,财政上不成问题;而京官、武职若比照外吏,数百万两白银断难筹措。有鉴于此,雍正曾设法补救,增给旗员养廉,又拨饭银九万余两,"为户部养廉之用"[4]。迨至乾隆即位,又增给在京八旗大臣养廉,京官发给双俸,并陆续赏给户部之外其他中央政府部门养廉。然而,这些所谓养廉,比起督抚大吏,不过区区小数,富冠六部[5]的户部饭银最多,而六堂官饭银总共不过一万七千二百余两,官居极品的领侍卫内大臣养廉银九百两,相当于

---

[1] 参见《(光绪)大清会典事例》卷二五一。
[2] 参见《清高宗实录》卷二九〇,乾隆十二年五月己亥。
[3] 参见《(光绪)大清会典事例》卷二六一。
[4] 参见《(光绪)大清会典事例》卷二六〇。
[5] 清代有以"富贵贫贱威武"六字巧喻"户吏礼工刑兵"六部之俗谚。

简缺小县，军机处司员每年饭银也只有二千两，[1] 军机大臣系兼差，竟丝毫养廉亦不给。一般来说，外吏体统较尊，加以延幕友、赏吏役，开销数倍京官，增给数倍于俸银的养廉本不为过，而一旦陡增百倍左右，京官更有理由视之为金穴银窟。雍正朝以前，京官收受外吏馈遗早已是公开的秘密，[2] 乾隆年间京官"咀嚼"[3] 外吏的名目花样翻新，冰敬、炭敬、别敬之外，"部费"需索更其严重，以至乾隆也说："（外省）事件之成否，悉操于（部院）书吏之手。"[4] 到乾隆中期以后，和珅声势薰灼，督抚大吏竞相奔走其门下，京官分润外吏聚敛所得，更到了骇人听闻的地步。推究其原因，由于京官俸入太低而长期形成的皇帝包容、官场宽容的社会环境实在是不可忽视的一个因素。至于武职官员相形之下俸入过低的直接后果与京官俸薄相仿，一方面是各种形式的陋规层出不穷，商民受到沉重盘剥，另一方面则是默许各级将弁吃虚额空粮之弊。至乾隆四十六年（1781）始将此项额粮明令归入武弁养廉，最高者提督每员二千两，至千、把总每员仅十八两而已。[5]

在雍正初火耗归公、加增养廉的改革中，督抚以下地方文职官员名义上受益最大，其实，从暗中私征的耗羡到公开发给的养廉，就总额而论，不是增加了，而是降低了，且降低了很多。据雍乾之际历任部院大臣及地方大吏的孙嘉淦所说，文职养廉"已定之数，较之未定以前之数，尚不及其少半"[6]，长期主管中央财政的钱陈群说得更确切："康熙六十余年，州县官额征钱粮，大州上县每正赋一两，收耗羡银一钱及一钱五分、二钱不等，其或偏州僻邑，赋额少至一二百两者，税轻耗重，数倍于正额者有之，不特州县官资为日用，自府厅以上，若道若司若督抚，按季收受节礼，所入视之今之养廉倍之。"[7] 准此，地广粮多的大州

---

[1] 参见《（光绪）大清会典事例》卷二六〇。
[2] 赵翼《簷曝杂记》卷二，"高士奇"："或有潜之者，谓：'士奇肩橐被入都，今但问其家赀若干，即可得其招权纳贿状。'圣祖一日问之，江村以实对，谓：'督抚诸臣以臣蒙主眷，故有馈遗，丝毫皆恩遇中来也。'圣祖笑颔之。"
[3] 张集馨谓"京官俸入甚微，专以咀嚼外官为事"，《道咸宦海见闻录》，第270页。
[4] 《清高宗实录》卷八九，乾隆四年三月甲子。
[5] 参见《（光绪）大清会典事例》卷二六二。
[6] 《清经世文编》，孙嘉淦《办理耗羡疏》。
[7] 《清经世文编》，钱陈群《条陈耗羡疏》。

上县，耗羡亦在额征地丁银的10%—20%不等。而雍正初年火耗归公，"各省文职养廉二百八十余万两"[1]，其时岁入地丁银大体二千六百万至二千九百万之间，[2]养廉只占地丁正项的10%，即康熙年间州县火耗最低者。据此，孙嘉淦说养廉尚不及火耗之"少半"，钱陈群说火耗"倍之"养廉，确是实情。当然，这仅就总额而论，各州县钱粮多寡不一，即使同一州县，牧令清贪亦大相悬殊，是以很难比较某一州县官在养廉确定前后收入的增减。地方文职官员自领取国家发给的养廉后，私征火耗为非法行为，而火耗总量又大于养廉，因此，从总体上看，地方文官表面上薪给猛增百倍上下，而实际上并没有得到实惠，甚至反不如暗中私征火耗，尽入私囊之昔日。此外，地方文官在这次薪给制度改革中利害亦不尽相同。雍乾之际的陶正靖在论及此事时指出："两司以上之养廉，不无稍厚，而州县以下，未免犹薄。剧如江浙，瘠如川黔，虽多寡悬殊，其不足于用则一。"他认为之所以州县与大吏苦乐不均，盖"原督抚定议之初……拘于本省耗羡之常数，欲多留赢余归公耳"[3]。如陶正靖所言属实，那么，州县所谓"亲民"之官就更谈不到受益了，这给日后吏治迅速腐败不能不说留下了很大隐患。

就当时的物价水平来说，地方文官养廉又不可谓不优厚。大约白银一两能买大米一百六十斤，或鸡鸭蛋四五十斤。[4]在"物阜民丰，百物皆贱"的情况下，督抚养廉在二万两上下，看上去确是巨数；即使七品州县，岁入少则数百两，多则一千数百两至二千两，亦可谓高薪。不过，地方文官必要的、正常的开销极其可观，大致可分为延请幕友，赡养家小及周济亲属，同官、同年、故旧、上司的应酬，及官吏本人府邸、舆马、衣裘、饮馔、仆从之需这几大项，其中尤以幕友为最。据陶正靖讲："凡州县之费，莫费于延幕宾，若江浙诸剧邑，非七八人不足分办，而就中所尤倚重者，非二三百金不能延至，统而计之，已至千金之外，养廉之资罄矣！"[5]赡养亲眷也是沉重负担，当时风气，凡州县莅任，官

---

[1] 《清史稿》卷一二一，《食货二·赋役》。
[2] 参见《清史稿》卷一二五，《食货六·会计》。
[3] 《清经世文编》卷一七，陶正靖《吏治因地制宜三事疏》。
[4] 黄冕堂《清史治要》，齐鲁书社，1990，第422—432、440页。
[5] 《清经世文编》卷一七，陶正靖《吏治因地制宜三事疏》。

亲数百人群相随附,[1]日用花销全部仰给于一官。仅此办公与日用两大项,养廉已属不敷所需,是以乾隆在即位之初就说过:"自酌定养廉,各有定数,多者千金,少者数百金,仅足为养赡家口、延致幕客之资。"[2]可见雍乾之际所谓"厚给养廉"云云,并未给地方文官留有多大养廉余地,若非官吏精打细算,勤俭度日,仅靠廉俸,断然难以为继。而绝大多数官员又断难如此,只好通过各种名色的陋规补苴。阁学尹壮图描述乾隆三十年(1765)以前"州县俱有为官之乐,闾阎咸享乐利之福,良由风气淳朴,州县于廉俸之外,各有陋规,尽足敷公私应酬之用"[3],正是养廉银定制初期,物价不高,风气淳朴,吏治较为清明的"乾隆盛世"的真实情景。

乾隆中期以后,物价急剧上涨开始成为严重的社会问题,举凡政治、经济、财政、金融等各方面无不受其深刻影响,而官吏感觉最敏的则是,本已不敷办公、日用之资的廉俸随着物价的上升而日渐贬值。

康熙时曾有《数理精蕴》一书,所举诸例牵涉当时物价甚多。然清人最先比较系统提出物价上涨、通货膨胀的当推桂芳,他在嘉庆十九年所撰《御制致变之源说恭跋》一文中指出:"康熙、雍正以及乾隆之初,民间百物之估,按之今,大率一益而三,是今之币轻已甚矣。"[4]大体来说,顺治至康熙前期,大乱之后,经济凋敝,其时物价极低,三藩之乱平定后,天下承平,经济复苏,到乾隆初,是物价渐趋上涨,但总体水平比较稳定的一段时期,从乾隆初到嘉庆年间则是物价上扬的八十年,物价上涨幅度如桂芳所言是300%,这就意味着银钱贬值为原有的1/3。其原因主要是人口激增,从乾隆初的一亿五六千万到乾隆五十五年(1790)翻了一番,在中国人口史上首次突破三亿。生齿日繁导致社会总需求成倍增长,进而扯动物价上扬,居高不下。此外,通货投放过多,也是刺激物价上涨的重要原因,今人全汉昇认为美洲白银大规模流入中国使18世纪中国历经一次"革命",由于对外贸易长期出超,"据估计,

---

[1]《清高宗实录》,乾隆七年四月庚寅,策试天下贡士:"凡州县莅任,其亲戚仆从仰给于一官者,不下数百人。"
[2] 参见《清高宗实录》卷三二,乾隆元年十二月癸亥。
[3] 姚元之撰,李解民点校《竹叶亭杂记》,中华书局,1982,第53页。
[4]《清经世文编》卷九。

从 1700 年至 1830 年间，仅广州一口输入白银约共四万万"[1]。这一时期物价问题引起统治者关注是从乾隆十二年（1747）米价腾贵开始的，其时乾隆已敏锐地觉察出，其时的米价腾贵背后有异乎寻常的原因。据当时人片断、零星的记载和今人的研究，乾隆年间米价上涨幅度在二至四倍之间。[2] 应该说明，在一般情况下，粮价水平过低是经济不发展的表象，乾隆年间粮价水平上涨到比较合理的水平，从一个侧面正反映出经济迅速发展以至达到繁荣的程度。但不容忽视的是，粮食关系国计民生至重，粮价上涨势必带动百物翔贵，促使物价总水平的提高，这又不能不使各级官吏日渐陷入捉襟见肘的困窘境地。如果说乾隆初江浙剧邑得力幕宾需二三百金方能延至，那么，到乾隆末则非千两以上不可，[3] 即使边远地区，州县幕宾也需数百金。[4] 在这种情况下，养廉银不仅名不副实，简直成了对朝廷所谓"厚给养廉"的嘲弄。

乾隆帝通过晴雨粮价奏报制度，以及地方关于河工、海塘、铜本例价不敷，缺口极大的陈奏，对物价上涨幅度及由此给旗民官吏生活带来的困难是了若指掌的，但他宁可听任陋规的泛滥，也不打算从根本上大幅度提高俸廉，从社会、经济方面堵住贪污贿赂的漏洞，此后历朝清帝承其衣钵，俸廉微薄与物价上涨的矛盾愈发激化，宜乎冯桂芬论及养廉微薄时愤慨地质问："（官吏）非本性之贪，国家迫之，使不得不贪

---

[1] 全汉昇《清中叶以前江浙米价的变动趋势》，载全汉昇《中国经济史论丛》第二册，第 515 页。
[2] 钱泳记雍、乾初，米价每升十余文，乾隆二十年（1755）以后，以十四五文为常价，五十年（1785）以后，不论荒熟，总在二十七八至三十四五文之间为常价，钱泳指的主要是苏松常镇四府（钱泳《履园丛话》，第 27 页）。洪亮吉记"闻五十年以前，吾祖若父之时，米之以升计者，钱不过六七……昔之以升计者，钱又须三四十矣"（洪亮吉《卷施阁集·文甲集》，卷一）。黄冕堂的研究结论是，从康熙中后期至乾隆间，粮价上涨幅度为一至二倍（黄冕堂《清史治要》，第 431 页）。全汉昇则以为，就米价来说，"在整个 18 世纪大约上涨四倍以上"（全汉昇《中国经济史论丛》第二册，第 491 页）。
[3] 乾嘉之际的御史张鹏展说，福建之漳浦、侯官，广东之番禺、南海等缺，每缺须用幕友四五人，每人束脩至千五六百两、千八九百两不等，一缺之束脩已近巨万，即小缺亦不下数千。《清经世文编》卷二〇，《清厘吏治五事疏》。
[4] 乾隆四十二年（1777）浙江人卢培元在甘肃漳县作幕，每年约得银二百五十两，后充乌鲁木齐迪化州知州幕宾，每年得银四百两（《乾隆朝上谕档》第 11 册，第 311 页）。

也……朝廷果不知耶，抑知之而故纵邪？"[1]

这里顺便提一下清朝的财税制度。太平军兴之前，政府以地丁、盐课、关税为三项最大的财税收入，而岁出则恒以兵饷、百官廉俸为大宗，以上均为带有相对稳定性的经费收支，[2]与整个国家经济运行的状况不发生联系，特别是岁入地丁银近三千万两，变动极微，而仅此一项即占岁入约70%。这种僵化的国家财税经制，已从根本上制约了正常的、合理的、必要的、有益的财政支出的扩大。就官吏廉俸而言，地方文职官员的养廉不管社会经济发生了多大变化，也只能岁出养廉经费三百余万两。国家经费有常，从创意上讲，未尝没有减轻农民负担的善良愿望。中国古代素以轻徭薄赋为圣王美政，而清初惩前明加赋而亡的覆辙，更以永不加赋为大训，历朝凛然恪守，不敢稍有变通，是以人口激增、地土垦辟，而地丁银常在三千万两。从理论上讲，清代中国是赋税极其轻微的，但在低税制掩盖下，如狼似虎的各级官吏贪婪地攫取商民，以弥补廉俸不足的缺口，并进而获取巨额赃款。这种不正常的既蠹国又害民的黑暗内幕，说是包括乾隆皇帝在内的历代清帝"知之而故纵"，恐怕并不过分。

国外有的研究者注意到了并非中国古代统治者碰到了这个难题，巴林顿·摩尔说："在前工业社会，建立大规模官僚机构的努力不久就会陷入困境，因为要想从居民中榨取足够的资金来发薪饷几乎是办不到的，因而这就使得官员会完全依赖他的上级。而统治者力图要解决这个难题的话，那就将严重地撼动整个社会的结构。法国解决这个问题的出路是官职可以买卖；而在俄国，由于地域辽阔，所以就建立起农奴制庄园，使沙皇手下的官员受益；而在中国，则靠允许官员或多或少地公开受贿来解决问题。马克斯·韦伯曾举例道，官员非正常收入的数额，大约是他正常薪俸的4倍。现代的一位调查者提供的数字显示，受贿数多达正常收入的16到19倍。精确的数字大概将成历史的秘密，但我们对以上

---

[1]《校邠庐抗议》，第28页。
[2]《清史稿》卷一二五，《食货六·会计》："至道光之季……例定之岁入岁出仍守乾隆之旧，是以乾隆五十六年岁入银四千三百五十九万两，岁出银三千一百七十七万两；嘉庆十七年岁入银四千十三万两，岁出银三千五百十万两；道光二十二年岁入银三千七百十四万两，岁出银三千一百五十万两。"

的估计也大可以满足了。"[1]这位美国当代著名学者的精辟论述对深入了解乾隆年间的侵贪问题极富启发意义。

乾隆年间,随着经济发展和社会相对稳定,与物价持续上涨并行的风俗日趋奢靡,则对贪风炽烈更起了火上浇油的作用。风俗奢靡,不自乾隆年间始。康熙十六年(1677)给事中徐旭龄即疏称:"试观今日之池馆园亭、歌舞宴会,视顺治初年不止十倍。"[2]唐甄也说:"今之为吏者,一袭之裘值二三百金,其他锦绣视此矣;优人之饰,必数千金,其他玩物视此矣;金琖银罂、珠玉珊瑚奇巧之器不可胜计。"[3]不过,奢靡逐渐成为比较严格意义上的风尚,似乎是从乾隆中期开始的。上文曾提及尹壮图论吏治转移的一段论述,他说乾隆三十年以前"风气淳朴",而近年(按指乾隆末嘉庆初)"风气日趋浮华"。下面再看几位当时人的说法。龚炜说:"吴俗奢靡为天下最……予少时,见士人仅仅穿裘,今则里巷妇孺皆裘矣;大红线顶十得一二,今则十八九矣;家无担石之储,耻穿布素矣;团龙立龙之饰,泥金剪金之衣,编户僭之矣;饮馔,则席费千钱而不为丰,长夜流湎而不知醉矣。"[4]龚炜是江苏昆山人,生于康熙四十三年(1704),至乾隆三十四年(1769)六十六岁时犹在世,他讲的吴俗奢靡日甚大致是从康熙末到乾隆中。一生经雍、乾、嘉三朝,且周历官幕两途的汪辉祖在《病榻梦痕录》中自记一生经历,说他年轻时"幕风朴素,重裘尚少,即衣表亦未尝有红青色也,己卯、庚辰(乾隆二十四、二十五年)间,或衣反裘马褂,群耳目之……迨乙未(四十年)则无不反裘也"。他接着指出:"官途服饰之华亦始于戊子、己丑(三十三、三十四年)。"汪辉祖是浙江萧山人,他还提到故乡民俗之变:"吾乡素号简质,二十年来亦俱绚烂,今则宾朋燕集,冬皆反裘,夏皆纱罗,以嵌皮羊皮为不足齿数,葛不经见,妇人女子十有六七亦衣裘衣羽毛缎矣。"[5]汪辉祖所说的士大夫风气之变,应该说有一定的普遍性,其家乡至乾嘉之际才渐至浮华,则反映了浙东一隅的状况。而江苏无锡的

---

[1] [美]巴林顿·摩尔《民主与专制的社会起源》,第135—136页。
[2] 《清经世文编》卷五四,徐旭龄《力行节俭疏》。
[3] 《清经世文编》卷七,唐甄《富民》。
[4] 龚炜撰,钱炳寰点校《巢林笔谈》,中华书局,1981,第113页。
[5] 转引自瞿铢庵《杶庐所闻录》,《近代中国史料丛刊》第12辑。

变化，据生于乾隆二十四年（1759）的钱泳讲："余五六岁时，吾乡风俗尚朴素，不论官宦贫富人家子弟，通称某官，有功名乃称相公，中过乡榜者亦称相公，许着绸缎衣服。今隔五十余年，则不论富贵贫贱，在乡在城，男人俱是轻裘，女人俱是锦绣。"他还说："时际升平，四方安乐，故士大夫俱尚豪华，而尤喜狭邪之游。"[1]以上多谈三吴两浙的风俗，下面对北方略窥一斑。据朝鲜来华使臣乾隆四十六年所记："（风俗）视三十年前大不同，人心少淳实之风。"五十一年又记："闾巷侈靡，任其逾制。老商曰：'十数年前，我辈所服，不过大布，而近则人人饰缎，虽欲不着，被人鄙贱，不得不尔云。'"[2]中国地域辽阔，不同地区文化背景亦有很大差异，在当时人看来，"北人好惰，南人好奢"，而即使同为南方，川黔以贫瘠称，湖广则"风俗胜于三吴"，即使经济比较发达的江浙，亦有"吴俗尚奢，越俗尚俭"的概论。不过，从上述所引的零星记载而言，是不是可以说，在商品流通迅速发展，社会经济呈现繁荣的地区，俗尚奢华，靡然成风，大致是从乾隆中期日渐显著的。其特征是以皇帝、士大夫、富商大贾的追求超高消费，以至挥霍金银、暴殄天物的侈靡之风为导向，日渐浸淫于士农工商，流风所及，即倡优皂隶亦所不免。

这里只着重论述与侵贪相关的文武官吏的奢侈之风。上面已涉及乾隆中期以后仕风的奢侈，如果深入考察，会发现这一时期达官贵人的奢华已不仅仅表现在"居处之雕镂，服御之文绣，器用之华美"了，而且出现了诸多前所罕见的现象。其一是追求时髦，崇尚洋货。最常见的是自鸣钟、时辰表，昭梿说："近日泰西氏所造自鸣钟表，制造奇邪，来自粤东，士大夫争购，家置一座以为玩具。"[3]贵戚傅恒之辈则家下奴仆也身挂怀表。乾嘉时梁章钜概述当时"以外洋之物是尚"的风气说："如房屋、舟舆无不用玻璃，衣服帷幕无不用呢羽，甚至什物器具，曰洋铜、曰洋瓷、曰洋漆、曰洋锦、曰洋布、曰洋青、曰洋红、曰洋貂、曰

---

[1] 钱泳《履园丛话》上册，192、193 页。
[2] 《朝鲜李朝实录中的中国史料》第十一册，第 4706、4778 页。
[3] 昭梿《啸亭续录》卷三，"自鸣钟"。

洋獭、曰洋画、曰洋扇,遽数之,不能终其物。"[1]其二是夸多斗靡,挥霍铺张。和珅、王亶望、福康安之奢且不论,乾隆年间漏网、嘉庆亲政始伏法的藩司郑源璹"在署,家属四百余人外,养戏班两班,争奇斗巧,昼夜不息……因婚嫁将家眷一分送回,用大船十二只,旌旗耀彩,辉映河干"[2]。伍拉纳案发,仅在苏州被截获的两艘辎重船中就抄出"嵌玉如意一百一十二枝"[3],如意之多,连乾隆也诧为异事。而查抄浦霖原籍,三镶玉如意竟达一百五十六柄[4],臬司钱受椿家中亦有"镶玉如意八十二柄、料石雕漆等如意七柄";此外还有"沉香山一座",上有金人一百二十个,共重三百五十八两余;金、玉、翠亭三个和珠一粒;"珊瑚、翡翠、琥珀、蜜蜡、晶玉朝珠二十一盘;香料、料石、象牙朝珠十盘;自鸣钟表十二架;紫檀嵌玉玻璃挂屏三对;嵌玉、珊瑚、雕漆、洋漆、水晶、玻璃、铜石磁料各项玩器共三百九十一件……"[5]。墨吏如是,未罹法的督抚奢靡亦如是。觉罗长麟"性好奢华,置私宅数千厦,毗连街巷",有人规谏,此公曰:"吾久历外任,亦知置宅过多,但日后使此巷人知有长制府之名足矣。"[6]毕沅"家蓄梨园一部,公余之暇,便令演唱",钱泳其时为毕幕,"一日同坐观剧,谓先生曰:'公得毋奢乎?'先生笑曰:'吾尝题文文山遗像,有云:自有文章留正气,何曾声妓累忠忱?所谓大德不逾闲,小德出入可也。'"[7]文官如此,武弁更甚。川陕楚白莲教之役军营靡费惊人,"诸将帅会饮,多在深箐荒麓间,人迹之所罕至者,其蟹鱼珍馐之属,每品皆用五六两,一席多至三四十品,而赏赐优伶、犒赉仆从之费不与焉",时人慨叹"军中奢靡之风,实古今所未有也!"。军营风气腐败也发生在乾隆中期以后,昭梿有感于川陕楚军营奢费,说乾隆三十年(1765)乌什之役"军中大帅,惟有肉一截、盐酪

---

[1] 梁章钜《退庵随笔》,卷七,《近代中国史料丛刊》第44辑。
[2] 《竹叶亭杂记》,第53页。
[3] 《史料旬刊》第32册,地178。
[4] 《史料旬刊》第32册,地179。
[5] 《史料旬刊》第35册,地250。
[6] 《啸亭续录》卷三,"牧庵相国"。
[7] 《履园丛话》上册,第150页。

数品而已。其事未逾数十年，而其风变易至此，其作俑者可胜诛乎"[1]。在当时，人们就注意到了一种看似奇怪的现象："物愈贵，力愈艰，增华者愈无厌心"，"货物愈贵，而服饰者愈多"[2]。其实，物价水平高低并不决定着风俗的奢俭，在物价持续上涨时期出现的奢靡升级，一般是由人的攀比竞胜的畸形心理推动的。达官贵人夸多斗靡，踵事增华，从根本上讲，不是为了实用，而是为了显示自己的尊贵地位。其结果不仅助长了悬厉禁而不能止的侵贪之风，而且毒化了社会风气，腐蚀了士大夫传统的精神支柱。

奢靡与侵贪犹如一对孪生怪胎，此中道理彰彰甚明。牛运震以为"俭"乃是"不亏空、不婪赃之本"[3]，谢振定则说禁外官奢侈方能"祛贪污、杜亏空"[4]。汪辉祖也指出"侈靡之为害也，取之百姓不已，必至侵及官帑"，他通过自身丰富的阅历，详述了"不节必贪"的潜移默化之过程："贪人即不自爱，未有甘以墨败者。资用既绌，左右效忠之辈，进献利策，多在可以无取、可以取之间，意谓伤廉尚小，不妨姑试。利径一开，万难再窒，情移势逼，欲罢不能，或被下人牵鼻，或受上官掣肘，卒之，利尽归人，害独归己，败以身徇，不败亦殃及子孙，皆由不节之一念基之。故欲为清白吏，必自节用始。"[5]强调奢靡与侵贪的关系，只是说官吏追求无厌物欲的满足，往往会迅速走上侵贪的罪恶之路。因此，奢靡对侵贪只起着风助火势的作用，而并非如当时有人所说的，禁州县奢侈即可塞贪污、亏空之源。[6]在实际社会生活中，不奢侈，甚至悭吝者，大贪其污的墨吏也并非没有。

奢靡不仅直接刺激官员侵贪，更严重的是，它会造成一种"唯利是趋"的社会风气，迅速冲垮士大夫们脆弱的道德堤防。这方面的影响才是更深刻的，也是无所不在的。

康熙年间唐甄就已尖锐地指出，服饰器用奢靡之官"谓之能吏，市

---

[1] 《啸亭杂录》卷八，"军营之奢"。
[2] 《巢林笔谈》，第113页；《履园丛话》，第192页。
[3] 《清经世文编》卷二一，牛运震《寄董大兄书》。
[4] 《清经世文编》卷二〇，谢振定《察吏八则》。
[5] 《清经世文编》卷二一，汪辉祖《论用财》。
[6] 《清经世文编》卷二〇，谢振定《察吏八则》。

人慕之，乡党尊之，教子弟者劝之；有为吏而廉者，出无舆，食无肉，衣无裘，谓之无能，市人贱之，乡党笑之，教子弟者戒之"[1]。到乾隆年间，特别是乾隆中期以后，人们议论风俗之敝，更多以"重货利""嗜利"概括之，以至朝鲜来华使臣愤激地说："大抵为官长者，廉耻都丧，货利是趋。"[2]当时同官中间鲜以节操廉耻相砥砺者，清廉之吏如凤毛麟角，整个官场弥漫着"千里做官只为财"的浓厚铜臭气，更令人忧虑的是，洁身自爱者反不能见容于上司和同僚。洪亮吉有如下一段生动描述："吾未成童侍大父及父时，见里中有为守令者，戚友慰勉之，必代为之虑曰：此缺繁，此缺简，此缺号不易治，未闻及其他也。及弱冠之后（约当乾隆三十年），未入仕之前，风俗趋向顿改，见里中有为守令者，戚友慰勉之，亦必代为虑曰：此缺出息若干，此缺一岁之可入己者若干，而所谓民生吏治者，不复挂之齿颊矣！于是为守令者，其心思知虑亲戚、朋友、妻子、兄弟、奴仆、媪保，十得缺之时，又各揣其肥瘠及相率抵仕矣。守令之心思不在民也，必先问一岁之陋规若何，属员之馈遗若何，钱粮、税务之赢余若何？而所谓妻子、兄弟、亲戚、朋友、奴仆、媪保者，又各挟谿壑难满之欲，助之以谋利……其间即有稍知自爱及实能为民计者，十不能一二也，此一二人者又常被七八人者笑以为迂，以为拙，以为不善自为谋，而大吏之视一二人者，亦觉其不合时宜，不中程度，不幸而有公过则去之，亦惟虑不速。是一二人之势不至归于七八人之所为不止。且有为今日之守令，而并欲诮三十年以前守令之无术者。"[3]在这样的氛围下，清官无法为，也不能为，廉直者稍有作为，便群指为刻薄苛瞰，甚至诬为欺世盗名。而被称颂为好官良吏的，只不过取予有节而已。以廉直著称的尹壮图也不赞成遽革陋规，他在嘉庆亲政初奏请"以乾隆三十年前旧有者存之，乾隆三十年以后续加者去之"[4]。汪辉祖甚至说："陋规之目，各处不同，惟吏役所供，万无受理，他若平余、津贴之类，可就各地方情形斟酌调剂，去其太甚而已，不宜轻言革除。至署

---

[1] 《清经世文编》卷七，唐甄《富民》。
[2] 《朝鲜李朝实录中的中国史料》第十一册，第4810页。
[3] 洪亮吉《卷施阁集·文甲集》卷一。
[4] 《竹叶亭杂记》，第53页。

篆之员详革陋规，是谓慷他人之慨，心不可问，君子耻之。"[1] 当时奇贪巨墨固为士大夫所鄙弃，但绝无以昔日清官为楷模以自励者，"重义轻利"之类的圣贤古训在物欲横流冲击下显得苍白无力，士大夫们洁身自爱，大半不是实践"修齐治平"的入仕初心，而多惑于因果报应。州县官署联语竟有"最防官折儿孙福，难副人称父母名"[2]。牧令如此，达官贵人更甚。洪亮吉在嘉庆初讲到士大夫不顾廉耻时说："幸有矫矫自好者，类皆惑于因果，遁入虚无，以蔬食为家规，以谈禅为国政。一二人倡于前，千百人和于后。甚有出则官服，入则僧衣。惑智惊愚，骇人观听。亮吉前在内廷，执事曾告之曰：'某等亲王十人，施斋戒杀者已十居六七，羊豕鹅鸭皆不入门。'及此回入都，而士大夫持斋戒杀又十居六七矣。"[3] 乾隆年间，经济繁荣而道德沦丧的病态社会现象实在应当引起人们深思。

四

上面考察了乾隆年间与侵贪密切相关的社会经济背景，以及官僚队伍道德修养诸方面的状况，以下再换一个角度，对当时最上层的政治作一透视，换言之，即追究最高统治者乾隆皇帝对贪风炽烈应负的个人责任。

用"外仁义而内多欲"来状摹乾隆这个人也许最恰如其分了。他的外部形象在精心撰拟的皇皇上谕包装下，简直到了尽善尽美的地步，而其内心深处却有着强烈的、不可遏制的聚敛愿望。如果说乾隆年间大员们"有在内隐为驱迫，使不得不贪者"，那么，令他们苦不堪言，又苦不能言的最大"驱迫"正是来自乾隆皇帝本人。

首先来看罚廉、扣廉和所谓"捐廉"。

养廉与俸禄不同，除上面提及的数量悬殊之外，"俸因处分而可罚，

---

[1]《清经世文编》卷二一，汪辉祖《论用财》。
[2] 陆以湉撰，崔凡芝点校《冷庐杂识》，中华书局，1984，第203页。
[3]《清史稿》卷三五六，《洪亮吉传》。

廉则罚所不及"[1]，因此，官员罚俸，例有正条，载在具有行政法典性质的《会典》与《会典事例（或则例）》之上，而未闻有罚廉的明文规定。罚廉则为乾隆独创。见于记载的最早罚廉显例是乾隆十八年（1753）江苏巡抚庄有恭因前在学政任内收受丁文彬"逆书"而未奏闻查办，命"照伊学政任内所得俸禄、养廉数目，加罚十倍"[2]。乾隆中期以后，罚廉比比皆是，据五十二年（1787）吏、兵二部覆奏，督抚中李世杰"因各营火药短少"停支养廉三年，刘峨、孙士毅、闵鹗元、毕沅、李封、雅德等俱有罚出养廉二年的处分。[3]四十七年（1782）毕沅、陈辉祖和闵鹗元因徇庇亲属或失察邻封被"永行停支"所有职俸、养廉。[4]至五十八年（1793）五月乾隆在谕旨中对罚廉理由做出说明："昨因伍拉纳未将福崧贪纵各款早为查参，已降旨停支养廉三年，以示惩儆矣。封疆大臣于僚属贪婪等弊漫无觉察，徇情隐饰，本应即予罢斥，因念人才难得，姑予从宽留任，若仍令坐享丰膴，实不足以示儆。且内外官员，原有罚俸处分，廉与俸事同一例，嗣后各督抚有咎应革职应行议罚者，着即自请停支养廉，不必另行议罚。"[5]可见，罚廉主要对象是"坐享丰膴"的封疆大吏，它作为免于最重的行政处分——革职的替代手段，起着经济上予以重罚示儆的作用。

扣廉也称"摊扣养廉"，被扣廉的官员并无应得之咎，而多为海塘、河工等工程款项因物料工价急剧上涨，国家原估拨款不敷支出，或军需开支不能报销的无着款项，由该地方"自请"摊扣养廉弥补。如乾隆四十年（1775）浙江改筑鱼鳞大石塘，因工料物价"今昔不同"，原估工料银缺短约二百万两，除乾隆"恩赏"四十万两，及抄家案等筹措数十万两外，浙江"通省各官每年应得养廉内各捐十分之二五，自四十六年（1781）秋季起，分作二十年扣捐银六十万两"，福建亦照浙江例，自督抚至州县，于应得养廉扣十分之二五，分十年扣捐，共银三十万两。[6]

---

[1] 孟森《明清史讲义》，中华书局，1981，下册，第481页。
[2] 《清高宗实录》卷四四二，乾隆十八年七月戊辰。
[3] 参见《清高宗实录》卷一二八三，乾隆五十二年六月癸亥。
[4] 参见《清高宗实录》卷一一四八，乾隆四十七年正月庚子。
[5] 《清高宗实录》卷一四二九，乾隆五十八年五月丁巳。
[6] 参见《宫中档乾隆朝奏折》第58辑，第850—854页。

再如乾隆以太上皇训政时,山东"漕汛大工,例价不敷之项,摊扣东省各官养廉",嘉庆亲政之初,山东巡抚岳起以扣廉太多,奏请"按年坐扣十分之三,仍令领回十分之七",嘉庆俞允,降旨说不令"通省枵腹从事"[1]。由此推知,初定摊扣养廉之苛重。再看无着军需,台湾林爽文之役军需部臣不准报销共银一百七十九万余两,先经总督伍拉纳奏请,"统归于(福建)通省司道府厅州县养廉内分年摊扣归款",魁伦继任总督,"照原摊每年额设养廉匀和银三万三千四百余两之数核算,约至嘉庆二十五年方能扣除"[2]。此外,第二次金川之役、两次廓尔喀之役等例难报销的军需支出,也由有关省份官员摊扣养廉归款。[3]

至于捐廉,则以乾隆八旬万寿全国官员通同坐扣养廉最典型,各省官员应交之项均按该省养廉银十分之二五摊扣,如直隶五万七千二百五十两、山东六万三千九百五十两,总计十九省官员为八旬庆典共交纳六十余万两白银,此外,两淮盐政、粤海关监督等"肥缺"交纳得更多,他们孝敬主子的银两已远远超过了额设养廉。[4]

再看与罚扣养廉有某些相似之处,但性质绝不相同的罚"议罪银"。

20世纪30年代《密记档》公之于世之际,《文献丛编》特加按语:"密记档为军机处档册之一,所记皆为各大员自行议罪认交银两事件……自议之款,不由户部承追,而由军机处查催交内务府,是自行议罪银两,实为内务府特别收入之一项,又册中所记自行议罪文件后,有'前件交密记处存'或'前件交密记处领迄'字样,是当日尚有此专为经理自行议罪银两文书之组织。"[5]此后,经学者们的深入研究,议罪银作为一种逐渐成形的制度愈发清楚了。[6]不过,仍有些重要问题需要澄清。如论者以为"这种自行议罪罚银做法极可能是和珅乾隆四十五年(1780)任

---

[1] 《清仁宗实录》卷四一,嘉庆四年三月戊子。
[2] 《清经世文编》卷一六,汪志伊《敬陈吏治三事疏》。
[3] 参见《宫中档乾隆朝奏折》第33辑,第838—841页;《清仁宗实录》卷四四,第4页。
[4] 详见鞠德源、林永匡《乾隆勒索盘剥官商民史料》,《故宫博物院院刊》1982年1期。
[5] 《文献丛编》第25辑,《密记档》,原北平故宫博物院文献馆编辑出版,1937。
[6] 参见牟润孙《论乾隆时期的贪污》,《〈大公报〉在港复刊三十周年纪念文集》下卷,香港大公报出版,1978;林新奇《论乾隆时期议罪银制度与罚俸制度的区别》,《故宫博物院院刊》1986年3期。

户部尚书后,替弘历策划出来的,也就从那个时候实行起来"[1],或以为"虽然尚不能确认议罪银制度就是产生于乾隆四十五年,或许应该比这更早一些,但是说它与和珅有关,则是毋庸置疑的"[2]。其实,议罪银至迟在乾隆二十八年(1763)已见诸档案了。当年揭发出果亲王弘瞻"妄托织造及税务监督购买蟒袍、朝衣、优伶"一事,《清高宗实录》载乾隆帝谕"此次施恩不究"[3],《宫中档》则有如下记载:"乾隆二十八年六月十七日接到军机大臣传谕,乾隆二十八年六月初十日奉上谕:萨载(税关监督)代贝勒弘瞻购办刻丝朝衣等件,并垫借置买戏子银两,匿不奏闻,甚属徇私无耻,已降旨革职来京候旨……其萨载应作何自拟赎罪之处,并着高恒传旨代为陈奏……据萨载跪称:……自愿纳赎银一万两,仰乞圣恩宽限,均作二年交完。"[4]除用词不如后日规范外,乾隆命萨载"自拟",萨载遵旨"自愿纳赎银",已具备了议罪银的基本特征。督抚中似乎高晋第一个奉旨议罚。三十三年(1768)两淮提引案中高晋以其弟高恒之故自请交部严加治罪,奉朱批:"交部议罪,不过革职留任,汝自议来!"[5]高晋遵旨议奏:"惟阙廷伏地百叩,仰求皇上准奴才捐银二万两以赎奴才之罪……只以奴才之产计值不足二万两,一时变卖又恐不能得价。查从前奴才承审段成功之案,办理舛谬,叨蒙皇恩,准奴才将赎罪银二万两分作四年完缴在案,今次赎罪银两并恳圣主天恩,俯准奴才照段成功赎罪之案,每年于养廉银内扣解银五千两,分作四年完缴。"[6]按段成功案在三十一年(1766),据此督抚罚议银当不迟于此时。从乾隆三十年(1765)左右至四十五年(1780),档案、《实录》所载大员议罚银两之案不绝于书,仅四十三年(1778)高朴私鬻官玉案奉旨自行议罪的督抚、织造、税关监督等即有杨魁、舒文、萨载、寅著、高晋、勒尔锦、毕沅、西宁、巴延三、王亶望等多人。[7]由此可见,议罪银的发端,

---

[1] 参见牟润孙《论乾隆时期的贪污》;林新奇《论乾隆时期议罪银制度与罚俸制度的区别》。
[2] 同上。
[3] 《清高宗实录》卷六八九,乾隆二十八年六月壬寅。
[4] 《宫中档乾隆朝奏折》第18辑,第279页。
[5] 《宫中档乾隆朝奏折》第31辑,第282页。
[6] 《宫中档乾隆朝奏折》第31辑,第537页。
[7] 俱见《史料旬刊》,"高朴私鬻玉石案"。

是乾隆独出心裁,与和珅无关。

议罪银作为一种制度,也不像有人估计的那样,是先经策划好了,再推出台实行的;它正如清代诸多独创的制度、机构一样,有一个在实践中草创、逐渐发展到最终完善的过程,大体到乾隆五十年(1785)前后,罚议罪银堪称制度化了。此时,它至少具备了下述重要内容:一、议罚的对象以督抚、盐政、税关监督、织造为主,其他富商大贾、土司长官及司道等地方官也偶有被罚者,如原任苏松粮道章攀桂"情愿……缴银三万两以赎罪愆",商人范清济"罚银八万两"赎罪,洋商潘文岩"情愿罚银十二万两",土田州知州岑宜栋"情愿自行议罚银十万两",等等。[1]通观议罚人员,皆"坐拥厚廉"或家业素封者,可供乾隆一宰。二、议罚的缘由多为溺职、徇庇之类的轻微过误,如失察湖北孝感县民梅调元坐埋多命一案,原任湖北臬司王廷燮"情愿缴银四万两",原任藩司永庆"情愿缴银五万两";河南巡抚毕沅以"未能督饬所属迅速搜拏,以致首恶渠区匿迹……容臣措缴银二万两充本省河工之用,以赎前愆"[2],这还算罚出有名,有的议罚理由令人喷饭。四十八年(1783)河南巡抚何裕城以"奏折沾污香灰,请罚银三万两",奉旨"加恩宽免银二万两,其余一万两着解交内务府",何裕城仍觉"犬马赎罪微忱究未能稍伸万一",又奏请"除臣遵旨先缴银一万两外,其余二万两合再叩恳鸿仁,准臣仍行陆续解交内务府充公"[3],这幕君臣合演的滑稽戏终以乾隆笑纳告结。通观议罚缘由,总给人以乾隆找碴儿宰人的印象。三、议罚的程序一般为乾隆通过军机大臣或亲信奴才密谕有所谓过误者"令其自行议罚",过误者遵旨自行议罪银若干万两,"以稍赎罪愆于万一",若乾隆以为足以蔽辜,即于奏折上批一"览"字,表示默认;否则令再议,如四十三年(1778)苏州织造舒文涉入高朴私鬻官玉案,十月初七日接奉军机大臣福隆安、和珅寄信上谕:"舒文着革职,令其白身在苏州织造上效力行走,并令其自行议罪具奏!"舒文遵旨奏请"缴银二万两稍

---

[1] 分别见《宫中档乾隆朝奏折》第55辑第288页,第56辑第701页;《清高宗实录》卷一二一六,乾隆四十九年十月甲申;《宫中档乾隆朝奏折》第59辑,第197页。

[2] 分别见《宫中档乾隆朝奏折》第63辑,第447页;第64辑,第190页;第61辑,第824页。

[3] 《宫中档乾隆朝奏折》第57辑,第331页。

赎罪愆",乾隆于其折尾批"可恨之至",命"再传旨舒文,令其抚心自问,必如何始得稍安,自行切实罪,迅速覆奏!"。几经往复,最后以舒文缴银五万两,并将每年织造养廉一万两"叩求恩准奴才按年扣存,恭缴内府"才算了结。[1]不过,越到后来,未曾奉旨议罚而主动自请缴银"稍赎罪愆"的事例就越发多了起来,如四十六年(1781)按察使袁鉴缘事降调,奉旨留江候旨,袁鉴自请江督代奏:"外任十年以来……共计积存银三万两,不敢私留肥橐,情愿呈缴充公,以期借赎前愆。"[2]四十八年(1783)湖北巡抚姚成烈缘事应降调,奉旨:"从宽免其革任。"姚成烈奏:"皇上施恩逾格宽免革任,实为微臣梦想不到,感极涕零,百身莫赎,不揣冒昧叩恳天恩,准臣罚缴银三万两,分限三年,解交内务府。"[3]由奉旨议罚到主动议罚,表明罚议罪银有泛滥之势。四、议罪银两以解缴内务府为通例,奉旨留河工、海塘等处为特例。议罪罚银之初,何处收缴似无定制,四十三年(1778)十二月西宁议罚一万五千两,奏称:"系初次交纳,应交何处查收,理合恭折具奏。"[4]出身内务府世仆的西宁尚不知底里,可见尚无明确规定。不过,随着罚议罪银事例的增多,不论是内务府包衣官员,还是正身旗员,也不论是满官,还是汉员,一般都知道奏请"解交内务府以充公用"。五、对议罪银的管理,起初由尚书、军机大臣额驸福隆安制定的办法是,"广储司银库嗣后凡收盐政、织造、关钞等处并自行议罪解交银两,务必按月将有无收过日期报明军机处,以备查奏"[5]。到和珅主管该项工作后,遵旨将"各关例应交纳并裁革陋规以及窝利等项银两"从《密记档》中删除,而将自行议罪认罚各项"分晰缮写清单恭呈御览"[6]。从此,《密记档》开始成为专门记载"自行议罪认罚"的军机处下"密记处"的密档。同时,和珅又明确规定:"所有密记银两交圆明园、广储司造办处银库,嗣后将收到何项银两、数

---

[1]《史料旬刊》第21册,天753—754;第24册,天875—876。
[2]《宫中档乾隆朝奏折》第48辑,第671页。
[3]《宫中档乾隆朝奏折》第58辑,第369页。
[4]《宫中档乾隆朝奏折》第46辑,第50页。
[5]《文献丛编》第25辑,《密记档》。
[6]同上。

目若干,并收到日期,按月呈报军机处,以备查核汇奏。"[1]这样,在乾隆亲自督责下,先由福隆安,继由和珅主管,并由"密记处"整理文书档案的"自行议罪认罚"银两的管理逐渐严密和规范了。

议罪银制度从乾隆中期草创,到乾隆去世,大约存在了三十几年光景。它与罚俸制度的区别,林新奇已作过详尽的分析。[2]与乾隆年间盛行的督抚等罚廉比较,在出发点上有相似之处,乾隆五十五年(1790)为回答尹壮图对罚议罪银的责难,乾隆降旨辩解说:"殊不知朕之简用督抚,皆因一时无人,而又非犯侵贪徇庇之过者,以爱惜人材起见,偶有过误,往往弃瑕录用,量予从宽,即或议缴罚项,皆留为地方工程公用,亦以督抚等禄入丰腴,而所获之咎,尚非法所难宥,是以酌量议罚,用示薄惩。"[3]不过,罚议罪银较之罚廉随意性大得多,至少万两,最多达三十八万四千余两(乾隆五十九年两淮盐政全德)[4],而且罚议罪银的对象也不限于封疆大吏。还应指出,罚议罪银与刑律中的"纳赎"性质不同,纳赎大抵官员居多,凡文武官革职有余罪,拟笞、杖、徒、流及杂犯死罪等刑俱可按"有力图内数目"纳赎(贪赃官役不准纳赎)[5],可见纳赎的对象就官吏而言,是触犯了刑律,应照律拟罪量刑者;而被罚议罪银的无非是轻微过误,充其量不过是最严重的行政处分——革职,因此,罚认罪银不过是变相的行政处分,或与行政处分并处的经济惩罚而已。被罚议罪银的人多夸张自己"稍赎罪愆"云云,为的是向皇帝表示认罪的诚恳。

在谈过罚廉和罚议罪银后,附带举几例无以名状的滥罚。江苏巡抚闵鹗元之弟同知闵鵷元在甘肃贪污大案中被查出侵帑至一万九千八百两之多,乾隆命鵷元"十倍罚出",即罚十九万八千余两。[6]须知此项并非议罪银,闵鹗元后来又以其胞弟鵷元之故,遵旨自行切实议罪,缴银

---

[1] 《文献丛编》第25辑,《密记档》。
[2] 参见林新奇《论乾隆时期议罪银制度与罚俸制度的区别》。
[3] 《清高宗实录》卷一三六七,乾隆五十五年十一月乙未。
[4] 参见《文献丛编》第25辑,《密记档》。
[5] 《(光绪)大清会典事例》卷七二四。
[6] 参见《宫中档乾隆朝奏折》第49辑,第46—47页。

四万两。[1]四十七年（1782）陈辉祖抽换入官财物一案，李封、巴国柱、李承邺、周曰璜、王杲等司道府县官员因馈送过陈辉祖金两、金器，分别罚银三万两至八万两不等。[2]四十九年（1784）郝硕婪赃案内，该省各府州县七十余员以馈送郝硕银两，"经军机处议照馈送银数分等倍罚"，共罚银近十七万两。[3]

除罚廉、罚议罪银及其他种种滥罚之外，督抚大员等受累极重的还有赔补官项。

库项亏缺原因难于一概而论，有的是侵盗、挪移造成的，有的是不可抗拒的自然力造成的，如河堤溃决，也有因物价上涨等因素造成官项不能归款，如滇铜厂欠，还有因战事不利以致装备、武器等军需银大量损失……按理本应区别不同情形，着落犯官或失职官员赔补，不应赔补者则予以开豁，但乾隆年间，功令森严，凡亏缺官项，一律令官员赔补。

清制，赔补官项有独赔、分赔、代赔、著赔之别。[4]分赔有两种形式，一是本官侵冒、亏空，本人力不能完，本管上司应分别责任赔补，一是河工、军需等损失，由应负责任各官分别赔补。分赔数额往往大到督抚等大员无力承受。代赔即官项未完者已殁，由亲属代为赔补。著赔则为勒限追赔，往往与议罪同时进行。下面主要谈分赔。

长期担任河东河道总督的姚立德于祥符汛漫工全赔银七万余两、仪封及时和驿漫工分赔银约五万两、仪考两汛岁修工程分赔银约六万两，共约十八万两。[5]黄河溃决后的合龙工程耗资巨万，四十八年（1783）仅河南青龙岗引河坝工及改办南岸堤河坝工两项即用银三百二十余万两，按销六赔四之例，河东总河以下与河防有关官员共分赔近一百三十万两。[6]河臣一旦分赔，往往终生难偿。乾隆晚年担任河南河道总督的兰第锡身后遗产仅"值银一百四十余两"，未完赔项只得宽免。[7]原任江南

---

[1] 参见《宫中档乾隆朝奏折》第50辑，第232—233页。
[2] 参见《宫中档乾隆朝奏折》第55辑，第176、359、567页；56辑，第545页；第58辑，第359页等。
[3] 参见《乾隆朝上谕档》第12册，第205页；《宫中档乾隆朝奏折》第63辑，第44—47页。
[4] 参见《（光绪）大清会典事例》卷一七五。
[5] 参见《宫中档乾隆朝奏折》第54辑，第837—838页。
[6] 参见《宫中档乾隆朝奏折》第57辑，第847页。
[7] 参见《清仁宗实录》卷三二，嘉庆三年七月丙子。

淮徐河道张宏运去世时仍有未完分赔张家马路漫工银六万七千余两，只好着落其子现任茂州知州张鉴名下追缴。[1] 河工之外，军需损失赔项也很惊人。二次金川之役木果木大营被袭破时，饷银、军粮、装备等合计损失银三十余万两，先议定着落温福、刘秉恬二人名下追赔，后以其力难以速完，又议定"原系何人定议多运多贮"，所谓办理不善的官员一体分赔。[2] 已阵亡的温福应赔五万六千余两着落其诸子代赔，至四十三年（1778）仅缴银一万五千余两，乾隆只好将其子勒保调剂担任安徽庐凤道，兼管凤阳关税务这一肥缺，以图尽快缴完赔项。[3] 赔军需银最多的莫过于福建提督黄仕简，台湾林爽文之役该员以贻误军机"认罚军需银三十万两"[4]。再看滇铜日益严重的厂欠，四十三年清查出无着厂欠银二十七万余两，其中"有经放厂员业经家产尽绝者"共约银三万四千两，遵旨邀免，其余二十四万二千余两由"现任云南及补官外省与丁忧、事故回籍各员"按其任内获铜丰啬与厂欠之多寡两相比较分赔。[5] 四十五年（1780）又查出该省积欠盐课三十二万余两，原拟于通省养廉内摊扣，乾隆命由历任督抚藩司分赔，并指定原任云南巡抚裴宗锡除缴其应承担分赔之款外，"再赔出十万两"，同时命将其封存财产解京估变归款。[6] 此外，权关征税不如额，则多由该监督与管关督抚分别赔补。乾隆末、嘉庆初闽浙总督魁伦应赔短少关税赢余银两达十八万六千两，自请将住屋呈缴入官，其余在应得养廉内分半坐扣。[7] 分赔官项主要对象是督抚大员，但廷臣也偶有赔补者，而州县官也有倾家荡产不能赔清者，五十五年（1790）原任仪封勒休知县葛其英未完银两除宽免一半外，尚有未完分赔银四万五千余两，经查封家产及坐扣其孙葛泰生闸官养廉俸禄只有一百八十五两，葛其英因家产尽绝，势难按款追完，被问拟杖徒，葛泰生一并革职，未完赔项由葛其英原主管上司"照数

---

[1] 参见《宫中档乾隆朝奏折》第27辑，第470—471页。
[2] 参见《宫中档乾隆朝奏折》第33辑，第838—841页。
[3] 参见《宫中档乾隆朝奏折》第42辑，第639—640页。
[4] 《清高宗实录》卷一三三三，乾隆五十四年六月癸酉。
[5] 参见《宫中档乾隆朝奏折》第46辑，第255—262页。
[6] 参见《宫中档乾隆朝奏折》第49辑，第47—49页。
[7] 参见《清仁宗实录》卷四〇，嘉庆四年三月乙丑。

分别摊赔以清款项"[1]。

关于赔补官项，凡官吏侵贪、挪移而造成国家财产损失，勒限追赔，甚至抄没家赀，于法于情，都是平允的。但由于并非渎职的原因造成的国家财产的损失，强令主管官员分赔，以至毫无干系的其他官员摊赔，势必使督抚等地方官以赔垫不起为借口肆行贪贿。

最后谈谈对乾隆年间吏治败坏影响最大的秕政——臣工的贡献。

任土作贡，借以联君臣上下之情，备天子赏赉之用，自古而然，本无可厚非。清承唐、明等朝通例，各直省每年或三贡，或二贡，所贡初不过各省方物，如川广药材、九江瓷器、江浙绸缎，乃至徽墨、湖笔、笺纸、瓜果之类，数量虽大，但例有定额。对进贡人的资格也有限制，各省只准督抚进贡方物，且不许动用公帑，而自出养廉制办，除此之外，织造、关差、盐差"向系动用公项置买"[2]。如能恪遵定例，此种贡献尚不会扰及吏治民生，总的来看，乾隆初政之际，律己尚严，进贡问题并不严重。

然而，从乾隆十六年（1751）首次南巡及圣母皇太后六旬庆典之后，进贡方物之制日渐变质，至乾隆中期以后几乎成了败坏吏治的最大公害。臣工贡献从每年两三次发展到万寿、元旦之外，端午、中秋、上元等节也要进贡，甚至皇太后"圣寿"也备物进献，其"胪列太多"，"甚有以金品充饰"，以至乾隆都不能不有所责备。进贡方式除入阙朝贡外，新添所谓"路贡"，凡翠华巡幸，不仅沿途督抚、关差、织造等接驾进贡，而且远在广东、四川、湖广的督抚也驰进贡物，甚至致仕在籍的耆旧老臣也纷纷趋往行在迎驾，进献珍品。二度南巡时，以礼部尚书衔在籍食俸的沈德潜一人就贡献了书画七件，内有董其昌行书两册、文征明山水一卷、唐寅山水一件、王鉴山水一轴、恽寿平花卉一轴、王翚山水一轴。[3] 进贡人员也扩大到了在京王公大臣，以至以清贫著称的翰林，在外则藩臬两司亦多借机挤入进贡行列。督抚等办贡所费不赀，由所谓"自行置办"发展为下属帮助"购买物件"，名曰"帮供"，而所谓"动用公项"

---

[1]《清高宗实录》卷一三六二，乾隆五十五年九月辛卯。
[2]《（光绪）大清会典事例》卷四〇一。
[3] 参见《乾隆时期宫中政治经济措施》，载《故宫博物院院刊》1985年3期。

办贡的盐差、关差、织造们,则无不令盐商、洋商出资代办。而乾隆中期前后变化最大的还在贡物本身,贡品中各地方物全部成了陪衬,而大宗的是价值巨万的金玉古玩和风靡一时的洋货。

内外臣工每逢年节、万寿,以办贡最费周折。乾隆雅好搜集字画古玩、金玉器物、西洋钟表,其审美意趣极为不凡,又有精审的鉴赏能力,因此为固宠而呈进的贡品必要投其所好。最上乘者,应该是寓意吉祥,体面大方,新颖别致而不流入奇技淫巧,富丽堂皇又未落入俗套。这类贡品多出自南方,尤以苏州、广州两地为督抚等采办珍品必去之地。这样,办一次贡的开销可想而知。当时臣工每次向皇帝进献的数十种贡品中,总是以"如意"居首,取其吉祥如意之义。一柄整玉如意值银四千两,[1]而若在玉如意上再镶嵌珍珠为饰,按其时广东珠价计算,重四分的珠子约值银四五千两,重五分的则需六七千两,如像龙眼果那样重三钱的大珠竟值二万两,[2]要想博得皇上一笑,仅如意一项恐怕督抚倾全年廉俸也买不起。王亶望办贡并不出色,但他贡范金如意、贡镶珍珠金如意、贡金珠镶嵌玉如意,不知动了多少脑筋,开销又几何。乾隆公开提到"优于办贡"的是李侍尧和国泰。[3]李侍尧任上究竟进献了多少珍品,已难统计完全,这里略举一例,以窥全豹。三十六年(1771)十一月初八日身任粤督的李侍尧贡内被"驳出"的玉器、宋元古瓷、龙袍、紫檀宝座、珐琅等七十四项达数百件。[4]四十五年(1780)李侍尧与和珅互相倾轧,被和珅抓到把柄,乾隆命治罪籍家,结果抄出"黄金佛三座,真珠葡萄一架,珊瑚树四尺者三株"——"此是侍尧进贡物件而还给者也"。[5]所谓"还给"即乾隆未看上眼"驳出"的。据当时来中国的朝鲜使节风闻,"大抵侍尧贪赃中,五之三入于进贡"[6]。时人有这样的评论:"(侍尧)善纳贡献,物皆精巧,是以天下封疆大吏,从风而靡。"[7]这固

---

〔1〕 参见《清高宗实录》卷一〇七〇,乾隆四十三年十一月戊子。
〔2〕 参见《簷曝杂记》卷三,"广东珠价"。
〔3〕 《清高宗实录》卷一一六〇,乾隆四十七年七月甲辰。
〔4〕 参见杨伯达《清乾隆五十九年广东贡物一瞥》,载《故宫博物院院刊》1986年3期。
〔5〕 《朝鲜李朝实录中的中国史料》第十一册,第4701页。
〔6〕 同上。
〔7〕 昭梿《啸亭杂录》卷四,"李昭信相公"。

是实情，不过，内外大臣夸多斗靡、竞相攀比之风气日盛，推波助澜的并非李侍尧一人，和珅所进"金佛一座，长可数尺许"[1]，福康安进奉之机械人玩意儿之巧更令人叹为观止。[2]但归根结底，李侍尧等充其量是始作俑者，助长进贡之风肆虐的真正祸首正是屡降严旨、明切垂诫内外臣工不得呈进贡物的乾隆皇帝本人。

现在能见到的乾隆申饬贡献的谕旨不下数十道之多，不少谕旨恳恳千数百言，说自己"常时所用，悉系朴素木器，不尚奢华"，又说"宫中服御，从不用珠绣，又如象牙织簟……远不及寻常茵席之安适"，反过来申斥进贡诸臣："珠宝饥不可食，寒不可衣，于实用有何裨益？"并三令五申："嗣后各省督抚，除食品外，概不得丝毫贡献，违者以违制论！"[3]偶尔乾隆还"掷还"几件如"雕漆镶嵌真珠花卉壁屏"之类的摆设，[4]以追求宣传效果。但具有嘲讽意味的是，禁贡的谕旨愈频繁，词气愈严厉，群臣的贡品愈是踵事增华，争奇斗胜。乾隆归政前一年，仅广东督抚及粤海关监督即进贡七次，每次贡物类别不同，计有一百六十余项，贡品达数百件之多。仅列举两广总督长麟七月所进万寿节部分贡品如下：福寿万年如意一柄、玉长寿佛盒一座、镶嵌佛塔一座、镶嵌五供七珍一份、玉茗碗一对、玉翡翠洗一件、报刻八音乐钟一对、报刻自鸣钟一对、两针珐琅表二对、两针金表二对、金银线四百子、玉保合太和一件、玉欢天喜地瓶一件、玉长方式挂屏一对、玉炉瓶三事一份、玉瓶洗合锦玉百鹿山一件、玉温都斯坦合洗一件、四季长春盆景二对、太平有象一对……此外，还有瓷、玉、雕漆古玩等件。[5]督抚等内外臣工之所以敢于在屡诫进贡之后还敢如此竞相借贡争宠，是因为他们早已摸准了皇上贪求宝货永无厌止的心理，事实上他们揣摩得也一点不错，乾隆有时对亲信的旗员和内务府包衣官员才讲实话，二十二年（1757）十二月传旨署两广总督李侍尧、粤海关监督李永标："此次所进镀金洋景表亭

---

[1]《朝鲜李朝实录中的中国史料》第十一册，第4699—4700页。
[2] 参见李岳瑞《春冰室野乘》卷上，《近代中国史料丛刊》第6辑。
[3]《(光绪)大清会典事例》卷四○一，该卷汇集了乾隆部分禁贡谕旨，上引各条俱见此卷。
[4]《清高宗实录》卷一二七九，乾隆五十二年四月丙辰。
[5] 参见杨伯达《清乾隆五十九年广东贡物一瞥》。

一座甚好！嗣后，似此样好看者多觅几件；再有大而好者，亦觅几件，不必惜价。如觅得时，于端阳进贡几件来。钦此。"[1]乾隆确也"驳出"许多贡品，那多是不够典雅、不合口味的，或宫中积贮过多，或是赝品，如三十八年（1773）冬内府包衣寅著搞到一些米芾字迹，于是进献乾隆，此件奏折内容是这样的："奴才寅著跪奏：……今得米氏画片二十二幅，看其题识，颇似旧物，但奴才愚蠢，是否的系米笔，未能深辨……进呈御览。"乾隆在折尾朱批："是假的。不收！"[2]

乾隆年间督抚级的侵贪大案多与进贡、罚养廉银这类恶劣的政治措施有关。山东巡抚国泰以办贡和为其父赎罪自请捐廉四万两，不敷开销，恣意勒索属员；江西巡抚郝硕以"进京盘费"及罚交海塘银两不敷，勒派通省属员八万两；[3]其他大吏如巡抚阿思哈（乾隆十七年）、卢焯（二十二年），以及恒文、良卿、方世俊、钱度、彰宝、王亶望、勒尔锦、王廷赞、陈辉祖、李侍尧、伍拉纳、浦霖等侵贪各案也都与办贡、罚项有着直接关系。正像海洋中浮动的硕大的冰山一样，败露的侵贪大案充其量不过是显现在水面上顶端部分而已。这些大吏胆大妄为，他们侵贪并不是仅仅为了办贡和缴清罚项，而且要以此为借口捞一把，肥己润身，大饱私囊。当然，乾隆年间封疆大吏中洁身自爱者，也不在少数，即使乾隆季年，也有个别硁硁自守的督抚在。[4]不过，这类督抚对吏治的败坏也逃脱不了责任，章学诚说："督抚大吏，公私墨误，议罚缴养廉，动逾数万，罚赔摊赔之类，往往累数十万，虽清廉督抚，不能不取给于属吏。至东抚有犯，后调西抚事发，是东省之殃贻西省矣。或历数省督抚，一旦议罚过重，一省力不能办，而他省门生故吏处当道者，势自不能坐

---

[1] 杨伯达《清乾隆五十九年广东贡物一瞥》。
[2] 《宫中档乾隆朝奏折》第33辑，第561页。
[3] 参见《乾隆朝上谕档》第12册，第182页。又郝硕为陛见除已程备办贡物檀香炕屏、挂屏、桌屏等外，又"将金笔筒等金器重一千二百余两，熔成金锭大小一百三十余个，除存留九十锭已交出，其余四十多锭，同从前销化金围屏之金锭大小一百十个随带进京。此外，尚有珍珠手串一挂，金银首饰一匣（二三十两），红圆宝石一件，并金如意一枝，碧霞玺、珊瑚朝珠各一盘，又朝珠一盘，手串九挂，玉器五宗"（《宫中档乾隆朝奏折》第60辑，第565—567页）。
[4] 乾隆六十年谕："各省督抚中洁身自爱者，不过十之二三。"《清高宗实录》卷一四八四，乾隆六十年八月乙酉。

视。是一省之殃累数省矣。大抵操守愈清,则求助愈急,以家囊无可应诛求也。州县为贪墨督抚累者,十八九矣;其为清廉督抚所累,未尝无什一二也。"[1] 章学诚乾隆四十三年(1778)进士,虽终生治学,但与官场人物有广泛接触,上述一番话是他冷眼旁观乾隆中期吏治的精赅总结。

至于盐政、关差、织造等掌握着除地丁之外最大财源的内务府官员,罚议罪银和进贡等虽然也酝成了一些侵贪大案,如三十三年(1768)侵吞国帑达千万两以上的两淮预提盐引案,但其危害的直接影响是因商人被勒索造成盐价等物价上涨。

嘉庆亲政之始,首罢督抚等贡献,并表示"捐廉、罚银等事,朕必不为"[2]。又减免上司分赔或子孙代赔银两,同时还采取其他一系列措施,对乾隆季年诸弊政加以补救,一时间颇有与天下臣民咸与维新的气象,吏治也有所清肃。不过,嘉庆除旧布新诸举措带有很大的局限性,面对着江河日下的衰落大势,他深感回天无力。

当18世纪中期平定准回之役胜利结束,康乾盛世极于巅峰之际,乾隆皇帝便时时警诫自己要"持盈保泰",以维持国家的长久繁荣。此时距清朝定鼎中原已有百年之久,而三藩之乱平定后,天下承平也有八十年了。侵贪作为高度集权政治体制下官僚制度的痼弊,像癌细胞一样逐渐吞噬着国家政权的肌体脏器,其蔓延之迅速、危害之严重,绝不是仅仅靠法制的手术刀所能疗治的。乾隆皇帝确实遇到了他的列祖列宗,乃至中国古代诸帝所未曾遇到的严重的经济、社会问题,人口膨胀、物价上涨、风尚奢靡、官吏道德水准下降……种种新的矛盾接踵而至,囿于传统思想框架的乾隆对这一切新变化束手无策,而它们恰恰是贪风愈演愈烈的深刻的社会经济根源。不幸的是,乾隆本人又是聚敛无厌、挥霍无度的帝王,他晚年的种种秕政更直接刺激了侵贪的泛滥。这一切因素叠加在一起,互为因果,彼此激荡,其结果是,康乾盛世的帷幕尚未落下,清朝的统治已散发出浓重的腐败气味迅速向自己的坟墓走去。川陕楚白莲教大起义揭橥"官逼民反"的旗号,表明被统治者已无法生活下去了;而统治者中的有识之士也深感旧秩序不能维持下去,对举凡漕运、

---

[1] 章学诚《章学诚遗书》,第328页。
[2] 《清仁宗实录》卷四一,嘉庆四年三月戊子。

盐政、钱法的旧的弊端正予以新的审视，而人口、物价、银贵钱贱等新的社会问题也日益引起关注。空前严重的侵贪不仅迅速败坏了吏治，推动清帝国走向衰亡，而且使一批在黑暗中探索的觉醒者成长起来，从某种意义上讲，他们不仅是19世纪40年代以龚、魏为代表的经世致用学派的先驱，而且为最早的资产阶级维新思想家提供了批判武器。透过侵贪这一狭小窗口，人们看到的正是处于由传统向近代门槛蹒跚迈进的中国社会的全貌。

与郑宝凤合著，郭成康执笔（第一作者），
原载《清史研究集》第八辑，中国人民大学出版社，1997

《字贯》《一柱楼诗》两案与乾隆查办禁书

乾隆四十二年（1777）发生了王锡侯《字贯》案，这是自三十九年（1774）谕令查缴违碍书籍以来，第一起震动全国的文字狱。继之而兴的徐述夔《一柱楼诗》狱，则是整个查办禁书过程中处治最为严厉的特大案件。从表面观察，王、徐二人皆以文字得罪；而实质上，《字贯》与《一柱楼诗》两案乃乾隆帝为震慑天下臣民以推动查办禁书而蓄意制造的，因此它们都以其强烈的政治色彩而有别于一般的文字狱。本文拟探讨《字贯》《一柱楼诗》两案与乾隆查办禁书的内在联系，从而揭示乾隆朝后期文字狱的某些特色。

乾隆三十七年（1772）正月诏命"搜辑古今群书"，乾隆帝表示此举的目的在于"稽古右文，聿资治理"，"以彰千古同文之盛"[1]。但各省督抚对其底蕴感到深不可测，故而奉谕之后，犹豫观望，迟迟未动。当年十月，乾隆帝降谕责备各督抚等："迄今几近迎岁，曾未见一人将书名录奏饬办，殊为延缓。"[2]旋即又命传谕河南巡抚何煟："不得以书籍无关政要，一任草率塞责。"[3]由于旨意尚属和缓，故各省仍视购访遗书的谕旨为具文。三十八年二月，乾隆帝决定将来汇集天下群书后统按经、史、子、集编目，并定名为《四库全书》。在各督抚看来，搜求遗籍既然

---

[1] 王重民编《办理四库全书档案》第一册，"三十七年"，原北平图书馆，1934。
[2] 同上。
[3] 《清高宗实录》卷九二一，乾隆三十七年十一月甲寅。

是要编纂《四库全书》,那么,此事仍非政治急务。当年三月,乾隆帝鉴于各省进到书单寥寥无几,而且多是近人著作,再次谕责各督抚"观望不前",同时谕令以半年为限,各省实力速为妥办,"若再似从前之因循搪塞,惟该督抚是问!"。为消除藏书者的疑虑,特郑重宣言:"朕办事光明正大,可以共信于天下,岂有下诏访求遗籍,顾于书中寻摘瑕疵,罪及藏书之人?"但又告诫藏书之人若仍不体圣意,"将来或别有破露违碍之处,则是其人有意隐匿收存,其取戾转不小矣!"[1]。这样一来,征访遗书便有了显著进展。至三十九年夏,仅浙江一省即访获书籍四千五百二十三种,[2]若以编纂《四库全书》的目的着眼,这种空前的盛况总该使乾隆帝满意了,但其实并不然。

三十九年八月初五日正式颁发在搜辑古今群书中查办禁书的谕旨:"各省进到书籍不下万余种,并不见奏及稍有忌讳之书,岂有裒集如许遗书竟无一违碍字迹之理?况明季末造,野史甚多,其间毁誉任意,传闻异词,必有抵触本朝之语,正当及此一番查办,尽行销毁,杜遏邪言,以正人心而厚风俗,断不宜置之不办。"该谕以严厉的口吻宣布:"若此次传谕之后,复有隐讳存留,则是有心藏匿伪妄之书,日后别经发觉,其罪转不能逭,承办之督抚等亦难辞咎!"[3]乾隆帝在诏求群书两年七个月后终于揭示了"稽古右文""嘉惠艺林"之类伪装下的奥秘,全国臣民才真正洞见其借"搜辑古今群书"之机查缴禁书尽行销毁的底蕴。从此,搜求、整理遗籍盛举的重点转入了追缴销毁禁书的政治运动,乾隆帝倾注了相当大的精力,亲自加以指授布置,督催课责,查办禁书便以搜剔净尽为目标,在以江浙为重点的各直省步步推进,层层深入,前后持续近二十年,几与四库开馆相终始。

查办禁书开始后,各省的进度很不平衡。最使乾隆帝恼火的是江浙进展迟缓。三十九年八月查办禁书谕强调指出:"笔墨妄议之事,大率江浙两省居多,其江西闽粤湖广亦或不免,岂可不细加查核?"[4]而两江

---

[1]《办理四库全书档案》第一册,"三十八年"。
[2] 吴慰祖校订《四库采进书目》附录二,"浙江采集遗书总录简目",商务印书馆,1960。
[3]《办理四库全书档案》第一册,"三十九年"。
[4] 同上。

总督高晋、江苏巡抚萨载和浙江巡抚三宝接奉此旨后竟"覆奏称查无违碍之书"[1],乾隆帝随即以广东查出雍正朝"逆犯"屈大均诗文事传谕高晋等:"今李侍尧等既从粤省查出屈大均诗文,不应江浙等省转无明末国初存留触碍书籍,岂高晋等办事不及李侍尧等之实力乎?"[2]四十一年(1776)十二月又传谕严行申饬高晋等:"江浙为文物所聚,藏书之家、售书之肆皆倍于他省,不应购获各书转不及江西……皆因该督抚视为无关紧要,往往具文塞责,并不实力查办,则藏匿应禁之书何由尽出?高晋、三宝经办数年,杨魁亦已到任半载,何以轻率若此?"[3]从日益严厉的旨意来看,乾隆帝对江浙的敷衍因循已到了不能容忍的地步。就全国范围而言,除了江西尚称帝意外,其余各省督抚亦被认为未能实力查办。两年多的实践使乾隆帝认定,查办禁书的阻力主要来自封疆大臣。然而谁也没有料到,他竟挑起王锡侯《字贯》案,首先拿江西巡抚海成开刀。

王锡侯(1713—1777)原名王侯,字韩伯,江西新昌人。乾隆十五年(1750)中乡举,后会试屡挫,改向故纸搜求,曾编集《唐诗试帖详解》《国朝试帖详解》《书法精言》《国朝诗观》《西江文观》《王氏源流》《字贯》《经史镜》等十余种书籍。[4]使王锡侯贾祸的《字贯》刊行于乾隆四十年,与此同时,江西查办禁书在巡抚海成督责下风声日紧,而王锡侯恰又陷入宗族纠纷的旋涡。四十二年新昌县民王泷南与王锡侯结怨,遂赴县呈首其"删改《康熙字典》,另刻《字贯》,与叛逆无异"。海成即以王锡侯妄行著书,奏请革去举人以便审拟。乾隆帝接阅海成奏折及所呈《字贯》赫然震怒,在十月二十一日谕旨中指出,《字贯》"凡例"将"圣祖、世宗庙讳及朕御名字样悉行开列,深堪发指。此实大逆不法,为从来未有之事,罪不容诛,即应照大逆律问拟,以伸国法而快人心",并斥骂海成"双眼无珠""天良尽昧",审理错谬,有负委任。[5]这样,《字

---

[1] 原北平故宫博物院编《清代文字狱档》,"屈大均诗文及雨花台衣冠冢案",上海书店,1986。
[2] 同上。
[3] 《办理四库全书档案》第一册,"四十年"。
[4] 以上王锡侯身世据孟森《明清史论著集刊》"字贯案",中华书局,1959,下册,第573—582页。
[5] 《掌故丛编》第一辑,"王锡侯字贯案 十月二十一日廷寄",原北平故宫博物院文献馆编辑出版,1928。

贯》一案便由妄行著书之类的寻常案件升级为天下震怖的钦定逆案。由此，案情急转直下，王锡侯锁押解京，家产查抄，各省查缴销毁王锡侯一切书籍。至十一月大学士九卿会议王锡侯比照大逆律拟极刑，奉旨从宽斩决，王锡侯之子孙王霖等七人从宽改斩监候，秋后处决，其未及岁之孙及妻妾等皆给付功臣为奴；海成斩监候，秋后处决，江西藩臬二司周克开、冯廷丞俱革职，交部治罪，高晋降一级留任。至此，这一轰动一时的大狱才告终结。

乾隆帝为什么对《字贯》案如此重视？为什么必欲对一区区举人大张挞伐？直书庙讳、御名，诚有应得之罪，但无论如何尚不至为"从来未有"之"大逆不法"。雍正十三年（1735）九月，乾隆帝初即位即谕称："避名之典，虽历代相沿，而实乃文字末节，无关于大义也。"[1]乾隆三十四年（1769）九月再次宣谕："避名之说，朕向不以为然。"[2]至于回避庙讳，也仅限于"一切章奏文移"[3]。二十六年（1761）江苏查出沛县监生阎大镛《俣俣集》中有不避庙讳之处，乾隆帝以为"虽其不避庙讳，犹可云村野无知"[4]。而王锡侯将庙讳、御名排写直书，原本出于善意，供词中交代很清楚："少年时未知庙讳、御名，是后来科举时才知道的，恐怕少年人不知避忌，故此于书内开写，使人人知晓。"[5]由此来看，王锡侯的情节较之阎大镛更轻。既然如此，乾隆帝一定要把王锡侯打成大逆，真实意图何在？

前面已经提到，乾隆帝对各省督抚未能实力查办禁书的不满蕴蓄久矣，但他苦于抓不到实证，因此不便发作。这一次查办禁书的能员海成竟让"悖逆"的《字贯》从眼皮底下溜掉，正好提供了一个杀一儆百的机会，而抓住海成亦正好大做文章。海成本"未尝读书"的满洲世仆，对查办禁书格外热心，很有办法，他管辖的地区花样翻新，成绩突出，因此颇受乾隆帝赏识。四十年正月通谕全国推广海成"传集地保，逐户宣谕，无论全书废卷，俱令呈缴，按书偿以倍价"的经验，命"各省自

---

[1]《清高宗实录》卷三，雍正十三年九月丙辰。
[2]《清高宗实录》卷八四二，乾隆三十四年九月辛巳。
[3]《清高宗实录》卷二，雍正十三年九月庚子。
[4]《清高宗实录》卷六三九，乾隆二十六年六月壬辰。
[5]《掌故丛编》第二辑，"王锡侯字贯案　王锡侯供词二"。

可仿而行之"[1]。四十一年十二月又以江西一省前后搜求禁书达八千余部之多，超过了江浙两省，特降谕表扬："查办遗书一事，惟海成最为认真。"[2]未久，《字贯》案勃发，查办禁书的模范巡抚海成一下子跌到了轻纵逆书的罪员。短短的两个月中间，先是"传旨严行申饬"，随即"交部严加议处"，继而"革职交刑部治罪"，步步升级，直至"斩监候，秋后处决"，而这还是乾隆帝法外施恩，由斩立决改判。海成何以获罪？简言之，就是把《字贯》这样一部"大逆不法之书视为泛常"[3]。由《字贯》的漏网，乾隆帝又推及"海成从前查办应毁书籍，原不过以空言塞责，并未切实检查"[4]。因此，归根到底，海成还是由于查办禁书招致重戾。这样一来，乾隆帝就可以通过严办海成，在各省督抚背上击一猛掌，"使为封疆大臣丧良负恩者戒"[5]。封疆大臣中，首当其冲的是两江总督高晋，两江下辖江苏、江西、安徽三省，高晋难辞失察之咎，此其一。其二，谕旨称"江宁省城与江西省相隔不远，该逆犯初刊《字贯》之本断无不传行至江宁之理"[6]，海成因失察《字贯》斩监候，亦未查出的高晋及江苏巡抚杨魁又该当何罪？其三，海成以查办禁书而称帝意，当圣眷正隆时，为一部《字贯》险些丢了脑袋，素为乾隆不满的高晋、杨魁及三宝若被寻出纰漏，当然要罪上加罪。最后，借海成告诫包括江浙在内的各省督抚："旧人著作尚且应查，岂有现在刊行者转置不问之理？"[7]以《字贯》案为标志，由重点查办"明末国初"违碍悖逆之书扩大到查办一切"与《字贯》相类"的"旧刻新编"书籍。[8]

总而言之，《字贯》案完全是乾隆出于政治上的需要而一手制造的冤狱。为推动以江浙为重点的查办禁书向纵深发展而抛出海成以警诫因循敷衍的封疆大吏，要重办海成则不惜以文字微疵把王锡侯打成"从

---

[1]《清高宗实录》卷九七四，乾隆四十年正月丁巳。
[2]《办理四库全书档案》第一册，"四十年"。
[3]《掌故丛编》第二辑，"王锡侯字贯案　十一月十二日上谕"。
[4]《掌故丛编》第一辑，"王锡侯字贯案　十月二十三日廷寄"。
[5]《掌故丛编》第二辑，"王锡侯字贯案　十一月十二日上谕"。
[6]《掌故丛编》第二辑，"王锡侯字贯案　十一月十八日廷寄"。
[7]《掌故丛编》第二辑，"王锡侯字贯案　十月二十三日廷寄"。
[8]《掌故丛编》第二辑，"王锡侯字贯案　十一月十八日廷寄"。

来未有"之"大逆不法"。《字贯》案后，各省督抚如惊弓之鸟，他们吸取教训，严饬所属，加意搜罗，过细搜剔，查办禁书的局面有所进展，即如云贵这样偏远省份，仅四十三年春夏二季就搜获书籍三百余种、一千五百余部。[1]但由于《字贯》发生在江西，其锋芒又主要指向督抚一级的方面大员，故未能完全达到乾隆帝预期的目标，于是有因收藏逆书而引发的更大冤案——江苏徐述夔诗狱。

自三十九年八月谕令查办禁书，在整整五年中，乾隆帝一直坚持"毁书不及其人"政策。三十九年九月两广总督李侍尧等查出南海县民屈稔浈、屈昭泗私藏其族祖屈大均所著书籍，并以"未缴逆书"，拟斩立决，奏闻请旨。乾隆帝谕："朕办事光明正大，断不肯因访求遗籍罪及收藏之人。所有粤东查出屈大均悖逆诗文，止须销毁，毋庸查办，其收藏之屈稔浈、屈昭泗亦俱不必治罪。"同时又通谕全国："今屈稔浈、屈昭泗系经官查出之人，尚且不治其罪，况自行呈献者乎？"劝导人们及早交出"明末国初悖谬之书"[2]。四十二年王锡侯之所以得罪，乃因编撰、刊刻逆书，而非藏匿禁书，当年十一月十八日谕旨虽把查禁的范围由旧刻扩大到新编，但依然重申"如有收藏之家此时即行缴出者，仍免治罪"[3]。四十三年闰六月再次通谕全国："各省查缴违碍书籍，恐外间尚有存留，此时续行呈缴，仍可不加究治；若匿不缴出，后经发觉，难以轻逭。"[4]乾隆帝很清楚，如果以收藏禁书而罪及其人，则天下罪不胜罪，且杀戒一开，势必告讦蜂起，冤狱遍地，不利统治秩序的稳定。但长期感化诱导，又难免人心玩愒，日久无功。四十二年后虽未改变自首免罪的既定政策，但已开始强调对藏匿不交者不能轻宥。四十三年九月徐述夔诗狱起，述夔之孙徐食田以藏匿逆书论斩，全国空气骤然紧张，查办禁书亦由此转入严厉阶段。

徐述夔，原名赓雅，字孝文。江苏扬州府东台县人。乾隆三年（1738）举人，曾拣选知县。著有《一柱楼诗》《和陶诗》《小题诗》《五

---

〔1〕《清代文字狱档》，"袁继咸六柳堂集案"。
〔2〕《清高宗实录》卷九七〇，乾隆三十九十一月戊午。
〔3〕《掌故丛编》第二辑，"王锡侯字贯案 十一月十八日廷寄"。
〔4〕《掌故丛编》第四辑，"徐述夔诗狱 署两江总督萨载折一"。

色石传奇》和《蓬堂杂著》等诗文十几种。原任礼部侍郎,著名诗人沈德潜称其"品行文章皆可法"[1]。徐述夔于乾隆中故去,其子徐怀祖于乾隆二十八年(1763)将《一柱楼诗》等刊行,而怀祖亦于四十二年病故。当怀祖在世时曾以二千四百两银置买蔡姓田地数顷,四十二年冬,蔡嘉树因地内葬有其祖墓,欲用银九百六十两赎回,徐怀祖之子徐食田不允,遂成讦讼。其时,在王锡侯《字贯》案波及下,江苏风声鹤唳,人人自危。四十三年四月六日徐食田风闻蔡嘉树以赎田不允欲首告其祖徐述夔违碍诗文,立即抱书自首,四月九日蔡亦赴县检举。五月东台县令涂跃龙呈解徐书,江宁书局以未经粘签发回该县,令加签送局。六月,蔡嘉树又赴江宁藩司控告徐食田贿嘱县书,将徐由被告发改为自行呈缴,并摘出《一柱楼诗》中"明朝期振翮,一举去清都"等句,以为"非常悖逆之词"[2]。藩司陶易就近批扬州府查讯。七月中旬东台县将人犯卷宗及徐述夔书籍解扬州府,知府谢启昆逐一签出违碍语句,始知事态严重,遂拘获有关人犯审理此案。至此,这一案件仍按一般程序压在州县一级,而乾隆帝很快从另一渠道得悉此案。八月如皋县民童志璘赴江苏学政刘墉处呈出徐诗,刘墉即时奏闻,并移咨署两江总督萨载、江苏巡抚杨魁搜查办理。乾隆帝初不以为逆案,但继阅杨魁奏折,了解到徐食田似有贿嘱县书、改告为首等情节,感到案情委曲周折,又心疑有劣幕插手,陶易与之商同舞弊,遂决定大动干戈,深究此案。九月十三日军机大臣发出廷寄上谕三道,称徐述夔《一柱楼诗》"系怀胜国,暗肆诋讥,谬妄悖逆,实为罪大恶极。虽其人已死,将来定案时仍当剖棺戮尸,以伸国法";徐食田"藏匿伊祖悖逆诗本,及被人告发,复敢贿嘱县书,捏称自首,其狡诈尤为可恶";并命久任两江的高晋及陶易即速明白回奏。[3]从此徐案就按乾隆帝所定"悖逆"基调,以根究藏匿禁书和故纵大逆两个方向不断深入扩大。至十一月二十七日经大学士九卿拟议奏闻,乾隆帝降旨将徐述夔、徐怀祖剖棺戮尸,枭首示众,徐述夔之律应缘坐亲属照律办理,财产入官;徐述夔之孙徐食田、徐食书及列名校对之徐首发、

---

[1] 以上徐述夔身世,据陈翔华《徐述夔及其〈一柱楼诗〉狱考略》,《文献》1985年第2期。
[2] 《掌故丛编》第八辑,"徐述夔诗狱 陆琰供词三"。
[3] 《掌故丛编》第五辑,"徐述夔诗狱 九月十三日廷寄一、二、三"。

沈成濯并陶易之幕友陆琰俱从宽改为斩监候，秋后处决；为《和陶诗》作跋之毛澄（即黄斌）杖一百、流三千里；扬州知府谢启昆发往军台效力赎罪，东台知县涂跃龙杖一百、徒三年。而此前江宁布政使陶易已由斩立决改判斩监候瘐死狱中；沈德潜以称誉徐述夔也被株及，命褫其官爵衔谥，毁其祭葬碑文，撤其乡贤祠牌位。

徐食田何以得罪？原以乾隆帝据杨魁折载蔡嘉树一面之词，认定他藏匿禁书，复贿嘱书吏，改告为首。后经查明并非如此。徐食田书于四月六日呈缴其祖诗本三天后，蔡嘉树才去首告，四月十六日徐奉命再次呈缴其祖未刻刊本。恶棍蔡嘉树遂往藩司呈控徐贿嘱书吏金长五，将四月十六日呈缴改为四月六日。及徐、金等解京鞫讯，查无此事。大学士九卿只好以徐"将伊祖逆书，匿不举首，迨闻蔡嘉树欲行呈控，始行赴县呈缴，未便以自首减其应得之罪，应将徐食田照大逆知情隐藏律拟斩立决"[1]。前面已经提到，"自行呈缴，不加究治"，是乾隆三十九年查办禁书以来的既定政策，大学士九卿仰承帝旨以"未便以自首减其应得之罪"，真是欲加之罪，何患无辞！即以当时的法律而言，尚有"知人欲告而自首，仍应减等治罪"的条例，[2]何以自首的徐食田未便减等？还应指出，徐食田作为大逆正犯的嫡孙，依律已应斩立决，而谳词则强调其"将伊祖逆书，匿不举首"的情节，比照大逆知情隐藏拟斩立决，这就开了严惩藏匿禁书者的杀戒。如果此前还仅仅说些"断难轻宥""难以轻逭""自有应得之罪"这类威胁话语，那么，嗣后凡经官查出，或他人呈首，则都不难援徐食田之例比照大逆知情隐藏律惩治。对徐食田的重视及异常处理，只能暴露出乾隆帝真实意图：借徐之头颅在全国造成恐怖气氛，使人人怵惕，为避祸而即速呈缴一切书籍。

陶易何以得罪？也是乾隆帝初悉案情便心存陶易欲消弭重案的成见，因此对其格外重视，亲加廷鞫。陶易供出蔡嘉树呈词批文："书板已经呈县，如有违碍，应行销毁，该县自当缴局，与尔何干？显系挟嫌倾陷。"另饬扬州府牌文有"讲论经传文章，发为歌吟篇什，若止字句失检，涉于疑似，并无悖逆实迹者，将举首之人，即以所诬之罪，依律反坐，著

---

[1]《掌故丛编》第九辑，"徐述夔诗狱　阿桂等奏折"。
[2]《掌故丛编》第八辑，"徐述夔诗狱　大学士等奏片"。

有明条"等语，[1]系幕友陆琰所拟，经陶易标判发行。这更证实了乾隆帝"必系劣幕有心袒护开脱，而陶易与之商同舞弊"的预见，[2]由此而逮治陆琰。结果陶易以故纵大逆论斩，而陆琰亦以"所拟批呈及所改牌稿偏重反坐一边，即系有心消弭重案，其罪与陶易相等"[3]。无论陆琰，还是陶易，以故纵大逆论罪都是冤枉之至。像陆琰这样幕中老手，做事可说步步站得住脚根。既然屡奉查缴违碍书籍原许自首免罪的谕旨，而徐食田又自首在前，那么，从根本上讲，陆、陶并无罪可言。如果说蔡嘉树呈内已摘"明朝期振翮，一举去清都"如此"悖逆之词"，陆琰有意包庇徐的话，那么，几乎从所有"违碍"书籍里都不难挑剔出类似文句，而乾隆帝的政策是"毁书而不罪及其人"，地方查出"违碍"书籍，不过粘签解京销毁，并不一一查办。因此陆琰对自己所办之事很有把握，就是解京之后，仍据理自辩。至于扬州知府谢启昆、东台知县涂跃龙都不过照正常程序审办此案，他们之所以得罪，系出于乾隆帝同样考虑，借重办此案以警诫从督抚以至直接经手查办禁书的司道府县官员及其幕宾胥吏。

至徐述夔父子因《一柱楼诗》而于故后尸身凌迟锉碎、撒弃旷野，则纯粹是以文字获罪。乾隆帝指斥徐诗"明朝期振翮，一举去清都"系"借朝夕之朝，代朝代之朝；且不言到清都，而云去清都，显有欲兴明朝、去本朝之意"[4]，其望文生义、牵强附会简直到了荒唐可笑的地步。诚然，徐述夔有一点厌清的民族情绪，他给自己的学生取名"首发（髮）"和"成濯"，确是基于"本朝剃头不如明朝不剃头好看"的想法，[5]这一点被博学而聪明的乾隆帝发现了，他说："二犯一以首发为名，一以成濯为名，四字合看，明是取义《孟子》'牛山之木，若彼濯濯'，诋毁本朝剃发之制，其为逆党显然。"对此，他十分得意，说："此等鬼蜮伎俩岂能逃朕之洞鉴？"[6]然而，仅止于此，徐述夔父子就该身故亦不

---

[1]《掌故丛编》第八辑，"徐述夔诗狱　大学士九卿会奏折"。
[2]《掌故丛编》第八辑，"徐述夔诗狱　十月十八日廷寄"。
[3]《掌故丛编》第九辑，"徐述夔诗狱　阿桂等奏折"。
[4]《清高宗实录》卷一〇六九，乾隆四十三年十月辛巳。
[5]《掌故丛编》第九辑，"徐述夔诗狱　阿桂等奏折"。
[6]《掌故丛编》第六辑，"徐述夔诗案　九月二十一日廷寄"。

免罹极刑吗？徐首发、沈成濯就该以逆党而论斩吗？就是乾隆帝之子嘉庆帝也觉得其父做得过分了。嘉庆四年（1799）二月，嘉庆帝亲政伊始即降谕："比照大逆缘坐人犯，则与实犯者不同。即如从前徐述夔、王锡侯，皆因其著作狂悖，将家属子孙遂比照大逆缘坐定拟，殊不知文字诗句原可意为轩轾，况此等人犯，生长本朝，自其祖父高曾，仰慕深仁厚泽，已有百数十余年，岂复系恋胜国？而挟仇抵隙者，遂不免借词挟制，指摘疵瑕，是偶以笔墨之不检，至与叛逆同科，既开告讦之端，复失情法之当。"[1] 徐述夔诗案与王锡侯《字贯》案相同，都是出于当时政治上的需要，把笔墨失检、文字微疵打成悖逆，尔后大张旗鼓，兴师动众，罗织不厌其细，株连惟恐不广，而其真正意图是为了排除查办禁书的种种阻力，达到彻底泯灭反清的民族思想的目的。因此，这两起大案又比一般的文字狱更加冤滥，更能集中地表现专制时代皇帝的淫威。嘉庆皇帝亲政之始欲纠正前朝某些缺失而举出徐、王两案为典型，实在不是偶然的。

　　文字狱作为文化专制的一种手段，古已有之。清朝以少数民族入主中原，对汉族反满思想防禁尤力，故而文祸的酷烈超过了以往历代封建王朝。而有清一代。若论文谳之频繁，文网之苛密，则以乾隆当政的六十余年为最。乾隆朝后期（四十一年至六十年）伴随着全国规模的查办禁书运动，文字狱又呈现出某些引人注目的特点。

　　首先，这一时期的文字狱空前频繁。自《字贯》《一柱楼诗》两起举国震动的大案后，文字狱此起彼伏，层见迭出。据《清代文字狱档》《清高宗实录》《掌故丛编》等档案、官书所载，从乾隆四十二年至四十七年，短短六年之间，竟发生了近五十起文字狱（四十二年1起、四十三年12起、四十四年14起、四十五年5起、四十六年8起、四十七年9起）。在堪称文网最密的乾隆朝，这是空前的高峰时期，就是在文祸接踵不断的顺治、康熙、雍正三朝一百年间，也是找不到先例的。这是因为，当时正值查办禁书运动的高潮，在王、徐两案的刺激下，告讦之风甚炽，而惊魂未定的地方官吏一见控首违碍悖逆书籍，便不分青红皂白，宁严勿宽，株连波累，貌似认真，实在是怕当陶易与海成。这样一来，北起

---

[1]《清仁宗实录》卷三九，嘉庆四年二月壬子。

山西、直隶，南到广东、广西，到处都有与《字贯》《一柱楼诗》相类的案件。乾隆帝有时基于策略上考虑，亲自甄别某些错案、冤案，但对故入人罪的地方官员也仅以"所办殊属过当"稍加申饬而已。在他看来，苛求固属"过当"，但绝不能因纠偏而减弱由王、徐两案鼓起了的严厉查办禁书的势头。总之，查办禁书的政治需要是乾隆朝后期文字狱激增的根本原因。

第二，随着查办禁书的张弛而起落，乾隆后期文字狱多带有强烈的政治色彩。乾隆之前，清统治者还没有找到根绝反满思想的措施。康熙朝庄廷鑨、戴名世两案，诛戮甚惨，震动极大，但都局限于就事论事，零敲碎打。雍正帝对曾静、吕留良一案处理，在严惩吕氏及其弟子的同时，试图从理论上战胜传统的"华夷之辨"。及乾隆即位，知此法弊多利少，乃毁禁《大义觉迷录》，继续沿着全面强化思想专制的路线探索。乾隆三十九年开始的查办禁书，表明乾隆帝业已意识到，欲釜底抽薪、拔本塞源，从根本上解决威胁清朝统治的反满思想，必须将一切载有此种思想的书籍来一番全国规模的彻底查办，尽行销毁。因此，查办禁书虽寓于编纂《四库全书》之中，而实际上始终是作为一种政治运动独立存在的。为了推动查办禁书，造成强大的声势，乾隆帝抓了《字贯》《一柱楼诗》两件大案。尔后为将一切违碍悖逆书籍尽速搜缴净尽，又继续把文字狱作为加强政治高压的杠杆，不断制造新的书祸加重全国的恐怖气氛。四十四年以后，大案迭起，惩治之严酷，与徐述夔诗狱比较所差无几。至四十八年，文字狱显著减少，揆其原因，一则禁书搜缴殆尽，再则《四库全书》已于四十九年基本告成。但查办禁书并未终止，五十四年，当查办禁书进入第十五个年头的时候，乾隆帝谕："地方官只须将应毁之书查销净尽，原可毋庸定以限期。"[1]这无异于宣布，查办禁书作为一项经常性地方要务，永远不会有明令终止的一天。第二年江苏沭阳又查出康熙年间刊刻的《奈何吟》有"甚属谬妄"之语，帝命两江总督孙士毅查明作者仲绳"因何作此悖妄语句？伊孙仲见龙因何藏匿不缴？"，严讯定拟具奏。[2]可见，四十七年以后，伴随着腥风血雨的查办禁书狂

---

[1]《清高宗实录》卷一三二九，乾隆五十四年五月癸酉。
[2]《清高宗实录》卷一三六七，乾隆五十五年十一月甲辰。

飙虽说过去了，但书祸的阴影依然长期笼罩在人们的心头。纵观这时期发生的文字狱，大多起于查办禁书，其打击重点始终是藏匿禁书者，时而亦旁及某些查办禁书不力的地方官员，至于种种似是而非的诗文不检，不过是罗织周纳，以严惩藏书者的借口而已。就其实质而论，这类文字狱俱系查办禁书的工具，作为查办禁书运动不可分割的组成部分，发挥着以往文字狱所不具备的政治功效。

最后，乾隆朝后期的文字狱用心更毒，手段更巧。文字狱用作统治阶级内部斗争的工具，始于雍正；而进一步利用它来推动查办禁书运动，则是乾隆的发明。这一时期的文字狱既服从于政治上的一时需要，自然不顾是否真有反清的政治内容，逆案所要株连的人也随之推广到藏书之家及失察官吏。文字狱之所以如此神通广大，乃在文字诗句最易锻炼周纳，上下轩轾。乾隆帝深得此道，运用起来达到了出神入化的境界。欲大造声势，掀起查缴禁书高潮，他可以把直书庙讳、御名强加上大逆罪名，把"明朝期振翮，一举去清都"硬说成罪大恶极；当他认为政策上需要松弛一下的时候，又可以"乡曲愚民，不知庙讳"宽恕触犯者，[1] 认为"对明月而为良友，吸清风而为醉侯"不过是诗人寻常用语。[2] 为拧紧统治机器的零件，他随便以失察逆案而抓出几个倒霉官吏，作为"负恩玩法"的典型；到了需要纠正地方有意从严的倾向时，他又反诘承办督抚："清、明二字，避而不用，有是理乎？"甚至斥责他们"吹毛求疵，谬加指摘，使人何所措手足？"[3] 蜷伏在专制帝王淫威下的人民通常是沉默的，然而郁积的愤懑又不时化为尖刻的冷嘲。乾隆四十四年，正值查缴禁书最恐怖的时候，安徽天长县一个秀才告发本县捐贡程树榴借"造物者之心愈老而愈辣，斯所操之术乃愈出而愈巧"隐刺当今皇上，以发泄对王锡侯、徐述夔冤狱的不平之气。[4] 刑部等以"怨天"拟程树榴凌迟缘坐，乾隆帝特旨从宽斩决，理由是"念其究未诋斥本朝及得罪于列祖列宗"[5]。这一次乾隆帝表现出了惊人的坦率，他并未掩饰自己确是

---

〔1〕《清高宗实录》卷一二三五，乾隆五十年七月庚午。
〔2〕同上。
〔3〕同上。
〔4〕《掌故丛编》第一〇辑，"王沅《爱竹轩诗》案"。
〔5〕《清高宗实录》卷一〇八七，乾隆四十四年七月己亥。

安徽捐贡所斥骂者。在乾隆后朝比比皆是的文字冤狱中，程树榴案以其反专制的强烈政治内涵卓然独立，引人注目。查办禁书难以泯灭反满思想，挟文字狱淫威胁迫士民缴书只能使民族仇怨蕴蓄更深。百年之后，禁书复出，民族思想大炽，而乾隆帝向暮之年却留下了"愈老愈辣"的恶名，这实在是历史的讽刺。

原载《史学集刊》1988 年第 3 期

清乾隆朝疯汉文字狱探析

乾隆时期，在形形色色的文字狱中，疯汉，即精神病患者以文字获罪的案件大量出现。由于精神病患者不能辨认、调节和控制自己的行为，近代各国刑法以其无责任能力而不追究刑事责任。中国古代法律已注意到精神病患者的责任能力问题，对"痴呆""颠狂"者不属于"十恶"的危害社会行为，一般都允许按律收赎，凭着对疯患的常识性认识，在司法实践中通常不以疯汉的语言和文字作为治罪的依据。清代康熙、雍正两朝，尽管文网渐密，也不曾荒唐到罗织疯汉梦呓似的文字。及至乾隆帝当政，情况为之一变，以疯汉为犯罪主体的文字狱层见迭出，踵接不断。郑重其事地惩办疯汉怪诞不经的语言和文字，堪称乾隆朝极端文化专制主义的一大奇观。在地球另一端的欧洲先进国家相继迎来了资本主义文明的18世纪，古老的中国竟出现了与世界发展趋势背道而驰的历史的反动，这不能不引起人们的深思。

一

乾隆朝疯汉文字狱构成了血泪斑斑的清代文字狱史上最惨不忍睹的一章，纵观这一类文字狱有以下几点引人瞩目：

第一，疯汉文字狱在乾隆朝全部文字狱中占有相当大的比重。据初步统计,乾隆朝至少发生了130余起文字狱,其中疯汉以文字得罪的有25起,约占总数18%。这25起文字狱是:乾隆十六年王肇基案,十七年杨烟昭案,十八年丁文彬案,二十年杨淮震案、刘裕后案,二十一年刘朝斡案,二十六年李雍和案、王献璧案、林志功案,二十八年林时元案、刘三元案、王宗训案,三十二年张廷用案,三十三年徐鼎案、柴世进案,四十年王作梁(即王坤治)案,四十一年张毅案,四十五年王铁山案,四十六年梁三川(即梁念泉)案,四十七年赵文言案,四十八年冯起炎案,以及年代未详的陈道铃案、刘文德案、赵九如案、李连秀案。[1] 上述案犯往往被其亲属、邻保呼为"疯子""痴子",各省督抚等在奏请处治时一般都指出这一类犯人"疯迷""癫狂""素患疯疾""迹类疯癫"等等,乾隆帝根据折奏的疯犯口供、书词有时也加以确认,如王肇基,帝谕:"竟是疯心而已。"[2] 刘三元,帝谕:"该犯丧心病狂之语,托诸梦呓,其疯癫似非尽由捏饰。"[3] 乾隆帝对是否真疯抓得很紧,山东濮州县民刘德照因撰写荒诞的《春秋建论词》被查获,山东巡抚白钟山以其"似类疯狂"奏闻,[4] 嗣后从直隶方面搜出新的证据,乾隆帝遂责问白钟山:"此案刘德照逆词内,有'兴明兴汉'及'削发拧绳'等语,悖逆已极,当此光天化日之下,如此肆行狂吠,岂疯癫人语耶?"[5] 在这种情况下,凡经地方督抚等定为疯汉的一般都可凭信。就是依据档案或官书保存的材料,从现代司法精神病学角度考察,也可以鉴定上述25起文字狱的疯犯确系精神病患者。

第二,既是疯汉,一般都没有,也很难有蓄谋推翻清朝政权的清醒意识,康熙、雍正时期的文字狱,虽说暴虐、冤滥,但其打击锋芒主要指向一部分汉族士大夫中的反满民族思想,因此或多或少地有一点政治意味,乾隆朝疯汉以文字获罪的案件则不然,这类人往往既无反满的民族意识,更谈不到有反封建专制主义的深刻思想。当症候发作时,终日

---

[1] 据《清代文字狱档》《宫中档乾隆朝奏折》《清高宗实录》及《文献丛编》等档案和官书。
[2] 原北平故宫博物院编《清代文字狱档》,"王肇基献诗案",上海书店,1986。
[3] 《清高宗实录》卷六八五,乾隆二十八年四月戊申,中华书局,1986。
[4] 《清高宗实录》卷五一〇,乾隆二十一年四月丙午。
[5] 《清高宗实录》卷五一一,乾隆二十一年四月壬戌。

神游于梦幻之中，形诸文字，自然是难以索解的荒唐故事。湖北恩施县民刘三元梦见"神道"对他说，他"是汉朝后裔，要天下官员扶持"[1]，于是写成字帖，竟被凌迟处死。湖南衡阳县民王宗训自称有一个叫掌能的和尚对他说，他"有天神扶助"，"可为天下之王"，地方官十分紧张，向王宗训穷追何人为掌能，最后把他带往雁峰寺指认，他竟指第四重殿中的无量寿佛即为掌能，并解释说："寿佛能掌天下之权，所以我称赞他为掌能。"[2]结果王宗训比照大逆律凌迟处死，亲属缘坐。这两件案子可称得上25起文字狱中"罪状"比较过硬的"逆案"，今天看来，不过是痴人说梦，实在令人啼笑皆非。至于其他案件，地方督抚等也大多说不出个究竟，往往以"信口妄诞""称神说梦""怪谬狂悖""疯狂丧心"之类浮泛语句敷衍其大逆不道之罪。

第三，疯汉虽无反清的政治思想，但对他们的惩治却异常严酷。在乾隆朝25起疯汉文字狱中，定为逆案的有13起（丁文彬、刘朝幹、李雍和、王献璧、王宗训、王作梁、刘三元、梁三川、张毅、陈道铃、刘文德、赵九如、李连秀），这些案件的疯犯一律依大逆律凌迟处死，除个别逆案经乾隆帝法外施恩不令缘坐外，疯犯的亲属俱拟斩或给付功臣之家为奴。除上述处以极刑的13例之外，斩决或杖毙的疯汉还有林时元、赵文言、王肇基、杨烟昭、刘裕后、柴世进6人。这就是说，对因文字有所触碍的精神病患者，乾隆帝大都采取肉体消灭的手段。他对此类疯汉有着一种近乎疯狂的仇恨，丁文彬在刑讯的摧残下，已"语言气短，面带死色"，奄奄一息，乾隆帝惟恐其"逃于显戮"，特命无须等候部文，"即照所拟先行凌迟示众，勿任瘐毙狱中"[3]。即使在以文字狱滥杀无辜、株连波累而著称的乾隆朝，文字疯犯们的惨痛遭遇也足以令人触目惊心，唏嘘喟叹。

最后，对所谓书词狂悖的疯汉的惩处全无成法可依。文字狱"不以

---

[1] 台北故宫博物院编《宫中档乾隆朝奏折》第17辑，乾隆二十八年三月初十日湖北巡抚宋邦绥"奏为查出逆犯家属及续讯各供缘由折"。

[2] 《宫中档乾隆朝奏折》第19辑，乾隆二十八年九月初十日广西巡抚冯钤"奏为审拟疯汉妄造逆词折"。

[3] 《清代文字狱档》，"丁文彬逆词案"。

行为本身而以当事人的思想方式"[1]作为治罪的根据，这已经无限地扩大了法律的随意性，而撷拾疯汉荒诞文字置之重典，更是对法制的恣意践踏。清律规定死刑有绞斩两种（又各分监候和立决），凌迟只限于"十恶"等特重罪犯。乾隆帝命杖毙疯汉，扩大了死刑的刑种和适用范围，各省督抚动辄以迹类疯癫奏请杖毙完结，助长了故入人罪、草菅人命的倾向。此外，疯汉逆案，量刑畸轻畸重。有时以疯癫"与有心肆造逆词者尚属有间"[2]，命凌迟处死，免其缘坐，似乎考虑到疯汉不能构成犯罪的故意；有时又"未便因疯曲贷"，仍照大逆律凌迟缘坐，[3]这显然把疯汉当成故意犯罪；有时又以"不值交法司覆谳"[4]，命即行杖毙，缘坐宽免——逆案而不用大逆律论处。在处理疯犯重大文字狱案时，大清律徒具空文，三法司形同虚设，参与论拟的大学士、九卿及封疆大臣等衮衮诸公不过是逢迎帝旨、唯唯诺诺的奴才而已。

二

将疯汉打成政治犯并加以残酷迫害，集中地暴露出乾隆朝蒙昧、专制和摧残人性等种种黑暗面。

清初承明律，对老小废疾等犯法有所谓"收赎"的规定，废疾含"疯患""痴呆"，即较轻的精神病，笃疾者则包括"颠狂"之类的重精神病患者，但又特别注明，废疾或笃疾犯反逆者不用此律。由此可见，包括清律在内的中国古代刑律并没有从精神病患者系因大脑功能紊乱而导致不能辨认或控制自己的行为这一科学认识来论证他们是否构成犯罪。自视甚高的乾隆帝对精神疾病的认识同样十分浅薄和朦胧，乾隆二十八年福建南安县民林时元以投掷狂谬字帖被捕，闽浙总督杨廷璋等亲加刑

---

[1] 中央编译局编译《马克思恩格斯全集》第一卷，"评普鲁士最近的书报检查令"，人民出版社，1960。
[2] 《清高宗实录》卷六八五，乾隆二十八年四月戊申。
[3] 《清高宗实录》卷九八五，乾隆四十年六月。
[4] 《清代文字狱档》，"柴世进投递词帖案"。

讯，令其逐条解说字帖所云"孔子张天师杨家府杨令公林家府即该犯是第一军师贤臣及龙翁龙母等语"，林时元"或称梦中告知，或称戏场看见"，信口开河，胡诌一通。杨廷璋等以该犯"实系病发疯狂"奏闻。[1]乾隆帝不以为然，降旨责问："该督等折内以该犯实系病发疯狂，并无为匪实迹等语，未免仍循外吏陋习，并非事理之正。试问该犯如果实系疯狂，自当不省人事，何以逐条登答，俱能一一圆融解说？其为狡黠更何待言！"杨廷璋等奉旨不知所措，只得再提林时元严加刑讯，并按乾隆"事理之正"的调子覆奏："（该犯）当茹刑之下，亦知痛楚呼号，则诚非不省人事者可比。"[2]在这些自作聪明的圣主和驯顺可爱的能臣看来，疯汉即当不省人事，疼痛莫知，绝不可能逐条解说自书字帖。他们不明白，精神病的症候仅仅表现为由于大脑机能障碍而产生的病理性精神活动，与人体有无疼痛感觉是两码事；他们也不明白，一般精神病人并非不能认识自己行为的事实，而只是丧失了对自己行为后果的辨认能力，故往往对所做一切供认不讳。乾隆时期出现了大量荒唐滑稽的疯汉文字狱，认识上的蒙昧和反科学，是一个不可忽视的原因。

古代科学不昌明，固然不能科学地解释精神疾病与刑事犯罪的关系，但人们对诸如痴呆、颠狂之类的精神疾患还是有些感性认识的。乾隆三十三年江苏山阳县民柴世进突至两淮盐运司衙门投递词帖，当即被拿获，他的胞弟柴世禄回答官府的审问时说："这实是他因疯发做出来的事，若是明白，还敢执逆帖闯入衙门投死吗？"[3]这种对精神疾病正确的、朴素的认识，从疯汉的亲属、乡邻、地保以至地方官吏无不具有，但丝毫也改变不了对文字疯汉持续不断的残酷迫害。问题显然不能全部归咎于蒙昧无知，政治体制的严重弊病才是症结之所在，封建专制主义中央集权制以及依附于它的一整套官僚制度很容易造成政策上的重大失误，而且一旦失误又很难及时纠正。把疯汉的荒唐文字认真地视为国家社稷、风俗人心之大害的理论，出自"圣衷宸断"，中央宰辅和封疆大吏

---

[1]《宫中档乾隆朝奏折》第16辑，乾隆二十八年正月二十七日闽浙总督杨廷璋"奏报拿获书写狂谬词句之疯病犯审拟缘由折"。
[2]《宫中档乾隆朝奏折》第17辑，乾隆二十八年三月二十三日福建巡抚定长"奏覆遵奉谕旨办理林时元妄布邪言案折"。
[3]《清代文字狱档》，"柴世进投递词帖案"。

这些统治集团的核心人物也无容置喙;疯汉如何定罪量刑,也都仰自上裁,承办官员只有诚惶诚恐,钦此钦遵。偶或有一二大臣看出弊端,也只能转弯抹角地点一下而已。乾隆二十八年发生了几起疯汉文字逆案,株连甚惨,湖南按察使五诺玺上了一个"防范疯病之法以杜贻患"的折子,他首先表明自己并不反对将大逆疯犯处以极刑,但认为由此而"牵涉亲朋,缘坐家属",值得考虑。他建议将文疯子和一切状类文疯子的人"一律报明地方官,置备坚实链铐,严行锁固,谕令亲属人等不得给与纸笔,任其混写"[1]。与此同时,吏部尚书陈宏谋也有"请锢疯人"一折,五、陈二人都不敢指出要害,他们仅仅想以消极的方法来弥补圣明的阙失。然而,在数十年间对疯汉文字狱如果说有所进谏的话,也仅此二人而已! 还须指出,封建专制政体的痼弊之恶性发作与乾隆帝无与伦比的权威和能力又是密切相关的。乾隆英年即位,政绩颇为可观,步入中期,其威望可谓出一言而盈廷称圣,发一令则四海讴歌。加以乾隆帝本人雄才大略,博学洽闻,更助长了他高己卑人、雄才易事的自我迷信,以及喜谀恶直、喜柔恶刚、喜从恶违的专擅作风。他讥讽唐太宗的纳谏为沽名钓誉,把襄赞政务的大学士视为赘疣。他讨厌有思想、有骨气的名臣,只需要"以朕心为心"的能吏。确切地说,乾隆朝的官僚政治只配称奴才政治。疯汉文字狱大量出现在乾隆朝表明,当封建专制向最坏的方向发展时会干出多么荒谬绝伦的事。

蒙昧与专制是封建统治者绞杀人性的两大绳索,乾隆时期罹文字之祸的疯汉有一个共同点,即极贫极贱的现实遭遇与渴望富贵女色的世俗欲念在他们身上形成强烈反差,又光怪陆离地统一于一体,这些人都稍知笔墨,略晓文义,其中个别人还曾叩击过科场大门,期望走上荣显的正途。然而他们都失败了,失败得比屡困穷屋的落魄书生还惨,因为后者还可以通过课馆训蒙或充当书吏、长随等体面职业谋生,他们却因神情恍惚、语无伦次而不能取得信任,有的"自看医书给人看病"(王献璧),有的靠"卖卜算命糊口"(梁三川),有的"船上拉纤"(柴世进),有的"樵采营生"(林时元),更多的是寄人篱下,终日受到白眼与

---

[1] 《宫中档乾隆朝奏折》第19辑,乾隆二十八年十月初六日湖南按察使五诺玺"奏请严防范疯病之法以杜贻患折"。

呵责,每当疯发之际,又被亲属用铁链锁固,与猪狗无异。作为一个特殊群体,这批疯汉士不士,农不农,工不工,商不商,甚至为倡、优、隶、卒之类贱民所不齿,他们已沦落到了那个黑暗社会的最底层。更为不幸的,还不在于他们贫贱至极的社会地位,而在于他们不知安分的精神状态。由于念了几句书,与"士"沾了点边,便自以为比作田的、扒粪的平头百姓有更高的追求。他们渴望得到权势、财富、荣誉和女人的爱,但严酷的现实使他们心灰意败,彻底绝望,在人的本能需要的催迫下,便通过深夜美梦和白昼疯狂(二者对精神病患者并无不同)求得欲望的发泄和满足。三十八岁的丁文彬是个偏执型精神分裂症患者,他常常在幻觉之中,耳边听到"上帝"的声音:"上帝"命他著《洪范》《春秋》;命他接孔府老衍圣公的位以传尧舜之道;命他娶老衍圣公的两个女儿以效舜妻尧之二女的故典……由于受到"上帝"启迪,这个丁文彬遂飘飘然以帝王自居,私下里封孔太舅为冢宰,封哥哥为夏文公,封平日心里爱恋的茶馆老板的十五岁女儿为董妃……审理此案的署山东巡抚杨应琚说:"揆察其情,丁文彬乃一至贫极贱之人,一旦稍习陈言,遂自诩为奇材异能,无出其右,因而妄想富贵女色,痴心日炽,结为幻影,牢不可破。"[1]可谓一语破的。其他疯汉情态各异,但多是与丁文彬相似的妄想狂。如果一定说丁文彬们有罪,那么,他们并没有危及封建统治,而是违悖了封建伦理。18世纪的中国,封建君主专制达到顶峰,"存天理,灭人欲"的程朱理学隆兴,人们不敢有"干名犯分,越礼悖义"的想法,而把非礼的世俗欲念深藏在内心最隐秘之处。"黄粱美梦"被人嘲笑揶揄,但基于人的本能欲望的美梦每个人都难免要做。健康人的梦与疯汉的梦实质上并无不同,只不过健康人梦醒之后以其违反伦理的、审美的或社会的观点秘而不宣或置之一笑,而疯汉则执着地相信梦幻的真实,并顽强地追求它的实现,他们把世人极力压抑的情欲,又赤裸裸地暴露在光天化日之下。[2]惩治疯汉梦呓似的语言和文字,对一切健康人违反伦理的欲念都是一个严重警告。当被千刀万剐的疯汉在死刑柱上挣扎号叫时,人性和人的世俗欲望也在经受着痛苦折磨,每一个理智的人

---

[1] 《清代文字狱档》,"丁文彬逆词案"。
[2] 参见[奥]弗洛伊德著,高觉敷译《精神分析引论》,商务印书馆,1986。

在专制淫威下战栗之余，都会感到无限的郁闷和压抑。一般文字狱只能通过寻找文字瑕疵罪及人的思想，疯汉文字狱则透过精神病患者的梦幻行为去讨伐潜藏在人的心灵禁区的非理欲念。

乾隆朝确实成就了诸多超迈千古、垂诸后世的文治武功，但这个被人称颂的封建盛世发生的大量疯汉文字狱提示人们，这也是中国历史上一个蒙昧无知、专制横行以及人性被恣意践踏的黑暗年代。

三

在累世承平，民族矛盾趋于缓和的乾隆盛世，文字狱竟急剧增加，甚至用严刑峻法惩治"书词狂悖"的疯汉，这似乎是反常的历史现象，应如何解释？

酿成长达数十年之久的迫害文字疯犯的惨祸，乾隆帝个人意志起着决定性作用。在他看来，疯汉播弄笔墨，滋生事端，严重危及统治秩序的稳定。二十一年处理刘德照逆词案，乾隆帝谕示各省督抚，凡"词语不经，妄言灾祸，诓诱乡愚，或生事地方，訾议官长"的疯汉，一律市曹杖毙；若"讪谤本朝，诋毁干犯"，则以大逆论处。只有如此，才"足以正人心而维风化"，达到"明罚敕法、警戒冥顽"的目的。[1] 这是乾隆帝念念不忘、一贯坚持的思想。以疯汉为敌，其偏执已近乎丧失理智，但他却有自己的逻辑。

在乾隆帝当政的六十余年中，尽管极力渲染歌舞升平的气氛，但内心深处并不认为天下太平，特别是十六年发生的牵动全国的伪稿一案，对他刺激尤深。从十五年七月有人假托素有正声的孙嘉淦之名撰成奏稿，到十八年二月停止追查伪稿作者，草率结案，全国各直省以至天子脚下、西南土司到处都在传抄指斥乾隆帝"五不解十大过"的所谓《孙嘉淦奏稿》，这件空前的大案戳破了"太平盛世"的迷人纱幕，把酝酿中的社会危机开始暴露出来，持续了十余年之久的乾隆初政的黄金时代至此宣告

---

[1]《清高宗实录》卷四三一，乾隆十八年正月辛巳。

结束。乾隆帝意识到了问题的严重性，他把此事与雍正朝曾静、张熙反清，眼前马朝柱聚众密谋起事以及统治集团最高层（如张广泗的党羽）的不满情绪都联系在一起，感到事态严重。在追查伪稿的过程中，各级地方官吏草木皆兵，惶惶不可终日，最早发生的王肇基、杨烟昭两起疯汉文字狱即因被怀疑与伪奏稿案有关而触发。对此类案件异乎寻常的严厉处理，则与乾隆帝通过伪稿案总结的教训密切相关。十八年正月伪稿案接近尾声，乾隆帝谕："此等奸徒，传播流言，诪张为幻，关系风俗人心者甚大，不可不力为整饬。"[1] 所谓风俗人心，乾隆有时亦称世道人心，盖指社会风气和人的思想，从乾隆使用这一词语的具体场合分析，它既包括部分汉族士大夫的反满民族意识，也包括反封建专制主义的朦胧思想以及统治阶级中某些不满情绪。在乾隆帝看来，风俗人心是关乎清朝统治安危的严重问题，他之所以不惜倾全国之力，必欲将伪稿案查个水落石出，正是基于一切"奸徒"若要推翻清朝，则首先要造成舆论以扰乱风俗人心这样一种认识。十六年伪稿案后文字狱激增，与乾隆初政形成鲜明对照。乾隆元年至十五年堪称文字狱的仅有谢济世私著经书一案，而十六年至四十一年竟发生了70起，四十二年以后随着全国规模厉行查办禁书，文字狱更有增无已。在处理文字狱时，乾隆帝反复告诫各省督抚"断不可稍为姑息，致贻风俗人心之害""正人心而厚风俗，何可稍存观望""于世道人心深有关系，封疆大臣不可不思力杜逆萌""为世道人心起见，不得不明示创惩，以昭炯鉴"，以使他们也能从政治高度认识风俗人心的重要性。乾隆朝文字狱较康熙、雍正两朝数量大增，罗织更细，正是乾隆帝高度重视强化思想意识的控制所决定的。由此看来，疯汉文字狱作为一种独特的现象出现在乾隆朝绝不是孤立的、偶然的，它是封建文化专制主义发展到了绝对高度这一广阔历史背景下的产物，它出现在文化专制的蛮横、暴虐、偏执、蒙昧以及对人性的蔑视已达到疯狂程度的乾隆朝是不难理解的。

当然，每个封建帝王都不会忽视风俗人心的重要性，极力强化思想统治，历代封建王朝并无二致。然而，能够在多大程度上实现封建统治者的主观愿望，则取决于客观条件。明清之际伴随着"天崩地解"的剧

---

[1]《清高宗实录》卷五一一，乾隆二十一年四月壬戌。

烈社会变动，文化思想涌起了反对封建专制主义、批判唯心主义理学以及反抗民族压迫的进步思潮。从客观方面分析，明末封建政权岌岌乎大厦将倾，自救不暇；而清入关之初，戎马仓皇，重在兵事，其次政务，亦未遑镇压异端思想。康熙亲政，三藩叛乱，天下汹汹，及至晚年，诸王争储，太子立而复废者再，康熙焦思苦虑，心血衰竭，其间虽兴文字大狱，但文网尚不苛细，对胜国遗民，并取优容政策。雍正即位，与封建专制主义中央集权制的登峰造极同步，文化专制空前严酷，从而结束了明清之际文化思想极为活跃的早春季节。乾隆朝六十余年，清朝统治达于极盛。诸如朋党、宦官、宗藩、外戚、女谒之类困扰折磨历代帝王的统治阶级内部斗争已成为历史的旧梦，封建统治集团慑服于皇权之下，大体算得上铁板一块。加以军机处建立和奏折制度的推广，统治效能空前加强，尽管社会危机日益严重，但至少从表面上看乾隆一朝是中国历史上罕见的封建盛世，乾隆帝能够全面贯彻他整饬风俗人心以求清朝统治长治久安的思想，甚至能把疯汉们不成其思想的梦呓也有效地控制起来，从根本上讲是因为在他当政时期中国具备了上述客观条件。

封建皇帝的个人意志与君权不受任何约束的专制政体相结合，在18世纪的中国竟织成了连疯汉的狂诞文字也难以透过的文网，其结果不仅彻底窒息了明清之际与欧洲文艺复兴运动同时兴起的中国早期启蒙思想，而且使指导中华民族的哲理思考陷入了僵化、倒退和毫无生气的可悲境地。与此同时，由于不同的历史条件，西方已出现了呼唤资产阶级理性王国降临的启蒙运动。中外历史发展的差距主要是在乾隆时期拉开的，这里面有多少值得人们深入思索的教训呵！

原载《清史研究通讯》1988年第2期

乾隆皇帝生母及诞生地考

——从最近公布的一则清官档案说起

一

乾隆生母是谁？野史小说的记载以至坊间传闻与清官书的说法大相径庭。

与乾隆生母之谜纠缠在一起的另一桩疑案是：乾隆的诞生地究竟是京师雍和宫，还是承德避暑山庄？

根据清朝官方正式记载，乾隆皇帝诞生在京师"雍和宫邸"。翻开《清高宗实录》，触目即是以下一段述及乾隆家世的文字：

> 高宗……纯皇帝，讳弘历，世宗……宪皇帝第四子也。母孝圣……宪皇后，钮祜禄氏，原任四品典仪官加封一等承恩公凌柱之女，仁慈淑慎，恭俭宽和，事世宗宪皇帝，肃范彤闱，勤襄内职，储祥毓厘，以康熙五十年辛卯八月十三日子时，诞上（指乾隆）于雍和宫邸。[1]

除《实录》外，还有述及过乾隆家世的更权威的历史文献，那就是乾隆本人的《御制诗集》。

---

[1]《清高宗实录》卷一，首页。

乾隆四十三年（1778）新春，乾隆在一首题为《新正诣雍和宫礼佛即景志感》的诗中，首次提及自己的诞生之地：

邸宫礼佛命春舆，雪后天街物象舒。
梵网法筵辉四界，凝华积素护三车。
书斋温室徘徊处，昔日今时想象余。
虽曰无生俞宗旨，到斯每忆我生初。[1]

"到斯每忆我生初"，足以证明乾隆本人认定自己出生在雍和宫。

第二年在《新正雍和宫瞻礼》一诗中，又有"斋阁东厢胥熟路，忆亲惟念我初生"[2]这样重申前意的句子。

这里顺便解释一下"斋阁东厢胥熟路"这句诗，因为它关系到乾隆皇帝出生的房间之所在。雍和宫原址东书院内第一层殿堂名"平安居"，平安居后面是三间书房，书房北面即名为"如意室"的一座房屋，据说乾隆皇帝即出生在如意室的西里间。[3] 御制诗"斋阁东厢"即指雍和宫东书院如意室、平安居、太和斋一带，他在这里度过了十二载童年时光，年老了，故地重游，倍感亲切，所以说这里都是"熟路"。前一首诗说的"书斋温室徘徊处，昔日今时想象余"，同样表达了作者触景生情、顾恋旧邸的感慨。由此可见，乾隆本人不仅认定自己诞生在雍和宫，而且隐然指示了雍和宫东书院的如意室即准确的降生之地。

又过了一年，乾隆四十五年（1780）新正，已届古稀的乾隆到雍和宫礼佛时，不仅说"十二初龄才离此，讶今瞥眼七旬人"，而且在诗句下注云："康熙六十一年始蒙皇祖养育宫中，雍正年间遂永居宫内。"[4]

如果说以上三首诗还不足以证明乾隆明白无误地自述自己诞生地在雍和宫的话，那么请看乾隆四十七年（1782）正月初七，即所谓"人日"那天，乾隆写的《人日雍和宫瞻礼》一诗：

---

[1]《清高宗御制诗文全集·御制诗四集》卷四。
[2]《清高宗御制诗文全集·御制诗四集》卷五五。
[3] 参见魏开肇《雍和宫漫录》，"雍和宫东书院内建筑"，河南人民出版社，1985。
[4]《清高宗御制诗文全集·御制诗四集》卷六五。

> 从来七日是灵辰，潜邸雍和礼法轮。
> 鼍鼓螺笙宣妙梵，人心物色启韶春。
> 今来昔去宛成岁，地厚天高那报亲？
> 设以古希有二论，斯之吾亦始成人。

这一年乾隆七十二岁，所以说"古希有二"。在"斯之吾亦始成人"句下，乾隆自注云："余实康熙辛卯生于是宫也。"[1]这种语气，可以视为乾隆对自己降生于雍和宫的斩钉截铁的肯定；但往深处捉摸一下，"余实"二字，又颇值得玩味，为什么要强调自己确实出生于雍和宫呢？是不是有所指而发？

过了七年，乾隆七十九岁时到雍和宫拜佛后又写了《新正雍和宫瞻礼》一诗，这是一首七律，颈联"岂期荏政忽焉老，尚忆生初于是孩"下自注云："予以康熙辛卯生于是宫，至十二岁始蒙皇祖（康熙皇帝）养育宫中。"[2]这可以视为皇帝本人对自己诞生于雍和宫的又一次确认。

在另外一些瞻礼雍和宫的纪事诗中，乾隆也一再说"来瞻值人日，吾亦念初生"[3]"尚忆初生我，忽来八十翁"[4]"新正瞻旧邸，老大溯初生"[5]等一类表白自己诞生地的意思，直到归政前夕还说"跃龙宫自我生初，七岁从师始读书"[6]。

总而言之，大约在乾隆四十、五十年间，乾隆相当集中而且越来越明确地昭示人们：自己确切无疑诞生在雍和宫，这和他即位以来四十年间几乎绝口不谈出生何处相比，不能不说形成了强烈的对照。

纵观乾隆《御制诗》中有关诞生地的诗和诗注，他对自己生于雍和宫是一贯予以肯定的。特别应该说明，乾隆的诗在当时可并不是当成文艺作品看的，它具有与官方文书同等的权威，《实录》等官书中就多处征引了乾隆的诗。所以说，乾隆御制诗是与《实录》具有同等，甚至更高

---

[1]《清高宗御制诗文全集·御制诗四集》卷八五。
[2]《清高宗御制诗文全集·御制诗五集》卷四四。
[3]《清高宗御制诗文全集·御制诗五集》卷一二。
[4]《清高宗御制诗文全集·御制诗五集》卷五一。
[5]《清高宗御制诗文全集·御制诗五集》卷八六。
[6]《清高宗御制诗文全集·御制诗五集》卷九三。

权威性的文件。而且，《御制诗》成于乾隆在世时，当时已刻板印行，并在极小的范围内，如部分皇子、皇孙，以及部分亲幸大臣、封疆大吏，是可以看得到的。因此，作为乾隆诞生地的证据，《御制诗》比《实录》更坚实、更具说服力。

如果没有确凿有力的反证的话，应该说乾隆诞生于京师雍和宫铁案难移；事实上，乾隆诞生雍和宫说历来为严肃的史学家所采信，认为传闻野史所谓乾隆诞生避暑山庄之说云云，乃无稽之谈，不屑一顾。

但中国第一历史档案馆最近公布的一则雍正初册封妃嫔的原始档案，却使乾隆生母为钮祜禄氏的清官方说法从根本上发生了动摇，由此乾隆诞生京师雍和宫之说也面临更严峻的挑战。这件档案全文如下：

> 雍正元年二月十四日奉上谕：尊太后圣母谕旨：侧福金年氏封为贵妃，侧福金李氏封为齐妃，格格钱氏封为熹妃，格格宋氏封为裕嫔，格格耿氏封为懋嫔。该部知道。[1]

此件档案载于中国第一历史档案馆 1999 年整理编辑，由广西师范大学出版社出版的《雍正朝汉文谕旨汇编》，其可信性和权威性是无可置疑的。理由很简单，这件档案是以其未经改窜的原始形态，作为一份用于册封妃嫔之目的的重要文件保留下来的。因此，其史料价值较之经史官奉旨斟酌修订的《清世宗实录》的有关记载是无可比拟的。下面，为进行比照研究，特将《清世宗实录》关于此事的记载照录于下：

> （雍正元年二月）甲子，谕礼部：奉皇太后懿旨：侧妃年氏封为贵妃，侧妃李氏封为齐妃，格格钮祜鲁氏封为熹妃，格格宋氏封为懋嫔，格格耿氏封为裕嫔。尔部察例具奏。[2]

"甲子"，是为十四日，与档案所载日期无异。"奉皇太后懿旨""侧妃"的用词虽未失原意，但显然经过了润饰。《实录》与档案二者的出入

---

[1] 中国第一历史档案馆编《雍正朝汉文谕旨汇编》，第一册，第 36 页。
[2] 《清世宗实录》卷四，雍正元年二月甲子。

在于，宋氏和耿氏嫔的封号正好颠倒，这还可以说无关大体吧，令人震惊的是，档案所载封为熹妃的"钱氏"到《实录》里竟改成了"钮祜禄氏"！《清世宗实录》是乾隆六年（1741）由大学士张廷玉主持修纂、乾隆皇帝最后钦定的，人们不禁要问：这封为熹妃的钱氏，即皇帝的生母，与钮祜禄氏是否为同一女人？ 如果是的话，乾隆出于何种考虑，决定将自己生母的姓氏由钱氏改为钮祜禄氏；如果不是的话，钱氏到底是何许人也？

现在还缺少回答上述问题的证据，但乾隆生母系满族人钮祜禄氏这一得到史学界基本认同的结论似乎被打开了一个可供商榷的空间；而如果真的另有一位诞育龙种的"钱氏"，那么，《实录》及乾隆自己所说出生于雍和宫邸就可能出现种种疑问，而诞生避暑山庄也并非全无可能。按照这样的思路，无疑会激发人们继续探索乾隆诞生地之谜的兴趣，并认真对待"避暑山庄说"已有的而尚未受到足够重视的有关证据。

二

乾隆诞生避暑山庄的说法由来已久，它的证据与雍和宫说比较，也堪称结实可靠。

现在能够查出的第一个对乾隆诞生地提出不同看法的是管世铭。这位乾隆晚年小有名气的军机章京写了一部《韫山堂诗集》，其中《扈跸秋狝纪事三十四首》组诗的第四首说：

庆善祥开华渚虹，降生犹忆旧时宫。
年年讳日行香去，狮子园边感圣衷。

在这首七言绝句下，管世铭还作了如下的注释："狮子园为皇上降生之地，常于宪庙（雍正）忌辰驻临。"[1]

---

[1] 管世铭《韫山堂诗集》卷一五，嘉庆六年读雪山房藏版。

狮子园是热河避暑山庄外的一座园林。出避暑山庄西北门，便可以望见一座形似狮子的山峰，此山因之叫"狮子岭"，而山岭下的这座简朴园林便以"狮子"名之。康熙皇帝赴热河避暑山庄驻跸时，皇四子雍亲王胤禛多随驾前往，康熙便把狮子园赐给了他，作为雍邸一家人来热河时临时住居之处。管世铭说"狮子园为皇上降生之地"，就是说当今皇上乾隆降生在这里。

管世铭，字缄若，弟子称"韫山先生"，江苏武进人，乾隆四十三年（1778）进士，五十一年（1786）以户部司员入值军机处，六十年（1795）改浙江道监察御史，经大学士、首席军机大臣阿桂奏请，仍留军机处供职。嘉庆三年（1798）十一月十二日去世，寿六十有一。[1]大约五十多天后，乾隆皇帝也崩逝了。他比乾隆小二十几岁，可算是与乾隆同时代的人；此人官品虽不高，但以军机章京参与皇帝机要工作长达十余年之久，应该说是有可能了解一些内廷隐秘的；他在官场中交际甚广，和当朝元老阿桂尤有特殊关系，可见有广泛的信息来源，有关今上皇帝的一些传闻异辞他耳熟能详，并不奇怪；他为人正直，与弄权的和珅不对劲，就其品格而论，他言别人之所不敢言，记别人之不敢记，也在情理之中；作为军机章京，他随扈乾隆驻跸山庄、进哨木兰，对皇帝在避暑山庄的起居行止是比较了解的，"宪庙"——雍正皇帝——的"忌辰"八月二十三日，乾隆去狮子园"行香"一事，与乾隆每次驻跸山庄必奉皇太后钮祜禄氏重游狮子园的事实亦大致相合；与管世铭有深交的钱维乔称其为诗"格律最细，每咏一人、述一事，典赡精当，足当诗史之目"[2]。从以上各点综合分析，管世铭敢把"狮子园为皇上降生之地"，以及"降生犹忆旧时宫"这样的意思入诗，而且这部《韫山堂诗集》在他故世前后即刻板行世[3]，他和他的挚友及亲属是有相当大的把握的。附带说一句，管世铭值机庭多年，职业的需要，他也不可能是个无事生非、

---

[1]参见陆继辂《掌广西道监察御史管君墓表》、管绳来《先大父侍御府君行状》，俱见《韫山堂诗文集》卷首。
[2]《韫山堂诗集·序》。
[3]据《韫山堂诗文集》钱维乔、庄炘、周景益等撰写的序可知，《韫山诗集》酝酿出版于乾隆五十五年，《韫山堂文集》则在管世铭辞世前夕着手刊行，到嘉庆六年《韫山堂诗文集》出版，该版本即所谓"读雪山房藏版"。

信口开河的浮躁之辈,这可以举他的另一首七绝为证:

惟凭谨畏值承明,缄口仍防出舌轻。
有问辄将他语乱,肯言温室树何名?[1]

"温室",系汉武帝的一个宫殿名。有人打听皇宫中树的名字时,都要乱以他语,敬慎小心到了如此程度的管世铭,敢拿皇上的降生地这件天大的事体开玩笑吗?

如果说管世铭人微言轻,所说不足采信,那么,还可以举出身份绝对贵重的另一个人——乾隆以太上皇训政时的"嗣皇帝"颙琰,即嘉庆皇帝。

嘉庆元年(1796)八月十三日,乾隆八十六岁生日,他首次以太上皇身份过万寿节,地点在避暑山庄。嗣皇帝嘉庆以《万万寿节率王公大臣等行庆贺礼恭记》为题,作诗一首,以志其事。该诗首联"肇建山庄辛卯年,寿同无量庆因缘"下,嗣皇帝又加了如下注释:"康熙辛卯肇建山庄,皇父以是年诞生都福之庭。山符仁寿,京垓亿秭,绵算循环,以祜冒奕祀。此中因缘,不可思议。"[2]

辛卯,即康熙五十年(1711),这一年康熙亲题"避暑山庄"匾额,御制《避暑山庄三十六景诗》同时集册刊行,因此嘉庆皇帝诗注开首说"康熙辛卯肇建山庄";"皇父"指太上皇,乾隆诞生于康熙五十年即肇建山庄之年;"都福之庭"意思是诸福汇聚之地,从上下文意看,当指避暑山庄。把上述嘉庆祝寿诗诗注连贯起来,即"皇父"于辛卯年诞生于山庄,与康熙肇建山庄恰在同一年,因此嘉庆说"此中因缘,不可思议"。

翌年秋,太上皇乾隆再度临幸避暑山庄,八月十三日,嗣皇帝嘉庆仍以《万万寿节率王公大臣等行庆贺礼恭记》为题赋诗,这一次把"皇父"的出生地说得更明白无误了。且看他在该诗"合万方欢群爱敬,以天下养式仪型"句下的自注:"敬惟皇父以辛卯岁诞生于山庄都福之庭,

---

[1] 《韫山堂诗集》卷一五,《扈跸秋狝纪事三十四首》第三十四首。
[2] 《仁宗御制诗初集》卷六,嘉庆八年内府刻本。

跃龙兴庆，集瑞钟祥。"[1]从这一诗注看，"都福之庭"，即避暑山庄。如果理解得宽泛一点，也可以把山庄外雍亲王赐园——狮子园也包括进去。

不管怎样，嗣皇帝颙琰在嘉庆元年、二年所写的这两首诗和诗注，足以证明他当时确实认为"皇父"生在热河避暑山庄是毋庸置疑的。有人会说，这些应景诗可能是词臣捉刀之作吧。不应完全排除这种可能的存在，但这两首诗及诗注，即使为别人代笔，也必然经过嘉庆皇帝点头同意的。

嘉庆是乾隆的第十五子，生于乾隆二十五年（1760），为太上皇祝寿赋诗时已年近不惑，当"皇父"仍健在时，他写的诗和诗注（至少得到他首肯的）明明白白地说"皇父"诞生于"山庄都福之庭"，这是证明乾隆出生于避暑山庄何等坚实有力的证据呵！联系到与此同时军机章京管世铭也毫不含糊地称"狮子园为皇上降生之地"，是不是可以这样看，乾隆晚年，在包括嘉庆皇帝在内的统治集团上层中，有相当一部分人认定乾隆皇帝的诞生地在避暑山庄。嘉庆与管世铭可能从同一来源不谋而合地得到了乾隆诞生于避暑山庄的传闻，更大的可能是，关于乾隆诞生避暑山庄的小道消息在社会上流传着多种版本，管世铭听到的是"狮子园说"。

然而，需要说明的是，嘉庆皇帝后来出于种种考虑，还是放弃了自己固有的看法，而认同皇父乾隆"诞于雍和宫邸"的说法。

载有上述嘉庆皇帝为太上皇祝万万寿那两首诗的嘉庆《御制诗初集》，是在嘉庆八年（1803）经过颙琰钦定而刊行的，这表明，嘉庆这时仍认为"皇父"生于"山庄"不误。但过了四年，也就是嘉庆十二年（1807），问题就产生了。《实录》馆馆臣们纂修的《清高宗实录》稿和《清高宗圣训》稿上竟说乾隆皇帝诞于"雍和宫邸"，当嘉庆亲自审订《实录》《圣训》的稿本时自然产生了疑问："皇父"明明降生于避暑山庄，为什么馆臣却写成"诞于雍和宫邸"？盛怒之下，立即饬令馆臣查覆。这件非同小可的事情被一位有心人——时为工部侍郎的英和记录了下来，他在《恩福堂笔记》中说："丁卯岁（即嘉庆十二年）实录馆进呈《圣训》，首载'诞圣'一条，仁庙（指嘉庆帝）即以

---

[1]《仁宗御制诗初集》卷一四，嘉庆八年内府刻本。

为疑,饬馆臣查覆。"[1]

当时馆臣以《实录》馆总裁、大学士庆桂为首,但事无巨细要由副总裁、翰林出身的刘凤诰拿主意。刘凤诰是乾隆诞生地问题的专家,在有关乾隆诞生地前后两次争议中,他实在是个很值得重视的人物。此人字金门,江西萍乡人,乾隆五十四年(1789)进士,嘉庆四年(1799)高宗纯皇帝《实录》及《圣训》开馆纂修时任纂修官,因为能事,很快升为总纂、副总裁。"查覆"的严旨降下,他向嘉庆皇帝举出了令人信服的证据——乾隆《御制诗集》。据英和记载:"经刘金门少宰凤诰奏本圣制《雍和宫诗》,将圣集夹签呈进,上(嘉庆)意始解。而圣制诗注谓:'予实于康熙辛卯生于是宫也',则知'狮子园之说'其讹传久矣。"[2]

前面已经提到,乾隆在《御制诗》及诗注中,多次述及出生在雍和宫。想来在这些地方当年刘凤诰应当都做了"夹签",进呈嘉庆皇帝御览了。"雍和宫说"凿凿有据,而且是"皇父"自己一而再,再而三说的,为子者怎能无视这白纸黑字的事实呢? 于是,"上意始解",也就是说,嘉庆胸中的疑团涣然冰释了。

《恩福堂笔记》的作者英和,内务府世家出身,乾隆五十八年(1793)进士,嘉庆十二年乾隆诞生地初次引起争议时,他任工部侍郎,参与了纂修《实录》与《圣训》的某些事务性工作,因此,他对嘉庆的生疑动怒,刘凤诰举出实证,最终使嘉庆折服的全过程作了生动的描述。值得重视的是,他告诉人们:"狮子园之说""讹传久矣"。

回过头来看,乾隆在世时,特别是乾隆四十年顷,对流布朝野的"狮子园说"可能亦有风闻[3],所以他认为有必要加以澄清,于是在御制诗中以诗注的方式对诞于雍和宫作了反复的、明确的、坚决的肯定;这

---

[1] 英和《恩福堂笔记》卷上,上海古籍出版社,1985。
[2] 《恩福堂笔记》卷上。
[3] 见《清高宗御制诗文全集·御制诗五集》卷七一《游狮子园》一诗:"龙邸狮园岁必游,祖恩宗训忆从头。六龄识字实初至,十一背书蒙厚庥。"在"六龄识字实初至"句下,乾隆自注:"予年六岁,始随皇考来热河住居此园读书";这"实初至"三字和诗注无异于对"狮子园出生说"的否定,"实初至"与"余实康熙辛卯生于是宫也"同样也带有针对性的口吻。

种揣测如果能成立，那应该说乾隆的不事张扬的确是一种极其明智的做法，比较起来，他的孙子道光皇帝尔后在处理同一问题上的手段则有欠老练得多，下面很快就会谈到。

总之，"讹传"已久的"狮子园说"深深影响了先为皇储，后为皇帝的嘉庆，并使他对此深信不疑，长期坚持。直到嘉庆十二年刘凤诰把夹了书签的乾隆《御制诗集》进呈给他看时，才悚然而惊，经过反复思索，毅然决定摒弃"狮子园说"，而批准将"雍和宫说"载入征信万载的《实录》。

在乾隆诞生地的争议中，嘉庆皇帝经刘凤诰的指拨，虽然放弃了原来坚持的避暑山庄的说法，而改奉"雍和宫邸说"，并将这个观点以钦定的形式载入了《高宗纯皇帝实录》，但对这一严重事件的处理并没有做到釜底抽薪，尽绝根株。一则廓清传闻之误、确认乾隆皇帝诞生于雍和宫的说法，仅仅在皇帝与纂修《实录》的极少数馆臣中进行，持有"狮子园说"的大小臣工却不了解个中奥秘，他们很可能仍坚信乾隆生在避暑山庄；再则嘉庆皇帝并没有明降谕旨，收回嘉庆八年刊行的、其中记载"皇父降生山庄都福之庭"内容的《仁宗御制诗初集》，重新校订后，再颁发王公大臣。这就不可避免地造成这样一种后果：在相当一部分上层人物中，不仅自信乾隆皇帝降生避暑山庄不疑，而且以为嘉庆皇帝仍持"避暑山庄说"未变，最终导致了日后在乾隆诞生地上又一次更大的反复：这就是嘉庆、道光之际震动朝野的大行皇帝（嘉庆）"遗诏"风波，其结果不仅使乾隆降生避暑山庄之说尽为天下人所共知，而且引发了道光皇帝上台后第一次大政潮。

三

嘉庆二十五年（1820）七月二十五日，嘉庆皇帝未及交代后事便猝然崩逝于塞外的避暑山庄。而《清仁宗实录》却名不副实，在记载这件惊天动地的大事时，它编造了嘉庆皇帝临死之前对大统传承亲口作了安排这样的神话。[1]

当年八月二十二日,道光皇帝奉大行皇帝梓宫回銮京师,大学士曹振镛经刘凤诰指点,遂乘皇上召对之机,徐徐奏陈随扈山庄军机大臣托津、戴均元等所拟大行皇帝"遗诏"末尾称"我皇考(指乾隆)即降生避暑山庄"与《清高宗实录》所载高宗纯皇帝诞于雍和宫邸大相抵触。[2]

在嘉庆猝死、最高权力出现真空的关键时刻,托津、戴均元等随扈热河的大臣除禧恩之外,在拥立新帝时有所"犹豫"[3],道光皇帝衔恨在心,遂借机于嘉庆二十五年九月初七降下一道切责托津、戴均元等军机大臣的"明发谕旨",谕旨首先详细回顾了"遗诏事件"的来龙去脉:

> 七月二十五日恸遭皇考大行皇帝大故,彼时军机大臣敬拟遗诏,朕在谅闇之中,哀恸迫切,未经看出错误之处,朕亦不能辞咎。但思军机大臣多年承旨,所拟自不至有误。及昨内阁缮呈遗诏副本,以备宫中时阅,朕恭读之下,末有皇祖"降生避暑山庄"之语,因请出皇祖《实录》跪读,始知皇祖于康熙辛卯八月十三日子时诞生于雍和宫邸。复遍阅皇祖《御制诗集》,凡言降生于雍和宫者,三见集中。因命大学士曹振镛,协办大学士尚书伯麟,尚书英和、黄钺传旨令军机大臣明白回奏。据称:恭查大行皇帝(嘉庆)《御制诗初集》第十四卷《万万寿节率王公大臣行庆贺礼恭纪》,诗注恭载高宗纯皇帝'以辛卯岁诞生于山庄都福之庭';又第六卷《万万寿节率王公大臣等行庆贺礼恭记》,诗注相同。至《实录》未经恭阅,不能深悉等语。[4]

---

[1] 孟森先生早已据戴均元墓碑指出,嘉庆未及指示缄藏传位密诏的镡匣之所在,猝然而崩这一事实,见《明清史讲义》,下册,第613—614页。
[2] 《清史稿》卷三六三,《曹振镛传》:"(嘉庆)二十五年,仁宗崩,枢臣撰遗诏,称高宗诞生于避暑山庄,编修刘凤诰知其误,告振镛。振镛召对陈之,宣宗怒,谴罢枢臣,寻命振镛为军机大臣。"
[3] 《清史稿》卷三六五,《禧恩传》:"(嘉庆)二十五年,仁宗崩于热河避暑山庄,事出仓猝,禧恩以内廷扈从,建议宣宗有定乱勋,当继位,枢臣托津、戴均元等犹豫,禧恩抗论,众不能夺。会得秘匦朱谕,乃偕诸臣奉宣宗即位。"
[4] 《清宣宗实录》卷四,嘉庆二十五年九月庚申。

应该说托津、戴均元等回奏得有理有据。试问，为大行皇帝（嘉庆）代拟《遗诏》，而引用的正是大行皇帝生前钦定的《御制诗》的说法，军机大臣何错之有，更何罪之有？但道光谕旨批驳托津、戴均元等军机大臣自有说辞："朕恭绎皇考（嘉庆）诗内语意，系泛言山庄为都福之庭，并无诞降山庄之句。当日拟注臣工，误会诗意，兹据军机大臣等称《实录》未经恭阅，尚属有辞；至皇祖（乾隆）《御制诗集》久经颁行天下，不得诿为未读。实属巧辩！"[1]

道光为了维护刚刚故去的皇父的颜面，竟强词夺理地说什么嘉庆诗句并没错，错在了"当日拟注臣工，误会诗意"。前面已经说过，诗注虽是嘉庆的口气，但不能完全排除词臣代笔的可能，不过，即使这样，也必然要得到嘉庆的首肯。由此看来，诗是"御制"的，诗注毋庸置疑也是"御制"的。道光为了把尸骨未寒的皇父撇清，又要驳倒据理回奏的军机大臣，不惜把诗和诗注歧为两端，似乎诗注之错嘉庆皇帝可以不负什么责任。按照这样的逻辑，道光说乾隆《御制诗集》中"凡言降生于雍和宫者，三见集中"，不也是依据"余实康熙辛卯生于是宫也"等"诗注"吗？确定乾隆的诞生地，"皇祖"的"诗注"可以作为根据，而"皇父"的"诗注"则不能引以为据，这又怎能自圆其说呢？道光说"皇祖《御制诗集》久经颁行天下，不得诿为未读"，反诘得固然十分有力，但道光本人先为乾隆皇孙，继为嘉庆皇子，识文断字以来，三十年间为什么也未"恭读""久经颁行天下"的皇祖《御制诗集》？直到皇父《遗诏》出了问题，才"遍阅"皇祖《御制诗集》，转过脸来又理直气壮地责备臣下不得"诿为未读"。真真是皇上圣明，臣下罪该万死。

道光谕旨的最后一段是对"遗诏事件"有关责任者的处置："除托津、戴均元俱已年老，毋庸在军机处行走，并不必恭理丧仪，与卢荫溥、文孚一并交部严加议处；卢荫溥、文孚年力尚强，与托津、戴均元行走班次在前者有间，仍留军机大臣。遗诏布告天下，为万世征信，岂容稍有舛错。故不得不将原委明白宣示中外。着将此旨通谕知之。"[2]

"遗诏事件"中立了大功的曹振镛在这场政治风波中捞到了最大好

---

[1]《清宣宗实录》卷四，嘉庆二十五年九月庚申。
[2] 同上。

处,政潮刚一平息,他就被晋升为武英殿大学士,入值军机,首掌丝纶,取代了托津的位置。

大局既定,道光皇帝还有诸多拖泥带水的善后工作要做。

一件是有错的"遗诏"必须统统追回更改,以正天下视听。发布国内的遗诏还好办一点,若真的发到了各藩属,岂不贻笑外邦? 道光立即命传谕福建、广东、广西、云南四省督抚,将发往琉球、越南、缅甸等属国的"遗诏"截留封还,皇帝特别指示,此旨以"日行六百里"加紧快递。新入军机的曹振镛则奉命主持修改"遗诏"中的错误。为醒目起见,把遗诏原件与改订本列表比较如下:

未经修改的"遗诏"	改订的"遗诏"
古天子终于狩所,盖有之矣,况滦阳行宫为每岁临幸之地,我皇考即降生避暑山庄,予复何憾?[1]	古天子终于狩所,盖有之矣,况滦阳行宫为每岁临幸之地,我祖、考神御在焉,予复何憾?[2]

经过改动的"遗诏"末尾,把皇考乾隆降生避暑山庄,改为祖(康熙、雍正)、考(乾隆)遗像在山庄,下与"予复何憾"相接,实在有些牵强。康熙、雍正、乾隆的"神御",即御容影像,在京中大内及御园俱有供奉之处,非独山庄而已。因此,"神御"在山庄,不能成为嘉庆死在山庄而无所抱憾的理由。但事机紧迫,曹振镛顾不了那么许多,"遗诏"既不便大动手术,就只能如此小事修补而已。

再一件棘手的事是窜改嘉庆皇帝的《御制诗初集》。这项工作本应由嘉庆在发现"诗注"有误的时候,即将颁发海内的诗集追缴订正。恰恰由于当时缺少魄力,或考虑不周,才导致日后托津、戴均元等"借尸还魂",重翻旧案。如今为拔本塞源,永绝后患起见,必须将嘉庆《御制诗初集》的错误之处,按道光皇帝上述谕旨的口径一一加以窜改。不过,因为当时道光皇帝也没有降旨查缴嘉庆八年初版的《仁宗御制诗初集》,或者虽降旨收缴,但没有搜罗净尽,因而今天我们可以看到两种不同版

---

〔1〕 道光皇帝嘉庆二十五年九月庚申颁发中外的谕旨称军机大臣托津、戴均元所拟"遗诏""末有皇祖'降生避暑山庄'之语",据此推想原拟"遗诏"结尾当如此。

〔2〕 《清仁宗实录》卷三七四,嘉庆二十五年七月己卯,中华书局,1986。

本的《仁宗御制诗初集》，把两书卷六和卷一四《万万寿节率王公大臣等行庆贺礼恭记》一诗的诗注两相比照，便赫然露出了窜改者的马脚：

嘉庆八年版《仁宗御制诗初集》诗注	修订版《仁宗御制诗初集》诗注
"康熙辛卯肇建山庄，皇父以是年诞生都福之庭，山符仁寿，京垓亿秭……"（以上卷六诗诗注）。	"康熙辛卯年肇建山庄，皇父以是年诞生，瑞启苍符，山征仁寿……"[1]（以上卷六诗诗注）。
"敬惟皇父以辛卯岁诞生于山庄都福之庭，跃龙兴庆，集瑞钟祥。"（以上卷一四诗诗注）。	"敬惟皇父以辛卯岁诞生，而山庄之建亦适成于是岁，瑞应祥征，默孚宝祚……"[2]（以上卷一四诗诗注）。

　　道光皇帝为什么如此重视自己的祖父乾隆到底诞生在什么地方呢？因为他明白，这是牵一发而动全身的大事。换一个旁的什么人，诞生地有异说，或许没有什么了不起，而对乾隆皇帝来说，则万万不可有丝毫差池。如果说乾隆诞生在避暑山庄，那么，他的生母是不是雍正皇帝的孝圣宪皇后、乾隆登基后尊为崇庆皇太后的满族人钮祜禄氏就大成问题了。道理十分简单，乾隆皇帝生于康熙五十年八月十三日子时，载于皇室家谱——《玉牒》、官修《实录》，也可以深藏宫中的"乾隆（生辰）八字"[3]为证，对此，当时后世任何人都没有异议。而据《清圣祖实录》记载：康熙五十年（1711）四月二十二日康熙皇帝从京师启銮巡幸塞外时，皇四子雍亲王胤禛并没有随驾前往，到了七月二十六日胤禛才"赴热河请安"的。[4]如果格格钮祜禄氏是乾隆生母，此时应已临产在即，大腹便便，艰于行走，断无随其夫胤禛长途颠簸前往避暑山庄之理；若说乾隆于八月十三日诞于山庄，则生母必非钮祜禄氏，而另有身怀龙种之人。显然，"雍和宫邸说"与"狮子园说"事关乾隆皇帝生母究竟为谁，二者绝对不能调和，此是则彼非，彼是则此非，是非之间，系皇统社稷之重，在少数民族满族作为统治民族的清朝，该有何等严重的分量！照这个思路推下去，乾隆一支龙子龙孙是否有汉人血统，亦只好由好事者去驰骋遐想了。

---

[1]《仁宗御制诗初集》卷六，光绪五年内府刻本。
[2]《仁宗御制诗初集》卷一四，光绪五年内府刻本。
[3]《掌故丛编》，"乾隆八字"，原北平故宫博物院文献馆编辑出版，1928。
[4]《清圣祖实录》卷二四六，康熙五十年四月庚辰；卷二四七，康熙五十年七月癸丑。

这个如同常识一般的道理，似乎曾使乾、嘉、道三帝不寒而栗。是以乾隆在《御制诗》中一再郑重申明："余实康熙辛卯生于是宫（雍和宫）也"；嘉庆毅然摒弃了"避暑山庄说"，而以刘凤诰所修《清高宗实录》"雍和宫邸说"为是；道光不顾乾隆"降生避暑山庄"尽为天下人所知这一消极后果，不惜出以改窜皇父诗注的不光彩手段，坚决维护"雍和宫邸说"，以为"万世征信"。

这样揣测，强调了乾、嘉、道三位皇帝从政治高度处理乾隆诞生地的异说，应该是能够成立的；但如此推测，难免给人一种他们祖孙三代皇帝蓄意作伪、掩盖乾隆诞生避暑山庄真相的意味，这并非没有可能。不过，现在还缺乏足够的证据推翻"雍和宫说"，当然也不能断定乾、嘉、道三位皇帝蓄意"掩盖乾隆诞生避暑山庄真相"。

四

再来看"避暑山庄说"。诚如乾、嘉时代的英和所言，"狮子园说"由来已久。这一关于乾隆诞生地的传闻异辞，有乾隆时的军机章京管世铭《韫山堂诗集》为证，嘉庆皇帝也长期持这一看法，嘉庆崩逝时，军机大臣托津、戴均元对"避暑山庄说"亦予采信，并敢于叙入至为庄重的嘉庆《遗诏》之中。可见，"避暑山庄说"凿凿有据，很难轻易驳倒。然而，这样一桩重大疑案，嘉庆活着的时候，在上层极小的范围内折腾过一次，未能得到彻底解决；嘉庆去世，道光上台，旧案重翻，《遗诏》事件竟闹得全国沸沸扬扬，道光在处理这桩棘手的大案时，又加进了个人恩怨的成分，事后窜改支持"避暑山庄说"的证据，手段有欠光明磊落且不论，其结果反让人有欲盖弥彰的感觉。

大概正是由于以上复杂的历史背景，所以后世关于乾隆生母有种种猜测和传闻。晚清著名诗人、学者王闿运说，乾隆之母"始在母家，居承德城中，家贫无奴婢"[1]；民国初年清史馆纂修张尔田先生在《清列朝

---

[1] 王闿运《湘绮楼文集》卷五，《今列女传·母仪》，《近代中国史料丛刊》第60辑。

后妃传稿》中述及乾隆皇帝生母钮祜禄氏时说"满洲镶黄旗人,四品典仪凌柱女,事世宗雍邸,生高宗",以下用双行小注先引《清高宗实录》作为乾隆诞生雍和宫的证据,然后罗列《清宣宗实录》和《恩福堂笔记》有关乾隆出生地问题的两条重要史料,指示人们注意这一历史疑案;[1]民国时期曾任国务总理的熊希龄对胡适之教授讲"乾隆帝之生母为南方人,浑名'傻大姐',随其家人到热河营生(热河有南方各种工匠,如油漆、红木之类)"[2];上海沦陷时杂文作家周黎庵援引逊清遗老、近代作家和学者冒鹤亭先生的说法,向世间披露乾隆生母是热河汉人宫女李佳氏,[3]台湾学者庄练,即苏同炳先生等认同冒鹤亭传述的乾隆出生秘闻;[4]熊希龄、冒鹤亭二者关于乾隆生母为何人虽有不同,但断言乾隆诞于避暑山庄狮子园"草房"则相吻合,他们两位所述传闻破绽比比皆是,恕不一一指出,但严峻的现实是,冒鹤亭转述的乾隆生母秘闻日后影响深远,今天经小说家编织敷衍、广为流传的乾隆生于避暑山庄"草房",其母为行宫女子李氏的传奇故事盖源于此,就是这类故事的基本情节——雍正从狩木兰,毙鹿饮血,躁急难忍,召一奇丑女子泄欲,事后早忘此一段露水姻缘,翌年秋李氏临产,康熙诘问,雍正自承为种玉之人,随即乾隆生于马厩,等等——也都不能出冒鹤亭先生所述秘闻之范围。

关于乾隆诞生地以及与此纠结难分的乾隆生母的历史疑案,现在似乎还很难下一个让旁人心服,也让自己心安的结论,不过在最近公布的清宫档案披露乾隆生母熹妃在雍正初年姓钱氏这一史实,乾隆生母是否为满族人钮祜禄氏的定论面临严峻挑战、乾隆诞生避暑山庄说由此可能从侧面得到某些支持之后,至少可以说乾隆生母、乾隆诞生地的研究已拓展开了更大的空间。

如果不再把乾隆诞生避暑山庄的观点武断地视为野史谬说,如果把

---

[1] 张尔田《清列朝后妃传稿》传上,《近代中国史料丛刊》第75辑。
[2] 中国社会科学院近代史研究所中华民国史研究室编《胡适的日记》,中华书局,1985,下册,第303—304页,1922年4月2日记。
[3] 周黎庵所作《清乾隆帝的出生》一文载1944年5月1日出版的《古今文史》半月刊,转引自庄练《中国历史上最具特色的皇帝》,台北商务印书馆,1991。
[4] 庄练《中国历史上最具特色的皇帝·十全五福乾隆帝》。

有关乾隆诞生地的持续二百年之久的争论当成一个严肃的历史课题，那么，在认真检讨了"雍和宫说"和"避暑山庄说"的全部证据，特别是研读了最新公布的乾隆之母的清宫档案之后，我们是否可以做出以下几种可能的假设呢？

第一，汉族人钱氏与满族人钮祜禄氏干脆为毫不相干的两个女人，钱氏曾与雍亲王胤禛在避暑山庄有过一段露水姻缘，转过年来的八月十三日在狮子园生下弘历，随后以格格身份进入雍邸，弘历亦载入了皇室《玉牒》。雍正元年二月十四日钱氏被册封为熹妃。这以后雍正出于种种考虑，决定以另一位王府格格满族人钮祜禄氏取代钱氏为弘历生母，胤禛倒未必从肉体上消灭了钱氏，但从此钱氏这个女人不仅从人间隐去了，而且连同她的姓氏一起也从历史上消失了。而雍邸关于雍亲王第四子弘历身世对外的说法则是：康熙五十年八月十三日子时诞生于京城雍亲王府，母典仪官凌柱之女格格钮祜禄氏。但机关算尽的雍亲王毕竟无法一手遮天，清宫档案里还保留着雍正元年钱氏被封为熹妃的事实，而弘历身世的真相通过种种缝隙还是外逸出去，外间流传的不同版本的"避暑山庄说""狮子园说"盖源于此。

第二，汉族人钱氏与所谓满族人钮祜禄氏实为同一女人。在这一假设的前提下，又存在两种可能：

一是弘历于康熙五十年八月十三日诞生避暑山庄，生母即汉族人钱氏，以后的情节几乎与第一种假设完全相同，只不过雍亲王没有采取上述偷梁换柱的手法，把钱氏这个女人连同她的姓氏全部隐匿起来，以另一个满族女人取而代之，而仅仅是给钱氏改换了一个满族的姓氏——钮祜禄氏，然后对外宣布钮祜禄氏诞育第四子弘历于雍亲王府。

再一种可能是，汉族人钱氏由于某种因缘没入典仪官凌柱之家，通过挑选秀女或其他途径最后成为雍邸侍女，康熙五十年八月十三日诞育弘历于京城雍王府，改称"格格"，雍正元年二月册封格格钱氏为熹妃——此时乾隆生母仍以钱为氏，但雍正皇帝随即将弘历秘立为皇储，考虑到弘历来日将秉持宗社之重，其生母必尊为圣母皇太后，若为汉人，在政治上有种种不便，遂将钱氏改为凌柱之姓——钮祜禄氏。如果乾隆生母的真相确实如此，那么，"雍和宫说"也是可以成立的。但乾隆生母先为钱氏并被封为熹妃一事已见诸煌煌旨谕，嗣后改姓钮祜禄氏又未作解释，当然也无法解释，这又怎能不让天下窃窃私议呢？大概那个汉族人钱氏又与承德避暑山庄有些扯不断的瓜葛，于是猎奇者捕风捉影、添油加醋，以至"狮子园说"之类流言不胫而走，"讹传久矣"。

清朝皇帝出于政治上的考虑屡屡篡改宫廷原始档案和其他历史文献，大概也称得上列祖列宗"家法"相承吧，乾隆生母由"钱氏"被硬改为"钮祜禄氏"，不过又增添了一个最新的证据而已。但这件事贯穿雍乾嘉道四朝，百余年间波澜迭起，余音不绝，以至于今日，仍被小说家津津乐道。我们作为治史者，虽然还不能在乾隆诞生地这一历史疑案上做出判断，但有责任采取不抱任何成见的客观态度，深入开掘，细心求证，把这篇文章继续做下去，争取有一个结实可靠、令人满意的结论。

原载《清史研究》2003年4期

土尔扈特蒙古回归日期续考

土尔扈特蒙古离开俄罗斯回归祖国的日期，中外史料记载纷歧，据边疆民族史专家马大正所述，大体有两种说法：一为乾隆三十五年十月（1770年12月），此说始于七十一（椿园）之《西域闻见录》卷六《土尔扈特投诚记略》，附和此说者有何秋涛（《朔方备乘》卷三八《土尔扈特归附始末》）、王大枢（《西征录》卷三《土尔扈特投顺叙略》）；一为乾隆三十五年十一月（1771年1月），而第二种说法在具体日期上又有1771年1月5日、1月11日和1月17日之分。俄国学者诺伏列托夫《卡尔梅克人历史概要》据俄国档案记述"卡尔梅克民族的暴动发生在1771年1月5日"（该书圣彼得堡1884年版，45、47页），嗣后苏俄史学家及某些西方史学家均采此说；而托忒文《卡尔梅克诸汗简史》则记渥巴锡于"铁兔年一月十一日"东归，英国学者霍渥斯赞同此说（《蒙古史》，伦敦1876年版，第1卷576页）；1月17日说则据清代档案两件满文奏折（中国第一历史档案馆藏《满文月折档》，乾隆三十六年五月二日伊勒图折，同年八月十二日色布腾巴勒珠尔折）。

经马大正先生考证，认为七十一所述1770年12月之说"在尚未找到一则有力旁证之前"，"难予轻信"。至于1771年1月11日说，则早已为诺伏列托夫所否定，"在俄国和西方史学家著述中，持此说者几及绝迹"。其余1771年1月5日和1月17日分别源于俄、清档案的两种说法，马大正先生肯定诺伏列托夫1771年1月5日之说，理由主要是："土尔扈特蒙古武装起义，东返祖国之举，极大地震动了俄国朝野"，"当时的军情是逐日上报,留至今日的档案记载十分具体。一月五日这一起义首发之日,即是记述在阿斯特拉罕城卡尔梅克管理局档案库案卷1771年3907号上。而就目前所见,俄国档案对首义日期的记载是一致的。相比之下,清代档案的二则记述,或源于传报,或是出自渥巴锡等人在赴承德途中谈话的述报。显然,其准确性是不及记于事件发生当时当地之俄国档案"(以上内容俱见马大正《土尔扈特蒙古东返始于何时》,载《新疆社会科学》1985年1期)。

关于土尔扈特回归日期的考证,马大正先生用力最勤,此后凡涉及土尔扈特东归时间的中文著述一般俱采信他考定的1771年1月5日。

但细加探究1771年1月5日的说法,似忽略了公历与俄历之间的差异。

俄国采用公历始于1918年,此前俱用俄历。俄历与公历不完全一致,如举世皆知的十月革命发生在公历1917年11月7日,是日俄历为10月25日,二者相差13天。由俄历推算公历的规则是:17世纪加10天,18世纪加11天,19世纪加12天,20世纪加13天(《苏联大百科全书》莫斯科1973年版,第11卷199页)。准此,俄国档案(阿斯特拉罕城卡尔梅克管理局档案库案卷1771年3907号)所记卡尔梅克人"暴动"日期1月5日应确认为俄历,换算为公历,须加11天,即1771年1月16日,亦即中国夏历乾隆三十五年十二月初一日。此日与清档所记土尔扈特回归的时间,仅有一天之差。

乾隆三十六年八月十二日陪同渥巴锡等前往热河觐见乾隆帝的固伦额驸色布腾巴勒珠尔密奏土尔扈特自俄罗斯脱出情形,略曰:奴才于率领渥巴锡等行走之际,用心查询观之,据称"去年渥巴锡于额济勒度夏,秋天渡河前往控噶尔,等候额默根乌巴什、默门图乌巴什。于十二月初二日从额济勒起兵,率领全部游牧,扬言去抢哈萨克,约定日期,渥巴锡等共同一心"(《满文土尔扈特档案译编》,民族出版社1988年版,111页)。马大正先生已引用过此件档案,可惜的是,竟以"其准确性是不及于记于事件发生当时当地之俄国档案"为理由,率尔将其否定了。其实,俄方档案的准确性(俄历1771年1月5日)固然毫无疑义,但渥巴锡所述回归日期同样需高度重视。须知渥巴锡等向色布腾巴勒珠尔述及"脱出俄罗斯"时间时,距开始东归不过八个月光景,如此震撼人心、关乎土尔扈特民族生死存亡的巨变是不可能被包括渥巴锡在内的几个土尔扈特领袖误记的。

那么，为什么俄方档案与清方满文档所记有一天之差呢？诺伏列托夫《卡尔梅克人历史概要》等记述，（俄历）1771年1月5日清晨，土尔扈特人突袭俄国驻渥巴锡牙帐的杜丁大尉兵营，随后歼灭了基申斯科夫派出增援的军队，并袭击了附近一些俄国城镇，最后渥巴锡带头点燃自己木制的宫殿，同时，无数村落也燃起了熊熊烈火（转引自《漂落异域的民族》，169—170页）。从"暴动"到启程，中间大约隔了一天时光，似乎是合乎情理的。由此可见"暴动"发生在俄历1771年1月5日，俄方档案记载是可信的；而渥巴锡等率领三万三千余户、十六万八千余土尔扈特蒙古人浩浩荡荡开拔时已是翌日，即清乾隆三十五年十二月初二日（俄历1771年1月6日、公历1771年1月17日），渥巴锡等土尔扈特领袖的忆述同样确凿无疑，二者似无矛盾。

土尔扈特蒙古何时回归的考证，马大正先生已完成了百分之九十九，以上所述，仅仅是一点补正而已，因此本文名之为《土尔扈特蒙古回归日期续考》。如果站得住的话，似乎亦可证明，土尔扈特蒙古虽寄寓异国长达近一个半世纪之久，但仍奉清朝为正朔，这从一个微小的侧面提供了中华民族所具有的巨大凝聚力的生动例证。

原载《清史研究》1998年第2期

满汉文化冲突与融合

清朝皇帝的中国观

清代是中国历史上统一的多民族国家逐步发展以致最后定型的关键时期。清朝不仅对奠定今天中国的版图做出了巨大贡献,而且近现代国家意义上的中国概念也是在清朝统治时期才出现的。今天无论汉族,还是众多少数民族,都认同自己是中国人,自己的祖国是中国。看起来这似乎无须论证,其实,中国各族人民从本民族认同到对统一国家的认同经历了几千年漫长岁月的积淀与整合,在清朝统治的三百年间,才最终成为定局;而作为主导那一时期中国政治的清朝皇帝对中国的体认,以及他们的逻辑思维方式和实践行为,无疑具有举足轻重的作用。

清开国时期的国家概念

明代的中国,主要依托中原农耕地区的明朝,隔九边与蒙古族所建立的北元及尔后的鞑靼、瓦剌以敌国长期对峙。迨明朝末造,东北边陲建州女真崛起。从明万历十一年(1583)努尔哈赤起兵,到明崇祯十七年、清顺治元年(1644)清兵入关定鼎燕京,大约60年间,见于文献记载的满洲使用的国号有"女直国""建州国""后金国""大金国"和"大清国"。[1]

万历二十四年（1596）努尔哈赤致朝鲜方面的回帖中自称"女直国建州卫管束夷人之主"。[2]这是努尔哈赤使用"女直国"国名的最早记载。"女直"即女真，因辽兴宗讳宗真，故改称女真为女直。

万历三十一年（1603）努尔哈赤在赫图阿拉筑城，两年后致辽抚赵楫、总兵李成梁的呈文中说："我奴儿哈赤收管我建州国之人，看守朝廷九百五十余里边疆。"[3]万历三十五年三月努尔哈赤又致书朝鲜国王："建州等处地方夷王佟呈，为夷情事。朝鲜国王知道，有天朝、你朝鲜、我达子三国。"[4]"建州国"之称一直沿用到万历四十六年和明朝彻底决裂，才由"后金国"取代。[5]

从明万历四十七年（1619）努尔哈赤在致朝鲜国王书信中首揭后金国号[6]，直到明崇祯九年、金天聪十年（1636）改国号为大清，金国作为国号近20年。

"女直国"（建州卫）、"建州国"表示努尔哈赤对女真及建州女真的民族认同，国名反映建州女真模糊的国家概念；"后金国""大金国"则表明即将完成及已经完成统一的女真各部对共同国家的认同，这个共同国家名称之所以取名为"后金"和"大金"，则在于向外间彰显继承的是历史上女真民族建立的金国的统绪；皇太极改"金"为"清"，从国家认同来解释，是因为当时金国治下的臣民虽以满洲为主体，但同时已融入数量众多的蒙古人、汉人以至朝鲜人等，金国的国名既涵盖不了满洲以外的民族，女真以外的其他民族也难于接受这一包含历史宿怨的国号。

---

[1] 据《清太祖武皇帝实录》卷一，"满洲源流"载，清皇室始祖布库里雍顺"其国定号满洲"，"南朝误名建州"。这是清初《清太祖武皇帝实录》编者的杜撰，清开国时期从未使用"满洲国"一称。

[2] ［朝］申忠一《建州纪程图记》第22页。

[3] 转引自黄彰健《奴儿哈赤所建国号考》，存萃学社编《清史论丛》第一集，《近代中国史料丛刊续编》第64辑，台湾文海出版社，1979。

[4] 转引自黄彰健《奴儿哈赤所建国号考》一文。

[5] 茗上愚公《东夷考略·建州》，万历四十六年"闰四月，奴儿哈赤归汉人张儒绅赍夷文请和，自称建州国汗"，潘喆、李鸿彬、孙方明《清入关前史料选辑》第一辑，1984。

[6] 据《东夷考略·建州》，万历四十七年萨尔浒战役后，朝鲜"咨报奴酋移书声吓，僭号后金国汗，建元天命，斥中国为南朝，黄衣称朕，意甚恣"。

满洲兴起时，对女真相邻各部以及与满洲或战或和的蒙古各部动辄也以国相称，如称所谓"九部联军"为"九国兵马"[1]，称海西四部为"哈达国""夜黑国""兀喇国""辉发国"[2]，蒙古各部则称为"蒙古诸国"，蒙古察哈尔部则称为"察哈尔国"[3]，等等。可见努尔哈赤与皇太极并没有也不可能将"部落"与"国家"做现代意义上的严格区别，他们不过随着自身政治势力的迅速膨胀，认为自己有权利与汉人一样创建国家或更改国号。对满洲如此，对同样被明朝视为"夷虏"的其他女真各部和蒙古各部也是如此。

需要深入探讨的是，清太祖努尔哈赤与清太宗皇太极在他们"建国"的过程中如何对待明朝，他们心目中"中国"和"天下"的概念是什么？

在努尔哈赤羽翼未丰时，称明朝为"大明""朝廷""天朝"[4]，既公开称王称帝，立国建元，则称明朝为"明国"或干脆与明朝尔我相称，甚至称明朝为"南朝"[5]，俨然以"北朝"自居。他们虽然仍奉明朝为"中国"[6]，但认定"中国"并不是明朝皇帝，也不是汉族人可以永久垄断的。当努尔哈赤称"英明汗"，建元"天命"并改国号"后金"时，就表明他要缔造一个不奉明朝正朔、与大明平起平坐的国家；岂止于此，他还向往着有朝一日到北京、汴京、南京当皇帝的美好远景。[7] 皇太极直

---

[1]《清太祖武皇帝实录》卷一，癸巳年九月。
[2]《清太祖武皇帝实录》卷一，戊子年，辛卯年，癸巳年。
[3]《清太宗实录》卷四二，崇德三年七月丁卯，谕西北蒙古喀尔喀部落札萨克图汗下使臣达尔汉囊苏喇嘛曰："朕以兵讨有罪，以德抚无罪，惟行正义，故上天垂佑，将蒙古诸国悉以与朕，今蒙古国主察哈尔汗之子见在朕皆抚养。"中华书局，1985。
[4]《清太祖武皇帝实录》卷一。
[5] 北京图书馆藏《后金檄明万历皇帝文》："朕虽屡获天佑，志气未骄，在人上不敢分毫生事。公正之人，尔南朝偏护边外他国，要杀之，方昭告皇天而起兵，不想天怪南朝而佑我。"潘喆、李鸿彬、孙方明编《清入关前史料选辑》第一辑。
[6] 参见《后金檄明万历皇帝文》述及萨尔浒之战时说"南朝又说我何敢举兵抗拒，中国发兵四十万，四路齐进，意欲剪灭除根"；《清太宗实录》卷二，天聪元年正月丙子："己亥年我出师报哈达，天遂以哈达界我，尔国乃庇护哈达，逼我释还其人民。及释还哈达人民，复为叶赫掠去，尔国则置若罔闻。尔既称为中国，宜秉公持平。"同书卷一八，天聪八年三月："明朝复无一言。明既为中国，则当秉公持平，乃他国侵我，则置若罔闻。"
[7] 中国第一历史档案馆、中国社会科学院历史研究所译注《满文老档》天命七年四月十七日，金致书明军守将："我汗公正，蒙天眷佑，其南京、北京、汴京，原非一人独据之地，乃诸申、汉人轮换居住之地也。"

接继承发扬了努尔哈赤的志向，他向喀尔喀蒙古札萨克图汗宣称与辽金元三国之主相等：

> 昔辽金元三国之主，当征战时，西伐厄讷忒黑，东抵朝鲜，北及黑龙江，南至于海，无远弗届，朕今日正与相等也。[1]

努尔哈赤和皇太极是女真人支脉，有"本大金之裔"[2]的强烈意识，又深受蒙古文化的影响，他们继承的是北方民族大胡和东胡的历史文化传统，当他们的实力足以自立甚至与明朝治下的"中国"抗衡时，以"辽金元三国之主"的后继者自居是合情合理的。但在承袭儒家思想体系的中国观和天下观的明朝和朝鲜看来，则是骇世惊俗大逆不道的举动。万历十七年（1589）努尔哈赤起兵未久，朝鲜政府就得到情报称"老乙可赤则自中称王"，将为"报复中原"[3]之计。至建国后金，明朝方面更惊呼"（奴酋）黄衣称朕"[4]。但必须指出，无论崛起中的边外枭雄努尔哈赤、皇太极，还是身居朝廷、为天下共主的明朝皇帝，都认同事实上存在的大中国框架。

上面已经提及，努尔哈赤在与大明决裂前，自称"收管我建州国之人，看守朝廷九百五十余里边疆"。所谓"边疆"，明白无误地指"朝廷"的边疆，这里透露出来的是奉明朝皇帝为主的大中国的国家意识。即使在后金起兵揭开了长达二十五年之久的对明战争之后，努尔哈赤和皇太极也从来没有萌生过在国家版图之外另辟乾坤的念头，他们念念不忘的是，如何尽快实现入关占据燕京（或南京或汴京），取代明国，以为天下中国之主的宏图伟业。另一方面，明朝也没有把建州女真视为"属国""外国"。据《明实录·神宗实录》万历三十四年六月壬子条："廷议以朝鲜为藩篱属国，海建乃款市贡夷，均受国恩，各宜自守。"[5]所谓"海建"，即海西女真和建州女真，明廷认为海、建的地位不能等同于

---

[1] 《清太宗实录》卷四二，崇德三年七月丁卯。
[2] 《后金檄明万历皇帝文》。
[3] 吴晗辑《朝鲜李朝实录中的中国史料》，第四册，第1530页。
[4] 《后金檄明万历皇帝文》。
[5] 《明神宗实录》卷三四，台北"史语所"校印，1962。

"藩篱属国"朝鲜,他们是国家边远地区羁縻卫所的长官,是"款市贡夷"。可见明朝皇帝尽管鄙视东北地区的女真人为"东夷",但并没有将他们摒弃于大中国之外。

在努尔哈赤和皇太极的脑海中,"中国"的概念是尊崇的,但"中国"之君不是万世一姓的。他们奉明朝为"中国",但环"中国"之外,还有蒙古、女真等许许多多"国"或"部"的存在,他们和"中国"一起构成了"天下"。努尔哈赤讨明檄文《七大恨》中第七恨指责明朝偏袒哈达、叶赫,与建州为敌,他说:"天降大国之君,以为天下共主,岂独吾一身之主?"[1]这与日后皇太极所言"明既为中国,则当秉公持平,乃他国侵我,则置若罔闻"[2],其内涵与逻辑都是一致的,即明朝皇帝作为得天命的大国之君,作为"天下"共主,当"中国"周边各"国"各"部"发生纷争时,自当秉公持正,剖断是非。如"中国"之君逆天妄行,失去上苍眷佑,则自有取而代之者。天命年间努尔哈赤多次讲过中国古代天命循环、鼎故革新的事例,从成汤代夏桀、文王兴起代纣王之业、刘邦以布衣起兵卒灭暴秦、金太祖阿骨打灭辽灭宋、蒙古成吉思汗得金帝之业建立元朝,直至明朝朱元璋幼失父母,孤身为僧,"后天命归之,遂为天子",结论是"我本大金之裔,曷尝受制于人,或天命有归,即国之寡小勿论,天自扶而成之也"[3]。所以说,在努尔哈赤和皇太极的脑海中,"中国"的概念是天命所归的皇帝治下的以中原为主的区域。他们在没有实现取代明朝统治并履行"奉天承运"庄严仪式之前,承认天命仍为大明天子所有,大明天子治下的"中国"是"大国"。由此可知,努尔哈赤和皇太极所谓的"中国"并不是现代意义上的中国的概念;他们使用的"天下"一词,庶几与今天常说的"自古以来中国是一个以汉族为主体的多民族国家"意义上的中国相近。

其实,努尔哈赤和皇太极在使用"中国"和"天下"这一概念时,不自觉地沿袭了汉族中原王朝的"中国"观。众所周知,见于文献记载

---

[1]《清太祖武皇帝实录》卷二,天命三年四月十三壬寅。
[2] 详见《后金檄明万历皇帝文》。
[3] 参见《后金檄明万历皇帝文》;中国第一历史档案馆、中国社会科学院历史研究所译注《满文老档》,天命七年四月十七日。

的"中国"一词,自古以来就有多重内涵,而其外延更是随历史的发展而不断衍变。就地域意义上的"中国"而论,上古以至先秦时期,以天子所都为中,故曰"中国";嗣后,华夏族建国的黄河中下游地区称"中国",而周边"蛮夷戎狄"则谓之"四夷";秦汉以后,随着疆域的开拓、经济重心逐步南移,特别是汉族与周边各族融合的深度与广度的推进,"中国"概念的外延也在逐步展开,黄河流域、长江流域,以至珠江流域这些主要汉族活动的地区,都在"中国"一词的涵盖之下,[1]而周边各族生息繁衍的广袤地域却被浸透着"夷夏之防"观念的汉族史家及学者文人视为"中国"之外的"化外"蛮荒。

显而易见,传统儒家观念中的"中国"过于狭隘,与历史上汉族与周边各族共同缔造着的大中国的事实不相符合,与今天作为我国专称的中国更不可同日而语,必须廓清所谓长城、柳条边是古代中国国界之类有意无意的误解和曲解;另一方面在批评"华夷之辨"大汉族主义倾向时,要准确阐释在所谓"内中国而外诸夏,内诸夏而外夷狄"[2]《春秋》大义中"中国"与"四夷"共处"天下"的同一的一面。《后汉书·东夷列传》所言"蛮、夷、戎、狄总名四夷者,犹公、侯、伯、子、男皆号诸侯云"[3],明太祖朱元璋讨元檄文所言"自古帝王临御天下,中国居内以制夷狄,夷狄居外以奉中国"[4],与上文所举《明神宗实录》将海西、建州女真与属国朝鲜加以区别,都雄辩地证明,华夷的分别,从来不是中国与外国的分别;华夷的对立和冲突,从来不是中国与外国的对立和冲突。古代"四夷"与"中国"一切恩恩怨怨都不过是历史上中国这个以汉族为主体的多民族国家内部的家事。

总之,身为夷狄的努尔哈赤和皇太极不甘被自视优越的汉族视为任人践踏、任人宰割的下等族类,他们必欲争取华夷平等的政治理念以及建国称帝的举动,强烈地震撼了江河日下的明朝统治者,对根深蒂固的

---

[1] 参见《辞源》(修订本),"中国",商务印书馆,1983,上册,第87页;《中国历史大辞典》,"中国",上海辞书出版社,2000,上卷,第443页。
[2] 《春秋公羊传注疏》卷一八,成公十五年:"春秋,内其国而外诸夏,内诸夏而外夷狄。"阮元校刻《十三经注疏》,中华书局,1980,下册,第2297页。
[3] 《后汉书》卷八五,《东夷列传》,中华书局,1965。
[4] 《明太祖实录》卷二六,吴元年十月丙寅。

儒家"华夷之辨"理论体系也发出了空前有力的挑战。但努尔哈赤和皇太极从来没有自外于"中国",在不脱离大中国的大前提下,努尔哈赤父子对自己政治地位的体认与传统儒家的国家观并无二致。恪守祖宗家法的清太祖、清太宗的后世子孙们,将在更加广阔的政治舞台上,以天命所归的"天下中国之主"的角色,解释、演绎和推广他们在开国时代的理念和经验。

"统驭天下中国之主"

明崇祯十七年、清顺治元年(1644)三月十九日,李自成大顺军陷京师,崇祯自缢于煤山,明亡。四月四日范文程上书摄政王多尔衮,请定进取中原大计,此时犹不知明朝灭亡。四月九日,多尔衮率大军启行,十三日师次辽河,始知大顺军占领京师。二十二日山海关大战,清军与吴三桂军联合击溃李自成大顺军主力,追杀四十里,五月二日入据京师。当年十月,顺治亲诣南郊,告祭天地,即皇帝位。称大清国皇帝"祗荷天眷,以顺民情","兹定鼎燕京,以绥中国","仍用大清国号,顺治纪元"[1]。此前一年,顺治在盛京刚履行过大清国皇帝祭天登极仪式,此时他二度祭天登极,意在向天下郑重昭示,他和他的叔父摄政王实现了其父祖得天眷佑的遗愿,正式成为中国的主人。

明清鼎革,顺治虽不改关外时期"大清国皇帝"名号,但清朝皇帝的角色实际上已发生本质变化。下面首先探讨他们对"中国"概念的理解。

清初皇帝十分明确地意识到,他们既"仰承天命""抚定中华",即理所当然继大明为"中国"之主,[2]故明所辖的版图及版图上的子民全部归其所有,故明所代表的一切国家主权由其行使。尽管顺治以至康熙中

---

[1]《清世祖实录》卷九,顺治元年十月乙卯。
[2] 参见《清世祖实录》卷一五,顺治二年四月丁卯;《清世宗实录》卷八六,雍正七年九月癸未。

期四十年间清朝还在步步推进着对明朝治下"中国"的统一事业,但他们对整个国家主权和领土完整有着坚定的原则立场。定鼎燕京前,南明诸臣拥立福王朱由崧即皇帝位于南京,以明年为弘光元年。摄政王多尔衮遂致书史可法,表示国家主权绝对不容分割,"若拥号称尊,便是天有二日……夫以中华全力受困潢池,而欲以江左一隅,兼支大国,胜负之数,无待蓍龟矣……宜劝令削号归藩,永绥福禄。朝廷当待以虞宾,统承礼物,带砺山河,位在诸王侯上"[1]。再看康熙与台湾郑氏政权的谈判。顺治十八年(1661)民族英雄郑成功驱逐荷兰殖民者收复台湾以为抗清基地,在相当长的一段时间里,康熙打算采取招抚方针解决台湾问题,甚至允许承继郑成功统治台湾的郑经接受"藩封,世守台湾"[2]。但在谈判中郑经坚持"比朝鲜,不削发"作为投诚条件,被康熙断然拒绝,理由如康熙所言:"朝鲜系从来所有之外国,郑经乃中国之人。"[3]因此,清朝与台湾郑氏集团的多次谈判皆无果而终。康熙二十二年(1683)"三藩之乱"业已平定,而台湾内部又呈乱象,康熙决策命将出兵,一举统一台湾。

与江南、台湾有所不同,明朝未能实施直接统治的厄鲁特、喀尔喀等边远地区,则暂时可以划界分治。顺治十三年(1656)清廷与厄鲁特因边境"番夷"归属发生纠纷,顺治传谕厄鲁特巴图鲁台吉、土谢图巴图鲁戴青等说:"分疆别界,各有定制","倘番夷在故明时原属蒙古纳贡者,即归蒙古管辖;如为故明所属者,理应隶入中国为民,与蒙古又何与焉?"[4]"为故明所属者,理应隶入中国为民",清楚地诠释了清朝皇帝心目中的"中国"的概念。尽管边远地区还一时不能纳入中国版图,但与故明曾有封贡关系的汗王活佛只要承认清朝"中华大皇帝"的地位,仍然可以延续以往与"中国"的关系。顺治在赐西域阐化王王舒克等贡使琐诺木必拉式号妙胜慧智灌顶国师时说:"今天下一家,虽远方异域,亦不殊视。念尔西域从来尊崇佛教,臣事中国,已有成例,其故明所与

---

[1] 蒋良骐撰,林树惠、傅贵九校点《东华录》卷四,顺治元年七月壬子。
[2] 江日升《台湾外记》,福建人民出版社,1983,第207页。
[3] 《明清史料》丁编,第三本。
[4] 《清世祖实录》卷一○三,顺治十三年八月壬辰。

敕谕印信，若来进送，朕即改授，一如旧例不易。"[1]原来明朝的属国，亦照此思路一体办理，如清初琉球通过改换敕谕印信很快恢复与中国的宗藩关系。[2]

上述事例表明，清初皇帝使用"中国"一词时继承了努尔哈赤和皇太极的"中国"概念，也可以说沿袭了古代传统"中国"的概念，是指古代汉族王朝治下的以中原内地为主的地区。所谓"以绥中国""抚定中华"[3]含义就是，将次第削平中原反清势力，首先完成"中国"统一。然而，毕竟物换星移，时代变迁，清初"中国"概念的外延已有了很大推展，一是漠南蒙古，一是满洲发祥地广袤的东北地区，都视为"中国"版图了。

漠南蒙古，清朝文献称"外藩四十九旗""四十九旗"[4]"内蒙古"[5]"内札萨克"[6]"旧藩蒙古"[7]等，共二十四部，是从明朝边外之蒙古演化而来。其归附清朝原委，康熙《大清会典》做了这样叙述：鼎革前"率先归附"，土地人口"悉隶版图"[8]，其疆理"东至盛京、黑龙江，西至厄鲁特，南至长城，北至朔漠，袤延万有余里"[9]。有关朝集、贡献、宴赉、编户、比丁、刑罚事宜由理藩院"主客清吏司"等衙门管辖，虽称"外藩"，实"视内八旗无异"。[10]正如乾隆《大清会典》所说："国家肇基东土，威德远播，漠南蒙古诸部落，或谊属戚畹，或著有勋绩，或

---

[1]《清世祖实录》卷三九，顺治五年七月辛卯。
[2]《清世祖实录》卷三二，顺治四年六月丁丑条，谕琉球国贡使："朕抚定中原，视天下为一家，念尔琉球自古以来世世臣事中国，遣使朝贡，业有往例。"
《清世祖实录》卷一五，顺治二年四月丁卯。
[3]《（康熙）大清会典》卷一四四，《理藩院三·柔远清吏司》，《近代中国史料丛刊三编》第73辑。
[4]《（嘉庆）大清会典》卷四九，《理藩院》，《近代中国史料丛刊三编》第64辑。
[5]《（嘉庆）大清会典事例》卷七四七，《理藩院·朝觐》，《近代中国史料丛刊三编》第70辑。
[6]《（乾隆）大清一统志》卷四〇四，《四部丛刊》续编，上海书店，1984。
[7]《（康熙）大清会典》卷一四二，《理藩院一》。
[8]同上。
[9]《（乾隆）大清会典》卷七九，《理藩院·旗籍清吏司》，《文渊阁四库全书》第619册，台北商务印书馆，1986。
[10]《（康熙）大清会典》卷一四四，《理藩院三·柔远清吏司》。

率先归附,咸奉其土地人民,比于内臣。"[1]从清朝文献,特别是清初文献考察,漠南蒙古不过借用了传统"外藩"说法,其实质却与内地各省并无不同;岂止并无不同,其与清廷关系的紧密程度还要超过内地各行省,"视内八旗无异""比于内臣"之类亲切提法就足资证明。满洲统治者毕竟与怀有"华夷之辨"偏见的汉族统治者不同,而与蒙藏民族有着天然的亲和力,历史上他们对汉族中原王朝统治者民族歧视民族压迫感同身受,息息相通,因此清朝皇帝一旦为中国之主,很容易视蒙藏民族为盟友,而蒙藏民族因气类相近的满洲做了"中国"皇帝,因此常取不自外于"中华大皇帝"的态度。这在下面还要加以阐述。但对待蒙藏民族上层汗王活佛的规格又取决于他们对清朝皇帝的政治态度,漠南蒙古在满洲创业时"率先归附",所以受到格外珍视。关于漠南蒙古的地位,还要特别重视清初文献"悉隶版籍"的提法,及体现"悉隶版图"诸标志,即有关漠南蒙古各部朝集、贡献、宴赉、编户、比丁、刑罚事宜由理藩院主客清吏司等衙门管辖的管理体制,这里应特别指出体现国家治权的编户、比丁、刑罚几个最重要方面,以及直接由与六部平行的理藩院管辖的隶属关系。与传统汉族王朝对待所谓化外蛮荒"夷狄"地位的体认及由此决定的"羁縻"式粗放型管理体制比较,清初皇帝对漠南蒙古的态度、政策和管理体制具有突破汉族中原王朝固有框架的开创性历史意义,对中国多民族国家发展与巩固的意义不可低估。在清朝皇帝看来,漠南蒙古是率先经过整合纳入"中国"版图的边外民族,这一从开国时期逐渐摸索积累的经验具有典型示范意义。此后百年间,昔日边外其他蒙藏民族情况虽殊,但大都按照漠南蒙古模式陆续纳入大清国版图。

东北地区是满洲发祥地,八旗入关后,仍是陪都所在,白山黑水的崇山峻岭、江河湖泊之间还生活着满族及其兄弟民族,那里的土地和人民理所当然是在清朝皇帝治下的版图之内。康熙二十八年(1689)中国与俄国签订划定中俄边界东段的《尼布楚条约》并立碑于界,以记两国边界走向,《清圣祖实录》这样记载此重大事件:"碑曰:大清国遣大臣与鄂罗斯国议定边界之碑。一、将由北流入黑龙江之绰尔纳即乌伦穆河相近格尔必齐河为界,循此河上流不毛之地,有石大兴安以至于海。凡

---

[1] 《(乾隆)大清会典》卷七九,《理藩院·旗籍清吏司》。

山南一带，流入黑龙江之溪河，尽属中国。山北一带之溪河，尽属鄂罗斯。一、将流入黑龙江之额尔古纳河为界。河之南岸，属于中国。河之北岸，属于鄂罗斯，其南岸之眉勒尔客河口所有鄂罗斯房舍迁移北岸……不以小故沮坏大事。仍与中国和好，毋起争端。一、从前一切旧事不议外，中国所有鄂罗斯之人，鄂罗斯所有中国之人，仍留不必遣还。"[1] 条约中凡与俄国对称，一律用中国。这足以证明广袤的东北地区早在清开国时期已纳入大清版图，随着清朝皇帝入关为"中国"之主，那里的土地和人民自然为"中国"的土地和人民。

需要进一步探讨的还有清初皇帝使用"天下"一词的含义。昔日努尔哈赤对明国万历皇帝讲"天降大国之君，以为天下共主"，如今明清鼎革，乾坤翻转，作为天命所归的"大清国皇帝"已承继明朝皇帝为"大国之君"，理所当然是"天下共主"。在中国传统观念中，"天下"一词，空间含义甚为深广，康熙说："地理上应天文，宋儒云：天下之大，不可执中国地方推算。其言甚精而有理。"[2] 康熙中，喀尔喀内乱，哲布尊丹巴、土谢图汗归附清朝并为康熙所接纳，准噶尔为此责问清朝使臣理藩院尚书阿喇尼，阿喇尼答称："我皇上为统驭天下中国之主，此一二人之命，有不思生全之者乎？"[3] 这里的"天下"是相对"中国"而言，指环绕"中国"的第一重空间（"天下"的第二重空间，下一节展开论述），那里居住着与"中国"同根，但尚未"向化"的"四夷"，当时主要指"中国"周边喀尔喀、厄鲁特、青海蒙古和西藏等尚未纳入大清版图的边远地区。康雍乾时期完成国家大一统的伟业，具体来说，就是将"天下"第一重空间纳入"中国"版图，使居住在那里的民族"中国"化。

先来考察这些地区与清朝关系的实际状况。

定鼎燕京前，喀尔喀三部、厄鲁特与清朝已通使问好，[4] 故入关后称其为"旧好之国"[5]。但如康熙日后所言"昔太宗文皇帝，以次收定

---

[1]《清圣祖实录》卷一四三，康熙二十八年十二月丙子。
[2]《清圣祖实录》卷一六七，康熙五十五年三月乙巳。
[3]《清圣祖实录》卷一四二，康熙二十八年十月。
[4]《清太宗实录》卷二七，天聪十年二月丁丑条："以阿禄喀尔喀部落初遣使来朝，赐硕雷。"
[5]《清世祖实录》卷四六，顺治六年十月壬辰。

清朝皇帝的中国观　　487

四十九旗蒙古，后欲全收北边喀尔喀，未及行而太宗文皇帝宾天"[1]。可见喀尔喀、厄鲁特与漠南蒙古四十九旗不同，清开国时并未纳入清朝国家版图。明清鼎革，入关伊始，天下大势未定，不可想象蒙古大国喀尔喀、厄鲁特会立即向自称"统驭天下中国之主"的清朝皇帝三跪九叩，俯首称臣，还要经过一段漫长的历史过程，喀尔喀至康熙中内附，厄鲁特则至乾隆二十年代，胜负才见分晓。这中间喀尔喀、厄鲁特与清朝或战或和，清朝称其为"部落""国""尔国"[2]或"本朝职贡之国"[3]，其来"进贡"者称为"使臣"。但清初皇帝作为"统驭天下中国之主"，居高临下，对喀尔喀、厄鲁特等行文称"敕"，喀尔喀、厄鲁特来书则称"表"，仿照中原王朝的传统做法，对其"酌封名号，给之册印"[4]，顺治谕旨甚至对喀尔喀部落土谢图汗、车臣汗等曰："朕为天下主，尔乃弹丸小国之长。"[5]在形式上，喀尔喀对清朝还有所谓"九白年贡"，清朝则回报以丰厚赏赐。[6]对清朝来说，这一切关乎国家体统尊严，不过，见于清官书记载的"朝贡""上表""册封"之类很可能是一厢情愿。实际上喀尔喀、厄鲁特追求甚至坚持与清朝地位平等，顺治中，曾为清朝使臣觐见喀尔喀汗礼仪争执不下，停止遣使。[7]康熙荡平三藩后特派大臣往喀尔喀、厄鲁特宣谕并大加赏赉，使臣奇塔特等请示"敕书赏物，臣等作何交授"，康熙说"伊等向行之例，俱用蒙古礼。今若凡事指授而去，或致相岐，行事反多滞碍。厄鲁特、喀尔喀依彼蒙古之例，大加尊敬，则已。"[8]可见康熙并不拘泥晋见蒙古汗王礼仪的形式，而从两国关系现状出发，指示使臣入乡随俗，便宜行事，行"蒙古礼"亦无

---

[1]《清圣祖实录》卷一四二，康熙二十八年九月戊戌。
[2]《清世祖实录》卷九一，顺治十二年五月壬寅。
[3]《清圣祖实录》卷一三一，康熙二十六年九月庚子。
[4]《清世祖实录》卷七一，顺治十年正月戊子。
[5]《清世祖实录》卷七〇，顺治九年十一月甲申。
[6] 顺治十二年初定例：喀尔喀部落土谢图汗、车臣汗等八札萨克，每年进贡白驼各一、白马各八，谓之九白年贡。清朝赏每札萨克银茶筒各一，重三十两，银盆各一，缎各三十，青布各七十。以答之。据《清世祖实录》卷九五，顺治十二年十一月辛丑。
[7]《清世祖实录》卷七〇，顺治九年十一月甲申条："谕喀尔喀部落土谢图汗、车臣汗、伊思丹津喇嘛等曰：朕曾遣使至尔处，迟至两月余，乃先令拜塔而后见尔等。"
[8]《清圣祖实录》卷一〇三，康熙二十一年七月乙卯。

不可。清初与喀尔喀时有战事，双方文书来往，不免恶语相加。喀尔喀部落札萨克图汗称满洲为"红缨蒙古"[1]，顺治立刻反驳说："我朝原系红缨满洲，所称蒙古为谁？"又针对来书"不名，又'尔我'相称"，质问"意欲与我敌体乎？"[2]剑拔弩张，俨然处于敌对状态，以故喀尔喀内附之际，清廷大臣还说"喀尔喀素称不驯""汗等恃其部族人民数十万众，未尝躬修臣节。"[3]在这种长期紧张对峙的情况下，同为蒙古但被视为"属下蒙古"[4]的"四十九旗"与喀尔喀、厄鲁特"分疆别界"[5]。界址称"边汛""汛界"[6]。喀尔喀与清朝的关系至康熙中发生了决定性的变化。

康熙二十年代中期以后，准噶尔博硕克图汗噶尔丹大举东进，喀尔喀三部分崩离析，部众溃散。康熙毅然决策，接纳归附喀尔喀汗王及其离散部众，并借此天赐良机，派出漠南蒙古各旗贤能都统、副都统，由蒙古王等带队，将喀尔喀"俱照四十九旗编为旗队"，"以来年草青时为期，指示汛禁，如四十九旗一例施行"[7]。康熙三十年（1691）多伦会盟，命"喀尔喀七旗与四十九旗同列"，喀尔喀王贝勒贝子公等放弃"蒙古礼"，对康熙皇帝"三拜九叩"[8]，表示臣服。喀尔喀既与四十九旗同列，理藩院遂题请照四十九旗例给与印信，将土谢图汗、车臣汗、亲王策妄扎卜三部落分为三路：土谢图汗为北路喀尔喀，车臣汗为东路喀尔喀，亲王策妄扎卜为西路喀尔喀。[9]喀尔喀正式纳入国家版图，并被康熙倚为比历史上长城还要坚固的"长城"，但不是为防御中国多民族大家庭内北方民族的，而是"防备朔方"[10]。

从清朝文献考察，漠北喀尔喀蒙古各部落的名称、统属和定位在康

---

[1]《清世祖实录》卷三一，顺治四年四月丙子。
[2]《清世祖实录》卷三二，顺治四年五月乙巳。
[3]《清圣祖实录》卷一五一，康熙三十年五月壬子。
[4]《清圣祖实录》卷一五七，康熙三十一年十一月丁卯。
[5]《清世祖实录》卷一〇三，顺治十三年八月壬辰。
[6]《清圣祖实录》卷一三六，康熙二十七年七月壬申；卷一四六，康熙二十九年六月辛巳。
[7]《清圣祖实录》卷一四二，康熙二十八年十月辛未。
[8]《清圣祖实录》卷一五一，康熙三十年五月丁亥。
[9]《清圣祖实录》卷一五五，康熙三十一年五月癸酉。
[10]《清圣祖实录》卷一五一，康熙三十年五月壬辰。

雍之际发生了显著的变化。康熙《会典》中喀尔喀蒙古列于《理藩院三·柔远清吏司》条目之下，记其"以时朝贡，奉职惟谨"，"国家以羁縻之意，溥怀柔之仁"，地位"视四十九旗又为外矣"[1]。具体的区别是这样表述的："凡蒙古部落之率先归附者，悉隶版籍，视犹一体；及后至者弥众，皆倾国举部乐输厥诚，既地广人繁矣，乃令各守其地，朝岁时奉职贡焉。"[2] 康熙《会典》记载止于康熙二十五年，其时喀尔喀尚未"内属"，如此记载，无疑忠实于当时清朝与喀尔喀蒙古关系的事实。雍正《会典·理藩院》列有多处喀尔喀"内属""编旗分佐领"并与内蒙古四十九旗"一例"的记载，但缺少对其地位变化的总的概括。原因似乎是，喀尔喀各部落自康熙二十九年（1690）乌兰布通之战及翌年多伦会盟开始，编旗设佐、封爵给俸、会盟朝集、贡献赏赉、年班围班、刑罚边务等一应制度性建设不可能一蹴而就，势必经历一段随时随事立法和事例积累梳理的摸索过程，喀尔喀新的定位才会逐渐明晰起来。喀尔喀的"内属"地位，犹如漠南蒙古从关外时代到康熙中才固定下来视同"内八旗"一样，也经历了漫长的岁月，到乾隆年间续修《会典》时，历史尘埃落定，才自然得出"与漠南诸部落等"的喀尔喀四部八十二旗，"咸入版图"[3]的结论。其疆理"东至黑龙江界，西至阿尔泰山与准噶尔接界，南至内札萨克界，北至俄罗斯界"[4]。其后嘉庆、光绪《会典》，喀尔喀或称"外蒙古喀尔喀"，或称"外札萨克"，均列于"理藩院"条目之下，以示其统属关系；而在乾隆、嘉庆《一统志》中则与漠南蒙古同列于内地各省统部之次的《新旧蒙古统部》[5]或《蒙古统部》[6]，以示与内地各行省无异。

准噶尔（厄鲁特）与清朝时战时和的对峙状态在喀尔喀内属后又持续了半个多世纪。经过康雍乾这三位清代历史上最有作为的皇帝的持续

---

[1]《（康熙）大清会典》卷一四四，《理藩院三·柔远清吏司》。
[2]《（康熙）大清会典》卷一四二，《理藩院一》。
[3]《（乾隆）大清会典》卷八〇，《理藩院·典属清吏司》。
[4]《（乾隆）大清会典则例》卷一四二，《理藩院·典属清吏司》，《文渊阁四库全书》第620册，台北商务印书馆，1986。
[5]《（乾隆）大清一统志》卷四〇四。
[6]《（嘉庆）大清一统志》卷五三四。

奋斗，终于在乾隆二十年代最终实现了太祖、太宗的政治理想。

从《会典》和《一统志》的记载看，在喀尔喀之后厄鲁特蒙古（及其所属的回部）所在的整个西域新疆地区纳入国家版图、视同内地郡县的过程，似乎要曲折得多。据康熙《会典》记载，厄鲁特"以时朝贡，奉职惟谨"，地位"视四十九旗又为外矣"[1]。至雍正《会典》，厄鲁特仍"视四十九旗为外"[2]。对与清朝长期处于时战时和对峙状态的准噶尔即厄鲁特蒙古来说，上述定位符合历史事实。乾隆十二年（1747）开始纂修、二十九年（1764）成书的《会典》和《会典则例》，记事止于二十三年（1758），其时平定准噶尔战争刚刚结束，《会典》等没有也不可能立刻反映准噶尔地位的变化。成书于乾隆八年（1743）的《大清一统志》缺载还可以理解，但"天威震叠，开拓西域地二万余里"的空前伟业竟在号称一代巨典的《会典》付诸阙如，这不能不使乾隆和他的大臣们深感遗憾。乾隆二十九年（1764）十一月御史曹学闵以"近年来，平定准噶尔及回部，拓地二万余里，实为振古未有之丰功"，奏请将西域新疆增入《一统志》。军机大臣奉旨议覆，该御史所奏自属可行。乾隆谕示："西域新疆，拓地二万余里。除新设安西一府及哈密、巴里坤、乌噜木齐，设有道、府、州、县、提督、总兵等官，应即附入甘肃省内。其伊犁、叶尔羌、和阗等处，现有总管将军及办事大臣驻扎者，亦与内地无殊。应将西域新疆另纂在甘肃之后。"[3]于是有《一统志》续修之举，与《一统志》同时重修的《会典》等也恪遵上述"与内地无殊"旨谕，对西域新疆部分（包括准噶尔和原准噶尔所属的回部）重新定位。重修的乾隆《会典》，实际上只重修了《理藩院》，其内容亦止于二十七年（1762）。该书《理藩院·典属清吏司》《理藩院·柔远清吏司》条下记"准噶尔之地咸入版图，其封爵、会盟、屯防、游牧诸政，事厥有专司"，"画疆置吏，有如郡县"，昔日强盛一时的厄鲁特各部落已风流云散，《会典》及《则例》只记录了新疆与新疆以外地区的厄鲁特余部的名称——贺兰山

---

[1]《（康熙）大清会典》卷一四四，《理藩院三·柔远清吏司》。
[2]《（雍正）大清会典》卷二二二，《理藩院·柔远清吏司》。《近代中国史料丛刊三编》第79辑。
[3]《清高宗实录》卷七二二，乾隆二十九年十一月戊申，中华书局，1986。

厄鲁特、乌兰乌苏厄鲁特、推河厄鲁特、额济内土尔古特、都尔伯特[1]及其牧地四至[2]。而作为平准战争的延续，平定回部大小和卓木叛乱的胜利，使天山南麓维吾尔族人民聚居的南疆各城，也相继纳入大清版图。乾隆《会典》记载"天戈所指，臣服弥遐，拓西域版图数万里而遥。今自嘉峪关以外，旧部若哈密、若辟展、吐鲁番，新疆若哈拉沙拉、若库车、若沙雅尔、若赛里木、若拜、若阿克苏、若乌什、若喀什噶尔、若叶尔羌、若和田，棋布星罗，同属内地"[3]。昔日准噶尔所踞西域新疆地区，遵照乾隆皇帝谕示，新设的安西州、镇西府、迪化州，皆归陕甘总督管辖，故《大清一统志》列在"甘肃统部"之后；至伊犁东西路库尔卡乌素、塔尔巴哈台，回部自哈密、辟展至哈喇沙尔、库车、塞喇木、拜、阿克苏、乌什、喀什噶尔、叶尔羌、和田，则创建"西域新疆统部"，"次于直省之后"[4]。嘉庆《一统志》如之。通过及时续修的《大清一统志》，使大一统的中国西北疆域版图得到了权威的确认。

附带谈一点，喀尔喀、厄鲁特等虽曾以"国"自称，甚至与承继中华正统的大清国分庭抗礼，以至兵戎相见，甚或有取代清朝为中华大皇帝之念，但他们与清开国时期欲取代明国的努尔哈赤、皇太极一样，从来不自外于"中国"，原因何在？除了清朝士马强盛和怀柔政策的成功外，经济联系的纽带、对中华文化认同的历史传统，特别是藏传佛教这一独特的精神纽带的作用，不可低估。当喀尔喀离散彷徨之际，哲布尊丹巴呼图克图以"俄罗斯素不奉佛，俗尚不同我辈，异言异服，殊非久安之计。莫若全部内徙，投诚大皇帝，可邀万年之福"[5]一言而决，全部遂归附清朝；准噶尔博硕克图汗噶尔丹向康熙一再表白"中华与我一道同轨"[6]"我并无自外于中华皇帝、达赖喇嘛礼法之意"[7]；雍正时准噶尔汗策妄阿喇布坦向清朝使臣坦陈："皇帝者，乃一统砸木布提布之

---

[1] 《(乾隆)大清会典》卷八〇，《理藩院·典属清吏司》。
[2] 《(乾隆)大清会典则例》卷一四二，《理藩院·典属清吏司》。
[3] 《(乾隆)大清会典》卷八〇，《理藩院·徕远清吏司》。
[4] 参见《(乾隆)大清一统志·凡例》；卷四一四至四一九，《西域新疆统部》。
[5] 张穆《蒙古游牧记》卷七，《清代蒙古史料合辑》(二)，全国图书馆文献缩微复制中心。
[6] 《清圣祖实录》卷一四六，康熙二十九年六月甲申。
[7] 《清圣祖实录》卷一三七，康熙二十七年十一月甲申。

大皇帝，经教划一，日后必令我得以安逸，而西梵汗、俄罗斯察罕汗虽为较大之员，但皆属于异教，无用之人。"[1]又称"无喇嘛佛法，何以为生？"[2]蒙古僧俗人士也相信"中华皇帝，乃活佛也"[3]。无视准噶尔与清朝治下中国历史的、文化的、经济的、宗教的不可分割的事实，夸大其独立于中国倾向的观点，是缺乏根据的。中国大一统实现以后，土尔扈特以"大圣皇帝（乾隆）甚为仁慈，广兴黄教"，决策回归祖国，进一步证实藏传佛教精神纽带的作用。[4]当然所有这一切，与自努尔哈赤、皇太极以来，一贯有意识地坚持奉行尊崇黄教的政策关系极大，诚如康熙所言："达赖喇嘛深知朕护持宗喀巴之法。"[5]

与喀尔喀归附清朝同时，环青海湖而居住的青海蒙古也大体循着"漠南蒙古模式"纳入大清版图。[6]西藏则在康熙末乘大败准噶尔军威，进军安藏，废除和硕特蒙古藏王制。乾隆《会典》记曰："（康熙）六十年，封康挤鼐、阿尔布巴为贝子，隆布鼐为公，总理其地。"乾隆十五年（1750）平定西藏郡王珠尔默特纳穆扎尔叛乱，随即设噶卜伦等官员"分辖藏务，受驻藏大臣及达赖喇嘛管辖"，治藏体制初步确定下来。[7]西藏之地，分卫藏、喀木、阿里，辖六十余城，"东至四川边境，西至大沙海，南至云南边境，北至青海"。[8]在乾隆《一统志》中，西藏与内蒙古、察哈尔、喀尔喀、青海、西套厄鲁特等同列"新旧蒙古统部"[9]，在嘉庆

---

[1] 中国第一历史档案馆编《雍正朝满文朱批奏折全译》上册，第1010页。
[2] 《雍正朝满文朱批奏折全译》上册，第6页。
[3] 《清圣祖实录》卷一八一，康熙三十六年三月庚辰。康熙中哲布尊丹巴呼图克图觐见康熙时说："蒙圣主大沛洪恩，特加拯救，是即臣等得遇活佛也。"《清圣祖实录》卷一五一，康熙三十年五月丁亥。
[4] 据《满文土尔扈特档案译编》，土尔扈特渥巴锡汗与策伯克多尔济、舍楞等密议，以"大国（中国）富强"，"大圣皇帝（乾隆）甚为仁慈，广兴黄教"，决策脱出俄罗斯回归祖国。见该书第111页，民族出版社，1988。
[5] 《清圣祖实录》卷一五七，康熙三十一年十一月丁卯。
[6] 参见《（乾隆）大清会典则例》卷一四二，《理藩院·典属清吏司》；乾隆《大清会典》卷八〇，《理藩院·典属清吏司》；乾隆《大清一统志》卷四一〇至四一三；嘉庆《大清一统志》卷五三四至五四九。
[7] 《（乾隆）大清会典则例》卷一四二，《理藩院·典属清吏司》。
[8] 《（乾隆）大清会典》卷八〇，《理藩院·典属清吏司》。
[9] 《（乾隆）大清一统志》卷四一〇至四一三。

《一统志》中，则与内蒙古、喀尔喀、阿拉善厄鲁特、青海厄鲁特、归化城土默特、牧场、察哈尔同列"蒙古统部"。〔1〕

上述中国版图逐步拓展的历史过程，乾隆《会典》作了如下概述：

> 国初蒙古北部喀尔喀三汗同时纳贡，厥后朔漠荡平，庇我宇下，与漠南诸部落等。承平以来，怀柔益远，北逾瀚海，西绝羌荒，青海厄鲁特、西藏、准噶尔之地咸入版图。其封爵、会盟、屯防、游牧诸政，事厥有专司。〔2〕

清代大一统的显著特点是国家控驭版图之内边远地区能力切实得到加强，这对中国统一多民族国家形成和巩固的意义巨大而深远。正如雍正所言："自我朝入主中土，君临天下，并蒙古极边诸部落俱归版图，是中国之疆土，开拓广远，乃中国臣民之大幸。"〔3〕到这时可以说，传统"中国"概念的外延已拓展到了"天下"的第一重空间——古代"四夷"居住的地域，昔日边远蛮荒之地，一律"画疆置吏，有如郡县"〔4〕，用人行政，与内地行省无殊。清朝皇帝对中国的认识，从《会典》和《一统志》等最权威官书来看，乾隆中期以后的中国已不是古代黄河中下游的华夏地区，也不是中原汉族地区的狭义的"中国"，在其明确的疆界内，既有汉族中原内地各行省，更包括广袤无垠的边远地区。狭义"中国"一词作为历史遗存虽然偶尔还挂在清朝皇帝的嘴边，但对外国人而言，中国开始成为大一统国家的专有名称，与大清国、天朝、朝廷等的含义完全叠合在一起，〔5〕只是用于不同场合，不复有任何区别。在大一统中国版图上生活繁衍的汉族、满族、蒙古族、藏族、维吾尔族、回族等数十个民族、部族，以前所未有的势头凝聚在一起，对大一统中国的国家认同同样以前所未有的势头蕴蓄着，强化着。

---

〔1〕《（嘉庆）大清一统志》卷五三四至五四九。
〔2〕《（乾隆）大清会典》卷八〇，《理藩院·典属清吏司》。
〔3〕《清世宗实录》卷八六，雍正七年九月癸未。
〔4〕《（乾隆）大清会典》卷八〇，《理藩院·柔远清吏司》。
〔5〕《清高宗实录》卷七八四，乾隆三十二年五月庚午，谕旨称："对远人颂述朝廷，或称天朝，或称中国，乃一定之理。"

下面需要进一步探讨清朝皇帝"天下"一词含义的第二重空间,这关系到统一大业完成之后,他们所理解的中国疆界的最终界限;或者说,清朝皇帝使用中国一词的外延所在。

清朝皇帝对中国疆界的认识和自我约束

清太宗皇太极曾向喀尔喀汗王宣称:"昔辽金元三国之主,当征战时,西伐厄讷忒黑,东抵朝鲜,北及黑龙江,南至于海。朕今日正与相等也。"一百二十年后的乾隆中期,其子孙们已经完成了他的未竟之业,这时,皇太极的后继者乾隆是否会就此止步,在乾隆心目中,这"无远弗届"有没有最后的界限呢?

乾隆二十二年(1757)春夏间,投诚复叛的准噶尔辉特部首领阿睦尔撒纳在清军追击下遁往哈萨克,清军遂深入哈萨克逐捕,哈萨克兵迎战不敌,哈萨克汗阿布赍及其弟阿布勒比斯遣使至军营,"问安请罪",右部哈萨克阿布赍汗"情愿以哈萨克全部归顺,永为大皇帝臣仆,随具托忒字《表文》并进马四匹,遣使亨集噶尔等七人入觐"。事闻,乾隆大喜过望,认为准噶尔全局奏功在望,就此宣谕国中曰:"哈萨克即大宛也,自古不通中国。昔汉武帝穷极兵力,仅得其马以归,史册所载,便为宣威绝域。今乃率其全部倾心内属,此皆上苍之福佑,列祖之鸿庥,以成我大清中外一统之盛,非人力所能与也。"[1]对收纳逋逃、对抗入境清军而战败的哈萨克,借国家全盛兵威,一举将其纳入中国版图,易如探囊取物,更何况阿布赍汗"情愿以哈萨克全部归顺,永为大皇帝臣仆";但乾隆认为,哈萨克与内属的喀尔喀与厄鲁特背景不同,无须也不应纳入中国版图,而宜以外藩属国相待。他的思路在上述明发谕旨中表述得十分清晰:

---

[1] 参见《清高宗实录》卷五四三,乾隆二十二年七月丙午;《平定准噶尔方略》正编,卷四一,《文渊阁四库全书》第358册,台北商务印书馆,1986。

> 哈萨克越在万里之外，荒远寥廓，今未尝遣使招徕，乃称臣奉书，贡献马匹，自出所愿，所谓归斯受之，不过羁縻服属，如安南、琉球、暹罗诸国，俾通天朝声教而已，并非欲郡县其地，张官置吏，亦非如喀尔喀之分旗编设佐领。即准噶尔初归时，不过欲分为四卫拉特，令自为理，哈萨克自非准噶尔近接西陲之比也。[1]

乾隆对哈萨克的政策是经过深思熟虑的，是前后一贯的。两年前，当西北两路出师准噶尔，就已确定政策的大致方向："大功告成后，若哈萨克人等投诚前来，将伊大头目酌量赴京入觐，赏给官爵，其所属之人，仍于原游牧安插，不必迁移；倘竟不归诚，亦不必用兵攻取。"[2]简言之，归顺固当受之，否则，亦悉听其便。当清军深入哈萨克并取得对哈萨克军决定性胜利之后，情况比预计的顺利得多，但乾隆没有滋长吞并哈萨克、对外征服扩张的念头，仍循着原有的政策思路，比照"安南、琉球、暹罗诸国"，将哈萨克做"藩属国"对待，"不过羁縻服属""俾通天朝声教而已"。随后，循照右部哈萨克"照旧安居，不易服色，不授官爵，不责贡赋"[3]之例，陆续归附清朝的左部哈萨克、东西布鲁特、巴达克山、爱乌罕等也成为清朝的"外藩属国"。[4]乾隆二十八年（1763），乾隆赐书爱乌罕爱哈默特沙汗称"朕为天下共主，中外一视"[5]，这里"中"即大一统中国，"外"则是包括藩属国在内的一切外国，也就是作为"天下共主"的清朝皇帝心目中"天下"的第二重空间，此前雍正对西藏边外的巴尔布三汗称"朕为天下主，一视同仁"[6]与此后嘉庆针对英吉利使臣不行中国之礼说"中国为天下共主"[7]，都是同一概念。第二重空间的国家中，大部分系中国周边国家，也有部分海外之国，清朝皇帝经常将那

---

[1]《清高宗实录》卷五四三，乾隆二十二年七月丙午。
[2]《清高宗实录》卷四八三，乾隆二十年二月癸酉。
[3]《清高宗实录》卷五五五，乾隆二十三年正月丙辰。
[4]《清高宗实录》卷七二二，乾隆二十九年十一月戊申。
[5]《清高宗实录》卷六七八，乾隆二十八年正月己巳。
[6]《清世宗实录》卷一二二，雍正十年八月庚午。
[7]《清仁宗实录》卷三二〇，嘉庆二十一年七月乙卯。中华书局，1986。

里来中国的人称为"远人"[1]。如果说，第一重空间随着大一统逐步推进而陆续由"天下"转化为中国的一部分，那么，清朝皇帝把第二重空间视为外国的观念则是始终如一的。这里涉及清朝皇帝心目中中国边界的最终界限，故下面稍加展开分析。

康熙中成书的《会典》在"朝贡通例"下对当时"中国"四周形势作了这样表述："国家一统之盛，超迈千古，东西朔南，称藩服者，不可胜数。"按"藩服"既包括理藩院所统"岁时必有至阙下"贡献的"率先归附""悉隶版图"的漠南蒙古四十九旗和"岁时奉职贡"的"蒙古部落"（喇嘛、喀尔喀和厄鲁特）以及兵部所统"各番土司"，也包括"礼部·主客清吏司"所统的朝贡"外国"——朝鲜国、琉球国、荷兰国、安南国、暹罗国、西洋国，以及土鲁番等国。[2]看起来"藩服"一词似乎宽泛而模糊，其实，细加审视，层次还是分明的：最里层是已隶版图"犹视一体"的四十九旗，往外一层是称"国"称"部""各守其地"的喇嘛、厄鲁特、喀尔喀，最外层是朝贡的"外国"（当然"外国"的内涵并不十分清晰）。与"外国"区别的喀尔喀、厄鲁特等，同四十九旗虽与清廷有远近之分，但同属"蒙古部落"，且"专设理藩院以统之"，而朝鲜国等"外国"事务则由"礼部"管辖，这足以证明清朝皇帝并未将尚未纳入版图的喀尔喀、厄鲁特等以"外国"视之。质言之，清初皇帝心目中中国与外国的界限是判然分明的。乾隆中喀尔喀、青海蒙古、西藏、厄鲁特、回部已陆续纳入国家版图，并取得与漠南蒙古等同、有如内地郡县的地位，中国概念的内涵和外延随着版图的确定和国家对边疆地区的有效管辖而最后确定下来。乾隆《会典》关于外国的表述，在"礼部·主客清吏司·朝贡"条下记"朝鲜、琉球、苏禄、安南、暹罗、西洋、缅甸、南掌"为"四夷朝贡之国"。乾隆中同为"外藩属国"的"西北番夷"[3]"哈萨克左右部、布鲁特东西部、安集延、玛尔噶朗、霍罕、那木干四城、塔什罕、拔达克山、博罗尔、爱乌罕、奇齐玉斯、乌尔根

---

[1]《清高宗实录》卷一四三五，乾隆五十八年八月己卯。
[2]参见《（康熙）大清会典》卷七二，《礼部·主客清吏司》；卷七四，《礼部·给赐》；卷八五，《兵部五》；卷一四二，《理藩院一》；卷一四四，《理藩院三·柔远清吏司》相关记载。
[3]《（乾隆）大清会典》卷五六，《礼部·主客清吏司·朝贡》。

齐诸部落"，以其地缘关系附在奉旨增修的《理藩院·徕远清吏司》诸回城之后，文字的表述颇费斟酌，说嘉峪关以外诸回城"棋布星罗，同属内地"，说哈萨克、布鲁特等部则"列我藩服"[1]。"藩服"概念的内涵随着中国一词外延的扩大而逐步缩小，最后只留下了周边或海外"朝贡之国"；"中外"的使用，也由大中国框架下"华夷"，即"中国"与"四夷"对称，转化为大一统中国与外国的对称；"四夷"的称谓还保留下来，专门戴在了所有外国的头上；所谓"天子有道，守在四夷"，清朝皇帝把屏卫中国安全的"藩篱"已经推进到了中外边界之外，视毗邻的周边国家为"藩属"了。

正是在这一背景下，出现了对中外边界如何认定的问题。最早是与"从古未通中国"[2]而由于迅速向东方扩张开始进入中国领土的俄罗斯划定中俄东段边界。乾隆朝中期，随着平准大业的完成，"自古不通中国"的哈萨克等原与准噶尔毗邻的中亚各国陆续成为中国藩属国，这些国家与中国边界划分的原则是什么？请看乾隆的有关谕旨。乾隆二十二年（1757）诫谕哈萨克阿布赉汗："当知准噶尔全部悉我疆域，宜谨守本境，勿阑入侵扰；厄鲁特等或间有率游牧窜入尔境者，尔缚献首恶，收其属人，尚属可行。"[3]乾隆二十五年（1760）秋，又敕谕阿布赉汗，"戒其约束部众，勿侵入乌梁海，即如当年与准噶尔接壤时既有旧地向为准噶尔所取者，亦不得越境游牧。"[4]乾隆二十三年（1758）初冬，布鲁特入觐使臣恳请将特穆尔图诺尔赏给布鲁特，乾隆谕以"此地虽尔等旧游牧，久被准噶尔所侵，岂可仍视为尔土？但尔等既为臣仆，此地颇属宽闲，或附近游牧之处，酌量赏给，以裨生计，尚属可行"[5]。从中可以看出，乾隆确认并认真践行自守的中国疆界不是无限的，昔日准噶尔与毗邻中亚国家的边界，即为中国边界的最后的界限；另一方面，也要求对方国家约束部众，不得侵入中国领土。乾隆关于中国边界的立场是坚定

---

[1]《（乾隆）大清会典》卷八〇。
[2]《清圣祖实录》卷一六〇，康熙三十二年十月丁酉。
[3]《清高宗实录》卷五四三，乾隆二十二年七月丙午。
[4]《平定准噶尔方略》续编，卷六，《文渊阁四库全书》第359册，台北商务印书馆，1986。
[5]《清高宗实录》卷五七二，乾隆二十三年十月丁巳。

的有原则的，也是合情合理的。

为什么准噶尔故地所至就是中国疆域的最后界限呢？因为清朝皇帝从来不把准噶尔等周边少数民族所建立的"国家"视为外国，准噶尔等周边少数民族也从来没有自外于"中华"。中国古代儒家"华夷之辨"的命题确有歧视"四夷"的糟粕，但正如唐人李大亮所言"中国百姓，天下本根；四夷之人，犹于枝叶"[1]，古代有识之士从来都认为"四夷"和"中国"是同根共生、连为一体的一棵大树。乾隆确认中国边界的原则，从渊源上说，既继承和发扬了其列祖列宗的家法，又具有深厚的中国历史文化内向性的古老传统，事实上也与自古以来中国就是多民族国家的历史相符合。清朝皇帝推进的国家大一统事业不过是重整故国河山，把理应属于中国的土地和人民纳入中国的版图；一旦大一统实现，一旦大军在特殊情况下越界推进到外国境内并完成既定目标后，则立即主动撤军回到自我约束的中国疆界之内，而专注于国家疆域内的巩固与各民族的凝聚。当中国强盛的岁月，康熙谆谆告诫他的后世子孙："外藩朝贡，虽属盛事，恐传至后世，未必不因此反生事端。总之，中国安宁，则外衅不作，故当以培养元气为根本要务耳。"[2] 这段话说得何其好也！不仅足以廓清指责清朝对外侵略扩张种种说法的谬误，对后世之人也可谓明鉴高悬，警钟长鸣。

"天下一统，华夷一家"

清开国时期，在与明朝进行军事较量的主战场之外，实际已揭开了关于"华夷之辨"和"夷狄"统治中国合法性思想交锋的序幕。迨明桂王被俘杀于昆明，特别是三藩之乱的平定，清朝凭借武力已确立了在汉族居住的中国内地的统治，但如何在思想理论上战胜大汉族主义歧视少数民族的"华夷之辨"命题，确立"夷狄"统治中国的合法性，则成为

---

[1]《旧唐书》卷六二，列传第十二，《李大亮传》，中华书局 1975。
[2]《清圣祖实录》卷一六○，康熙三十二年十月丁酉。

清朝皇帝面临的严峻挑战。在胜利地推进国家大一统伟业的同时，雍正和乾隆不失时机地对儒家思想体系的"华夷之辨"命题和正统论进行了意义深远的论战。

康熙亲政以后，在相当长的一段历史时期，对不与新朝合作"胜国遗民"采取了优容有加的怀柔政策，紧张的满汉民族矛盾得以舒缓。不料雍正六年（1728）竟发生了曾静策动岳钟琪反清案。这个突发案件证明，武力征服只能激化汉人的同仇敌忾，而怀柔政策也无法消弭根深蒂固的汉民族的敌对情绪。雍正不循帝王治术的常规，毅然决定利用曾静反清案与"华夷之辨"命题展开一次公开的正面交锋。

雍正的基本论点和论证逻辑是这样展开的：满洲是夷狄，无可讳言也无须讳言，但"夷"不过是地域（雍正用"方域"一词）的概念，孟子所讲"舜，东夷之人也；文王，西夷之人也"[1]即可为佐证，如此则"满汉名色，犹直省之各有籍贯，非中外之分别"[2]，吕留良、曾静之辈妄生此疆彼界之私，道理何在？[3]雍正也不一般地反对"华夷之辨"，他举出韩愈所言"中国而夷狄也，则夷狄之；夷狄而中国也，则中国之"[4]，由此证明华夷之分在于是否"向化"[5]，即是否认同并接受"中外一家"的共同的文化传统。[6]雍正进而理直气壮地说："我朝肇基东海之滨，统一诸国，君临天下，所承之统，尧舜以来中外一家之统也，所用之人，大小文武，中外一家之人也，所行之政，礼乐征伐，中外一家之政

---

[1]《清世宗实录》卷一三〇，雍正十一年四月己卯。《孟子》原文是："舜生于诸冯，迁于负夏，卒于鸣条，东夷之人也；文王生于岐周，卒于毕郢，西夷之人也。"（《孟子·离娄下》）

[2]《清世宗实录》卷一三〇，雍正十一年四月己卯。

[3]《清世宗实录》卷八六，雍正七年九月癸未。

[4]《清世宗实录》卷八六，雍正七年九月癸未。

[5] 雍正在《大义觉迷录》中说："自古中国一统之世，幅员不能广远，其中有不向化者，则斥之为夷狄。"

[6] 应该说这也不违华夏与夷狄的分野不在民族而以文化定位的先儒的本义，即以孟子而言，他以为东夷的舜和西夷的文王虽有先后远近之不同，然在中国推行之道则符合若节，是为先圣后圣（《孟子·离娄》），反之，杨朱与墨翟虽是华夏人种，但"杨氏为我，是无君也；墨氏兼爱，是无父也；无父无君，是禽兽也"（《孟子·滕文公》）。参见宋元人注《四书五经》上，第四种《孟子章句集注》，中国书店，1984。

也。"[1]"今逆贼（吕留良）等于天下一统、华夷一家之时而妄判中外，谬生忿戾，岂非逆天悖理、无父无君、蜂蚁不若之异类乎？"[2]雍正愤慨激昂，必欲将"华夷之辨"彻底颠覆不可，不得已也。

"内中国而外诸夏，内诸夏而外夷狄"中歧视周边少数民族的一面为历代儒者所发挥，对中国古代的民族观和国家观影响深刻。所谓"自古明王，化中国以信，驭夷狄以权，故《春秋》云'戎狄豺狼，不可厌也；诸夏亲昵，不可弃也'"，[3]主张对不脱豺狼本性的夷狄，要驭之以权诈。以夷狄未"向化"，不懂儒家伦理而加以蔑视和践踏，这是古代浸透着大汉族主义优越感的汉族士人士大夫对周边四夷的具有代表性的看法。明清易代，在明遗民看来，是"夷狄窃夺天位"，其严重性岂止一姓王朝的更迭，而是"中原陆沉"，"日月无光"，纲常名教荡然无存，整个社会沉沦于漫漫长夜。反抗清朝民族征服与民族压迫的正义性与"华夷之辨"的偏执与荒谬纠结在一起，于是吕留良借宣传"华夷之辨"高于"君臣之义"，暗中鼓动汉人起来推翻清朝统治。雍正为维护满族皇帝统治中国的合法性，势不能不挺身而起，挟专制统治的政治优势，向根深蒂固的"华夷之辨"展开论战。但雍正的论辩并未走向另一极端，通过辩论，他真诚地向汉族臣民表示了对"尧舜以来"文化传统的认同，有助于化解与汉族臣民的文化隔阂。

雍正顺应历史发展的潮流，高标"天下一统，华夷一家"堂堂正正之大旗以对抗挟儒家思想优势的"华夷之辨"命题，志在颠覆大汉族主义自我优越的民族观，争取夷狄与汉人平等的地位。雍正一生好辩且雄辩，而大概这一番辩论最令人激赏。

乾隆也辩华夷，但无非"东夷西戎，南蛮北狄，因地而名，与江南河北，山左关右何异？孟子云，舜为东夷之人，文王为西夷之人。此无可讳，亦不必讳"[4]之类乃父用熟之逻辑和语汇，只有针对汉人"未闻以夷狄居中国治天下者"[5]的偏见所讲的"夫天下者，天下人之天下也，非

---

[1]《清世宗实录》卷一三〇，雍正十一年四月己卯。
[2]《清世宗实录》卷八六，雍正七年九月癸未。
[3]《旧唐书》卷六二，《李大亮传》。
[4]《清高宗实录》卷一一六八，乾隆四十七年十一月庚子。
[5] 1367年明太祖朱元璋命将北伐，"檄谕齐鲁河洛燕蓟秦晋之人曰：'自古帝王临御天下，皆中国居内以制夷狄，夷狄居外以奉中国，未闻以夷狄居中国而治天下者也。'"《明太祖实录》卷二六，吴元年十月丙寅。

清朝皇帝的中国观　501

南北中外所得而私"[1]，词气犀利尖锐，最见论战的锋芒。

从乾隆三十三年（1768）开始，乾隆开始关注正统偏安、天命人心的问题，至乾隆五十年代，辨析正统的谕旨连篇累牍，核心在于清朝是否得中华统绪之正，实质则是夷狄是否有资格为中国之主。古代史家最讲书法，而正统之归属，则首先必须分辨明白。中国历史上王朝鼎革、正统改易，屡见诸史，而由夷狄完成这一进程则唯元与清两朝。清朝统治者族属满洲，究竟能否承继明之正统？传统史家以"尊王黜霸""所以立万世之纲常"的春秋大一统之义为依归，形成如下正统史观：周、秦、汉统绪相承，三国不以魏吴之强，夺汉统之正，东晋以后，宋齐梁陈虽江左偏安，而承晋之正统，至隋统一中国，至唐之末季，藩镇扰乱，宋以前仍以正统属之梁唐晋汉周，宋则承五代之正统。朱熹《通鉴纲目》关于正统偏安即作如是观。麻烦发生在五代两宋之际，其时辽、金、元相继兴起于北边，梁唐晋汉周及南宋之主或称臣称儿称侄称孙，中华正统究竟谁属？元明之际的杨维桢著《宋辽金正统辨》，大旨以元承宋统而排斥辽金。四库馆臣揣摩皇上意指，删去陶宗仪《辍耕录》所载杨维桢《正统辨》，在他们看来，女真为满洲先世，以清承辽、金、元正统，于理更顺。乾隆大不以为然，认为杨维桢"其论颇正"，理由是"辽金皆自起北方，本无所承统，非若宋元之相承递及，为中华之主也"。辽金元虽同样起自北方，虽同为"夷狄"一系，但辽金未能"奄有中原"，而元"为中华之主"。乾隆认为"主中华者为正统"，故以杨维桢为是。关于宋以后正统所属，乾隆的结论是"宋南渡后，偏处临安。其时辽金元相继起于北边，奄有河北，宋虽称侄于金，而其所承者，究仍北宋之正统，辽金不得攘而有之。至元世祖平宋，始有宋统当绝、我统当续之语"。明朝承元正统，清朝较之元朝则统绪更正。乾隆驳回四库馆臣的意见，强调对"中华"地位的尊重，他自诩为"执中之论"。[2]

正统本来是与偏安一词相对立而出现的，中国历史上只有多个国家

---

〔1〕《清高宗实录》卷一二二五，乾隆五十年二月辛丑。
〔2〕以上参见《清高宗实录》卷八〇二，乾隆三十三年正月己亥；卷一〇三四，乾隆四十二年六月丙午；卷一〇四二，乾隆四十二年十月己亥；卷一一四二，乾隆四十六年十月甲申；卷一一四三，乾隆四十六年十月乙酉；卷一一六八，乾隆四十七年十一月庚子；卷一二二五，乾隆五十年二月辛丑。

并立时，才格外讲究正统之辨。在清朝统治中国已逾百年，特别是大一统政治理想的实现，清朝的正统地位本无可置疑，乾隆为什么主动把这件事郑重地提出来加以讨论呢？表面上看是反驳四库馆臣以清承辽、金、元正统之说，实际上他要阐发的是"主中华者为正统"的观点。"中华"一词，清前中期诸皇帝一般都作为与"中国"同义词来使用，而细加揣摩，不用"中国"用"中华"，似乎更强调中原汉族国家的意味。乾隆比较元朝和清朝的正统地位时就说："元虽一统，而主中华者才八十年，其时汉人之为臣仆者，心意终未浃洽。我国家承天庥命，建极垂统，至于今，百四十年矣，汉人之为臣仆者，自其高曾逮将五世，性情无所不通，语言无所不晓。"[1]上文提到乾隆不同意辽、金为正统的理由也是未"奄有中原"[2]。如果说乾隆对古代史观的正统论有所矫正有所发展的话，应该是他继承雍正"天下一统，华夷一家"的思想，进一步提出了一个皇朝是否正统的新标准，这个新标准的核心在于不问其开国皇帝是否身为夷狄，只要"奄有中原"而主中华者即为正统。乾隆完成了融通传统史家正统理论体系的构建，从而确立清朝在中国历朝正统序列中的合法地位。

  清朝皇帝的中国观，是在对大汉族主义"华夷之辨"的民族观的理论批判中明晰起来并最终确立的。雍正的辨华夷，乾隆继之辨正统，主观上在于争身为夷狄的清朝皇帝统治中国的合法性，而在客观上，强调"中外一家"的逻辑延伸必然是昔日被视为近于禽兽的夷狄的少数民族具有与汉族完全平等的地位，必然是把生存繁衍在大清版图之下语言、文化、宗教、习俗不同的各民族各部落视为一个大家庭；必然是把中国看成既包括中原内地，又包括广阔的边疆地区的"中外一家"的大中国。这种理论勇气，中国历史上大概只有不分"中华""夷狄""朕独爱之如一"[3]的唐太宗可以与之前后相望，引为同调；而饶有趣味的是，雍正是纯正的夷狄，唐太宗的血管里也流淌着夷狄（鲜卑）的血液。从唐太宗到雍正皇帝，从反对"贵中华，贱夷狄"到倡言"中外一家"，中国和中

---

[1]《清高宗实录》卷一一五四，乾隆四十七年四月辛巳。
[2]《清高宗实录》卷一二一〇，乾隆四十九年七月乙卯。
[3] 司马光编，胡三省注《资治通鉴》卷一九八，《唐纪》十四，太宗贞观二十一年五月庚辰条："自古皆贵中华，贱夷狄，朕独爱之如一。"

华民族逐渐整合成形的历史轨迹清晰可辨。

"合满蒙汉回藏五族完全领土为一大中华民国"

　　持续百余年之久的康雍乾三位皇帝执政时期，取得了军事上政治上完成国家大一统和思想上批判儒家"华夷之辨"民族偏见这两条战线的决定性胜利，清朝皇帝成为事实上"中外一家"的大一统中国之主。尽管说当时清朝皇帝很少用"中国"以表达其新的内涵，而更多地仍沿用"大清""天朝"之类居高临下的词汇，但随着西洋国家对大一统中国版图下凝聚为一体的各民族的威胁日益紧迫，清朝皇帝及其治下各族臣民对大一统国家的认同得到迅速强化，昔日内地汉族与边疆地区少数民族的区别与对立的"华夷之辨"被中国各民族与西方国家的区别与对立的新"华夷之辨"所替换，清朝文献中，中国与外国，特别是西洋各国对称日益频密。作为中国历史内在逻辑与外力影响交互作用的结果，最后展现在世人面前的是，当清朝即将覆亡之时，竟由满族统治者提出"合满蒙汉回藏五族完全领土为一大中华民国"这一逻辑严谨、内涵明确的"大中华""大中国"的概念。

　　康熙五十五年（1716）十月，康熙决策禁止中国商船前往南洋贸易，该谕旨结尾处说："海外如西洋等国，千百年后中国恐受其累——此朕逆料之言。"[1]当国人刚开始感受到盛世气象时，康熙就向他治下的臣民敲响了警钟：西洋国家将来可能会成为中国主要敌人。

　　西洋，清初以来一般指大西洋欧洲国家。康熙对西洋有相当了解，他说，中国与西洋地方，俱在赤道北四十度内。自西洋至中国，有海路和陆路可通。海洋行船，南行八十度，至大狼山，始复北行入广东界，通常要走六个月；陆路遥远，因隔俄罗斯诸国，行走不便，故皆从水路而行。[2]当时令康熙感到的西洋威胁主要是来自占据南洋噶喇巴（今印

---

〔1〕《清圣祖实录》卷二七〇，康熙五十五年十月壬子。
〔2〕《清圣祖实录》卷二五三，康熙五十二年二月甲寅。

度尼西亚雅加达）的荷兰殖民势力，皇帝忧虑沿海汉人可能在西洋人的庇护下建立海外抗清基地，于是从国家战略安全考虑，断然决策，禁止南洋贸易。

时间过了不到八十年，康熙关于中国前途的预言便显露出了最初的模糊轮廓。乾隆五十八年（1793）西洋最强大国家英吉利首次遣使访华，英国使臣马戛尔尼态度的傲慢与倨强，英王礼物反映出来的科学技术水平之高，给予乾隆强烈的震撼。当年八月二十六日乾隆从避暑山庄返回京城，立即前往圆明园参观英国马戛尔尼使团的"贡品"。据使团副使乔治·斯当东记载，乾隆帝对装有110门大炮"皇家号"军舰模型颇感兴趣，"他详细问到当时在场帮助安装的使节团人员关于军舰上许多零件的问题，以及有关英国造船事业的一般问题。"[1]隔一日，乾隆帝即密令军机大臣传谕两广总督长麟等："英吉利在西洋诸国中较为强悍，且闻其向在海洋有劫掠西洋各国商船之事，是以附近西洋一带夷人畏其恣横。"[2]九月一日，再次密令军机大臣传谕沿海各督抚等："该国夷人虽能谙悉海道，善于驾驭，然便于水而不便于陆，且海船在大洋亦不能进内洋也，果口岸防守严密，主客异势，亦断不能施其伎俩！"[3]面对称霸海上的英国军舰，乾隆深知中国的制海权已沦于英人之手。如何应对咄咄逼人前来叩关的"红毛夷"？乾隆采取的对策是，全面断然拒绝英国的一切要求。值得注意的是，针对英国使臣似有传教之意，乾隆以"华夷之辨甚严"拒绝西洋人"妄行传教"[4]。这可能是清朝皇帝第一次以民族意义上的"中华"与中国各民族潜在的敌人——外夷相对称。乾隆昧于世界大势，一厢情愿地以"华夷之辨"反制西方国家，固然不足称道，但这中间隐含着面临日益迫近的西洋威胁，中华民族的自我认同已呼之欲出了。西方列强侵略即将到来，中国各民族凝聚力的加强，各民族对隶属于其下的统一国家的认同，无疑具有重大而深远的意义。

中英鸦片战争前夕，鸿胪寺卿黄爵滋奏称："近年银价递增，每银一

---

[1] [英]斯当东著，叶笃义译《英使谒见乾隆纪实》，第406页。
[2] 《清高宗实录》卷一四三五，乾隆五十八年八月戊子。
[3] 《清高宗实录》卷一四三六，乾隆五十八年九月辛卯。
[4] 《清高宗实录》卷一四三五，乾隆五十八年八月己卯。

两,易制钱一千六百有奇。非耗银于内地,实漏银于外夷。盖自鸦片烟土流入中国,粤省奸商,勾通巡海兵弁,运银出洋,运烟入口。"〔1〕道光随即特派钦差大臣林则徐前往广东查办,并命传谕林则徐:"想卿等必能体朕之心,为中国祛此一大患也。"〔2〕面对"外夷",满汉君臣共同站在"中国"立场,风雨同舟,忧患与共。在中国几千年历史即将开始发生空前变革的前夜,禁烟运动所体现的中国人民共同利益和民族精神,极具象征意义。"兄弟阋墙,外御其侮"〔3〕,这一"华夷"对立的全新格局不仅成为近代中国历史发展的一条主线,而且为中国多民族国家的形成和巩固的历史进程又注入了新的助推力。

鸦片战争爆发以后,中国与统而以"夷"称之的西方列强的冲突史不绝书,兹不一一赘述。咸丰在第二次鸦片战争英法联军攻陷北京以后朱笔密谕惠亲王绵愉说:"中国以天下之势,而受累于蠢兹逆夷,廿载于兹!"〔4〕可以看作清朝皇帝对鸦片战争至19世纪50年代末对"华夷"冲突中中国不可逆转的颓势的总括。此时距康熙"海外如西洋等国,千百年后中国恐受其累"的"逆料之言"不足一百五十年,这令咸丰无限感慨和颓丧。

"中国"与"蠢夷"的对称在总理各国事务衙门创建以后,至少在正式场合,很快被"中国"与"西洋各国""泰西各国"或"与国"之类的对称取代了。〔5〕正当此时,开始"脱亚入欧"的东方日本也加入西方列强侵略中国的阵营,并表现出对外侵略的更大的疯狂性和掠夺性。这很快就引起了清朝皇帝的警觉。同治十三年(1874)三月间,日本借口"琉球漂民"为台湾少数民族所杀,派兵船驶往台湾,并由琅峤、柴城

---

〔1〕《清宣宗实录》卷三〇九,道光十八年闰四月辛巳,中华书局,1986。
〔2〕《清宣宗实录》卷三一六,道光十八年十一月丙辰。
〔3〕阮元校刻《十三经注疏》,《毛诗正义》卷九,《小雅·常棣》。
〔4〕《清文宗实录》卷三二六,咸丰十年七月乙卯,中华书局,1987。
〔5〕转折契机是同治十二年关于是否允许各国公使觐见的廷议,李鸿章提出:"泰西各国,见君向无跪拜之仪。本朝有待属国一定之礼,而无待与国一定之礼。各使不从中国礼节,良由习俗素殊。倘宽其小节,示以大度,似尚无捐朝廷体制。"他的意见,包括对西方国家的称呼为朝廷所接受。参见宝鋆等修《筹办夷务始末(同治朝)》卷九〇,《近代中国史料丛刊》第62辑。《清穆宗实录》卷三五〇,同治十二年三月丙午,中华书局,1987。

一带登陆,"查看牡丹社等处形势绘图,并声称牡丹社系属番界",妄图侵占中国领土台湾。同治特谕军机大臣:"生番地方,久隶中国版图,与台湾唇齿相依,各国觊觎已久,日本相距尤近,难保不意图侵占。"[1]接着清廷又获悉"日本师船已与生番接仗",遂谕军机大臣等:"日本并不遵约回兵,已与生番接仗,并拟即日移营进剿,其蓄谋寻隙,意图占踞,已可概见。该国现到轮船七只,尚有铁甲船及坚固兵船未到。此时衅端已开,自应先事布置,严密设防,以期有备无患。"该谕旨特别强调:"生番既居中国土地,即当一视同仁,不得谓为化外游民,恝置不顾,任其惨遭荼毒。事关海疆安危大计,未可稍涉疏虞,致生后患!"[2]在同治君臣们看来,台湾"生番"虽未向化,但其生息繁衍之地台湾久隶中国版图,不得谓为化外游民。外敌当前,凡生活在中国版图下的一切民族、一切部族都是国家必须保护的中国人。

迨至清末,中国统一又面临新的考验。

庚子年(1900)八国联军侵华,北京陷落,慈禧太后偕光绪仓皇出逃西安,立足未稳,即下诏自责,指示与各国谈判全权大臣奕劻、李鸿章"量中华之物力,结与国之欢心"[3],其卖国嘴脸暴露无遗。尔后,排满革命风起云涌,孙中山先生领导的中国同盟会于光绪三十一年(1905)成立于日本东京,宗旨首揭"驱除鞑虏,恢复中华"[4]。"驱逐胡虏,恢复中华"是明太祖朱元璋号召汉族民众推翻元朝统治提出的口号,[5]而革命党人旧事重提,清朝统治者自然会感到前景堪忧。宣统三年(1911)武昌起义爆发,各省纷纷宣布独立,清廷统治岌岌可危,隆裕太后连续召集满蒙王公参加的"御前会议"讨论清帝是否自动退位及相应的优待条件。当年十二月隆裕太后懿旨授袁世凯全权与民军方面谈判条件,该懿旨称:"现在时局阽危,四民失业,朝廷亦何忍因一姓之尊荣,贻万民以实祸。惟是宗庙陵寝关系重要,以及皇室之优礼、皇族之安全、八旗之

---

[1]《清穆宗实录》卷三六五,同治十三年四月丙戌。
[2]《清穆宗实录》卷二六五,同治十三年四月丁酉。
[3]《清德宗实录》卷四七七,光绪二十六年十二月癸亥。中华书局,1987。
[4] 冯自由《记中国同盟会》,载《革命文献》二,台北"中央"文物供应社,1984年影印再版。
[5]《明太祖实录》卷二六,吴元年十月丙寅。

生计,蒙古、回藏之待遇,均应预为筹画。"[1]必须指出,与满蒙上层统治者自身利益密切联系的还有,蕴蓄数千年、得来不易的中国统一大局会不会"为山九仞,功亏一篑"？当年十月十一日外蒙古哲布尊丹巴呼图克图等上层王公贵族在沙俄策动下已宣布独立,随即宣布建立"大蒙古国",[2]提供了国家面临分裂瓦解的现实例证。清廷在谕旨中也明确表示了对国家分裂的忧虑:"共和政体,列邦有行之者,惟中国幅员寥廓,满蒙回藏及腹地各行省,民情风俗,各有不齐。是否能收统一之效,不至启纷争割裂之祸？"[3]当时内外矛盾千头万绪,错综复杂,但没有任何一件事体可以超越反映中国各族人民最根本利益的国家统一问题。所幸这一重大问题很快得到妥善解决。

宣统三年十二月二十五日（1912年2月12日）隆裕太后懿旨宣布清帝退位:

> 今全国人民心理,多倾向共和,南中各省既倡议于前,北方诸将亦主张于后。人心所向,天命可知。予亦何忍因一姓之尊荣,拂兆民之好恶。是用外观大势,内审舆情,特率皇帝,将统治权公诸全国,定为立宪共和国体。近慰海内厌乱望治之心,远协古圣天下为公之义。袁世凯前经资政院选为总理大臣,当兹新旧代谢之际,宜有南北统一之方,即由袁世凯以全权组织临时共和政府,与民军协商统一办法。总期人民安堵,海宇乂安,仍合满蒙汉回藏五族完全领土为一大中华民国。予与皇帝得以退处宽闲,优游岁月,长受国民之优礼,亲见郅治之告成,岂不懿欤？[4]

清朝皇帝自动退位换来的民国方面的优待条件除皇室外,涉及满蒙回藏各民族的有:与汉人平等;保护其原有之私产;王公世爵概仍其旧;王公中有生计过艰者设法代筹生计;先筹八旗生计,于未筹定之前八旗兵

---

[1]《宣统政纪》卷七〇,宣统三年十二月下,中华书局,1987。
[2] 苏联科学院、蒙古人民共和国科学委员会编,巴根等译《蒙古人民共和国通史》,科学出版社,1958,第215—218页。
[3]《宣统政纪》卷六五,宣统三年十月丁酉。
[4]《宣统政纪》卷七〇,宣统三年十二月戊午。

弁俸饷仍旧支放；从前营业、居住等限制一律蠲除，各州县听其自由入籍；满蒙回藏原有之宗教听其自由信仰。[1]

至此，隆裕太后的列祖列宗为争取少数民族与汉族地位平等的努力，最终以极富戏剧性的形式画上句号；而元明之际"驱逐胡虏"的故事没有重演，"合满蒙汉回藏五族完全领土"的中国大一统局面得以维持并延续至今，这对已经步入近代世界的中国无疑是一大幸事。抚今追昔，在肯定当年参与决策的各方面的政治领袖表现出来的政治智慧和妥协精神的同时，我们深深感到中国历史上合乎天理、顺乎民心的多民族国家统一趋势的巨大力量，而顺应并强化这一历史大势的清朝皇帝，从努尔哈赤、皇太极直至盛清时代的康雍乾三位皇帝的中国观及其作用亦应给予高度评价。

清朝皇帝从民族认同到统一国家的认同，清朝治下各民族从本民族认同到统一国家的认同，经历三百年的曲折发展至此终成正果，并不因清朝覆亡而被抛弃。今天中国各族人民一致认同自己是"中国人"，认同自己的祖国是"中国"，可谓历尽沧桑，备尝艰辛，中间数千年的战争与和解，分裂与统一，冲突与融合，从猜忌防范，彼此隔阂，到泯灭恩仇，合为一家，每一历史时期的人民和统治者都做出过那一时代的独特贡献，而水到渠成大势之下，终由清朝统治者一锤定音。从这个意义上讲，清朝不仅留给今天中国人民国家版图与统一的多民族国家的物质财富，而且留下了界定中国与中华民族内涵与外延的弥足珍贵的精神财富。

原载《清史研究》2005年第4期

---

[1] 中国史学会编《中国近代史资料丛刊·辛亥革命》，上海人民出版社，2000，第八册，第186页。

也谈满族汉化

以往人们通常用满族汉化的模式来解释满族史和清史的基本走势及其重大历史事件、历史现象。本文则拟转换一个视角，把满族从单纯受动的一方，位移为积极主动的角色，看她如何自觉地、清醒地抵拒汉文化的包容和侵蚀，如何处心积虑地裁量、陶铸、重塑、支配着汉文化，从而使满汉文化的交流和冲突最终达到在一个新的层面、新的内涵的融合。这一漫长而历经磨难的融合过程，不仅使满族在一个相当长的时间里成功地维护了自己的民族个性，而且也给有清一代的历史打上了有别于以往历代王朝的特别醒目的烙印，其影响之深远，也许在今天仍依稀可辨。

一

满汉两种异质文明的最早冲撞可以追溯到清太祖努尔哈赤时代。其时满洲初兴，刚刚进据汉族辽沈地区。像以往那些文明晚进的征服民族一样，对先进的汉文化持有一种本能的敌视和轻贱。到了努尔哈赤晚年，竟酿成了不分青红皂白"杀秀才"的惨绝人寰的浩劫。这固然因为辽东绅衿多持仇金的政治立场，但粪土文艺、草芥士人的价值取向恐怕有着更深层次的原因。

清太宗皇太极对其父如此野蛮的做法有所反省，当他主政以后即通过考试将劫后余生的二百名秀才从奴籍中拔出，[1]其佼佼者甚至被擢置"书房"，以备咨询。但此举只能视为是一种政治手腕或政治策略的运用，从骨子里并没有改变鄙薄文人的民族传统。在皇太极的心目中，汉儒臣不过是恩养不杀以待其效力的奴才，与豢养的鹰犬没有两样。[2]他虽然参酌明制设立六部，但坚决地摒弃了汉官们一再急切呼吁的"建中书府，设中书平章、左右丞、参知政事""为阁老、翰林等官"之类的建议[3]；他最初确有"凡事都照《大明会典》行"的意向[4]，但实际上并未用《大明会典》来规范六部的官制和职掌，崇德元年（1636）颁布的清朝第一部《会典》，不过是天聪年间因时制宜先后颁布的单行法规的汇编。[5]当满族开始重视吸纳汉文化的时候，皇太极已经对这种尝试所产生的负面影响，即汉人习俗的侵蚀深怀戒心。他把那些已经耽于宴乐酒色的满洲贵族们招来聆听《金世宗本纪》，谆谆告诫他们本族先世大金皇朝是如何因废旧制、效汉俗而最终导致社稷倾覆、国家灭亡的，并一再盛赞金世宗中兴女真文化、以抵制汉俗浸染的特殊功业。讲到动情处，皇太极说他披览《金世宗本纪》时"殊觉心往神驰，耳目倍加明快，不胜叹赏！"皇太极毅然开启了满族学习、借鉴、吸纳汉文化的先河，但这位引入儒家政治价值观以抗衡满洲八王共治的最大受益者却深深为"子孙万世"而忧虑。[6]女真和金的历史命运令他悲观，但从金世宗的身上他或许看到了希望。他对金世宗崇拜之至，举凡维护诸如满洲衣冠、语言、姓氏旧制以及骑射尚武

---

[1]《清太宗实录》卷五，天聪三年九月壬午条："先是，乙丑年（天命十年）十月太祖令察出明绅衿，尽行处死，谓种种可恶，皆在此辈，遂悉诛之。其时诸生隐匿得脱者，约三百人。至是考试，分别优劣，得二百人。凡在皇上包衣下、八贝勒等包衣下及满洲、蒙古家为奴者，尽皆拔出。"
[2] 皇太极曾训斥汉官说："鹰犬无知之物，畜养日久，尚收其益；尔等人也，虚縻廪禄，毫无报效，曾鹰犬之不若耶！"《清太宗实录》卷三七，崇德二年七月辛巳。
[3] 参见罗振玉编《天聪朝臣工奏议》，许世昌《敬陈四事疏》；《清太宗实录》卷二六天聪九年十二月丁酉，张存仁条奏。
[4] 天聪六年正月，高鸿中《陈刑部事宜奏》称："上谕，凡事都照《大明会典》行，极为得策。"见《天聪朝臣工奏议》。
[5] 参见张晋藩、郭成康《清〈崇德会典〉试析》一文，载《法学研究》1983年3期。
[6] 俱见《清太宗实录》卷三二，崇德元年十一月癸丑；卷三四，崇德二年四月丁丑。

也谈满族汉化　511

之风等民族传统，无不以金世宗为法。他期望通过自己的训谕和作为为后世子孙树立一个像金世宗那样的楷模。这对满族史和清史产生了极其深远的影响。

清兵入关、定鼎中原以后，满族的主体也随之移居到具有悠久农耕文明的广大中原地区，尽管他们以八旗的组织形式聚族而居，形成相对封闭的小社会，但从总的态势来看，已处于汉文化的、如汪洋大海般的包围之中。这种情形不仅与昔日他们的发祥地——白山黑水一带——的自然、地理、经济、人文环境不可同日而语，而且与此前在辽东地区以八旗来消融、同化当地及前来归附的汉人、蒙古和朝鲜人的社会结构迥不相同。满族虽说是征服者，但他们已经脱离了自己的根，与被征服的汉人相比，在人数上处于绝对劣势，在文化上则往往陷于恐惧和钦羡、有心抵拒却又难于摆脱其诱惑的尴尬境地。清朝皇帝的角色也发生了历史性的转变。尽管他们依然是八旗世仆的最高主子，但称帝关东一隅的剧目业已收场，他们必须学会做君临天下的帝王。这里最难的还是如何扮演好传统汉族皇帝的角色。对于难治的汉人，武力震慑是绝对重要的；思想控制和政治统治则可以先拿来前代行之有效的儒家纲常伦理和典章制度为我所利用——这一切似乎并不难，真正难的是作为一个被汉人视为夷狄的异族统治者如何才能得到汉民族，特别是汉族士人、士大夫在文化上的认同，不仅要让他们首肯清朝代明而立、革故鼎新为名正言顺，而且更要承认清朝是历史上推尊服膺儒家文化的正统皇朝合法的延续。新的形势逼迫清朝皇帝首先要沉浸于博大精深而又醇疵相间、瑕瑜互见的汉文化体系中，浅尝辄止不行，淹没在汉文化的海洋里，被彻底汉化更加危险。总而言之，入关以后，清朝皇帝和满族遇到了空前巨大而严峻的挑战。

康熙一生尊孔崇儒，读经重道，像海绵吸水一样充分接受汉文化的浸润和滋养。首次南巡途中向陪侍的汉臣们自述："朕自五龄即知读书，八龄践祚，辄以《学》《庸》训诂，询之左右，求得大意而后愉快。日所读者，必使字字成诵，从来不敢自欺。及四子之书既已通贯，乃读《尚书》，于典谟训诰之中，体会古帝王孜孜求治之意，期见之施行。及读大《易》，观象玩占于数，圣人扶阳抑阴，防微杜渐，垂世立教之精心，朕皆反复探索，必心与理会，不使纤毫扞格。实觉义理悦心，故乐此不疲。"[1]可见他的读书不倦,既有政治需要,也有对汉文化由衷的仰慕。但康熙绝不是汉化了的满洲君主,他牢记祖父皇太极的训诫,时时警惕抵制汉俗的侵蚀,保持本民族勇武、朴诚、求实的本色。康熙晚年自称"自幼强健,筋力颇佳,能挽十五力弓,发十三握箭,用兵临戎之事,皆所优为"[2],这里没有丝毫的虚夸。他针对满洲贵族以至八旗人众"不愿行猎"、耽于享乐的情绪,强调指出:"满洲若废此业,即成汉人,此岂为国家计久远者哉?文臣中愿朕习汉俗者颇多,汉俗有何难学?一入汉习,即大背祖父明训,朕誓不为此!"[3]至于保持满洲衣冠、语文、姓氏的教诲,则随处可见。值得重视的是,康熙并没有停留在保持本民族显性特征这一层面,他比皇太极更进一步,开始注意从思维方式和行为方式这一文化核心层抵制某些汉习的影响。孟森论及康熙讲学时说,"圣祖虽尊道学,而于道学家故习,厌武备,斥边功,皆不乐从,亦未尝有失败",且"所有武功,又皆因势利导,非专涂人肝脑以自为功,屡奏大效,而终身不受尊号,不生侈心",[4]这真是鞭辟入里之见。康熙六十一年(1722)十月二十六日廷臣合词奏请明年举行皇帝七旬万寿庆典,被康熙坚决地拒绝了。他没有陶醉于诸如"悦安兆姓""抚徇师旅""圣德神功""超轶千古"之类歌功颂德的过实之词,而冷峻地向群臣指出:"今西陲用兵,士卒暴露,转运罢敝,民生乏食,物价腾贵,正宜君臣同寅协恭,乂安万姓。"[5]这一天距他的辞世仅只十六天。像康熙这样不浮夸,去粉饰,实心实政,清醒估价自己治绩,终其一生不改初志的帝王在中国历史上又有几多呢?如果说康熙在抵制汉俗腐蚀方面还有可议之处的话,那么,对皇太子胤礽的过分姑息和包容,则可称最大的失误。

皇太子胤礽年幼时康熙亲自诲励,唯恐其被汉习所染。及长,以汉名儒汤斌、耿介同辅太子,又特命"不通汉文","不惟汉人无交,即满洲中亦无交游"的满臣达哈塔专任"导以满洲礼法",于课读诗书同时,

---

[1] 中国第一历史档案馆整理《康熙起居注》,第二册,第1249页。
[2] 《清圣祖实录》卷二七五,康熙五十六年十一月辛未。
[3] 《康熙起居注》第二册,第1639页。
[4] 孟森《明清史讲义》,下册,第447—448页。
[5] 《清圣祖实录》卷二九九,康熙六十一年十月戊寅。

"兼令娴习骑射"。[1] 于此亦可见康熙用心之苦。但皇太子恰恰在康熙最警惕的"耽于汉习"上陷入了不能自拔的泥潭。其时南风北渐,京师食重南味,曲尚南曲,在满洲上层社会则有一种追求苏扬女子的淫靡习尚。皇太子起初不过为哈哈珠子所诱惑,干些苟且龌龊的勾当,随着年龄的增长,这位品格日趋下流的未来皇位继承人也对江南美女产生了特殊的偏好。康熙四十六年(1707)春第六次南巡,时任工部尚书的江南人王鸿绪曾接受皇帝亲自交代的一项秘密使命:查访买卖江南女子的内幕。王鸿绪呈递康熙的密缮小折实在令人触目惊心:"侍卫五哥买女人一名,用价四百五十两;又买一女子,价一百四十两;又一婢七十两。侍卫迈子现在各处买人。广善库郎中德成格买有妇人,闻现在船上。"此外,"纷纷买人者甚多,或自买,或买来交结要紧人员"。王鸿绪特别提到一个叫范溥的神通广大的人物,他强买女子皆托"御前人员名色"。康熙对王鸿绪的密报十分警觉,由此层层深究,终于将所谓"御前第一等人"暴露了出来。康熙在王鸿绪的密折上随手加了一句朱批:"此第一等人是谁?"但终因无人敢于挑明这"御前第一等人"是谁,此案也就暂时不了了之了。[2] 不过,康熙在翌年九月废黜皇太子胤礽时所说的,"胤礽不祖德,不遵朕训,惟肆恶虐众,暴戾淫乱,难出诸口,朕包容二十年矣","朕巡幸陕西、江南、浙江等处,或驻庐舍,或御舟航,未尝跬步妄出,未尝一事扰民。乃胤礽同伊属下人等,恣行乖戾,无所不至,令朕赧于启齿"[3],还是隐约透露出太子道德堕落、卷入了强买江南娈童妓女的污秽之事。康熙废太子,原因是多方面的,但太子背离祖训,为汉人陋习所腐蚀,无疑是最重要的原因之一。当胤礽年仅十四岁时,康熙即当众郑重宣言:"设使皇太子入于汉习,皇太子不能尽为子之孝,朕亦不能尽为父之慈矣!"[4] 事态的结局竟被他不幸言中了。这里康熙所谓的"孝",已对儒家所讲的"善事父母""生,事之以礼;死,葬之以礼,

---

[1] 俱见《康熙起居注》第二册,第1639—1640页。
[2] 吴秀良在《康熙朝储位斗争纪实》一书中关于南方文化魅力对满洲新贵的诱惑,以及皇太子陷入买苏扬女子的罪恶行径,已作过精彩论述。[美]吴秀良著,张震久、吴伯娅译,中国社会科学出版社,1988。
[3] 《清圣祖实录》卷二三四,康熙四十七年九月丁丑。
[4] 《康熙起居注》第二册,第1639页。

祭之以礼"的"孝"的原义[1]作了全新的解释，他并未拘泥人伦的亲情，而是完全从政治高度着眼，认为为子者，特别是肩负宗社重任的皇太子，一旦沉溺于汉习不能自拔，就是"不祖德，不遵朕训"的最大的不孝，"朕治平之天下，断不可以付此人"[2]。康熙对胤礽姑息的确过分了，不过他还是适时地做了决断，而且在二次废太子后再没有将胤礽放出来，从而有力地抵制了汉族柔靡之风对满族核心层的全面渗透和浸染。为了进一步评估康熙此举的意义，是否可以这样设想：如果胤礽继康熙之后做了清定鼎中原后第三代君主，还会不会出现振刷数百年颓风的雍正改革，会不会出现乾隆盛世呢？

乾隆在吸收汉文化的广度和深度上远远地超过了他的祖父康熙。他一生徜徉于汉文化的海洋之中，从容不迫，挥洒自如，达到了极高的造诣，自谓"即以汉人文学而论，朕所学所知，即在通儒，未肯多让，此汉人所共知"[3]。他一生尽情地享受着汉族物质文明带来的一切乐趣，他嗜好苏菜，喜听昆曲，陶醉江浙山水，迷恋南国园林，在他的众多的嫔妃中，至少可以确指有两位苏扬籍姑娘[4]。这其中自不乏高雅的品位，但恐怕也难免掺杂令其列祖列宗忧心忡忡的汉族陋习。乾隆之所以如此全面而深入地接受汉文化，不能排除他确有耽迷其中的快感，和积以时日养成的结习，但主要是政治上的需要使然。作为统治着汉人占人口总

---

[1] 《论语·为政》载"孟懿子问孝，子曰：'无违。'樊迟御，子告知之曰：'孟孙问孝于我，我对曰，无违。'樊迟曰：'何谓也？'子曰：'生，事之以礼；死，葬之以礼，祭之以礼。'"参见杨伯峻译注《论语译注》，中华书局，1980。许慎这样解释"孝"字的本义："善事父母者。从老省，从子。子承老也。"许慎撰，徐铉校订《说文解字·八上·老部》，中华书局，1963。
[2] 《清圣祖实录》卷二三四，康熙四十七年九月丁丑。
[3] 《清高宗实录》卷二二〇，乾隆八年十月庚戌。
[4] 她们是扬州籍的明贵人陈氏（乾隆末晋封芳嫔，嘉庆三年奉太上皇敕旨尊芳嫔为芳妃）和苏州籍常在陆氏。《宫中档乾隆朝奏折》载有乾隆四十三年六月二十八日命约束妃嫔之母家的密谕。时扬州人陈济以其系明贵人之兄，至京具呈求本当差。经总管内务府大臣、尚书福隆安奏闻。乾隆命福隆安传谕两淮盐政伊龄阿："朕于宫眷等亲属管束极严，从不容其在外滋事。恐伊等不知谨饬，妄欲以国戚自居，则大不可。"该密谕还提及："陆常在系苏州籍贯，其有无亲属人等，亦当详悉查明，严加管束。"苏州织造舒文旋查明覆奏："陆常在现有亲母缪氏，同已经出嫁之长女并外甥女三人，相依居住，此外并无亲属，平日亦颇安静。"参见台北故宫博物院编《宫中档乾隆朝奏折》第44辑，第196—197、211、439页。

数百分之九十以上的一个偌大国家的少数民族帝王,不深通汉文化是无法胜任的;汉文化的造诣不超过汉人通儒,也和他的个性相悖。再一点尤其不可忽视,那就是乾隆坚信自己绝对汉化不了,即使稍入汉习也能"出淤泥而不染",也能玩物而不丧志。乾隆一点儿也不担心自己,他深为忧虑和时刻警惕的倒是本民族内那些不善把握自己的意志薄弱者。

因此,乾隆不愿皇子学自己的样。年仅十四岁的十一阿哥永瑆私取别号"镜泉",乾隆为此特召见大学士、军机大臣加以训责,先称自己雅号"长春居士"实由皇父所赐,然后大加发挥:"饰号美观,何裨实济,岂可效书愚陋习,流于虚谩而不加察乎?设使不加省改,相习成风,其流弊必至令羽林、侍卫等官咸以脱剑学书为风雅,相率而入于无用,甚且改易衣冠,变更旧俗,所关于国运人心良非浅显,不可不知儆惕!"[1]乾隆也不愿满洲精英们学自己的样。他曾刻薄地说:"满洲进士出身之人,无一好者。"[2]简亲王、总督德沛被指责"非真理学",理由是"刻书太多,夸张传播"[3];总督钟音则"狃于满洲科甲陋习,自号文人",而于海疆武备一切置之不问[4];总督开泰则"向来自负读书","徇名痼习,牢不可破"[5];大学士舒赫德仅因"每日记事作诗",就扣上"渐染汉人习气"的帽子[6];巡抚鄂弼"欲博宽厚之名",很快受到"恐不能承受朕恩"的警告[7]……他认为满洲仕进不必如汉人那样恃科举一途:"我朝开国以来,名臣硕辅,莫不志秉忠忱,才优韬略,初非从事占毕者,即仕跻大僚,内而大学士、尚书,外而总督、巡抚,勋名气节,指不胜屈,大约皆非出于甲乙两榜。"如果有例外的话,大概就只有鄂尔泰和尹继善还算差强人意。乾隆曾这样讲:"近时大臣,在科第中有名者,不过如鄂尔泰、尹继善一二人而已。"但他俩的被重用,"实以其心地才干,初

---

[1]《清高宗实录》卷七六〇,乾隆三十一年五月辛巳。
[2]《清高宗实录》卷一四〇九,乾隆四十三年正月壬午。
[3]《清高宗实录》卷一五五,乾隆六年十一月庚寅。
[4]《清高宗实录》卷一四〇九,乾隆四十三年正月己丑。
[5] 参见《清高宗实录》卷六七〇,乾隆二十七年九月甲子、九月丙寅;卷六八三,二十八年三月己卯。
[6]《清高宗实录》卷四九一,乾隆二十年六月丁卯。
[7]《清高宗实录》卷六四五,乾隆二十六年九月庚申。

不以其文也"[1]。至鄂尔泰身后被追究植党,尹继善生前即屡遭严旨切责,又可见鄂、尹亦非甚惬圣怀。乾隆特别赞赏其父雍正对八旗的一段训谕:"若崇尚文艺,一概令其学习,势必至一二十年,始有端绪,以至武事既废,文艺又未能通,徒成两无所用之人耳。"[2]总之,乾隆决不允许满洲人都来学样,闹出邯郸学步的笑话还在其次,搞不好甚至会危及国本,重蹈北魏、辽、金、元的覆辙。

乾隆真正赏识的是像黄廷桂那样不市惠、不沽名、孤立无援、惟知有君的旗员,[3]晚年作《怀旧诗》,列廷桂五督臣首。遗憾的是,督抚又难能尽如也不可能尽如黄廷桂。号称"人文渊薮",又是清廷严密防范厉行控驭的三江两浙地区黄廷桂就玩儿不转,首次南巡刚结束,乾隆即令两江总督黄廷桂与陕甘总督尹继善对调[4];而被乾隆指摘为"市恩邀誉"的"和事老人"尹继善竟前后四督两江,在那里如鱼得水般地干了三十年。为了对付难治的汉人,乾隆手下实在不能缺少一批如尹继善那样有深厚汉义化修养的旗人能员,尽管他们难免沾染了些许汉习,也只好在包容中,随事耳提面命,勤加训迪。不过包容是有原则的,一旦逾越了警戒线,就只得严加惩创,甚至不惜大开杀戒。满洲世仆、盛京礼部侍郎世臣抑郁无聊,形诸吟咏,有"半轮秋月西沉夜,应照长安尔我家"

---

[1] 俱见《清高宗实录》卷五九二,乾隆二十四年七月己未。
[2] 《清高宗实录》卷五九七,乾隆二十四年九月壬申。
[3] 《清史稿》卷三二三,《官保传》,卷末"论曰":"廷桂尝言:'事英主有法。若先有市惠、好名、党援诸病,上所知,便一事不可行。'其言深中高宗之隐,被眷遇宜矣。"
[4] 乾隆谕称:"黄廷桂在两江总督之任两载有余,朕详加体察,伊于江省不甚相宜,盖南人风气柔弱,而黄廷桂性情刚躁,几于水火之不相入。"(《清高宗实录》卷三九〇,乾隆十六年闰五月戊寅)袁枚则以为黄廷桂之所以把江南搞得民情汹汹,并非性情问题,而是黄廷桂有意要权术所至。他在《上两江制府黄太保书》不留情面地指出:"公之盱衡厉色,呵官吏而怵势贵者,岂公之性哉?盖公之术也。从来英明之君,恶人沽名,尤恶人立党。上之英明冠百代者也,公知之深矣,务在孤行一意,时时为矫作兴事,毫无顾忌之状,使官民诅我詈我,而我之不好名也,明矣。内而九卿六曹,外而抚司提镇,从不以寒暄相接,使人人眄日相视,齐其口都无好语,则我之绝攀援而无党也,又明矣。纵有过失,难免弹射,而一托之于招怨有素。使上若曰:'黄某者,孤立之臣也,彼只知有君耳。愚民憎之,同列忌之,是宁足相排笮耶。'毁之,乃益所深誉之。久而人人知其毁之无益,则亦不复有以蜚语上闻者矣。"是为入木三分的剖析。贺长龄、魏源编《清经世文编》卷二〇。

之句，乾隆责其居盛京而忘根本，竟称罪以革职发遣，尚属轻典。[1]鄂尔泰之侄鄂昌则真的被置之重典，赐令自尽。鄂昌和他伯父一样，举人出身，在甘肃巡抚任上受胡中藻诗狱株连革职查抄，抄出他写的《塞上吟》一诗称蒙古为"胡儿"，另一封信稿则对其堂弟鄂容安差往北路军营一事，有"奈何奈何"之叹。鄂昌以满洲科甲学习文艺，也跟着汉士大夫杯酒流连，诗歌酬唱，甚至以汉大臣史贻直系鄂尔泰同年举人，而效汉人之习亦呼为"伯父"（即所谓"年伯"），乾隆怒不可遏，骂他丧心病狂，纯属满洲"败类"，并借他的脑袋，严厉警戒八旗满洲：嗣后"如有与汉人互相唱和、较论同年行辈往来者，一经发觉，决不宽贷！"满洲世仆学汉人样，论杯酒，叙门谊，以至涉身朋党，见胡中藻"大逆不道"之词竟引为同调，彻底背弃了"尊君亲上，朴诚忠敬"的"满洲旧俗"。这就是乾隆从鄂昌一案总结出来的刻骨铭心的教训。[2]

　　乾隆在位时，天下承平已久，八旗劲卒，习于晏安，满洲文士亦渐染华风。如何抵制住汉习日益严重的浸淫衍溢，保持满洲本色，是乾隆萦怀于心的大事。重骑射、尚武勇，保持衣冠、语言、姓氏之类的说教固不可少，但时势毕竟变了，乾隆为此苦心孤诣地探索着一些如木兰秋狝、东巡谒祖等切实可行的措施和制度，并将其悬为"家法"，令后世子孙恪守勿失。同时，对满洲精英们流于粉饰虚夸、玩物丧志，以至蹈入汉人科甲朋党陋习的倾向进行大力整饬。乾隆主政的六十余年，是满汉文化交融的极为关键的时期，由于乾隆民族意识的清醒和整肃措施的得力，因而卓有成效地维护了满族的个性。

二

　　满族在清代并不满足于消极地抵制汉习，她利用居于最高统治的主导

---

〔1〕《清高宗实录》卷四七二，乾隆十九年九月庚寅。
〔2〕以上引文俱见《清高宗实录》卷四八四，乾隆二十年三月丙戌；卷四八五，乾隆二十年三月庚子；卷四八九，乾隆二十年五月庚寅各条。

地位，采取积极主动的姿态，在把汉文化有益部分拿来为我所用的同时，对那些与本民族历史意识、文化传统相抵触，阻碍自己前进和发展的东西，哪怕是为汉人奉为神圣教条的儒家古训，也敢于批判并加以重新塑造。

乾隆张扬圣圣相承的乾纲独断家法时，就对宋儒程颐"天下治乱系宰相"之说[1]大加挞伐。他向臣下公开宣称："昔程子云：'天下治乱系宰相'，此只可就彼时朝政阘冗者而言，若以国家治乱专倚宰相，则为人君者，不几如木偶旒缀乎？且用宰相者，非人君，其谁为之？使为人君者，深居高处，以天下之治乱付之宰相，大不可也；使为宰相者，居然以天下之治乱为己任，目无其君，此尤大不可也！"[2]批判宰相制，此前尚有废相的明太祖朱元璋，但他是打着复古的旗号[3]，比起乾隆态度之明快、论锋之犀利要差得远。而乾隆对相权的抨击，其实质则在于不满儒家传统政治价值体系中关于皇帝角色的定位。

孔子早就说过："无为而治者，其舜也与。夫何为哉？恭己正南面而已矣。"[4]"舜有五人而天下治。"[5]所谓五人，指禹、稷、契、皋陶和伯益。在他的心目中，最理想的政治局面应当是：圣人以德化民，垂拱而治。而关键在于得贤臣分任众职，所以他又说："昔尧舜听天下，务求贤以自辅。"[6]先秦最后一位大儒荀子继承了孔子的思想，但他不像孔子那样把理想政治寄托于三代以前，而是直截了当地说"君者，论一相"[7]，选好了相，就能达到"天子不视而见，不听而聪，不虑而知，不动而功，块然独坐，而天下从之如一体，如四肢之从心"出神入化的最高境界——

---

[1] 程颐在《论经筵第一札子》中云："中常之君，无不骄肆；英明之主，自然满假。此自古同患，治乱所系也。故周公告成王，称前王之德，以寅畏祗惧为首。自古以来，未有不尊贤畏相而能成真圣者也。"（程颢、程颐著，王孝鱼点校《二程集》，中华书局，1981，第二册539页。）嗣后人们讲"天下治乱系宰相"，皆云本自程颐。

[2] 《清高宗实录》卷一一二九，乾隆四十六年四月辛酉。

[3] 明太祖说："自古三公论道，六卿分职，自秦始置丞相，不旋踵而亡……我朝罢相，设五府、六部、都察院、通政司、大理寺等衙门，分理天下庶务，彼此颉颃，不敢相压，事皆朝廷总之。"《明太祖实录》卷二三九，洪武二十八年六月己丑，台北"史语所"，1962。

[4] 《论语·卫灵公》，参见杨伯峻《论语译注》。

[5] 《论语·泰伯》。

[6] 王肃注《孔子家语》卷三，《辩政第十四》，《四部丛刊初编》子部五五。

[7] 《荀子》卷七，《王霸篇第十一》，《四部丛刊初编》子部五六。

"大形"[1]；否则的话，以一人之心力，"大有天下，小有一国，必自为之然后可，则劳苦耗悴莫甚焉"，非但人主不胜劳悴，而且事情也办不好。是以荀子把他的政治思想凝练为"主好要则百事详，主好详则百事荒"[2]这一屡为后人据以劝谏人君的警句。诚然，孔荀并未提出具有规范意义的丞相制，但作为一种儒家政治文化的价值取向，对后世中国政治体制的建构，以及士人意识中对皇权的限定，则产生了极其深远的影响。

然而，倾心仰慕汉文化的康熙却绝不认同君主应无为而治的先儒古训。论及于此，一向平和的康熙，态度显得异常激烈："天下至大，一念不谨，即贻四海之忧；一日不谨，即贻数千百年之患……古人虽云无为而治，人主不过总其大纲，然一日二日万几，岂皆大纲乎？书中之言，多不可凭！"[3]在论及君相关系时，康熙早就明白无误地说："或有为君者，凡事托付宰相，此乃其君之过。"[4]绝不容许以相权制约君权，绝不容许儒家政治价值观对人主角色的限定，不仅乾隆与康熙心是相通的，而且顺治、康熙、雍正、乾隆都是一脉相通的。[5]不破不立，不塞不流，

---

[1]《荀子》卷七，《君道篇第十二》。
[2]《荀子》卷七，《王霸篇第十一》。
[3] 康熙这一大胆见解，着实令在场的起居注官吃了一惊，他们以如下委婉而得体的一笔——"一哉王心！此则发先儒之所未发，而益非三代以下帝王所及见也"——记录了当时心理的震动。《康熙起居注》第三册，第2453页。
[4]《康熙起居注》第三册，第1951页。
[5] 顺治时御史季振宜露章参劾阁臣遇事畏首畏尾，只不过票拟四五字"以了宰相事业"，顺治答以朕并没打算让他们进言，且事皆亲裁，亦不欲他们借票拟更张生事（详见《清世祖实录》卷一三六，顺治十七年六月乙酉），这无异说，朕要的就是遇事畏首畏尾的阁臣，更毋侈谈什么"宰相事业"了。雍正《御制朋党论》针对"人君不当亲庶务者"的说法痛加批驳："信如斯言，则皋陶之陈谟，何以言一日二日万几？孔子之赞舜，何以云好问好察？此皆朋党之痼习未去，畏人君之英察，欲蒙蔽耳目，以自便其好恶之私焉耳。"（《清世宗实录》卷二二，雍正二年七月丁巳）广西举人陆生楠著《通鉴论》称颂无为而治，影射雍正独裁，略谓"不人人而察"，"不事事而理"。雍正反驳说："从古圣帝明王之道，未有不以勤劳自励而以逸乐无为为治者也。"雍正又摘其"笃恭而天下平"一句，大加发挥，略谓端居深拱，静默无为，笃恭于无声无臭之表，并不能致天下太平；"笃恭而天下平"云云，正由敬信劝威之道，非百务尽豁、上下暌绝，而后可以为治也。(《清世宗实录》卷八三，雍正七年七月丙午）乾隆屡屡批判诸如人主"临下戒于过察""人君之务当精选贤能"之类劝谏，并借此大加发挥"本朝家法"乾纲独断，事例兹不赘述（参见《清高宗实录》卷一〇九，乾隆五年正月壬戌；卷三二三，乾隆十三年八月辛亥等）。

不止不行。不清算从孔荀到宋五子有碍专制皇权的政治理念,就无法树立乾纲独断家法的绝对权威,诸如密折奏事、台省合一、军机处等创制也就统统失掉了存在的根据。在这个大是大非的原则问题上,来不得半点儿含糊和轻忽。雍正之杀陆生楠,乾隆之杀尹嘉铨,一个重要原因是他们有意无意地涉入了清帝这一最敏感的政治禁区。

对君相制理论依据的清算,最终势必要从根本上辨正君臣关系。对清帝来说,君臣之间究竟是臣下唯知有君的单向的满洲主奴关系呢,还是尊君礼臣、君臣交赞的双向的儒家传统君臣关系?也是一个不可不辨的原则问题。

孔子讲君臣,虽说是支配与被支配的关系,但又强调"君使臣以礼,臣事君以忠"[1]。如果君使臣不以礼怎么办?他的私淑弟子孟子痛快淋漓地说:"君之视臣如犬马,则臣视君如国人;君之视臣如土芥,则臣视君如寇雠。"[2]在孟子看来,君不是绝对的,只有行仁义才称得上君,践踏仁义的暴君纣乃"一夫",人人可得而诛之,算不得什么"弑君"[3]。所以他又讲"民为贵,社稷次之,君为轻"[4]。这样,以"任重道远"自命的士尽管在政统中与人主可以结为君臣关系,但在道统上,则追求巍然岸然以师傅自处的高度尊严感,至少也应是王侯的朋友。[5]孔孟先儒等所阐发的君臣关系准则虽经日后千数百年专制君主的摧折消磨,但它的精神却深深扎根于一代又一代用儒家思想哺育起来的士人心中。明清之际,力主恢复宰相制的黄宗羲把治天下比喻为"曳大木",称"君与臣,共曳木之人也",为臣者"出而仕于君也,不以天下为事,则君之仆妾也;以天下为事,则君之师友也"[6]。这是一位遭际世变、奇冤深愤郁结于心的士人精英被迫而发出的辨正君臣关系的最后宣言,也可视为雍正以《朋党论》大树人君绝对权威之前,传统士人力争维护自己独立人格、

---

[1] 《论语·八佾》。
[2] 《孟子·离娄下》,参见宋元人注《四书五经》上,第四种《孟子章句集注》。
[3] 《孟子·梁惠王下》。
[4] 《孟子·尽心下》。
[5] 战国时郭隗对燕王说:"帝者与师处,王者与友处,伯(霸)者与臣处。"高诱注《战国策·燕策》,上海书店,1987。
[6] 黄宗羲:《明夷待访录·原臣》,《黄宗羲全集》第一册,第5页。

自由思想的一曲绝唱。

雍正二年（1724）《御制朋党论》开宗明义曰："朕惟天尊地卑，而君臣之分定。为人臣者，义当惟知有君。惟知有君，则其情固结不可解，而能与君同好恶，夫是之谓一心一德而上下交。"[1]把臣节的最高准则竟定为与君同好恶、与君同是非，则势必从根本上取消士人的独立人格，抹杀士大夫那令人主畏惮的凛然气节。这种单向的君臣关系阉割了孔孟思想的民主性精华，实质上是用满洲社会视为天经地义的"主奴名分"[2]偷换了，或者说改造了儒家君臣关系的完整概念。在清帝的眼里，被征服的人口，包括他们的后代，都无可争议地是他们永世的奴仆。旗人被征服在先，故称"八旗世仆"，蒙古稍后，故称"蒙古世仆"，汉人最晚，独能称"臣"，"这并非因为是'炎黄之胄'，特地优待，锡以嘉名的，其实是所以别于满人的'奴才'，其地位还下于'奴才'数等。"[3]起初，不少汉族士人看不透满汉两种文化的隔膜，对满洲新主懵懵懂懂地侃侃直言，结果大都没有好下场。宁完我似乎算得上最早的醒悟者之一，这个天聪年间风云一时的人物，在改元崇德前夕，却以好博微眚，一废十年，此后虽渐起用，但自言"忍性缄口，不复作狂吠之犬"，最终完成了由人到"奴才＋鹰犬"的蜕变，官亦随之做到了议政大臣。[4]与宁完我同时的范文程沉毅稳健，临终前自焚谏草，结果得到了"四代辅臣"的美誉，康熙特赐"元辅高风"匾额。宁、范之后，清代唯一配享太庙的汉臣张廷玉堪称最具忍性缄口、为主默默奉献的奴才品格者，时人以为汪由敦、于敏中"互相承其衣钵，缄默成风，朝局为之一变"[5]。其实，真正扭转朝局、使士人臣节望风披靡的是必欲使之彻底奴化的清朝皇帝。然而，要完成重塑士人品格的艰巨工程又谈何容易。龚自珍说"积百年之力"，

---

[1] 《清世宗实录》卷二二，雍正二年七月丁巳。
[2] 雍正认为"满洲风俗，尊卑上下，秩然整肃，最严主仆名分"。所谓"主仆名分"，他解释说："夫主仆之分一定，则终身不能更易。在本身及妻子，仰其衣食，赖其生养，故宜不忍有背负之心，而且世世子孙，长远服役，亦当有不敢纵肆之念。"（《清世宗实录》卷五〇，雍正四年十一月癸丑）此可视为对"主仆名分"最经典的诠释，亦可由此透视满族的一种文化传统。
[3] 《且介亭杂文集·隔膜》，《鲁迅全集》第六册。
[4] 俱见《清世祖实录》卷八二，顺治十一年三月辛卯。
[5] 昭梿《啸亭杂录》卷六，"张文和之才"。

强调的是时间之漫长；又独创"戮心"一词来概括其手段之恶辣："戮其能忧心，能愤心，能思虑心，能作为心，能有廉耻心，能无渣滓心。又非一日而戮之，乃以渐，或三岁而戮之，十年而戮之，百年而戮之。"[1] 黄遵宪则讲清帝对不时跳出的二三骨鲠强项之臣，必再三磨折，务摧抑其可杀不可辱之气，执乾纲独断之说，俾一切士夫习为奴隶而后心安。"其文字之祸，诽谤之禁，穷古所未有。由是葸懦成风，以明哲保身为要，以无事自扰为戒，父兄之教子弟，师长之训后进，兢兢然申明此意，浸淫于民心者至深。"[2] 以致清朝覆亡以后好久的鲁迅还能够透过幽深的历史隧道，发现"遗留至今的奴性的由来"[3]。

严"华夷之辨"是儒家思想体系一个重要命题，吕留良阐发"华夷之分，大过于君臣之论"，曾静由此推演出满洲入主中原是"夷狄窃夺天位"。[4] 这显然会动摇身为"夷狄"的清朝皇帝对中国统治的合法性，无疑又是一个不可不辨的原则问题。为了化解满汉之间紧张对立的情绪，雍正对"华夷之辨"的反驳尽量摆出以理服人的样子，态度也格外平和，他并不讳言满洲是夷狄，但又说"夷"不过是地域（他用"方域"一词）的概念，并举孟子所讲"舜，东夷之人也；文王，西夷之人也"为证。[5] 他也不一般地反对华夷之辨，但又说华夷之分在于是否"向化"[6]，即是否接受和拥有共同的文化传统。应该说这也不违华夏与夷狄的分野不在民族而以文化定位的先儒的本义。[7] 雍正由此进而理直气壮地说："我朝

---

[1] 龚自珍《乙丙之际箸议第九》，《龚自珍全集》上册，第67页。
[2] 《黄遵宪致梁启超书》35号，载《中国哲学》第八集，生活·读书·新知三联书店，1982。
[3] 《且介亭杂文集·买〈小学大全〉记》，《鲁迅全集》第六册。
[4] 参见《大义觉迷录》。
[5] 《清世宗实录》卷一三〇，雍正十一年四月己卯。《孟子》原文是："舜生于诸冯，迁于负夏，卒于鸣条，东夷之人也。文王生于岐周，卒于毕郢，西夷之人也。"（《孟子·离娄下》）
[6] 雍正在《大义觉迷录》中说："自古中国一统之世，幅员不能广远，其中有不向化者，则斥之为夷狄。"
[7] 即以孟子而言，他以为东夷的舜和西夷的文王虽有先后远近之不同，然在中国推行之道则符合若节，是为先圣后圣（《孟子·离娄下》），反之，杨朱与墨翟虽是华夏人种，但"杨氏为我，是无君也；墨氏兼爱，是无父也；无父无君，是禽兽也。"（《孟子·滕文公下》）

肇基东海之滨，统一中国，君临天下，所承之统，尧舜以来中外一家之统也；所用之人，大小文武，中外一家之人也；所行之政，礼乐征伐，中外一家之政也。"[1]既然如此，还有什么理由对入主中原的满洲横加歧视呢？雍正好辩，而且善辩，而以对"华夷之辨"的辩论最令人激赏。他突破了大汉族主义自我优越的民族观，摒弃了传统观念中蔑视边疆地区少数民族的狭隘偏见，其逻辑延伸的结论必然是昔日被视为夷狄的少数民族具有与汉族完全平等的地位，而在实践上自然成为清廷制定的今天看来也有诸多借鉴意义的民族统治政策的一个重要基点。当然，"中外一家"以后，中国一切民族都要按照"天所定之分"一律做满洲皇帝的忠实奴仆[2]；"夷狄"这项帽子也不可就此丢弃，还要留给那些不向化、不三跪九叩的如"红毛"之类的西洋人。

除上述诸大端外，清帝对汉族传统文化的批判、重塑和改造事例颇多，其间情形也不尽一致。井田、封建、服制等被清帝径斥为经生迂腐之见的且不去谈，比较重要的，在清代历史留下深刻印迹的，至少可以举出义利之辨、严惩贪立法、创立秘密立储制，以及用人路线这几桩大事。

《孟子》开宗明义第一章便是《孟子见梁惠王》："王曰：'叟不远千里而来，亦将有以利吾国乎？'孟子对曰：'何必曰利，亦有仁义而已矣。'"从此"不言利"似乎成了中国人神圣的信条，但乾隆却大不以为然。他说利有"公利""私利"之别，公利为什么不能讲呢？由此出发他支持东南各省满洲大吏解除矿禁的奏议，当有御史参劾两广总督鄂弥达借商人税银营运生息，修筑民堤，以为督臣不应言利时，乾隆出面保护了鄂弥达，并发表长篇谕旨，申明义利之辨，略谓义利本非两截，用以利物则公而溥，是利即义也，用以自利则贪而隘，是利即害也。后人但见言利之害，遂将义利判然分为两途，如冰炭水火之不相入。[3]不一般地抹杀、菲薄功利，乾隆的见解显然比孟子高明。

《大清律例》承明律旧制，规定监守自盗（犹今之贪污罪，当时亦称

---

[1]《清世宗实录》卷一三〇，雍正十一年四月己卯。
[2] 雍正批驳华夷之辨的结论是："总之，帝王之承天御宇，中外一家，上下一体，君父臣子之分定于天，尊亲忠孝之情根于性。未闻臣子之于君父，合体同心，犹可以丝毫形迹相歧视者也。"《清世宗实录》卷一三〇，雍正十一年四月己卯。
[3]《清高宗实录》卷七〇，乾隆三年六月乙未。

"侵")赃满一千两,拟斩,而枉法赃(犹今之贿赂罪,当时亦称"贪")至八十两即绞,而两罪又都附有"限内完赃减等条例",是以乾隆以前鲜有以贪污及索受贿罪伏法者。何以贪污罪轻于贿赂罪?盖古代立法的依据是儒家思想。《礼记·大学》有云:"与其有聚敛之臣,宁有盗臣——此谓国不以利为利,以义为利也。"宋儒朱熹对此解释说:"君子宁亡己之财,而不忍伤民之力。故宁有盗臣,而不容聚敛之臣。"[1]"盗臣"侵犯的客体是国家财产,故罪轻;"聚敛之臣"侵犯的客体是属民的财产,故罪重。这就是"以礼入法"之后中国法典中的一个匪夷所思的怪事。乾隆看不惯,有意严肃惩贪立法,但鉴于所谓"律载贪罪重于侵必有深意""宁盗勿贪"之类的舆论牢不可破,所以不得不一再降旨明辟"与其有聚敛之臣,宁有盗臣"的偏误,[2]最后才将"限内完赃减等条例"从《大清律例》删除,代之以完赃亦不准减等的新例。从此对贪官大开杀戒,三四十年间督抚大吏因侵贪立案查处共三十余起,被处死者不下二十人,乾隆四十六年(1781)甘肃通省官员折捐冒赈贪污大案,自陕甘总督至州县牧令近六十员墨吏人头落地。这段时期惩贪之严,是前代以前所罕见的,也是清代所仅见的。

  三代以下,历朝无不遵行明诏建储、立嫡立长的皇位继承制度,从传统政治文化角度来看,这是不容丝毫移易的治国正道。雍正创行秘密立储制,乾隆踵而行之,他反复阐发"不可不立储,而尤不可显立储"[3]的深意,并告诫后世子孙奉为万年法守。"不可不立储",可视为对传统皇位继承制合理部分的认同,实际上也含有对本朝开创之初不立储所带来的缺陷之反省。"尤不可显立储"是秘密立储制的基石,也最易招致人们的非议,故欲使其稳固,就必须力辟明诏立储之流弊。乾隆列举三代以下建储立嫡,包括圣祖立太子的历史教训,雄辩地论证了预建储贰必然导致争夺废立、祸乱相仍的道理,[4]同时诫谕后世子孙不必拘泥立嫡

---

[1] 宋元人注《四书五经》上册,第一种《大学章句集注》。
[2] 参见《清高宗实录》卷三四九,乾隆十四年九月壬申;卷三五一,乾隆十四年十月甲辰,卷五四六,乾隆二十二年九月戊戌。
[3] 《清高宗实录》卷一〇六七,乾隆四十三年九月丁未。
[4] 参见《清高宗实录》卷一〇六七,乾隆四十三年九月丁未;卷一一八九,乾隆四十八年九月戊午;卷一四八六,乾隆六十年九月己未;以及《清高宗(乾隆)御制诗文全集·御制文三集》卷三,《慎建储贰论》。

立长的古制。[1] 与建储立嫡迥然有别的秘密立储制，基于满洲社会特殊的历史传统、政治文化，同时又融合了汉族立太子以定国本的有益经验，是对中国古代传统皇位继承制的重大变革，也是对满洲国家不立储传统的修改和发展。其审慎运作有利于国家最高权力的平稳交接，而从所有皇子中遴选皇储，并通过长期考察、精心培养教育，最后确定皇位继承人，无疑会提高优选皇储的概率。从这里可以看出，满汉两种异质文化的冲突撞击，也往往会采取比较温和的方式，达到你中有我、我中有你，彼此相融的结局。

中国古代政治传统强调甄别贤与能，使贤者在位而能者在职，在大小官吏的任用上，实际上是遵循重品德操守，轻才能识见的用人路线。康雍乾三帝从满族求实务实的人才观出发，奋力振刷传统居官立身之道的流弊，大胆起用为主效忠且有干才识见之能吏。康熙的确做了一些褒奖保护清官的事，但在其心目中则认为此类人短于理事，却又难免虚伪好名、为人糊涂、拘泥偏执、猜忌刻薄。[2] 论及所谓"天下第一清官"张伯行时他毫不留情地说："大臣则自有大臣之体，当行有益于地方民生之事，非徒尚操守而已。即使操守平常，民犹谅之，未若自恃廉洁，贻累地方之为甚。譬如木偶泥人，纵勺水不入口，安所用之？朕屡为借口操守者欺。"[3] 雍正最重实心任事的能吏，在他看来，封疆大吏最上者为操守既好又能实心任事、不避嫌怨者，其次则操守平常之辈，最下亦最可痛恨者，乃是洁己邀誉号为清官的巧宦。[4] 乾隆御极之初，御史曹一士尖锐地批评了满洲重能轻贤的流弊："所谓贪吏、酷吏者，无一不出于能吏之中，彼诚有才焉以济其恶耳。"[5] 但嗣后乾隆的用人，特别是具有举足轻重作用的督抚，大多从旗员中的能吏中拣选，而能员最著者，如李侍尧、国泰、福崧、伍拉纳，以及和珅之辈恰是最臭名昭著的贪官污吏。咸丰间张集馨擢署福建藩司，陛辞请训时君臣一段对话颇有趣：咸丰说"老辈督抚要钱利害"，张集馨对以乾隆年间，国家繁盛，督抚虽不

---

[1]　《清高宗实录》卷一○六七，乾隆四十三年九月丁未。
[2]　参见《康熙起居注》第三册，第2134—2135、2136、2138、2146—2147、2360页。
[3]　《康熙起居注》第三册，第2215—2216页。
[4]　《清世宗实录》卷四六，雍正四年七月戊戌。
[5]　贺长龄、魏源编《清经世文编》卷一九，曹一士《请分别贤能疏》。

免贪黩，然其才具皆系大开大阖手笔，每遇地方事体，无不举办；今则督抚才具似不如老辈，而操守似亦胜于老辈。[1]康雍乾三帝想做一番大事业，遂刻意矫治传统用人路线流弊，一时确也生气勃勃，建树颇多，但曾几何时，旧的流弊未必尽去，而新的弊端则又大肆蔓延开来。满洲也好，汉儒也好，都慨叹德才之难于兼备，无奈之下，倾向于重能者难免导致腐败，倾向于重贤者又不免流于因循，似乎谁也走不出这一永恒的悖论。

三

对于汉文化来说，满族文化之所以称为异质文化，至少具有以下几个基本要素：女真文明和蒙古文明的继承和吸纳；萨满教；满语；渔猎、采集、游牧、农耕混合性经济，特别应强调的是渔猎经济；共议制下的统一和集中；崇尚法治，整体权利义务概念明确；严主奴名分；组织严密，纪律严明；求实务实的思维方式和行为方式——以上诸要素综合作用造就了满族文化的优点和特点。在清初帝王的率领和组织下这些优点和特点得到了淋漓酣畅的发挥，其结果是具有悠久文明和光辉历史的汉族、蒙古族等陆续被招抚或被征服。满族有理由表现出民族优越感，雍正所谓"我满洲人等，纯一笃实、忠孝廉节之行，岂不胜于汉人之文艺、蒙古之经典？"[2]言语之间掩饰不住满洲傲视其他民族的心态。他同时所讲的"本朝龙兴，混一区宇，惟恃实行与武略耳"，则把"实行"与"武略"并列为满洲无敌天下的两大法宝。

雍正为什么如此重视作为思维和行为方式的"实行"？为什么把"实行"赫然列在"武略"之前？这是非常耐人寻味的。创业时期的努尔哈赤可谓绝对的实行家，史称"太祖天纵聪明，因心肇造，所行皆与古圣

---

[1] 张集馨《道咸宦海见闻录》，第260页。
[2] 《清高宗实录》卷五九七，乾隆二十四年九月壬申。

贤同符默契"[1],说的就是他开国创制时特立独行,无所依傍,惟恃实行而已矣。到了皇太极时代,文馆儒臣们把经史典籍、改革方案一股脑儿推了出来,而皇太极则始终坚持"凡事莫贵于务实"[2]的原则,立足现实,参酌运用。历史经验需要借鉴,但他以为"汉文史书,殊多饰辞",令文馆儒臣只翻译"有关政要者",用备观览;[3]他并不反对读书,但读书必须"明晰是非,通权达变",不能胶柱鼓瑟,"拘守篇章";[4]他一再表示不喜"空言文饰,要取虚誉",耻于"行不逮言";[5]在政治改革的实践中,他实际上执行的是一条从满洲国情出发,借鉴明制的"参汉酌金"的方针。如何对待汉文化,皇太极与努尔哈赤显示出极大的差异性,然而,在求实务实这一最能反映满族思维和行为方式的文化取向上则毫无二致。其最精当的概括,就是为雍正倾心推重的"实行"。可以说,尽管情况各异,曲折多有,但总的来看,从努尔哈赤、皇太极,中经多尔衮、顺治,直至康熙、雍正、乾隆,都堪称"实行"路线的一脉相承的履行者。这里可以举乾隆自己也不讳言的年轻时走过的一段弯路略加说明。初政时的乾隆亲诣太学,曾慕复古之名,欲行"三老五更"古礼,以示天下以孝悌,这种书呆子气是他为皇子时朱轼等"三先生"谆谆教诲留下的烙印,日后经一再反省自责,他终于可以欣慰地说:"年少时犹未免有泥古好名之意,至今则洒然矣。"[6]乾隆的可贵之处在于他尊重实践,正如他在《古风》一诗中所述:"曩余佩古训,治理颇能言。行之扞格多,乃悟实践难。"[7]实践和古训,在治理国家时,究竟何者是首要的、基本的?当二者扞格时,是泥古不化,拘守旧制,还是尊重实践,通权达变,勇于创新,突破古训的束缚?这大概是满汉两种文化在认识论上的根本分野。

从总体上主流上看,汉族士人、士大夫在实践与古训互相抵触时,

---

[1]《清太宗实录》卷一二,天聪六年七月庚戌。
[2]《清太宗实录》卷二八,天聪十年三月庚申。
[3]《清太宗实录》卷二三,天聪九年五月己巳。
[4]《清太宗实录》卷二八,天聪十年四月乙丑。
[5] 参见《清太宗实录》卷四二,崇德三年六月丁卯;卷三三,崇德二年正月癸丑。
[6]《清高宗实录》卷一二二四,乾隆五十年二月丁亥。
[7]《清高宗御制诗文全集》。

往往倾向于复古。他们认为先儒古训是神圣不可改变的，要做的只能是设法改变已经变化了的现实以符合古训；如果实在不能照老样子过下去了，如凤毛麟角的一二改革家也只有从儒家经典宝库或儒家体系某一流派中发掘寻找变革现实的理论根据。这种趋于定式的思维和行为方式，消磨了甚至泯灭了汉族士人、士大夫改革精神和向域外文化学习的意识。文明后进的满洲没有汉族那样值得炫耀但也过于沉重的文化遗产，他们认知世界的习惯是通过亲身触摸去感知自己所不了解的一切，他们宁肯相信经过自己感知体认并被实践证明了的成功经验，而对先验的理论、虚夸的文饰不感兴趣。在政治体制改革的漫长历程中，清初帝王们的心里绝对没有现成的蓝图，他们只确定了最终目标——被他们誉为"治隆唐宋"[1]的明太祖首倡的"事皆朝廷总之"[2]，设定了校正前进方向的参照物——明帝怠荒及由制度性缺陷而导致的言路嚣张和朋党乱政，然后就一路摸索前进了。从"笔帖赫包"（书房）到文馆、内三院，几经周折到内阁；从德尔赫图牛录、辛者库牛录到内务府；从蒙古衙门到理藩院；从不立储而由八固山共议新君，到皇帝晏驾前指定嗣君，再到仿汉制立太子，走不通，废太子，再立再废，直至以秘密立储为定制；从创行密折，亲书朱批，到令"内中堂"到内廷当值承旨书谕，到西北两路用兵，军机处终成内阁之分局；历经百年，代代相承，坚韧不拔，义无反顾，终于完成了对传统宰相制和明内阁制的改造，构建起以军机处为国家中枢的最便于乾纲独断的系统完备的政治体制和运行机制。

清朝皇帝的实践精神也许莫过于对奏折的重视和运用。奏折的设计固然有强化皇权的功能，但在推行的过程中，却越来越成为皇帝突破传统题本制下获取政情的僵化程式，直接搜集和处理鲜活的、来源于事件发生第一时间的、较少粉饰的政治信息的手段。康熙说，许督抚上折子，原为密知地方情形，"四季民生，雨旸如何，米价贵贱，盗案多少"等关乎一方安定的信息理所当然是他所关注的；[3]汉官汉民的一举一动，八

---

[1] 康熙亲书洪武孝陵匾额，见《清圣祖实录》卷一九三，康熙三十八年四月甲寅。
[2] 《明太祖实录》卷二三九，洪武二十八年六月己丑。
[3] 中国第一历史档案馆编《康熙朝汉文朱批奏折汇编》，档案出版社，1985，第二册，第724页。

旗贵族在皇储之争中的所作所为，也是他要求满洲督抚及京师步军统领随时密报的内容。雍正接过康熙创行的折子，他不仅要以此周知天下情弊，而且进一步借助密折与督抚们"往来斟酌""一时不能即定"的改革大计。[1]康熙鉴于人口日繁而"地亩并未加广"，决定对传统赋役制度进行改革，但他设想的嗣后滋生人丁永不加赋，[2]由于不具有操作性，因此在实践中未便推行。雍正初始对科道、督抚密奏的摊丁入地建议尚无定见，但他很快从地方大吏密折中得以洞悉下情，特别是通过曾任山东、江西、四川县令并在其任摊丁入地且行之有效的直隶巡抚李维钧密奏，了解到此项改革，"有力之家""或有阻遏"，"部中止知成例不肯变通"[3]之后，遂决策召开廷议将摊丁入地向全国推行。对九卿议奏的不同意见，雍正虽不采纳，但仍予重视，并借朱批密折与先行一步的李维钧往复斟酌将地粮摊入地亩征纳的妥善办法，[4]最终稳妥地完成了传统赋役制度的重大改革。与摊丁入地具有同等重要意义的提耗羡设养廉，也是经过上述程序实现的。在这一过程中，集中体现了雍正对最富实践经验的督抚们首创精神的尊重，对来自实践的改革趋势的体察和把握。"实行"被雍正概括为满洲文化的精髓，并置于先于"武略"的崇高地位，绝非偶然。与之相比，康熙、乾隆似稍逊一筹，更不去说嘉庆、道光、咸丰了。

鲁迅说过，清的康熙、雍正、乾隆三个皇帝，"是深通汉文的异族的君主，以胜者的看法，来批评被征服的汉族的文化和人情，也鄙夷，但也恐惧，有苛论，但也有确评。"[5]他讲的是清朝皇帝对汉文化的审视和批评，虽未涉及重塑与改造，但眼光之犀利，见解之深刻，已足以令人叹服。以往人们往往习惯于从文明先进的被征服民族最终将以高度文明同化野蛮的征服民族的这一思维模式，理解或阐释诸如拓跋魏、辽、金、

---

[1] 中国第一历史档案馆编《雍正朝汉文朱批奏折汇编》，江苏古籍出版社，1989，第八册，第944页。
[2] 《清圣祖实录》卷二四九，康熙五十一年二月壬午。
[3] 《雍正朝汉文朱批奏折汇编》第一册，第658页。
[4] 《雍正朝汉文朱批奏折汇编》第二册，第126—127页。
[5] 《且介亭杂文·买〈小学大全〉记》，《鲁迅全集》第6册。

元、清或罗马帝国的历史。[1]无疑，这里包含了无可辩驳的真理，然而并未能囊括全部真理。严格地讲，任何一个民族，包括野蛮的或半开化的民族，只要是一个有文化根底的民族，彻底被文明先进的民族同化，以致在历史上消失得无影无踪，是几乎不可能的。之所以造成人们认识上的偏失，可能有两个原因：一是材料，已经在历史上消逝的民族没有留下自己的文字和用自己文字书写的历史；一是视角，即历史往往是取得最终胜利的民族写成的，这就难免从他们的民族立场和文化传统观察、理解和阐释历史。鲁迅可能是第一个从异族君主的"看法"来观察满汉两种文化冲突的，因此他的结论不仅是睿智的，客观的，而且是极富启发性的。

应该说，满汉文化从冲突到融合，是以汉文化为主体的双向的互动过程，而绝非单向——满族单向地接受，或汉族单向地给予——的满族逐渐汉化，直到被同化的简单过程。就是拥有悠久历史和博大精深文化的汉民族，也是以中原地区的华夏族为主融合了周边蛮夷戎狄等历史上业已消失了的民族而在汉代基本定形的，尔后又经历了一次次以汉族为主体的与其他进入中原地区的民族经过双向互动的融合过程而最终形成的。中国的文明史有如长江黄河一样，从那天地混沌的洪荒远古，就汩汩滔滔地流淌在中华大地上；如果说江河干流是汉族，那么，百数十条汇入主流的支流和支流的支流就是现在中华民族各少数民族以及在历史上消失了的民族；从汉族看，她气度恢宏地容纳百川，从其他民族看，正是由于她们前仆后继地竞相汇入主流，才共同成就了江河恢宏的气度，才不断注入江河奔泻入海的动力；主流离开众多的支流就会干涸，支流失去主流也无所依归；尽管主流和支流都有清波，也有浊流，有甘泉，也有泥沙，尽管百川交汇之时总要激起恶浪，荡起漩涡，但劫波渡尽，又融融漾漾地向着太阳升起的方向，向着大海奔流前进了。满族与汉族是两个各有不同历史谱系、文化传

---

[1] 魏斐德在其所著《洪业——清朝开国史》"导言"之首，先征引了托克维尔《论美国的民主》中下述一段话："在被征服者是先进民族，而征服者却处于半开化状态的情形下，就像北方民族侵入罗马帝国，或蒙古族入主中华帝国时那样，野蛮人通过军事征服所赢得的权力，能使之与被征服的文明民族达到同等水平，并共同向前发展，直到被对方同化为止。"[美]魏斐德著，陈苏镇等译《洪业——清朝开国史》，第1页。

统的民族；有清三百年汉文化始终居于主体地位，而满文化则挟有政治优势发挥着主导作用；数量巨大的满文史料和满文史籍，遗留至今的物质的精神的历史印记；这一切，大概为人们提供了研究两种异质文化从冲突到融合全过程的最有价值的个案。

原载《清史研究》2000 年第 2 期

宁用操守平常的能吏，不用因循误事的清官

——雍正对用人之道的别一种见解

自古帝王之治天下，首重用人与行政。就用人而言，统治者则常有"人才难得""天下全才不多得"之类的慨叹。应该说，现实中绝大多数人确属"中才"。有鉴于此，中国古代思想家就特别强调甄别贤与能，讲究从人才配置上实现最优化组合，孟子就说过"尊贤使能"，使"贤者在位，能者在职"之类的话。[1] 从原始含义来看，"贤"往往和"不肖"对称，是指品德高尚又才干出众的人，它包含了德与才两方面的含义。孔子说："见贤思齐焉。"[2] 墨子说："列德而尚贤。"[3]《书·大禹谟》说："野无遗贤，万邦咸宁。"等等，在很长时间人们都是在上述意义上使用"贤"这个词的。

到了北宋时司马光那里，则别有一番解说。他以为，世俗不加区别地把才与德都混称为"贤"，结果导致了"失人"，即将人才鉴别错了的严重问题。所以他特别强调应当首先把德与才的概念区别清楚。什么是才？"聪察强毅"是也；什么是德？"正直中和"是也。才与德相较，德是第一位的，即所谓"才者，德之资也；德者，才之帅也"。司马光也不赞成把人简单地划分为贤与能两大类，而应细分为"圣人""君子""小人""愚人"四类——"才德全尽"谓之"圣人"，"才德兼亡"

---

[1]《孟子·公孙丑上》，参见宋元人注《四书五经》上，第四种《孟子章句集注》。
[2]《论语·里仁》，参见杨伯峻译注《论语译注》。
[3]《墨子·尚贤》，参见毕沅校注，吴旭民标点《墨子》，上海古籍出版社，1995。

谓之"愚人",德胜于才谓之"君子",才胜于德谓之"小人"。[1] 由此,这位正人君子的领袖严正而决绝地提出了下述著名论断:

> 凡取人之术,苟不得圣人、君子而与之,与其得小人,不若得愚人。何则?君子挟才以为善,小人挟才以为恶。挟才以为善者,善无不至矣;挟才以为恶者,恶亦无不至矣。愚者虽欲为不善,智不能周,力不能胜,譬如乳狗搏人,人得而制之。小人智足以遂其奸,勇足以决其暴,是虎而翼者也,其危害岂不多哉!夫德者人之所严,而才者人之所爱;爱者易亲,严者易疏,是以察者多蔽于才而遗于德。自古以来,国之乱臣,家之败子,才有余而德不足,以至于颠覆者多矣!……故为国为家者苟能审于才德之分而知所先后,又何失人之足患哉![2]

这段话既是司马光对历史经验的沉痛的总结,也是对为他所不慊于心的王安石变法的影射。经过司马光辨析与发挥的先儒"贤者在位,能者在职"的思想,遂成为中国古代用人之道的最精辟的经典表述,对传统政治的影响极其深远。

同司马光"与其得小人,不若得愚人"的重德轻才的取人之术大异其趣,雍正皇帝在政治实践中倡行了一条"宁用操守平常的能吏,不用因循误事的清官"的重才轻德的用人路线。

雍正并不一味地抹杀品德的重要性。他认为"居官立身之道,自以操守廉洁为本",但"安民察吏,兴利除弊,其道多端","操守者,不过居官之一节耳"。[3] "礼义廉耻"乃宋儒所讲的"国之四维",雍正是这样对新科进士阐释他所理解的"廉"的含义的:"箪食豆羹,一介不取",不过是廉之小节,而"理财制用,崇俭务本,使天下之人家给人足,路不拾遗,盗贼不生,争讼不作,贪官污吏无以自容——此廉之大

---

〔1〕 俱见司马光编、胡三省注《资治通鉴》卷一,"周纪一"。
〔2〕 《资治通鉴》卷一,"周纪一"。
〔3〕 《清世宗实录》卷四六,雍正四年七月戊戌。

者也。"[1]

雍正也不一般地反对清官，但他认定："洁己而不奉公之清官巧宦，其害事较操守平常之人为更甚。"[2]他在雍正四年（1726）七月发表了一道全面阐述识人、用人、察人的长篇谕旨，梳理一下，大概有以下几层意思：一是洁己而不奉公之清官"但恃其操守，博取名誉，而悠悠忽忽，于地方事务不能整饬经理，苟且塞责，姑息养奸，贻害甚大"；二是"操守平常者，其心既不敢自恃，心怀畏惧，颇能整顿经理……一有不善，即加惩戒，而在朝之官员及伊属下之官吏绅衿人等，皆伺察其过，不肯为之隐讳，是以此等之人，贻累于地方者尚轻"；三是"若操守既更胜于他人，而又能实心任事，整饬官民，不避嫌怨，因而遂不满众人之意。"[3]总之，在雍正看来，封疆大吏最上者，操守既好又能实心任事、不避嫌怨，其次则操守平常之辈，最下亦最可痛恨者，乃是洁己邀誉的清官巧宦。在雍正心目中，田文镜、李卫、诺敏等名噪一时的能吏，乃其最上者，而清官巧宦的典型则是杨名时、查弼纳、张楷、魏廷珍之辈。[4]

至于如何鉴别实心任事的能吏与洁己邀誉的清官？雍正的要诀是不要相信舆论，或者反听舆论。[5]道理很简单，雍正解释说："此等清官，无所取于民而善良者感之，不能禁民之为非而豪强者颂之，故百姓之贤不肖者皆称之；无所取于属员而亦不能禁属员之不法，故属员之贤不肖者皆安之；大臣之子弟、亲戚犯法则姑容而不行参革，地方之强绅劣衿生事则宽待而不加约束，故大臣绅衿皆言其和平而望其久留；甚至胥吏作奸而不能惩，盗贼肆行而不能察，故自胥吏至于盗贼，皆乐其安静而不欲其去任。及至事务废弛，朝廷访闻，加以谴责罢斥，而地方官民人

---

[1] 《清世宗实录》卷五八，雍正五年六月壬寅。
[2] 中国第一历史档案馆编《雍正朝汉文朱批奏折汇编》，第八册，第51页。
[3] 参见《清世宗实录》卷四六，雍正四年七月戊戌；《雍正朝汉文朱批奏折汇编》第八册，第51页。
[4] 《雍正朝汉文朱批奏折汇编》第八册，第51页。
[5] 雍正在阿克敦密折上曾有如下批谕："舆论二字不但不是为据，竟全然听不得，凡属员中做好好先生，而不肯破颜办理事务者，当严惩！"《雍正朝汉文朱批奏折汇编》第八册，第797页。

等群然叹息,以为去一清廉上司,为之称屈,此则平日模棱悦众、违道干誉之所致也。"而那些实心任事、整饬地方的大臣官员,往往触犯方方面面人们的利益,反而矛盾丛集,"或谤其苛刻,或议其偏执,或讥其骄傲,故意吹索",结果却为舆论所不容。[1] 由于胸中横亘着不可移异的成见,所以雍正总是按照一种反常规的思维方式臆断:舆论皆称好者,想必是沽名邀誉、欺世奸诈者流;为众人所攻讦而孤立无援者,则应倍加呵护。前者可举惠士奇为例,后者以李卫最典型。[2]

当然,雍正之用能员并非事先不了解其中潜伏的危险。他深知"人心惟危",用人至难,"可信者,非人何求?不可信者,非人而何"是他深藏胸中的用人宝鉴,从不轻于示人。可见他用能员的前提实际是"可用而不可信",但与司马光不同,他并不怕能员足以为恶的才,而恰恰十分珍惜并借重其才以办有益之事。雍正谆谆密嘱他的股肱亲信鄂尔泰、田文镜说:"封疆大臣只以留神用才为要","凡有才具之员当惜之教之","庸碌安分、洁己沽名之人驾驭虽然省力,恐误事,但用才情之人,要费心力方可"。雍正极其自信,说才干之员尽可以放手使用,即"魑魅魍魉

---

[1] 以上俱见《清世宗实录》卷四六,雍正四年七月戊戌。
[2] 雍正在广东学政杨尔德密折上有如下朱批:"向闻惠士奇声名着实好,今见其人甚平常,想必随波逐浪,到处逢迎,邀誉窃名之所致。此等欺世奸诈之行,不可法也。虚名虽盗,实祸随之,何益之有?"(《雍正朝汉文朱批奏折汇编》第八册,第944页)按:惠士奇,汉学家惠栋之父,为广东学政。至于李卫,与他素未谋面的贵州巡抚石礼哈向雍正密奏说:"臣闻李卫之在云南,骄奢放纵,威福自恣,不顾公论,专任私情。凡文武官员有附其门者,即竭力庇护之;有不与己合者,辄多方谋去之。每言于人曰:'永顺、楚姚等镇总兵是我所折奏也。'又如云南按察司张谦,臣阅邸抄,经督臣高其倬奏其衰病,奉旨调回,而李卫又言于人曰:'老高如何肯参他?是我具折启奏,折子已去三五日,告诉他,他才奏的。'诸如此类,竟似官员进退之柄,操于李卫之手。臣在威宁时,与近至贵阳,众口一词,所闻无异。"(《雍正朝汉文朱批奏折汇编》第五册,第237—238页)对这件分量极重的密折,雍正未做任何批示。云贵总督高其倬在密折中评论李卫这个下属时,说其"轻视同官","往往盛气凌人",雍正则批谕说:"此人(李卫)心肠、本领是个好的,琢磨他,期于上进,莫负朕惜才之意。"(《雍正朝汉文朱批奏折汇编》第四册,第24页)为雍正所深信的鄂尔泰奉密旨奏覆李卫人品操守说:"李卫长处甚多,短处时有,圣谕'狂直不谨'四字,足以该其生平。臣查其行事,实心实力,毫无瞻顾,一意兴除,才复能相济,诚属难得之才。但恃才任气,每以好恶为美恶,以喜怒为是非,而每有折件凡奉朱批,多半宣扬于众,以示坦率。此是伊大病,至今未能全改。"雍正对此批谕曰:"长处胜其所短,将来老练,或可望全才也。"(《雍正朝汉文朱批奏折汇编》第十三册,第923页)

亦不能逃我范围也，何惧之有？既至教而不听，有真凭实据时，处之以法，乃伊自取也，何碍乎？"[1]雍正还处心积虑谋划出防范能员挟才作恶的办法。这办法非常独特，就是通过密折制度来伺察大臣官员一言一行、一举一动。

大学士、云贵总督鄂尔泰服膺雍正鉴衡用人的"宝训"，在回应皇上教诲的密折中自述用人心得时说："大小文员内，才守兼优者料难多得，须先取其才干，次论其操守。"[2]又说："忠厚老成而略无材具者，可信而不可用；聪明才智而动出范围者，可用而不可信。朝廷设官分职，原以济事，非为众人藏身地。但能济事，俱属可用，虽小人亦当惜之教之；但不能济事，俱属无用，即善人亦当移之置之。""有守有才者，实难多得，而有才无守之人，驾驭稍疏，即不用于正。惟能动其良心，制其邪心，使彼熟知利害，渐爱身名，然后可以济事。"[3]这位被雍正誉为"督抚标榜"[4]的人物断言："贪官之弊易除，清官之弊难除，实缘贪官坏事，人皆怨恨，乐于改正；清官误事，人犹信重，碍即更张也。"[5]总的看来，在用人思想上，鄂尔泰不出雍正之范围，这是不言而喻的；只不过雍正以之鉴衡，使用督、抚、布、按等所谓封疆大吏，而鄂尔泰则以之推广及于督抚之下属道、府、州、县而已。从某种意义上讲，当时满汉臣工的居官立身之道，正是以这种思想为指导而日渐塑造成形的。其流弊是，清官不容于世而能吏大行其道。

雍正的用人之道与他的父亲康熙其实是一脉相承的，而后世论者却多以为康熙年间清官虽不为时容，但往往受到康熙皇帝始终如一的扶植和保护。这样讲，无疑是有一定根据的；但康熙鄙薄清官、重能轻贤的另一面，却很少被人提起，而这一面恰恰是康熙内心深处的真实思想，对其后世子孙，乃至整个清代政治的影响也极为深远。

对当时所谓"天下第一清官"张伯行的品评、鉴衡和使用，大概可以集中反映康熙的用人思想。康熙五十一年（1712）两江总督噶礼与江

---

[1]《雍正朝汉文朱批奏折汇编》第八册，第452—453页。
[2]《雍正朝汉文朱批奏折汇编》第十五册，第590页。
[3]《雍正朝汉文朱批奏折汇编》第八册，第453页。
[4]《雍正朝汉文朱批奏折汇编》第十四册，第858页。
[5]《雍正朝汉文朱批奏折汇编》第八册，第453页。

苏巡抚张伯行互参案是当时震惊朝野的重大事件。噶礼是满人，办事历练，但其操守即康熙也表示"不能信"[1]。不过，此次张伯行参劾他贿卖举人得了白银五十万两却查无实据，前往审案的钦差大臣的判断对张伯行极其不利，最后由康熙亲自裁断，以噶礼革职、张伯行革职留任结案，嗣后又将张伯行内调京中大臣。此事甚为世人所称美，据说圣旨既下，"吴中士民欢声如雷，榜于门曰：'天子圣明，还我天下第一清官。'焚香结彩，齐赴龙亭叩首谢皇恩呼万岁者数万人"[2]。其实，康熙对张伯行总的评价并不高，他屡屡对臣下说："张伯行操守虽清，为人糊涂，无办事之才"[3]，"（张）操守虽清，总因不能办事，衙门案件堆积，连年未结，以致拖累多人，经时羁候，不得归田耕种，民皆怨之。纵不爱钱，于地方何益？""张伯行向曾奏称，臣无以图报，惟期风移俗易，家给人足。乃抚吴几载，风俗未见移易，近闻苏州百姓生意渐至消耗，米价初只七钱，今长至一两六七钱，民食维艰，所云家给人足者何在？巡抚乃封疆大吏，当诚心为朝廷效力，俾地方有益，不当无其实而出大言，以欺世盗名"[4]。康熙在论及为当世所重的清官如巡抚汤斌等时还说过："大臣则自有大臣之体，当行有益于地方民生之事，非徒尚操守而已。即使操守平常，民犹谅之，未若自恃廉洁，贻累地方之为甚。譬如木偶泥人，纵勺水不入口，安所用之？"[5]他还泛论过清官的毛病："清官多刻，刻则下属难堪。"[6]总之，康熙对张伯行、汤斌、赵申乔、张鹏翮、施世纶、彭鹏等为世所公认的清官，是充分肯定其操守清廉的一面，但在康熙心目中，他们不是理想的大臣，特别不是管理一省或几省军政事务的理想的督抚大吏，因为此类人因循保守，短于理事，贻害地方，又难免拘泥偏执、猜忌刻薄、虚伪好名，遇事往往言行相违。对于康熙来说，选用封疆大吏自然注重有才有守，但当才能与操守不可兼得时，他宁可舍弃

---

[1]《清圣祖实录》卷二五一，康熙五十一年九月丙辰，中华书局，1985。
[2]《清代碑传全集》卷一七，《诰授光禄大夫礼部尚书加二级赠太子太保谥清恪敬庵张先生行状》，上海古籍出版社，1987。
[3] 中国第一历史档案馆整理《康熙起居注》第三册，第2134页。
[4]《康熙起居注》第三册，第2146—2147页。
[5]《康熙起居注》第三册，第2215—2216页。
[6]《康熙起居注》第三册，第2135页。

不能办事的清官，而用操守平常的能吏，因为他认定不能办事的清官"反不如不清之官"[1]。

不过，康熙比雍正更精于治术，他极少在公开场合贬斥清官，上述鄙薄清官的话都是在御门听政时与大学士商讨国家机密事务这一极小范围内讲的，而公开颁布的谕旨则多表白自己如何爱惜保护清官，如"清官不累民，朕为天下主，自幼学问研究性理等书，如此等清官，朕不为保全，则读书数十年何益，而凡为清官者，亦何所恃以自安乎？"[2]可见，康熙虽不满因循废事的清官，但他对作为社会公正象征的"清官"的价值深有所悟，也确实期望通过扶植、保护、褒扬此类清官而倡导一种廉正的官场风气。此外，康熙不过慨叹"朕屡为借口操守者欺"[3]，到雍正这里竟发展为"舆论二字不但不是为据，竟全然听不得"[4]。就此而论，他似乎比康熙思想更偏颇一些，走得也更远一些。

雍正重能轻贤、重才轻守的用人之道在他晚年已开始出现某些令人忧虑的迹象，雍乾之际著名史家全祖望即称其时"直省督抚中有为武健严酷之政以为能者"[5]。乾隆御极之初，在检讨反思康、雍以来，特别是雍正朝以来用人行政利弊得失的氛围中，御史曹一士对当时用人方面存在的问题提出了犀利的批评。他以为一切问题的症结在于，贤与能在人们思想中被搞乱了，因此，首先必须从概念上加以厘清："何谓贤？务持大体、与民休息者，是也；何谓能？趋事赴功、综核名实者，是也。"关于人才的划分，理应是"贤能兼者，上也；贤而不足于能者，次之；能有余而贤不足者，又其次也"。但严峻的事实却是，督抚并不能鉴别真正的能和贤。他们举荐保题的守令，无非曰"年力富强""为人明白""办事勤慎"，其政绩则曰"钱粮无欠""开垦多方""善捕盗贼"等，诸凡皆以能为着眼点；但没过多久，这些能吏"或以赃污亏空闻，或以草菅民命劾"。用人路线既出现偏差，就不免把真正的贤吏视为无能，曹一士

---

[1] 《康熙起居注》第三册，第2138页。
[2] 《清圣祖实录》卷二五一，康熙五十一年九月丙辰。
[3] 《康熙起居注》第三册，第2216页。
[4] 《雍正朝汉文朱批奏折汇编》第八册，第797页。
[5] 全祖望《鲒埼亭集外编》卷一一，《江阴杨文定公行述》，《四部丛刊初编》集部294，上海书店，1989。

说:"若夫吏之贤者则不然,恻怛爱人而已,悃愊无华而已,方于事上不为诡随而已,吏人同声谓之不烦而已,此数者,皆督抚所视为无能者也,然而贤者则必出于其中。"不难看出,尽管与先儒的语汇不尽相同,但曹一士所表述的思想与司马光所阐发的传统用人之道则是丝丝入扣、节节合拍的。还须指出,在曹一士那传诵一时的《请分别贤能疏》的奏折中,最令士大夫击节称赏的一句话是"贪吏、酷吏者,无一不出于能吏之中——彼诚有才焉以济其恶耳!"[1]这么讲,显然也有偏激味道,但重温《资治通鉴》,人们再次感悟到六百多年前司马君实"小人智足以遂其奸,勇足以决其暴,是虎而翼者也,其危害岂不多哉"那段警语的深意。

应该说,这本来是调整雍正晚期开始显现的用人偏差的契机,但纵观乾隆帝六十年的用人实践,他丝毫没有改变其父祖既定的用人之道。

乾隆朝督抚大吏,特别是具有举足轻重作用的总督,大多遴选旗员中的能吏。史称历任湖广、云贵总督的李侍尧"短小精敏,过目成诵。见属僚,数语即辨其才否,拥几高坐,语所治肥瘠利害,或及其阴事,若亲见"[2],连乾隆也公开称誉"李侍尧历任封疆,在总督中最为出色"[3]。即巡抚中的旗员能吏,可举"治事明决,御属吏有法度"的福崧为例[4];就是山东巡抚国泰,不仅下属称其"才识过人,甚能办事",乾隆也说他"小有才情"[5]。再说和珅吧,今天人们多把这位贪污之巨古今罕有其匹的乾隆宠臣漫画化了,其实,他至少当得起是一位精明的理财专家,能纯熟处理皇室事务,还懂一点"外夷"的事体,乾隆末首次来华的英国使臣就称赞他"不愧是一位成熟的政治家"[6]。总的看来,乾隆不仅强化了康、雍时代以来重能轻贤、重才轻守的倾向,而且他从不褒奖清官廉吏,反而专以芟夷士大夫的气节为能,且巧于借反"假道学"惩办、攻击、嘲弄以道学自励者。因此,乾隆朝清官不称于世,而墨吏出于能员者指不胜屈。

---

[1] 贺长龄、魏源编《清经世文编》卷一九,曹一士《请分别贤能疏》。
[2] 《清史稿》卷三二三,《李侍尧传》。
[3] 中国第一历史档案馆编《乾隆朝惩办贪污档案选编》,第一册,第1067页。
[4] 《清史稿》卷三三八,《福崧传》。
[5] 《乾隆朝惩办贪污档案选编》第三册,第2404页;第四册,第2867页。
[6] [英]斯当东著,叶笃义译《英使谒见乾隆纪实》,第363页。

乾隆的倚重能员，鄙薄清官，是基于他对于贤与能的不同世俗的独到见解。乾隆中有个叫刘天成的御史不满意朝廷轻贤重能的用人之道，遂奏称"贤、能本属两科，能吏足以理国事，而贤吏乃以培国脉"。这样发挥，绝对符合先儒"贤者在位，能者在职"，"尊贤使能"的古训，乾隆则以为此语谬妄到了极点，特降旨申饬说：

> 贤与能理本一致，岂容歧而为二？设官所以养民，即钱谷刑名，何一不关斯民要务？能者擘画裕如，闾阎阴受其福，非贤而何？……若如刘天成所言，则是碌碌无能之徒，居官一无所表见，转得自诩为悃幅无华，不知其于地方公务废弛已复不少，如是而号为贤员，民生其又奚赖？……朕所简任督抚大臣以及两司道府，亦皆择其能民事者而用之，果皆能于其职，则大法小廉，吏治自有成效，此即贤也。……刘天成之意，不过为庸懦者流文其陋劣，而强判贤、能为二，支离害理且误袭前人抚字心劳之说，掉弄笔头，以逞其猥鄙之见。[1]

从理论上讲，乾隆这段话说得何其好啊！贤、品德、操守之类，对主持地方政务的大小官员而言，不光是主观修养、道德表率问题，说到底，还要看其政绩如何，而检验政绩的最高标准应该是，也只能是，经济是否发展，地方是否安定，老百姓的生活是否比以前有所改善。

通过以上叙述可以看出，康熙在评价地方督抚等大臣官员时走出了传统的"清"与"贪"的对立，而引出并强调了另一个价值认知的标准——"能"，但赋予了"能"与"清"难以相容的意味。这在康熙可能是无意识的，但到了雍正那里，则淋漓尽致地发挥"能"重于"清"、因循洁己之清官贻害地方更甚的理论，从而使本来可以兼容的人才标准——"能"与"清"——隐然对立起来。乾隆虽然将能与贤做了理论上的融通，而实际仍秉承了其父祖重能轻贤、重才轻德的用人路线。这样，在持续一个多世纪之久的康乾盛世就出现了引人瞩目的与传统用人之道大异其趣的政治现象。

---

[1] 俱见《清高宗实录》卷七六三，乾隆三十一年六月乙卯。

那么，这一特殊政治现象背后的原因何在呢？

贤与德，反映了人们对社会正义的期望，体现了儒家理想主义的道德追求，其最高境界是实现社会稳定；能与才，则是时代对效率的呼唤，它适应社会变革的需要，注重从实行的层面推动社会的发展。被历代统治者奉为正统的用人之道倾向于前者，而以雍正为代表的康乾盛世的用人之道则倾向于后者。二者之间的分歧，既有满汉文化差异的影响，也有满、汉大臣官员争取权力资源最大占有的背景，[1]但从根本上讲，是由追求效率、发展，还是追求公正、稳定的政治路线所决定的，是由当时统治者所面临的形势所决定的。"治平尚德行，有事赏功能"[2]，曹操这十个字的概括恐怕是古今不易的真理。

纵观中国古代历史，重能轻贤、重才轻守的用人之道在中国古代并

---

[1] 由于文化差异等原因，汉人一般推重操守，满人则多以能事见长。雍正以莫须有的罪名罢黜了声望夙著的清官云南巡抚杨名时，但又担心滇省士民会因此闹事，鄂尔泰密告皇上事态并不严重，因为"汉人流辈所以推重杨名时者，向不过操守一节，现已认清杨名时欺世盗名之真面目了《雍正朝汉文朱批奏折汇编》第十一册，第862页）。这话出自满官领袖鄂尔泰之口，很可见操守与才能在满汉官员心目中不同的认识和评价。当然，不能绝对地说"康雍乾时代清官都是汉人，而能员全属满人"，但"能员"与"清官"大致以满汉民族族属之不同为分野，则比较接近那个时代的事实。清代声名最著的清官几乎集中在康熙朝，康熙朝的著名清官又几乎全是汉人。两江总督噶礼是干练的能吏，张伯行是世所公认的清官，二人同官一省，互不相能，都在暗地里用密折揭对方的短处和阴私，噶礼说张"昏庸""为土木塑像"（中国第一历史档案馆编《康熙朝满文朱批奏折全译》，中国社会科学出版社，1996，第739页）；张伯行则说噶贿卖举子得赃银五十万两。噶礼、张伯行互参案结案时，康熙对满汉大臣坦言保全清官的道理，汉官听了很受用，满官则心里不快，康熙下面特开导满洲大臣说："毋谓朕偏向汉人，朕至公无私之心，天下共见。"（《清圣祖实录》卷二五一，康熙五十一年九月丙辰）这表明，满汉臣工都十分关注皇帝用人标准倾向的。操守第一，还是才能第一？在他们看来，这直接关系到权力分配的份额。正是由于皇帝倡行的"宁用操守平常的能吏，不用因循废事的清官"干部路线居于强势地位，因而乾隆初政出现了杭世骏所指责的"天下巡抚，尚满汉参半，总督则汉人无一焉"这种不公平的政治现象（《清高宗实录》卷一八四，乾隆八年二月癸巳）。作为少数民族的满族就人才资源而论，与汉族是难以相比的，想通过科举考试入仕则更非汉族士人的对手，无论从满族世家以至一般人士争取权力资源的最大占有来看，还是最高统治者从控制权力中枢及要害部门的狭隘政治考虑着眼，他们都需要在用人之道上别有一番兴革，别有一番说法，以扬其能事之长，避其操守平常之短，随之而来的，自然会流于贬损贤德、鄙薄清官的歧途。

[2] 《曹操集·文集》卷二，中华书局，1959。

非仅见于盛清时代。曹操的"唯才是举"[1]和唐太宗的"惟才是与"[2]，是和汉末至唐初世家大族把持用人大权的特殊时代背景分不开的，他们从政治需要着眼，急于打破"上品无寒门，下品无士族"这样埋没人才的局面。两宋以后，特别是明代中叶以后，随着世界航海时代的到来，中国传统社会经济内部开始酝酿着越来越明显的变动，用人就不单是平治天下重大问题，而且是经济发展、社会稳定的一个重要前提条件，而用人是首重才能，还是重德轻才，这两种对立的用人路线之间的冲突也随之日趋激烈起来。

北宋神宗朝王安石主持的变法和王安石其人历来颇受持正统观念者所訾议，直到清代才渐渐地有了转变。王安石推行的新法堪称中国古代第一次具有社会经济革新意义的维新变法，其推行新法，始终认定人才为根本，《上仁宗皇帝书》论变法纲领洋洋万言，无非"陶冶人才"四字而已。[3]王安石以为，变法最大的障碍是秉持国政的大臣非"安习故常而无所知"的"庸人"，即"恶直丑正而有所忌"的"奸人"。[4]他乞请朝廷罢黜那些"年老、患病、赃污、不材之人"，其中尤以"不材之人为害胜于赃污者。"[5]这话正面来说，自然是宁可用操守有玷的才智之士，也不用因循废弛的庸人。实际上，为了推行改革事业，他打破科举取士和升迁旧规，破格提拔了一些锐意革新、年轻干练，但日后也确实暴露出某些品德品质问题的人才，以致旧党诋毁他"罢黜中外老成人几尽，多用门下儇慧少年"[6]。

明朝万历初年，纪纲不振，主少国疑，张居正不避猜嫌，以国家社稷为己任，专政十年，用铁腕手段矫除积弊，贯注心力于国富兵强，明朝几呈中兴之势。和王安石一样，在用人之道上，张居正也属"唯才是

---

[1]《曹操集·文集》卷二。
[2] 司马光编，胡三省注《资治通鉴》卷一九四，《唐纪十》。
[3] 王安石《王文公文集》卷一，《上皇帝万言书》，上海人民出版社，1974。
[4] 杨仲良编《资治通鉴长编纪事本末》卷五九，《宋史资料萃编》第2辑，第4册，台北文海出版社，1967。
[5]《王文公文集》卷一，《上仁宗皇帝言事书》。
[6]《宋史》卷三二七，《王安石传》，中华书局，1985。

宁用操守平常的能吏，不用因循误事的清官

举"一派,他说:"本朝则立贤无方,惟才是用。"[1]他深感除旧布新的艰难和人才的重要,遂断言:"世必有非常之人,然后有非常之事;有非常之事,然后有非常之功。"[2]因此,他的改革构想和方案,多与负地方重任者通过书信直接沟通,而其中多有青史留名的当世文武人才,如镇守辽东的李成梁、镇守蓟门的戚继光、在清口一带治河治运的潘季驯,等等。张居正似乎感觉到了,在治国方针和取人之术确定之后,以富国强兵为目的的改革,其成败将最终决定于在地方能否得到切实的贯彻,而具有这方面重任的大员也最能提供为朝廷决策所依据的来自底层的各种信息。

较之宋代和明代,鸦片战争前清代的中国从总体上看虽然没有从根本上动摇传统农业社会的基本架构,但这近二百年间,中国与世界其他国家的联系日益紧密。反映在国内,则人口成倍增长,白银大量内流,物价持续上涨,社会动荡不安,这一切都从更深层次动摇和瓦解着传统社会赖以存在的基础;海外贸易的长足发展、商品经济的空前活跃,开始改变传统农业、手工业、商业的产业结构和固有的阶级关系,并导致东部与西部、内地与边疆经济文化发展不平衡的加剧;传统政治体制和经济、财政、金融制度面临着历史上空前严峻的挑战。总而言之,当时清朝皇帝所遇到的改革压力之大,不是历史上任何一个朝代统治者能比的。幸运的是,相继在位长达一百三十几年的康雍乾三位皇帝,顺应时代潮流,确实对旧体制进行了诸多改革。今天,雍正的改革已为人们所公认,其实这段有声有色的改革溯源于康熙,贯注于乾隆,不过是整个改革进程的一个高潮而已,其硕果就是造就了中国古代最后一个,也是最辉煌的一个盛世——康乾盛世。康雍乾三位皇帝也终于摆脱了中国历史上凡倡导改革者难逃厄运的宿命,而以其文治武功彪炳史册。这恐怕要归因于客观上时代有比较强烈的改革需要,他们又顺应时代的变动,对于传统的治国方针和用人之道适时地进行了调整。

如果说时代变动,那么,康雍乾时代一个最重大的最突出的社会问题就是人口剧增。大约在乾隆初年,人口已达到以往中国历史上的最高

---

[1] 张居正《张太岳集》卷一八,《杂著》。
[2] 《张太岳集》卷二三,《答总督方金湖》。

峰,即明万历年间的1.5亿,到乾隆末不过半个世纪的时间里人口又翻了一番,突破3亿,许许多多的社会问题也随之而来了,当时的有识之士如洪亮吉就有"盛世之忧"[1]的慨叹。所以说康雍乾时代从一个角度看无疑是个盛世,换一个角度看又是一个亘古未遇、让人不胜忧虑的多事之秋。雍正似乎敏锐地感觉到了时代脉搏的异动,他诚恳地向臣下表示:"士习吏治自唐宋以来不可问矣!朕竭力欲挽此数千百年之颓风,尔等亦当竭力匡襄以勉之。"[2]"此风若不悛改,必致封疆大吏,皆以实心任事、整饬地方为嫌,相率而为苟且之计,吏治何所倚赖乎?"[3]以追求社会安定为终极目标的传统治国方针以及与之相应的用人之道,在雍正看来已经流弊丛集,统治者要想驾稳时代的航船,进而成就一番非常的伟业,就应了张居正"世必有非常之人,然后有非常之事;有非常之事,然后有非常之功"那句话。康雍乾三位皇帝认准了这一点,在用人之道上,坚决摒弃自恃廉洁而不干实事的巧宦,大胆启用"非常之人",也就是确有才干见识、勇于开拓进取的能吏,将他们置于推行新政最关键的部位,特别注重选用主持一省或几省军政事务的督抚等地方要员。大概只有这样看,才能理解康熙说不能办事的清官"反不如不清之官"时的忿激情绪,才能理解雍正对"求其过则不得,论其心则实伪"乡愿式的清官何以如此深恶痛绝;才能理解乾隆所说的"朕所简任的督抚大臣以及藩臬两司、道、府亦皆择其能理民事者而用之"[4]蕴含的深意。

当然,康雍乾三位皇帝都不具备把握时代脉搏的自觉意识,他们无非觉得眼下人口繁滋,物价上涨,社会骚动,治国用人的老办法有的显然已经失灵了,为了大清帝国长治久安,不得不对传统方针政策做出某些调整。闽广地区开放海禁和解除矿禁,也许最能检验康雍乾三位皇帝用人之道的新思路,以及他们都曾经历过的程度不同的犹豫和动摇。当时中国人口压力最大的是东南沿海闽广地区,那里山多田少,过剩人口或漂流海外,或就食江西、湖广、川陕,显然这都不是根本解决的办法,

---

[1] 洪亮吉《卷施阁集·文甲集》卷一,《意言》,《近代中国史料丛刊续编》第45辑。
[2] 《雍正朝汉文朱批奏折汇编》第八册,第944页。
[3] 《清世宗实录》卷四六,雍正四年七月戊戌。
[4] 《清高宗实录》卷七六三,乾隆三十一年六月乙卯。

只有利用濒临大海、地多矿藏的有利条件发展海外贸易和工矿业，才是吸收过剩劳动力的前景光明之路。康熙晚年，从国家安全的政治高度考虑下令禁止东南沿海商民前往南洋贸易，迨雍正中，旗员闽浙总督高其倬以闽省"福、兴、漳、泉、汀五府，生齿日繁，多无田可耕，流为盗贼，势所不免"为由[1]，奏请开放洋禁，以广其谋生之路。雍正准高其倬所请，重新开放对南洋贸易，从而带动了东南沿海地区外向型手工制造业的发展，吸纳了部分过剩人口，在一定程度上缓解了社会矛盾。再来看广东的矿禁。自康熙、雍正以来，广东矿禁时弛时禁，朝廷政策摇摆不定，乾隆初争议再起，广东提督张天骏以开矿每致聚众滋事，"为海疆安靖之计"，力主继续禁止开矿。两广总督旗员鄂弥达具折批驳，略言现在粤东招商开采铜矿，铜斤充裕，制钱流布，方便百姓，有利国用，无过于此。况且粤东山多田少，小民生计艰难，如果就近招募开矿冶炼，滨海无数失去土地的流民都可以借此找到生计，可见开采粤东铜矿不仅有裨鼓铸，而且利益民生。提臣张天骏奏请禁矿，不过是借"安靖海疆"之名，达到推卸责任、保全自己官位的目的。鄂弥达还针锋相对地指出："海疆固宜安靖，然所谓安靖者，必地方整理，人民乐业，始可云安靖，非图便偷安，阘茸废弛，侥幸无事，竟置朝廷重务于膜外而谓之安靖也。"乾隆支持鄂弥达，特降旨说："这所奏甚是。地方大吏原以地方整理、人民乐业为安靖，岂可以图便偷安，置朝廷重务于膜外而谓之安靖耶？"于是命将张天骏交部议处。[2] 鄂弥达这个满洲大吏很聪敏，他实际上阐明了所谓"稳定"，其实有因循保守的消极稳定和在发展的基础上实现更高层次上的积极稳定两种不同的含义。这样一讲，就把稳定和发展这一对本来不好调和的矛盾在理论上统一起来。广东解除矿禁标志着清代国家产业政策一次具有某种崭新意义的重大调整，其影响远远超出广东一省。世界历史表明，人口与资源的紧张关系往往会推动传统社会迈出向现代社会转变的艰难的第一步，18世纪初期中国闽广地区在人口压力下最先出现的解除海禁和矿禁的强烈需要，从某种意义上讲，可

---

[1] 王锺翰点校《清史列传》卷一四，《高其倬传》。
[2] 中国人民大学清史研究所、档案系中国政治制度史教研室合编《清代的矿业》上册，第39—40页。

以把它看作古老的农业社会的中国迎来的工业化文明的第一抹熹微的曙光。如果这样来认识雍正和乾隆对闽广地区解除海禁和矿禁的决策的话，如果这样来认识雍正和乾隆所任用的能员高其倬、鄂弥达在其中所起的作用的话，我们不能不高度评价康雍乾三位皇帝治国之术和用人之道中蕴含的先行者的思想精华和推动中国历史前进的积极作用。

中国古代有一个十分值得珍贵的文化传统，那就是牧民者应时时怀有一颗重民天而厚民生的诚敬之心。由此出发，宋儒司马光发挥了仁义治国、不兴革、忌扰民、用人重德不重才的稳定第一，因循保守色彩浓厚的一面，而王安石、张居正以至康雍乾三位皇帝则强调了以改革求发展、以发展改善民生、用人重贤而轻能的务实高效的另一面。前者适应发展比较缓慢的农业社会时代，且拉起孔孟之道为大旗，所以一直居于正统地位，后者应社会变动之运而生，乘时代进步之势而发展，在理论上也不难从三代圣帝明王那里找到依据，自然给人一种生机勃勃、耳目一新之感。但毕竟古代的中国始终未脱农业社会基本框架，传统因循的势力又郁积深厚，阵容严整，所以，诚如乾隆皇帝所言，后者最终不过是"权宜办理"[1]之计。但千万可别小看了这因时制宜的权变之计，中国在18世纪出现了举世瞩目的康乾盛世，原因是多方面的，康雍乾三位皇帝顺应历史发展趋势，勇敢地举起了批判（尽管这种批判有时采取了对儒家教条另类解释的方式）因循保守的传统儒家理念的大旗，从而在一定程度上调整了治国之术和用人之道，实在是最重要的原因之一。

康雍乾三帝从满族务实的文化传统出发，奋力振刷传统居官立身之道的流弊，大胆起用为主效忠且有干才识见之能吏，因而政治上富有朝气，建树颇多。但物极必反，其重能轻贤、重才轻守倾向慢慢走向极端，就难免滋生新的流弊。

平心而论，御史曹一士所针砭的时弊"贪吏、酷吏者，无一不出于能吏之中"，实在是雍正、乾隆始料不及的，也是他们不愿看到的。如果深究起来，原因可能是多方面的，但一个重要的不可忽视的原因是最高统治者舆论导向出了某种偏差，这种偏差从康熙皇帝之鄙薄清官时已初见端倪，到了雍正、乾隆手里，则为害一发而不可收。曹一士在批评重

---

[1]《清高宗实录》卷七〇，乾隆三年六月乙未。

能轻贤的流弊时曾说:"人主好尚一乖,臣下取舍顿异,故转移之机,不可不慎。"[1]这个方正的御史所讲的话未必都对,未必没有偏颇之处,但这一点他毕竟抓住了要害。

作为清官的个人,绝少十全十美的完人,他可能有种种毛病,诸如短于理事、因循保守;诸如拘泥偏执、猜忌刻薄、虚伪好名、言行相违,等等。康雍乾三位皇帝对某一个号称清官者的批评,就"这个"清官来说可能并不错,但这种批评多了,且出自皇上之口,问题就严重起来,似乎只要是操守廉洁的清官就难免此类通病,这样一来,作为整体的清官,或者说被抽象化了的清官的身上就被泼上了污水。更加严重的是,清官是中国政治文化中一个值得重视的现象,在中国老百姓的心底里,早就矗立起了清官操守廉洁、秉公执正、刚正不阿、为民请命的完美形象,在清官身上寄托了他们对社会正义的期望,特别是对社会财富公平分配的向往;在中国知识分子的心目中,出仕做一个清官也是他们终身追求的理想,"修齐治平"首举"修身",宋明以来,士人笃守程、朱者,注重讲学,析理精微,而学本陆、王者,则以慎独为宗,治务自刻厉,二者虽有门户之别,而为官皆重志操洁清,多能无负其所学,在他们身上总有一股正气,这就是弥足珍贵的儒家理想主义的精神,而不学无术的所谓能员既少学问根底,监控稍疏,即难免放辟邪侈,无不为己,和他们是不可同提并论的。公平地讲,康熙皇帝对此并非无所鉴察,但出于对效率、发展的偏求和下面就要提到的政治方面的原因,所以讲了一些如不能办事的清官反"不如不清之官""即使操守平常,民犹谅之,未若自恃廉洁,贻累地方之为甚。譬如木偶泥人,纵匀水不入口,安所用之?"之类有意无意厌薄贬损清官的话,从这里已埋下了日后思想上是非标准趋于混乱的根子。

再来看康雍乾三位皇帝对假道学的批判。道学以继承孔孟"道统"为职志,讲道学上者注重身体力行,其德量、操守、政事,皆足令人神往,即不够纯粹,也多能为循良之吏。但儒家理想主义所悬标准过高,因此讲学者又不免虚伪迂阔,最下者甚至流于欺世盗名,为世人所诟病。康熙时的理学名臣熊赐履的"嚼签子"、李光地的"负友"和"夺情"最

---

[1] 贺长龄、魏源编《清经世文编》卷一九,曹一士《请分别贤能疏》。

是显例。康熙之尊道学有政治上的考虑，故对熊、李之辈都能优而容之，但心底里自有看法，他曾和大学士们私下讲："讲道学之人，家中危坐，但可闲谈作文，一有职任，即有所不能。若不用此辈，又以不用士人为怨，朕何必令人怨耶？即如汤斌、耿介与赵申乔辈，朕皆用至大臣。"[1]到雍正、乾隆那里可没有这么客气这么讲究治术了。他们对道学似乎有一种仇恨心理，对付讲学者惯用的伎俩是专揭他的秃疮痂疤。云南巡抚杨名时以道学自励，号为士人领袖，雍正骂他："假道学，实系真光棍！诚为名教罪人、国家蠹毒！"[2]蓄意制造了一起迫害杨名时的冤狱，审讯时刑官按雍正授意问他："你说历任多年一个钱不要，为什么收下属金杯缎匹？"又问他："看你所行的事与你所说的话都不相符，看你举动都是你装出来的假样子，这样看来，你任内不肖的事体自然还有，你一一据实供来！"[3]乾隆比雍正还霸道，理学家尹会一之子、大理寺卿尹嘉铨的假道学在被尽情地嘲弄一番之后，竟"从宽"被处以绞刑。乾隆时期，不管真道学还是假道学，统统被世人鄙而讥之，纪晓岚就看准了政治风向，专门去揪假道学的小辫子，连晴雯也揶揄说："袭人吗？越发道学了，独自个在屋里面壁呢。"[4]可见道学之不容于当时官场与社会。在泼出假道学脏水时把盆里道学这不错的婴儿也泼出去了，士大夫道德与精神的堕落恐怕与此不无关系吧。

康雍乾三位皇帝对清官和道学的苛责，既有思想方法绝对化的问题，也有政治上的成见。他们都恶臣工结党，而尤恶沽名，为什么沽名比结党还可怕呢？江宁巡抚汤斌在苏州所出告示中有"爱民有心，救民无术"之语，大学士明珠告发他"谤讪"君上，康熙也责备说"彼为巡抚，果爱民心切，岂难据实上奏，何乃出'救民无术'之语？"[5]一个省级官员讲几句"爱民有心，救民无术"之类的话，究竟触犯了什么大忌讳？在今天很难理解。但在专制时代，如此一说，就隐含世道暗无天日、百姓水深火热之意，喜欢听好话的皇帝心里岂能舒服？况且，一切爱民救民

---

[1]《康熙起居注》第三册，第2408页。
[2]《雍正朝汉文朱批奏折汇编》第十一册，第860页。
[3]《雍正朝汉文朱批奏折汇编》第十一册，第73—74页。
[4] 曹雪芹著，高鹗续《红楼梦》第六回，人民文学出版社，1996。
[5] 中国第一历史档案馆整理《康熙起居注》第三册，第2215页。

宁用操守平常的能吏，不用因循误事的清官

之举都应恩出君上，你汤斌有什么资格讲"救民"？清官一个大优点也是一个容易触犯逆鳞的大毛病是总按捺不住要"为民请命"，这在政治上是和君主专制水火不容的。云南巡抚杨名时也是个不识时务的讲道学的清官，在下面做了很多减轻农民负担的好事，老百姓说他好，他却忘记推功于皇上，结果雍正斥责他"只图沽一己之虚名，而不知纲常之大义，其心实愿父为瞽瞍，以成己之孝，君为桀纣，以成己之忠"，"君父且不顾，岂尚计及于吏治民生乎？夫以盗名之邪念，至欲以君父成己之名，在家则为逆子，在国则为逆臣，天理尚可容乎，其罪尚可逭乎？"[1]人主之所以深恶痛疾清官的"为民请命"，恐怕再没有比雍正表述得如此穷形尽相了。认识上的偏见加上政治上的成见交织在一起，无疑更加大了舆论导向的偏差。

一代官吏的趋止，一代官场的风气，说到底，与最高统治者的导向有很大关系。乾隆中期以后士大夫道德自律松弛的原因固然很多，而追本溯源，自康熙开始的持续百年之久的误导，自应负一定的责任。在总结造成当年吏治迅速腐败的历史教训时，曹一士所言"人主好尚一乖，臣下取舍顿异，故转移之机，不可不慎"，实在值得我们深长思之。

贤与能，德与才，义与利，属于价值认知与价值评价体系的重要范畴。前者更倾向于追求社会公正的实现，而社会正义应视为人类永恒的价值体系的基础，如果得不到正义和公正，就有可能动摇整个制度体系的基础，破坏社会的稳定——儒家历来强调贤，强调德，强调义，其合理性正在与此；其流弊在于因循保守，可能阻滞社会的发展。后者因应时代变革、社会发展的需要，更倾向于追求效率的实现，而效率恰是发展的杠杆，在变革时代，只有发展才能实现更高层次上的社会稳定——包括康雍乾三帝在内的中国古代的改革家强调才，强调能，不讳言利，其合理性正在于此；而其流弊则可能导致人们精神道德的迷失，最终又会给改革发展造成难以弥补的戕害。历史事实表明，古人在德与才、贤与能的认识上都有些非此即彼的绝对化倾向，留下了诸多值得认真总结的经验。在德与才，贤与能价值选择时，应该尽量避免一元化、绝对化，

---

[1]《雍正朝汉文朱批奏折汇编》第十一册，第861页。

力求实现多重价值目标对立统一，以建立体现"效率与公正，以效率优先"的兼有包容性的多元化的价值认知与价值评价体系。这是改革时代本来存在的价值取向多元性决定的，也是社会内部固有的复杂性决定的。也许恰到好处的平衡点有时很难找到，但无论如何都不应放弃这种努力。

原载《清史研究》2001年第4期

政治冲突与文化隔阂：
杨名时案透视

杨名时，字宾实，又字凝斋，江苏江阴人。他是康熙辛未科进士，到康熙五十九年（1720）擢升云南巡抚，其间浮沉宦海三十年才当上了边省大吏，仕途不能说不艰难，况且这时杨名时已年逾花甲[1]，似乎发达很有限了。不意雍正改元，杨名时竟很受新帝青睐，他首次请安折上便奉有"尔向来居官，任任声名甚好，自兹莫移初志，益当勉之"[2]的朱批谕旨，雍正三年（1725）九月，有旨晋兵部尚书，仍管云南巡抚事，十月，升任云贵总督，照旧兼任云南巡抚。四年七月，转吏部尚书，命仍以总督管理巡抚事，杨名时一生事业至此达到了巅峰。不料随即厄运骤至，当年十月，鄂尔泰取代杨名时为云贵总督，翌年二月，雍正发表湖南布政使朱纲升任滇抚的任命，朱纲遵旨赴京请训。八月，雍正部署初定，即明发谕旨，命刑部侍郎黄炳由四川前往云南，"俟巡抚朱纲到日，有交与会审事件"[3]。"会审"的对象正是刚刚落职的杨名时。杨名时仿佛做了一场噩梦，局外人恐怕更不明白他招祸的缘由。

究竟什么原因促使雍正决定惩创杨名时？雍正发动杨名时案目的何在？

---

[1] 据方苞所撰《礼部尚书赠太子太傅杨公墓志铭》，戴均衡编《方望溪（苞）先生全集（文集）》卷一〇，《近代中国史料丛刊》第52辑。杨名时生于顺治十七年十二月二十四日，即公元1721年1月21日。
[2] 中国第一历史档案馆编《雍正朝汉文朱批奏折汇编》第一册，第35页。
[3] 《雍正朝汉文朱批奏折汇编》第十一册，第65页。

李卫"阴间"说

杨名时案过后大约半个世纪，彭绍升撰写的《故资政大夫礼部尚书杨文定公事状》首次揭出李卫"阴间"而酿成此案的说法："初，李卫为云南盐驿道，迁布政使，以兴利为功，恃恩使气，陵诸大官出其上，公（名时）遇事则裁抑之，遂用是阴间公。"[1]

"阴间"，用今天的话来讲，就是打小报告陷害。事隔五十年彭绍升的根据是什么？他虽然没有说，却明白表示《事状》的底本是卢文弨所写的《杨文定公家传》："灵皋（方苞）为（名时）撰墓志，其事辞颇略，近余姚卢先生绍弓得公（名时）书稿于其家，为传较完备，予因益损其辞，参稽所闻，为之状。"[2]

卢文弨，字绍弓，他的《家传》写于距杨名时"之殁已四十年"的丙申年，即乾隆四十一年（1776），讲到杨名时获罪之由时只是说"有人奏公（名时）与臬司江芑通同欺蔽，世宗命湖南布政使朱纲来代，且遣刑部侍郎黄炳来会鞠"。[3] "有人"是谁，他并没有明说；到了彭绍升手里，就实实在在地点明是李卫，看来他是"参稽所闻"后，认为已经没有必要再遮遮掩掩了。

关于杨名时致祸之由，当时的确不乏难以确证但又广为流传的说法，这可以举出乾隆初杨名时刚去世时全祖望写的《江阴杨文定公行述》为例，他说杨名时为其"属吏"逸言所中："有属吏者，才而佻，其于吏务诚有过人，而不学无术，多自用。公（名时）谆谆教之，属吏以公为老儒，迕其言，公惜其才，言之不已，属吏反憾。适其入觐，言公姑息以要名，且耄，百务俱弛，世宗不能无动。"[4] 作者笔下的"属吏"虽未直指李卫其名，其实已经昭然若揭了。

---

[1] 彭绍升《二林居集》卷一七，光绪辛巳刻本。
[2] 《二林居集》卷一七。
[3] 卢文弨《抱经堂文集》卷二六，《杨文定公家传》，《国学基本丛书》，商务印书馆，1937。
[4] 全祖望《鲒埼亭集外集》卷一一，《江阴杨文定公行述》，《四部丛刊初编》集部294，上海书店，1989。

李卫，江苏铜山人，捐纳出身，后被雍正誉为与鄂尔泰、田文镜并列的"督抚标榜"[1]，是一个当时和后世都很有争议的人物。他的确曾为杨名时的属吏，那是雍正元年至三年间的事，杨名时做云南巡抚，李卫在他手下先做云南驿盐道，很快升任云南布政使；李卫这个人的确很能干，尤长于捕盗，是当时风头正健的"能吏"派的典型人物；杨名时也的确屡屡规劝过李卫，他曾向雍正汇报说："李卫于办理盐课实能干济，臣自知远不及，此皆人所共知，第臣性鲁拙，见李卫气质不好处，每直言相劝相规，尽臣之心，实欲去其小疵而成大醇。"[2]在这一背景下，全祖望尽管不好说，或不便说"属吏"是谁，但在当时圈内人都知道必李卫无疑。

现在可以举出存世的李卫告密折子确证，彭绍升明指和全祖望等暗指"阴间"而酿成杨名时案者的正是李卫。

李卫雍正三年（1725）十月由云南布政使擢升浙江巡抚，到他起意密告杨名时的时候已经离开云南一年多了。他在雍正四年十一月二十日一件密折煞尾时笔锋一转，向雍正揭发了昔日上官杨名时"偏徇""欺罔"等情弊："更有与闻者，臣向在滇省查出原任云南永平县卓异令冯庆长从前承办军需将所存草豆卖价瓜分一事……不意督臣杨名时以庆长系伊荐举门生，遂改变前案，不令交库，后知众论未服，方赶回解役，止将一半收贮，其余之银仍行给还，置钱粮于不问。又同臬司江芑各出现银数千两，代已参顺宁府范溥包赔本任内亏空仓谷等项共银一万有奇。"李卫最后说："臣虽曾为名时属员，但不忍闻其欺罔若是，且伊偏徇之处尚多，不敢逐件琐陈，即江芑臣亦曾保举一次，均未便营私为之隐讳，合并据实附奏。"在李卫奏折折尾雍正朱批："一派真诚！可谓一德同心之封疆大臣，朕实嘉而幸庆焉。只务'密'之一字为要。"为什么如此强调保密呢？因为雍正此时已萌动整治杨名时之念，李卫的告密正中下怀，而揭开盖子前风声丝毫不得外逸。考虑到李卫提供的材料稍嫌薄弱，雍正又在李卫"且伊（杨名时）偏徇之处尚多，不敢逐件琐陈"一句旁朱批："可将此事不必落名，但将事情为弊情节写一折来，朕发与鄂尔泰详

---

[1]《雍正朝汉文朱批奏折汇编》第十四册，第658页。
[2]《雍正朝汉文朱批奏折汇编》第十册，第691页。

究。"[1]李卫遵旨冥思苦想,百计罗织,又写了一个"不落名"的参劾折子,嗣后新任云南巡抚朱纲与钦差侍郎黄炳会审杨名时的根据便是皇上发下的这个匿名参折,它的详细内容下面还会谈到。

李卫究竟为什么要陷害杨名时呢?彭绍升的解释是,缘于杨名时对他"遇事则裁抑之"。李卫粗猛傲慢,任性使气,动辄肆口谩骂,官场中人际关系很紧张,是尽人皆知的事实,但在云南两三年间,对顶头上司云贵总督高其倬、云南巡抚杨名时还算客气,他自称:"今督抚二臣正己率属,协恭报国,无私可议,臣敬服之不暇,又何得而侮慢之以乖宪纲也。"[2]这段经过细心推敲的向雍正做的表白固未可尽信,但至少可以证明还远远没有闹到杨名时要"遇事裁抑"李卫的地步。至于全祖望的看法则是,李卫之所以进谗媒孽,盖因对杨名时的批评怀恨在心。如果真的如此,李卫何必在调出云南后隐忍了一年多才报复呢?认真分析一下李卫密告杨名时"偏徇"和"欺罔"两款的内容,体味一下他说的"且伊偏徇之处尚多,不敢逐件琐陈"这句话,他确实为杨名时也为自己留有余地的,他还在窥测皇上对杨名时的态度。显然,这个精敏的老吏绝不是在泄私忿、图报复,他精心选择这个时机举发杨名时一定隐藏着某种政治目的。

雍正四年七月,也就是李卫密折揭发杨名时前四个月光景,朝廷发布了一道以督抚等封疆大吏为对象的上谕:

> 封疆大吏有猷、有为、有守,三者并重。但恃其操守颇廉,以为可以博取名誉而悠悠忽忽,于地方事务不能整饬经理,苟且塞责,姑息养奸,此等之人,贻害甚大,则平日模棱悦众、违道干誉之所致也。故但洁己而不奉公之清官巧宦,其害事较操守平常之人为更甚。

接着雍正点了"此等之人"的典型查弼纳、杨名时、裴率度、张楷、魏廷珍五个督抚的名,指责他们"操守虽清而皆顾惜情面,将就求容悦

---

[1] 以上引文俱见《雍正朝汉文朱批奏折汇编》第八册,第474—476页。
[2] 《雍正朝汉文朱批奏折汇编》第五册,第118页。

于人，故内外之人皆称誉者甚多"。为说明这种官场风气对吏治的严重败坏作用，雍正在上谕中又举出他心目中的模范督抚田文镜、杨文乾、李卫和诺敏四人，说他们"实心任事，整饬官民，不避嫌怨，遂不满众人之意，或谤其苛刻，或议其偏执，或讥其骄傲，故意吹索，加以评论。此风若不悛改，必致封疆大吏皆以实心任事、整理地方为嫌，相率而为苟且之计，吏治何所赖乎？"[1]这道整肃官场风气的上谕并非专门针对杨名时个人而发，但皇皇上谕竟公开点了杨名时的名，李卫嗅出味道不对，不能不引起警觉。他揣摩帝之意旨，开始算计如何循着"违道干誉""姑息养奸"钦定的调子做点文章，与已被皇上点名批评的昔日之上司杨名时划清政治界限；不过，暂时还不宜轻举妄动，直到当年十月，实授鄂尔泰云贵总督的谕旨发表，估计杨名时的失势不会逆转，他才决定伸出触角，具折密参；尽管这时他还没有完全吃透皇上的意图，对杨名时失宠的程度也把握不很准，但绝对不能错过表态的最后时机了——于是有雍正四年十一月二十日那件好像不经意间带上杨名时一笔、实则用心良苦的试探性的告密折子。

无论如何，正是李卫上述的密折才正式启动了杨名时案，为大狱迭起、蔚为壮观的雍正朝政治史添写了不可多得的一章。李卫在其中扮演的重要而并不光彩的角色，只是在乾隆即位杨名时案实际得到昭雪的四十九年后，才由彭绍升清清楚楚地勾画出来，个中原由，看来费解，其实也并不难理解。

李卫与雍正朝同被圣眷的封疆大吏田文镜不同。田文镜死于雍正十年（1732）年底，身后虽备极哀荣，但乾隆刚即位，就给他下了"苛刻搜求，以严厉相尚""豫民重受其困"[2]的结论；李卫却没有受到最高权力交替之初政局有所动荡的波及，乾隆初政他仍继续担任位高权重的直隶总督，乾隆三年（1738）十月故去时，有旨称"李卫才猷干济，实心办事，封疆累任，宣力多年，勇往直前，无所瞻顾"[3]，与先帝世宗在世

---

[1] 以上引文俱见《上谕内阁》雍正四年七月，见中国第一历史档案馆编《雍正朝汉文谕旨汇编》第六册"上谕内阁"。
[2] 《清高宗实录》卷七，雍正十三年十一月丙辰。
[3] 《清高宗实录》卷七九，乾隆三年十月乙巳。

时对李卫的屡次评价大致吻合。杨名时去世的时间是乾隆元年（1736）九月[1]，他的最早的几篇传记，包括上述全祖望撰写的《江阴杨文定公行述》，都形成于李卫全身而殁，似乎已经盖棺论定的前后。传记的作者们心存忌讳，谁也不敢披露李卫向雍正告密以致引发杨名时案的隐情，这种状况一直到乾隆四十一年卢文弨写《杨文定公家传》的时候没有根本发生改变。乾隆四十五年（1780）三月乾隆五度南巡至杭州，见西湖湖神庙内有李卫及其妻妾的塑像，遂下令撤毁，降谕称"李卫于督抚中并非公正纯臣，其在浙江亦无甚功德于民，并闻其仰借皇考（雍正）恩眷较优，颇多任性骄纵之处，设使此时尚在，犹当究治其愆，岂可令其托名立庙，永享祭祀乎？"[2]这个迟到的定评可能使彭绍升大受鼓舞，于是以卢文弨《杨文定公家传》为本，"益损其辞"，将李卫"阴间"这一早已是公开的秘密首次叙入最新版本的杨名时传记。

所谓"君臣万里谈心"

揭示李卫"阴间"真相，目的在于搞清楚引发杨名时案的直接原因；但如果其时雍正没有整治杨名时之意，李卫的密告也就绝对不会受到如此重视，杨名时案更无从说起。那么，在李卫"阴间"之前，究竟发生了什么事使雍正萌动了整治杨名时的念头呢？

应该说，雍正与杨名时虽"素未谋面"[3]，但在相当长的一段时间里，君臣间的关系尚称融洽。雍正公开褒奖杨名时"清操夙著""和平

---

[1] 杨名时去世的时间有乾隆元年九月初一日和乾隆二年九月初一日两种说法，据《清史列传》本传、《清高宗实录》乾隆元年九月丁酉条，参以徐用锡所撰《杨凝斋先生名时传》（见钱仪吉《碑传集》卷二四，收入《清代碑传全集》上，上海古籍出版社，1987）和方苞所撰《礼部尚书赠太子太傅杨公墓志铭》等与名时同时且相稔的作者所写的杨传，可以证实当以前说为是。

[2] 《清高宗实录》卷一一零二，乾隆四十五年三月辛卯。

[3] 参见《雍正朝汉文朱批奏折汇编》第一册，第621页；王锺翰校注《清史列传》卷一四，《杨名时传》。

安静"[1]，是皇考留下的好巡抚；杨名时则称颂雍正是"孜孜爱民""日月之光明，照临不遗于一隙"[2]的好皇帝。当然，雍正也觉得杨名时"太软些"，魄力不够，有瞻徇下属的毛病，总的评价与雍正倚信的大臣高其倬相同，是"洁己有余，勤公大不足"[3]。雍正二年（1724）十月顷，杨名时于题奏时无意泄漏密折密批，被停止密折奏事。雍正三年夏秋间，杨名时具折请安，并请云贵总督高其倬代为呈递，雍正不能接受这种暗中认错的方式，公开降旨加以拒绝，但随后又恩赐杨名时"端阳药锭一匣"，示意高其倬从中转圜，密谕高"杨名时是一好巡抚。但前者不许奏折，求也不求，未免自恃姑（沽？）名，朕所以着他为难，亦自取之也。朕无怪他意。密之"[4]。经高其倬指点，杨名时于当年十月先呈递了一件请安折，随后又于十二月正式具题，承认泄漏密折之错，恳求恢复奏折。经朱批的请安折于雍正四年正月先返回云南，杨名时伏读皇上"朕安。你好么。朕要用你总督，勉为之"的批谕，百感交集，由衷以为"人臣荣幸何以复加"。[5]三月二十九日接奉明旨："杨名时既知过失，恳切奏请，仍准折奏。"四月二十日，杨名时以"兵部尚书云贵总督仍管云南巡抚事"职衔具折恭谢天恩，雍正不无权术而面上却极为坦诚地批谕："前因人捏陷尔奏之，朕偶失斟酌之，所疑今已明白，何罪之有？朕再不粉饰一时之误，枉罪汝也。朕之性情如此，不畏有过，但虑朕不能改耳。往事当释然于中，不必丝毫系念也。"[6]一场可能因旁人挑唆而引起的误会[7]，主要由于雍正的主动化解而涣然冰释，君臣间的感情和了解较前又有所加深。这大概已是雍正四年五六月之交了。七月，上述出乎官场人

---

〔1〕　俱见全祖望《江阴杨文定公行述》和卢文弨《杨文定公家传》。
〔2〕　《雍正朝汉文朱批奏折汇编》第一册，第373、621页。
〔3〕　俱见《雍正朝汉文朱批奏折汇编》第二册，第2、565页；第七册，第424页。
〔4〕　参见《雍正朝汉文朱批奏折汇编》第五册，第432页；《雍正朝汉文谕旨汇编》第三册，第1页。
〔5〕　《雍正朝汉文朱批奏折汇编》第七册，第155—156页。
〔6〕　《雍正朝汉文朱批奏折汇编》第七册，第157页。
〔7〕　据全祖望说，时有"礼绝百僚，亲王亦折节致敬"的"密勿重臣二人"，作《四巡抚论》，"皆加丑诋，以为乱政之魁"。名列其中的除杨名时之外，还有李绂、陈世倌和蔡珽。(《鲒埼亭集》卷一七，《阁学临川李公神道碑铭》) 此"密勿重臣二人"，盖指圣眷正隆的张廷玉与蒋廷锡。

士意外的雍正训斥查弼纳、杨名时、裴率度、张楷、魏廷珍等"但洁己而不奉公"谕旨公开发表，似乎杨名时与雍正的关系又紧张起来，其实不然。

雍正以为，"士习吏治，自唐宋以来不可问矣"，他的雄心壮志就是"竭力欲挽此数千百年之颓风"[1]。这通训谕是雍正首次从正反两个方面对用人之道作的全面阐述，意在排除贯彻他的改革路线的人事上的阻力，因此不能把它看作整肃杨名时等五位督抚的信号，该谕旨结尾处说得很明白："朕深望尔等为明达体用之全才，而深惜尔等为同流混俗之乡愿，故谆谆告诫，不惮周详。"[2]此时雍正尚视杨名时等为"同流混俗之乡愿"，杨名时若能识相而隐忍不言，或者以官僚惯有的圆滑，表示诚心受教，勉力改正，也许此事很快就会淡化；查弼纳、魏廷珍等虽同样奉旨切责，但日后并未得祸，就是明证。然而，杨名时这个人做不到，因为他不能违心地承认自己是为圣人所深恶痛绝的"乡愿"[3]，而必须向皇上表明对这个问题的见解。

杨名时无论如何想不到，为此他将付出改变了自己一生命运的巨大代价。

雍正四年九月四日，杨名时针对上谕的指责具折申述。他首先表示理解皇上深忧臣下沾染圣人所痛恶的乡愿之风的良苦用心，随即用"谨按"领起下面一番议论："圣贤之所恶非一，而于恶乡愿尤甚，于佞与利口、无礼、不逊及徼讦为智直之流，以其皆属诈伪，而乡愿更为深巧，斥绝倍严。人臣苟不知切戒乎？此足不可立于圣人之门，身不可立于圣人之世。臣自今以往，惟有切省不遑，内则整肃身心，外则厘饬政事，期无蹈于悠忽因循，以无负训迪惓惓至意也。"这话虽说得内方外圆，雍正何等大智慧，怎能看不透杨名时抵触之心？何止抵触，此人

---

[1]《雍正朝汉文朱批奏折汇编》第八册，第944页。
[2]《上谕内阁》雍正四年七月。
[3] "乡愿"，语见《论语·阳货》，了曰："乡原（愿），德之贼也。"孟子释云："同乎流俗，合乎污世，居之似忠信。行之似廉洁，众皆悦之，自以为是，而不可与入尧舜之道。"（《孟子·尽心下》）朱熹释云："乡人之愿者也。盖其同流合污以媚于世，故在乡人之中，独以愿称。夫子以其似德而非德而反乱乎德，故以为德之贼也而深恶之。"（《论语集注》）以上俱见宋元人注《四书五经》上册。

竟敢节外生枝，攀扯同样为圣贤所恶的"佞与利口、无礼、不逊及徼讦为智直"[1]，旁敲侧击为朝廷深许的"实心任事，不避嫌怨"如田文镜、李卫等"公忠体国"的大臣。本来已不满于杨名时文过饰非，读到此处，更倍加厌恶，雍正随手在以上数句之间朱批："朕已悉汝所识指之人。但可以不必。即此不免自蹈于佞与利口、无礼、不逊及徼讦为智直矣！乡愿之咎除与否未定，如何又干许多由您也？凡此等居心行事皆不必，一切静听朕之指训，竭力为之，有则改之，无则加勉，不在此舞唇舌、弄讥讽，徒自取轻于朕耳！"[2]全祖望日后为杨名时写传记，说杨名时所谓"讦以为直，徼以为知，不孙以为勇者"，指的就是当时圣眷正隆的"直省督抚中有为武健严酷之政以为能者"，为此深遭嫉恨。[3]可见，就"乡愿"之辩而论，雍正确实抓住了杨名时的要害，不能说他过于敏感，吹毛求疵。但对杨名时奏折另一句话——"致治之道，不持平则虞偏胜"——雍正则真有点儿神经过敏，觉得杨名时似有春秋之意，且教训口气十足，就在句旁先加了朱圈，并旁批曰："朕得力处即'持平'二字，再'不敢为天下先'。"毫不留情地回击了杨名时对自己用人行政所谓"不持平"与"偏胜"的影射。但雍正最终还是不失帝王气度，在九月四日杨名时另一折折尾朱批："朕岂好辩，乃不得已。指迷之论，卿等当熟读以增识见。可谓君臣万里谈心，亦属人间乐事。"忠厚老实的杨名时并没有觉察到事态严重，日后全祖望甚至说什么"君臣万里谈道，不亦乐乎"。他们实在大错特错了！

如何与科甲出身、以道学自重，且声望素著的汉大臣相处，雍正的心理是极其复杂的。他是满文化优越论的坚定信奉者，对汉文化不无鄙视和轻蔑；但内心深处又潜藏着身为"夷狄"的自卑，惟恐被饱

---

[1] 孔孟恶"佞与利口、无礼、不逊及徼讦为智直"，俱见《论语·阳货》《孟子·尽心下》。"佞"，用花言巧语谄媚人；恶佞，恐其乱名也。"利口"，能言善辩，多言而不实；恶利口，恐其乱信也，恐其覆邦家也。"不逊"，不恭顺，不辞让。子贡恶"不孙（逊）以为勇者"，勇而"无礼"则为乱。"徼讦"，揭发别人隐私并加以攻击，故子贡恶之。以上解释参见朱熹《论语集注》和《孟子集注》，载《四书五经》上册。
[2] 《雍正朝汉文朱批奏折汇编》第八册，第51—52页。以下凡引自这件朱批奏折者，不另注。
[3] 全祖望《鲒埼亭集外编》卷一一，《江阴杨文定公行述》。

学硕儒所轻视,尤其畏惧被居心叵测者暗中讥讽。[1]如何把他们驯化成对自己心悦诚服的忠实奴仆,一直是雍正须臾不能释怀的大难题。雍正四年十一月擢升直隶总督未久的李绂奏称"自今以后,惟有凛遵圣训,痛惩艾于既往,弥惕励于将来",表示倾心折服,五体投地。雍正很受用,不免有些忘乎所以,极为罕见地敞开了一次自己的心曲:"你实不及朕远矣,何也?朕经历处多动心忍性者,非止数年几载。若与朕一心一德,心悦诚服,朕再无不教导玉成你的理;若自以为记载数篇腐文,念诵几句史册,以怀轻朕之心,想将来悔之不及!当敬而慎之,五衷感佩可也。朕非大言不惭,纵情傲物,以位以尊胜人之庸主,莫将朕作等闲皇帝看,则永获益是矣。"[2]对学综朱陆、伟岸自喜的李绂如此,对被雍正目为"有名人物,诸汉人之领袖"[3]的杨名时又何尝不是?在雍正看来,杨名时"自以为记载数篇腐文,念诵几句史册",就敢叫板,就敢暗肆讥诋,"一字一言,皆怀诡谲强梁"[4],这种不能感化不怕威压偏执狡诈刀枪不入的异类,只能让他"将来悔之不及",以为众人戒!

然而,雍正也没有全看对杨名时。杨名时并不像他想象的那么坏,那么可恶,那么阴险巧诈。杨名时出李光地门下,光地讲课时曾说:"将来汉人杨宾实未可量也。志气强毅,临事有担当,外面却如田夫野老,甚好。"[5]虽说如此,但杨名时的道德学问还是与其师不可同日而语。晚清理学家唐鉴针对前人所谓名时"学问之醇正,由其师传得也"[6],委婉地表达了自己的见解:"(名时)一主于诚,则其自得者,

---

[1] 乾隆十分赞赏他的父亲雍正的一段话:"我满洲人纯一笃实,忠孝廉洁之行,岂不胜于汉人之文艺、蒙古之经典?"(《清高宗实录》卷五九七,乾隆二十四年九月壬申)而构成雍正心理另一面的是,他又对汉人精英常怀深畏惧之心,在批谕杨名时奏折时曾说:"向来尔等之春秋,朕所深畏,一字有意,朕不能忽也。"(《雍正朝汉文朱批奏折汇编》第九册,第491页)
[2] 《雍正朝汉文朱批奏折汇编》第八册,第512—513页。
[3] 《雍正朝汉文朱批奏折汇编》第八册,第710页。
[4] 《雍正朝汉文朱批奏折汇编》第十一册,第860页。
[5] 李光地《榕村续语录》卷九,《本朝人物》,中华书局,1995。
[6] 见《碑传集》卷二四,徐用锡《杨凝斋先生名时传》,《清代碑传全集》上册,上海古籍出版社,1987,第156页。

也不尽出于师授。"[1]"诚",的确是杨名时安身立命之根本。方苞说名时"无一言一事不出于中心之诚",卢文弨说名时"其出入内外,显晦祸福,无一非诚",蔡世远说"实用力于正心诚意之学,江阴杨公也",杨名时自己也说"一诚为应事之本"[2]。读杨名时《〈大学〉札记》《〈中庸〉札记》,可以看出他对圣贤经典和朱子《章句》确实下了一番切思苦索的功夫。他讲"修身"之"格物,致知,正心,诚意",让人感到确为从身心——阅历过来的真体会。譬如"诚意",他说朱子把"诚"释为"实",乃"至精"也,说"不实其言,是欺人;不实其意,是自欺",因为用行检验说出的话容易,而"为善去恶"之"意",只有自己心里晓得,所以"不能实践,则为自欺"。因此,杨名时的"修身",并没有和社会脱离开来,而是具有知行合一、躬行实践的鲜明特点,其归宿则在"明明德",在"亲民",也就是尽最大的力气做好治国安民的实事,以实其所学。提督顺天学政,"虽流金之暑,见其阅卷,所着白布衫渍汗成浅皂色,不暇易,炳烛至夜分不卧,群笑其自取苦也";为直隶巡道,细大必亲,无留狱,无隐情,乡民颂为"包公在世"[3]。素来鄙夷道学的李塨有闻于此,感慨曰:"今得我公(名时)而为前儒一洒之,是万世可传可法者也。若但纸上圣贤,口角道德,奚济乎,奚济乎!"[4]杨名时学道不无可议之处,但他以诚为本,践履笃实,操持坚苦,从天命性理本原出发,对宇宙、社会和人的本质做了严肃的哲学思考,因而建立在他的道学体系上的定识定力,坚如磐石,虽有强势威压,身可折而道不可折,气可挫而志不可挫。他的拒绝承认皇上强加的"乡愿",以及日后宁死不承"巧诈居心",盖自恃有道义上的坚强支柱。而雍正经过与杨名时"万里谈道",也最后参悟出,欲摧陷廓清,拔本塞源,则非打断杨名时的道学脊梁不可!

---

[1] 唐鉴《学案小识》卷七,《守道学案·江阴杨先生》,商务印书馆,1935。
[2] 俱见《礼部尚书赠太子太傅杨公墓志铭》《杨文定公家传》及《杨氏全书》(又名《杨文定文集》)卷六,《〈中庸〉札记》,雷铉《跋》,乾隆年间刻本,水心草堂藏板。
[3] 《碑传集》卷二四,《杨凝斋先生名时传》。
[4] 李塨《恕谷后集》卷二《送杨公宾实贵州布政序》,载《颜李丛书》,民国十二年刻本。

关于杨名时的泄漏密折

诸多杨名时案传记的作者都不谋而合地高度重视雍正四年十一月间杨名时将密折朱批叙入无须保密的题本一事,特别是官修杨名时传,在"四年七月,转吏部尚书,寻命名时仍以总督管理巡抚事"和"五年闰三月,奉旨解任,仍署理巡抚,候旨"——也就是杨名时从仕途巅峰骤然跌入低谷的转折时期——两句之间大段插叙了四年十一月杨名时"以滇省未完盐课具题,误将密批谕旨载入本中"一事,由于这两句之间再没有其他任何文字,因而插叙的内容就格外引人注目。[1]这种叙史的笔法,尽管没有明说泄漏朱批是杨名时获罪之由,但稍有读史知识的人都看得出官方的意见所在。既然如此,就有必要将泄漏密折事件做一比较深入的分析。

先来看雍正是如何指责杨名时泄漏朱批的:

> 凡督抚折奏经朕批示发回者,不过据朕一己之见,即便批发,伊等具本时,只当就事论事,听候部议,部中覆奏之日,朕自有裁夺,焉有具本时将密折所批公然载入之理?杨名时从前将密折密批泄漏,朕严加切责,不许再用折奏,后因伊恳求,朕始俞允。今伊因清查盐课具本前来,遂将朕密批谕旨公然载入本内,明系回护从前泄漏之罪故意如此,想其心中以为不当有密奏密批之事。夫国家庶务殷繁,亦有不便宣露于众者,亦有本章谕旨所不能尽者,亦有一时不能即定者,故于密折内往来斟酌,期于周详妥协……督抚要务,有举劾二端,参劾应用露章,荐举则应用密折,此人臣事君之道。而杨名时之必欲宣露者,明明欲收荐人之功于己,而不肯以用人之柄归之于上也,且其意以为,将密批旨意载入本中,则部议之时断无不准行者。似此怙恶不悛,大奸大诈,全无人臣之体,甚属可恶。交部严察议奏![2]

---

[1] 王锺翰点校《清史列传》卷一四,《杨名时传》。
[2] 《雍正朝汉文朱批奏折汇编》第八册,第944页。

自康熙创行朱批奏折，经过三四十年的实际操作，到雍正初期奏折制度已日渐定型。凡地方有所兴革，督抚大吏必须先缮具奏折请旨，经皇帝在折上朱笔批示（即所谓"密批旨意"、朱批谕旨，或简称"朱批"）允准后还不能付诸实施。因为从朱批奏折的创意来看，它不过是君臣私人间互通信息的一种机密渠道，所以雍正说他的朱批"不过据朕一己之见"，还不能当作朝廷正式颁发的公文。朝廷正式公文的形成，还需要督抚大吏吃准了皇上旨意后另行缮写可以宣露的题本（又称本章、章疏，或简称为"本"）奏请，经皇帝批交大学士、九卿或有关部院议奏，最后由皇帝决定是否准行这一必经的程序。奏折与题本如上的运行程序极其重要，它可以确保地方督抚与中央阁部之间权力的制约和颉颃，督抚既不得借密折侵夺阁部之权，阁部亦不得以廷议或部议阻隔督抚因地、因时制宜的建议，最终实现在皇帝一手操纵之下国家机器高效有序运转的目的。杨名时的错误，就在于他未能恪遵奏折与题本如上的运行程序，将密批旨意载入本中，所以雍正指斥他意在"部议之时断无不准行者"，就是说他想借皇上朱批挟制部臣而侵夺阁部之权。由于朱批奏折制度在国家政治中特殊重要的意义，也可以认为杨名时的错误不是一般错误，特别是杨名时并非初犯，前此雍正二年十月至雍正三年十月间就曾因同样的错误杨名时被停止折奏一年，雍正由此断定他不是误犯，而是"故意如此"。

杨名时随后向雍正诚恳地自辩"此实愚臣迷谬所致，非敢有别情也"[1]，委婉地否认了雍正的指责。需要指出，奏折和题本的运行程序是长期以来在政治实践中约定俗成的，《大清会典》之类官书中对此并无明文规定，杨名时虽一而再地将朱批叙入题本，但很可能是一时疏忽所致。诸多杨名时传记，包括官修的传记在内，在叙述这一情节时也无不用"误将"的提法，可见历史自有公论。况且真正"故意"泄漏密折且情节更为恶劣的还大有人在，这里可以举出李卫为例。为雍正所深信的鄂尔泰说李卫"每有折件凡奉朱批，多半宣扬于众"[2]，贵州巡抚石礼哈更穷形尽相地向雍正密奏李卫在云南"每言于人曰：'永顺楚姚等镇总兵是我

---

[1]《雍正朝汉文朱批奏折汇编》第八册，第945页。
[2]《雍正朝汉文朱批奏折汇编》第十三册，第922页。

所折奏也。'又如云南按察司张谦，臣阅邸抄，经督臣高其倬参其衰病，奉旨调回，而李卫又言于人曰：'老高如何肯参他？是我具折启奏，折子已去三五日，告诉他，他才奏的。'诸如此类，竟似官员进退之柄，操于李卫之手。"[1]同是泄漏密折，李卫比杨名时走得又何其远也，但雍正不仅不予惩治，相反呵护有加，他对参劾李卫的大臣说此人（李卫）"长处胜其所短，将来老练，或可望其全才也"[2]。另一处讲得更有意思："此人心肠、本领是个好的，琢磨他，期于上进，莫负朕惜才之意。"[3]雍正尝自言："朕观人用人实另有一自信之理。"[4]他坚信李卫"心肠"好，所以其借密折吓诈同官上司也可以不闻不问；而反观杨名时，其泄漏密折情节不知轻多少，竟武断地说"想其心中以为不当有密奏密批之事"，并痛斥杨名时"怙恶不悛，大奸大诈，全无人臣之体，甚属可恶！"

不过，在奏折制度创行之时，雍正所谓"心中以为不当有密奏密批之事"者恐怕不能说没有，雍正四五年顷，因参劾雍正宠臣田文镜而"从宽免死"发往阿尔泰军前效力的御史谢济世就是一个。乾隆登极，尚在戍所的谢济世即代北路参赞大臣钦拜拟折奏陈密奏不合政体[5]，略言告密乃言路之弊，密奏之例，首告者不知主名，被告者无由申述，上下相忌，君臣相疑。请自今除军机处外，皆用露章，不许密奏。[6]不难看出，谢济世尽管认为在军机处运行机制下的"密奏"还应保留，但导致告密风行的"密奏之例"必须废止；他的正面主张很明确，就是恢复古代传统的监察制度，"言路仍当责成于科道"，天下之事，六科、十三道皆得条陈，天下之官，六科、十三道皆得举劾，即至尊如皇帝，也应在科道言官监察之列。[7]据说年轻的乾隆皇帝看了这件奏折后称赞"钦拜有古

---

[1]《雍正朝汉文朱批奏折汇编》第五册，第238页。
[2]《雍正朝汉文朱批奏折汇编》第十三册，第922页。
[3]《雍正朝汉文朱批奏折汇编》第四册，第24页。
[4]《雍正朝汉文朱批奏折汇编》第十一册，第860页。
[5] 参见谢济世《谢梅庄先生遗集》卷一，《论开言路疏》（自注：雍正十二年十月军中代某大臣作），光绪三十四年刻本；李元度著，易孟醇点校《国朝先正事略》卷一五，《谢梅庄观察事略》，岳麓书社，1991。
[6]《雍正朝汉文朱批奏折汇编》第二十九册，第912—914页。
[7]《雍正朝汉文朱批奏折汇编》第二十九册，第912—914页。

大臣风",并料到必谢济世所捉刀。[1]看来阅历未丰的乾隆和历尽坎坷的谢济世都未能参透康熙、雍正父子相承创行的朱批奏折制度,首先就是从为周知天下情弊的需要而发明的告密折子,也就是谢济世所说的"密奏之例"逐渐完备起来的,而当奏事折成为奏折主体、奏事折与传统题本按照严格程序运行以保证权归于上之后,告密折子依然发挥着它不可替代的、与浸透了儒家政治文化的传统监察制度迥然有别的伺察臣工的另类作用。

精明的雍正则早已敏锐地觉察出,朱批奏折制度,它的不透明的"密奏密批"以及与其密切相关的国家大政的运行机制遭遇到了恶意抵制,问题的严重性更在于,敌对者是基于国家政事应"公之于天下"[2]的儒家政治理念,对本朝独特的创制或明或暗地加以非难。从理论上无情地粉碎一切敢于公然挑战和暗中滋长的腹诽心谤,已经箭在弦上。正是在这种背景下,科名甚早,连"朱轼、张廷玉现任大学士"也尊为"前辈"[3]的"汉人之领袖"[4]杨名时挺身而出,"公然"再次将密批谕旨载入题本,就为他适时地提供了一个难能可贵的反对"密奏密批之事"的"可恶"典型。是否有确凿的证据已顾不得那么许多了,"大行不顾细谨,大礼不辞小让",他的对杨名时的批判,关节之处竟都是"想其心中以为""且其意以为"以及杨名时"必欲"如何如何之类不能令人折服的诛心之论,也就不难理解了。况且,此时——雍正四年十一月——雍正对杨名时已经完全失去信心了,所以雍正才第一次恶狠狠地说他"怙恶不悛,大奸大诈,全无人臣之体,甚属可恶!"正如雍正后来对鄂尔泰所言:"杨名时五年来朕以至诚格之,奈伊狼子野性,毫不知感畏。"[5]拿这

---

[1] 《国朝先正事略》卷一五,《谢梅庄观察事略》。
[2] 中国古代素有政事公开的传统,并为此设计了一套系统的监察谏议体制。宋人刘敞早就说过:"政事由中书则治,不由中书则乱。天下事当于天下共之,非人主可得而私也。"(《宋史》卷四〇五,《刘敞传》,中华书局,1985)。清初大儒王夫之也说过:"题奏得旨,科抄下部,即发邸报,使中外咸知,此固以公是非得失于天下,而令知所奉行。"当然,如果事属国家机密,例如军事机密,通过秘密程序处理,也是可以接受的。王夫之著,王伯祥点校《黄书·噩梦》。
[3] 《雍正朝汉文朱批奏折汇编》第十一册,第860页。
[4] 《雍正朝汉文朱批奏折汇编》第八册,第710页。
[5] 《雍正朝汉文朱批奏折汇编》第十一册,第860页。

样一个东西做政治批判的靶子，还有什么可顾惜的呢？

这里还有必要说明一下，李卫"阴参"杨名时与雍正降旨切责杨名时泄漏密折两件事之间的内在联系，因为二者同时发生在雍正四年十一月，因此很容易使人联想可能李卫的告密引发了雍正的愤激情绪。上文已经提到，李卫具折告密的时间是十一月二十日，当时他担任浙江巡抚，杭州与京师间最紧急的军报（即如日后的所谓"六百里加紧"）尚需五六日，何况李卫此件奏折就其紧要性而言，绝对不准擅动驿马，因此赍折专差递到御前的时间最快也要在十一、十二月之交的光景。而雍正明降谕旨谴责杨名时泄漏密折是在十一月二十五日，那时他肯定还未能看到李卫的密折。看来雍正对杨名时的步步紧逼是有他从战略全局出发的通盘考虑的，李卫充其量不过是他整个政治棋局中一名得力的卒子。

从雍正四年九月——恰是杨名时与雍正"万里谈心"之时——开始，政局又开始剧烈动荡起来，短短的四五个月间连续发生了查嗣庭日记案、汪景祺《西征随笔》案和谢济世参劾田文镜等人案，雍正在基本上解决了阿其那（胤禩）、塞思黑（胤禟）、年羹尧、隆科多等最危险的政敌后，逐渐把政治注意力转向了汉人科甲朋党对皇权的威胁，特别是从查抄有关案犯的文字作品中，暴露出来的一部分汉族士人、士大夫"借端诬谤以泄其不服本朝"[1]潜在的敌对情绪，使他深感问题严重。雍正四年十月十六日雍正当面训斥大学士、九卿、翰林、科道等大臣官员说："狂妄无忌惮之徒往往腹诽朝政、语含讥讪为尚，甚者笔之于书，肆其诬谤，如汪景祺、查嗣庭今已败露，尔等众中保无有似此者乎？"[2]雍正可能把汉人的民族敌对情绪估计得过于严重，也可能他故意把事情说得严重些以更好地达到震慑人心的目的，无论哪种情况，雍正之所作所为自有他自己的逻辑。当他于雍正四年十一月二十五日明旨痛斥杨名时"怙恶不悛，大奸大诈"，继而李卫的告密折子递到御前，提供了必要的炮弹之后，就开始调兵遣将，加紧部署，准备在万里之遥的云南开辟另一个打击科甲朋党积习、"歼其渠魁"[3]的战场。

---

〔1〕《雍正朝汉文朱批奏折汇编》第八册，第290页。
〔2〕《雍正朝汉文朱批奏折汇编》第八册，第287页。
〔3〕《雍正朝汉文朱批奏折汇编》第十一册，第860页。

且看朱纲如何审案

按雍正最初的考虑，杨名时一案准备交云贵总督鄂尔泰就近"详究"[1]，大约在雍正四年年末，雍正经过反复斟酌，才决定将这一并不轻松的重大案件改交朱纲料理，并且有意让鄂尔泰回避。[2]

朱纲，山东人，住居济南城，非科甲出身，自称"父子兄弟，世受国恩"，康熙晚期历任兵部司员，直隶天津道、保定巡道，擢河南按察使，雍正四年五月特简湖北布政使，到任未久又转湖南布政使。[3] 雍正四年十一月间，湖南巡抚布兰泰密奏"朱纲为人练达，办事实心"，雍正在他奏折上朱批："朱纲朕虽未见，光景是一大能人。"[4] 这时正是雍正开始部署发动杨名时案之际，"大能人"且无科甲背景的朱纲进入了他的视野。和鄂尔泰比较，朱纲与杨名时没有任何瓜葛，而鄂尔泰与杨名时已在云南共事一年有余，杨名时对鄂尔泰称美有加[5]，鄂尔泰日后在雍正面前为同杨名时划清界限也说为其"所愚""谬以为平实"[6]，可见二人在滇关系尚融洽。再者，整治著名清官杨名时是一件当时后世都难免挨骂的事，雍正似乎不忍心让鄂尔泰蹚浑水，即使对未见一面的朱纲，雍正也早就为他设计好了退身步。总之，雍正点朱纲前往云南主审杨名时盖有深意存焉。

雍正五年二月十八日任命湖南布政使朱纲为云南巡抚并召"来京陛见"的谕旨发表，朱纲闻命惶悚涕零，谢恩折上说"圣明御极"以来自

---

[1] 《雍正朝汉文朱批奏折汇编》第八册，第476页。
[2] 雍正后来向鄂尔泰解释说："朱纲所为，皆朕之密谕。"（《雍正朝汉文朱批奏折汇编》第十一册，第860页）朱纲奏陈："臣会审杨名时之案，悉出于臣之本心，原未与督臣相商而行。"雍正在此句话旁朱批："此事应不商者。未商之妙，可谓至当，朕着实嘉是焉。"（《雍正朝汉文朱批奏折汇编》第十一册，第818页）
[3] 俱见《雍正朝汉文朱批奏折汇编》第十一册，第63页；第九册，第302页。
[4] 《雍正汉文朱批奏折汇编》第八册，第504页。
[5] 杨名时在奏折中说："今管总督事云南抚臣鄂尔泰到任以来将及五月，臣见其安心吃苦，竭力办事，咨访筹度，缜密周详，皆有重始善终之虑，可谓立得定，守得坚者。"见《雍正汉文朱批奏折汇编》第七册，第423—424页。
[6] 《雍正朝汉文朱批奏折汇编》第十一册，第862页。

己"捐埃未效",此次"皇上异数之恩天高地厚""虽捐糜顶踵,难以报称"。一腔奴才对主子的血诚溢于言表,雍正更放心了,在他的奏折上挥笔批谕:"此奏诚切,朕甚欣悦,朕见你,自然知道。但他日莫忘今日奏对之意。"[1]当年四五月间,朱纲与新任湖南布政使漆绍文交代完毕进京,雍正特多次召见,面授办理杨名时案之机宜。可惜的是,因事属绝密,故不能见诸纸端,只有日后雍正所言"朱纲所为,皆朕之密谕"[2]九个字可供寻绎。八月初九,有旨命刑部侍郎黄炳前往云南,俟新任云南巡抚朱纲到日有交与会审事件。随即朱纲按雍正指示,由京驰驿赴任,临行前雍正密谕:"尔往云南,朕未必不尚有别用之处,尔家眷且不必同往。"原来朱纲此行任务只有一个,就是按皇上密谕办理杨名时案,结案后即调离云南,故不必"徒费盘缠",万里迢迢把家眷从山东搬来搬去。[3]雍正果不食言,当杨名时案大体了结后即密谕朱纲:"你既经此一番破颜整理,未免属员与同寅中少存嫌怨,朕不忍令你为难,已另有旨调用你闽省矣。"[4]朱纲就任福建巡抚之前,雍正还不忘密谕云贵总督鄂尔泰,当朱纲"起身赴闽之时,滇人当尊敬尽礼以荣其行","可沿路通行晓谕,倘不能实力施行,朕另有访闻,将鄂尔泰一并议处"。[5]在诸多杨名时的私家传记中,朱纲都是以卑劣小人的面目出现,其实,与李卫一样,朱纲同是雍正移置自如的卒子,只不过一个隐在台后,一个被推到前台做了淋漓尽致的表演而已。

雍正五年十月十八日,身负特殊使命的新任云南巡抚朱纲和钦差侍郎黄炳在云南省城昆明会齐,"随恭设香案,将所发匣公同开看,内奏折一件"[6]——这皇上发下的"奏折一件",其实就是李卫按雍正旨意早已写好并恭呈御览的参劾杨名时的匿名折子,朱纲在京被屡屡召见时主子和奴才已不知研究多少遍了,但在酝酿了一年之久的大戏开场以前,还得装模作样地隆重表演一番,因为这是办理钦案的根据,调查、问供、

---

[1] 《雍正朝汉文朱批奏折汇编》第九册,第302—303页。
[2] 《雍正朝汉文朱批奏折汇编》第十一册,第860页。
[3] 《雍正朝汉文朱批奏折汇编》第十一册,第63页。
[4] 《雍正朝汉文朱批奏折汇编》第十一册,第818页。
[5] 《雍正朝汉文朱批奏折汇编》第十一册,第861—862页。
[6] 《雍正朝汉文朱批奏折汇编》第十一册,第65页。

援律、定罪等，照例一切必须在此范围进行。

历时一月有余的会审让人感到冗长而乏味。朱纲与黄炳联衔向雍正汇报调查询问的结果是：（匿名奏折）原参杨名时营私徇庇永平县令冯庆长亏欠库银四千两一款，经审，实无所指参之事；原参杨名时与臬司江苞代顺宁知府范溥赔补亏空一款，经审，杨名时与原任云贵总督高其倬各帮过范溥银七千两，江苞帮过二千两；原参杨名时伙同署理藩司江苞外贩锡厂之锡牟利入己一款，经审，此事与杨名时无关；原参杨名时徇庇科甲一款，经审，杨名时保举之潘允敏、龙为霖、栗尔章俱系进士，且栗尔章为杨名时原任陕西乡试正考官时手下取中之举人，"原属门生"，至题调王开诠则"并非杨名时之曲从代题"——真想不到，李卫搜索枯肠罗织的杨名时四款罪愆竟如此脆弱乏力，就是在成见横亘于胸的朱纲之流主持调查讯问下，也只审实一款，而一款半实半虚，两款全虚；即便审实的一款半——帮助属员几千两银子弥补亏空和保举几个科甲出身的下级——又犯了哪家王法呢？[1]这样的结果，实在让朱纲和黄炳气馁。如何了结此案？如何向皇上交差？看来只有另辟蹊径，在李卫原参之外，深挖细查杨名时其他罪款了。

其他罪款不难找到，其一是杨名时主动交代的。在审讯完了匿名奏折所参四款后，本来事实查证质询部分已经结束，刑官又问杨名时任内还有什么"不肖的事体"，忠厚而鲁拙的杨名时又供出康熙六十、六十一年（1721、1722）巡抚衙门共得过盐规银、税规银和平余银约计八万两。罪款之二是朱纲后来十分得意地向皇上汇报时说的"会审时问出杨名时收受贪污、亏空之范溥金杯、缎匹"[2]，这的确是意外发现，在讯问范溥可曾送给杨名时礼物时，范溥供称："他曾收过我缎子四匹，金杯一对，重十两。"朱纲大喜过望，终于可以将杨名时问成死罪了。按当时金银"二十换"的兑换比价，十两黄金合白银二百两，于是援引《大清律例》中"有禄人不枉法赃一百二十两以上，实，绞监候"本律[3]，拟定杨名时

---

[1] 会审详情请看《雍正朝汉文朱批奏折汇编》第十一册，第65—80页，以下有关会审情况的引文俱出于此，不另注。
[2] 《雍正朝汉文朱批奏折汇编》第十一册，第896页。
[3] 吴坛《大清律例通考》卷三一，《刑律·受赃·官吏受财》，"谨按"，参见马建石、杨育棠主编《大清律例通考校注》，中国政法大学出版社，1992，第906页。

应判处绞刑。至于收受陋规一事，律无明文，朱纲不敢贸然定罪，更主要的是，杨名时收受的巡抚衙门陋规，事在定养廉银之前，其时各省皆然，因为官员俸禄微薄，地方公费又几近于零，无此种特殊进项，不独地方各级衙门不能运转，而且各级官员的日子也根本过不下去，况且杨名时早在雍正元年（1723）七月已经条分缕细、明明白白地将到任以来得过各项规例银的数目及如何开销向皇上汇报过，随奉朱批："凡直省督抚此等之奏，朕不但不谕，而且不览。凡所取与，任尔等为之，只要还朕个'是''好'二字来。"[1]但朱纲全然不顾，必欲于死刑之外，科以杨名时无法承受的重罚。在拟绞之后，朱纲与黄炳又联衔奏陈，杨名时所得银八万两经核查用于弥补银厂亏缺约二万八千两可以不计外，"仍应于杨名时名下勒限一年，追银五万八千四百三十九两"。

以上是朱纲与黄炳于雍正五年十一月二十日联衔上奏会审杨名时一案的梗概，全文洋洋万言，沉闷枯燥，不堪卒读，但问供部分也不乏生动有趣之处，下面略举一二：

> 诘问："杨名时看你所行的事与你所说的话都不相符，看你举动都是你装出来的假样子，这样看来，你任内不肖的事体自然还有，你一一据实供来！"
>
> 又问："你说历任多年一个钱不要，今据你自己供出历年所得银两共有十六万余两，即除你养廉诸凡用度之外，尚有入己银数万两，这不叫做'要钱'么？你可据理供来！"
>
> 无供。
>
> 又问："看你所行的事，不但并无实政，一味要在人跟前讨好，现据范溥供称，你叫他赏钱局内夫役银两，要讨夫役们的好，范溥有了亏空，你又拿银子帮他，讨范溥的好。如此等行事，这是圣人所嫉恶的。连日听你口里讲的话，都是圣贤所说的话，至于你所行的事体，都是圣人所痛恶的。你既读过书，再无不明白大体的，你如有辩处，不妨据了大道理上，你只管供来，以便入奏。"
>
> 无供。

---

[1]《雍正朝汉文朱批奏折汇编》第一册，第623—625页。

又问:"据你引子贡说颜回窃食一段,你说可见委曲人的事体甚有,你的意思是委曲你了。如你徇庇属员,不参范溥亏空,反帮他银数千两,又收他金杯、缎匹,又入己银数万两——这都是你自己供认的,并没有人诬赖你。你如今心里有无委曲,必要据实供来!"

供:"我狠不是了。可愧之极。"

复据杨名时向阙跪奏云:"臣杨名时实在昏庸,从前的不是处甚多,惟有叩求皇上开恩宽宥。"

千万不要以为这是朱纲们兴之所至的闲来戏谑,这恰是审结杨名时案的必不可少的点睛之笔。杨名时罪不至死,道理彰彰甚明,如果收了下属一对金杯、几匹绸缎之类的礼就依法处绞,那么,随便拉出一个督抚藩臬、道府州县杀掉都绝对没错儿。朱纲深知皇上让他办理杨名时的醉翁之意,就是要剥下杨名时那张"假道学"的画皮。正像雍正在杨名时案尘埃落定之后向他的心膂之臣鄂尔泰交底时所言:"朕整理科甲积习,伊(指杨名时)挺身乐为领袖","此辈假道学,实系真光棍,诚为名教罪人,国家蛊毒,若不歼其渠魁,恶习万不能革;但此种类,若不治其名而治其身,反遂伊之愿也,况伊等亦不畏无文之罚也。"[1] 所谓"不治其名而治其身",所谓"无文之罚",就是干脆把杨名时绞死,从肉体上加以消灭。雍正以为,这样做,杨名时反倒成了比干,遂了他"杀身成仁,舍生取义"的心愿;而自己则难免被当时后世目为商纣,落下千古骂名。对付杨名时此等"种类",重要的不在"治其身",而是"治其名",不择手段地恶心他,作践他,让他"假道学,真光棍"的丑恶面目暴露于光天化日之下,而最高的境界则应达到,不仅让周围的人都以为他确确实实虚伪可鄙,臭不可闻,而且连他本人都自惭形秽,精神颓丧,为了苟活不惜匍匐在地低三下四去乞求。你看,朱纲按照雍正的授意似乎全做到了,不仅让当堂观审的"闻而笑之者亦甚多"[2],而且整得杨名时哑口无言,低头认罪。所以雍正很满意,公开发布谕旨夸奖朱纲

---

[1] 《雍正朝汉文朱批奏折汇编》第十一册,第860页。
[2] 《雍正朝汉文朱批奏折汇编》第十一册,第896页。

"秉公执正，毫不瞻顾，可谓实心扶持风化之大臣"[1]。

按说案子审到这里雍正似乎已经大获全胜了，但终究还有不少拖泥带水的麻烦事等着皇上决断。一是审理杨名时案的过程中不仅牵涉到了原任云贵总督高其倬，而且李卫底里尽露，不仅徇庇范溥有他一份，而且冯庆长亏欠库帑三千九百四十两竟是他挪用来为与其"相好"原任云南藩司、升任贵州巡抚毛文铨弥补亏空造成的，日后他却落井下石，反咬杨名时一口。情节如此恶劣，黄炳、朱纲只好另折密奏。雍正将这件折子压下来了，未发交有关衙门办理，他的朱批大可玩味："此事尔等另折奏闻，又不隐瞒，料理甚属可嘉。但原因杨名时可恶起见。此事高其倬、李卫三人之罪等，若牵扯一处，高其倬、李卫皆朕倚任之人，面上不好看，况亲朋情面，又不关公帑，尚有可恕。所以此事朕未发出，尔等亦当密之。"[2]定罪量刑，杨名时一把尺子，李卫又一把尺子，这就是雍正经常挂在嘴边的"秉公执正"，而对杨名时之所以用一把特制的尺子，则"原因杨名时可恶起见"。话说到了这个地步，让人还有什么可讲的呢？另一件更棘手的事，是杨名时这件案子不好收场。原来朱纲在与黄炳会审杨名时案同时，又按照雍正的部署，以新任云南巡抚的名义题参杨名时徇隐废弛、藩库不清等情。杨名时自承"贻误瞻徇""无可申辩"，但当雍正降旨斥责他"巧诈居心"，令其"明白回奏"时，杨名时却倔强起来，回奏说："深受国恩，忝任内外，屡干罪戾，犹荷矜全，若复巧诈居心，是诚大逆不道，罪不容诛，名时虽极愚蒙，何敢自外生成？"再审，杨名时仍"坚供不承"。[3]在专制淫威下，杨名时什么都可以包下来，就是"巧诈居心"不能承认。作为一个诚实的学道者，杨名时毕生以诚为安身立命的根本，无一言一行不出于中心之诚，"诚"，是他无论如何不能背弃的道义上的承诺，是他宁可抛弃生命也要坚守的"认罪"的底线；雍正则意欲突破他最后一道防线，撕破他"假道学"的伪装，从根本上把他代表的一切"科甲积习"丑恶化而糟蹋之——僵持

---

[1]《雍正朝汉文朱批奏折汇编》第十一册，第861页。
[2] 朱纲与黄炳的"另折"及朱批，见《雍正朝汉文朱批奏折汇编》第十一册，第80—81页。
[3] 参见《上谕内阁》，雍正五年十二月二十日；王锺翰点校《清史列传》卷一四，《杨名时传》。

之下，刑部援据"挟诈欺公律"拟名时"斩监候"上奏，雍正终于退让了，降旨："杨名时别案尚多，此案治罪之处，着从宽免。"所谓"别案"，就是朱纲与黄炳正在会审的钦案，同样也处于胶着状态，尽管刑部最后同意钦差审案大臣所拟的"依律拟绞"，雍正权衡再三，决定还是把案子挂起来不了了之为好。人们奉到的旨意听起来意味无穷："杨名时俟各案清结之后，再降谕旨。"[1]"清结"什么？就是勒限一年，追还银五万八千两。雍正深知，以杨名时为官之清，一时绝对拿不出那么多钱。果然不出所料。据说，雍正开恩减为三千两后，杨名时"先取邸中物，并脱夫人之簪珥以充数，估直不满二百金也"[2]，仍旧差得远。所以，杨名时终雍正之世，一直"待罪"[3]云南。

杨名时案到这里本来可落幕了，但它有一个历来为人们所津津乐道的喜剧式的尾巴——乾隆替他父亲来收场——不可不说。雍正十三年（1735）九月，新帝乾隆御极之初即"仰体皇考（雍正）圣意"，召杨名时来京，据乾隆讲，"原任尚书杨名时，皇考原欲召令来京，未曾降旨"。第二年，乾隆元年二月，特赐礼部尚书衔，兼管国子监祭酒事，在上书房并南书房行走。当年九月初一日，杨名时病逝，乾隆称其一生"学问纯正，品行端方"，命加赠太子太傅宫衔，入祀贤良祠，赐谥"文定"。[4]照《大清会典》的解释，"道德博闻曰'文'"，"纯行不爽曰'定'"[5]。

雍正蓄意制造的杨名时冤案终以这种极富特色的方式得到昭雪。

两种文本系统的杨名时传记

在众多的杨名时传记中，关于他雍正五年得罪一事，叙述大多十分

---

[1] 以上内容参见《雍正朝汉文朱批奏折汇编》第十一册，第63—64页；《清史列传》卷一四，《杨名时传》。
[2] 《鲒埼亭集外编》卷一一，《江阴杨文定公行述》。
[3] 《清史列传》卷一四，《杨名时传》。
[4] 同上。
[5] 《（光绪）大清会典》卷二，《内阁》。

简略，或一笔带过，甚至根本回避不谈。这在当时显然是一个政治上敏感的禁区或准禁区。如何记述杨名时案，已经远远超出了对他个人的评价，不可避免地要涉及与杨案有关的人物如李卫、朱纲等人的褒贬尚在其次，至关重要的是，它关系到制造这一错案、冤案的雍正皇帝的形象，以及整个雍正时代的用人行政得失在清朝历史上究竟应该如何定位。因为杨名时案的发生不是偶然的，它有一个在种种矛盾冲突中逐渐酝酿的过程，因而蕴含着极其深刻的政治和文化意味。大概正缘于此，钦定的官方杨名时传记和林林总总的私家杨名时传记在诠释这一案件时尽管也有某些相合之处，但细加品味，二者之间微妙的，乃至明显的差异，总令人感到两种不同文本系统的作者间立场和理念的冲突。

钦定的官方杨名时传记，是指原清国史馆纂修的《满汉大臣列传》，下面论述的依据就是以此为本源而形成的《清史列传》[1]中的《杨名时传》。乾隆三十年（1765）重开国史馆时奉旨：《满汉大臣列传》要"照《实录》所载及内阁红本所藏，据事排纂"，并要"以次陆续呈阅，朕亲加核定"。[2]日后大臣列传的修纂严格按照以上旨意进行。乾隆四十八年（1783）又命将乾隆四十年（1775）前包括未发抄的朱批奏折在内的"谕旨批奏事件"一并解密，国史馆馆臣自此除《实录》、红本外，还可以根据修史需要调阅军机处档案。[3]按照上述程序纂修的《杨名时传》传达的是官方的观点，即占统治地位的强势意识形态，是毫无疑义的。

私家杨名时传记刊行于世的有近二十种之多，而追溯其源头，盖徐用锡《杨凝斋先生名时传》[4]、方苞《礼部尚书赠太子太傅杨公墓志铭》、全祖望《江阴杨文定公行述》和卢文弨《杨文定公家传》四种而已。徐用锡，字坛长，江苏宿迁人，康熙四十八年（1709）进士。雍正初，李

---

[1] 原清国史馆纂修的《满汉大臣列传》稿本现分藏中国第一历史档案馆和台北故宫博物院。《清史列传》"当中的一部分是直接钞自原国史馆纂修的《大臣列传》稿本，而另一部分则是间接从《满汉名臣传》和《耆献类征》过录的"，而《满汉名臣传》《国朝耆献类征初编》"绝大部分的稿本来源都出自前清国史馆历朝所辑的《大臣列传》"（参见《清史列传》王锺翰《点校前言》和冯尔康《清代人物传记史料研究》第二章、第三章第二节，商务印书馆，2000）。
[2] 《清高宗实录》卷七三九，乾隆三十年六月丁卯。
[3] 《清高宗实录》卷一一九一，乾隆四十八年十月癸未。
[4] 此传载钱仪吉《碑传集》卷二四。

绂荐其品行端方，上谕斥用锡"险僻小人"，到处招摇生事，命发回原籍，地方官禁其出境夤缘。乾隆初复起，授翰林院侍读，年已八十，寻卒。徐用锡与杨名时年龄相仿而略长之，二人时有书信往还，且同出李光地门下，用锡为著名的《榕村语录》的主要纂辑者，座师对名时的夸奖，徐用锡当亲耳聆之。[1] 方苞（1668—1749），号灵皋，又号望溪，安徽桐城人，康熙四十五年（1706）进士。一生遭际坎坷，以经学、古文名重于世。"生平心知之契"者，杨名时外，有徐文靖、蔡世远、鄂尔泰、魏廷珍、陈世倌、李绂、梅毂成、顾琮等。尝于李光地寓所辨析经义，"自日昃至夜中"，见名时一旁"端坐如植，言不及终已无言"而深异之，未久，二人又同值南书房。杨名时的宦海浮沉及冤狱昭雪，辞世较晚的方苞可谓全程见证人。[2] 全祖望（1705—1755）则为杨名时的晚辈，自述年轻时尝于吴中何焯处听名时讲学，名时谆谆教诲他"子之于书可谓博矣，但当为有用之学"。祖望，字绍衣，号谢山，浙江鄞县人，兼擅经学、史才、词科，而考证尤罕有其匹。在杨名时所有私家传记中，全祖望的《江阴杨文定公行述》当推第一。他肯定接触到了杨名时家藏的某些朱批奏折抄本，更重要的是，他对那一历史时期政治走势及思潮变迁有着超乎他人的准确把握。这大概得力于，全祖望被朝中权臣张廷玉所厄，也是一个政治上郁郁不得志者，而与他同气相求的，如方苞、李绂、何焯等也多是一些官场上的失意人，被两位"密勿重臣"（盖指张廷玉和蒋廷锡）"丑诋"为"乱政之魁"的杨名时的遭遇，自然博得了他由衷的同情。[3] 卢文弨（1717—1796），字绍弓，一字檠斋，晚号抱经，浙江余姚人。精校雠之学。他又比全祖望晚得多，自言"余生亦晚，不及见"名时，但他与杨家有姻亲关系，续娶名时之子应询"从兄之季

---

[1] 参见萧奭：《永宪录·续编》，中华书局，1959；李光地：《榕村续语录》卷九，《本朝人物》及该书点校者陈祖武《点校说明》；杨名时《杨氏全书》，江阴叶廷甲水心草堂刻本，乾隆五十八年；徐世昌纂，周骏富编《清儒学案小传》卷四，《徐先生用锡》（载《清代传记丛刊》第五册，台北明文书局，1985）。

[2] 参见《方望溪（苞）先生全集（文集）》卷一〇，《礼部尚书赠太子太傅杨公墓志铭》；《鲒埼亭集外编》卷一一，《江阴杨文定公行述》；《鲒埼亭集》卷一七，《前侍郎桐城方公（苞）神道碑铭》。

[3] 参见《鲒埼亭集外编》卷一一，《江阴杨文定公行述》；《鲒埼亭集》卷一七，《阁学临川李公（绂）神道碑铭》。

女",在杨氏江阴故居亲睹名时之遗墨,并为雷铉整理以进呈《四库全书》馆的《杨氏全书》作序。卢氏《杨文定公家传》多有利用杨名时朱批奏折抄本之处,故平实而严谨。[1]其他杨名时的私家传记,总的来看,素材、观点多陈陈相因,绝少新意。以下即将展开的论述主要以徐、方、全、卢四种传记为主,它们比较集中地反映了那个时代与官方霸权话语一统天下不相和谐的非主流的政治理念和文化精神。

杨名时案的根源是雍正皇帝发动此案的不可告人的目的。这是当时后世都需要给出明确答案,也是以记述历史真实为天职的史家绝对不能,也不应该回避的。最有条件揭示这一案件真相的是国史馆主修杨名时传记的馆臣,因为按照乾隆的指示,绝密的军机处档案已经向他们开放,李卫、朱纲、鄂尔泰及杨名时等人的朱批奏折所提供的信息无须任何加工渲染,只要"据事排纂",就会完整再现雍正秘密策划、一手导演,以达到"歼其渠魁",荡涤科甲积习目的的历史真实。但他们不愿,也不敢;即使有这个胆量,也过不了"朕亲加核定"这道铁门关。

私家的杨名时传记在这个本质问题上同样没有越雷池一步,只是采取了"坏事总是奸臣干的,而皇帝永远圣明"的"为君上讳"的惯用笔法。全祖望说"(属吏)入觐,言公姑息以要名,且耄,百务俱弛,世宗(雍正)不能无动",徐用锡说"当朱抚审讯时,危不可测,兵民汹汹,数万齐集门外,先生(杨名时)亲谕之,终不散,于是朱抚不敢加刑",方苞更说"先帝(雍正)保公之始终,德尤大,事尤难",他们都是把私德有缺但对此案并不负直接责任的朱纲、李卫之流拉出来作为酿成冤案的罪魁,而浮云蔽日下的雍正似乎总是在设法保全杨名时。然则,他们毕竟没有像国史馆的馆臣那样恶意地掩盖朱纲、黄炳会审这一构成了杨名时案的最本质的情节,在《清史列传·杨名时传》中,几乎看不到朱、黄会审在雍正战略全局中的极端重要地位。

官私两种不同文本系统的杨名时传记分歧主要表现在,对作为督抚大吏的杨名时应该给予怎样一种历史评价。这个问题表面上与杨名时案

---

[1] 参见《抱经堂文集》卷八,《书杨文定公〈大学〉〈中庸〉讲义后》;《候选主事苍毓杨府君家传》;《二林居集》卷一七,《故资政大夫礼部尚书杨文定公事状》;《清儒学案小传》卷八,《卢先生文弨》。

似乎关涉不大，其实，对杨名时评价如何，正是杨案能否在历史上立住脚的根本依据。雍正在策动杨名时案上无疑有欠光明磊落，但如果杨名时确如他所说的是"假道学，真光棍"的话，那么，雍正一切见不得人的小动作也就成了次要的问题。

徐用锡在述及杨名时为直隶百姓誉为"包公在世"后，特引出康熙的一句定评式的话："杨名时实好官，不徒清官也。"清官本来就是好官，是不是康熙心中并不以"清"为居官者的最高境界，抑或他对什么是"好官"另有见解？的确如此。康熙晚年多次说过"大臣则自有大臣之体，当行有益于地方民生之事，非徒尚操守而已。即使操守平常，民犹谅之，未若自恃廉洁，贻累地方之为甚。譬如木偶泥人，纵勺水不入口，安所用之"[1]之类的话，意思是为官"清"固然重要，但不能"徒尚操守"，更重要的是能干事，只有操守好，又能干事的才称得上"好官"。在某个特定场合，康熙讲过"杨名时实好官，不徒清官"这样的话完全可信，但《清史列传·杨名时传》偏偏漠然置之，相反，却十分抢眼地记下了一段康熙四十二年（1703）饬谕时任顺天学政的杨名时的话："杨名时自督学以来，赋性乖异，纵有精于学业、工于文章者，但系殷实之人，必不录取；其无产赤贫，虽不能文，或记诵数句，亦得进学。理应从重治罪，现今年岁未满，又无贿卖生员之事，从宽恕宥。"多录取几个穷学生，刷掉个把及格的纨绔，是颇得人心的事。显然，饬谕的要害是说杨名时"好名"，讲得难听一点是"沽名钓誉"。还有值得玩味的地方，那就是该传记中从康熙三十年（1691）杨名时中进士到五十八年（1719）迁贵州布政使，三十年间那么多的事不过用了240个字，而以上一段饬谕凡75字，竟占了近三分之一。难道这是馆臣无意而为吗？非也。这段饬谕正是为该传记中对杨名时诸如"矫激以沽誉""性喜沽名钓誉""矫廉节以盗虚名"之类贬斥张本，也是为日后雍正斥责杨名时"模棱悦众，违道干誉"，乃"洁己而不奉公之清官巧宦"做铺垫。在如何"观人用人"，或曰"用人之道"上，雍正与晚年康熙一脉相承，但他似乎比康熙走得更远，雍正总是指责杨名时之辈不"实心任事"，而杨名时又确确实实做了许多连馆臣所修《杨名时传》也不能完全抹杀的爱民利民实

---

〔1〕 中国第一历史档案馆整理《康熙起居注》，中华书局，1984，第三册，第2215—2216页。

事,又该如何解释?还是朱纲体察得深讲得透。他参劾杨名时说他在康熙晚年云南巡抚任上整顿所谓"公件",减轻农民负担白银二三十万两,但此等大好事杨名时没有"密奏圣祖""请旨禁革,使边徼之地感颂皇恩",却"专擅沽名",把本来应恩出于上的美名据为己有。[1]可见全部问题的关键并不在做没做康熙所谓的"有益于地方民生之事",而是做了以后一定要推美皇上,把自己隐在幕后,否则就是不"实心",就是"沽名钓誉"。李卫、朱纲之流不避嫌怨,不惜身家,勇往直前去做迎合皇上的事,所以雍正说他们心肠好,实心任事,毫无瞻顾,是"大能人"。如何着笔写杨名时传记,在当时的确渗透着对植根于满汉两种异质文化的用人之道的评价[2],全祖望说"是时直省督抚中有为武健严酷之政以为能者",曹一士说"贪吏、酷吏者,无一不出于能吏之中——彼诚有才焉以济其恶耳!"[3]"险僻小人"徐用锡则抬出圣祖康熙"杨名时实好官,不徒清官也"一句话以贬其生平,和雍正相抗衡。这两种用人之道的利弊得失应如何评价姑且不论,但从中反映出来的当时两种组织路线的尖锐对立不可不察。

全祖望引述乾隆毕生尊敬的老师蔡世远的话"今世而时时有尧舜君民之念者,江阴一人而已",为杨名时盖棺定评。他自己在斟酌如何下笔写《江阴杨文定公行述》时,脑海总是浮出六七百年前司马光的身影,遂以"司马温公居洛十九年"这样高屋建瓴的气势开了文章的头,下面则以"其在今日,江阴杨文定公庶其人耶!而所遭遇亦略同"立论,一泻千里地展开了对杨名时与司马光之"略同""同"与"不同"的析评。卢文弨承其遗意,用"宋司马公入相未久而殂,公(名时)登朝亦未及期而殒,乃其诚亦极相似,然而,公学为较醇矣"为《杨文定公家传》煞了尾。与司马光相比,蕴含着传记作者自主的理念和严肃思考,是对杨名时一生绝高的评价。但司马光政治上的对立面为何人?这是当时众所周知的、尚未如今日已经"正名"的"小人"王安石,而王安石素以

---

[1] 《雍正朝汉文朱批奏折汇编》第十一册,第64页。
[2] 可参看拙文《宁用操守寻常的能吏,不用因循误事的清官——雍正对用人之道的别一种见解》。
[3] 贺长龄、魏源编《清经世文编》卷一九,曹一士《请分别贤能疏》。

"熙宁变法"著称，这就很难阻止人们联想起雍正的改革。构成雍正改革主体的耗羡归公、朱批奏折制度、秘密立储制、改土归流等，以及服务于此种改革的组织路线，多有与传统体制、传统观念对立之处，在当时后世都是存在激烈争论的。乾隆登极，苗疆用兵久，杨名时疏陈绥定苗疆方略，力主"弃苗疆而不取"。卢文弨几乎引录了杨名时奏疏全文，其篇幅占了《杨文定公家传》全文的近三分之一。杨名时不同意改土归流，与朝廷在边政上持不同意见，是很正常的；卢文弨不惜笔墨，全文照录，也无可厚非。但卢文弨在"疏上，政府颇有异议"之后，说"上独是公言"，似乎乾隆也同意杨名时的意见，就难免有为美化传主而歪曲历史之嫌了。半个世纪过后，魏源将杨名时《陈绥定苗疆方略札子》收入《国朝经世文编》时，在编辑上，有意把它作为鄂尔泰雍正八年（1730）所上《陈剿抚古州苗匪疏》相对立的意见附于鄂疏之后的，并在杨疏后特加了如下一段按语："创始难，善后尤难。然因此遂欲尽弃前功，复还苗地，是则因噎废食矣。迄今百年来，黔滇安堵，人人服文端（鄂尔泰）之功，而后知远大之猷，固事久论定也。"[1] 魏源，湘人，且对苗疆事务有相当深入的了解，他的看法是经得起历史的考验的。毋庸讳言，杨名时身上也的确有为雍正所不屑的因循迂腐的习气，但在杨名时的私家传记中，他的类似的缺陷和毛病通通被作者"为贤者讳"了。雍正改革的利弊得失应如何评价这里也不去枝蔓，但从中反映出来的当时乃至后世的对立看法不可不察。

杨名时很幸运，因为他死的时候好。如果雍正十三年（1735）八月以前在云南肮脏以殁，他就绝不会有那落日辉煌般的政治复出和身后哀荣；如果他晚死十几年，则很有可能与他同时复起的李绂、谢济世、孙嘉淦等人一样，令名难保，因为政治气候到那时又发生了剧变；杨名时正好死在"今日只须将世宗（雍正）时事翻案即系好条陈"[2] 那政治航船试图调整航向之际，年轻的很有些儒家理想主义色彩的乾隆，对那些先帝在日受到迫害的大臣充满了同情。春江水暖，气

---

〔1〕《清经世文编》卷八八，杨名时《陈绥定苗疆方略札子》。
〔2〕《四川巡抚王士俊密陈四事折》，此乾隆元年七月以兵部侍郎署理四川巡抚王士俊密折中语，乾隆称此折的要害是攻击"朕以翻案也"，《史料旬刊》，第33册，地192、196。

候适宜，块垒在胸的文人终于可以借死得其时的杨名时稍稍流露一点自己的真情实感了。今天，当我们重新审视发生在二百多年前的杨名时一案时，竟可以援据那么多旨趣各异的杨名时传记与档案文献相参证，也真让人生出无限感慨。

原载《清史研究》2002年第4期

"当代学术" 第一辑

美的历程
李泽厚著

中国古代思想史论
李泽厚著

古代宗教与伦理
儒家思想的根源
陈　来著

从爵本位到官本位（增补本）
秦汉官僚品位结构研究
阎步克

天朝的崩溃（修订版）
鸦片战争再研究
茅海建著

晚清的士人与世相（增订本）
杨国强著

傅斯年
中国近代历史与政治中的个体生命
王汎森著

法律与文学
以中国传统戏剧为材料
苏　力著

刺桐城
滨海中国的地方与世界
王铭铭著

第一哲学的支点
赵汀阳著

生活·讀書·新知 三联书店 刊行

"当代学术"第二辑

七缀集
钱锺书 著

杜诗杂说全编
曹慕樊 著

商文明
张光直 著

西周史（增补二版）
许倬云 著

拓跋史探（修订本）
田余庆 著

近代中国社会的新陈代谢
陈旭麓 著

甲午战争前后之晚清政局
石 泉 著

民主四讲
王绍光 著

心灵秩序与世界历史（增订本）
奥古斯丁对西方古典文明的终结
吴 飞 著

海德格尔与伦理学问题（修订版）
韩 潮 著

生活·讀書·新知 三联书店 刊行

"当代学术" 第三辑

《三松堂自序》
冯友兰

《中国文明起源新探》
苏秉琦

《美术、神话与祭祀》
张光直

《杜甫评传》
陈贻焮

《中国历史通论》
王家范

《清代政治论稿》
郭成康

《无法直面的人生：鲁迅传》（增订版）
王晓明

《反抗绝望：鲁迅及其文学》（修订版）
汪　晖

《竹内好的悖论》（增订版）
孙　歌

《跨语际实践》（修订版）
刘　禾

生活·讀書·新知 三联书店 刊行